John und Paula Sandford

Heilung für den verwundeten Geist

Verlag Gottfried Bernard
Solingen

Widmung

In liebendem Gedenken an Agnes Sanford, unsere erste Mentorin und Freundin im Dienst der Inneren Heilung.

Alle Bibelzitate stammen aus der Revidierten Elberfelder Bibel, es sei denn, es ist anderweitig vermerkt. Die Hervorhebungen in den Bibelzitaten stammen von den Sandfords.

Titel der Originalausgabe: Healing the wounded Spirit
by John and Paula Sandford

Übersetzung: Werner Geischberger
Satz: CONVERTEX, Aachen
Grafik: image design, A. Fietz, Landsberg
Druck: Druckhaus Gummersbach

ISBN 3-925968-31-8

INHALT

Ein Wort des Dankes

Was dieses Buch anbelangt, stehen wir tief in der Schuld des gesamten Leibes Christi. Jegliche Weisheit, die sich darin zeigt, hat sich in dreißig Jahren der Seelsorge und der Freundschaft, des Konflikts und der Vergebung entwickelt, die wir innerhalb des Leibes Christi in der Schule des Herrn zugebracht haben, in deren Verlauf wir so manchen harten Schlag einstecken mußten. Wir möchten insbesondere unsere Dankbarkeit für die Gebete und finanziellen Spenden derer ausdrücken, die es uns ermöglicht haben, dieses Sabbatjahr 1984 einzig und allein für Nachforschungen und das Schreiben dieses Buches zu reservieren. Vor allem richtet sich unser aufrichtiger Dank an die gesamte Leiterschaft und alle Freunde von Elijah House, durch deren Rat und Unterstützung wir immer wieder ermutigt wurden und uns ausschließlich auf unsere Aufgabe konzentrieren konnten. Ohne sie hätten wir dieses Werk nicht beginnen, geschweige denn vollenden können.

Wir danken Bonnie Millar und Bonnie Crouch, denen der Herr das besondere Talent verliehen hat, Hieroglyphen zu entziffern und handschriftliche Texte geduldig Stunde um Stunde abzutippen, und diese so für die redaktionelle Bearbeitung und Umarbeitung in die Endfassung vorzubereiten. Unser Dank richtet sich nochmals an Bonnie Crouch, die auf unseren Hilferuf reagierte und uns half, die Endfassung vor dem Abgabetermin noch fertig abzutippen; darüber hinaus an Katie Cranford, die uns die Korrespondenz abnahm und uns so zum Schreiben freistellte; an Llewellyn Fletcher, die alle Telefonanrufe tätigte und Briefe schrieb, um unsere Lehrtermine für 1985 festzulegen; dadurch gewannen wir Zeit und darüber hinaus bekamen unser Sinn und unser Geist die Freiheit, Gedanken zu fassen und sie zu Papier zu bringen. Wir danken auch unserem Sohn Mark, Janet Wilcox und Jim Tiffany, die die Seelsorgearbeit übernahmen; mit ihnen auch unserer neuen Schwiegertochter, Marks Frau Maureen, unserer Tochter Andrea und unserer Freundin Donna Campbell; jeder von ihnen ging tausendundeinmal ans Telefon, damit wir es nicht zu tun brauchten. Einen herzlichen Dank unserem Sohn Loren und seiner Frau Beth sowie dem ganzen Elija House Team, insbesondere Martha Brookhart und Ruth Hughes, die in diesem Jahr all unsere Seminare ohne uns abhielten; an Maryanne Ruff, die sich um unsere Finanzen und den Versand kümmerte und in ihrer Arbeit weit über ihre täglichen Pflichten hinausging, damit wir uns nicht mit den Details des Versandwesens und der Lagerhaltung herumschlagen mußten; an Larry Ruff, der uns als Vorsitzender von Elija House diente.

Im Anhang finden Sie eine Bibliographie, die nur ansatzweise unserem Dank für die angesammelte Erfahrung und all die Kenntnisse der Menschen Ausdruck verleihen kann, aus denen wir, wie aus einer Quelle, immer wieder schöpfen konnten.

Wie in unseren vorhergehenden Büchern, wird auch hier wieder in veränderter Form die Geschichte vieler Menschen erzählt, von denen uns die meisten die Erlaubnis gegeben haben, ihre Namen zu nennen, wenngleich wir es in vielen Fällen für weiser hielten, darauf zu verzichten.

Als wir 1982 die Endfassung von *Die Umgestaltung des Inneren Menschen* fertigstellten, erschien Leanne Paynes ausgezeichnetes Buch *Das zerbrochene Bild.* In unserem Dankwort empfahlen wir es unseren Lesern als weiterführende Lektüre zu unserem siebzehnten Kapitel „Archetypen und Homosexualität“. Wiederum erschien jetzt Leanne Paynes neues Buch *Crisis in Masculinity* zu der Zeit, als wir die Endfassung redaktionell bearbeiteten. Es ist hervorragend! Wir empfehlen allen, die in unserem fünften Kapitel „Der schlummernde Geist“ Einsichten gewonnen haben, dieses Buch zu studieren. Schon allein die Einführung ist jede nur denkbare Mühe wert, die es kostet, um dieses Buch zu bekommen.

Dieses Buch ist Agnes Sanford gewidmet; viele Geschichten, die von unseren Erfahrungen mit ihr erzählen, schmücken dieses Buch aus. Wir hoffen, daß sie von ihrer Seite der Ewigkeit aus, wohin sie am Himmelfahrtssonntag 1983 gegangen ist, dem zustimmt, und daß ihre Hinterbliebenen mit der Darstellung unserer Erinnerungen einverstanden sind.

Natürlich danken wir vor allen anderen und von ganzem Herzen Gott, unserem Vater, unserem Herrn Jesus Christus, seinem Sohn sowie dem Heiligen Geist, dem für seine geduldige Führung und für alle wahren Offenbarungen, die man in diesem Buch findet, alle Ehre und Anerkennung gebühren. Als Propheten sehen wir uns als Pfadfinder, die verschüttete Spuren der Wahrheit finden, die der Leib Christi braucht, um in den Dienst der Heilung für den verwundeten Geist einzutreten. Selbstverständlich sind wir für jeden Irrtum, der hier als Wahrheit gelehrt wird, verantwortlich. Wir vertrauen darauf, daß die nachfolgenden Generationen das vorliegende Material filtern und das Gold darin behalten werden. Wir alle sind Pioniere, die uralte Pfade neu entdecken (Jes 58,12). Wir beten, daß durch unsere Offenbarungen alle in Riesenschritten auf einen sicheren Hafen zugehen können. Eine verwundete Welt braucht unsere Hilfe.

Vorwort

Im Jahre 1959 begegnete ich Agnes Sanford, und Paula und ich begannen unsere Laufbahn als Seelsorger und Lehrer, was seither unsere Tätigkeit gewesen ist. Immer weiter vertieften wir uns in das Herz des Menschen und entdeckten die Wege des Fleisches, die verschlungen sind wie ein Labyrinth; immer mehr lehrten wir den Leib Christi, wie Menschen von dieser Umklammerung des Fleisches befreit werden können, und in all dem traten wir Schritt für Schritt in eine Offenbarung ein, die tiefer liegt als alles, woran sich unser Bewußtsein je erinnern kann. Immer öfter erlebten wir es, wie wir dahingehend geführt wurden, traumatische Erlebnisse und die daraus resultierenden Verhaltensweisen zu entdecken, die jenseits von all dem lagen, was unserer Einschätzung nach in der Erinnerung eines Menschen abrufbar sein sollte. Wir hatten es mit Vorfällen zu tun, die sich in den ersten Lebensmonaten zugetragen hatten – ein Kind wurde fallengelassen oder nicht gestillt oder im Kinderbettchen angeschrien –, dann mit Geburtstraumata und schließlich mit einer Unzahl von Erfahrungen, die das Kind noch im Mutterleib gemacht hatte.

Wir waren fassungslos. Wie war es möglich, daß jemand zu so einem frühen Zeitpunkt seines Lebens schon etwas verstanden und darauf reagiert haben kann? Oder gibt es eine Art „Urverständnis" in unserem Geist, das vorhanden ist, noch bevor sich das Bewußtsein ausgebildet hat? Wir konnten nicht verstehen, was da vor sich ging. Doch die Auswirkungen konnte man nicht leugnen. „An ihren Früchten werdet ihr sie erkennen" (Mt 7,16). Menschen empfingen dauerhafte Heilung. Ratsuchende, die zuvor in einer Abfolge von scheinbarer Besserung und stets darauf folgendem Rückfall gefangen waren, reagierten und blieben heil, als wir uns schließlich mit vorgeburtlichen Erfahrungen befaßten, die die Grundstruktur der Menschen geformt hatten. Wir dachten, der Herr hätte uns endlich zum eigentlichen Ursprung der Formung des Menschen geführt (Inzwischen haben wir herausgefunden, daß es noch viele andere Wurzeln gibt; mehr als wir gedacht hatten reichen bis zur Sünde Adams zurück; des weiteren vererbte und übertragene Sünden früherer Generationen, gesellschaftliche und kulturelle Einflüsse wie die archetypische Prägung etc.).

Bald fanden wir folgendes heraus: Der Leib Christi hatte schon so große Schwierigkeiten zu akzeptieren, daß unser Herr über die Bekehrung hinaus den tief verborgenen Dingen unseres Herzens dienen möchte, die im Bewußtsein des Menschen abrufbar sind; folglich war er überhaupt nicht bereit oder fähig, etwas über so tiefgreifende Offenbarungen zu hören, die jenseits des bewußten Erinnerungsvermögens liegen. Hie und da berührten wir diesen Punkt, so als ob wir in der Gedankenwelt der Menschen Samen einer eventuellen Möglichkeit ausstreuen wollten. Erst in den vergangenen vier oder fünf Jahren haben wir uns geöffnet und damit begonnen, ganze Lehrblöcke direkt zum Thema „Vorgeburtliche Erfahrungen" zu präsentieren.

Viele Menschen waren genauso erstaunt wie wir; einige reagierten genau umgekehrt. Wir können ihre Gefühle nachvollziehen. Im großen und ganzen haben jedoch sowohl Christen als auch Nichtchristen die Schlüssel, die wir ihnen an die Hand gaben, entgegengenommen, bewahrt und mit großem Gewinn eingesetzt. Bis auf den heutigen Tag ist uns nichts bekannt, daß jemand von solchen Nachforschungen und der therapeutischen Praxis Schaden erlitten hätte.

1973 beauftragte uns der Herr in Coeur d'Alene sieben Bücher zu schreiben. Das vierte Buch *Heilung für den verwundeten Geist* sollte all die Bereiche umfassen, die in *Die Umgestaltung des Inneren Menschen* nicht abgedeckt werden konnten. Als es darum ging, dieses Buch zu schreiben, waren wir sehr widerwillig und zögerten es bis zu unserem Sabbatjahr 1984 hinaus; erst dann konnten wir sicher sein, daß wir in Gottes Zeitplan lagen und daß sowohl der Leib Christi als auch wir reif genug waren, um mit all diesen Erkenntnissen umzugehen.

Wir hatten gewisse Befürchtungen was wohl geschehen würde, wenn man Menschen auf ein Gebiet losläßt, in dem Entdeckungen manchmal nur durch Offenbarung, durch die Gaben der Weisheit und der Erkenntnis möglich sind. Wir fürchteten, manche würden voreilig und ungestüm in einen Bereich hineintappen, in dem keine Eltern und Verwandte mehr da sind, mit deren Hilfe man die Erkenntnisse bestimmter Offenbarungen überprüfen und richtig gewichten hätte können. Wir wollten mit diesen Erkenntnissen lange genug leben, um Stolpersteine und Grenzen herauszufinden, bevor wir sie in einem Buch veröffentlichen.

Doch jetzt scheint die Zeit reif zu sein. Die Lehrvorträge haben gute Früchte hervorgebracht. Das kleine Büchlein *New Life for Your Adopted Child*, das Paula auf Anfrage von Adoptionsvermittlungen geschrieben hatte und mit dem wir unsere Fühler ausstrecken konnten, war quasi ein Test, inwieweit der Leib Christi diese Lehren aufnehmen konnte; die Reaktionen überstiegen unsere Erwartungen bei weitem. Der Leib Christi scheint bereit zu sein.

Wir bitten jeden Leser mit einem „sowohl...als auch" zu reagieren. Einerseits soll er das Gelesene ergreifen und mit heiliger Kühnheit handeln, um Menschen zu befreien. Niemand kann wissen, noch bevor er in diesen Dienst der Heilung eingetreten ist, wie sehr Gott in seinem Herzen danach schreit, daß die Gemeinde doch endlich handeln möge, um Menschen freizusetzen (lesen Sie vor diesem Hintergrund Psalm 82!); andererseits soll er mit heiliger Vorsicht dienen, sich – wenn möglich – mit Verwandten und Freunden absprechen, sensibel und gnädig handeln und die Menschen nicht auf einen übermäßig harten Trip schicken. In Bereichen, in denen wir nicht klar sehen, kann Gott unsere Gebete benutzen, um das, was wirklich vorhanden ist, anzuwenden und zu heilen. Wenn wir im Rahmen der Seelsorge dienen, können unsere Erkenntnisse über mögliche Vorfälle im Leben des Ratsuchenden richtig sein oder auch nicht; deshalb müssen wir sie dem Herz des anderen immer in Sanftmut als Möglichkeiten vorlegen, über die er nachdenken sollte und dementsprechend beten. Welche Freude liegt darin dabeizustehen und zuzusehen, wie Gott Menschen heilt und freisetzt! Wir sollen unseren Dienst so ausführen, daß *er* im Mittelpunkt steht und nicht *unser* Fleisch. Er wird ein gutes und gnädiges Werk tun. Wir wollen uns in ihm freuen und es ihn vollbringen lassen.

John Sandford

Einführung

Wie John in seinem Vorwort schon angedeutet hatte, wachsen wir nun schon seit fünfundzwanzig Jahren im Dienst der Umgestaltung des inneren Menschen, in denen uns der Herr Gnade und Erkenntnis geschenkt hat, um den Menschen in ihren abgrundtiefen Nöten zu helfen. Wir haben mehr und mehr festgestellt, daß die Macht und das Verlangen des Herrn uns freizusetzen, unsere diagnostischen Fähigkeiten und unsere sensible und angemessene Umsetzung gewonnener Einsichten bei weitem übersteigt. Immer wenn wir uns seinen Absichten untergeordnet und im Ratsuchenden ein Fundament der Buße und der Vergebung gelegt haben, konnten wir miterleben, wie die heilende Kraft des Herrn ausnahmslos machtvoller durch das Tor des Gebets hereinströmte, als wir es je hätten erbeten oder uns ausmalen können.

Immer und immer wieder wurden wir vom Heiligen Geist so geführt, daß wir gehorsam in einer Art und Weise beteten, die wir nicht verstanden. Nachdem wir erleben durften, wie diese Gebete unleugbare und dauerhafte Früchte hervorbrachten, vertieften wir uns in die Heilige Schrift, um das zu verstehen, was wir den Herrn tun sahen. Unsere ersten drei Bücher waren das Ergebnis dieser sich über lange Zeit hinstreckenden Erfahrungen und Studien mit dem Herrn. Klar erkennbare und oft vorhersehbare Verknüpfungen von Ursache und Wirkung sind so häufig aufgetreten, daß wir uns versucht sahen, Gebetsmethoden zu entwickeln, die bei richtiger Anwendung garantiert in jeder Situation funktionieren. Im weiteren Verlauf hat uns der Herr jedoch hinlänglich deutlich gemacht, daß er darauf besteht, das Steuer in der Hand zu halten. Der Dienst am anderen muß stets eine neue Begegnung in der Gegenwart und Kraft des Herrn und unter seiner Führung sein. Unser Part in dieser Begegnung besteht in erster Linie darin, die Verbindung zwischen der Zielperson und Jesus herzustellen; darüber hinaus müssen wir gemeinsam mit ihm darauf hinarbeiten, daß es der Person möglich wird, die Blockaden zu erkennen und zu vernichten, die (auf welcher Ebene auch immer) dem Leben entgegenstehen, mit dem der Herr sie in Liebe überschütten möchte. Schemata, nach denen man im Leben eines Menschen sucht und Möglichkeiten, mit ihnen umzugehen, müssen stets dem gegenwärtigen Wirken des Heiligen Geistes untergeordnet sein; wenn das nicht der Fall ist, werden wir unbewußt versuchen, Gott zu „gebrauchen“, um das zu vollbringen, was wir fälschlicherweise als „unseren“ Dienst betrachten und die andere Person durch eine von uns entwickelte Methode zu manipulieren.

Warum ist es nun erforderlich, dem tiefsten Inneren wiedergeborener Christen zu dienen? In den ersten sieben Kapiteln von „Die Umgestaltung des inneren Menschen“ werden die biblischen und theologischen Grundlagen dieses Dienstes näher erläutert. Hier möchten wir es einfacher zusammenfassen.

> ...Denn einst wart ihr Finsternis, jetzt aber seid ihr Licht im Herrn. Wandelt als Kinder des Lichts – denn die Frucht des Lichts besteht in lauter Güte und Gerechtigkeit und Wahrheit –, indem ihr prüft, was dem Herrn wohlgefällig ist. (Eph 5,8-10)

Viele Christen versuchen ihr Bestes, um als Kinder des Lichts zu leben. Wenn sie nun die Frucht dieses Lichts nicht hervorbringen, fallen sie allzuoft in menschliche Mühsal, Desillusioniertheit und Verdammnis, weil sie von etwas tief in ihnen, dessen sie sich nicht bewußt sind, angetrieben werden.

Mit Recht haben sie die Errettung als kostenloses Geschenk gefeiert (Eph 2,4.5.8; Röm 6,23); doch sie haben weder verstanden, daß sie in diesem Heil erwachsen werden müssen (1.Petr 2,2; Eph 3,14-19), noch daß sie es mit Furcht und Zittern erringen müssen (Phil 2,12). Gemeinsam mit Paulus haben sie gejubelt, daß „...(Jesus) mit einem Opfer...die, die geheiligt werden, für immer vollkommen gemacht (hat)“ (Hebr 10,14), ohne die Heiligung als Prozeß zu verstehen und ohne mit Paulus folgendes anzuerkennen: „Nicht, daß ich...schon vollendet sei; ich jage ihm aber nach, ob ich es auch ergreifen möge, weil ich auch von Christus Jesus ergriffen bin“ (Phil 3,12). Sie jagen ihm zwar nach, doch versuchen sie das mehr durch Meisterung ihres Verhaltens als durch die Erneuerung des Sinnes (Röm 12,2) und durch den Empfang eines neuen Herzens und eines neuen Geistes tief in ihrem Innersten (Ps 51; Hes 36,26), was ganz natürlich ein verändertes Verhalten zur Folge haben würde. In Wirklichkeit haben sie das was kindlich ist (1.Kor 13,11) nicht abgelegt, sondern es vielmehr in eine bestimmte Richtung gelenkt und ihm erlaubt, als Teil des Schatzes in der Kammer ihres Herzens zu verbleiben (Lk 6,43-45). Wenn dann aus ihren Herzen und Mündern das mit einem Knall herausbricht, was jahrelang aufgestaut wurde, versuchen sie um so mehr, diese Ausdrucksformen in Zaum zu halten oder den Teufel zurechtzuweisen (dem wohl das Rohmaterial, mit dem er arbeiten konnte zur Verfügung gestanden haben muß, auch wenn er den Ausbruch ausgelöst hat), anstatt dem Gebot Jesu in Lukas 6,46-49 zu gehorchen; demzufolge sollen sie zu den Grundfesten ihres Lebens „tief“ hinuntergraben (also zu dem, was ihren innersten Charakter- und Persönlichkeitsstrukturen in den ersten sechs Lebensjahren an Erfahrungen und Reaktionen auf das Leben, auf bestimmte Prägungen, auf Urteile und Erwartungshaltungen vor deren Hintergrund sie alle folgenden Erfahrungen interpretieren, antrainiert und durch die Praxis vermittelt wurde.). Ihr Auge ist „böse" und deshalb ist auch ihr ganzer Leib voll Finsternis (Mt 6,22-23). Matthäus 5,29 verschreibt eine drastische Lösung, wenn jemand durch sein Auge zum Straucheln gebracht wird: „...reiß es aus und wirf es von dir..." Jesus kann zeitliche und räumliche Grenzen durchdringen, um sich mit den tiefgehenden Sprüngen in unserer Grundfeste zu befassen und um jeden verborgenen Bereich von uns sicher auf dem Felsen, also auf sich selbst, zu gründen. Doch wir müssen ihm durch unser Gebet den Zugang verschaffen.

Viele Christen haben schon versucht, das zu „vergessen was hinter (ihnen) liegt" (Phil 3,13), indem sie die Vergangenheit ignorieren, anstatt den Heiligen Geist ihr Innerstes durchforschen zu lassen (Ps 139,23.24), damit Jesus die Möglichkeit bekommt, sich ganz spezifisch um die tief verwurzelten Haltungen und Verhaltensweisen ihrer Kindheit zu kümmern. Sie haben versucht ihr altes Ich mit seinen Verhaltensweisen (z.B. Wut, Zorn, Bosheit, Verleumdung etc.) abzulegen (Kol 3,8-10; Eph 4,22ff.), so als ob es sich dabei ausschließlich um aktuelle, äußerliche Ausdrucksformen handeln würde; Jesus hingegen rief die Pharisäer (und uns) auf, das *Innere* des Bechers zu säubern (Lukas 11,39-41). Jesus wußte, daß unsere Rede butterweich sein kann, während gleichzeitig unser „Sinnen Streit ist" (Ps 55,22; ZÜ). Gott wünscht stets die „Wahrheit im Innersten" (Ps 51,6; ZÜ). *Aus diesem Grund sagte Johannes der Täufer: „Schon ist aber die Axt an die Wurzel der Bäume gelegt"* (Mt 3,10).

Wiedergeborenen Christen wurde gesagt:

> Und habt nichts gemein mit den unfruchtbaren Werken der Finsternis, sondern stellt sie vielmehr bloß; denn was heimlich von ihnen geschieht, ist selbst zu sagen schändlich. Alles aber, was bloßgestellt wird, das wird durchs Licht offenbar; denn alles, was offenbar wird, ist Licht. Deshalb heißt es: 'Wache auf, der du schläfst, und stehe auf aus den Toten, und der Christus wird dir leuchten!' (Eph 5,11-14)

Wir, der Leib Christi, die Gemeinde, wir sind es, die da schlafen. Unser altes Ich wurde mit ihm gekreuzigt. Wir haben versucht, aus einer Willensanstrengung heraus „täglich zu sterben" (1.Kor 15,31), um mit christlichen Maßstäben konform zu gehen. Doch wir haben noch nicht die Fülle dieses Prozesses der inneren Heiligung erlebt, im

Laufe dessen wir unser Leben hinlegen und durch den wir jetzt in die Fülle der Auferstehungskraft eintreten können.

Dieses Buch, das sich mit Wunden und Sünden des Geistes befaßt, ist ein weiterer Schritt in Richtung dieser tiefen, alles aufdeckenden innerlichen Umgestaltung, die mithelfen kann, ein Leben in der Erfahrung der Fülle unseres Erbteils im Herrn möglich zu machen, das uns von unserem Stand her ab dem Moment zusteht, an dem wir Jesus Christus als Herrn annehmen.

Wir möchten Ihnen das anbieten, was der Herr uns gegeben hat, denn es heißt:

> Niemand aber, der eine Lampe angezündet hat, bedeckt sie mit einem Gefäß oder stellt sie unter ein Bett, sondern er stellt sie auf ein Lampengestell, damit die Hereinkommenden das Licht sehen. Denn es ist nichts verborgen, was nicht offenbar werden wird, noch geheim, was nicht kundwerden und ans Licht kommen soll. (Lukas 8,16-17)

Lieber Leser, wenn wir Ihnen hier Einsichten über den Geist des Menschen ab dem Zeitpunkt der Empfängnis vermitteln, die im Wort Gottes scheinbar nicht so klar dargelegt werden wie es bei unseren früheren Lehren der Fall war, dann gehen wir ein gewisses Risiko ein. Wenn es um Entdeckungen in diesem Bereich ging, haben wir uns oft zunächst auf die Geistesgaben der Erkenntnis und der Weisheit verlassen und es darüberhinaus den Kriterien der Zeit und der Effektivität überlassen, das Gefundene zu bestätigen. Oftmals mußten wir mit dem Herrn auf der Straße nach Emmaus gehen, damit er uns das offenbaren konnte, was schon seit jeher in den Heiligen Schriften stand, doch für unser Verständnis verschlossen war. Wir gehen nach wie vor davon aus, daß wir das immer wieder tun müssen. Wir möchten Sie einladen, mit allem, was Ihnen nicht vertraut ist, ja sogar bedrohlich erscheint, dasselbe zu tun. Sinnen Sie in Ihrem Herzen über neue Vorstellungen nach, legen Sie sie vor Gott und…

> Seht nun zu, wie ihr hört; denn wer hat, dem wird gegeben werden, und wer nicht hat, von dem wird selbst, was er zu haben meint, genommen werden. (Lukas 8,18)

Was hat der, dem noch mehr gegeben wird? Wir glauben, daß hier das „Vertrauen“ in einen Gott gemeint ist, der uns aus den Begrenzungen dessen, was wir zu wissen glaubten, in die Erkenntnis der Liebe Christi, die „doch alle Erkenntnis übertrifft“ (Eph 3,19; Schlachter), führen kann. Wir sagen mit Paulus:

Ich bin ebenso in guter Zuversicht, daß der, welcher ein gutes Werk in euch angefangen hat, es vollenden wird bis auf den Tag Christi Jesu. (Phil 1,6)

Paula Sandford

TEIL I

Im Fleisch eingravierte Wunden und Sünden

Kapitel 1

Die vergessenen Funktionen unseres Geistes

Es ist die Absicht dieses Buchs, die Wunden und Sünden des Geistes eines jeden von uns zu offenbaren, damit sie geheilt werden können. In diesem Zusammenhang bedeutet „Heilung" nicht nur Vergebung durch das Blut Christi, nicht nur den Kreuzestod der Verhaltensmuster, die im Laufe der Kindheit in das verborgene innere Wesen eingebaut wurden und nicht nur Auferstehung zu einem neuen Leben. Heilung bedeutet ganz einfach auch Trost und lindernder Balsam, der wiedergutmacht und wiederherstellt.

Manchmal predigen und lehren wir so leidenschaftlich über die Vergebung und die Kreuzigung, daß wir die anderen Aspekte des Kommens Jesu aus den Augen verlieren:

> Jedoch unsere Leiden – er hat sie getragen, und *unsere Schmerzen – er hat sie auf sich geladen.* Wir aber, wir hielten ihn für bestraft, von Gott geschlagen und niedergebeugt. Doch er war durchbohrt um unserer Vergehen willen, zerschlagen um unserer Sünden willen. Die Strafe lag auf ihm zu unserm Frieden, und *durch seine Striemen ist uns Heilung geworden.* Wir alle irrten umher wie Schafe, wir wandten uns jeder auf seinen eigenen Weg; aber der Herr ließ ihn treffen unser aller Schuld. (Jes 53,4-6)

Jemand fragt vielleicht: „Ist denn die Auferstehung nicht in sich auch eine Heilung?" Unsere Antwort lautet: „Ja, aber sie deckt nicht alle Bereiche ab." Vielleicht hilft uns zur Verdeutlichung eine einfache Analogie: Immer wenn ich als Junge im Garten meine Hacke hinwarf und über den Zaun sprang, um Basketball zu spielen (was ich tatsächlich mehr als nur einmal tat), habe ich eine Sünde des Ungehorsams begangen. Wenn ich mit meinen Arbeiten, die mir aufgetragen worden waren, fertig gewesen wäre, wäre es auch völlig in Ordnung gewesen, Basketball zu spielen. Doch ich war ungehorsam und stahl diese Zeit; natürlich habe ich meine Eltern auch angelogen als sie nachfragten. Dadurch fühlte ich mich nicht nur schuldig und hatte Angst, alles könnte ans Licht kommen; darüberhinaus verspürte ich einen Schmerz in meinem Herzen und meine Fähigkeit, Papa und Mama unbefangen unter die Augen zu treten, wurde beeinträchtigt.

Damit gehe ich nun zu einem Seelsorger, gleich darauf oder auch erst später. Vielleicht entlockt er mir ein Bekenntnis und spricht Vergebung aus. Vielleicht bringt er mich dazu, es auch meinen Eltern zu bekennen und Vergebung zu empfangen. Vielleicht ist er auch weise genug, all den Groll aufzuspüren, den ich eventuell darüber hege, daß ich arbeiten muß, obwohl ich doch viel lieber mit meinen Freunden Basketball spielen würde; vielleicht kommt er auch allen möglichen geschwisterlichen Eifersüchteleien und anderen Faktoren auf die Spur, die darüberhinaus hinter meinem Ungehorsam stehen. Vielleicht folgt er diesem roten Faden und hilft mir, alle Praktiken, die womöglich schon fest in mir verwurzelt sind, ans Kreuz zu bringen – Praktiken des Betrugs und der Vorspiegelung falscher Tatsachen, sowie die Angst, alles könnte auffliegen. Vielleicht bringt er den Jungen – oder den Erwachsenen, bei dem das Kind in seinem Inneren erst viele Jahre später entdeckt wird – dazu, sich voll und ganz mit seinen Eltern auszusöhnen, also über die bloße Vergebung hinauszugehen zur völligen Annahme und Wiedereingliederung ins Familienleben.

Das alles ist gut. Doch unter Umständen reicht es noch nicht aus. Wie sieht eine vollständige Heilung aus? Was fehlt in dem eben genannten Beispiel noch? Es geht darum, daß der Geist in mir und mein Herz durch Schuldgefühle, Entfremdung, Furcht vor Ablehnung, vielleicht auch durch Furcht vor weiterer Bestrafung und Einsamkeit verletzt wurde. Beachten Sie hierzu Jesajas Beschreibung:

> Wohin wollt ihr noch geschlagen werden, die ihr eure Widerspenstigkeit nur vermehrt? Das ganze Haupt ist krank, und das ganze Herz ist siech. Von der Fußsohle bis zum Haupt ist keine heile Stelle an ihm: Wunden und Striemen und frische Schläge; sie sind nicht ausgedrückt und nicht verbunden, noch mit Öl gelindert. (Jes 1,5-6)

Das sind nun keine poetischen Ausdrucksmittel; wenn wir nur Augen hätten, um in unser Herz und in unseren Geist zu blicken, dann sähen wir wirklich „Wunden und Striemen und frische Schläge".

„Ein Balsam dort zu Gilead heilt die sündgeschlag'ne Seel'" – wie wahr ist doch diese alte Hymne. Dieser Balsam ist das Öl des Geistes. Das Blut wäscht die Schuld weg. Sündige Strukturen werden ans Kreuz geschlagen. Jesu Auferstehungsleben stellt unser Leben wieder her. Doch bleiben immer noch Wunden und Striemen zurück, die seiner sanften Berührung bedürfen. Das „Öl des Geistes" ist der Trost seiner heilenden Gegenwart.

Gegen Abend tastete der Hirte die Gesichter und Ohren seiner Schafe nach Zecken ab. Wenn er eine fand, riß er sie nicht heraus, weil er befürchtete, es könnte ein Rückstand bleiben, der eine Krankheit verursachen würde. Stattdessen goß er Öl über die Zecke bis diese erstickte und schließlich von selbst abfiel. Doch das Öl bewirkte noch mehr als das. Es wirkte wohltuend auf der trockenen, sonnengegerbten Haut. Es drang in die Wunde ein wie eine antiseptische Salbe. Doch am wichtigsten war, daß es einfach Linderung und Heilung brachte.

Wie schrecklich wäre es gewesen, Lazarus aus dem Grab herauszurufen und ihn dann nicht von den Binden und Tüchern zu befreien (Joh 11,44)! Doch war es nicht nur so, daß Lazarus freigemacht werden mußte; wenn wir für einen Augenblick ganz praktisch denken, dann würde es uns doch auch entsetzlich vorkommen, ihn zum Leben zu erwecken, aber nichts gegen den zerstörerischen Einfluß der Krankheit oder des Leidens zu unternehmen, das ursprünglich zu seinem Tod geführt hatte! Er brauchte mehr als die Auferstehung. Er brauchte körperliche Heilung sowie Linderung für jegliche Verletzung, die sein Geist durch den Tod und den Verlust der Gemeinschaft mit seinen Lieben, die er zurücklassen mußte, erlitten hatte.

So wie es sein soll, freuen wir uns, wenn eine verlorene Seele das Heil findet oder wenn eine Sünde entdeckt wird und man dafür Vergebung empfängt oder wenn irgendein uraltes Verhaltensmuster des Ichs ans Kreuz geschleppt wird. Doch haben wir uns vielleicht zu früh gefreut, zu früh die Aufgabe schon als abgeschlossen betrachtet? Vielleicht gibt es Wunden, die „... nicht ausgedrückt und nicht verbunden, noch mit Öl gelindert" sind? Dann wundern wir uns, warum dieser Mensch wieder in dieselbe Sünde zurückfällt. Natürlich hat der Fall eines Menschen viele Ursachen, doch wir müssen unsere Verantwortung ergreifen und unseren Auftrag vom Herrn, nämlich sein Heilungswerk zu tun, *voll und ganz* verstehen und auf den anderen anwenden.

Ich danke Gott, daß unser Herr meinem (Johns) Vater die Weisheit sowie die dafür erforderliche Gnade gab, zu wissen, wie notwendig es war, unseren verwundeten Geist zu heilen – ob ihm das je bewußt war, das sei dahingestellt. Mein Bruder und ich konnten ziemlich sicher erraten, wieviel Zeit nach einer Züchtigung verstreichen würde – normalerweise etwa eine halbe Stunde –, bis wir hören konnten, daß Papa zu uns nach oben kam und uns in seine Arme schloß – Hal auf dem einen Knie, ich auf dem anderen. „Ihr wißt, daß mir das mehr weh getan hat als euch, oder?" Wir dachten: „Hat es nicht, du gemeiner Schurke!" Dann drückte er uns an seine Brust und manchmal lief uns eine Träne von ihm über das Gesicht. Und obwohl unsere Herzen widerborstig waren, beruhigte uns der Balsam seiner Gegenwart durch und durch. Wir waren nicht nur zur Rechenschaft gezogen worden, hatten nicht nur Vergebung und Wiederherstellung erlebt, wir waren im Herzen geheilt worden.

Wenn Papa nicht auf diese Weise unseren Geist geheilt hätte, dann hätten wir zwar Vergebung und Züchtigung gekannt, doch irgendetwas an der Fähigkeit des Herzens, sich auszustrecken und in einer Umarmung auf den anderen einzugehen, wäre verstümmelt geblieben. Uns wären nach wie vor wunde Stellen und Hemmungen geblieben, die die Offenheit zwischen unseren Eltern und uns blockiert hätten. Wir hätten zwar innerhalb der Familie funktioniert wie zuvor und hätten doch in uns Löcher gehabt wie ein Schweizer Käse, Bereiche, in denen sich ein Herz, das nicht völlig geheilt war, auf ein Rollenspiel verlegt hätte, um die Unfähigkeit zu einer aufrichtigen und ungehemmten Umarmung zu kaschieren. Doch wer könnte diesem gütigen Herzen und diesen großen sanften Händen widerstehen? So wurden wir gezüchtigt, empfingen Vergebung, wurden wiederhergestellt und – geheilt.

Wir möchten den Leib Christi zur Heilung in diesem Sinne rufen, ihn darauf aufmerksam machen, welche Bereiche die heilende Berührung Jesu brauchen und ihn lehren, wie er mit einfachen Mitteln den inwendigen Geist eines jeden Menschen, dem wir dienen, anrühren und heilen kann.

Die erste Schwierigkeit, der wir begegnen, besteht darin, daß der Leib Christi und die Menschheit im allgemeinen das Bewußtsein fast völlig verloren hat, daß jeder von uns persönlich einen Geist hat, der ganz spezifische Funktionen ausübt und Bedürfnisse hat, die sich vom Herzen, vom Verstand und von der Seele unterscheiden. Darüber hinaus herrscht ziemlich viel Verwirrung und Uneinigkeit darüber, ob nun Seele und Geist wirklich zwei unterschiedliche Bereiche sind und – wenn ja – wie beide theologisch oder biblisch richtig zu interpretieren und voneinander zu unterscheiden sind.

Nun ist es so, daß Paula und ich kein besonderes Interesse oder besondere Anteilnahme an der Beilegung biblischer oder theologischer Debatten haben; wir hoffen vielmehr, nicht in sie hineingezogen zu werden. Wir werden die Worte „Seele“ und „Geist“ in beschreibender Form verwenden, um den Menschen Verständnishilfen für ihren Dienst zu geben. Wenn ein Gelehrter, der des Griechischen oder des Hebräischen oder der Theologie oder bestimmter Lehrmeinungen kundig ist, Einwände hat, dann möge er alle Worte, die zu seiner Theologie passen auf unsere Bedeutungsinhalte übertragen. Wir wissen, daß wir fest auf Christus gegründet sind und Früchte sind für uns von besonderer Bedeutung; obwohl wir versuchen, von der Lehre und von der Theologie her so exakt und wahrhaftig wie möglich zu sein, wissen wir, daß wir nicht in die theologischen Traditionen jedes einzelnen hineinpassen können. Unsere Definitionen von „Seele" und „Geist" sollen einzig und allein unser Verständnis deutlich machen, damit wir diese Diskussion dann auf den Trost und die Heilung von Menschen ausrichten können.

Paula und ich haben die „New American Standard" Version der Bibel gebrauchen und lieben gelernt und wissen, daß sie zu den wissenschaftlichsten und exaktesten Ausgaben gehört. Es ist uns bewußt, daß einige der Meinung sind, die „King James" Version wäre nicht so genau, doch uns gefällt ganz besonders die „King James" Übersetzung von 1.Mose 2,7: „Und Gott, der Herr, formte den Menschen aus dem Staub der Erde und *hauchte* den Hauch des *Lebens* in seine Nase; und der Mensch wurde eine *lebendige Seele*" (wörtl.a.d.Engl.).

Das beschreibt den Prozeß, so wie wir ihn sehen. Zunächst haucht Gott unseren Geist in uns und dann *werden* wir eine Seele. Das hebräische Wort für „Hauch" heißt „ruach"; wir verstehen darunter diesen Hauch des göttlichen Lebens, der unser eigener Geist ist. Soweit wir es erkennen, geschieht nun folgendes: Während unser Geist die Ereignisse des Lebens in unserem Körper erlebt und darauf reagiert, wird unsere Seele geformt. Die Seele ist in unseren Augen die Struktur des Herzens und des Verstandes, des Charakters und der Persönlichkeit, durch die unser Geist immer wieder dem Leben begegnet und sich in seiner Reaktion darauf ausdrückt, je nachdem wie er eine Erfahrung interpretiert hat. Das „Ich" ist für uns eine Komponente unserer Seele. Im Verlauf der Entwicklung unserer Charakterstruktur, in der Verstand und Herz ineinandergreifen, wird die ganze Seele in manchen Bereichen zu einem Tempel, durch den unser Geist in Herrlichkeit Gott anbetet und anderen begegnet, in anderen Bereichen jedoch zu einem Gefängnis oder – noch schlimmer – zu einem Kampfpanzer, durch den unser Geist andere angreift.

Wir glauben nicht, daß Seele und Geist räumlich voneinander getrennt sind, denn unser Geist durchdringt jeden Teil von uns. Wir sehen jedoch unterschiedliche Funktionen. Die Seele ist eigentlich wie ein Gewand; der Geist lebt in und durch dieses Gewand. In der ganzen Bibel, von den Feigenblättern und den Leibröcken aus Fell in 1.Mose 3, bis zur feinen Leinwand, also den gerechten Taten der Heiligen in Offenbarung 19,8, und insbesondere in der Metapher in Kolosser 3, in der die Rede davon ist, daß wir die Ungerechtigkeit aus- und die Gerechtigkeit anziehen sollen, so wie man ein Kleid aus- bzw. anzieht, überall verwendet der Herr die Metapher der Kleidung, um Aspekte unserer Seele zu beschreiben. Andere mögen diese Verknüpfung von Verhaltensweisen vielleicht „den alten Menschen" oder „das fleischliche Wesen“ oder „unser nicht erneuertes Ich“ nennen. Diese Begriffe sind vom biblischen Standpunkt betrachtet korrekt. Wir sehen diesen „alten Menschen“ einfach als Teil unserer Seele, also als Teil unserer Gesamtstruktur, durch die unser Geist unsere Identität in der Gesamtheit des Lebens ausdrückt. Jeder Teil von uns – Leib, Seele und Geist – muß erlöst werden. Am Ende werden wir, die wir in Christus sind, wie Paulus voraussagte, diese „Kleidungs-Metapher“ erfüllen:

> Denn dieses Verwesliche muß Unverweslichkeit *anziehen* und dieses Sterbliche Unsterblichkeit *anziehen.* Wenn aber dieses Verwesliche Unverweslichkeit *anziehen* und dieses Sterbliche Unsterblichkeit *anziehen* wird, dann wird das Wort erfüllt werden, das geschrieben steht: „Verschlungen ist der Tod im Sieg.“. (1.Kor 15,53-54)

Dann werden wir vollständig und ein für allemal zu der vervollkommneten Seele geworden sein, die wir jetzt nur wie ein Gewand tragen und unvollkommen ausdrücken. Geist, Seele und Leib werden sein, wie Paulus es in seinem Gebet sagt: „vollständig…(und) untadelig bewahrt…bei der Ankunft unseres Herrn Jesus Christus“ (1.Thes 5,23).

Bis zu diesem Zeitpunkt müssen wir – als Vorbereitung darauf – Anteil nehmen am Prozeß der Reinigung und Heilung des Herzens und des Geistes. Wir müssen die Funktionen und Bedürfnisse unseres Geistes erkennen, damit Jesus uns heil mache.

Die erste Funktion unseres Geistes ist die Anbetung Gottes. Im weiteren, insbesondere in Kapitel 5 „Der schlummernde Geist“, werden wir sehen, wodurch es dem Geist möglich wird, *in Wahrheit* anzubeten und was ihn davon abhält.

Es ist eine Tatsache, daß unser Geist viele unterschiedliche Funktionen erfüllt. So wie unser Körper ernährt werden muß, um gesund zu bleiben, so muß auch unser persönlicher Geist genährt und diszipliniert werden, ansonsten kann er nicht so wie Gott es beabsichtigt hat, bestehen und funktionieren. Es ist erschreckend, daß heutzutage fast niemand im Leib Christi, geschweige denn in der Welt, die unumstößliche Tatsache versteht, daß unser Geist Nahrung braucht!

Ein schmerzliches Paradoxon besteht darin, daß Eltern, die pflichtbewußt sein wollen, den Körper ihrer Kinder kenntnisreich mit drei ausgewogenen Mahlzeiten am Tag ernähren, dafür Sorge tragen, daß deren Verstand durch schulische Bildung, Bücher und durch vielerlei Training und Übungen richtig genährt wird und sich auch darum kümmern, daß deren Seele in der Sonntagsschule im Wort Gottes geübt wird. Doch dieselben gewissenhaften Eltern sind sich womöglich überhaupt nicht dessen bewußt, daß der vorrangige und unsterbliche Teil des Menschen – sein Geist – noch viel sorgsameres Training und Nahrung braucht!

Wenn wir von unterschiedlichen Funktionen unseres Geistes sprechen, dann verstehen Sie uns bitte richtig: Wir reden hier nicht nach Art des Doketismus, so als ob unser Geist von unserem Leib ausgegliedert und getrennt wäre. Was den Körper berührt, berührt auch den Geist. Wir sind „fleischgewordene" Wesen. Das bedeutet, daß wir keine Geistwesen sind, die *in* einem Körper wohnen, so wie Wasser eine Schüssel füllt. Wir sind ein geistlicher Körper. „Und das Wort *wurde* Fleisch und wohnte unter uns..." (Joh 1,14a). Es ist nicht so, daß unser Herr vom Himmel herabgekommen wäre, einen Leib angezogen hätte, so wie man sich einen Anzug anzieht und dann wieder in den Himmel zurückgekehrt wäre, um wie zuvor ein Geistwesen zu sein. Diese Denkweise rührt vom Doketismus her – abgeleitet von dem griechischen Wort „docein" „den Anschein haben" –, so als ob Jesus nur scheinbar ein körperliches Wesen gewesen wäre, in Wirklichkeit jedoch ein vom Fleisch getrenntes Wesen.

Das Wort *wurde* Fleisch, es hat nicht wie ein Besucher in einem Körper nur gewohnt. In seinem Körper ist Jesus auferstanden, um nie mehr ohne den menschlichen Körper zu sein. Unser Geist *wird* Fleisch; wir *sind* dieser Körper; Geist und Leib sind eins geworden, wenngleich sie sich weiterhin voneinander unterscheiden. *Im Tod wird die Einheit von Geist und Leib aufgespalten.* Wenn unser Geist seine Vereinigung mit dem Leib, durch die er ihn als funktionierende und mit ihm vereinte Realität am Leben erhält, nicht mehr aufrechterhalten kann, kehrt er zu Gott zurück. Tod bedeutet dann: „Und der Staub kehrt zur Erde zurück, so wie er gewesen, und der Geist kehrt zu Gott zurück, der ihn gegeben hat" (Pred 12,7).

Wir wurden nicht für den Tod geschaffen. Gott hat uns so konzipiert, daß Geist und Leib einander am Leben erhalten sollten, wobei der Geist den Leib derart heilt und verjüngt, daß diese Einheit nie aufgespaltet hätte werden müssen. Die Sünde hat die Fähigkeit des persönlichen Geistes, den Leib zu bewahren, vernichtet. In Hesekiel 18,4 heißt es: „Die Seele, die sündigt, sie soll sterben." Der Herr ist sehr sorgfältig in seinem Gebrauch der Worte „Seele" und „Geist". Wenn er „Seele" sagt, dann spricht er unserer Meinung nach von unserem gesamten inneren Menschen, von Herz, Verstand und Seele und in all dem ist der Geist. Doch manchmal bezieht er sich ganz spezifisch auf unseren Geist, wie in Johannes 4,23 oder in den Worten des Paulus in 1.Thessalonicher 5,23: „...und *vollständig* möge euer

Geist und *Seele* und *Leib* untadelig bewahrt werden bei der Ankunft unseres Herrn Jesus Christus."

Manchmal spricht die Bibel über das, was unser Herr in seiner Seele fühlte, z.B. beim letzten Abendmahl: „Jetzt ist meine *Seele* bestürzt" (Joh 12,27), oder im Garten Gethsemane: „Meine *Seele* ist sehr betrübt, bis zum Tod" (Mt 26,38). An anderer Stelle spricht das Wort Gottes ganz spezifisch von dem, was er in seinem Geist fühlte, z.B. vor dem Grab des Lazarus: „Als nun Jesus sah, wie sie weinte...fühlte er sich im *Geist* heftig bewegt und erschüttert..." (Joh 11,33; Menge); beim letzten Abendmahl, als er verkündete, daß ihn jemand verraten würde „...wurde er im *Geist* erschüttert..." (Joh 13,21); am Kreuz: „...in deine Hände übergebe ich meinen *Geist*" (Lk 23,46). Nach seiner Auferstehung: „...denn ein *Geist* hat nicht Fleisch und Bein, wie ihr seht, daß ich habe" (Lk 24,39). Wenn das Wort Gottes von anderen Menschen spricht, z.B. von Paulus, ist es genauso exakt: „Während aber Paulus sie in Athen erwartete, wurde sein *Geist* in ihm erregt, da er die Stadt voll von Götzenbildern sah" (Apg 17,16); oder von Maria: „Meine *Seele* erhebt den Herrn, und mein *Geist* hat frohlockt in Gott, meinem Heiland" (Lk 1,46-47). Das ließe darauf schließen, daß ihre Seele jetzt fähig ist, den Herrn zu erheben, weil ihr Geist frohlockt *hat*. In jedem Fall wählt der Heilige Geist die Worte äußerst treffend aus. Unser Herr spricht absichtlich vom persönlichen Geist und differenziert ihn von Herz, Verstand und Seele.

Wenn er nun sagt, die Seele die sündigt, müsse sterben, dann meint er damit unserer Einschätzung nach folgendes: Unser Geist verliert seine Fähigkeit, Gott und andere Menschen zu suchen und zu umarmen; infolgedessen sind die Strukturen und Wünsche unserer Seele und unseres Herzens nicht mehr funktionsfähig. Folglich neigen sie dazu zu blockieren. Deshalb stirbt in uns die Fähigkeit, mit Gott, den Menschen, der Natur und mit uns selbst so in Beziehung zu treten, wie es ursprünglich beabsichtigt gewesen war. Wenn die sündhaften Strukturen der Gedankenwelt und des Herzens weiterbestehen und der Geist immer schwächer wird, leidet der Körper.

> Da ich's verschwieg, zerfiel mein Gebein ob meines unablässigen Stöhnens; denn Tag und Nacht lag deine Hand schwer auf mir, vertrocknet war mein Lebenssaft wie durch Gluten des Sommers. Da bekannte ich dir meine Sünde, und meine Schuld verbarg ich nicht. Ich sprach: „Bekennen will ich dem Herrn meine Übertretung"; du aber vergabst mir die Schuld meiner Sünde. (Ps 32,3-5; ZÜ)

Letztlich folgt darauf vielleicht der körperliche Tod. Wenn die Erlösung der ganzen Menschheit schließlich vollkommen und die Sünde nicht mehr sein wird, „dann wird das Wort erfüllt werden, das geschrieben steht: '*Verschlungen ist der Tod im Sieg.*'" (1.Kor 15,54).

Der eine oder andere neigt jetzt vielleicht dazu zu denken, wenn ein Christ fähig wäre, einzig und allein in Christus zu leben, dann würde er auch nicht sterben müssen. Doch wir sind einer derartigen Vollkommenheit nicht fähig, und – was noch viel wichtiger ist – wir sind Gemeinschaftswesen, die unter den Sünden anderer leiden. Deshalb wird niemand ewig leben ohne je den Tod zu sehen bis Christi Ziel für all die Seinen schließlich erreicht ist: „Als *letzter* Feind wird der Tod weggetan" (1.Kor 15,26).

Im Rahmen dieser Diskussion stoßen wir auf einige andere Funktionen des Geistes. Wenn seine erste Funktion die Anbetung ist, dann besteht die zweite darin, unseren Körper am Leben und funktionstüchtig zu erhalten. Wenn wir von all den brauchbaren medizinischen Definitionen des Todes einmal absehen, weiß ein Christ, daß der Tod dann eintritt, wenn der Geist nicht länger im Körper wohnen kann und ihn verläßt (Pred 12,7). In zahllosen Büchern, die das Leben nach dem Tode beschreiben, finden sich hunderte von Zeugnissen, die einhellig davon sprechen, daß der Geist den Körper verlassen habe und wieder zu ihm zurückgekehrt sei. Offensichtlich braucht unser Geist einen Körper, der imstande ist, in bestimmter und notwendiger Hinsicht zu funktionieren – wenngleich er in anderer Hinsicht Zerbruch und Verlust erleiden kann –, oder die Einheit von Geist und Leib wird aufgebrochen und der Geist muß „zu Gott zurückkehren, der ihn gegeben hat". Wie der Geist den Körper am Leben erhält und Antrieb gibt, und wie der Körper den Geist beherbergt und beschützt, weiß niemand. Doch die wechselseitige psychosomatische Beziehung zwischen beiden wird sowohl in der Heiligen Schrift als auch in der psychosomatischen Medizin hinreichend dokumentiert (wenngleich einige medizinische Wissenschaftler diese lebensspendende Kraft oder „Psyche" in uns nicht „Geist" nennen würden, wie Christen es tun). Allein die Tatsache, daß der Körper, ab dem Moment da ihn der Geist verläßt, augenblicklich zu zerfallen beginnt, und zwar so, daß man ihn mit natürlichen Mitteln nicht mehr „reparieren" kann, sollte uns Beweis genug sein, daß der Geist den Körper am Leben erhält und ihn vom Tod fernhält, solange ihm das möglich ist.

Die dritte grundlegende Funktion unseres Geistes ist die Fähigkeit, mit anderen in Beziehung zu treten – über den eigenen Körper und manchmal auch über die eigenen fünf Sinne hinaus sich auszustrecken, Raum zu überbrücken, um dem anderen zu begegnen und in wechselseitige Aktion und Reaktion einzutreten. Darin liegt nichts Seltsames, nichts Eigenartiges, nichts Mystisches. Wenn ein Vater sein kleines Kind im Arm hält, fließt der Geist beider Menschen über den Körper hinaus und durch den anderen hindurch. Das ist es, was diesen Momenten eine solche Zartheit verleiht. Dadurch wird die Liebe zu einem realen und praktischen Austausch von Energien anstelle eines Gefühls oder einer Haltung der Isoliertheit in der jeweiligen für sich allein stehenden Einzelperson. Wenn Paulus sagt: „Oder wißt ihr nicht, daß, wer der Hure anhängt, *ein Leib mit ihr* ist?“ (1.Kor 6,16), dann ist es diese Begegnung und Vereinigung des Geistes zweier Menschen in und durch die menschliche Berührung, die über den bloßen Hautkontakt hinaus eine Einheit mit dem anderen eingeht, die die Grundlage seiner Aussage darstellt, der Mann sei „ein Leib mit ihr“.

Jeder von uns hat schon manchmal die Gegenwart eines anderen Menschen in einem Zimmer gespürt, vielleicht einen kurzen Augenblick bevor wir uns umdrehten und zu dem exakten Punkt schauten, wo der andere unserem inneren geistlichen Gespür nach sein müßte; oder wir spürten Energie, bohrend glotzende Augen, drehten uns um und erblickten tatsächlich jemanden, der uns anstarrte. Als Paula und ich noch auf dem College waren, kehrten wir eines Tages von einem Wochenendbesuch bei meinen Eltern zurück und verspürten – obwohl wir niemanden sahen – auf dem Universitätsgelände eine derart bedrückende Atmosphäre, die selbst dem unempfindlichsten und am wenigsten mystisch veranlagten Menschen aufgefallen wäre. Später erfuhren wir, daß am Vormittag desselben Tages vier, von allen geschätzte Studenten, in einem Autounfall ums Leben gekommen waren. Die Traurigkeit des Geistes all derer, die auf dem Universitätsgelände waren, war eine überwältigende und reale Energie, die überall zu spüren war. In einer Zeit, in der es für jeden normal ist, daß Funk- und Fernsehwellen die Luft um uns herum erfüllen, sollte auch niemand darüber erstaunt sein, daß unser Geist „Vibrationen“ oder Energie oder eine Art von Strahlung aussendet (wie auch immer man diese Strahlung bezeichnen möchte), die über unseren Körper hinausgeht.

Weil sich unser Geist zu einer anderen Person hin ausstrecken und fühlen kann, was in ihrem Innersten vorgeht, sind wir fähig, Einfühlungsvermögen zu entwickeln und auf der tiefsten Ebene am anderen Anteil zu nehmen. Den Raum überbrückend begegnen wir dem anderen, haben mit ihm Gemeinschaft und treten in eine stille Kommunikation mit ihm ein. In seinen Augen, in seiner Mimik, in seinem Tonfall und in seinen Worten suchen wir nach Zeichen, die das bestätigen. Manchmal stehen wir verblüfft oder verletzt vor der Tatsache, daß unser Freund, der offensichtlich in seinem Geist betrübt ist, ein so guter

Schauspieler ist, daß uns seine Augen, sein Gesichtsausdruck und seine Stimme dennoch vermitteln, daß er glücklich ist. Als ich noch meine Runde machte und Gemeindemitglieder im Krankenhaus besuchte, wandte ich mich einmal – wie ich es stets zu tun pflegte – zu einer Dame im Bett nebenan, die ich nicht kannte, um für sie zu beten. Jedoch als ich zu beten begann, bemerkte ich, wie mich der Heilige Geist unerklärlicherweise zurückhielt. Ich brachte kein Wort heraus, stand einfach nur da, betete lange Zeit still vor mich hin und ließ den Heiligen Geist von mir zu ihr fließen. Nachdem ich ein wenig peinlich berührt „Amen" gesagt hatte, sah ich zu meiner Überraschung wie ihr Gesicht voll Freude strahlte; sie rief: „Oh, vielen Dank! Vielen Dank!"

„Wofür?", fragte ich.

„Weil Sie Gemeinschaft mit mir hatten. Ich bin Quäkerin und Sie haben mir soeben Gemeinschaft im Geist geschenkt. Woher wußten Sie das!?"

Natürlich hatte ich es nicht gewußt, der Heilige Geist jedoch schon. Quäker stimmen sich nur bewußt auf das ein, was wir alle bei jeder Art von Begegnung und Einheit im Geist spüren – manchmal ist es leicht und fröhlich, manchmal traurig oder spannungsgeladen, manchmal beschießen wir uns mit Pfeilen der Feindseligkeit, manchmal werden wir erfrischt, manchmal lastet eine Schwere auf uns. So wie man nicht zweimal in denselben Fluß steigen kann, ist auch eine Begegnung mit einem Menschen jedesmal anders, je nachdem, was im jeweiligen Augenblick von seinem Geist zu uns durchdringt. Gespräche, die in einer bestimmten Art und Weise geführt werden und sich um bestimmte Themen drehen, in die wir scheinbar nur so hineingeschlittert sind, werden oft vom Einfühlungsvermögen unseres Geistes geleitet. Eine vorrangige und grundlegende Funktion unseres Geistes besteht darin, es uns zu ermöglichen, anderen und Gott zu begegnen und mit ihnen Gemeinschaft zu haben.

Im fünften Kapitel werden wir im Detail auf neun Funktionen unseres Geistes eingehen. Anbetung, Gemeinschaft mit anderen und das Leben im Körper aufrechtzuerhalten – diese drei Funktionen betrachten wir jedoch als entscheidend und grundlegend. Die erste bezieht sich auf unsere Fähigkeit Gott zu begegnen, uns ihm hinzugeben und ihn anzubeten; die zweite auf unsere Fähigkeit zur Gemeinschaft und Kommunikation mit Gott, dem Nächsten und der Natur; die dritte auf unsere Fähigkeit, mit uns selbst in Beziehung zu treten.

Wenn wir verstehen, daß unser Geist innerhalb dieser grundlegenden Funktionen agiert und daß wir „fleischgeworden" sind, d.h. daß unser Geist in und durch all das agiert, was unser Körper ist und darstellt, dann sind wir bereit, zu versuchen, die entscheidende Frage dieses Buches zu beantworten: „Welche Nahrung braucht der Geist eines Menschen und wie empfängt er sie?"

Unser Geist findet seine Nahrung in seinem Ausgangspunkt, also in Gott. Persönliche Hingabe und gemeinschaftliche Anbetung sind die zentrale „Ernährungsgrundlage" unseres Geistes. Es ist vorgesehen, daß der Heilige Geist die Kraft unseres Lebens ist. „Der Geist ist es, der lebendig macht…" (Joh 6,63a). Was kann ihn davon abhalten, uns zu ernähren? Mangelnde Hingabe. Was gibt ihm die Möglichkeit, uns zu ernähren? Hingabe im Gebet. Kinder, die zum Beten noch zu jung sind oder nicht wissen, wie das geht, werden durch ein Leben der Hingabe ihrer Eltern mit der Gegenwart des Heiligen Geistes erfüllt. Die Fürbitte – wenn Freunde oder Fremde für uns beten – erfüllt uns alle mit seinem Leben. Somit ist das Gebet der Schlüssel zum Leben.

Wie oft hörten wir betende Heilige bezeugen, sie merkten es sofort, wenn sie auch nur einen Tag nicht beten; nach zwei Tagen merkt es der Partner; nach drei Tagen die ganze Welt! Wir können am Sonntag oder durch die Fürbitte anderer auftanken; doch jeder erfahrene Christ weiß, daß er früher oder später wieder in seinem eigenen Gebetsleben zur Gegenwart Gottes zurückkehren muß; wenn er das nicht tut, verliert er seine geistliche Kapazität so zu funktionieren wie er soll. Ich kenne keinen geistlich gesunden Leiter, der nicht wüßte, daß sein Geist unbedingt täglich, von Augenblick zu Augenblick in der Gegenwart unseres liebenden Herrn Nahrung finden muß. Schon der jüngste Christ, der sich erst vor wenigen Tagen bekehrt hat, lernt, daß er nur dann in Christus wandeln kann, wenn sein eigener Geist kontinuierlich und regelmäßig durch privates Gebet und Anbetung „aufgeladen" wird.

Wir alle kennen diese einfache Wahrheit. Doch zwei Dinge sind daran eigenartig. Erstens: Wir vergessen sie so leicht und so oft. Doch der zweite Punkt ist noch viel eigenartiger: Irgendwie wenden wir nur selten denselben gesunden Menschenverstand an, wenn es um die Nöte eines Kindes geht! Glauben wir etwa, sein Geist könne auf immer und ewig nur aufgrund einer einzigen, anfänglichen Aufladung aus Gottes unerschöpflichem Reservoir funktionieren? Vielleicht lassen wir uns von der natürlichen Vitalität und dem Überschwang der Kinder betören. Wir schreiben dieses Buch, um Wunden und Sünden zu offenbaren, und hier liegen die am weitest verbreiteten und schmerzlichsten von allen verborgen! Wenn Eltern nicht regelmäßig mit und für ihr Kind beten, wird dessen Geist buchstäblich verhungern und verwelken! Wie oft hat Jesus versucht, uns zu sagen, daß er selbst Nahrung und Trank für unseren Geist ist?

> Jesus antwortete und sprach zu ihr: Jeden, der von diesem Wasser trinkt, wird wieder dürsten; wer aber von dem Wasser trinken wird, das ich ihm geben werde, den wird nicht dürsten in Ewigkeit; sondern das Wasser, das ich ihm geben werde, wird in ihm eine Quelle Wassers werden, das ins ewige Leben quillt. (Joh 4,13-14)

> Ich bin das lebendige Brot, das aus dem Himmel herabgekommen ist; wenn jemand von diesem Brot ißt, wird er leben in Ewigkeit. Das Brot aber, das ich geben werde, ist mein Fleisch, das ich geben werde für das Leben der Welt. (Joh 6,51)

> Da sprach Jesus zu ihnen: Wahrlich, wahrlich, ich sage euch: Wenn ihr nicht das Fleisch des Sohnes des Menschen eßt und sein Blut trinkt, so habt ihr kein Leben in euch selbst. Wer mein Fleisch ißt und mein Blut trinkt, hat ewiges Leben, und ich werde ihn auferwecken am letzten Tag; denn mein Fleisch ist wahre Speise, und mein Blut ist wahrer Trank. Wer mein Fleisch ißt und mein Blut trinkt, bleibt in mir und ich in ihm. (Joh 6,53-56)

> Bleibt in mir und ich in euch. Wie die Rebe nicht von sich selbst Frucht bringen kann, sie bleibe denn am Weinstock, so auch ihr nicht, ihr bleibt denn in mir. Ich bin der Weinstock, ihr seid die Reben. Wer in mir bleibt und ich in ihm, der bringt viel Frucht, denn getrennt von mir könnt ihr nichts tun. Wenn jemand nicht in mir bleibt, so wird er hinausgeworfen wie die Rebe und verdorrt; und man sammelt sie und wirft sie ins Feuer, und sie verbrennen. (Joh 15,4-6)

O wenn doch der Leib Christi endlich so praktisch und wahrheitsgetreu über den Geist denken würde wie über den Körper! Keine gewissenhafte Mutter wird es versäumen, ihrem Kind drei ausgewogene Mahlzeiten am Tag zuzubereiten. In Hunger und Armut, in Zeiten, in denen sie weiß, daß sie ihre Lieben nicht ernähren kann, ist sie am Boden zerstört. Bilder von verhungernden Kindern betrüben unsere Herzen. Wenn es nur irgendeine Möglichkeit gäbe, daß Eltern den Geist ihres Kindes auf genau dieselbe Weise sehen könnten, wie sie diese Photos sehen! Können wir nicht endlich erkennen, daß unser Geist vielleicht noch viel dringender als unser Körper Nahrung braucht?

Sobald wir das einmal erkannt haben ist dic Lösung so einfach: Ein Gebet beim Zu-Bett-Gehen. Ein Dankgebet vor dem Essen. Ein kurzer Segenswunsch bevor die Kinder zum Schulbus gehen. Ein kurzes, spontanes Gebet für die Kinder untertags. Unseren Herrn als jemanden zu kennen, mit dem wir leben und gehen, nicht als etwas, das wir in Katastrophenzeiten an uns reißen, wenn alles andere versagt. Die Sonntagsschule. Der regelmäßige Anbetungsgottesdienst. Christus in unserem ganzen Leben in der Gemeinde (und in der Welt), und zwar in seiner liebenden Gegenwart, die uns begegnet, lehrt, kräftigt, zur Verantwortung zieht, vergibt, züchtigt, heilt, wiederherstellt. Niemals bloße Form, Gesetz oder Religion ohne Beziehung.

Wenn Eltern zu uns in die Seelsorge kommen, deren Kinder in die Irre gehen, hören wir so oft folgendes: „Ich kann es einfach nicht verstehen. Wir haben ihnen doch alles gegeben! Ein gutes Zuhause, dreimal am Tag was Richtiges zu essen – ihnen hat nie etwas gefehlt." Nach wenigen Fragen wird jedoch deutlich, daß die wichtigste Form der Nahrung fast völlig gefehlt hat. Sie hatten nie auch nur einen Gedanken an den Geist ihrer Kinder verschwendet. Einige von ihnen hatten ihre Kinder in die Sonntagsschule gebracht oder in den Gottesdienst mitgenommen und somit deren Seele ein wenig Nahrung gegeben; der Geist mußte so jedoch mit einer kurzen Mahlzeit pro Woche auskommen. Welche Eltern würden auf den Gedanken kommen, ihr Kind bräuchte nur einmal in der Woche etwas essen und würde dennoch stark genug sein, um wie ein normales Kind zu leben? Möge der Leser selbst nachdenken, ob ihm zumindest ein paar Eltern einfallen, die derart denken und handeln, daß sie bewußt und gewissenhaft den *Geist* ihrer Kinder täglich in der Gegenwart und Kraft des Heiligen Geistes *nähren* und *versorgen*. Erkennen wir, daß wir noch nie in diesen Kategorien gedacht, geschweige denn nach ihnen gehandelt haben? Hierin liegt die vorrangige und erschütterndste Verwundung der meisten Kinder, denen wir dann dienen, wenn sie erwachsen geworden sind.

Die Regel lautet (vorausgesetzt, daß fast niemand der Meinung ist, der persönliche Geist müsse täglich ernährt werden): In Familien, in denen viel Gebet und liebevoller Körperkontakt auf der Tagesordnung stehen, sind Kinder weniger ausgehungert oder verwundet. In Familien, in denen es nur wenig oder überhaupt nichts davon gibt, trauert der Geist des Kindes und verhungert. Der Geist in ihm ist zornig und verletzt, unabhängig davon, ob sich der Verstand und das Herz dessen bewußt sind. Unser Verstand weiß vielleicht, daß ein Mangel vorhanden ist, doch unser Geist hungert quasi intuitiv. „Wie eine Hirschkuh lechzt nach Wasserbächen, so lechzt meine Seele (und der Geist in uns) nach dir, o Gott! Meine Seele dürstet nach Gott, nach dem lebendigen Gott..." (Ps 42,2-3a). Stellen Sie sich eine Sonnenblume vor, die in einem dunklen Raum steht; traurig und müde dreht sie ihren Kopf, um wenigstens einen winzigen Lichtstrahl zu finden; allmählich verwelkt sie, sackt zusammen und stirbt. Das ist ein durch und durch exaktes Bild des Geistes eines Kindes aus einem solchen Elternhaus. Später, in Kapitel fünf, werden wir sehen, warum diese Ausgangssituation die direkte Ursache für stetig wachsende Verbrechensziffern und alle Arten sexueller Perversion darstellt.

Wenn wir herausfinden, daß der Erwachsene, dem wir gerade dienen, in einem solchen Elternhaus groß geworden ist, bitten wir den Herrn, er möge das verhungernde Kind in diesem Menschen aufspüren und es in seine liebenden Arme schließen. Wir bitten ihn, diesem Menschen so viele Jahre wieder zu erstatten, wie der Vertilger aufgefressen und die Heuschrecke vernichtet hat (Joel 2,25). Dieses Gebet hat eine volle biblische Garantie: „Sogar mein Vater und meine Mutter haben mich verlassen, aber der Herr nimmt mich auf" (Ps 27,10). Wir bitten den Herrn, Tag für Tag zu diesem Menschen zu kommen, ihn zu umwerben und ihn durch seine Liebe wieder zum Leben zu erwecken. Nach dem Gebet sagen wir der Person, sie solle sich einer Gebetsgruppe anschließen und sich jede Woche eine Zeitlang in den „Gnadenstuhl" hineinfallen lassen (d.h. in die Gemeinschaft von Menschen, die sich um sie versammeln, für sie beten und ihr die Hände auflegen.). Ein Kind braucht viel, viel Körperkontakt.

Wenn das Kind alt genug ist, findet es – von sieben bis siebzig und bis ins Grab – die meiste Nahrung am Tisch des Herrn. Hat sich der Leser je gefragt, warum uns der Herr ausgerechnet folgendes Gebot gegeben hat?

> Denn ich habe von dem Herrn empfangen, was ich auch euch überliefert habe, daß der Herr Jesus in der Nacht, in der er überliefert wurde, Brot nahm, und als er gedankt hatte, es brach und sprach: Dies ist mein Leib, der für euch ist; dies tut zu meinem Gedächtnis. Ebenso auch den Kelch nach dem Mahl und sprach: Dieser Kelch ist der neue Bund in meinem Blut, dies tut, sooft ihr trinkt, zu meinem Gedächtnis. (1.Kor 11,23-25)

Dafür gibt es natürlich viele Gründe, wie z.B. Vergebung, Gedenken, das Erlebnis der Einheit, wenn man gemeinsam in Anbetung ißt, Heilung etc.. Doch ist es nicht auch möglich, daß der Herr so auch auf unser vorrangigstes Bedürfnis antwortete? Er wußte, daß sich unsere Seele und insbesondere unser Geist bei ihm durch einen einfachen Akt Nahrung holen mußten. Können wir ausgehend von diesem Punkt erkennen, daß es recht weise sein kann, wenn die römisch-katholische, sowie andere Kirchen, die eine Liturgie haben, zum täglichen Besuch der Heiligen Messe ermutigen? Was für einen Schatz habt ihr doch, meine römisch-katholischen Freunde! Wir Protestanten ernähren die Seele überreich mit dem Wort Gottes und das ist auch richtig so. Doch manchmal denke ich, daß wir den wichtigsten Ort der Nahrungsaufnahme für unseren Geist übersehen. Alle Glieder des Leibes Christi täten gut daran, voneinander zu lernen, damit die Tafel, an der wir uns in der Gegenwart des Herrn erfreuen, mehr und reichhaltigere Nahrung für Seele und Geist bieten möge. Damit will ich nun nicht sagen, daß nicht Katholiken und Protestanten gleichermaßen auch durch alle anderen Aspekte der Anbetung Nahrung erhielten; ich möchte nur gesagt haben, daß ich persönlich es schätze und weiß, daß der Tisch des Herrn meinem Geist reichhaltigere und unmittelbarere Nahrung bietet, als irgendetwas anderes, was mir bekannt ist. Ich glaube, das gilt für jeden von uns.

Es gibt noch andere Nahrung für den Geist. Das Lachen Gottes liegt im Kichern eines Freundes. Sein Geist berührt uns durch einen vorbeiflatternden Monarch-Schmetterling. Gott ist in allem und wirkt durch alles, um uns anzurühren. Doch das ist der Schlüssel: Nur wenn wir direkt mit ihm Gemeinschaft haben, bewahren wir die Fähigkeit, seinen Geist unseren Geist sinnerfüllt durch die Schöpfung anrühren zu lassen. In meinem Geist mußte ich weinen, als ich zusah, wie meine Freunde, die tot im Geiste sind, völlig gedankenlos und ohne das geringste Anzeichen eines geschärften Bewußtseins, eine Lilie abrissen. Hat sich nicht schon jeder von uns, die wir von Schönheit noch immer zutiefst bewegt werden können, in einer ähnlichen Situation gegrämt?

Die Schönheit scheint so vielen in dieser herzlosen Generation verlorengegangen zu sein. Gott schuf die Schönheit, um damit unserem müden Herz, Seele und Geist Nahrung zu geben. Es gab einmal eine Zeit, in der Maler und Musiker es als ihr höchstes Ziel ansahen, Schönheit zu schaffen. Die großartigen Werke, an denen sich unsere Seele und unser Geist labt, stammen nach wie vor von ihnen. Heutzutage stolziert jedoch schriller Nonsens über die Leinwände und Notenblätter, der der Welt ein Zeugnis über den Tod des verhungernden Geistes gibt, der nicht mehr in den erfrischenden Schöpfungsgesang der Schönheit einstimmen kann. Wie notwendig braucht diese Generation neue John Talbots, die Lieder zur Erquickung des Geistes der Kinder Gottes schreiben! Nur wenige Menschen wissen, wie die meisten Rockkonzerte und wie seltsame Gebilde auf Leinwand den Geist erzittern lassen. Wieviele Eltern nehmen heutzutage ihre Kinder zu so etwas Schönem wie Tschaikowskys „Nußknacker"-Ballett mit? Als Kind verbrachte ich den Sonntagnachmittag immer flach auf dem

Rücken liegend, mit meinem Kopf direkt unter dem Resonanzboden des Flügels, während meine Mutter Musik von Chopin, Debussy und anderen spielte – mein Geist bekam Flügel! Mir kam es vor, als ob die Noten in meinem Körper die Tonleiter in Herrlichkeit hinauf- und hinunterliefen. Wenn nicht aus solchen Augenblicken, woher schöpfen wir dann unser geistliches Stehvermögen? Selbst wenn ich in meinem Büro schreibe, streicheln Beethovens vierzehnte und achtzehnte Klaviersonate meinen Geist mit Inspiration.

Was meine Gefühle anbelangt, kann ich auf ähnlich gelagerte biblische Fälle verweisen. König Joram von Israel verpflichtete König Joschafat von Juda für seinen Krieg gegen Moab. Drei Tage lang suchten sie nach Wasser; als sie keins fanden, suchten sie nach einem Propheten. Als irgendjemand Elisa empfahl, erklärte dieser, er würde um Joschafats willen handeln und sagte: „Und nun holt mir einen Saitenspieler. Und es geschah, als der Saitenspieler spielte, da kam die Hand des Herrn über ihn.“ Elisa verkündete ihnen, es würde nicht regnen und dennoch würden sie Wasser bekommen; sie sollten Auffanggruben ausheben und bereit sein; und so geschah es auch (2.Kön 3,4-20).

In Anbetungsmusik sind die Schwingen des Geistes und ein Ort der Kraft. Als Salomos Tempel eingeweiht wurde, wählte und bildete man die Musiker und Sänger aus, die vor dem Herrn Musik machen sollten; daraufhin kam die Herrlichkeit des Herrn derart über sie, daß keiner mehr stehen konnte:

> Und es geschah, als die Priester aus dem Heiligen hinausgingen – denn alle Priester, die sich eingefunden hatten, hatten sich geheiligt, ohne sich an die Abteilungen zu halten – und als die Leviten, die Sänger waren, sie alle,...ihre Söhne und ihre Brüder, in Byssus gekleidet, mit Zimbeln und mit Harfen und Zithern an der Ostseite des Altars standen und bei ihnen etwa 120 Priester, die auf Trompeten trompeteten, – und es geschah, als die Trompeter und die Sänger wie ein Mann waren, um eine Stimme hören zu lassen, den Herrn zu loben und zu preisen, und als sie die Stimme erhoben mit Trompeten und Zimbeln und Musikinstrumenten beim Lob des Herrn: Denn er ist gütig, denn seine Gnade währt ewig! – da wurde das Haus, das Haus des Herrn, mit einer Wolke erfüllt. Und die Priester konnten wegen der Wolke nicht hinzutreten, um den Dienst zu verrichten. Denn die Herrlichkeit des Herrn erfüllte das Haus Gottes. (2.Chr 5,11-14)

Musik treibt unseren Geist an; sie ist selbst eine Kraft. Als der „böse Geist von Gott“ auf Saul war, ließ dieser David kommen; als jener sang und spielte, verließ ihn der böse Geist für eine Weile (1.Sam 16,14-23). Als Joschafat in die Schlacht zog, trug sich folgendes zu:

> Und sie machten sich des Morgens früh auf und zogen aus zur Wüste Tekoa. Und bei ihrem Auszug trat Joschafat hin und sagte: Hört mir zu, Juda und ihr Bewohner von Jerusalem! Glaubt an den Herrn, euren Gott, dann werdet ihr bestehen! Glaubt seinen Propheten, dann wird es euch gelingen! Und er beriet sich mit dem Volk und stellte Sänger für den Herrn auf, die Loblieder sangen in heiligem Schmuck, indem sie vor den zum Kampf Gerüsteten auszogen und sprachen: Preist den Herrn, denn seine Gnade währt ewig! Und zu der Zeit, da sie mit Jubel und Lobgesang anfingen, legte der Herr einen Hinterhalt gegen die Söhne Ammon, Moab und die vom Gebirge Seir, die gegen Juda gekommen waren; und sie wurden geschlagen. Und die Söhne Ammon und Moab standen auf gegen die Bewohner des Gebirges Seir, um an ihnen den Bann zu vollstrecken und sie auszutilgen. Und als sie die Bewohner von Seir aufgerieben hatten, halfen sie, sich gegenseitig umzubringen. (2.Chr 20.20-23)

Wie oft nähren wir Eltern den Geist unserer Kinder bewußt mit Anbetungsmusik? Paulas Mutter spielte auf dem Flügel, ihre Kinder versammelten sich um sie, und gemeinsam sangen sie die großartigen alten Hymnen des Glaubens. Meine Mutter und ich verbrachten viele gemeinsame Stunden, in denen sie die Hymnen Gottes spielte und ich sang. Unsere Familie, in der mittlerweile alle erwachsen sind, trifft sich in den Ferien, und wir singen gemeinsam Melodien oder beliebte, alte Weihnachtslieder.

Auch das Lesen ist Nahrung für Seele und Geist, es kommt jedoch darauf an, was wir lesen. Das Wort Gottes bietet einen vollständigen „Speiseplan“; es ist Nahrung für Herz, Seele *und Geist.* In Epheser 3,16 betet Paulus, daß die Epheser „…mit Kraft gestärkt…werden durch seinen Geist an dem inneren Menschen“. Wir müssen im Geist stark sein, um für Christus in der Welt bestehen zu können. Wir haben folgendes herausgefunden: Wenn Ratsuchende, die zwar jede andere Art von Nahrung für ihren Geist finden und so eigentlich stark in Christus sein müßten, es versäumen, sich täglich am Wort Gottes zu stärken, können in ihrem Geist die Stärke, die sie woanders gefunden haben, auch nicht lange bewahren. Wenn wir das Wort Gottes lesen, bauen wir in unserem Geist dem Fluß des Heiligen Geistes ein solides

Bett, ohne das unsere Lebenskraft wie Wasser im Sand der Wüste versiegt.

Wer von uns hat es nicht erlebt, daß sich sein Geist wie auf den Schwingen herrlicher Träume in die Luft erhob, während er als Kind die großartigen Geschichten von Helden und Heldinnen las? Ich bin davon überzeugt, daß die Geschichten über ritterliche Edelmänner und über Heilige, die ihr Leben aufopferten, in meinem Geist die feste Entschlossenheit wachsen ließen, Gott über die bloße Pflichterfüllung hinaus, dienen zu wollen. Meine Mutter las mir Wordsworth, Tennyson, Keats und Shelley vor und lehrte mich die Dichtkunst lieben und verstehen; noch heute zehrt mein Geist davon. Meine Eltern gaben mir einige Serien von Kinderbüchern, unter denen sich auch „Journeys through Bookland“ (Reisen durch das Bücherland) befanden; diese Reihe führte mich von den einfachsten Kinderreimen hin zur griechischen Mythologie und den großen Fabeln und Legenden aller möglichen Herren Länder. Diese Unterweisungen waren für mich wie „Proviant“ und boten mir mein Leben hindurch stets gute Nahrung. Auch heute noch werde ich durch regelmäßige und gute Lektüre erfrischt.

Essenszeit. Mein Vater, der aus England stammte, forderte, daß wir zum Essen immer alle frisch gewaschen und hübsch angezogen erscheinen und uns *gemeinsam* um den Tisch im Eßzimmer versammeln sollten. Wir machten immer irgendwelche Faxen, veralberten und hänselten einander, und manchmal mußten wir so sehr lachen, daß wir schließlich auf dem Boden herumkugelten. Dabei bekam nicht nur unser Körper Nahrung. Unser Geist sog den Spaß in der Familie und die Gemeinschaft in vollen Zügen ein. Manchmal bekommen die Freunde unserer Kinder vor lauter Überraschung ganz große Augen, wenn sie mit uns zusammen essen. „Ihr eßt ja wirklich miteinander und habt Spaß dabei“, sagen sie. „Meine Familie ißt nie zusammen. Jeder von uns holt sich nur hier und dort einen Brocken.“ Ihr Geist hatte einen großen Mangel, weil sie innerhalb der Familie keine Nahrung bekamen.

Bisher sprachen wir nur darüber, wie Gott unseren Geist durch Anbetung, Schönheit und Musik nährt. Doch da wir gerade eben anfingen, von der Familie zu sprechen, möchten wir uns nun der Frage zuwenden, wie er uns durch andere Menschen, insbesondere durch die Familie Nahrung schenkt.

Bei der Kindererziehung ist eine Sache wichtiger als alles andere: Eltern können den Körper ihrer Kinder erfolgreich mit nahrhafter Speise versorgen, den Verstand durch eine gute Schulbildung, die Seele durch eine gesunde Lehre im Wort Gottes und dennoch kläglich versagen. Wenn sie ihnen nicht schlicht und einfach Zuwendung in

Hülle und Fülle schenken, werden ihre Kinder verhungern. Zuwendung ist die Grundbedingung, ohne die Kindererziehung nicht möglich ist. Wir müssen jedes Kind in unsere liebevollen Arme schließen und das viele Male im Laufe eines Tages. Weil wir „fleischgewordene" Wesen sind, rührt in jeder Umarmung ein Geist den anderen Geist an, und der Heilige Geist rührt in dieser Umarmung einen jeden von ihnen an. Jesus sagte: „...insofern ihr es getan habt einem dieser meiner geringsten Brüder, habt ihr es mir getan!" (Mt 25,40; Schlachter). Er sprach von jedem Menschen. Er wohnt ausnahmslos in jedem Menschen. Jedoch wird sein Einfluß im Leben vieler durch Vernachlässigung oder Verleugnung geschwächt. In anderen zeigt er sich mit Macht. Doch er ist in allen. Sein Leben ist Liebe. Wenn wir aus Liebe handeln, dann durchfließt sein Leben unser Leben und nährt jeden von uns in jeder Umarmung.

Denken Sie doch nur an das Wesen Jesu in jedem Menschen. Kann er sein Wesen durch uns ausgießen wenn wir anderen Menschen Beschimpfungen an den Kopf werfen? Wird er den anderen durch uns lieben wenn wir die Frau des Nachbarn küssen? Wird uns seine Kraft vorantreiben wenn wir vor lauter Eifersucht jemanden verprügeln wollen? Natürlich nicht. Er ist da, er ist in uns, doch in diesen Fällen kann er sich nur grämen und beten.

Doch was geschieht, wenn wir ein Baby an unsere Brust drücken wollen? Die Schleusentore öffnen sich, seine ureigenste Person harmonisiert mit unserem Tun, und sowohl das Baby als auch wir werden erquickt. Wenn der Vater vor dem Zu-Bett-Gehen eine Geschichte aus der Bibel vorliest, vereint sich der Heilige Geist mit dem Geist des Vaters und dringt im Klang seiner Stimme zum Geist des Kindes durch. Wenn eine Mutter, nachdem sie den Eßtisch gedeckt und geschmückt hat, ihr Haupt neigt und ihre Kinder an der Hand nimmt während Papa betet, wessen Liebe strömt durch ihre Hände und durch seine Stimme, wenn nicht die Liebe des Herrn? Wenn eine Mutter die vor Fieber glühende Stirn ihres Kindes berührt, gießt der Heilige Geist heilende Kraft aus. Auch die Hand der Züchtigung trägt das Zeichen Gottes. In allem, was richtig und wahrhaftig ist, erquickt uns die Liebe Gottes.

Hunde stoßen und stupsen oft die Hand ihres Herrchens, weil sie getätschelt und gestreichelt werden möchten. Ich habe mich oft gefragt, warum sie oft so darauf drängen. Was hat es für sie bedeutet, was hat es ihnen gebracht, wenn sie uns nun so bedrängen, ihnen mehr und mehr zu geben? Daraufhin offenbarte mir der Herr, daß er auch ihnen einen Geist gegeben hat, der fühlen kann, wie unser Geist in sich auftürmenden Wellen der Herrlichkeit durch ihren Körper strömen kann, wenn unsere Hände sie streicheln.

Vielleicht ist folgender Vergleich unangebracht, doch Kleinkinder sind auch noch genauso sensibel. Ihr kleiner Geist ist nach wie vor offen und verletzbar, er ist auf dem Sprung und in der Lage, durch unsere Berührung mit uns zu verschmelzen oder unsere Gegenwart förmlich zu trinken. Jede stillende Mutter weiß, daß ihr Baby von ihr viel mehr trinkt als nur Milch.

Leider wissen die meisten Menschen – insbesondere Väter – nicht, welchen Wert sie für Kinder haben. In einer Welt der materialistischen Wissenschaften, Geräte, Vorrichtungen und Gegenstände, erscheint die Welt des persönlichen Geistes mittlerweile ziemlich abstrus und wirklichkeitsfremd. In einer „verweltlichten" Welt, die von allem praktische Durchführbarkeit fordert, die man mit den fünf Sinnen identifizieren und messen kann, haben zu viele Väter die Tuchfühlung mit dem *Allerpraktischsten und Allerrealsten* verloren, nämlich mit der Kraft des Geistes, die sich in der Berührung eines Menschen zeigt.

Das Heilmittel dafür ist so einfach, daß es in einer Welt der Technologie und der Computer schlichtweg unlogisch zu sein scheint. Es reicht aus, in einer schlichten, bewußten Anstrengung einfach daran zu denken – jeden Abend, wenn man von der Arbeit nach Hause kommt, das Kind umarmen, es auf dem Schoß sitzen lassen, während man fernsieht; ihm eine Hand auf die Schulter legen; ein Klaps auf den Rücken, ein kleiner Kuß beim Zu-Bett-Gehen, hie und da mit ihm auf dem Boden herumtollen, beim Gebet seine Hand halten, es in seinen Arm hineinkuscheln lassen, wenn man im Auto sitzt, oder im Kino, ja sogar in der Gemeinde.

Merken Sie sich folgende einfache Regel: Wenn man einem Menschen in einem normalen und gesunden Maß Zuwendung schenkt, bleibt sein Geist heil und sucht nach normalen und gesunden Formen, um sich ausdrücken zu können. Wenn man ihm keine Zuwendung schenkt, werden sich Trieb und Drang fehlgeleitet manifestieren, der Geist wird krank und sucht nach falschen Antworten auf richtige Bedürfnisse. Wahre Zuwendung führt nicht zu unpassenden sexuellen Berührungen oder Umarmungen, sondern vielmehr von ihnen weg. Nur die seltenen Berührungen unangemessener Zuwendung verwandeln sich in Lust. In Familien, in denen man gesunde Zuwendung findet, tritt fast nie irgendeine Form der Kindesmißhandlung auf. Wir brauchen uns vor der Berührung nicht zu fürchten, sondern nur dann, wenn es sie nicht mehr gibt.

Wenn Kinder zu selten liebevoll berührt worden sind, ist es die Aufgabe der Seelsorger und des Leibes Christi, sie zu heilen. Zuwendung, die man einem Fünfzigjährigen schenkt, kann das Herz des Fünfjährigen in ihm erwärmen. Wenn die Fragen des Seelsorgers ans

Licht bringen, daß der Ratsuchende so wenig Zuwendung erhalten hat, daß er fast verhungert wäre, dann muß der Seelsorger mit ihm beten, damit es dem Kind ihn ihm möglich wird zu vergeben. Die Tatsache, daß dieser Mensch in seinen Gedanken vielleicht nie Groll oder Zorn wahrgenommen hat, fällt dabei nichts ins Gewicht. Unser persönlicher Geist hat seine eigene Gedankenwelt; er hat Wünsche, die sich in Zorn verwandeln, wenn deren Erfüllung vereitelt wird. Diesem inneren Geist dienen wir, wenn wir den Erwachsenen bitten, er solle „Mama und Papa, ich vergebe euch, daß ihr mich zu wenig im Arm gehalten habt" sagen. Wenn der Ratsuchende die Worte der Vergebung gesprochen hat, sollten wir daraufhin aussprechen, daß dem Kind in ihm die Sünde, seine Eltern nicht geehrt zu haben, vergeben ist. Daß er sie in seiner von außen sichtbaren Haltung vielleicht nach Kräften geehrt hat, tut dabei nichts zur Sache. Der Herr macht uns für die Sünden des Herzens verantwortlich: „Denn der Herr sieht nicht auf das, worauf der Mensch sieht. Denn der Mensch sieht auf das, was vor Augen ist, aber der Herr sieht auf das Herz" (1.Sam 16,7b). „Denn aus dem Herzen kommen hervor böse Gedanken: Mord, Ehebruch, Unzucht, Dieberei, falsche Zeugnisse, Lästerungen" (Mt 15,19). Der Zorn auf die Eltern im Herzen ist vielleicht so sehr gebändigt, unterdrückt, vergessen und von Liebe und Loyalität überlagert, daß man glaubt, er wäre gar nicht vorhanden; doch genau dieser Zorn kann höchst verblüffende „Explosionen" in anderen Lebensbereichen zur Folge haben, die gegen den Partner, die Kinder, Freunde, Arbeitgeber, Pastoren etc. gerichtet sind. Nachdem die Vergebung ausgesprochen wurde, müssen wir dafür beten, daß der verwundete und verhungerte Geist von unserem Herrn geheilt und genährt werden möge.

Schließlich finden wir noch Nahrung, wenn wir selbst unsere eigene Person schätzen. Damit sprechen wir uns jedoch nicht für den Narzißmus aus. Vielmehr stoßen wir hier auf einen weiteren wahren Merksatz: Wenn wir dem herausragenden Gebot, unseren Nächsten *wie uns selbst* zu lieben, ungehorsam sind und uns nicht wirklich so lieben können, wie wir sind, wird unser Geist so ausgezehrt und leer, daß wir Mittel und Wege finden, uns durch Stolz, Prahlerei und eine falsche Art der Liebe aufzublasen, um das Vakuum in uns zu füllen. Jeder, der sich selbst so liebt, wie er sollte, braucht sich vor Stolz oder Selbstsucht nicht zu fürchten. Wahre Selbstliebe wird überfließen und so natürlich zu den anderen strömen, wie ein Bach das Wasser zu einem kleinen Teich staut, über die Ufer tritt und sich verströmt, um den Boden zu segnen. Unsere Liebe zu uns selbst ist nur dann falsch, wenn wir uns selbst nicht richtig lieben.

Wahre Selbstliebe zeigt sich am unmittelbarsten darin, wie wir über unseren Körper denken. Wir dürfen unseren Körper nicht länger verfluchen und beschimpfen. „Was bin ich nur für eine fette Schlampe!" „Ich bin doch ein Trottel! Ich stolpere ja sogar dort, wo überhaupt nichts ist!" „Wenn er nicht angewachsen wäre, würde ich sogar meinen eigenen Kopf vergessen!" „Ich hasse es, wie ich aussehe!" Unser Geist zeigt sich in und durch jeden Teil unseres Körpers und faßt jede Beschimpfung als Verletzung und Ablehnung auf. Wenn wir für unseren Körper dankbar sind und dieser Dankbarkeit Ausdruck verleihen, wird unser Geist gesegnet und gekräftigt.

Hingabe an Gott, Bibellese, liebevolle Beziehungen und Dienst am anderen – alles, worin wir unserem Herrn nacheifern, segnet Körper und Geist, denn so leben wir im Fluß seines Heiligen Geistes, wie er es vorgesehen hat. Stellen Sie sich einen Mann vor, der sich mit versengten Füßen kilometerweit durch eine glühende Wüste schleppt; er dürstet nach Wasser, doch kann er keines finden, obwohl sich parallel zu seinem Weg, keine fünf Meter entfernt, ein Grünstreifen entlang eines Flusses erstreckt. Das ist eine exakte Beschreibung des Zustands unseres Geistes, wenn wir abseits von Christus und seinem Weg gehen. Unser Geist wurde nicht dafür geschaffen, abseits von unserem Herrn zu wandeln. Wenn wir irgendeinen anderen Weg gehen als den, für den Gott uns geschaffen hat, dann zwingen wir unseren Geist, in fremden und finsteren Gegenden zu verhungern.

Es genügt. Es genügt, wenn wir erkennen, daß unser Geist kein formloses, diffuses Etwas irgendwo in uns ist. Unser Geist durchflutet und erstreckt sich über jede Zelle unseres Seins. Er braucht seine eigene Nahrung. Das wichtigste Ziel dieses Kapitels war es, uns wachzurütteln und uns die einfache Tatsache vor Augen zu führen, daß unser Geist nicht nur seine eigenen speziellen Funktionen hat, sondern auch, daß wir ihm täglich Nahrung geben müssen, und zwar genauso praktisch und diszipliniert, wie wir auch unserem Körper Nahrung geben.

Kapitel 2

Begegnungen im Mutterleib

> Ein fröhliches Herz macht das Gesicht heiter; aber beim Kummer des Herzens ist der Geist niedergeschlagen. (Spr 15,13)
>
> Eine linde Zunge ist ein Baum des Lebens; aber eine lügenhafte bringt Herzeleid. (Spr 15,4; LÜ)
>
> Ein fröhliches Herz bringt gute Besserung, aber ein niedergeschlagener Geist dörrt das Gebein aus. (Spr 17,22)
>
> Der Geist des Menschen ist eine Leuchte des Herrn, durchforscht alle Kammern des Leibes. (Spr 20,27)
>
> Ja, du bist es, der mich aus dem Mutterleib gezogen hat, der mir Vertrauen einflößte an meiner Mutter Brüsten. Auf dich bin ich geworfen von Mutterschoß her, von meiner Mutter Leib an bist du mein Gott. (Ps 22,10-11)
>
> Du bist der Waisen Helfer. (Ps 10,14; LÜ)
>
> Ein Vater der Waisen...ist Gott in seiner heiligen Wohnung, ein Gott, der die Einsamen nach Hause bringt. (Ps 68,6-7a; LÜ)
>
> Sogar mein Vater und meine Mutter haben mich verlassen, aber der Herr nimmt mich auf. (Ps 27,10)

Jesus sagt in Lukas 4,18 (Schlachter): „Er hat mich gesandt,...zu heilen, die zerbrochenen Herzens sind..." Viele frischgebackene Adoptiveltern haben sich hervorragend vorbereitet, sind eifrig darauf bedacht, ihr lang ersehntes Kind zu lieben und zu ernähren und für es zu sorgen, daß es volle Genüge hat; und dennoch haben sie überhaupt nicht verstanden, wie tiefgreifend und intensiv der Zerbruch dieses kleinen Herzens sein kann. Auch wenn sie einen guten und standfesten Glauben an die segnende und heilende Kraft Gottes haben, können sie versagen, wenn es darum geht, dem Geist eines Kindes diese Liebe zu vermitteln und somit echte Heilung zu bewirken.

Viele leibliche Eltern und Adoptiveltern, die zu uns kamen, sagten: „Ich weiß, daß mein Baby Zuwendung braucht und ich *will* es ja auch festhalten und wiegen, aber es läßt mich nicht. In meinen Armen erstarrt es" oder „Meine Kleine will offensichtlich Trost und Liebe und kommt oft weinend zu mir, doch wenn ich sie dann hochhebe, schiebt sie mich weg." Andere berichten folgendes: „Dieser Junge ist unersättlich. Man muß ihn *die ganze Zeit* im Arm halten; er kann einfach nicht genug kriegen." Wir hören oft davon, wie größere Kinder ihre Eltern immer und immer wieder auf den Prüfstand schicken, so als ob sie sagen wollten: „Wenn ich das tue – liebst Du mich dann immer noch?" Sie werden ablehnen, bevor sie abgelehnt werden können; sie werden versuchen, ihre Eltern durch Leistungsverweigerung zu bestrafen oder ins andere Extrem fallen und sich abrackern, um ihnen zu gefallen. Wenn sie anderen gefallen, sind sie dennoch nie fähig, in der aufrichtigen Bestätigung durch die Familie und die Lehrer zur Ruhe zu kommen. Vielleicht lehnen sie Zuwendung ab und projizieren dann auf ihre Eltern, die sie ständig bedingungslos geliebt haben, folgende Anklage: „Ihr liebt mich nicht!" Solche Kinder können unter Umständen Gegenstände stehlen, für die sie überhaupt keine Verwendung haben, einfach nur, um dadurch Aufmerksamkeit zu erregen oder um dadurch irgendeinem unidentifizierbaren Gefühl, selbst beraubt worden zu sein und sich nun rächen zu müssen, um die innere Leere auszufüllen, Ausdruck zu verleihen. Vielleicht lügen sie ohne ersichtlichen Grund und ohne irgendetwas Konkretes damit zu erreichen. Angesichts solcher Tatsachen rufen Eltern verzweifelt aus: „Wo haben wir denn was falsch gemacht? Vielleicht sind wir einfach nicht dazu geschaffen, Eltern zu sein!"

Sie müssen einfach wissen, daß alle derartigen Haltungen und Verhaltensweisen, insbesondere bei Adoptivkindern, mit den Worten aus Psalm 109,22 zusammengefaßt werden können: „Denn ich bin elend und arm, und mein Herz ist verwundet in meinem Innern." Adoptiveltern müssen sich darüber klar werden, daß ihr Kind mit tiefen Wunden zu ihnen kam und daß sie die Manifestationen dieser Verwundung nicht als schlüssigen Beweis für ihr elterliches Versagen verstehen sollten. Wenn sich leibliche Eltern darüber klar werden, dann sollten sie bereitwillig und ohne sich selbst zu verdammen die Verantwortung für die verletzenden Lebensumstände, Haltungen und Handlungen übernehmen, die in ihrem Leben vorhanden waren und ihre Kinder ab dem Zeitpunkt der Empfängnis in Mitleidenschaft gezogen haben. Das bedeutet nun nicht, daß man für immer und unter Schmerzen Schuld tragen muß. Auf die Buße folgt die Vergebung. Es bedeutet auch nicht, daß die Eltern resignieren und in Hoffnungslosigkeit versinken müssen. Wer ein zerbrochenes Herz hat, kann geheilt werden, und die Tiefe der Verwundung kann zur Stärke seines Mitleids und seiner Sensibilität für andere werden.

Zunächst einmal müssen Eltern etwas vom Ursprung, vom Wesen und von den Funktionen des persönlichen Geistes eines Menschen verstehen.

> Aber im Menschen ist (eine Lebenskraft) ein Geist (der Intelligenz), und der Atem des Allmächtigen gibt dem Menschen Verständnis. (Hiob 32,8; wörtl.a.d.Engl.)

Während wir heranreifen, deuten wir Erfahrungen mit unserem Verstand; doch noch bevor wir einen voll ausgebildeten Intellekt haben, mit dem wir logisch denken können, haben wir einen Geist in uns. Sobald wir im Mutterleib zu entstehen beginnen, wird dieser Atem von Gott, der den eigentlichen Kern unserer Existenz darstellt, in uns hineingehaucht; wenn nicht, würden wir überhaupt nicht leben:

> ...der Leib ohne Geist (ist) tot... (Jakobus 2,26)

> ...und der Geist kehrt zu Gott zurück, der ihn gegeben hat. (Pred 12,7)

Gemäß dem Wort Gottes, ist unser Geist in der Lage viele Dinge zu erfahren und auszudrücken: Erschütterung (Joh 13,21); Erregung (Apg 17,16); Angst (Röm 8,16-17); Sehnsucht (Jes 26,9); Unser Geist legt Zeugnis ab (Röm 8,16-17), betet (1.Kor 14,14), singt (1.Kor 14,15), lobpreist (1.Kor 14,16), hat ein eifersüchtiges Verlangen (Jak 4,5), vermag Treue oder Untreue auszudrücken (Ps 78,8) und betet an (Joh 4,23). In Lukas 1,41-44, sobald Marias Ohren den Klang des Grußwortes der Elisabeth vernommen hatten, hüpfte das Baby (Johannes der Täufer) in ihrem Schoß *vor lauter Freude*!

Die Heilige Schrift sagt uns, daß wir in unserem Geiste sündigen:

> Glücklich der Mensch...in dessen Geist kein Trug ist! (Ps 32,2b)

> Erschaffe mir, Gott, ein reines Herz, und erneuere in mir einen festen Geist! (Ps 51,12)

> Und ich werde euch ein neues Herz geben und einen neuen Geist in euer Inneres geben; und ich werde das steinerne Herz aus eurem Fleisch wegnehmen und euch ein fleischernes Herz geben. Und ich werde meinen Geist in euer Inneres geben. (Hes 36,26-27)

> ...so wollen wir uns reinigen von jeder Befleckung des Fleisches und des Geistes... (2.Kor 7,1)

Gleich am Anfang unserer Existenz beginnt dieses Sündigen im Geist:

> Abgewichen sind die Gottlosen von Mutterschoße an, es irren von Mutterleibe an die Lügenredner. (Ps 58,4)

Denn ich wußte, daß du völlig treulos bist und daß man dich „Abtrünnig von Mutterleib an" genannt hat. (Jes 48,8)

Schon im Mutterleib hat jedes Adoptivkind in seinem Geist von seinen leiblichen Eltern Ablehnung erfahren. Es hat alle Komponenten seiner Umwelt in sich aufgesogen: die Furcht, die Angespanntheit, die Ungewißheit, die Ängstlichkeit, die Schuldgefühle, die Schmach, die Verwirrung, den Haß, den Zorn und den Schmerz seiner Mutter. Ihm fehlt die Sicherheit, die darin liegt, in Liebe eingeladen, genährt und unterstützt und als neuer Erdenbürger willkommen geheißen zu werden. Noch bevor es das Licht der Welt erblickt, herrscht in ihm schon Verwirrung über seine Identität, sein Lebensrecht und seine Zugehörigkeit. Vielleicht fühlt es schon, daß „mit mir irgendetwas nicht stimmt, sonst würden sich meine Eltern ja nicht so fühlen wie jetzt". Unter Umständen wird es schon von Lügen geknechtet: „Ich bin häßlich und nicht liebenswert." „Ich bin eine Last, eine Bedrohung, ein Fehltritt." „Ich bin unausstehlich." „Niemand wird mich bei sich aufnehmen." Es ist gut möglich, daß es noch im Mutterleib in seinem Geist mit Groll, defensiver Verkrampfung, aggressiver und zorniger Bestrafung oder mit furchtsamem oder rebellischem Rückzug auf das Leben reagiert hat. Ruhe und Vertrauen sind ihm sicherlich weder angeboren, noch werden sie in ihm gebildet. Das Herz eines Kindes, dessen leibliche Eltern sich entscheiden, es zu behalten, registriert vielleicht dieselben verletzenden Erfahrungen und Reaktionen auf sie.

John und ich haben diese Einsichten in das Bewußtsein und die Fähigkeit des Kindes, schon im Mutterleib zu reagieren, schlicht und einfach durch die Inspiration des Heiligen Geistes im Laufe einer zwanzigjährigen Seelsorgetätigkeit gewonnen (sowie im Laufe der Erziehung unserer eigenen sechs Kinder). Wir dienten so, wie der Herr uns leitete und waren sehr erfreut, als wir feststellten, daß unsere Beobachtungen und Gebete durch Veränderungen im Verhalten der Ratsuchenden bestätigt wurden. Es war uns eine große Freude, als wir erst vor kurzem herausfanden, daß unsere Entdeckungen und Erfahrungen von der medizinischen Forschung bestätigt wurden.

Dr. med. Thomas Verny hat ein Buch geschrieben – „Das Seelenleben des Ungeborenen" (Rogner & Bernhard, München, 1981) –, in dem er von den Ergebnissen verschiedener klinischer Studien berichtet, die in verschiedenen Teilen der Welt durchgeführt wurden und die Erfahrungen des Kindes im Mutterleib und deren Auswirkungen auf die Persönlichkeit zum Thema hatten.

Diese zahlreichen Studien kommen gemeinsam zu dem Schluß, daß das Baby im Mutterleib hört, schmeckt, fühlt und lernt, und daß *das, was* es auf diese Art und Weise erlebt, allmählich seine Grundeinstellung und Erwartungshaltung über sich selbst formt. Es kann nicht nur massive und undifferenzierte Gefühle der Mutter wie z.B. Liebe und Haß fühlen und auf sie reagieren, sondern auch auf nuancierte Emotionen wie z.B. mehrdeutige Gefühle und Zwiespältigkeit. Untersuchungen zeigen auf, daß das Kind im Mutterleib schon einen gewissen Musikgeschmack zeigt, indem es auf Komponisten wie Vivaldi und Mozart ruhig und auf die Musik von Beethoven und alle Arten von Rockmusik mit wilden Bewegungen reagiert. Schon während das Kind im Mutterleib ist, lernt es die Stimme seines Vaters zu erkennen und sich von einer ruhigen, besänftigenden und Gewißheit schenkenden Stimme trösten zu lassen. Schon eineinhalb Stunden nach der Geburt kann das Baby die Stimme des Vaters von anderen unterscheiden und emotionell darauf reagieren. Streitigkeiten der Eltern während das Kind noch im Mutterleib ist, führen tendenzmäßig dazu, daß das Kind ängstlich, schreckhaft, unterentwickelt, furchtsam und im Übermaß emotionell abhängig wird. Chronische Zustände der Unsicherheit, der Furcht und tief verwurzelter Ängstlichkeit können das Kind schon im Mutterleib prägen, wenn die Mutter Raucherin ist; schließlich wird es sogar dann reagieren, wenn seine Mutter nur daran *denkt*, eine Zigarette zu rauchen! (Michael Lieberman: „Smoking and the Fetus“, *American Journal of Obstetrics*, 5. August 1970). Dr. Verny erzählt zahlreiche faszinierende Geschichten über vorgeburtliches Erinnerungsvermögen, sowie über viele Fallstudien, in denen die Ärzte zu dem Schluß kamen, daß sich das Kind in gewisser Hinsicht für eine bestimmte Reaktion entscheidet, wie z.B. für die Weigerung, nach der Geburt mit der Mutter eine Bindung einzugehen, weil sie sich ihrerseits auch geweigert hatte, vor der Geburt mit dem Kind eine Bindung einzugehen. Er berichtet über die Prägung von Grundhaltungen und bestimmten Aspekten der Persönlichkeit als Resultat eines Vorgeburts- oder Geburtstraumas. Das Buch sagt nichts über den Geist; es dokumentiert lediglich all das, was vom weltlichen Standpunkt her betrachtet in einer Klinik beobachtet und ausgewertet werden kann; darüberhinaus bietet es viele Hypothesen an, für die es zunehmend Beweise gibt. Der Autor meint, Liebe sei eine mächtige, heilende Kraft.

Eine Freundin von uns, die schon seit vielen Jahren Kinderkrankenschwester ist, erzählte uns, sie habe gelernt, einen direkten Zusammenhang zu sehen zwischen der Tatsache, daß ein neugeborenes Baby die Brust verweigert und der Haltung eines oder beider Elternteile. Auf der Suche nach einer Antwort auf dieses Phänomen hat sie herausgefunden, daß in solchen Fällen schon während der Schwangerschaft das Baby in irgendeiner Hinsicht abgelehnt worden war. Sie sagte: „Oft weicht das Baby der Umarmung des Elternteils aus, der es nicht von ganzem Herzen willkommen geheißen hatte, als es noch im Mutterleib war, auch wenn das jetzt vielleicht durchaus der Fall ist.“ Sie sprach von vielen Neugeborenen, die außergewöhnlich zornig waren und erzählte uns, daß sie in Gesprächen mit den Müttern herausgefunden habe, daß entweder der Vater des Babys die Mutter verlassen hatte oder daß die Mutter keinen Ehemann, jedoch Sex mit vielen Partner gehabt hatte, oder daß das Kind unehelich zur Welt gekommen war oder daß die Mutter es einfach entsetzlich fand, schwanger zu sein.

Im Laufe unseres Dienstes haben wir beobachtet, daß ein Kind, während es heranwächst, dazu neigen wird, jede weitere Erfahrung im Lichte dessen interpretieren wird, wie sich ihm das Leben darstellt, sowie auf der Grundlage der Gefühle, die es über sich selbst hegt – es sei denn, die umgestaltende Kraft des Herrn greift ein. Seine Verletztheit hat seine geistlichen Augen getrübt und gefärbt. Dr. Vernys Bericht besagt, daß ein freundlicher, respektive ein feindseliger Mutterleib in der Persönlichkeit und im Charakter des Kindes Prädispositionen und Erwartungen bezüglich der Welt „da draußen“ erzeugt. In Matthäus 6,22-23 heißt es: „Die Lampe des Leibes ist das Auge; wenn nun dein Auge klar ist, so wird dein ganzer Leib licht sein; wenn aber dein Auge böse ist, so wird dein ganzer Leib finster sein. Wenn nun das Licht, das in dir ist, Finsternis ist, wie groß ist dann die Finsternis!“ Die Eltern schenken dem Kind womöglich Zuwendung in Hülle und Fülle, und wenn es angenommen wird, kann es gut möglich sein, daß ihre Liebe „eine Menge von Sünden“ zudeckt (1.Petr 4,8). Doch um die tiefste Ebene des inneren Wesens eines Menschen zu erreichen, ist folgendes nötig: *Licht* in der Person Jesu Christi – es durchdringt die Finsternis im Herz eines Menschen, der tief verwundet und verwirrt ist; *Wahrheit* in der Person Jesu – sie wirkt den Lügen, die das Kind als Aussagen über sich selbst akzeptiert hat, entgegen; die *Vergebung* Jesu – sie reinigt, heilt und macht im Herzen des Kindes Vergebung möglich; die *Macht* Jesu – sie wirkt von Grund auf umgestaltend und erneuernd.

Unseren Auftrag, Jesus einzuladen und ganz speziell den tiefliegenden Ebenen des Herzens zu dienen, damit „das Innere des Bechers“ wirklich gereinigt wird, finden wir in den folgenden Versen:

> Was aber siehst du den Splitter, der in deines Bruders Auge ist, den Balken aber, der in deinem eigenen Auge ist, nimmst du nicht wahr? …ziehe zuerst den Balken aus deinem Auge, und dann wirst du klar sehen, um den Splitter herauszuziehen, der in deines Bruders Auge ist. (Lk 6,41-42)

Es kann gut sein, daß das, was wir unserer Einschätzung nach als Realität erachten, eigentlich überhaupt keine objektive Realität ist, sondern lediglich eine Projektion der Betrachtungsweise des Lebens, die wir von Anfang an gelernt haben. Wir können erst dann neue Perspektiven gewinnen, wenn wir von den ersten bindenden Einflüssen unserer frühen Wahrnehmungen, die quasi die Gußform darstellen, die alles prägt, was im weiteren in uns „hineingegossen" wird, befreit werden. Wie oft lesen wir in der Heiligen Schrift: „Augen habt ihr und seht nicht…"? Tag für Tag versagen wir, wenn es darum geht, den anderen wirklich zu sehen und zu verstehen; wir leiden an Verletzungen, haben Schmerzen und fügen dem anderen dasselbe zu. Ein Beispiel:

Ein Mann arbeitet jeden Tag bis spät am Abend, weil er seine Familie liebt und gut für sie sorgen möchte. Weil seine Frau jedoch von ihrem eigenen Vater, obwohl er da war, keine emotionale Unterstützung erfahren hatte – sei es vor oder nach ihrer Geburt –, deutet sie die Abwesenheit ihres Ehemanns als sicheres Zeichen dafür, daß er sich nicht um sie kümmert, sie nicht liebt und nicht freigebig ist. Er wiederum ist völlig verblüfft über ihre Verletztheit und ihren Zorn und hat den Eindruck, daß er es ihr ohnehin nie recht machen kann. Nach einer Weile entspricht er schließlich dem Bild, das sie auf ihn projiziert hatte und erliegt dem Reiz einer außerehelichen Beziehung, in der er sich mehr wertgeschätzt fühlt.

Ein junger Mann litt an der vernichtenden Erfahrung, schon bald nach der Geburt von seiner Mutter weggegeben worden zu sein, weil er ein uneheliches Kind war. Ein Teil seiner Reaktion darauf bestand darin, tief in seinem Herzen das Urteil zu fällen, Frauen wären unweigerlich auf außereheliche Beziehungen aus und somit nicht vertrauenswürdig. Folglich „sieht" er in jeder freundlichen Geste seiner Frau einen Flirt und projiziert seine Angst, noch einmal abgelehnt zu werden, in Form einer falschen Anklage auf seine Frau. Sie liebt ihn von ganzem Herzen und ist stark dahingehend geprägt, ihm treu zu sein; dennoch muß sie darum ringen, von seiner Unsicherheit nicht in eine Position der Verletzbarkeit gedrängt zu werden.

Ich (Paula) hatte jahrelang mit der Reaktion lieber Menschen auf das zu kämpfen, was sie als meine „Verteidigungshaltung" beschrieben. Aus meinem Blickwinkel betrachtet, hatte ich nicht den Eindruck, ich würde mich ständig verteidigen. Ich erklärte mich nur und reagierte als rechtschaffener Mensch auf das, was mir ein Mißverständnis, eine unfaire Kritik oder eine Forderung zu sein schien. Ich tat mich ungemein schwer, hilfreiche Ratschläge anzunehmen, weil sie mir nicht hilfreich, sondern vielmehr bedrohlich vorkamen. Sie schienen anzudeuten, daß ich es nicht mit aller Macht versucht hätte oder daß ich nichts geleistet hätte und somit nicht akzeptabel wäre. Da ich mich eben doch abgemüht hatte, mein Bestes zu tun, bestand meine augenblickliche und zwanghafte Reaktion oft darin, jede primäre Bezugsperson, die sich darüber nicht im klaren zu sein schien, auf diese Tatsache hinzuweisen. Eigentlich war meine Reaktion ja eine Art Gegenangriff und verletzte andere. Als mir der Heilige Geist (und liebe Familienmitglieder) bewußt machten (unter einigen Schwierigkeiten), daß ich mich oft völlig grundlos verteidigte und daß sie mich wirklich bedingungslos liebten und annahmen, akzeptierte ich im Glauben diese neue „Brille“ und fing an, mich zu disziplinieren, um meine Reaktionen in den Griff zu bekommen. Doch meine Augen „sahen“ erst dann völlig neu, als spezielle Einsichten und Gebete mir das möglich machten.

Es war schwierig für mich zu erkennen, daß die Wurzel meines Problems in meiner Familie lag, da ich in einem christlichen Umfeld groß wurde, in dem die Liebe aufrichtigen und kontinuierlichen, wenngleich nicht vollkommenen Ausdruck fand. Meine Loyalität und Wertschätzung gegenüber meiner Familie erschwerte die Suche. Als ich erkannte, daß ich auf Kritik und Gesetzlichkeit, die ich im Laufe meiner Erziehung wirklich erfahren hatte, negativ reagierte, und nachdem einige Gebete gesprochen wurden, in denen ich anderen vergab und selbst Vergebung empfing, verlor meine defensive Haltung an Intensität; doch die eigentliche Grundlage meiner Reaktionen veränderte sich nicht. Als John und ich eines Tages von einem Vortragstermin (das Thema war „Einheit“) wieder nach Hause fuhren, brach unsere Einheit entzwei, als es den Anschein hatte, John könne einen wichtigen Punkt, den ich im Laufe unserer Unterhaltung klar zu machen versucht hatte, überhaupt nicht verstehen oder akzeptieren (Zu der Zeit *mußte* er immer alles so verstehen, wie ich wollte, und heute kann ich mich gar nicht mehr entsinnen, worüber wir eigentlich gesprochen hatten!). Ich verstärkte den Druck, um seinen – wie mir schien – starrköpfigen und begriffsstutzigen Standpunkt zu durchbrechen. Als er in einer tiefen Höhle versank, an deren Eingang Eiszapfen von der Decke wuchsen, erkannte ich, daß wir einen toten Punkt erreicht hatten. „Gut, Herr, ich überlasse es Dir“, sagte ich edelmütig zu mir selbst. Im nächsten Augenblick wurde ich von Gefühlen überwältigt, die ich mir nicht erklären konnte: Ich verspürte den Drang, die Autotüre zu öffnen und hinauszuspringen! Ich war entsetzt. Ich hatte Menschen, die derlei Dinge aus irgendeinem Grund gemacht hatten, schon seelsorgerlich betreut. Doch ich würde so etwas sicherlich nicht tun! Ich unterdrückte es und wir fuhren weiter. Der Herr hört und antwortet auf das Verlangen unseres Herzens.

Nach kurzer Zeit besuchte uns meine Mutter. Inmitten unserer Unterhaltung über zahlreiche unzusammenhängende Themen, fing sie auf einmal an, mir davon zu erzählen, wie sie meine Geburt erlebt hatte. Kurz nachdem mein Vater und sie geheiratet hatten, erlitt sie einen Blinddarmdurchbruch, der eine Bauchfellentzündung nach sich zog. Da es damals keine Wunderheilmittel gab, die die Entzündung hätten bekämpfen können, entging sie nur knapp dem Tod. In diesen Tagen (ich bin mittlerweile in das zweite „Jahrfünfzigst“ meines Lebens eingetreten) wurden chirurgische Eingriffe noch nicht durch kleine, knopflochgroße Einschnitte durchgeführt; sie wurde von einer Seite zur anderen aufgeschnitten. Nach einem ziemlich langen Krankenhausaufenthalt, wurde sie mit der Ermahnung entlassen, zumindest im nächsten Jahr, noch besser in den nächsten beiden Jahren nicht schwanger zu werden. Doch innerhalb weniger Monate war ich auch schon unterwegs. Der Arzt umwickelte ihren Unterleib mit festen Bandagen; die ganze Schwangerschaft hindurch trug sie diese Stützbandagen und hatte offensichtlich Angst davor, der wachsende Druck, der von mir kam, könnte eine Bedrohung für ihre erst frisch verheilte Wunde darstellen. Natürlich war das eine Bedrohung für ihre Gesundheit, und darüberhinaus hatte sie ständig Angst, sie könnte ihr Baby verlieren. Ich kam schreiend zur Welt, und allein die Gegenwart meines Vaters (er war Handlungsreisender) konnte mich trösten.

Als mir meine Mutter diese Geschichte erzählte, schoß mir der Gedanke an diese überaus verblüffende damalige Erfahrung im Auto durch den Kopf und stand mir klar vor Augen. Ich sah eine bedeutsame Parallele: Im Leib meiner Mutter war ich eng eingesperrt, und es bestand die reale Möglichkeit eines plötzlichen Abgangs. Unter diesen Umständen konnten meine Eltern auf die Schwangerschaft meiner Mutter bestenfalls sehr zwiegespalten reagieren. Auch im Wagen war es eng, und ich hatte das Gefühl nicht voll und ganz angenommen zu sein. Ich verspürte den Drang, dieser Situation ein Ende zu bereiten. Sobald ich diese Geburtserfahrung John mitteilen konnte, beteten wir darüber und ich verspürte eine unglaubliche Erleichterung und Frieden.

Diese Begebenheit hatte noch weitere günstige Auswirkungen: Zum ersten Mal in meinem Leben konnte ich mich beim Schwimmen wohlfühlen. Wenn ich nun in einem Flugzeug saß, fühlte ich mich nicht mehr gezwungen, die Flugbewegungen auszugleichen, indem ich mich auf die andere Seite lehnte, wenn das Flugzeug steil abdrehte. Ich hatte auch nicht mehr mit dem Gefühl zu ersticken zu kämpfen, wenn mir jemand eine Decke über den Kopf zog oder wenn ich lange geküßt wurde. All diese Problembereiche hatten sich auf Gefühle bezogen, die ich im vorgeburtlichen Stadium durchlebt hatte.

Später wurde es durch Gebete für mein vorgeburtliches Trauma deutlich, daß ich mich schuldig gefühlt hatte, überhaupt im Mutterleib zu sein. Das führte wiederum dazu, daß ich versuchte, etwas zu leisten, um mir eine Daseinsberechtigung zu verdienen oder daß ich vom Emotionalen her die Verantwortung dafür übernahm, meine Mutter gefährdet zu haben. Folglich entwickelte ich ein übersteigertes Gefühl dafür, daß es erforderlich sei, alles kontrollieren zu können und Situationen so in der Hand zu haben, daß man sie auch meistern kann. Derjenige, der mit mir betete, identifizierte die Scheu, gegen die ich mein Leben lang angekämpft hatte, als etwas, das in tiefliegenden Gefühlen verwurzelt war und besagte: „Wenn ich wachse, würde ich nur Platz in Anspruch nehmen und so meine Mutter gefährden." Also blieb ich aus Angst und (für mich verborgenem) Zorn stets im Hintergrund. Dadurch wurde meine Zusammenarbeit mit John erschwert. Ob die Diagnose nun voll und ganz korrekt war, das sei dahingestellt; die Gebete hatten jedenfalls einen tiefgreifenden Einfluß auf mein Leben. Die Grundlage meiner Emotionen hat sich grundlegend gewandelt, und meine Wahrnehmungen haben eine entscheidende Korrektur erfahren.

In Matthäus 5,29 heißt es: „Wenn aber dein rechtes Auge dir Anlaß zur Sünde gibt, so reiß es aus und wirf es von dir; denn es ist dir besser, daß eins deiner Glieder umkommt und nicht dein ganzer Leib in die Hölle geworfen wird." Wir brauchen nicht in der Hölle verwirrter Beziehungen zu leben. Jesus steht bereit, um durch Vergebung und Heilung unseren alten Blick von uns zu nehmen und uns durch seinen Heiligen Geist einen neuen Blick zu geben.

Lukas 6 präsentiert unmittelbar nach dem Aufruf, den Balken aus unseren Augen zu ziehen, ein weiteres Bild, das uns deutlich machen soll, wie wir erkennen können, ob etwas in uns Veränderung braucht. In Vers 43 heißt es: „Denn es gibt keinen guten Baum, der faule Frucht bringt, noch einen faulen Baum, der gute Frucht bringt." Der gesunde Menschenverstand sagt uns doch, daß wir keinen gesunden Baum erhalten, indem wir geschäftig eine schlechte Frucht nach der anderen abreißen. Wir müssen uns mit den Wurzeln unseres Baumes befassen.

Lukas 6,45 greift dasselbe Thema auf und weist uns an, in der Tiefe nach dem Ursprung unserer Probleme zu suchen: „Der gute Mensch bringt aus dem guten Schatz seines Herzens das Gute hervor, und der böse bringt aus dem bösen das Böse hervor; denn aus der Fülle des Herzens redet sein Mund." Von dem Augenblick an, da wir ein lebendiges Wesen werden, beginnen wir, einen Schatz in unserem Herzen zu verwahren; unser Schatz setzt sich zusammen aus der Gesamtheit unserer Erfahrungen, aus unseren Reaktionen darauf und aus unseren Grundeinstellungen, Urteilen und Erwartungen. Wenn Böses aus ihrem Mund kommt, würden einige am liebsten sagen, der Teufel hätte das verursacht. Sie können sich jedoch sicher sein, daß er, wenn er es wirklich getan hat, dafür immerhin Rohmaterial benötigt hat, mit dem er arbeiten konnte. Wir können uns der Verantwortung dessen, was wir mit unserem Schatz anfangen, nicht entziehen.

In seiner Predigt in Lukas 6 arbeitet Jesus langsam auf den springenden Punkt hin. Beachten Sie hier besonders, daß er zu Christen spricht, zu denen, die ihn schon „Herr“ nennen:

> Was nennt ihr mich aber: Herr, Herr! und tut nicht, was ich sage? Jeder, der zu mir kommt und meine Worte hört und sie tut – ich will euch zeigen, wem er gleich ist. Er ist einem Menschen gleich, der ein Haus baute, grub und vertiefte und den Grund auf den Felsen legte; als aber eine Flut kam, stieß der Strom an jenes Haus und konnte es nicht erschüttern, denn es war auf den Felsen gegründet. Der aber gehört und nicht getan hat, ist einem Menschen gleich, der ein Haus...baute ohne Grundmauer; der Strom stieß daran, und sogleich fiel es, und der Sturz jenes Hauses war groß. (Lk 6,46-49)

Die ersten sechs Jahre unseres Lebens sind die Jahre des Grundlagenbaus. Mit Erreichen des sechsten Lebensjahres, ist die Struktur unseres Charakters schon voll ausgeprägt. Wenn wir zehn sind, ist diese Struktur bereits fest in uns einbetoniert. Deswegen ist Tod und Auferstehung erforderlich, wenn wir zu Jesus kommen. Deshalb müssen wir von Neuem geboren werden.

Es gibt keinen einzigen unter uns, dessen Leben ausschließlich durch den soliden Felsengrund vollkommener Elternschaft geprägt worden wäre. Die meisten von uns haben in gewisser Hinsicht sündhaft auf die gute Elternschaft, die sie empfangen haben, reagiert. Brüche in unserem frühen Fundament, die entweder durch Verletzungen oder durch unsere sündigen Reaktionen auf bestimmte Ereignisse (oder durch unsere Wahrnehmung dieser Ereignisse) in unserem Leben entstanden sind, schwächten unsere Fähigkeit, in Prüfungen oder Krisenzeiten fest zu stehen. Wenn der tägliche Druck wie dichter Regen auf uns niederprasselt, und wenn sich unsere Ängstlichkeit wie eine Sturmflut auftürmt, bröckelt unsere Stabilität. Wenn wir in Jesus wiedergeboren sind, stehen wir an einem Punkt, an dem wir neu beginnen können, an dem wir unser Fundament erneut auf den Felsen, also auf Jesus, bauen können. Wenn sein Heiliger Geist die tiefsten

Tiefen unseres Herzens durchforscht, können wir über all dem angehäuften Müll, der in die Risse unseres Fundaments hineingestopft wurde, Buße tun und Jesu Grundsteine eines erneuerten Sinnes und Geistes empfangen. Bei der Wiedergeburt werden wir in die Familie Gottes hineingeboren, in der wir menschliche Wärme und Liebe empfangen können, die unser Wachstum in einer Art und Weise fördern können, wie es unseren leiblichen Eltern nicht möglich war. Wenn wir dem Auftrag unseres Herrn, tief zu graben und unser Fundament auf den Felsen zu legen, folgen, haben wir keinen Grund mehr, uns vor irgendetwas in unserem Leben zu fürchten. Leider glauben viele im Leib Christi, Jesus als Heiland anzunehmen, sei wie ein Zauber, der einen urplötzlich überkommt. Sie haben nicht erkannt, daß „von Neuem geboren werden" bedeutet, daß man wie ein Baby ist, das gerade eben bereit ist, in den Wachstumsprozeß einzusteigen. Sie haben es versäumt, diesem Erbe, um dessentwillen Christus Jesus sie ergriffen hat, nachzujagen und es selbst zu ergreifen (Phil 3,12).

Oftmals werden Verantwortlichkeiten, mit denen nur ein reifer Christ richtig umgehen kann, den Frischbekehrten übertragen, und sie werden in Leiterpositionen geworfen, noch bevor ihr zerbrochenes Fundament entdeckt und repariert wurde. Sie sind verletzbar und fallen; in diesem gefallenen Zustand müssen sie dann auch noch die Verdammnis der Mitchristen ertragen, die nichts von all dem verstehen. Man kann weder dem Ruf aus Lukas 6 ausweichen, noch dem aus Kolosser 3 oder Epheser 4. Das Ablegen der Gewohnheiten und Handlungsweisen des alten Ichs (die sich während des Grundlagenbaus in unseren frühen Jahren entwickelten) und das Anziehen des neuen (was erst durch das, was Christus für uns bewirkt hat, möglich wird) ist eindeutig ein Prozeß, der auf die Tatsache des „Ihr seid gestorben, und euer Leben ist verborgen mit Christus in Gott" folgt (Kol 3,3). *Warnung*: Wer sich aus der Kraft seines eigenen Fleisches heraus und nicht unter der Leitung des Heiligen Geistes, verbunden mit der ausgewogenen Nahrung des Leibes Christi aufmacht, um tief zu „graben", kann sehr leicht zu einem Menschen werden, der nicht über den eigenen Tellerrand blicken kann und seine Ichbezogenheit dadurch nur noch verstärkt. Im Verlauf des Dienens – wenn wir unser Leben für andere hingeben – werden wir in uns diejenigen Bereiche entdecken, in denen hartnäckige Probleme festsitzen, die bis in die Tiefe durchforscht und geheilt werden müssen. Dann können wir einander unsere Fehler bekennen und füreinander um Heilung beten (Jakobus 5,16). Wir müssen nicht in unserem Schlamassel sitzenbleiben. Gleichgültig in welcher Phase unseres Lebens wir uns gerade befinden – Jesus kann sich nach dem kleinen Kind in uns ausstrecken, um Vergebung zu ermöglichen, unsere tiefsten Wunden zu heilen und Veränderung zu bewirken.

Hinweise zur Identifikation von im Mutterleib entstandenen Wunden

Der Zustand im Mutterleib	*In der Regel nach der Geburt zu beobachtende Haltungen und Verhaltensmuster*
Kind ist nicht erwünscht.	Sich abrackern; Leistungsorientierung; Versuch, sich Daseinsberechtigung zu verdienen; übermäßiges Verlangen, anderen gefallen zu wollen (o.d.Gegenteil: ablehnen, bevor man abgelehnt wird); Verspanntheit; Rechtfertigung; Zorn; Todeswunsch; häufige Krankheiten; Probleme, sich zu binden; Ablehnung von Zuwendung (oder unstillbares Verlangen danach).
Kind wird außerehelich empfangen.	Tiefes Schamgefühl, mangelndes Zugehörigkeitsgefühl.
Eltern stehen finanziell vor schweren Zeiten.	Man glaubt: „Ich bin eine Last."
Eltern sind zu jung, noch nicht bereit.	Man glaubt: „Ich bin ein Eindringling."
Mutter bei schwacher Gesundheit.	Schuldgefühl, weil man überhaupt da ist; Kind übernimmt u.U. emotionale Verantwortung für die Mutter.
Ein oder beide Elternteile meinen, heranwachsendes Kind habe falsches Geschlecht.	Probleme mit sexueller Identifikation; manchmal ein Grund für Homosexualität; Sich abrackern, um zu gefallen und so zu sein, wie die Eltern es gerne möchten; Sinnlosigkeit; defätistische Haltung; „Schon von Anfang an stimmte etwas mit mir nicht."
Kind folgt auf vorangegangene Fehlgeburten.	Übermäßige Ernsthaftigkeit; übermäßiges Leistungsdenken; Versuch, den Verlust auszugleichen; Zorn, weil man nur „Ersatz" ist; sich nicht zur eigenen Identität stellen können.

Mutter hat übermäßige Angst vor der Niederkunft.	Furcht; Unsicherheit; Angst vor dem Gebären.
Streitereien zu Hause.	Nervosität; Verklemmtheit; Furcht; Schreckhaftigkeit; überstürzte Versuche, eine Diskussion unter Kontrolle zu bringen, wenn Meinungsverschiedenheiten auftauchen; Schuldgefühle: „Ich bin der Anlaß des Streits"; Umkehrung der Elternrolle: Man übernimmt emotionale Verantwortung für die Eltern.
Vater stirbt oder geht weg.	Schuldgefühl; Selbstverdammnis; Zorn; Erwartung, verlassen zu werden, die von bitterer Wurzel herrührt; übermäßige Sehnsucht, den einen Partner zu finden; Todeswunsch; Depressionen.
Mutter verliert einen lieben Menschen und vergeht vor Trauer.	Tiefe Traurigkeit; Depressionen; Todeswunsch; Todesangst; Einsamkeit; Die Vorstellung: „Niemand unterstützt mich; ich bin auf mich allein gestellt."
Ungesunde sexuelle Beziehungen; Vater nähert sich Mutter sehr unsensibel oder gar gewalttätig – oder mehr als ein Sexualpartner.	Aversion gegen Sex; Furcht vor männlichem Geschlechtsorgan; allgemein ungesunde Einstellung.
Mutter hat Angst, zu dick zu werden und ißt nicht richtig.	Unersättlicher Hunger; Zorn.

Wir haben im Laufe unserer langjährigen seelsorgerlichen Tätigkeit diese Beobachtungen gemacht. Viele gleichen denen, die in Dr. Vernys Forschungsbericht erwähnt werden. Er fügt noch weitere hinzu, wie z.B. folgende:

Mutter starke Raucherin.	Prädisposition zu schwerwiegender Ängstlichkeit.
Mutter konsumiert viel Koffein.	Das Baby hat wahrscheinlich einen schwachen Muskeltonus und befindet sich auf niedrigem Aktivitätsniveau.

Mutter konsumiert viel Alkohol.	Mehr als nur rein chemische Auswirkungen; das Baby absorbiert die negativen Gefühle, die die Mutter zur Trinkerin machten.
Steißlage bei der Geburt.	Erhöhtes Risiko einer Lernschwäche.
Außergewöhnlich schmerzhafte Geburt.	Zorn; Ermangelung eines akzeptablen „Ventils"; Magengeschwüre; Depressionen.
Relativ normale Geburt.	Mutter oder Kind werden rasend, wenn sie Schmerzen haben; scheinbare Bestätigung der noch im Mutterleib verspürten Ablehnung oder ambivalenten Einstellung der Mutter.
Künstlich eingeleitete Wehen.	Kann Mutter-Kind-Bindung beeinträchtigen; kann zu masochistischer Persönlichkeitsstruktur oder zu sexueller Perversion führen.
Kaiserschnitt.	Intensives Verlangen nach allen Arten von körperlichem Kontakt; Probleme mit räumlichen Vorstellungen; Unbeholfenheit.
Nabelschnur um den Hals gewickelt.	Probleme mit Hals und Rachen; Schluck- und Sprechbehinderungen; unsoziales oder kriminelles Verhalten.

Wer sich weiter in den Schatz der Forschung, die über dieses Thema getätigt wurde, vertiefen möchte, den möchten wir auf das umfangreiche Quellenverzeichnis am Ende von Dr. Vernys Buch *Das Seelenleben des Ungeborenen* verweisen.

Doch lassen Sie uns noch mehr von unseren eigenen, persönlichen Erfahrungen erzählen. Man kann sie nicht unter dem Mikroskop betrachten, nicht wiegen und nicht messen, aber wir haben sie selbst gemacht, der Herr gab uns Einsicht, wir beteten dementsprechend und die Gebete brachten gute Frucht hervor.

John und ich referierten auf einem Seminar für Seelsorger über die Heilung des verwundeten Geistes. Einer der Sprecher war Loren, unser ältester Sohn. Während wir über Vorgeburts- und Geburtstraumata lehrten, erhielt Loren mit einem Schlag die Antwort auf eine Frage, über die er sich den Kopf zerbrochen hatte, seit er erwachsen war: Warum hatte er sich ständig und vehement – entgegen seinem gesunden Menschenverstand und seiner Erziehung – geweigert, zu einer vernünftigen Zeit ins Bett zu gehen? Wenn seine Frau um zehn Uhr zu Bett ging, warum verspürte er dann den Zwang, sich bis in die frühen Morgenstunden mit allen möglichen Dingen zu beschäftigen, bis er schließlich so müde war, daß er schlafen gehen *mußte*?

Beth und er haben eine sehr gute Beziehung. Er liebt es, sich ins Bett zu kuscheln. Um seiner Gesundheit willen und um die Voraussetzungen für einen effektiven Dienst zu schaffen, wollte er stets ausreichende Ruhezeiten einhalten. Doch er war sich dessen bewußt, daß sich diese Problematik durch sein ganzes Leben gezogen hatte: Als Baby hielt er – so lange er nur irgend konnte – einige Körperteile ständig in Bewegung, um wach zu bleiben, gleichgültig, wie sehr ihn das erschöpfte. Als Kleinkind kugelte er sich ungeachtet all unserer Versuche, ihn vom Gegenteil zu überzeugen, immer und immer wieder über die Bettkante in dem Moment, als das Licht ausgemacht wurde – und so weiter, und so fort. Als ich meinen Vortrag beendet hatte, teilte uns Loren seine neue Einsicht, die ihm der Herr geschenkt hatte, mit: „Ich muß wach bleiben, denn wenn ich einschlafe, sterbe ich vielleicht."

Wie ist er nur auf diesen Gedanken gekommen? Wir fanden folgendes heraus: Als John und ich heirateten, waren wir beide noch Studenten am Drury College in Springfield, Missouri. Schon kurz darauf war Loren unterwegs; John hatte jedoch noch drei Jahre seiner Ausbildung vor sich. Nach Abschluß des Studiums verbrachten wir mit meiner Familie den Sommer in St.Louis, bevor wir dann – einige Wochen nach Lorens Geburt – auf das Theologische Seminar in Chicago gingen. Ich war neunzehn, John war einundzwanzig. Außer dem, was wir uns Tag für Tag verdienen konnten, hatten wir kein Geld, um Arztrechnungen und den Seminarunterricht zu bezahlen; aber wir waren fest entschlossen, nicht aufzugeben. Idealismus und Entschlossenheit erzeugen nicht denselben Frieden und dieselbe Ruhe wie echter Glaube und Vertrauen; ich bin mir sicher, daß wir in dieser Phase unseres Lebens mehr von Ersterem hatten.

Ich war gerade auf einem Gemeindepicknick und spielte Baseball, als die Wehen begannen; erst am nächsten Morgen wurde mir klar, was eigentlich los war. Niemand durfte zu mir ins Zimmer kommen. Ich erinnere mich, wie ich gegen Angst und Einsamkeit ankämpfte und betete: „Herr, laß mich nicht sterben!" Dann fühlte ich mich wieder ziemlich töricht, wie ich so etwas nur denken könne: „Ich bin stark." Ohne mit mir oder mit meiner Familie darüber zu sprechen, gab mir der Arzt eine starke Dosis Äther; er wußte nicht, daß ich einige Jahre zuvor davor gewarnt wurde, mir jemals Äther verabreichen zu lassen.

Als ich Loren zum ersten Mal sah, war er blaßblau und außergewöhnlich schläfrig; das blieb lange so, und jeder machte sich irgendwie Sorgen. Wir mußten hart arbeiten, um ihn wachzuhalten, daß er auch genügend Nahrung zu sich nehmen konnte. Die Forschung hat mittlerweile herausgefunden, daß der Fötus es augenblicklich registriert, wenn die Mutter Alkohol, Drogen oder Narkosemittel nimmt. Kein Wunder, daß sein kindlicher Geist so viel Angst vor dem Schlafen hatte. Ihm war vermittelt worden: „Ich muß wach bleiben, denn wenn ich einschlafe, werde ich vielleicht sterben."

Als Loren am Ende seiner Schilderung über diese Erkenntnisse und darüber, wie sie mit seiner zwanghaften Arbeitswut in Beziehung standen, angelangt war, versammelten sich alle Seminarteilnehmer um ihn und beteten für ihn um Befreiung – und er wurde befreit.

Unsere Tochter Ami demonstrierte, wie wahr die Beobachtung einiger medizinischer Wissenschaftler ist, daß eine zwiespältige Einstellung der Eltern bei deren Kind zu Lethargie führen kann. Amis Leben begann als Eileiterschwangerschaft. Ich verbrachte zehn Tage im South Chicago Community-Krankenhaus mit hochgelegten Beinen. Gebet, ein kleines „Bewegungswunder" des Herrn und gute ärztliche Versorgung halfen zusammen, um dieses kostbare Leben zu retten. Doch Ami war so schläfrig, daß sie kaum etwas aß. In der Frühphase ihrer Jugendzeit schien sie stets schläfrig und träumend durchs Leben zu gehen und unfähig zu sein, sich in den Griff zu bekommen. Durch weitere Gebete um Heilung für ihren verwundeten Geist blühte sie auf und begann, dynamisch mit beiden Beinen im Leben zu stehen. Durch Gebet wurde sie auch von ihrer Angst vor engen Räumen befreit.

Mark war als nächster während unserer Zeit im Seminar unterwegs; wir mußten kämpfen, um eine immer wieder drohende Fehlgeburt abzuwenden. Auch er mußte durch Gebet aufgefordert werden, sein Leben zu ergreifen. Der Herr zeigte uns, daß die Wahrnehmungsstörungen, mit der er in seiner Kindheit zu kämpfen hatte, eine körperliche Manifestation seiner geistlichen Flucht vor dem Leben war. Er war das dritte Kind, wo doch zwei schon eine finanzielle Belastung darstellten; also fühlte er sich unerwünscht und wollte nicht geboren werden. Die Tatsache, daß er in seiner Gefühlswelt erwartete, abgelehnt zu werden, zog Störeinflüsse in anderen Bereichen seines Wesens nach sich. Die Heilung seines Geistes und der disziplinierte Wandel in dieser Heilung, den er sich selbst auferlegte, sind heute Teil der Kraft seines Dienstes als begabter Seelsorger.

Wissenschaftler haben schon oft auf Bilder hingewiesen, die – wie sie glauben – im Strom der Erinnerungen eines Kindes im Mutterleib registriert worden sind und irgendwann später einmal zur bewußten Ebene durchdringen, in der Regel als Reaktion auf ähnliche Erfahrungen, die den Abruf des „Gespeicherten" auslösen. Es ist schwierig zu überprüfen, inwieweit solche Informationen Gültigkeit haben, doch findet man derartige Zeugnisse so häufig, daß man ernsthaft über sie nachdenken sollte. Unser Sohn John erzählte uns eine solche Geschichte, und wir müssen immer noch schmunzeln, wenn wir an sie denken. Soweit ich mich erinnere, war der Auslösemechanismus (zumindest die ausschlaggebende Ursache, die ihn dazu brachte, uns davon zu erzählen) die Schwierigkeiten, die wir mit dem Kampf dieses überaus starken Sohnes hatten, als er als Teenager darum rang, ein Individuum zu werden. Er erzählte uns eine Geschichte, die manchmal sein Traum, manchmal sein Tagtraum war: Er war an einem dunklen, behaglichen Ort und jemand wollte, daß er fortgehen solle; doch es gefiel ihm dort, und er wollte nicht gehen. Er war glücklich mit seiner Beschäftigung: Er spielte mit einem langen Seil, hantierte damit herum, rollte es der Länge nach aus, wickelte es sich um den Körper, schlug damit um sich und schüttelte es. Das Spiel bereitete ihm viel Freude. Er wurde zornig, wenn er daran dachte, diesen Ort verlassen zu müssen.

John war es ziemlich peinlich, uns dies mitzuteilen; doch war er sehr ernsthaft in seinem Bestreben, in diesem hartnäckigen Bild irgendeinen Sinn zu finden. Es war eine aufregende Erfahrung für mich, ihm zu erzählen, daß er fast sechs Wochen über das errechnete Geburtsdatum hinaus im Mutterleib geblieben war, daß seine Geburt durch künstliche Wehen eingeleitet wurde und daß die Hebamme im Kreißsaal gleich nach der Geburt überaus besorgt reagiert hatte: Johns Nabelschnur war außergewöhnlich lang. Sie hatte sich mehrmals um seinen Hals geschlungen, und der kleine Kerl hatte sich im restlichen Teil der Schnur wie in einem Netz verheddert! Wir lachten gemeinsam über meine „Entschuldigung". Wir beteten. Wir fragen uns, was wohl geschehen wäre, wenn wir diesem kleinen Menschen (der immer erwidert hatte: „Ich möchte selbst entscheiden, wann ich zur Welt komme!") erlaubt hätten, es selbst in die Hand zu nehmen, indem er uns die Botschaft vermittelt „Ich bin bereit, geboren zu werden", die – wie wir heute wissen – jeder Fötus in der Regel aussendet, um den Geburtsvorgang einzuleiten.

John war eines der Babys, die wir geplant hatten. An ihm sahen wir keine der Verhaltensweisen, die in Dr. Vernys Liste unter „Künstlich eingeleitete Wehen" aufgeführt sind; vielleicht findet sich jedoch hier die Ursache für seine vehementen Zornesausbrüche. Der Gedanke, ihn vielleicht dadurch verletzt zu haben, daß wir ihn in unserer Ungeduld hierher gezerrt hatten, bereitet mir Unbehagen. Andererseits danken wir Gott für seine Kraft der Erlösung und für seine Heilung, die nicht nur aus dem Tod unserer Fehler Herrlichkeit entstehen läßt, sondern es uns auch ermöglicht, über uns selbst zu lachen.

Mein Mann John und ich haben manchmal darüber gewitzelt, daß wir berufen worden sind, der Familie der Christen zu dienen, und daß es dafür erforderlich war, sechs Kinder großzuziehen, weil wir so langsam lernen. Freilich glauben wir das nicht wirklich; jedes unserer sechs Kinder war ein spezielles Geschenk Gottes. Doch es stimmt, daß sich ein Schatz der Weisheit ansammelte, weil wir einander liebten und gemeinsam als Familie gereift sind. Tim und Andrea, die als letzte kamen, mußten nicht so viel unter unserer Unwissenheit leiden, wie die Älteren. Doch Gott hat für alle dasselbe bereitgestellt – Heilung für den verwundeten Geist und umfassendes Heil, wenn seine Erlösung die volle Tiefe und jeden Bereich unseres Lebens erreicht. Wir wußten, daß wir für Tim und Andrea für Heilung beten mußten, gleich nachdem sie geboren wurden. Die beiden waren vielleicht diejenigen in unserem halben Dutzend, die sich am geborgensten fühlten und am entspanntesten waren. Doch Gott hat auch für sie vorgesehen, daß sie, um stark zu werden, die erforderlichen geistlichen Übungen machen müssen; so wird er es auch in Zukunft halten, durch ihr eigenes und durch unser Leben. Die Tatsache, daß wir verletzt worden sind und jetzt Heilung brauchen, ist nicht unbedingt negativ. Der Herr möchte aus unseren geheilten Verletzungen freudige, dankbare und siegreiche Herzen, Sanftmut, Erbarmen, Sensibilität und Weisheit bauen.

Ob Sie nun für ein Baby oder einen Erwachsenen beten, ist unerheblich; die Tatsache, daß Jesus den Geist einer Person anrührt, wird durch Gebet für das innerste Wesen des kleinen Kindes in dem Menschen, für den Sie beten, real. Jesus Christus unterliegt nicht den Begrenzungen räumlicher und zeitlicher Dimensionen. Er kann sich zu jeder Zeit – in der Vergangenheit, der Gegenwart oder in der Zukunft – mit dem Geist eines Menschen identifizieren und ihn heilen. Unser ganzes Leben liegt wie ein aufgeschlagenes Buch vor ihm. Deshalb ist es für ihn ein Leichtes, sich mit einem verwundeten Geist bis zurück zur Zeit der Empfängnis zu identifizieren, wenn wir ein Bittgebet sprechen. Nachdem wir Jesus gebeten haben, diese Identifikation durchzuführen, sprechen wir dem inneren Geist des Kindes direkt den Trost, die Beruhigung und die Bestätigung des Herrn zu. Wir beten in etwa folgendermaßen:

> Im Namen des Herrn Jesus Christus sagen wir Dir, daß Dein Leben kein Irrtum ist. Gott schuf Dich aus der Liebe heraus, die er selbst ist. Er rief Dich zur rechten Zeit und am rechten

Ort ins Leben. Er hat einen Weg für Dich vorbereitet und sein Leben für Dich hingegeben. Du bist ein Vorrecht, keine Last; eine Freude und eine Wonne und keine Enttäuschung; Du bist kein Eindringling, Du gehörst vielmehr zu uns. Du bist ein Schatz, einfach nur weil Du da bist und nicht aufgrund dessen, was Du alles tun kannst. Du bist ein Kind von Gott Vater, und er hat seine Lust an Dir, und wir haben unsere Lust an Dir.

Wir fahren fort und bitten den Herrn, alle Lügen zu vernichten, die das Kind unter Umständen akzeptiert hat und alle daraus resultierenden zerstörerischen Haltungen, Erwartungen, Persönlichkeitsstrukturen und Verhaltensmuster ans Kreuz zu bringen. Wir beten mit lebhaften und bildhaften Worten und sehen, wie der Herr all seine Liebe über dem Kind ausgießt, wie er in dessen Geist einen frischen Lebensatem hineinhaucht, wie er das Kind willkommen heißt und es in seine starken Arme schließt, wie er es einlädt, in der Fülle seines eigenen Lebens zu wachsen, in Gott ruhend, so wie Gott es von Anfang an für das Kind vorgesehen hat. Wir beten, daß es dem Kind im Ratsuchenden möglich werden möge, allen zu vergeben, die es verletzt haben; wir beten auch, daß dem Kind selbst seine negativen Reaktionen vergeben werden mögen. Wir gießen die heilende Liebe Jesu wie eine heilende Salbe in den verwundeten Geist des Kindes. Wir bitten den Herrn, dem Menschen die souveräne Gabe des Vertrauens, der Ruhe und des Friedens zu schenken und sein ganzes Wesen dazu zu bringen, ein harmonisches Ganzes zu werden, indem es mit dem versöhnt wird, wer es ist und wo es gerade steht.

Dann errichten wir das Kreuz Christi (der Ort, an dem jede Sünde aufhört) zwischen dem Kind und seinen Eltern und seinen Großeltern und all den vorangegangenen Generationen und verkünden, daß sein gesamtes Erbe nun durch dieses Kreuz gefiltert werden soll. Das ist kein Zauber. Es ist einfach nur eine Art und Weise, wie wir dem Herrn das Steuer in die Hand geben und seinen Segen und Schutz beanspruchen (Jeder Mensch muß, wenn er dafür bereit ist, irgendwann einmal in seinem Leben, diesen Anspruch für sich selbst geltend machen.). Alle Vorfahren, die Böses taten und jeder Fluch, der sich durch die Familie auf das Kind überträgt, muß an diesem Kreuz aufhören (vgl. Kapitel 13 „Die Sünde der Vorfahren"). Wir bitten den Herrn, dieses Kind in seinem eigenen Herzen zu bergen und die Augen aller Mächte der Finsternis zu blenden, die vielleicht versuchen, sein Leben zu bedrängen, zu beeinträchtigen oder zu verhindern. In der Autorität des Herrn widerstehen wir diesen Mächten.

Schließlich sprechen wir im Namen Jesu einen Segen über dem Leben des Kindes aus. Wir bitten den Herrn, jegliche Verhärtung des

Herzens weich zu machen, das Kind mit Kraft am inneren Menschen (d.h. in seinem Geist) zu stärken, die Augen seines Herzens zu erleuchten, Türen zu öffnen, es zu seiner Bestimmung hinzuführen und ihm für sein gesamtes zukünftiges Leben einen Mantel des Schutzes umzulegen.

Ein Wort über bildhafte Symbolsprache im Gebet

Wir bitten den Ratsuchenden, für den wir beten, nicht, in Gedanken ein Bild zu erzeugen, das seiner Erinnerung an eine bestimmte Erfahrung in irgendeiner Hinsicht widersprechen würde. Wir bitten den inneren Menschen nicht, eine Lüge zu akzeptieren. Lügen bewirken niemals Heilung, noch führen sie in einen bleibenden Frieden. Wir bitten den betreffenden Menschen jedoch, jedem zu vergeben, der – soweit er sich erinnert – in der schmerzlichen Erfahrung eine Rolle gespielt hat. Wir ermutigen ihn, für seine eigenen Reaktionen darauf, um Vergebung zu bitten. Wir sichern ihm diese Vergebung zu und brechen die Macht der gewohnheitsmäßigen Strukturen, die seine Reaktionen, die er gehegt, gepflegt und praktiziert hat, zur Folge hatten.

Wenn wir im Gebet aussagekräftige Symbole verwenden, dann bedeutet das für uns, daß wir *das Bild, das uns der Herr gibt*, deutlich und anschaulich beschreiben, um dem Kind im Ratsuchenden das neue Leben zu vermitteln, sobald das alte durch Buße und Vergebung hinweggefegt worden ist. Weder erzeugen wir aus unserem Fleisch heraus ein Bild, noch bitten wir die Person, sich in ihrer Phantasie auf eine Art seelischen „Trip“ zu begeben. All diese Dinge sind weder notwendig noch hilfreich. Wir bitten den Herrn, uns ein bildhaftes Wort zu schenken oder ein visuelles Bild oder Symbol, das den Bedürfnissen der jeweiligen Einzelperson in angemessener Weise dient; dann beschreiben wir es so genau wir können. Vielleicht empfängt auch der Ratsuchende selbst das Bild vom Herrn; vielleicht empfängt er einen Teil des Bildes, den er der Beschreibung des Seelsorgers hinzufügt.

Ein Wort über emotionelle Reaktionen auf Gebet

Wir drängen niemanden, sich in eine emotionelle Regung einzuklinken. Emotionen sind oft trügerisch. Menschen können Emotionen erzeugen, um dem Seelsorger zu gefallen, um auf dramatische Art und Weise Sympathie zu wecken, um der Erwartung Genüge zu leisten, gültige Erfahrungen würden immer mit Tränen einhergehen oder einfach nur um etwas zu bekunden, das mehr religiös-kulturelle Gewohnheit ist, als die spezifische Art und Weise, wie eine Einzelperson der Buße oder der Befreiung Ausdruck verleiht. Unter Umständen werden derartige Emotionen voll und ganz unterbewußt erzeugt. Vielleicht dienen Tränen lediglich als Ablenkungsmanöver, um das zu vertuschen, was eigentlich im Inneren vor sich geht. Vielleicht sind sie auch echt, und dann kann man etwas Falsches daraus schließen. Wir halten es so: Wenn Emotionen natürlich und leicht als Resultat des Gebets entstehen, dann soll man ihnen freien Lauf lassen. Wir wollen jedoch nicht darum ringen sie hervorzurufen. Es kann zum gegebenen Zeitpunkt gut sein, wenn man irgendeine Art von emotionaler Erleichterung verspürt, doch sollten wir die Wirksamkeit unseres Gebets nicht nach dem Vorhandensein oder Nichtvorhandensein von Emotionen beurteilen. Es kann sein, daß nach Monaten echte Gefühle zum Vorschein kommen, wenn der Herr etwas zur Reife geführt hat. Wenn das geschieht, dann sieht eine gesunde Reaktion darauf so aus, daß man sich die Freiheit nimmt, wirklich zu fühlen; daraufhin übergibt man diese Gefühle dankbar dem Herrn, also demjenigen, der sie aus der Tiefe des Herzens an die Oberfläche befördert hat. Man tut gut daran, sich zu erinnern, daß viele Heilungen ohne jegliche Emotion vonstatten gehen; man sieht einfach die Frucht, das „veränderte Verhalten".

Es ist leicht bei einem kleinen Baby, das eben das Licht der Welt erblickt hat, für geistliche Heilung zu beten. Wenn Sie das Baby halten, um es zu füttern oder zu wiegen, dann füttern Sie es mit Liebe und Gebet, immer und immer wieder. Gute Freunde von uns sahen jahrelang ihren Dienst darin, Pflegekinder in ihr Haus aufzunehmen. Als die Babys zu ihnen kamen, waren die meisten starr, furchtsam, rastlos und kränklich. Doch nach viel Herzen und Wiegen, liebevollen Worten und Gebet, wie wir es eben beschrieben haben, haben sich diese Babys entspannt und freudig-aufmerksame Reaktionen an den Tag gelegt; dann kamen sie zu ihren eigentlichen Adoptiveltern und waren bereit, mit ihnen eins zu werden. Als unsere Freundin vorübergehend Pflegemutter war, sprach sie sogar mit dem kleinsten Baby über die Freude, die es in seinem neuen Heim erwarte und darüber, daß Jesus es begleiten würde. Unsere Freunde haben eines dieser Kinder, von dem die Ärzte befürchtet hatten, es würde aufgrund von Vernachlässigung, Mißbrauch und Unterernährung geistig behindert sein, selbst adoptiert. Die Kombination aus Liebe und Gebet bewirkte in dem kleinen Jungen ein Wunder, und heute ist er ein aufgeweckter, gesunder Teenager, der sich liebevoll geborgen weiß.

Wenn man Kinder unter zehn abends ins Bett bringt, kann man für sie beten und danken und konkret ein Dankgebet dafür sprechen, daß sie ein Segen sind. Solche Gebete sollte man oft wiederholen, bis das

Kind in der Tiefe seines Geistes weiß, daß es geschätzt wird. Für sehr kleine Kinder kann man laut beten, während sie schlafen, und ihr Geist wird das Gebet hören und sich in der Liebe immer sicherer fühlen. Größere Kinder, bei denen offensichtlich wird, daß ihr Geist verwundet ist, kann man sensibel zu einem Gespräch über ihre Ängste und Feindseligkeiten hinführen und ihnen die Ursache dafür mit einfachen Worten erklären. Dann kann man sie einladen, entweder aktiv oder durch stille Zustimmung mitzubeten und sie bitten, Vergebung auszusprechen und sich für das Leben zu entscheiden.

Doch über das Gebet hinaus müssen wir konsequent Zuwendung schenken. Geben Sie den Kindern die materiellen Dinge, die sie brauchen, doch – was viel wichtiger ist – geben Sie ihnen *sich selbst.* Machen Sie Spiele mit ihnen. Unternehmen Sie gemeinsam etwas als Familie. Lachen Sie. Machen Sie Späße, aber veralbern Sie die Kinder nicht; kleine Kinder verstehen es überhaupt nicht, wenn sie veralbert werden. Fürchten Sie sich nicht vor ihren Fragen über ihre leiblichen Eltern (wenn sie adoptiert worden sind). Verbergen Sie die Tatsache der Adoption nicht. In ihrem Geist wissen die Kinder es schon, und wenn Sie nicht bewußt mit ihnen darüber sprechen, werden sie sich verraten und belogen fühlen. Führen Sie sie an einen Punkt, an dem sie mitfühlend verstehen, warum sie weggegeben wurden und Vergebung aussprechen. Wenn Sie mit Ihrem eigenen, leiblichen Kind über frühe Verletzungen sprechen, für die Sie sich verantwortlich fühlen, dann scheuen Sie sich nicht, es um Vergebung dafür zu bitten. Seien Sie nicht darauf bedacht, daß bei Ihrem eigenen Kind wieder alles ins Lot kommt, nur um Ihr eigenes Gewissen zu beruhigen. Wenn Sie dem Herrn erlauben, sich mit Ihrem eigenen inneren Menschen zu befassen, wird auch Ihr Kind in hohem Maße und ganz natürlich geheilt werden. Sprechen Sie die Probleme des Kindes nur dann im Gespräch und im Gebet an, wenn sie dessen Haltungen und Handlungen immer und immer wieder negativ beeinflussen. Ihre Zucht soll stark, liebevoll, konsequent, sowie dem Ungehorsam und der Ebene der Reife des Kindes angemessen sein. Machen Sie Ihrem Kind Komplimente. Bestätigen Sie es. Knüpfen Sie Ihre Liebe nicht an Bedingungen. Geben Sie Ihrem Kind die Gelegenheit, seine Gefühle auszudrücken. Geben Sie ihm Raum, um Fehler machen zu können und schenken Sie ihm die Gewißheit, daß es Ihre Liebe niemals verlieren wird. Seien Sie sich darüber im Klaren, daß Sie im „Auferstehungsgeschäft“ tätig sind: Sie sollen das Kind zur Fülle des Lebens führen, doch lassen Sie sich von dieser Verantwortung nicht erdrücken. Gott hat alles in der Hand. Sie *werden* Fehler machen, doch Gott ist größer als Ihre Tendenz zu versagen. Vielleicht werden Sie Gebete und mündliche Zusicherungen oft wiederholen müssen. Das läßt nun nicht auf einen Mangel an Glauben schließen und bedeutet auch nicht, daß die ersten Gebete unwirksam gewesen wären. Es ist lediglich eine Demonstration der Tatsache, daß ein kleines Kind, wenn es die gute Nachricht hört, daß es geliebt wird, erwidert (wenn nicht mit dem Mund, dann ganz sicher mit dem Herzen): „*Sag's mir nochmal!*", bis diese Botschaft jede Faser seines Wesens durchdringt.

Wenn wir für den verwundeten Geist eines Erwachsenen beten, beten wir für spezifische Veränderungen in seinem Geist nicht ohne seine Zustimmung. Es ist eine Mißachtung der Privatsphäre des anderen, wenn wir in ihm, der in einer Beziehung zum Herrn stehen und für den Zustand seines geistlichen Lebens Rechenschaft ablegen muß, herumfuhrwerken (es gibt jedoch eine Ausnahme: Wenn es zwei Ehepartner angeht, können sie unter Umständen spezieller füreinander beten, da sie sich ja in einer Beziehung befinden, die als „ein Fleisch" beschrieben wird. Doch der Herr wird Manipulation weder milde belächeln, noch honorieren; jeder Partner ist selbst dafür verantwortlich, wenn er sich dem anderen gegenüber unsensibel verhält.). Wir glauben, daß ein allgemeines Gebet, die Liebe und das Licht des Herrn mögen auf den anderen scheinen, immer in Ordnung ist; denn dadurch entsteht eine Atmosphäre, die es der Person ermöglicht, in die Freiheit einzutreten, eine gute Entscheidung zu treffen. In Epheser 1,18-19 finden wir ein gutes Beispiel für ein Gebet, das für jedermann angemessen ist: „Er erleuchte die Augen eures Herzens, damit ihr wißt, was die Hoffnung seiner Berufung, was der Reichtum der Herrlichkeit seines Erbes in den Heiligen und was die überschwengliche Größe seiner Kraft an uns, den Glaubenden, ist..." In Epheser 3,16 ff. finden wir ein weiteres Beispiel: „Er gebe euch nach dem Reichtum seiner Herrlichkeit, mit Kraft gestärkt zu werden durch seinen Geist am *inneren Menschen*;..."

Das Ziel der Heilung des verwundeten Geistes besteht darin, daß es allen möglich wird, mit den Worten aus Psalm 139,13-16 und 23-24 zu Gott zu sprechen:

> Denn du bildetest meine Nieren. Du wobst mich in meiner Mutter Leib. Ich preise dich darüber, daß ich auf eine erstaunliche, ausgezeichnete Weise gemacht bin. Wunderbar sind deine Werke, und meine Seele erkennt es sehr wohl. Nicht verborgen war mein Gebein vor dir, als ich gemacht wurde im Verborgenen, gewoben in den Tiefen der Erde. Meine Urform sahen deine Augen. Und in dein Buch waren sie alle eingeschrieben, die Tage, die gebildet wurden, als noch keiner von ihnen da war... Erforsche mich, Gott, und erkenne mein Herz.

Prüfe mich und erkenne meine Gedanken! Und sieh, ob ein Weg der Mühsal bei mir ist, und leite mich auf dem ewigen Weg!

Kapitel 3

Ein Gefühl des Abgelehntseins und daraus resultierende Verwundungen

> Siehe, Kinder sind eine Gabe des Herrn, und Leibesfrucht ist ein Geschenk. Wie Pfeile in der Hand des Starken, so sind die Söhne der Jugendzeit. Wohl dem, der seinen Köcher mit ihnen gefüllt hat... (Ps 127,3-5; LÜ)

Unser Sohn Loren, der auch unser Pastor ist, fragte eines Sonntags im Gottesdienst, wie viele der Anwesenden wüßten, daß sie zum Zeitpunkt ihrer Empfängnis unerwünscht waren. Mehr als die Hälfte meldete sich. Dann stellte er die Frage, wie viele von ihnen schon nach ein paar Monaten, ja vielleicht sogar Wochen von Herzen geliebt und angenommen wurden. Fast alle, die sich vorher gemeldet hatten, meldeten sich wieder. Dann machte Loren ein Statement, um den Ruf – „Jedes Kind ein gewolltes Kind“ – der Abtreibungsbefürworter zu widerlegen: „Ich glaube kaum, daß elterliche Ablehnung in einem Frühstadium der Schwangerschaft ein Signal dafür ist, daß das arme Kind nach seiner Geburt ein elendes Leben wird führen müssen.“ Ich dachte dabei an meine eigene ungelegen gekommene Geburt und daran, daß vier unserer sechs Kinder ungebetene Segnungen waren. Erinnerungen an unglaublich herzliche und glückliche Kindheitserfahrungen kamen mir in den Sinn: Herzliches Lachen, wenn die Familie sich traf, Wochenendausflüge im Auto, wilde Tretrollerrennen in unserer Straße, Balgereien in riesigen Bergen raschelnder Herbstblätter, herrlich matschig-glitschige Schlammpfützen, ein Besuch im St.Louis Zoo (meine Brüder ahmten noch eine Woche danach die Affen nach), der Duft frischer Laken, liebevoll zubereitete gemeinsame Mahlzeiten, das Theater am Sonntagmorgen bis wir endlich alle im Gottesdienst waren, Rollschuhlaufen auf dem schwarzen Samt unserer asphaltierten Straße...In all dem fanden wir die Gewißheit unserer Zugehörigkeit, auch dann, wenn wir für unseren Ungehorsam gezüchtigt wurden. „Das tut mir mehr weh als Dir“ – in unserem Kopf reagierten wir darauf wohl mit einem „Ach nein, wirklich?“, doch in unserem Herzen wußten wir, daß es die Wahrheit war. Die Liebe war real. Unsere Kinder können ihr Erbe genauso beschreiben. Die meisten Verletzungen, die wir in unserem Geist in der Frühphase unseres

Lebens erlitten haben, wurden und werden nach wie vor dadurch geheilt, daß wir unser Leben für den anderen hingeben, und daß der Herr an diesem Prozeß teilnimmt. Spezifische Verwundungen, die durch unsere sündhaften Reaktionen in die Grundstruktur unseres Lebens eingraviert worden sind, wurden und werden angepackt, je mehr uns der Heilige Geist darüber offenbart. „*Doch wahrlich*, unsre Krankheiten hat er getragen und unsre Schmerzen auf sich geladen;..." (Jes 53,4; ZÜ). Aus diesem Grund werden wir mehr und mehr befähigt, zu schätzen wer wir sind und die daraus entstehende Freude zu feiern. Als ich in diesem Gottesdienst die Handmeldungen sah, dachte ich auch an die vielen Menschen aus der Cornerstone Gemeinschaft, die für die Heilung und Umgestaltung ihres inneren Menschen von uns, von den Pastoren und Ältesten und von den Geschwistern in ihren Hauskreisen Gebet empfangen hatten.

Gott hat beabsichtigt, daß all seine Kinder wie ein Segen und eine Belohnung willkommen geheißen werden. Ein „gefüllter Köcher" bedeutet nun nicht, daß man ohne die guten Dinge des Lebens auskommen muß, sondern vielmehr daß man sich darüber klar wird, welche Fülle das Leben in sich birgt, wenn die Prioritäten und Perspektiven mit den Gedanken und dem Herzen Gottes übereinstimmen. Die Gesellschaft im allgemeinen hat noch nicht entdeckt, daß es einen Gott gibt, der all unsere Trümmerstätten trösten, all unsere Wüsten wie Eden und all unsere Steppen wie den Garten des Herrn machen wird (Jes 51,3). Leider haben die Gemeinden das effektiv auch noch nicht voll und ganz herausgefunden.

In unserer Gemeinde gibt es eine Familie mit siebzehn Kindern. Dreizehn davon sind adoptiert. Die Mehrzahl dieser dreizehn Kinder kommt von behinderten Randgruppen; einige sind körperlich, andere wiederum geistig behindert. Die Welt sagt, es wäre besser gewesen, wenn man keinem dieser Kinder erlaubt hätte zu leben. Dennoch wird jedes einzelne von ihnen durch kontinuierliche und überschwengliche körperliche Zuneigung sowie durch herzliches Gebet, das bis zum Geist durchdringt, Schritt für Schritt geheilt, gesegnet und befreit. Jeder in Cornerstone würde betrübt sein und den Verlust spüren, wenn wir nicht mehr die Gelegenheit hätten, ihnen zu dienen und uns von ihnen dienen zu lassen. Wir verspüren Schmerz, wenn wir daran denken, daß jedes einzelne dieser wertvollen Kinder aufgrund der Umstände seiner Empfängnis eindeutig ein Kandidat für eine Abtreibung war, zumindest in den Augen einer Mehrheit unserer Gesellschaft!

Das folgende Zitat stammt aus dem Buch *The Zero People* (Essays über das Leben; herausgegeben von Jeff Hensley, Servant Books, Ann

Arbor, Michigan, 1983) und ist die Neuauflage eines Artikels aus *California Medicine*, 113:67-68, Sept.1970:

> Die traditionelle Ethik der westlichen Welt hat schon seit je eine große Betonung auf den immanenten Wert und die Gleichwertigkeit jeglichen menschlichen Lebens gelegt, ungeachtet seines Entwicklungsstadiums oder seiner Lebensumstände. Diese Ethik hatte den Segen des jüdisch-christlichen Erbes und diente als Grundlage für die meisten unserer Gesetze und für einen guten Teil unserer Sozialpolitik. Die Ehrfurcht für ausnahmslos jedes Menschenleben war auch der Grundpfeiler der westlichen Medizin... Der Prozeß der Unterwanderung der alten Ethik und deren Ersatz durch die neue ist schon im Gange. Das sieht man vielleicht am deutlichsten in der sich verändernden Einstellung zur Abtreibung. Der althergebrachten westlichen Ethik des immanenten und gleichen Werts eines jeden Menschenlebens, ungeachtet seines Entwicklungsstadiums, seiner Lebensumstände oder seines Standes zum Trotz wird die Abtreibung von der Gesellschaft mehr und mehr als moralisch richtig, ja sogar notwendig akzeptiert. *Es ist bemerkenswert, daß diese veränderte Haltung der Öffentlichkeit die Kirchen, die Gesetze und die öffentliche Politik beeinflußt und nicht umgekehrt.* Da nun die alte Ethik noch nicht völlig ersetzt worden ist, war es erforderlich, den Begriff der Abtreibung vom Begriff des Tötens, was die Gesellschaft ja nach wie vor abscheulich findet, zu trennen. Das hatte zur Folge, daß man der wirklich allgemein bekannten, wissenschaftlichen Tatsache, daß das Leben schon mit der Empfängnis beginnt und im oder außerhalb des Mutterleibs bis zum Tod weitergeht, eigenartigerweise aus dem Weg geht. Die durchaus beachtlichen semantischen Turnübungen, die vonnöten sind, um die Abtreibung zu rationalisieren und als alles andere darzustellen nur nicht als Beendigung eines menschlichen Lebens, wären lächerlich, wenn sie nicht oftmals unter sozial untadeligen Vorzeichen vorgebracht werden würden. Es liegt nahe, daß diese schizophrene Art der Täuschung notwendig ist, weil die alte Ethik eben noch nicht verworfen wurde, während eine neue allmählich akzeptiert wird.

Ich erzähle die folgende Geschichte in der Hoffnung, daß sich die Gemeinden dadurch vielleicht mehr bewußt werden, daß die heilende Kraft unseres Herrn Jesus Christus ein „unmögliches" Leben, das die neue Ethik einfach auslöschen würde, erlösen, umgestalten und zur Herrlichkeit führen kann:

Bill und sein Zwillingsbruder wurden am 23.Juni, drei Monate vor dem errechneten Termin durch einen Kaiserschnitt geboren. Mit nur knapp einem Kilogramm Gewicht, war er der kleinere der beiden Jungen, aber auch der zähere. Sein Bruder starb bald nach der Geburt; Bill kam nach Hause in sein Kinderbettchen, eine umfunktionierte Frisierkommodenschublade. Seine Eltern hatten schon zwei Vorschulkinder und waren überhaupt nicht bereit, die Verantwortung einer wachsenden Familie anzunehmen.

Die Nachbarn hatten sich daran gewöhnt, daß das Baby ständig schrie, doch eines Samstagnachts riefen sie die Polizei, weil das Schreien nun schon bis nach Mitternacht anhielt. Bills Eltern hatten das Baby der Aufsicht der beiden Vorschulkinder überlassen und waren auf einen Drink in die Bar gegangen. Bill, der nur eine durchnässte und stinkende Windel anhatte, wurde in eine Decke gewickelt und in ein Kinderheim gebracht. Es wurde bald deutlich, daß ihm etwas fehlte und es ziemlich schlecht um ihn stand; in medizinischen Untersuchungen wurde festgestellt, daß er an doppelseitiger Lungenentzündung, einem doppelseitigen Leistenbruch und an Unterernährung litt. Er wurde für zwei Wochen in ein Krankenhaus eingewiesen und dann, als sein Gewicht gegen Ende August die Fünf-Pfund-Marke überschritten hatte, der Obhut von Pflegeeltern – unseren oben erwähnten Freunden – übergeben.

Bill war weder im Mutterleib seiner leiblichen Mutter sicher, noch in ihren Armen willkommen gewesen. Doch auf jeden Fall fand er Wärme und Liebe in der Umarmung seiner Pflegemutter Donna, die ab dem Zeitpunkt, da Bill in ihr Heim gekommen war, zusammen mit ihrem Ehemann und ihren drei Kindern in ihm einen neuen „Geburtsvorgang" in Gang setzte. Eineinhalb Jahre lang hat sie ihn buchstäblich Tag und Nacht getragen. Sein kleiner Körper war steif geworden, wie das bei Kaiserschnittgeburten oft der Fall ist. Man konnte ihn wie ein Brett auf der Handfläche balancieren. Mit zwei Monaten war er teilnahmslos, hatte glasige Augen und reagierte anfangs überhaupt nicht auf seine Umgebung. Aufgrund der Unterernährung befürchtete der Arzt einen Hirnschaden.

Donna massierte stundenlang seinen kleinen Körper. Sie wiegte ihn, schmiegte ihn an sich, hielt ihn mit einem Arm während sie die Hausarbeit machte, sang ihm etwas vor, sprach mit ihm, schürfte ihm fast den Hals ab vor lauter Küssen und ließ durch Gebet Tag für Tag die Heilung des Herrn in ihn strömen. Die Gebete trugen nicht nur zur Stärkung seines Körpers bei, sondern noch viel mehr zur Heilung seines verwundeten Geistes und zu seiner Wiederbelebung (wie in Kapitel 2 beschrieben wurde). Nachts schlief er auf Donnas Brust. Weil sein Bruch außergewöhnlich stark hervorgetreten war, er jedoch zu klein und zu schwach für eine Operation war, erlaubten sie ihm nicht zu schreien.

Gott ehrte die Gebete von Anfang an, indem er einen eklatanten Irrtum widerlegte: Donna hatte ihre eigenen Babys gestillt; deshalb war sie mit der Flaschennahrung für Babys nicht vertraut. Während Bills erster Woche in seiner neuen Familie gab man ihm unverdünnte Babynahrung; sein kleiner Körper nahm die reichhaltige Mischung auf, und er legte in einer Woche zwei Pfund zu!

Es dauerte nicht lange, bis das Baby auf seine Umwelt, die es „ernährte", aufmerksam zu reagieren begann. Seine neue Familie freute sich an ihm, genauso wie die Gemeindefamilie. Jeden Sonntag nach der Anbetung versammelten sich Freunde und Bewunderer während der Kaffeestunde um ihn, um seinen Fortschritt zu feiern. Es wurde immer deutlicher, daß er ein derart integraler Baustein der Familie war, daß sie ihn nicht wieder gehen lassen konnten. An dem Weihnachten vor seinem zweiten Geburtstag wurde er offiziell und auch rechtlich Teil ihrer Familie. Weder seine leiblichen Eltern noch seine Großeltern fochten die Adoption an.

Als Bill achtzehn Monate alt war, wurde er wegen seines Bruchs erfolgreich operiert. Im Krankenhaus hielt Donna ihn im Arm und wiegte ihn. Bald darauf suchte eine Grippeepidemie die Gegend heim, und Bill mußte wieder ins Krankenhaus. Ganz am Ende des Flurs in einem Privatzimmer hielt Donna ihn und wiegte ihn. Die Gebete hörten nicht auf. Einen Monat später wurde Bill beschnitten. Alles schien gut gegangen zu sein, doch als Donna am nächsten Tag die Windeln wechselte, stellte sie fest, daß die Naht aufgegangen war und Bill sehr stark blutete. In seinen ersten vier Lebensjahren hatte es den Anschein, er würde ständig an Infektionen der Atemwege erkranken. Aufgrund seines winzigen Hinterteils gaben sie ihm den Kosenamen „Böhnchenpopo"; häufige Penicillin-Injektionen verwandelten diesen werten Körperteil in ein Nadelkissen. Man stellte fest, daß Bill Bluter war; deshalb mußte er auch zunächst einmal mit Vitamin K aufgebaut werden, bevor man ihm im Alter von vier Jahren die Mandeln entfernte. Wiederum schien am Anfang alles gut zu laufen. Doch dann begann er wieder zu bluten und mußte erneut ins Krankenhaus. Nach wie vor Im-Arm-Halten. Nach wie vor Gebet.

Bill schien sich nicht darüber im klaren zu sein, ob er nun Rechts- oder Linkshänder sei. Kleine „Matchbox" Autos faszinierten ihn, doch schien er häufig von der einen auf die andere Hand zu wechseln, während er mit ihnen hantierte. Als er in den Kindergarten kam, stellte man in Untersuchungen fest, daß er aufgrund der von seiner vormaligen Unterernährung herrührenden Körperschwäche, von der er sich noch nicht völlig erholt hatte, Krämpfe in den Händen bekam. Eine Therapie schaffte Abhilfe; er wurde Rechtshänder. Als Bill neun wurde, hatte er schon die normale Größe erreicht, und seine Entwicklung ließ definitiv auf keinen Hirnschaden schließen. Heute ist er ein kräftiger und kerngesunder Teenager, mit den normalen Interessen und Problemen eines Teenagers. Mehr als die meisten seiner Altersgenossen ist er fähig, Zuneigung zu schenken und zu empfangen; auch legt er in der Seelsorge eine überdurchschnittliche Bereitschaft an den Tag, die verborgenen Tiefen seines Herzens, in denen sich einige selbstzerstörerische Haltungen und Zorn festgesetzt hatten, zu durchforschen. Die innere Heilung geht weiter.

Das Wunder der Liebe besteht darin, daß Bill Umstände überlebt hat, die so manches andere Kind getötet hätten. Das Wunder seiner Neugeburt zeigt sich darin, daß er fähig ist zu vertrauen, sein Herz offen zu halten und vorwärts zu gehen. Als Teenager geriet er in die eine oder andere Konfliktsituation mit Autoritätspersonen, doch konnte dadurch die Bindung an seine Adoptiveltern – insbesondere an seine Mutter – nicht zerbrochen werden, was selbst bei leiblichen Eltern und Teenagern oft der Fall ist. Als wir den Heilungsprozeß in Bills Leben so hautnah mitverfolgten, bestätigte sich für uns die Wahrheit, daß die Liebe in der Tat „eine Menge von Sünden" bedeckt (1.Petr 4,8). „Er heilt, die zerbrochenen Herzens sind, er verbindet ihre Wunden" (Ps 147,3).

Heute kann Bill mit den Worten sprechen, die wir in Psalm 71,6 lesen: „Auf dich habe ich mich gestützt von Mutterschoße an, vom Mutterleib hast du mich entbunden; dir gilt stets mein Lobgesang."

In Bills Fall gehörte zur Vergangenheit, die geheilt und umgestaltet werden mußte, ein wenig mehr als Vorgeburts- und Geburtstraumata. Diese Zeit hinterläßt im Leben eines Menschen am mächtigsten ihre Spuren; sie ist gleichsam der Same, aus dem das weitere Leben wächst; deshalb war es auch erforderlich, im Dienst beharrlich zu sein, um die Früchte der intensiven Ablehnung und Vernachlässigung zu überwinden. Diese Beharrlichkeit zeigte sich Schritt für Schritt *während* in den grundlegend wichtigen Jahren jeder einzelne Baustein an seinen Platz gesetzt wurde. Diese Grundfeste, die trotz aller Unvollkommenheit in sich selbst Heilung war, wird durch das Wirken Gottes in seinem Leben mehr und mehr erneuert werden. „Ich bin ebenso in guter Zuversicht, daß der, welcher ein gutes Werk in euch angefangen hat, es vollenden wird bis auf den Tag Christi Jesu" (Phil 1,6).

Wir haben schon gesagt, daß Jesus die Grenzen der Zeit überschreiten und sich mit uns in *jedem* Stadium unserer Entwicklung identifizieren kann, um uns von diesen längst überholten Emotionen und Erwartungshaltungen freizusetzen, die die grundlegende Struktur unseres Seins formen und uns gefangen halten. Gehen wir nun zu einem anderen Fallbeispiel über, zu einem Menschen, der ursprünglich mit viel weniger Verletzungen ins Rennen gegangen war, die sich jedoch fünfunddreißig Jahre lang Tag für Tag verschlimmerten, bis Jesus endlich Zutritt erhielt, um Heilung zu schenken.

Als Joel zu uns kam, war er emotional und körperlich völlig erschöpft. Aufgrund einer reinen Willensentscheidung war es ihm noch möglich, seiner Arbeit nachzugehen; er litt an Schmerzen in der Brust, schlagartig auftretenden Angstzuständen, Übelkeit, und einer Schläfrigkeit, die ihn oft so sehr überwältigte, daß er, wenn er im Auto unterwegs war, an einem Parkplatz stehenbleiben mußte, um ein Nickerchen zu machen. Er wurde von hartnäckigen Gefühlen geplagt, er würde jung sterben und von der Angst, auch seine Frau würde sterben. Gleichgültig wieviel er auch schlief, nie fand er wirklich Ruhe. In den vergangenen zehn Jahren hatte er zehn verschiedene Jobs gehabt. Er war in seinem Leben häufig krank gewesen; er war nach wie vor eine bevorzugte Zielscheibe für die verschiedensten Krankheitserreger oder Grippeviren; ein Magengeschwür bereitete ihm beträchtliche Unannehmlichkeiten. Seine Finanzen standen auf wackeligen Füßen, sein momentaner Arbeitgeber setzte ihn ständig unter Druck, und sein Vater lag im Sterben. Gleichgültig, wie sorgfältig er seine Fähigkeiten in der Arbeit einsetzte, keinem Projekt schien Erfolg beschieden zu sein. Abends schob er das Zu-Bett-Gehen immer so weit wie möglich hinaus, weil er den Tag einfach nicht loslassen wollte; jeder Morgen, an dem er sich einem neuen Tag stellen mußte, erschlug ihn fast. Manchmal stand er so sehr unter Streß, daß er sich übergeben mußte. Selbst inmitten einer Menschenmenge war er einsam und klagte darüber, daß er keine bleibenden Beziehungen hatte. „In meinem ganzen Leben ist immer alles so eigenartig gelaufen." „Warum funktioniert bei mir nie etwas?" „Was fehlt mir bloß?" „Warum wendet sich das Blatt immer so, daß ich das Opfer der Entscheidungen anderer werde?"

Als wir Joels Lebensgeschichte durchforschten und ihn in seinen Beziehungen näher beobachteten, fanden wir heraus, daß er den Entscheidungen und Handlungen anderer allzu sehr ausgeliefert war, weil er nie die Kraft entwickelt hatte, ein eigenständiger Mensch zu sein. Ständig schien man von ihm zu hören: „Sag' mir, was ich tun soll!". Sein Selbstwert- und Zugehörigkeitsgefühl hingen davon ab, inwieweit es ihm gelang, anderen zu gefallen. Er arbeitete so intensiv daran, anderen zu gefallen, daß seine Mitmenschen sein Abrackern und sein verzweifeltes Verlangen nach Anerkennung als übermäßige Last empfanden. Seine unbewußte Forderung entzog jeglicher Freundschaft die Grundlage.

Wir beobachteten, daß sein Bedürfnis, Erfolg zu haben – wenngleich es oft auch das Wohlergehen der anderen zum Ziel hatte – so intensiv war, daß er alles auf die Spitze trieb, in Organisationsdingen weit über das Ziel hinausschoß und den Menschen das Gefühl gab, bedrängt oder eingeengt zu werden oder hilflos in seinen Sog zu geraten. Sie widersetzten sich seinen Anstrengungen und zogen sich schließlich von ihm zurück. Er fing an, Geld als seinen einzigen wirklich sicheren Hafen und Zeichen seines Werts zu betrachten.

Joel war kein ungewolltes Kind gewesen. Bald nach den beiden Fehlgeburten seiner Mutter wurde er empfangen. Sie war mit äußerster Sorgfalt darauf bedacht, ihre Schwangerschaft zu beschützen, doch lebte sie neun Monate lang in der Anspannung und der Furcht, noch einmal ein Kind zu verlieren; sie konnte in ihrem Herzen nicht der Vorfreude auf die Geburt freien Lauf lassen. Das verwirrte sie, und oft fiel sie in Depressionen. Diese Emotionen und ihre Zurückhaltung wurden im Geist des ungeborenen Kindes registriert.

> Jüngste Forschungsergebnisse zeigen: Eine Abtreibung hat zur Folge, daß während einer darauffolgenden Schwangerschaft und unmittelbar nach der Entbindung Depressionen auftreten. Die Depressionen aufgrund einer Abtreibung oder aufgrund *des Verlustes eines früheren Kindes* scheinen die Vorbereitung einer Mutter auf ihr Neugeborenes hinauszuzögern, indem sie ihre Vorfreude schwächen. Es ist schon seit langem eine anerkannte Tatsache, daß ein schwerwiegender persönlicher Verlust ohne Beendigung des darauf folgenden Trauerprozesses später Auswirkungen auf die Fähigkeit, Zuneigung zu schenken hat… und den Bindungsmechanismus zwischen Mutter und Kind so zu beschneiden scheint, daß er sich in den folgenden Schwangerschaften nicht mehr so gut entwickelt. (*The Zero People*, Jeff Lane Hensley, S.128)

Joels Mutter hatte den Trauerprozeß über den Verlust ihrer Babys noch nicht abgeschlossen und war infolgedessen unfähig, mit ihm eine gute Bindung einzugehen. Sie war auch nicht bereit, sich selbst risikofreudig und vorbehaltslos hinzugeben. Ihr Herz war nach wie vor in ihren Selbstschutzmaßnahmen isoliert. Ihr neues Baby erlebte diese Zurückhaltung als Verlassenheit. Offensichtlich schenkte ihm kein

Elternteil Zuneigung, wenngleich sie vom Materiellen her gut für ihn sorgten. Ein kleines Kind versteht und akzeptiert Liebe in Kategorien der Berührung, nicht der intellektuellen Argumentation; folglich mußte ihn dieser Umstand weiterhin ungünstig beeinflussen.

Als Joel zwei Jahre alt war, wurde sein sechsjähriger Bruder krank und starb. Da sich Joel nicht wirklich angenommen gefühlt hatte und in mancherlei Hinsicht auf seinen Bruder eifersüchtig gewesen war, fühlte er sich wegen dessen Tod schuldig. Als die Eltern in ihrer Trauer um den verlorenen Sohn versanken, deutete Joel das als Bestätigung seiner Schuld. Er reagierte darauf, indem er sich der Überzeugung verschrieb, daß er sich abmühen und ausreichend Leistung erbringen müsse, um den Verlust des anderen auszugleichen. Irgendwie war er sich schon ganz von Anfang an wie ein Ersatz vorgekommen und jetzt mußte er für den Bruder leben, den die Eltern so innig geliebt hatten. Natürlich wollten die Eltern das nicht. Doch wie Joel die Sachlage sah, befand er sich in einer Position, in der er nicht gewinnen konnte: Er mußte den freigewordenen Platz ausfüllen, um sich einen Platz für sich selbst zu verdienen. Doch indem er das tat, konnte er niemals *er selbst* sein. Er konnte sich nicht einmal seinen Zorn eingestehen, denn Zorn entlockte den Menschen, denen zu gefallen er sich nach Leibeskräften abmühte, keine angenehmen Reaktionen.

> Siehe, an Wahrheit im Innersten hast du Gefallen; tue mir im Verborgnen Weisheit kund. (Ps 51,8: ZÜ)

Joels Heilung erforderte viel Zeit. Zunächst einmal führten wir ihn im Gespräch soweit wir konnten ins Weite, um ihm die dynamischen Zusammenhänge in seinem Leben – wie wir sie eben beschrieben haben – verstandesmäßig begreiflich zu machen. Er erklärte, er wolle heil werden. Wir baten ihn, die Lügen über seinen eigenen Mangel an Selbstwert- und Zugehörigkeitsgefühl, die er von Anfang an akzeptiert hatte, bewußt zurückzuweisen. Im Gebet baten wir den Herrn, dem Geist des kleinen Kindes, das immer noch tief in ihm lebte, zu dienen. Bis zu diesem Zeitpunkt blieb der Erwachsene in den Emotionen gefangen, die er zu Beginn seines Lebens erfahren hatte. Im Namen Jesu riefen wir sowohl diese Lügen, als auch die Macht dieser Emotionen in den Tod und sprachen direkt zu seinem inneren Wesen (wie in dem Gebet, das wir im ersten Kapitel beschrieben haben), es möge ihn leiten und befähigen, eine neue Identität zu ergreifen: „Ich bin ein Kind Gottes. Ich bin auserwählt. Ich bin wertvoll. Der Herr liebt mich, einfach nur weil ich da bin." Wir sagten zu ihm: „Wenn Du alles richtig machst, wirst Du nicht mehr geliebt werden. Wenn Du alles falsch machst, wirst Du nicht weniger geliebt werden. Du *wirst* geliebt; Du hast es nicht verdient und Du kannst es nicht verlieren. Es ist Gottes Geschenk an Dich. Noch bevor Deine Eltern wußten, daß Du unterwegs warst, hatte Gott Wege für Dich bereitet, auf denen Du gehen kannst. Niemand kann Dein Leben so leben, wie Du selbst. Gott hat Dein Leben allein Dir vorbehalten und möchte, daß Du in Ruhe in diesem Leben wandelst. Du wurdest nicht geschaffen, um jemand anderen zu ersetzen."

> Ehe ich dich im Mutterschoß bildete, habe ich dich erkannt… (Jer 1,5a)

> Denn wir sind sein Werk, erschaffen in Christus Jesus zu guten Werken, welche Gott zuvor bereitet hat, daß wir darin wandeln sollen. (Eph 2,10; Schlachter)

Dann gossen wir den Balsam der Heilung des Herrn in ihn und baten den Vater, ihn fest in den Armen zu halten, bis es ihm möglich ist, im Herz des Vaters zur Ruhe zu kommen. Wir baten den Herrn, ihm die Wahrheit seiner Zugehörigkeit ins Herz zu schreiben. Dann baten wir Joel, seinen Eltern zu vergeben. Wir beschäftigten uns nicht damit, festzustellen, wie groß deren eigentliche Schuld nun gewesen war. Wir gingen auf Joels Wahrnehmungen ein, auf seine subjektive Wirklichkeit. Wenn wir in solchen Augenblicken anderen vergeben, weisen wir nicht darauf hin, daß sie eigentlich wirklich schuldig sind. Wir sagen damit vielmehr, daß wir uns einer mangelnden Vergebungsbereitschaft schuldig gemacht haben. In dieser Art der Vergebung geht es darum zu erkennen, daß wir aufgrund dessen, was andere uns unserer Meinung nach angetan haben, ein sündiges Urteil über sie gefällt haben, und jetzt lösen wir sie von unserer Verurteilung und entscheiden uns dafür, sie stattdessen zu segnen. Dann gingen wir zu dem wichtigeren Aspekt über: Joel mußte selbst Vergebung empfangen und zwar für all seine Reaktionen auf seine Eltern und für seine Verantwortung für das Leben, das er aufgrund seiner bewußten und unbewußten Entscheidungen auf dieser Grundlage aufgebaut hatte. Wir „sahen" förmlich wie der Herr mit seinem Schwert der Wahrheit kam, um Joel von seiner wirklichen oder auch nur in seiner Vorstellung existierenden Vergangenheit abzutrennen und ihn in die Fülle seiner eigenen Bestimmung und seines eigenen Lebenszwecks zu führen. Wir setzten ihn frei, er selbst zu sein und in seinem Innersten in der Kraft des auferstandenen Herrn heranzuwachsen. Wir beteten, daß der Herr ihn in seinem Geist fortwährend kräftigen möge, wenn er nun auf dem neuen Weg wandelte.

Joel mußte noch ganz konkret von der Schuld, die er für den Tod seines Bruders auf sich genommen hatte, freigesprochen werden. Wir versuchten nicht, mit ihm über falsche Schuldgefühle zu diskutieren; wir wußten, daß er mehr als Trost brauchte. Er hatte sich der Eifersucht und des Wunsches, die Stelle seines Bruders einnehmen zu können, schuldig gemacht. Deshalb brauchte er Vergebung für den Mord, von dem er wußte, daß er ihn in seinem Herzen barg, auch wenn er ihn nie in einer bewußten Vorstellung ausgelebt hatte. Er fühlte sich schuldig. Wenn man in so einem Fall etwas Vernünftiges sagt, wie z.B. „Alle kleinen Brüder neigen dazu, Eifersucht zu verspüren und manchmal wünschen sie sich auch, ein Bruder möge sterben oder fortgehen", schafft man der Schuld einen Raum, in den sie sich zeitweilig zurückziehen kann. Schuldgefühle kann man einzig und allein durch die Zusicherung der Vergebung durch das Blut Christi ausmerzen.

Immer wenn Joel wieder dem alten, vertrauten Trott anheimfiel, wurden die Gebete der Zusicherung und der Bestätigung wiederholt. Wir beteten immer und immer wieder, daß die Leistungsorientierung einen vollständigen Tod erleiden möge. Darüberhinaus mußte die Tatsache in sein Herz geschrieben werden, daß man sich sehr wohl für ihn entscheiden konnte und daß andere für ihn die Initiative ergreifen würden, obgleich er es nicht verdiente. Wir umarmten ihn oft. Wir besuchten ihn. Wir aßen gemeinsam und lachten gemeinsam in unserem Hauskreis, zu dem auch er gehörte. Ich erinnere mich noch an einen Abend, als er, wie es regelmäßig der Fall war, wieder einmal zu Schmollen begann und sich ins Schlafzimmer zurückzog, um sich in seinem Selbstmitleid und diesem „Keiner-kümmert-sich-um-so-einen-hoffnungslosen-Fall-wie-mich"-Gefühl zu suhlen. Wir alle folgten ihm dorthin und erklärten, daß wir genau wüßten, was er jetzt mache und daß es keine Möglichkeit gäbe, uns durch seine wiederholte Versager-Tour und seine schlecht getarnte Manipulation derartig zu frustrieren, daß wir ihn fallen lassen würden. „Wir sind Brüder und Schwestern. Diese Beziehung ist ewig. Du kannst uns nicht verlieren." Nach langem Ausharren fand er schließlich Frieden mit uns, mit Gott und mit sich selbst. Jetzt trennen uns einige Jahre und viele Kilometer, doch mit wohliger Freude erinnern wir uns an einen Menschen, den wir neu zum Leben erwecken durften und der immer ein hochgeschätzter Teil von uns bleiben wird.

Hier ist es wichtig festzuhalten, daß Joels Verletzungen schon im Mutterleib begannen. In gewisser Hinsicht war er ein Ersatz. Die Trauer seiner Mutter, für die sie keine Heilung erfahren hatte, hinterließ ein Vakuum, das aufgefüllt werden mußte; somit konnte er nicht einfach als Erfüllung einer freudigen Erwartungshaltung ins Leben treten. Wenn er – so wie Bill – voll und ganz angenommen und mit körperlicher Zuneigung genährt worden wäre, hätten viele seiner

Verletzungen im Verlauf des Heranwachsens geheilt werden können. Doch so wie es war, wurde seine Verwundung durch den Mangel an wirklicher väterlicher und mütterlicher Nahrung nur noch verschlimmert. Joels Fall ist symptomatisch für viele andere.

Doch Menschen, deren Eltern versucht haben, sie abzutreiben, es jedoch nicht geschafft haben, haben noch viel schwerwiegendere Verletzungen davongetragen. In der Regel wird ihr Leben von zahllosen Krankheiten überschattet. Sie tendieren dazu, mit periodisch auftretenden Depressionen zu ringen. Manche versuchen, sich umzubringen. Schon ganz zu Anfang empfingen sie das Signal: „Eigentlich *solltest* Du sterben". In ihrem Unterbewußtsein sind sie darauf ausgerichtet, darauf zu reagieren. Manche Frauen versuchen, ihr Baby nur deswegen abzutreiben, weil jemand versucht hatte, sie auch abzutreiben. Das „Was Du nicht willst, daß man Dir tu, das füg' auch keinem ander'n zu" funktioniert in ihrem Leben ganz genau umgekehrt: Bis die rettende Kraft des Herrn eingreift, *werden* sie den anderen genau das antun, was ihnen selbst angetan wurde.

Unsere Beobachtungen im Rahmen der Seelsorge wurden durch eine Aussage aus *The Zero People* (S.125) bestätigt:

> Tendenziell sind unsere Beobachtungen in der Klinik Bestätigungen anderer Berichte; sogar kleine Kinder wissen etwas über die frühe Schwangerschaft, über eine Abtreibung oder Fehlgeburt ihrer Mutter.

Das Buch berichtet von einem fünfjährigen Jungen, der einen schweren Schaden erlitten hatte, weil er mitbekommen hatte, wie seine Mutter ein Kind abtrieb, als er erst zweieinhalb Jahre alt war. Ein siebenjähriger Junge erzählt seinen Traum, in dem drei Geschwister zu ihm auf eine Sandbank kamen, um dort mit ihm zu spielen; doch die Sandbank brach zusammen und die drei wurden von den Wellen begraben. Er kannte sie nicht, doch irgendwie war er sich sicher, daß es Brüder und Schwestern gewesen sein müssen. Seine Mutter gab zu, daß sie drei Fehlgeburten gehabt hatte und behauptete steif und fest, daß der kleine Junge das überhaupt nicht hätte wissen können.

Wir beabsichtigen nicht, in diesem Buch detailliert zu erklären, wie derartige Kenntnisse möglich sind; wir sagen lediglich, daß der Geist eines kleinen Kindes außergewöhnlich sensibel und sein Intellekt noch unvorbelastet ist. Es scheint fähig zu sein, mit höchst aufnahmefähigen Rezeptoren Dinge registrieren zu können, die an uns Erwachsenen vielleicht vorbeiziehen.

Untersuchungen belegen und unsere Erfahrung bestätigt, daß Kinder, die in ihrem Geist „wissen", daß Geschwister in einer Abtreibung oder Fehlgeburt verloren gingen, oftmals unter einem nagenden Schuldgefühl leiden, so als ob das irgendwie ihr Fehler gewesen wäre. Solche Kinder hegen unter Umständen ein emotionelles Mißtrauen gegenüber ihren Eltern, weil sie Angst davor haben, was ihnen noch alles drohen könnte. Eltern, die ein Kind abgetrieben haben, weil es ihnen vom Finanziellen her nicht möglich war, es zu versorgen oder weil das Kind nicht in ihr Konzept gepaßt hätte oder weil sie sich sozialem Druck beugten, werden zweifellos alles versuchen, um sicherzugehen, daß sie nicht nochmal in eine derartige Zwangslage geraten. Die Verkniffenheit dieser Eltern wird sich in der Haltung und im Verhalten der Kinder widerspiegeln, die schon in diese Familie hineingeboren wurden. Solche Kinder deuten ihr Überleben in dieser Familie vielleicht als Resultat dessen, daß sie nur zu dieser bestimmten Zeit erwünscht gewesen sein müssen. Deshalb fühlen sie sich vielleicht gezwungen, Leistung zu erbringen, um auch weiterhin erwünscht zu sein. Ihr Zugehörigkeitsgefühl wird mit Bedingungen verknüpft. Wenn der Haussegen innerhalb der Familie schief hängt, dann zeigen sie unter Umständen extreme Ängstlichkeit und nehmen möglicherweise die Schuld für die Streitigkeiten auf sich. Ein Kind, das seine bedingte Zugehörigkeit schon viele Male durch Spannungen in der Familie bestätigt sah, fühlt sich vielleicht schuldig, überhaupt auf der Welt zu sein und ist diesem Eindruck hilflos ausgeliefert. In seinen Gefühlen, nichts wert zu sein, reagiert es vielleicht derart, daß es sich selbst vernachlässigt oder versucht, sich umzubringen. Vielleicht geht es auch ins andere Extrem und schreit in Wutausbrüchen: „Ich habe nicht darum gebeten, geboren zu werden. Doch jetzt bin ich da; ich werde meinen angestammten Platz fordern und jedermann beweisen, daß ich ein Recht habe, eine eigenständige Person zu sein!!!" Wir hatten schon Menschen in der Seelsorge, die unbewußt, aber sehr vehement ihr Leben darauf ausrichteten, ihre Eltern zu bestrafen. „Ich werd's euch zeigen! Ich werde meine Schönheit mit Füßen treten und ihr werdet nie Gelegenheit haben, auf mich stolz zu sein. Ihr habt mich nicht gewollt und ihr habt es verdient, euch zu schämen." In solchen Fällen hat die Botschaft der Selbstzerstörung natürlich ihr Ziel gefunden; genauso ist auch rachsüchtige Rebellion, die Schmerz mit Schmerz vergelten möchte, am Werk. Unser Gegenmittel ist immer dasselbe: Heilung des verwundeten Geistes durch Gebet, Bekenntnis, Buße, Vergebung, Bauen einer neuen Identifikation mit dem Herrn Jesus Christus, gefolgt von kontinuierlicher menschlicher Nahrung durch Freundschaft und Zuneigung. Vielleicht muß man so einen Menschen lange mit sich im Herzen tragen; das bedeutet, daß der Prozeß der Neugeburt und der zweiten Elternschaft folgen muß, wenn die Heilung dauerhaft sein soll. Die zweite Elternschaft ist nur vorübergehend; sie muß jedoch solange dauern, wie der Herr die Notwendigkeit aufzeigt. Wir dürfen nicht erst beten, einen solchen Menschen dann jedoch fallenlassen und weglaufen. Höchstwahrscheinlich würde das Problem dadurch nur noch verschlimmert; er hat es ja immer schon „gewußt", daß er für eine Abtreibung bestimmt ist. Oder er „wußte", daß mit ihm dasselbe geschehen würde, wie mit seinen verlorenen Geschwistern, die seinen Eltern nicht angenehm waren.

Heute werden in Amerika zwischen dreißig und fünfzig Prozent aller empfangenen Kinder abgetrieben. Wir stoßen ständig auf öffentliche Aktivitäten pro und contra Abtreibung. Jedes Mädchen im Realschul- oder Gymnasialalter weiß, daß die Abtreibung eine legale Alternative ist. Bei den Menschen unserer Gesellschaft ist es gang und gäbe, daß man den Wert eines neuen Wagens und eines größeren Hauses gegen den Wert der Erziehung eines Kindes abwiegt und daß das Kind dabei den kürzeren zieht. Viele Abtreibungen lassen sich auf die Abwertung des Kindes zurückführen. Es wurde schon behauptet, die Kinder würden dazu tendieren, sich aufgrund dieser allgemeinen Abwertung des Kindes, kombiniert mit dem allgemeinen Zerbruch der Stabilität einer Kleinstfamilie selbst abzuwerten. Sie sind immer weniger zuversichtlich, daß sich jemand um sie kümmern wird und haben immer weniger Hoffnung für die Zukunft. Deshalb sind mehr und mehr junge Menschen depressiv; deshalb kann man aufgrund der wachsenden Selbstmordzahlen jetzt schon folgern, daß der Selbstmord bei den Jugendlichen zur dritthäufigsten Todesursache geworden ist!

Es gibt noch zahlreiche andere Möglichkeiten, wie wir Kindern durch ihre Abwertung tiefe geistliche Wunden schlagen. Verletzungen können in Familien entstehen, in der zwar noch alle Mitglieder beisammen sind, sie sich jedoch allesamt so sehr um das finanzielle Auskommen kümmern, um den gewünschten Lebensstandard halten zu können, daß sie es versäumen, diejenigen zu ernähren, um deretwillen – wie sie unter Protest bekunden – sie ja arbeiten.

Erst vor kurzem hatte ich ein Gespräch mit der Leiterin einer Kindertagesstätte. Sie zeigte sich besorgt über ein Kind im Vorschulalter, das völlig lustlos, in sich zurückgezogen, desinteressiert und unfähig zu sein schien, mit anderen Kindern Gemeinschaft zu haben. Das Kind war der einzige Sohn eines leitenden Firmenangestellten, dessen Frau – wie er – in einem erfolgreichen Geschäft die Karriereleiter nach oben stieg. Die Mutter wurde konsultiert. „Unser Kind ist die wichtigste *Sache* in unserem Leben" – das bedeutete eigentlich, daß sie peinlich darauf bedacht waren, ihrem Nachwuchs jedes *Ding* zu geben, das man sich nur vorstellen kann. Doch nur während der allmorgendlichen, vierzigminütigen Autofahrt durch dichten Verkehr zur Schule und während der dreißig Minuten zwischen dem Abendessen und dem Zu-Bett-Gehen, denen man einen religiösen Anstrich gab und dem kleinen Burschen eine Geschichte vorlas, verbrachte man regelmäßig Zeit mit ihm. So wie all die anderen Leute, die auf ihren Termin warten, hatte auch er einen unangetasteten Platz in einem dichten Zeitplan inne. Doch der einzige Mensch, der ihm wirklich Zuneigung schenkte, war ein Kindermädchen, das ihn am späten Nachmittag nach Hause brachte, ihm sein Abendessen zubereitete, zu ihm ins Zimmer kam, ihn liebevoll zudeckte und das Licht ausschaltete, nachdem die Eltern sich zu ihren Gästen oder anderen Unternehmungen zurückgezogen hatten.

Die meisten berufstätigen Eltern sind nicht so blind, und dennoch leben tausende von einsamen Kindern wie in einer Enklave, von ihren Eltern isoliert und wissen nicht genau, worüber sie traurig sind und wonach sie sich eigentlich so sehr sehnen. Sie verstehen auch nicht, warum manchmal urplötzlich die Wut aus ihnen herausbricht, oft genau dann, wenn Papa mal eben kurz hereingeschaut hat, um ihnen auf seinem Weg zum Golf-Club ein herrliches neues Spielzeug zu schenken. „Bis bald" sagt er und schon ist er weg; oder genau dann, wenn Mama sich hetzt, um das Abendessen auf den Tisch zu bringen und sagt: „Laß mich jetzt damit in Frieden! Wir reden später drüber." Sie ist spät von der Arbeit nach Hause gekommen, erschöpft und spürt den Druck eines Abends, der wieder einmal viel zu kurz ist, um alle anstehenden Arbeiten zu erledigen. Doch für ihr Kind, das etwas erzählen möchte, hört sich das „später" wie „nie" an, und vielleicht ist es auch so. Auch wenn Kinder vielleicht verstandesmäßig begreifen, daß all das geschäftige Treiben nur zu ihrem Wohlergehen beiträgt und ein Zeichen dafür ist, daß man sich um sie kümmert, hungert ihr Inneres nach liebevoller Aufmerksamkeit und körperlicher Zuneigung und interpretiert das ganze Leben als ein Haschen nach dem Wind. Je mehr materielle Güter man ihnen schenkt, desto mehr fordern sie, da die *Sache* ein Ersatz für die Liebe geworden ist. Dinge sind nicht Liebe; sie befriedigen nicht; deshalb braucht man auch immer mehr davon. Enttäuschung erzeugt Wut. Die Wut auf die Eltern wird dann auf alle Autoritätspersonen und auf Gott projiziert. Der Respekt für das Eigentum geht verloren, da der materielle Reichtum den Kampf gewonnen hat, der darüber entscheidet, wer der „liebste Schatz" der Eltern ist. Durch Vandalismus wird manchmal versucht, den „Feind zu töten". Manche Kinder stehlen, weil man auch sie bestohlen hat.

Wir möchten jedoch ganz klar sagen, daß ein Kind nicht dadurch verletzt wird, daß beide Eltern berufstätig sind. Motivationen, Grundhaltungen und Prioritäten machen den ganzen Unterschied. Manchmal müssen beide Elternteile arbeiten, um die Miete bezahlen und sich das Notwendigste leisten zu können. In einer solchen Familie sehen wir, wie beide Eltern im Haushalt anpacken und die Kinder miteinbeziehen, ohne ihnen übermäßig viel Verantwortung aufzuerlegen. Sie arbeiten gemeinsam und spielen gemeinsam. Familienfernsehen, Spiele, Angeln, Camping und Popcorn-Machen sind gemeinsame Unternehmungen. Und sie beten auch gemeinsam. Sie scheinen immer knapp bei Kasse zu sein, doch scheint das Vorhandensein oder Nichtvorhandensein von Geld das grundlegende Fundament der Liebe nicht erschüttern zu können.

Die Grundfeste der Liebe geht unter Umständen bei den Kindern in die Brüche, deren Mutter nach deren Geburt zu schnell wieder in die Arbeitswelt zurückgekehrt ist. Ob nun die liebe Oma der Babysitter ist, oder ein promovierter Kinderpsychologe – es ist nach wie vor nur ein Ersatz, und Babys wissen das. Gott hat Babys so geschaffen, daß sie ihre Mutter und ihren Vater brauchen, um von ihnen in körperlicher Umarmung eingehüllt zu werden, so daß ihr Geist harmonisch zusammenfließen und eine Bindung zwischen ihnen herstellen kann. Stillen ist das Beste (vgl. Kapitel 7 in *Restoring the Christian Family*). Festhalten und wiegen sind wesentlich. Die *aktive* Teilnahme des Vaters in der täglichen Fürsorge um das Baby ist notwendig, um Stärke aufzubauen und um Strukturen zu schaffen, die für die Zärtlichkeit quasi als Vehikel fungieren. Ein Baby kommt zur Ruhe, indem es seine geistlichen, emotionalen und geistigen Wurzeln in den konsequent vorhandenen und verläßlichen Nährboden von Eltern streckt, die immer da sind, wenn sie gebraucht werden. So wird seinem Wesen Vertrauen auf der allertiefsten Ebene eingeprägt. In diesen frühen Monaten kann ein Großteil des Geburtstraumas geheilt werden. Wenn man ein Baby gelegentlich der Obhut eines Babysitters anvertraut, dann muß dadurch die prinzipiell vorhandene Sicherheit nicht erschüttert werden. Vielmehr könnte das denselben lehrhaften Effekt wie das „Kuck-Kuck-Spiel" haben: „Jetzt siehst Du mich, jetzt bin ich weg, da bin ich wieder und alles ist gut." Doch wenn ein kleines Baby Stunde um Stunde, Tag für Tag bei einem Babysitter zurückgelassen wird, fühlt es sich von den Eltern verlassen, auch wenn es vom Körperlichen her noch so gut versorgt wird. Samen der Verwirrung bezüglich der eigenen Identität, der eigenen Zugehörigkeit und des eigenen Werts werden gepflanzt. Zwischen den Eltern und dem Kind kommt keine voll ausgeprägte Bindung zustande. Ja, wenn ein Kind lernt, bei einem

Babysitter, der sich den ganzen Tag liebevoll kümmert, nach Nahrung zu suchen und sie zu akzeptieren und wenn das Kind jeden Tag nur kurz mit seinen Eltern beisammen ist, wird es in der Tat wohl zunächst einmal zwischen beiden Polen hin- und hergerissen sein und sich dann dafür entscheiden, mit demjenigen eine Bindung einzugehen, der sich bedeutend engagierter um sein Wohlergehen gekümmert hat. Wenn ein Kind aus so einem Umfeld herausgerissen wird, kann das genauso schlimme Wunden schlagen wie der Tod eines Elternteils.

Wir haben schon zahllose Menschen seelsorgerlich betreut, die als Erwachsene eine ungewöhnlich tiefe Herzlichkeit und Dankbarkeit ihren Großeltern gegenüber verspürt haben, die sie eigentlich großgezogen haben. „Ich stand ihnen so nahe, doch mit meinen Eltern konnte ich nie richtig reden." In solchen Fällen ist es immer erforderlich, den verwundeten Geist zu heilen. Diese Menschen leben mit unbeantworteten und bohrenden Fragen: „Warum haben mich meine Eltern nicht an erste Stelle gesetzt?" „Warum liebten sie mich nicht mehr als ihre Tätigkeit?" „Stimmte vielleicht mit mir was nicht, und deshalb wollten sie auch nicht bei mir sein?" Durch rationales Begreifen der jeweiligen Umstände wird das Herz noch nicht geheilt. Einzig der Herr Jesus kann Vergebung möglich machen und durch vergangene Zeiträume hindurch weit genug in die Tiefe gehen, um eine Person von grundlegenden Unsicherheiten freizusetzen, so daß sie gelassen und voll Vertrauen erwarten kann, heute von ihren primären Bezugspersonen auserwählt, geschätzt, geliebt und genährt zu werden.

Wie erkennen wir nun, ob aufgrund einer, in der Frühphase des Lebens registrierten, Ablehnung unser Dienst immer noch erforderlich ist, oder ob die Liebe irgendeines Menschen schon eine Menge Sünden zugedeckt hat? Schlicht und einfach an der Frucht im Leben des jeweiligen Menschen (Lk 6,43). Ziehen Sie folgende Fragen in Betracht:

> Ist der Mensch in seinen Gefühlen leicht verletzbar?
>
> Sieht er dort eine Verletzung, wo niemand verletzen wollte? Pflegt er seine Gefühle des Schmerzes?
>
> Betrachtet er Bemerkungen, die andere ignorieren, belächeln oder genießen würden als persönliche Beleidigung oder Kränkung?
>
> Verteidigt er gewohnheitsmäßig sich selbst oder andere?
>
> Braucht er eine besondere Einladung oder Aufforderung, um an Aktivitäten teilzunehmen, für die andere sich einfach freiwillig melden würden?

Fordert er Aufmerksamkeit von anderen, anstatt sie nur zu wecken?

Zieht er sich in sich selbst zurück und tut sich schwer, etwas von sich zu erzählen?

Redet er viel, ohne zu offenbaren, was er wirklich denkt?

Braucht er Komplimente, die er dann dennoch überhört?

Erwartet er, übergangen zu werden?

Vernachlässigt er seine äußerliche Erscheinung oder investiert krampfhaft zuviel Energie in sie?

Neigt er in Beziehungen dazu, eifersüchtig zu sein?

Macht er sich selbst nieder (oder brüstet er sich ständig)?

Tut er sich schwer, begonnene Projekte auch durchzuziehen?

Scheint er immer nur ein Betrachter zu sein, der von außen hereinschaut?

Ablehnung, von der man noch nicht geheilt ist, wird oft auf andere projiziert. Davids Vater ging weg, noch bevor sein Sohn geboren wurde. Seine Mutter haßte diesen Mann, der sie zuerst mißbraucht und dann sitzengelassen hatte. Da David von seinem Äußeren und seinem Temperament her wie sein Vater war, projizierte sie unbewußt ihre Gefühle gegenüber ihrem Ehemann auf ihren Sohn. Als er heranwuchs, wurde diese Beziehung immer schmerzlicher.

Natürlich hatte David tiefe Verletzungen und war ausnahmslos dahingehend geprägt, nichts anderes als Ablehnung zu erwarten. Er zog die Ablehnung von seinen Freunden, seiner Frau und sogar von seinen Kindern förmlich auf sich. Er schaffte es sogar, bei einer Arbeitsstelle nach der anderen hinausgeworfen zu werden. Oftmals nahm er die Entlassung vorweg und ging, noch bevor sein Chef etwas unternehmen und ihn hinauswerfen konnte. Als David anfing, Seelsorge und Gebet für innere Heilung zu empfangen, fühlte er sich gezwungen, die Aufrichtigkeit derer, die ihm dienten, immer wieder auf die Probe zu stellen.

Das Negative zum Tod am Kreuz zu bringen, ist eine relativ einfache Angelegenheit. Durch psychologisch geschulten gesunden Menschenverstand und die Geistesgabe der Unterscheidung werden Problembereiche und Grundursachen aufgedeckt. Das daraufhin ausgesprochene Gebet ist wirksam aufgrund dessen, was Jesus Christus am Kreuz schon vollbracht hat. Auch seine Auferstehungskraft steht uns zur Verfügung. Doch zu lernen, in dieser Kraft zu wandeln, ist ein Prozeß.

> Wie ihr nun den Christus Jesus, den Herrn, empfangen habt, *so wandelt in ihm*, gewurzelt und *auferbaut in ihm und befestigt im Glauben*, wie ihr gelehrt worden seid, darin überströmend mit Danksagung. (Kol 2,6-7)
>
> Nun aber hat er euch in seinem Fleischesleibe durch seinen Tod mit Gott versöhnt, um euch heilig, fleckenlos und tadelfrei vor seinem Angesichte darzustellen. *Aber ihr müßt auf dem festen Glaubensgrunde unerschütterlich beharren* und nimmer wanken in der Hoffnung, die die Heilsbotschaft in euch erweckt hat. (Kol 1,22-23; Albrecht)

Wer all den Bills und Joels und Davids dient, die jetzt in ihrem Glauben aufgebaut und fest gegründet werden müssen, auf daß sie in Jesus wandeln mögen, anstatt in dem, was ihnen ihr gesamtes Vorleben antrainiert hat, wird oft wie Paulus in Galater 4,19 sagen: „Meine Kinder, *um die ich abermals Geburtswehen erleide, bis Christus in euch Gestalt gewonnen hat...*"

Es mag einem wie eine endlose Schwangerschaft vorkommen, bis Christus in einigen, um die man Geburtswehen erleidet, Gestalt gewonnen hat. Daniel wurde von seinen Eltern verlassen als er fünf war. Seine Großmutter entschloß sich, sich um seine Schwestern zu kümmern, wollte jedoch nichts mit der schwierigen Aufgabe, einen Jungen großzuziehen, zu tun haben; er wurde in eine Pflegefamilie gesteckt. Als sich die Wunden der Ablehnung in Wutausbrüchen und rebellischem Verhalten wiederspiegelten, kam Daniel in eine andere Familie, dann wieder in eine andere und schließlich war er in der achten Familie angekommen. Dort sagten die Pflegeeltern zu ihm: „Schau mal, wir wissen, was Du tust. Du prüfst uns, um zu sehen, ob wir Dich rauswerfen. Wir werden Dich nicht rauswerfen; also kannst Du auch genausogut zur Ruhe kommen und Dich entschließen, ein Teil unserer Familie zu werden." Im Alter von elf Jahren wurde Daniel von seinen Pflegeeltern adoptiert und reagierte weiterhin in vielen Bereichen positiv auf deren Liebe. Doch einige Strukturen waren außergewöhnlich hartnäckig: Er hatte Schwierigkeiten, sich konsequent in der Schule anzustrengen; er suchte sich Freunde, die Tunichtgute waren; gemeinsam mit ihnen schwänzte er so oft die Schule, daß er sich das Wohlwollen der Lehrer verscherzte. Seine Entscheidung, zerfranste Jeans und zerlumpte T-Shirts zu tragen, ließ mehr auf einen Mangel an Selbstwertgefühl, als auf einen Teenagerfimmel schließen. Gegen Ende seiner Teenagerzeit war das „Pflegekind-Syndrom", wie wir es nennen, nach wie vor offensichtlich. Manchmal war er eine Woche lang einfach verschwunden und verbrachte ein paar Tage bei einem Freund, bis er dort nicht mehr gern gesehen war; dann ging er zu einem anderen Freund und dort wiederholte sich dasselbe. Wenn seine Freunde oder seine eigenen Energien erschöpft waren, kehrte er wieder nach Hause zurück, duschte sich und schlief die ganze Zeit; danach wiederholten sich dieselben Verhaltensmuster. Seine Antwort auf die frustrierende Suche nach Arbeit lautete: „Niemand will mich." Er traf erst dann andere Entscheidungen, als Menschen, die ihn liebten, ihm diese Liebe beharrlich und bedingungslos zeigten, gekoppelt mit Zucht, die folgende Botschaft vermittelte: „Gott und wir lieben Dich, so wie Du bist; aber wir lieben Dich viel zu sehr, um Dich so zu lassen wie Du bist." Ständiges Gebet gab ihm allmählich die Kraft zu sehen, wo er gefangen war sowie einige positive Entscheidungen zu treffen, aus eingeprägten Schemata auszubrechen und sein Leben in die Hand zu nehmen. Kontinuierliche Heilung seines verwundeten Geistes wird diese neuen Entscheidungen mit Vollmacht ausstatten.

John und ich lehren oft über einen – wie wir ihn nennen – „durchblickenden Glauben", den jeder, der effektiv dient, haben muß. Diese Art von Glauben sieht über die gegenwärtigen Umstände hinaus, um das zu feiern, was der Herr durch den Kampf vollbringt, in dem wir momentan mit Haut und Haaren und vielleicht auch ziemlich frustriert verwickelt sind. „Durchblickender Glaube" ist „...eine gewisse Zuversicht des, das man hofft, und ein Nichtzweifeln an dem, das man nicht sieht" (Hebr 11,1; LÜ). Er ist aus der Art von Liebe gemacht, die alles erträgt, alles glaubt, alles hofft und alles erduldet (vgl. 1.Kor 13,7) und zwar um dessentwillen, der das noch nicht selbst für sich tun kann. Während wir noch „Geburtswehen erleiden" bis Christus in denen, die wir in unserem Herzen tragen, Gestalt angenommen hat, werden wir – wie Christus – mit ihnen und wegen ihnen Schmerz empfinden. Doch, wie wir in Johannes 16,21 (Albrecht) lesen, liegt in dieser Identifikation Freude verborgen:

> Ist eine Frau in Kindesnöten, so hat sie Traurigkeit, denn ihre schwere Stunde ist gekommen. Hat sie aber das Kind geboren, so denkt sie nicht mehr an die Schmerzen, die sie durchgemacht: so groß ist ihre *Freude*, daß ein Mensch zur Welt gekommen ist.

Kapitel 4

Magersucht, Lese-Rechtschreib-Schwäche und andere Teilleistungsstörungen, Schizophrenie, Kindesmißhandlung

> Siehe, du hast Lust an der Wahrheit im Innern, und im Verborgenen wirst du mir Weisheit kundtun. (Ps 51,8)

> Denn es ist nichts *verborgen*, was nicht offenbar werden wird, noch geheim, was nicht kundwerden und ans Licht kommen soll. Seht nun zu, wie ihr hört; denn wer hat, dem wird gegeben werden, und wer nicht hat, von dem wird selbst, was er zu haben meint, genommen werden. (Lk 8,17-18)

> Alles aber, was bloßgestellt wird, das wird durchs Licht offenbar; denn alles, was offenbar wird, ist Licht. Deshalb heißt es: „Wache auf, der du schläfst, und stehe auf aus den Toten, und der Christus wird dir leuchten!" (Eph 5,13-14)

> Jede Pflanze, die nicht mein himmlischer Vater gepflanzt hat, wird mit der Wurzel ausgerissen werden. (Mt 15,13; Menge)

Vor einigen Jahren lehrten John und ich auf einem Seminar; dort trafen wir eine Ärztin, die schon seit Jahren eine der schwer zu fassenden Krankheiten, für die es eine fragwürdige Ursache, jedoch keine Heilung zu geben scheint, erforschte. Sie war begeistert, weil sie schließlich und endlich einige Antworten gefunden, sie ausreichend ausgewertet und sie zur weiteren Untersuchung Experten vorgelegt hatte. Während wir so über ihre Arbeit sprachen, stellte sich heraus, daß sie eine Wissenschaftlerin war, die sich nicht einfach nur Christ nannte, sondern Gott gut genug kannte, um auf ihn zu hören und – wie in Lukas 8 beschrieben – sorgfältig darauf achtete, wie sie zuhörte. Es faszinierte uns, wie diese hervorragende Ärztin in einer kindlichen Art und Weise davon berichtete, wie sie gelernt hatte, ihre Gefühle Gott unterzuordnen und wie sie das Hören und Abwägen seiner Führung praktizierte. Manchmal sprach er zu ihr durch das Wort Gottes, manchmal direkt, bis sie wußte, zwischen welchen Alternativen sie sich zu entscheiden hatte, welche Grenzen sie überschreiten und welche finsteren Winkel sie erkunden mußte. Eine ansteckende Freude sprudelte aus ihr hervor, dankbar für die Güte Gottes, der sie so treu mit Erkenntnissen gesegnet hatte, um das zu entdecken, was verborgen gewesen war; dankbar darüber, daß er sie vom Hohn einiger ihrer Kollegen geschützt hatte, die sich über ihre „unwissenschaftliche“ Methode vielleicht lustig gemacht hätten, wenn sie ihnen bekannt gewesen wäre. Während sie so erzählte, erinnerte ich mich an George Washington Carver, der in einem ähnlichen Prozeß des Zuhörens zahllose Möglichkeiten zur Verarbeitung von Erdnüssen entdeckte. Ich fragte mich, wie viele Geheimnisse und Segnungen des Lebens uns verborgen bleiben, weil wir genau dann nicht zuhören, wenn Gott so gerne sprechen möchte. „Ihr habt nichts, weil ihr nicht bittet; ihr betet wohl, empfangt aber nichts, weil ihr in böser Absicht betet…“ (Jak 4,2b.3a; Menge). Ich bin davon überzeugt, daß viele der mentalen, körperlichen und geistlichen Krankheiten, die momentan noch unheilbar sind, heilbar werden würden, wenn mehr von uns das haben würden, was laut Lukas 8,18 (Menge) einige von uns bereits haben: „Denn wer da hat, dem wird noch dazugegeben werden…“ Wer was hat? Ich glaube, die Antwort auf diese Frage lautet „Vertrauen“. Wenn wir einem Gott vertrauen würden, der all unsere Feinde zertritt (Ps 108,13), der „all“ unsere Krankheiten heilt (Ps 103,3), der nicht nur Lust hat an der Wahrheit im Innersten, sondern der mir auch „im Verborgenen“ Weisheit kundtun wird (Ps 51,8), dann würden wir nicht weiterhin von den unbekannten Größen besiegt werden, die uns jetzt noch einen Schrecken einjagen. „Alles aber, was bloßgestellt wird, das wird durchs Licht offenbar“ (Eph 5,13). Jesus ist dieses Licht. Er spricht zu uns durch seinen Heiligen Geist und stattet uns mit den Gaben seines Geistes aus. Viele bekommen Inspiration vom Herrn, ohne den Geber zu kennen. Wieviel mehr noch diejenigen, die ihn suchen und ihm gehorsam dienen! Es ist Zeit, daß der Leib Christi aus seinem geistlichen Schlaf aufwacht und dem Licht Christi erlaubt, in all seine verborgenen Ecken und Winkel zu scheinen – damit offenbar werde, was blockiert – und auf all unsere natürlichen Talente zu scheinen, damit sie aufbrechen mögen, um der ganzen Menschheit Heilung und umfassendes Heil zu bringen.

Wenn wir um Einsicht und Weisheit für unseren Dienst bitten, und der Herr uns ein wenig davon schenkt, sind wir oft zu ängstlich und zaghaft, dieses wenige auch zu gebrauchen. Wir sagen: „Ich weiß nicht genug, um beten zu können.“ „Ich möchte nicht im Inneren eines anderen Menschen herumfuhrwerken und ihn noch mehr verletzen, als er ohnehin schon ist."

In diesen beiden Aussagen finden sich Wahrheiten, auf die man achtgeben sollte. Demut, Sensibilität und Vorsicht sind immer Grundvoraussetzungen für einen effektiven Dienst. Doch oft hört man zwischen den Zeilen: „Ich weiß nicht genug, um alles in der Hand haben zu können; ich fürchte mich zu sehr davor, ein Risiko einzugehen. Was ist nun, wenn es nicht funktioniert? Was ist, wenn man mich nicht versteht? Was ist, wenn ich genau in ein Wespennest stochere?" Wir müssen verstehen, daß nicht wir die Heiler sind, wenn wir uns aufmachen, einander zu dienen. Gott heilt. Wir müssen nichts in die Wege leiten. Er wird es tun. Wir brauchen nicht die Sicherheit eines garantierten Erfolgs. Er *ist* die Garantie. „Er erwiderte: Mein Angesicht wird vor dir her gehen, und ich will dich zur Ruhe bringen" (2.Mo 33,14; ZÜ). In Römer 8,28 heißt es: „Wir wissen aber, daß denen, die Gott lieben, alle Dinge zum Guten mitwirken, denen, die nach seinem Vorsatz berufen sind." Denjenigen unter uns, die zwar wissen, daß sie nach seinem Vorsatz berufen sind, die Details davon jedoch nicht recht ergreifen können, schenkt die Heilige Schrift Gewißheit, wenn sie in Epheser 3,20 (Menge) sagt, daß Jesus „... nach der Kraft, die in uns wirksam ist, unendlich mehr zu tun vermag über alles hinaus, war wir erbitten und erdenken können". Schon unzählige Male wenn John und ich aufgrund eines aufflackernden Lichts, das der Herr uns geschenkt hat, gebetet haben, wurden wir überrascht und von Dankbarkeit für die Qualität der daraus entstehenden Frucht überwältigt.

Unsere Verantwortung besteht darin, auf den Herrn zu hören, auf ihn zu reagieren so gut wir nur können und das anzubieten, was er uns gibt, um somit die Tür zu allem weiterem aufzustoßen. Schon durch unser stockendes Gebet kann ein schwacher Wohlgeruch des Herrn den Raum erfüllen, damit der Mensch, für den wir beten, „schmecken und sehen" (Ps 34,8) und schließlich die Tore weit aufstoßen wird, „daß der König der Herrlichkeit einziehe" (Ps 24,9)! Nachdem wir mit dem Wenigen treu gewesen sind, wird er uns über viel stellen und nicht vorher. Es ist tröstlich zu wissen, daß der Herr größer als unsere Fehler ist.

Im Lichte des eben Gesagten, möchte ich Ihnen das nun Folgende anbieten, einfache Hinweise, die zu klein sind, um all das zu beschreiben, was wir den Herrn schon vollbringen gesehen haben. Doch sind diese Hinweise wie Schlüssel, die Türen aufgesperrt haben, durch die der Herr in unserem Dienst und im Dienst anderer einige Wunder gewirkt hat.

Magersucht

Im August 1983 wurde uns ein Artikel einer jungen Reporterin der „Arizona Republic" aus Phoenix im Bundesstaat Arizona zugesandt. Ich lese einen Auszug daraus vor:

> Der Tod ist mein ständiger Begleiter. Tag für Tag, ganz langsam töte ich mich selbst und obwohl ich von Angst getrieben werde, scheine ich kraftlos zu sein...Ich habe Magersucht und Freß-Brechsucht (Bulimie)...Manchmal hungere ich mich förmlich aus. Manchmal schlinge ich alles nur so in mich hinein und entledige danach meinen Körper wieder seiner lebensspendenden Nahrung. Ich bin wegen dieser Probleme in Behandlung, doch bisher nur mit geringem Erfolg. Gott, wie ich mich dafür hasse, daß ich so geworden bin. Ich möchte leben, möchte miterleben, wie das Leben seine zahllosen Versprechen einlöst, doch diese Probleme – ich weiß, daß diese Krankheiten zum Tod führen können – haben mich völlig in der Hand. Sie scheinen stärker als meine Angst zu sein, stärker als mein Wunsch zu leben....Ich schäme mich...meine Familie weiß nichts davon...Ich bin Freundschaften mit meinen Mitarbeitern aus dem Weg gegangen, weil ich Angst hatte, sie könnten mein peinliches Geheimnis entdecken...Ich hasse es, allein zu sein...aber ich habe auch Angst davor, mit anderen Menschen zusammen zu sein.

Im weiteren beschrieb sie die Schuld, den Selbsthaß, die Leere und die Zeiten tiefer Depression, die sie durchmachte. Die Therapie hatte keine bleibenden Resultate gezeitigt. Sie schloß mit einem herzzerreißenden Satz: „Ich bin so einsam und habe so viel Angst. Wie lange werde ich noch so weiterleben?"

Viele erinnern sich noch mit einem Gefühl der Traurigkeit an den Tod der magersüchtigen Karen Carpenter. Es ist noch gar nicht so lange her, daß wir im Beverly Hills Hotel waren und der Ankunft ihrer Hochzeitsgäste zusahen; es hat uns sehr gefreut, daß ihre Musik in den vergangenen Monaten ein Comeback erlebt hatte und jetzt haben wir den Tod eines Menschen zu beklagen, der so viel zu geben hatte.

Es ist nicht so schwierig, mit herzzerreißenden Empfindungen über das Leid von Fremden umzugehen, die unreal erscheinen, weil sie so weit weg sind. Wenn jedoch Menschen anrufen und um Hilfe bitten, dann ist es schon nicht mehr so einfach, Distanz zu bewahren, auch wenn es fast unmöglich ist, recht viel mehr zu tun, als bei Problemen über große Entfernungen mit kleinen Verabreichungen Erleichterung zu verschaffen. Doch wenn der Herr seine verletzten Kinder zu uns führt und uns eine Last für sie aufs Herz legt, dann wissen wir, daß wir mittendrin stehen und wir strecken uns auch nach den Antworten aus, die allein Gott geben kann.

Annettes Fall war typisch für die vielen, die uns seither zu Ohren gekommen sind. Sie hatte Symptome, die bei Magersüchtigen in der Regel auftreten: außergewöhnlicher Gewichtsverlust; Verwirrung, ob dieses Symptom überhaupt ernst zu nehmen ist (sie hatte nämlich Angst davor, zu dick zu werden); unregelmäßige oder ausbleibende Menstruation; unstillbarer Appetit; Erbrechen und Haarausfall. Von Zeit zu Zeit litt sie an Depressionen, die anscheinend weniger mit ihrer Sorge über ihren Körperzustand in Zusammenhang standen, als vielmehr mit ihrem prinzipiellen Streben nach Vollkommenheit, sowie ihren Gefühlen, unfähig und wertlos zu sein. Schuld lastete schwer auf ihr, doch konnte sie sie nicht genau identifizieren, außer wenn sie daran dachte, daß sie als Teenager eine Zeitlang extrem rebellisch gewesen war. Sie hatte den Herrn angenommen und wußte, daß sie Vergebung empfangen hatte, doch spürte sie diese Vergebung nicht.

Um auf ihre emotionalen Wurzeln zu stoßen, durchforschten wir das Phänomen ihres Hungers. Annettes Eltern liebten ihre Tochter, doch waren sie unfähig, ihr diese Zuwendung auch zu zeigen. Weder wurde dem Kind Zuwendung geschenkt, noch hatten die Eltern, die in getrennten Zimmern schliefen, einen herzlichen Umgang miteinander. Tatsächlich schien man in dieser Familie nur sehr wenig oder gar nichts gemeinsam zu erleben. Während sie ihre spärlichen Kindheitserinnerungen beschrieb, gewannen wir den Eindruck, sie rede nur von einer Handvoll namenloser, in grau gekleideter Menschen, die in voneinander abgeschnittenen Abteilen saßen – und niemand war da, um sie da herauszurufen. Als wir sie über ihre Geburt befragten, erwiderte sie mit Nachdruck, sie sei eine Enttäuschung gewesen. Sie war nicht gewollt und hätte ein Junge werden sollen. Ihr Vater lebte in seiner intellektuellen Welt. Gelegentlich versuchte er, ein Gespräch mit ihr zu beginnen und verhöhnte sie dann, weil sie mit ihm nicht mithalten konnte. In der Welt, für die er sich interessierte, fühlte sie sich verloren und peinlich berührt; er wiederum kam nie in ihre Welt. Sie hatte den Eindruck, ihre Mutter würde genauso von oben herab betrachtet werden. Nie hörte man ein Kompliment, auch wenn es angebracht gewesen wäre. Annette ist ein hübsches Mädchen, doch ihr Vater sagte nie „Du bist hübsch“ oder „Ich bin stolz auf Dich“ zu ihr. Sie versuchte aus Leibeskräften, den Eltern zu gefallen, doch weil ihr darin kein Erfolgsgefühl beschieden war, unterbrach sie kurzzeitig mit Gedanken der Rache diese Anstrengung, ging ins andere Extrem und tat alles, von dem sie wußte, daß es ihnen nicht gefiel. Kaum siebzehn Jahre alt, ließ sie schon eine Abtreibung vornehmen; obwohl sie dazu gezwungen wurde und sich dafür entschied, dem Rat, das sei schon in Ordnung so, Glauben zu schenken, wurde ihr Herz zu einem wahren Trümmerfeld. Später wurde sie Christ; sie konnte nicht verstehen, warum die Freude, die andere junge Christen verspürten, an ihr vorüberging. Sie strengte sich an, so Leistung zu bringen, wie es ein braves Mädchen ihrer Meinung nach tun sollte und versuchte, das Gesetz dem Buchstaben nach zu erfüllen. Sie leistete auch dem starken Drängen einer Freundin Folge, die ihr sagte, sie solle doch ihre ganzen materiellen Habseligkeiten weggeben. Doch anstatt Frieden zu finden, hatte sie mehr als je zuvor das Gefühl, elend versagt zu haben und weit von ihrer eigentlichen Bestimmung entfernt zu sein. Die Tyrannei der Gefühle hielt sie in Schach.

Der Dienst an Annette begann damit, daß wir für die Heilung des verwundeten Geistes des Kindes in ihr beteten, das sich nie erwünscht gefühlt hatte, das nie Nahrung bekommen hatte, das nie so sein konnte, wie die wichtigsten Bezugspersonen wollten – obgleich sie ausgezeichnet Leistung bringen konnte –, weil sie nämlich schon mit dem falschen Geschlecht zur Welt gekommen war. Wir riefen die Lügen, die sie über sich selbst akzeptiert hatte, in den Tod, bestätigten ihre Schönheit, ihren Wert und ihre Zugehörigkeit zu Gott Vater, und riefen sie im Namen Jesu heraus, ihren eigenen Platz an der Sonne zu finden, an dem sie wachsen und gedeihen konnte. In unserem Gebet vermittelten wir ihr, daß der Herr sie jetzt „umtopfte", sie also in neues Erdreich pflanzte. Sie stand nicht länger in Finsternis; jetzt brachte das Licht des Herrn sie zum Erblühen. Wir baten den Vater, sie fest in seinen Armen zu halten und ihr seine Begeisterung über sie ins Herz zu schreiben. Dann beteten wir, daß es ihr möglich werde zu vergeben und daß auch sie Vergebung erlange. Wir vermittelten ihr mit eindeutigen Worten die absolute Vergebung unseres Herrn Jesus und geboten allen Stimmen, die ihr etwas anderes einflüstern wollten: „Seid still, im Namen Jesu!". Später riefen wir sie im Gebet aus ihrem Versteck heraus, immer und immer wieder. Was ihre Emotionen betraf, hatte sie den Mutterleib nie wirklich verlassen, um in etwas einzutreten, das ihr selbst gehört hätte. Ihr Hunger und ihr Zorn hatten sie in zerstörerische Abenteuer getrieben; sie hatte so manchem Opportunisten erlaubt, sie zu ge-und mißbrauchen. Sie brauchte von uns wiederholt Gebet und zuverlässige Freundschaft, die ihr die Kraft und den Mut gaben, in diesem neuen Leben zu wandeln, das ihr der Herr anbot. Im Laufe dieses Prozesses begann sie, einen Sieg über ihre Magersucht zu erringen. Doch der Endsieg wurde erst dann errungen, als ihr offenbar wurde, daß sie über ihr abgetriebenes Kind nie wirklich getrauert hatte.

Es hatte den Anschein, als ob sie sich nicht wirklich für das Leben entscheiden konnte, solange sie nicht über das Leben geweint hatte, das sie ausgelöscht hatte.

Uns war klar, daß Annette sich selbst dafür bestraft hatte, daß sie nicht so war, wie die Menschen sie ihrer Meinung nach gerne gewollt hätten und wofür Gott sie berufen hatte; viel wichtiger war jedoch, daß sie sich dafür bestraft hatte, daß sie mit ihrer Schuld nicht richtig hatte umgehen können. Diese Selbstbestrafung konzentrierte sich auf ihren Körper. Sie hatte sich gewünscht, sie wäre tot.

Das Ende dieser Geschichte und der Anfang einer neuen liest sich folgendermaßen: Ein gutaussehender Prinz kam des Wegs, küßte sie, heiratete sie, und von jetzt an leben sie glücklich bis in alle Ewigkeit. Das hört sich wie ein Märchen an, doch aus den folgenden Gründen ist es wahr: Annette heiratete einen jungen Mann, ja wirklich einen Prinzen; aufgrund seiner Beziehung zu Jesus kann er ihr die bedingungslose Liebe und konsequente, mitfühlende Bestätigung schenken, die sie als Unterstützung ihrer Entscheidung für das Leben brauchte. Noch viel wichtiger ist die Tatsache, daß Annette aus ihrem Herzen heraus eine persönliche Entscheidung für den Friedefürst traf. In ihrer Beziehung mit dem Herrn Jesus Christus entscheidet sie sich jetzt dafür, sich Tag für Tag in Zucht zu nehmen, was erforderlich ist, um das Wort des Lebens festzuhalten (Phil 2,16) und um als Kind des Lichts zu wandeln (Eph 5,8). In jeder Versuchung, wieder in ihren alten Groll, ihre Angst, Schuld, Ängstlichkeit, Selbstverdammnis und menschliches Streben zurückzufallen, lernt sie Römer 6,11-14 zu gehorchen. Das bedeutet, die Tyrannei der Gefühle zu leugnen und sich in jeder Situation Jesus darzubringen. Weil die Wunden, die Traurigkeit und die Schuld ihres Herzens angesehen, angepackt und vergeben wurden, weil die gewohnheitsmäßigen Verhaltensmuster im Gebet zum Tod ans Kreuz gebracht wurden, ist sie nun frei, um in Jesu Verheißungen für ein Leben in Fülle hineinzuwachsen. Ihre Disziplin findet ihre Kraft in ihm. Wenn sie anfängt, im disziplinierten Wandel in ihrem neuen Leben zu versagen, wird sie von den Menschen, die sie lieben, durch Gebet und sanfte Ermahnungen aufgefangen.

Erst vor kurzem stieß ich (Paula) in *The Journal of Christian Healing* (Journal für christliche Heilung), Band 5, Nummer 1 auf einen Artikel, der annähernd Punkt für Punkt das bestätigte, was wir mit Annette erlebt hatten. Dort zitiert Dr. med. R.Kenneth McAll R.Gladstone Junior (Mind over Matter, Amerikanische Akademie für Kinderpsychologie, 1974) wie folgt:

> ...In fünfzig Fällen von Magersucht (Anorexia nervosa) war der häufigste Einzelfaktor die Tatsache, daß sich der Mager-

süchtige der Idee der Vollkommenheit verschrieben hatte. Völlerei, Habgier und Vergnügen waren Todsünden. Schuld mußte gesühnt werden, indem man den Körper bestrafte.

Dann berichtet er von einem 1979 im Krankenhaus zu Chichester in England gehaltenen Vortrag eines Psychiaters namens Graham. Darin heißt es:

> ...Kinder, die das Gefühl haben, sie wären besser dran, wenn sie tot wären...fürchten sich vor einem weiteren Verlust der Kommunikation, insbesondere nach dem Verlust eines Elternteils durch Tod oder Scheidung oder wenn ein Elternteil Anzeichen einer Geistesstörung zeigt.

Dr. McAll sagt: „Scheidung schafft mehr Probleme als der Tod...In Übereinstimmung mit dieser Denkweise kann man die Magersucht als eine Manifestation krankhafter Trauer betrachten."

Des weiteren wird in diesem Artikel von einer Studie berichtet, im Laufe derer in einem Zeitraum von fünf Jahren achtzehn Fälle von Magersucht untersucht wurden. Alle untersuchten Personen hatten auf eine Behandlung im Krankenhaus nicht reagiert. In den Familiengeschichten von siebzehn Fällen gab es insgesamt fünfundzwanzig Todesfälle durch Selbstmord oder andere Gewalteinwirkungen. Es gab fünf Schwangerschaftsabbrüche aus nicht-medizinischen Gründen und acht Fehlgeburten. In zehn Familien gab es Unfalltote oder Selbstmörder. In sieben Familien stellte man Abtreibungen und Fehlgeburten fest, dic nicht betrauert worden waren.

All diesen Fällen wurde ein „ritueller Trauerprozeß" verschrieben. Damit meinen wir einen Gottesdienst, in dem der Patient und/oder seine Familie den Trauerprozeß durchlebte, für sündhafte Haltungen oder Taten Vergebung empfing und den Toten Gottes Obhut anvertraute. „In diesem Gottesdienst", sagt Dr. McAll, „wird der ganze Zweck des Lebens und des Todes Jesu Christi für das Wohl der Lebenden und der Toten bewußt dargestellt." An einer späteren Stelle seines Artikels berichtet er:

> In fünfzehn Fällen hatte ein ritueller Trauerprozeß eine Besserung der Magersucht-Symptome zur Folge. Drei Patienten, die die vorgeschlagenen Handlungsschritte befolgten, wurden innerhalb von zwölf Monaten geheilt, einer innerhalb einer Woche, sieben innerhalb von sechs Monaten und vier innerhalb eines Zeitraums von vierzehn Monaten. Keiner mußte noch einmal in ein Krankenhaus überwiesen werden. Danach wurden alle mindestens ein Jahr lang weiter beobachtet.

Dr. McAll berichtet, daß er bis zur Drucklegung seines Artikels auf diese Weise vierundzsechzig Fälle behandelt hatte (im Laufe des Jahres 1981). Vier Familien verweigerten die Zusammenarbeit; in zehn Fällen konnte man die Resultate nicht als vollständig einstufen, doch in neunundvierzig Fällen trat eine Besserung ein. Laut Dr. McAll gibt es mindestens noch zwei weitere Ärzte, die mit ähnlichen Behandlungsmethoden Erfolge erzielt haben: Dr. William Wilson, Professor für Neuropsychiatrie an der Duke Universität in North Carolina und Dr. Raimbault vom Kinderkrankenhaus in der Rue de Sevres in Paris.

Wir stimmen mit Dr. McAll und mit allen anderen überein, die sagen, ein Großteil der Ätiologie der Anorexia nervosa sei immer noch ein Geheimnis. Doch wie ihnen, sind auch uns zahlreiche Fälle untergekommen, in denen folgende Faktoren vorhanden waren: Ungelöste Schuld im Patienten oder einem nahestehenden Familienmitglied; ein Todesfall oder Verlust, der nicht betrauert wurde. In der Regel stößt man auf ein gewaltiges Trauma, dem man sich noch nicht gestellt hat und das somit auch nicht hat geheilt werden können. Oftmals findet man in der Geschichte solcher Patienten Abtreibungen oder Fehlgeburten, die man nicht in Denkkategorien der Schuld oder des Verlustes anerkannt hat.

Wir haben dem Patienten keinen Trauergottesdienst vorgeschrieben, um ihm zu helfen, den Trauerprozeß durchzugehen. Wir haben diesen Effekt durch Gebet erzielt und im Laufe des Seelsorgeprozesses „den ganzen Zweck des Lebens und des Todes Jesu Christi für das Wohl der Lebenden und der Toten" aufgezeigt. Dennoch begrüßen wir den rituellen Trauerprozeß als Vorgehensweise, die in jedem Fall gültig und in vielen Fällen vielleicht sogar notwendig ist.

Lese-Rechtschreib-Schwäche und andere Teilleistungsstörungen*

Weder beabsichtigen wir, noch sind wir dazu qualifiziert, hier eine wissenschaftliche Diskussion über die Lese-Rechtschreib-Schwäche vorzulegen. Jedoch erachten wir es als wertvoll, Ihnen die Anhaltspunkte mitzuteilen, die uns der Heilige Geist gegeben hat, wodurch es uns möglich wurde, für zahlreiche Menschen, die an Lese-Rechtschreib-Schwäche leiden und uns um Hilfe baten, überaus effektiv zu beten.

---

* Im engeren Sinne bezeichnet der englische Begriff eine Lese-Rechtschreib-Schwäche; die Autoren beschreiben jedoch auch Symptome, die dem weiter gefaßten Begriff „Teilleistungsstörungen" entsprechen. (Anm.d.Übers.)

Menschen, die an Teilleistungsstörungen leiden, sind oft tief verletzt. Zunächst einmal sind sie außerordentlich frustriert, weil sie mit der Sprache und insbesondere mit dem Lesen Schwierigkeiten haben. Sie können links und rechts nur schwer voneinander unterscheiden; ein „d" sieht für sie unter Umständen wie ein „b" aus oder ein „u" wie ein „n". Vielleicht verwechseln sie auch „p" und „q". Einige Kinder mit Teilleistungsstörungen schreiben Buchstaben rückwärts. Was sie auf einer gedruckten Seite lesen, sieht für sie wie rückwärts geschrieben aus und sie müssen es erst „übersetzen". Vielleicht verdrehen sie auch die Aussprache von Wörtern, wie z.B. „Mukseln" anstatt „Muskeln" oder „maksieren" anstatt „maskieren". Aus demselben Grund haben sie auch Schwierigkeiten in Mathematik: Für sie sehen Symbole anders aus wie für ihre Mitschüler. Menschen mit Teilleistungsstörungen sind verwirrt, was zeitliche und räumliche Dimensionen betrifft: oben und unten, gestern und morgen. Wir haben beobachtet, daß sie sich auch schwer tun, ein Gespür dafür aufzubringen, daß die Zeit verstreicht. Ein sechsjähriges Kind mußte ständig beobachtet werden, um sicherzugehen, daß es auch rechtzeitig in der Schule ankam, weil es sich in das Herumspielen mit trockenen Blättern völlig versenken und – ohne es zu bemerken – buchstäblich Stunden damit verbringen konnte. Wir haben schon viele Kinder und Teenager mit Teilleistungsstörungen gesehen, die ganz aufrichtig die Absicht hatten, einen bestimmten Zeitplan einzuhalten; jedoch reagierten sie auf irgendeinen störenden Reiz, der sie aus der Bahn warf, dann wieder auf einen und wieder auf einen und schließlich kam alles, was sie geplant und beabsichtigt hatten, heillos durcheinander. Später konnten sie nicht sagen, daß es ihnen bewußt gewesen wäre, Zeit verloren zu haben.

Darüberhinaus werden sie dadurch verletzt, daß andere, die die Probleme von Menschen mit Teilleistungsstörungen nicht kennen oder verstehen, frustriert darauf reagieren. Eltern und Lehrer drängen solche Kinder oft, zu lernen und Leistung zu erbringen, so als ob es nur eine Frage der Willensentscheidung wäre. Lehrer und Mitschüler lachen sie oft aus. Oftmals werden sie schmerzhaft gezüchtigt, damit sie besser achtgeben. Ein Lehrer klopfte einem Drittkläßler immer und immer wieder auf den Kopf weil seine Konzentration leicht nachließ; beim Lesen verrutschte er oft in der Zeile, und all seine Bemühungen wurden zunichte gemacht. Die anderen Kinder in der Klasse wurden durch diese Bestrafung belustigt und lachten erbarmungslos über ihren Mitschüler. Dasselbe Kind mit Teilleistungsstörungen hatte aufgrund seiner räumlichen Orientierungsprobleme auch Schwierigkeiten in Sport; Tag für Tag kanzelte ihn der Lehrer vor der ganzen Klasse ab und nannte ihn „Baby" oder „Dödel".

Es ist keine Überraschung, daß sich ein Kind mit Teilleistungsstörungen oft zurückzieht und feindselig wird, wenn sein Problem nicht diagnostiziert und behandelt wird. Viele werden zu Asozialen oder zu jugendlichen Straftätern. Fast immer leiden sie unter einem übermächtigen Gefühl der Einsamkeit aufgrund der durch Unverständnis und emotionalen Mißbrauch bewirkten Isolation. Für einige ist es vielleicht tröstlich zu wissen, daß es viele berühmte Menschen gab, die irgendwie geartete Teilleistungsstörungen hatten, wie z.B. Albert Einstein, Thomas Edison, Leonardo da Vinci, George Patton, Woodrow Wilson, Nelson Rockefeller und Bruce Jenner. Wie das Leben dieser Menschen bezeugt, haben Teilleistungsstörungen offensichtlich nichts mit mangelnder Intelligenz oder Unfähigkeit zu tun. Das Kind, das ich im vorigen Absatz beschrieb, machte im weiteren sein Examen mit Auszeichnung und ist momentan als außergewöhnlich begabter Künstler beruflich tätig und durch Berufung als Seelsorger. Der Herr heilte seine Teilleistungsstörungen und *heilt* nicht nur seinen verwundeten Geist, sondern *gestaltet* seinen Problembereich *um* zu einem wesentlichen Teil seiner Sensibilität für andere Menschen im Rahmen seiner außergewöhnlichen, seelsorgerlichen Fähigkeiten.

Wie beten wir für einen Menschen mit Teilleistungsstörungen? Zum ersten Mal suchten wir den Herrn bezüglich dieser Frage vor fünfzehn Jahren als wir zu einer Gemeinde in Ohio sprachen. Eine verzweifelte Mutter brachte ihren zehnjährigen Sohn zu uns. Wie sonst auch, stellten wir verschiedene Fragen über die Familiengeschichte. Ich kann mich nicht mehr an alle Details erinnern, lediglich daran, daß es Anzeichen dafür gab, daß das Kind in der Familie nie recht willkommen gewesen war. Der Herr sprach deutlich zu unserem Herzen, ein Wort, das uns erschreckte und verblüffte: „Er wollte nicht geboren werden. Sein Geist wohnt rückwärts in seinem Körper!“ Wir wußten nun nicht, ob das eine wörtlich zu nehmende oder eine symbolische Beschreibung war. Der Gedanke, rückwärts im Körper zu sein, verstößt sogar gegen unser Verständnis der Beziehung zwischen Geist und Leib. Wir wissen es immer noch nicht. Aber wir beteten gehorsam, so wie der Herr uns führte, zunächst einmal dafür, daß ihm seine Rebellion gegen das Leben, das Gott für ihn geschaffen hatte, vergeben werde. Wir fragten ihn, ob er denen vergeben wolle, die ihn bei seiner Empfängnis durch Ablehnung und denen, die ihn als er heranwuchs durch Hohn und Ungeduld verletzt hatten. Er sagte ja. Der Herr wies uns an: „Ich möchte, daß ihr seht, wie ich mich nach seinem Innersten ausstrecke und seinen Geist herumdrehe, damit er sich im Leben nach vorne orientieren kann und daß ihr dann seine Koordiniation heilt.“ Wir beteten gehorsam und baten daraufhin den Herrn, jeden Teil seines

Wesens zu einem harmonischen Ganzen zusammenzufügen. Wir wiesen den Jungen an, Tag für Tag diszipliniert zu sagen: „Ich entscheide mich für das Leben.“

Am folgenden Tag rief uns die begeisterte Mutter an der Lehrer des Jungen habe angerufen und gesagt, irgendwie könne dieser nun auf einmal lesen und die Schule würde ihn zwei Klassen vorrücken lassen.

Die Heilung geht nicht immer so rasch vonstatten. Es ist öfters der Fall, daß über einen bestimmten Zeitraum hinweg stetige Besserungen eintreten. Doch bei allen, die an irgendeiner Erscheinungsform von Teilleistungsstörungen leiden, haben wir ausnahmslos dieselben allgemeinen Grundprinzipien beobachtet:

1. Verwundungen im Geist, die sich bis zur Empfängnis und/oder auf die Kindheit zurückverfolgen lassen.

2. Furcht, Zorn, Flucht vor und Ablehnung des Lebens.

3. Daraus resultierender Bruch der inneren Harmonie, sowie eine körperliche Manifestation dessen, daß der innere Mensch aus dem Lot geraten ist.

Gebete unter Verwendung derselben grundlegenden Komponenten:

1. Gebet um Heilung des verwundeten Geistes.

2. Gebet um Vergebung für die rebellische Flucht.

3. Gebet für die Fähigkeit, denen zu vergeben, die einem früher und heute Verletzungen zugefügt haben.

4. Gebet, das beschreibt, wie der Herr das Innerste anrührt und den Geist herumdreht, damit er nach vorne blicken und mit jedem anderen Teil der Person ein harmonisches und koordiniertes Ganzes bilden kann.

5. Gebet, um der Person die Kraft zu geben, sich für das Leben zu entscheiden.

Ein junger Mann, der gerade volljährig geworden war, hatte sein Leben lang immense Schwierigkeiten mit Teilleistungsstörungen gehabt; er sagte, er hätte tatsächlich gespürt, wie sich etwas in ihm umdrehte, als wir beteten. Am nächsten Tag war die erste Veränderung augenfällig: Er konnte links und rechts problemlos voneinander unterscheiden. Er ging aufs College (früher hatten „Experten“ gesagt, dazu würde er niemals in der Lage sein), hatte guten Erfolg und erzielte überdurchschnittliche Leistungen. Für ihn setzt sich der Heilungsprozeß in folgenden Aspekten fort:

1. Heilung von Beziehungen, die während der Jahre seiner Lernschwierigkeiten überstrapaziert wurden.

2. Aneignung von Rechtschreibfähigkeiten, die er vorher nicht hatte meistern können.

3. Bruch mit alten Gewohnheiten und Bau neuer, disziplinierter Verhaltensweisen.

Oder, wie er selbst jetzt voll Freude sagt: „Der Schleier ist weg!“

Paranoide Schizophrenie

Wenn es sich um derartige psychotische Störungen handelt, möchten wir jeden, der im Leib Christi dient, eindringlich ersuchen, einen solchen Fall ausschließlich in Zusammenarbeit mit einem Psychiater zu behandeln. Man kann allgemein dafür beten, daß der Patient geheilt werden möge, daß das Licht und die Liebe des Herrn ihn einhüllen mögen und daß Gott diejenigen, die seine Behandlung übernommen haben, klar und deutlich leiten möge. Doch es ist gefährlich, sich ohne das ausgleichende und schützende Urteil derer, die eine angemessene professionelle Ausbildung hinter sich und Erfahrungen gemacht haben, mit solchen Fällen konkreter zu beschäftigen. Um Ihnen einen Hinweis zu geben, in welche Richtung Ihre Gebete gehen könnten – falls Sie eine derartige Beziehung des Patienten zu seinem Arzt aufbauen –, möchten wir Sie auf folgendes Zitat verweisen:

> Wissenschaftler des UCLA berichten, die verheerende Geisteskrankheit der paranoiden Schizophrenie scheine *Wurzeln im Mutterleib* zu haben, und zwar in einer Phase, in der die normalerweise gut geordneten *Zellen* im Gehirn eines ungeborenen Kindes *durcheinandergeworfen werden*. „Die mikroskopische Untersuchung des Hirngewebes von 10 verstorbenen schizophrenen Menschen im Alter zwischen 25 und 67 Jahren zeigte eine auffällige *Desorganisation der Zellen* im Hippocampus, eines Teils des Gehirns, der, wie man glaubt, mit der Fähigkeit *der Gefühlsäußerung im Zusammenhang steht*“, sagten Dr. Arnold Scheibel und Joyce Kovelman vom Hirnforschungsinstitut des UCLA...Die Wissenschaftler räumten ein, ihre Untersuchung beziehe sich auf wenige Fälle und nur auf solche mit Paranoia, eine von mehreren Erscheinungsformen der Krankheit. „Dennoch“, sagte Kovelman, „ist dies die erste von mehreren Untersuchungen, die uns helfen werden, die

volle Bedeutung von all dem zu verstehen."...Kovelman sagte, die neue Untersuchung, sei die „erste quantifizierte Untersuchung, die unter sehr strengen und genau kontrollierten Bedingungen durchgeführt wurde", um Strukturveränderungen herauszufinden.

Associated Press, *Lewiston Tribune*, 7.6.1983 (Hervorhebungen von uns).

Diese Erkenntnisse werfen bei Seelsorgern wie uns folgende Fragen auf: „Wodurch wurden normalerweise gut geordnete Zellen durcheinandergeworfen? Könnte ein vorgeburtliches Trauma diese Unregelmäßigkeiten bewirkt haben? Was geschah zu der Zeit in der Familie? Wenn diese Desorganisation von einem Virus oder einem genetischen Defekt hervorgerufen werden könnte, wie erklärt sich dann die Empfänglichkeit für diesen Virus? Woher stammen die genetischen Defekte?" Wenn Sie von Familienmitgliedern Informationen über vorgeburtliche Traumata und die Familiengeschichte erhalten können und der Herr Sie leitet, für frühe Verwundungen zu beten, dann sollten Sie das um jeden Preis tun; doch wäre es ratsam, das sowohl mit den Kenntnissen des Psychiaters, der den Fall übernommen hat, als auch mit seinem Rat, ob man das besser in Gegenwart des Patienten oder ohne ihn tun sollte, durchzuführen.

John und ich waren manchmal betrübt zu hören, wie irgendein enthusiastischer, doch schlecht beratener Christ vorpreschte, um aus einer Person, die an einer solchen Störung litt, Dämonen auszutreiben. *Wenn* ein Dämon vorhanden ist, und das ist *nicht* oft der Fall, dann gibt es eine Zeit, um ihm den Garaus zu machen und eine Zeit, um ihn in Ruhe zu lassen. Wenn man versucht, wahllos Dämonen auszutreiben, kann man unsagbaren Schaden anrichten. Es gab nur wenige Situationen, in denen John und ich von einem Psychiater gebeten wurden, Dämonen auszutreiben; jedoch ohne die Konsultation eines Mediziners, der unsere Unterscheidungsfähigkeit bestätigen und ausbalancieren konnte, würden wir das bei einem schizophrenen Menschen nicht tun.

Geistliche Verwundungen aufgrund von Kindesmißhandlung

Das *Time Magazine* vom 5.9.1983, brachte auf Seite 20 einen Bericht über verschiedene Arten der Gewalt in Amerika. Dort heißt es:

Eins ist gewiß: Die Zahl der aktenkundigen Fälle von Kindesmißhandlung in den Vereinigten Staaten steigt rasend schnell. 1976 fand die American Humane Association heraus, daß in jenem Jahr den Bundes- und Landesbehörden 413.000 Fälle von Kindesmißhandlung berichtet wurden. Bis zum Jahr 1981 hatte sich die Zahl auf 851.000 verdoppelt. Im letzten Jahr (1982) stieg sie um 12%.

Im selben Bericht heißt es weiter, absolut vertrauenswürdige Experten hätten „extrapolierend und schätzend" Zahlen an die sechs Millionen genannt, als sie versuchten, die Zahl der eigentlich existierenden, offiziell bekannten und unbekannten Fälle von Kindesmißhandlung anzugeben.

Einige sagen, die Zunahme der aktenkundigen Fälle wäre größtenteils der Tatsache zuzuschreiben, daß sowohl die Behörden mit größerer Aufmerksamkeit Fälle von Gewalt beobachteten, als auch daß mehr Menschen bereit sind, über Mißbrauch zu sprechen. Wir persönlich glauben, daß nicht nur die Zahl der aktenkundigen Fälle zunimmt, sondern auch die wirkliche Zahl der Täter, auch wenn wir keine Statistiken anführen können, die unsere Meinung bestätigen würden.

Wir haben beobachtet, daß in unserer Gesellschaft Streßfaktoren einen immer größeren Druck ausüben. Zu ihnen zählen:

– Besorgnis über die wirtschaftliche Situation, oftmals aufgrund eines unzureichenden Einkommens der Familie.

– Alleinstehende Mütter oder Väter versuchen, Kinder großzuziehen, ohne daß andere Erwachsene da wären, die sie unterstützen und die Verantwortung mit ihnen teilen.

– Zusammenbruch echter Gemeinschaftsbeziehungen, sogar in Familien, in denen alle Mitglieder noch unter einem Dach wohnen.

– Schwindendes Verständnis für:
die Unantastbarkeit der Ehe
die Heiligkeit der Sexualität
die Nährfunktion der Zuwendung
des Segens der Selbstaufopferung
die Kunst der Vergebung

– Unkenntnis über die Wirksamkeit der Gesetze Gottes als Prinzipien, die den Lauf des Universums steuern. Energien werden vergeudet in dem Bestreben, sich dem Fluß des Lebens entgegenzustellen, was unweigerlich Erschöpfung bedeutet, von der Ernte der ausgestreuten Samen ganz zu schweigen.

– Nichtvorhandensein einer Beziehung zu Gott als dem liebenden Vater, als Quelle und Bewahrer des Lebens durch Christus Jesus und den Heiligen Geist.

Der Druck, erfolgreich zu sein und alles im Griff haben zu mssen, wuchs parallel zu der Ablehnung und dem Verlust der Gaben, die der Herr zu unserer Stärke und Erfrischung, zu unserem Schutz und Ausgleich konzipiert hatte. Wenn die Belastung unerträglich wird, und man die Frustration kaum noch in Zaum halten kann, werden Zorn, Schuld und pervertierte Hilferufe in Form von Mißbrauch auf Kinder projiziert, die leicht greifbar und schutzlos sind.

Untersuchungen zeigen, daß Kinder, die geschlagen wurden, mit einer Prädisposition aufwachsen, selbst einmal ihre eigenen Nachkommen zu schlagen (vgl. das Kapitel über bittere Wurzeln in unserem Buch *Die Umgestaltung des Inneren Menschen*). Jungen, die sexuell mißbraucht wurden, verfallen oft der Pädophilie oder werden zu Vergewaltigern; aus sexuell mißbrauchten Mädchen werden oft Ehefrauen, die geschlagen werden. Der Bericht des *Time Magazine* sagt, es sei typisch, daß die körperliche und emotionale Demütigung, die ein wildgewordener Elternteil verursacht, sich dann wiederum als Mißbrauch an den Kindeskindern niederschlägt. Untersuchungen mit Gefängnisinsassen zeigen, daß neunzig Prozent aller Sträflinge bekunden, sie wären als Kinder mißbraucht worden. Die meisten gewalttätigen Kriminellen wuchsen in gewalttätigen Elternhäusern auf.

Unsere eigene Erfahrung, die von unseren Freunden, die im Lauf der Jahre schon für viele mißbrauchte Kinder die Pflegeelternschaft übernommen haben, bestätigt wird, zeigt folgendes: Mädchen, die von ihrem Vater, Stiefvater und anderen männlichen Verwandten oder Freunden, denen sie vertrauten, sexuell mißbraucht wurden, reagieren in der Regel mit zwei extremen Verhaltensweisen: entweder wechseln sie häufig den Sexualpartner oder kapseln ihre Sexualität völlig ab. Folgende Aspekte begründen unter anderem, warum sie häufig wechselnde Sexualpartner haben:

– Das Gefühl, daß ein Großteil ihrer Schönheit, ihrer Würde und ihres Werts ohnehin verloren ist, also ist sowieso alles keinen Pfifferling mehr wert!

– Der Wunsch zu bestrafen, die Männer anzumachen und sie dann abblitzen zu lassen.

– Der Wunsch zu beweisen, daß Männer widerlich sind und nichts Gutes in ihnen steckt.

– Sex assoziiert man mit Liebe und Aufmerksamkeit; also werden sie den Sex über sich ergehen lassen, um die Zuwendung zu bekommen, nach der sie sich so sehnen.

Der letztgenannte Grund zeigt sich am häufigsten. Tatsächlich ist der Mangel an gesunder und nährender Zuwendung des Vaters oft der erste Schritt in Richtung sexueller Mißbrauch. Das Mädchen sendet in seinem Verlangen nach Liebe Signale aus, die falsch interpretiert werden. Ein Mann, der über sein Mannsein verwirrt ist und sich seiner gottgegebenen Rolle als Beschützer nicht bewußt ist, „beißt an", wenn er das „Ich-möchte-geliebt-werden"-Signal empfängt; dann bekommt er einen „Kurzschluß" und legt ein Feuer des Mißbrauchs, das sie verbrennt und vernichtet.

Wir glauben, daß von allen Arten der Mißhandlung der sexuelle Mißbrauch die verheerendsten Folgen hat. Dem ist so, weil der Leib geschaffen wurde, um ein Tempel des Heiligen Geistes zu sein (1.Kor 6,18-20) und um mit einem Partner in Heiligung und Ehrerbietung und nicht in Wollust geteilt zu werden (1.Thes 4,3-6). Wenn wir im Geschlechtsverkehr eins werden, entsteht niemals nur eine körperliche Einheit; sie umfaßt alles von uns. Es ist unmöglich, allein den Körper zu berühren, da der Geist in jeder Zelle lebt und dem Körper Leben spendet (Jak 2,26). In der ehelichen Gemeinschaft sollen wir gesegnet ein Fleisch werden, so wie Gott es vorgesehen hat (1.Mo 2,24). Auf irgendeine andere Art und Weise zusammenzukommen ist eine Befleckung (Hebr 13,4). In Sprüche 5,15-19 wird die Frau als tiefer Brunnen der Erquickung für ihren Mann beschrieben. Ein Mann, der von einem Brunnen trinkt, der nicht sein ist, wird nicht nur die Frau verletzen und sie sich zunutze machen, sondern auch den Bruder betrügen, der ihr zukünftiger Ehemann ist (1.Thes 4,3-6). Eine gesunde sexuelle Beziehung innerhalb der Heiligkeit der Ehe stärkt die persönliche Identität durch das Gefühl, auserwählt und geschätzt zu werden, zu dem Menschen zu gehören, zu dem Gott uns gerufen hat und bei ihm zu ruhen. Sexueller Mißbrauch stiftet Verwirrung bezüglich der Identität eines Menschen, pflanzt Furcht vor dem Auserwähltwerden, gibt nicht das Versprechen, geschätzt zu werden und veranlaßt ein Mädchen, die Frage aufzuwerfen, wie Gott nur so etwas Schreckliches hat zulassen können.

Das *Time Magazine* berichtete:

> Die Mehrzahl der Eltern, die ihre hilflosen Kinder schlagen, sexuell mißbrauchen oder einfach nur ihrer Nahrung berauben, wissen nicht – oder können es sich nicht eingestehen –, daß sie Hilfe brauchen. Wenn sie irgendwie angeklagt werden, die Kinder falsch behandelt zu haben, streiten sie es ab. Die wenigen, die Hilfe haben möchten, wissen häufig nicht, wo sie welche finden können. Viel zu oft wissen diejenigen, die um Hilfe gebeten werden, nicht, wie sie helfen sollen. Sogar die

> Experten sind sich darüber uneinig, wie man mit einem Täter am besten umgehen sollte. Doch wenn es darum geht, den Opfern zu helfen, weiß und tut man noch weniger (a.a.O., S.20).

Gott offenbart dem Leib Christi den Weg zur Heilung. Er reinigt unsere Herzen und ruft uns auf, Unterschlupf, Zuflucht und Schutz vor dem Sturm und dem Regen zu sein (Jes.4).

> Derselbe Geist gibt Zeugnis unserm Geist, daß wir Gottes Kinder sind. (Röm 8,16; LÜ)

> So ist es nicht der Wille eures Vaters, der in den Himmeln ist, daß eines dieser Kleinen verloren gehe. (Mt 18,14)

> Wer aber einen dieser Kleinen, die an mich glauben, zur Sünde verführt, für den wäre es besser, daß ihm ein Mühlstein um den Hals gehängt und er in die Tiefe des Meeres versenkt würde. (Mt 18,6; ZÜ)

> Sehet zu, daß ihr keinen dieser Kleinen verachtet! Denn ich sage euch, ihre Engel im Himmel schauen allezeit das Angesicht meines Vaters im Himmel. (Mt 18,10; Schlachter)

> Er wird seine Herde weiden wir ein Hirte, die Lämmer wird er in seinen Arm nehmen und in seinem Gewandbausch tragen, die säugenden Muttertiere wird er fürsorglich leiten. (Jes 40,11)

> Wer ein solches Kindlein in meinem Namen aufnimmt, der nimmt mich auf; und wer mich aufnimmt, der nimmt nicht mich auf, sondern den, der mich gesandt hat. (Mk 9,37; Schlachter)

Es wird deutlich, daß der Herr ganz außergewöhnlich um das Wohl seiner Kinder besorgt ist. Wie können wir nun den verlorenen, mißbrauchten und verwundeten Lämmern im Namen Jesu dienen?

Indem wir stellvertretend für die Täter Buße tun

Wir haben wohl nie ein Kind an die Wand geworfen, um seinem Schreien Einhalt zu gebieten, noch seine Hand auf eine heiße Herdplatte gedrückt, um ihm eine Lektion zu erteilen, noch irgendjemand sexuell mißbraucht. Doch haben wir alle schon in einem gewissen Maß Gefühle des Zorns, der Ungeduld, des Grolls, der Eifersucht, des Neids und der Wollust gehegt. Wir haben dieselbe Kapazität zu sündigen wie jeder andere Mensch und auch für uns gilt der alte Spruch: „Allein durch Gottes Gnade bin ich, was ich bin."

Nicht nur Nichtchristen machen sich des Kindesmißbrauchs schuldig. Viele Kinder, die in Pflegefamilien untergebracht werden, kommen aus christlichen Familien, in denen sich die Eltern von einem leistungsorientierten, religiösen Geist, von einer gesetzlichen Interpretation des Glaubens und vom Zwang, sich übermäßig anstrengen zu müssen, haben gefangennehmen lassen. Als die Kinder rebellierten, war das Selbstbild der Eltern als gute Eltern bedroht. In einem fieberhaften Versuch, eine Situation, die außer Kontrolle zu geraten schien, wieder in den Griff zu bekommen, wandten sie sich von der Disziplinierung ab und begannen, mit Strafmaßnahmen Raubbau zu treiben. In manchen Fällen brachte das Verhalten der Kinder Dinge ins Rollen, die in den hintersten innersten Winkeln der Eltern verborgen lagen und deren Offenbarung sie nicht ertragen konnten – z.B. Aspekte, die sie an sich selbst als Kinder gehaßt, sich jedoch nie vergeben hatten. Daraufhin projizierten sie ihren Zorn und ihre Frustration über sich selbst auf ihre Kinder und bestraften an ihnen ihre eigene Sünde. Schon oft wurden wir gerufen, Väter, die sich als wiedergeborene Christen bezeichnet und dennoch ihre Töchter regelmäßig sexuell mißbraucht hatten, seelsorgerlich zu betreuen.

In 1.Korinther 12,26 und 27 (Menge) lesen wir: „Ihr aber seid Christi Leib, und jeder einzelne ist ein Glied daran nach seinem Teil...Und wenn ein Glied leidet, so leiden alle Glieder mit..." Daraufhin beten wir, daß nicht nur „ihnen" vergeben werde, sondern auch „uns", da „wir" ein Teil von „ihnen" sind. Wir müssen auch über die Unterlassungssünde Buße tun, darüber, daß wir nicht früh genug sensibel auf die Streßsituation anderer reagiert haben, die in diesem Fahrwasser weitermachten und schließlich bei Gewaltanwendung endeten.

Wenn wir uns mit anderen Gliedern des Leibes Christi in der Buße eins machen, dann entfällt dadurch nicht die Notwendigkeit, daß jeder einzelne über seine eigenen Sünden Buße tun muß. Aber selbstverständlich wird dadurch dem „Fingerausstrecken und böse(n) Reden" (Jes 58,10) in unseren Herzen der Garaus gemacht, damit wir freier werden, einen kraftvollen Dienst zu tun und „Vermaurer von Breschen" (Jes 58,12) zu sein.

Sollte der Herr aufzeigen, daß es angebracht ist, dann erachten wir es als effektiv, unserer Buße laut in der Gegenwart des verletzten Menschen Ausdruck zu verleihen. Wenn *die* Eltern eines mißbrauchten Kindes unfähig sind, um Vergebung zu bitten, dann wird das Kind zumindest getröstet, wenn es hört, wie *ein* Vater oder eine Mutter diese Worte aufrichtig ausspricht. Eltern, die ihr Kind mißbraucht haben, verspüren womöglich schwere Schuld, Schmerz und Schrecken darüber, was sie ihm angetan haben; das kann sich so weit steigern, daß sie schließlich der Täuschung erliegen, jemand anderer habe das getan, was in Wirklichkeit sie getan haben. Doch erst wenn ihre eigene Verwundung geheilt ist, werden sie echte Buße tun können, die Veränderung bedeutet. Bis die Eltern mit ihrem Problem des Mißbrauchs fertig geworden sind und demonstrieren, daß sie geheilt sind, ist es notwendig, sie von ihren Kindern zu trennen, so schmerzhaft das auch sein mag.

Indem wir unsere eigenen verdammenden Grundhaltungen in den Tod rufen

Wir sind entsetzt, wenn wir die Auswirkungen von Gewalt miterleben, insbesondere, wenn die Opfer Kinder sind. Unsere natürliche Reaktion darauf sieht so aus, daß wir uns in gerechtem Zorn erheben, um dafür zu sorgen, daß die Schuldigen das bekommen, was sie verdienen! Genau dann müssen wir uns daran erinnern, daß Mißbrauchtäter früher selbst mißbraucht oder in anderer Hinsicht schwer verwundet worden sind. Sie müssen sich vor dem Gesetz unseres Landes und ganz gewiß auch vor dem Gesetz Gottes verantworten: „Also wird nun jeder von uns für sich selbst Gott Rechenschaft geben" (Röm 14,12). Doch unser Ruf, der andere möge sich verantworten, muß durch Erbarmen und Gnade gemildert werden.

> Zieht nun an als Auserwählte Gottes, als Heilige und Geliebte: herzliches Erbarmen, Güte, Demut, Milde, Langmut. Ertragt einander und vergebt euch gegenseitig, wenn einer Klage gegen den anderen hat; wie auch der Christus euch vergeben hat, so auch ihr. (Kol 3,12-13)

Vergebung bedeutet nun nicht, daß wir zu dem Schuldigen sagen: „Was Du getan hast, war schon in Ordnung." Es bedeutet *nicht*, daß wir das Handeln des Täter entschuldigen, noch daß wir ihn mit Samthandschuhen anfassen sollen. Es bedeutet jedoch, daß wir – soweit möglich – wie Christus gesinnt sein sollen. Wenn wir vom moralischen und rechtlichen Standpunkt her womöglich aufgerufen werden, an der Festlegung und dem Vollzug des Urteils über einen Täter mitzuwirken, müssen wir doch gleichzeitig – so wie unser Herr – auch in Liebe über ihn trauern. Was wir bezüglich des Täters tun, muß zu seinem Besten sein, weil wir uns um ihn sorgen. Wenn unser Herz von Haß und Verdammnis nicht frei ist, werden wir unfähig sein, uns mit dem Mißbrauchtäter, der den Heilungsdienst genauso dringend braucht wie das Opfer, zu identifizieren. Wir werden etwas Zerstörerisches vermitteln, die negativen Emotionen im Opfer nur noch verdichten und somit seiner Heilung im Weg stehen.

Indem wir dem Täter dienen

Die ursächlichen Wurzeln seines Verhaltens müssen gefunden und geheilt werden. Er muß denen, die ihn verletzt haben, aufrichtig und vollständig vergeben. Wenn er über die Gewalt, die er selbst verübt hat, Buße tut, braucht er die Gewißheit der Vergebung, und die Gnade Gottes wird es ihm ermöglichen, auch sich selbst zu vergeben. Darüberhinaus wird er die Liebe und Unterstützung von Freunden brauchen, bis er in den Augen der Familie und der Teile der Gesellschaft, die seine Sünde kennen, rehabilitiert ist.

Indem wir diejenigen, die verletzt wurden, zur Vergebung führen

Über die Vergebung finden wir in der Bibel einige klare prinzipielle Aussagen:

> Denn wenn ihr den Menschen ihre Verfehlungen vergebt, so wird euer himmlischer Vater sie auch euch vergeben; wenn ihr sie aber den Menschen nicht vergebt, so wird euer Vater euch eure Verfehlungen auch nicht vergeben. (Mt 6,14-15; Menge)

Das hat folgenden einfachen Grund, den wir in Galater 6,7 lesen: „Irrt euch nicht, Gott läßt sich nicht verspotten! Denn was ein Mensch sät, das wird er auch ernten." Wenn wir darauf bestehen, mangelnde Vergebungsbereitschaft zu säen, dann werden wir unweigerlich auch mangelnde Vergebungsbereitschaft ernten.

Wenngleich wir an einem bestimmten Punkt dem Menschen, dem wir dienen, vermitteln möchten, was die Gesetze Gottes besagen, müssen wir doch darauf acht geben, das Wort Gottes nicht als Waffe gegen jemand einzusetzen, dessen Kopf und Herz ohnehin schon blutig geschlagen sind. Für jemand, der durch Mißbrauch schwer verletzt wurde, ist es schwierig zu verstehen, daß man vergeben *muß*. Es hat vielmehr den Anschein, daß der Täter Strafe verdient hätte. Für das Opfer in seiner Hilflosigkeit schienen sein Haß, sein Zorn und sein Groll die einzigen Waffen zu sein, mit denen es zurückschlagen könnte. Eine effektive Vorgehensweise besteht in diesem Fall darin, sich zunächst einmal in das Opfer hineinzuversetzen und dann zu erklären, daß Zorn, Haß und Groll, den wir in unserem Herzen hegen, in uns wie Gift wirkt. Wenn wir nichts dagegen unternehmen, werden diese Faktoren nicht nur unser Herz, unseren Verstand und unseren Geist krank machen, sondern aufgrund der Anspannung, die sie hervorrufen, auch unsere körperliche Gesundheit beeinträchtigen. „Als ich meine Sünde verschweigen wollte, zerfielen meine Gebeine durch mein Gestöhn den ganzen Tag" (Ps 32,3; teilw.wörtl.a.d.Engl.). So verlieren wir unseren Frieden, unsere Freude und die Fähigkeit von denen Freundlichkeit zu erwarten und zu empfangen, die uns diese gerne schenken möchten; denn der Haß ist wie unersättlicher Wurmfraß, der gesunde Körperzellen vernichtet. Wenn man dem Haß gestattet zu bleiben und weiterzuwachsen, wird er eines Tages außer Kontrolle geraten, und wir werden jemand anderen verletzen, so wie wir selbst verletzt worden sind. An diesem Punkt ist es oft möglich, ein wenig darüber zu sprechen, daß der Täter wohl das nicht getan hätte, was er getan hat, wenn er nicht selbst auch verletzt worden wäre. Wenn sich der Ratsuchende mit der Verletztheit seines Mißhandlers identifizieren kann, wird vielleicht eine Grundlage für eine Haltung des Mitgefühls gelegt, die die Vergebung leichter macht.

Gott wird mit denen rechten, die gegen uns sündigen. „Rächet euch nicht selbst, ihr Lieben, sondern gebet Raum dem Zorne Gottes; denn es steht geschrieben: 'Die Rache ist mein, ich will vergelten, spricht der Herr.'" (Röm 12,19; Schlachter). Wir rufen einfach: „Seid gütig zueinander, seid barmherzig, vergebt einander, weil auch Gott euch durch Christus vergeben hat" (Eph 4,32; Einheits.Ü.).

Es ist nicht leicht zu vergeben. Wir können nicht durch eine Willensanstrengung Vergebung schaffen. Aber wir *können uns mit unserem Willen entscheiden* zu vergeben. Wir können uns dafür entscheiden, in uns die Bereitschaft wecken zu lassen. Vielleicht werden wir uns immer und immer wieder dafür entscheiden müssen; im Laufe dieses Prozesses wird es der Herr selbst in unseren Herzen real machen, weil wir uns nicht länger vorsätzlich an unser vermeintliches „Recht" zu hassen klammern.

Kinder sind oft erstaunlich schnell bereit zu vergeben, weil sie in ihrem Herzen eine unbändige Sehnsucht nach Versöhnung mit den Eltern haben. Für das verletzte Kind im Herzen eines Erwachsenen ist das jedoch schwieriger. Es hat seinen Gefühlen schon so lange Raum gegeben oder sie unterdrückt und hinter einer scheinbaren Vergebung versteckt. Vielleicht stößt man auf den springenden Punkt, wenn der Seelsorger sagt: „Stellen Sie sich jetzt vor, Sie wären ein kleines Kind und Ihre Eltern, von denen Sie mißbraucht wurden, stehen nun direkt vor Ihnen. Können Sie ihnen sagen, daß Sie ihnen vergeben?" Wir haben die Erfahrung gemacht, daß Erwachsene oft zu schluchzen beginnen, wenn ihre wahren Gefühle ans Licht kommen. Manchmal versuchen sie zu sagen: „Ich vergebe euch" und verschlucken sich an diesen Worten.

Indem wir denjenigen, der mißhandelt wurde, lossprechen (Vergebung zusprechen)

Viele Menschen wehren sich gegen die Vorstellung, der verletzte Mensch brauche für irgendetwas Vergebung. Sie sehen in ihm/ihr ein unschuldiges Opfer und möchten ihm lediglich Trost zusprechen. Doch gleichgültig, wie viel es getröstet wird, das Opfer kann nach wie vor Schuld*gefühle* hegen, bis man die Schuld – sei sie nun imaginär und/oder real – direkt im Gebet angesprochen hat: „Auf der Grundlage des Wortes Gottes, ist Dir vergeben…Ich vergebe Dir im Namen unseres Herrn Jesus Christus." Es ist gut, wenn man Schriftstellen wie die nachfolgenden zitiert:

> In ihm haben wir die Erlösung durch sein Blut, die Vergebung der Vergehungen, nach dem Reichtum seiner Gnade, die er auf uns hat überströmen lassen. (Eph 1,7-8a)
>
> Wenn wir unsere Sünden bekennen, ist er treu und gerecht, daß er uns die Sünden vergibt und uns reinigt von jeder Ungerechtigkeit. (1.Joh 1,9)
>
> So fern der Morgen ist vom Abend, läßt er unsre Übertretungen von uns sein. (Ps 103,12; LÜ)

Woher stammen diese Schuldgefühle? Erstens: Es gibt reale Schuld, z.B. Zorn, Haß, Abscheu, der Wunsch zu töten, vielleicht sogar der Wunsch zu sterben. Zweitens: Es gibt Schuld, die von Verwirrung herrührt. Ein Mädchen, das von einem Familienmitglied oder einem Freund sexuell mißbraucht worden ist, weiß, daß sie etwas getan hat, um Aufmerksamkeit zu wecken. Doch wollte sie nicht die Art von Aufmerksamkeit, die ihr dann zuteil wurde. Sie befürchtet, mit ihr stimme etwas nicht, denn wie hätte jemand, den sie bewundert und dem sie vertraut hatte, sonst so etwas Schreckliches tun können.

Jedes Mädchen muß ein sicheres und gesundes Gespür dafür entwickeln, daß es schön, liebenswert und ein wirklicher Schatz ist. Wenn sie das Funkeln in den Augen ihres Vaters sieht, wenn er ihr Komplimente macht und sie bestätigt und wenn er seiner Zuwendung zu ihr Ausdruck verleiht, dann lernt sie, in der Schönheit, für die sie geschaffen wurde, zu ruhen. Das Vertrauen, das sie in Bezug auf ihren Vater entwickelt, gibt ihr die Fähigkeit, ihrem Ehemann zu begegnen und ihm in herzlicher und entspannter Freiheit Nahrung zu schenken, weil sie weiß, daß sie ein Segen für ihn ist. Das ist jedoch nur dann der Fall, wenn ihr Vater auf sie bewundernd und *beschützend* reagiert, wenn er die Schönheit, die er in ihr heranwachsen und erblühen sieht, *abschirmt* und wenn seine Zuwendung zu ihr *rein* und seine Aufmerksamkeit *vertrauenswürdig* ist. Doch wenn sich ein Mädchen in einer normalen und gesunden Art und Weise nach ihrem Vater ausstreckt, um wertgeschätzt und geliebt zu werden, und ihr Vater (oder vielmehr jeder andere männliche Verwandte) das Vertrauen Gottes, der ihm aufgetragen hat, sie zu beschützen, mit Füßen tritt, fühlt es sich aufs Schlimmste verraten. Sie fühlt sich schuldig, weil sie sich nach ihm ausgestreckt hat, weil sie das Bedürfnis und den Wunsch gehabt hat, für hübsch erachtet zu werden. Unbewußt spricht sie vielleicht einen inneren Schwur aus, nicht hübsch sein zu wollen, wenn Schönheit Scheußlichkeiten anzieht. Später kann es gut sein, daß sie sich selbst vernachlässigt oder ein gravierendes Problem mit Fettleibigkeit bekommt. Vielleicht fällt sie einen tief verwurzelten inneren Schwur, es sich ihr niemals zu gestatten, in eine Situation zu kommen, in der sie sich verletzbar machen muß, in der alles außer Kontrolle geraten, destruktiv und niederträchtig werden könnte. Später, als verheiratete Frau, hat sie vielleicht das verzweifelte Verlangen, ihren Ehemann vorbehaltslos zu umarmen, nur um auf „eingebaute" Abschottungsmechanismen zu stoßen, die genau dann wirksam werden, wenn er sich ihr nähern möchte.

Wir müssen in der Autorität unseres Herrn Jesus Christus die Macht innerer Schwüre brechen und die Frau lösen, damit sie sich ihrem Ehemann vorbehaltslos anvertrauen kann.

Diesen Bruch vollzieht man durch ein einfaches Wort des Gebets; jedoch derjenige, der durch Verletzungen und Furcht so gebunden war, muß ihn in seinem Leben praktisch umsetzen. Durch Gebet um lindernden Balsam, der ihre Wunden heilt, um Liebe, die der Furcht den Garaus macht und um Kraft, die ihren Geist befestigt, wird die Frau zugerüstet, sich diszipliniert und praktisch immer wieder zu entscheiden – sich dafür zu entscheiden, ein Risiko einzugehen, ihr Herz zu öffnen, zu vertrauen und sich selbst hinzugeben.

Ihr Geist muß von demjenigen, der sie mißbraucht hat, gelöst werden, denn, wie wir schon sagten, es gibt keine körperliche Berührung an der der Geist eines Menschen, der in und durch den Körper atmet und ihm Leben schenkt, nicht beteiligt wäre. Wir stellen uns einfach das Schwert der Wahrheit in Jesus Hand vor, das sich wie ein Keil zwischen die Frau und dem, der sie mißbraucht hat, stellt; darüberhinaus weisen wir ihren Geist an, jede wie auch immer beschaffene Vereinigung mit dem Täter zu vergessen. Es kann gut sein, daß sie den Vorfall nicht vergißt, doch wird sie daran denken können, ohne vor Schmerz zu erschaudern oder sich unrein zu fühlen.

Wenn sie von ihrem Vater oder Stiefvater sexuell mißbraucht wurde, muß vielleicht noch ein weiteres Schuldgefühl ans Kreuz geschlagen werden: Auch wenn das Mädchen eindeutig das Opfer war, auch wenn sie mit Drohungen terrorisiert wurde, was ihr alles widerfahren werde, wenn sie irgendjemandem von dem Vorfall erzählen würde, kann es dennoch sein, daß sie sich schuldig fühlt, an einem Platz gewesen zu sein, der rechtmäßigerweise ihrer Mutter zusteht. Einzig und allein konkret ausgesprochene Vergebung wird diesen Schleier von ihr nehmen und sie mit ihrer Mutter versöhnen. Wenn die Mutter von dem Mißbrauch gewußt, aber nichts unternommen hat, um ihm Einhalt zu gebieten, wird sich das Mädchen höchstwahrscheinlich in doppelter Hinsicht verraten und verlassen fühlen.

Bevor ein Mensch, der sexuell mißbraucht wurde, geheilt wird, müssen im Gebet noch eine Reihe anderer Aspekte der Verletzung angepackt werden:

Die Notwendigkeit der Reinigung

Die Frau fühlt sich unrein. Deshalb beten wir mit überaus bildhaften Worten und sehen dabei, wie wahre Bäche lebendigen Wassers über sie hinweg, in ihr und durch sie hindurchströmen, bis sie „quietschsauber" ist. Dann danken wir dem Herrn im Gebet, daß er sie neu gemacht hat. Vielleicht zitieren wir auch die Schriftstelle aus Apostelgeschichte 11,9 (Menge): „Was Gott gereinigt hat, das erkläre du nicht für unrein!" Wir verwenden das Bild des Wassers als Symbol der Reinigung und nicht das „Blut des Lammes", einfach weil es sich ein kleines Kind nur schwer vorstellen könnte, dadurch gereinigt zu werden, daß es mit Blut bedeckt wird. Später sprechen wir vielleicht darüber, was es eigentlich bedeutet, mit dem Blut Jesu bedeckt zu werden, doch kleine Kinder haben mehr Bezug zu Wasser und Seife. Jesus selbst ist das Wasser des Lebens.

Gebet gegen das Gefühl der Isolation

Sexuell mißbrauchte Kinder neigen dazu zu denken, sie seien die einzigen, denen diese schreckliche und unaussprechliche Sache widerfahren ist, und wenn irgendjemand etwas davon erführe, würde man sie nicht länger akzeptieren. Die Tatsache, daß Sie davon wissen, daß Sie sie akzeptieren und wertschätzen, ist der Anfang der Wiederherstellung; doch es ist auch gut, dafür zu beten, daß die Mauern der Isolation, die jene errichtet haben, um ihre Schmach zu verbergen, niedergerissen werden, und daß sie freigesetzt werden, um in das Licht und die Herrlichkeit des Herrn eintreten zu können.

Auch wenn ich in meinem Beispiel immer von einem mißhandelten Mädchen spreche, gelten dieselben Prinzipien der Heilung auch bei Jungen. Betrachten wir uns doch den Fall eines jungen Mannes, den wir Phil nennen möchten. Im Alter von vier Jahren machte er einen Ausflug zu einem Bauernhof, der Freunden der Familie gehörte, um dort den Nachmittag zu verbringen. An diesem Tag waren dort etliche größere Jungen, die ihn nicht an ihren Spielen und lustigen Aktivitäten teilnehmen lassen wollten. Er war zornig. Am späten Nachmittag liefen die Jungen weg, sprangen über den Zaun und verschwanden in einem kleinen Wäldchen, nachdem sie ihm mit Nachdruck gesagt hatten, daß er nicht mitkommen dürfe. Nichtsdestotrotz folgte er ihnen und war entsetzt, als er sah, daß die Jungen sich um zwei von ihnen scharten, die in homosexuellen Aktivitäten vertieft waren. Phil wollte sich verstecken, doch die Jungen sahen ihn, liefen ihm nach und rissen ihn schließlich zu Boden. Einer von ihnen packte ihn am Geschlechtsteil, drückte zu, so fest er konnte, was extrem schmerzhaft für ihn war und drohte ihm, seinen Penis abzuschneiden, wenn er je ausplaudern sollte, was er gesehen hatte. Dann jagten sie ihn nach Hause und riefen ihm höhnische Bemerkungen nach, was er doch für einen süßes kleines „Mädchen" wäre.

In den darauffolgenden Tagen schien er verschlossen zu sein; zweimal wurde auch deutlich, daß er sich auf eigenartige Weise mit seinen Geschlechtsorganen beschäftigte. Doch als seine Mutter ihn fragte, stritt er mit aller Entschiedenheit ab, daß etwas nicht Ordnung wäre. Die Erinnerung an diesen Vorfall wurde dann ins Reich des Vergessens verbannt.

Als er heranwuchs, unterdrückte er teilweise seine Männlichkeit. Nachdem er mit der Angst gekämpft hatte, er habe vielleicht homosexuelle Neigungen – wenngleich er sich nie gestattete, sie auszuleben –, merzte er alle weibischen Züge an sich aus, die ihm als Teenager oft verletzenden Hohn eingebracht hatten und stellte sich voll und ganz zu seiner Männlichkeit. An diesem Punkt, also als er sich dazu entschloß, der Mann zu sein, zu dem Gott ihn gemacht hatte, erinnerte ihn der Heilige Geist an sein Kindheitserlebnis; dadurch konnte er sich mit etlichen trügerischen Lasten beschäftigen, die ihn geknechtet hatten. Die erste Last zeigt, wie kleine Kinder gewaltige Schuldenlasten auf sich nehmen und falsch mit ihnen umgehen können: Phil fühlte sich schuldig, weil er den größeren Jungen nachgelaufen war, obwohl sie ihm das verboten hatten. In seinen Gedanken drehte diese Schuld den Sachverhalt um, und er war überzeugt, daß er irgendwie der Urheber dieses perversen Aktes gewesen war, den er mitangesehen hatte. Die zweite Last demonstriert die Macht der Angst über ein Kind: Er glaubte wirklich, sie würden ihm sein Glied abschneiden. Deshalb versteckte er es, damit sie es nicht finden konnten. Darüberhinaus erkannte er, daß das Unterdrücken seiner Männlichkeit hauptsächlich von seinem Wunsch, die Männlichkeit abzulehnen, herrührte – wenn das Männlich-Sein bedeuten würde, so wie diese Jungen zu sein.

Wie kam diese unterdrückte Erinnerung ans Licht? Zwei Menschen, die Phil dienten, bekamen ein Bild über ihn: Sie sahen, wie er in der Nähe einer Trauerweide an einem weißen Palisadenzaun stand und völlig perplex dreinschaute. Sie schilderten ihm diesen Eindruck, und die Tür zu seinem Gedächtnis wurde aufgeschlossen. Als diese Erinnerung ans Licht kam, konnten sie für den verängstigten und schuldbeladenen kleinen Jungen beten, und die Last, die ihn jahrelang niedergedrückt hatte, wurde weggenommen. Doch nicht nur das; darüberhinaus wurde auch ein Geheimnis offenbar, das schwer auf der Familie gelastet hatte: Phils Vater hatte es nie verstehen können, warum sein Vorbild und seine Liebe nicht ausgereicht hatten, um seinem Sohn Leben und Ausgeglichenheit zu schenken. Der Pein unbeantworteter Fragen wurde durch Ausübung der „Gabe der Erkenntnis", einer der neun Geistesgaben, ein Ende bereitet.

> Jaget also der Liebe nach! doch bemüht euch daneben auch um die Geistesgaben… (1.Kor 14,1a; Menge)

> Eifert aber um die größeren Gnadengaben. Und einen Weg noch weit darüber hinaus zeige ich euch. (1.Kor 12,31)

TEIL II

Krankheit und Sündhaftigkeit des Geistes

Kapitel 5

Der schlummernde Geist

> Seine Wächter sind blind, sie alle erkennen nichts. Sie alle sind stumme Hunde, die nicht bellen können. Sie träumen, liegen da, *lieben den Schlummer*. (Jes 56,10)

> „Gott hat ihnen einen Geist der *Schlafsucht* gegeben, Augen, um nicht zu sehen, und Ohren, um nicht zu hören, bis auf den heutigen Tag." (Röm 11,8)

> Und dies tut als solche, die die Zeit erkennen, daß die Stunde schon da ist, daß ihr aus dem *Schlaf* aufwacht; denn jetzt ist unsere Errettung näher, als da wir zum Glauben kamen. (Röm 13,11)

> *Wach auf, wach auf*! Kleide dich, Zion, in deine Kraft! Kleide dich in deine Prachtgewänder… (Jes 52,1)

> …so wacht nun! Denn ihr wißt nicht, wann der Herr des Hauses kommt…damit er nicht, wenn er plötzlich kommt, euch *schlafend* finde. (Mk 13,35-36)

> Ihr aber, Brüder, seid nicht in Finsternis, daß euch der Tag wie ein Dieb ergreife; denn ihr alle seid Söhne des Lichtes und Söhne des Tages; wir gehören nicht der Nacht noch der Finsternis. Also laßt uns nun *nicht schlafen* wie die übrigen, sondern wachen und nüchtern sein. (1.Thes 5,4-6)

> Siehe, ich komme wie ein Dieb. Glückselig, der *wacht* und seine Kinder bewahrt, damit er nicht nackt umhergehe und man nicht seine Schande sehe! (Offb 16,15)

Vor ungefähr fünf Jahren waren einige geisterfüllte Christen bei uns in der Seelsorge, die nicht in der Lage waren, einen geraden Weg mit dem Herrn zu gehen, gleichgültig, wieviel Hilfe sie auch empfingen. Unter ihnen war ein junger Mann, der den Herrn liebte, der wiedergeboren und mit dem Geist erfüllt war, der regelmäßig in den Gottesdienst ging, seine Frau und seine Kinder liebte, aber dennoch unfähig schien, sich am Riemen zu reißen und seine Rechnungen zu bezahlen. Wenn ihm die Gläubiger Mahnungen zusandten, wurde er wütend auf sie, weil sie ihm Scherereien machten! Zur selben Zeit beging er immer wieder Ehebruch und hatte offensichtlich weder deswegen noch über die unbezahlten Rechnungen ein schlechtes Gewissen. Er schien, gefangen von momentanen Versuchungen und der Gunst der Stunde, sein Leben zu führen und nicht verstehen zu können, wie seine Handlungen andere Menschen beraubten oder verletzten. Aus dramatischen Erfahrungen der Vergangenheit schien er nichts zu lernen und war sich dessen nicht sonderlich bewußt, daß irgendwann einmal der Tag kommen würde, an dem er Rechenschaft würde ablegen müssen.

Wir rieben uns auf, indem wir Risse und sündige Verhaltensweisen in seinem Wesen entdeckten und darüber beteten, doch er bekam sein Leben einfach nicht in den Griff und konnte nicht wie ein aufrechter Mann vorwärtsgehen. Wir fragten den Herrn immer wieder: „Was fehlt denn noch? Warum funktioniert sein Gewissen nicht?"

Ein anderer Ratsuchender war ein Gemeindeleiter, der eifrig dabei zu sein schien, seinen Leuten harte Worte an den Kopf zu werfen. Gleichgültig in welche Richtung wir beteten, er konnte einfach nicht verstehen, wie seine Zuhörer seine Worte als verletzend empfinden könnten. Er bezog sich auf den Heilsplan, auf den Buchstaben und das Gesetz, doch nicht auf die Herzen der Menschen. Ich wies ihn auf der Grundlage logischer Gesichtspunkte darauf hin, daß seine Predigten lieblos, unmenschlich und hoffnungslos waren und für seine Gemeindemitglieder in der Regel verletzend wirkten. Doch am nächsten Sonntag tat er wieder genau dasselbe. Die Seelsorgetreffen zeigten, daß er zwar das Ritual, in dem man Jesus in sein Herz aufnimmt und mit dem Heiligen Geist erfüllt wird, durchlaufen, jedoch noch nie seine Gegenwart erfahren, noch seine Stimme vernommen, noch ihn irgendwie anders als rein intellektuell kennengelernt hatte. Schließlich waren wir bei ihm am Ende unserer Weisheit angelangt; wir schrien zum Herrn: „Was fehlt denn nur? Warum kann er Dich nicht persönlich kennenlernen?"

Zur selben Zeit reisten wir im Lehr- und Seelsorgedienst durchs Land und kreuzten die Wege vieler anderer christlicher Leiter. Menschen, die verletzt waren, zornig auf mehr als ein halbes Dutzend herumreisender geisterfüllter Lehrer des Wortes Gottes, welche mit ihren Verwandten und Freunden Sex gehabt hatten, kamen zu uns, um unsere Dienste in Anspruch zu nehmen! Ein herumreisender Evangelist, der Wunder wirkte, schwängerte ein Mädchen, zwang es danach zu einer Abtreibung und leugnete seither, sie je gekannt zu haben. Wir dienten ihren Eltern, strengten uns an zu erklären, wie Gott durch rissige und sündige Gefäße weiterhin wirken kann und versuchten, sie zu überreden, sowohl dem Evangelisten als auch Gott zu vergeben. Doch in uns rotierten die Fragen: „Wie kann so etwas geschehen, Herr? Warum ist das Gewissen dieser Männer nicht stark genug, um sie von

Schwierigkeiten fernzuhalten? Sie lieben Dich, und das Wort, das sie predigen, ist wahr; warum können sie nicht danach leben? Wie können sie Dein Herz so verletzen? Was ist da los? Was fehlt ihnen denn bloß?" Also sprachen wir unser übliches, glühendes, intellektuelles und gerechtes Gebet *„Hilfe!"*, und Gott antwortete.

Als erstes sagte er: *„John, der Geist dieser Menschen ist nicht wach und funktionsfähig. Ihr persönlicher Geist wurde nicht geweckt. Sie haben einen schlummernden Geist."*

Augenblicklich wollte ich wissen, was das bedeutete. Während ich einige Wochen lang nachdachte, die Herzen und Geschichten von Ratsuchenden durchforschte und den Herrn suchte, legte er mir es dar.

Wir werden mit einem lebendigen und wachen persönlichen Geist geboren. Doch dieser Geist braucht Gemeinschaft, muß willkommen geheißen werden, braucht Liebe und Nahrung durch herzliche, körperliche Zuwendung. In dem Maße wie ein Baby über das Stadium des Kleinkinds zum Kind heranwächst, ohne genügend menschliche Berührung zu empfangen, kann sein Geist seinen Wachzustand nicht bewahren, noch wird er zur vollen Funktionsfähigkeit vorangeführt. Allmählich schlummert er ein.

Es wurde bald offenbar, daß es zwei verschiedene Arten des schlummernden Geistes gibt. Erstens: Diejenigen, die noch nie wirklich im Leben standen, die schon im frühen Kleinkindalter eingeschlummert sind und nicht mehr „funktionieren" können. Zweitens: Diejenigen, die von ihren Eltern und andernorts Nahrung empfangen haben und somit auch wach und geistlich funktionsfähig waren; doch dann wandten sie sich von der Anbetung, von Gottesdiensten, vom Gebet und von der Zuwendung ab, bis ihr Geist einschlief. In beiden Fällen hat sich in der Regel auch das Herz verhärtet.

Wenn der Geist dieser Menschen völlig regungslos wäre, dann wären sie selbstverständlich körperlich tot. Diese Schläfer können in ihrem Geist in den folgenden Bereichen, nämlich der Beziehung zu Gott, zu anderen Menschen, zur Natur und zu sich selbst, nicht funktionieren. Das bedeutet, daß sie zwar auf der geistigen und emotionellen Ebene zu Gott kommen, ihm jedoch nie wirklich begegnen. Sie haben einen Bezug zum formalen Äußeren, zur Liturgie, zur Doktrin, zur Theologie, zum Gesetz oder auch zum Heilsplan, jedoch nicht zur Person Gottes. Sie können Emotionen nachvollziehen, über die verlorenen Seelen und durch Reue auch über ihre eigenen Sünden weinen, aber sie sind nicht in der Lage mit Jesus zu kommunizieren, noch an seinem Leiden Anteil zu haben, wie Paulus es in Philipper 3,10 beschreibt. Sie verfügen nicht über die Fähigkeit, für Jesus oder für andere Einfühlungsvermögen zu zeigen. Sie sind auf die Notwendigkeit reduziert und beschränkt, mit ihrem Verstand zu kalkulieren und einzuschätzen, was andere denken oder fühlen.

Man fragt vielleicht: „Und was ist mit dem Heiligen Geist? Er schenkt doch das Leben. Es ist seine Aufgabe, uns lebendig zu machen. Warum wachten solche Menschen nicht auf, als der Heilige Geist Einzug hielt?“ Einige wachten auf. Doch als ich dem Herrn diese Frage stellte, sagte er mir in seiner Antwort, ich solle mir einen Fluß vorstellen. *„Der Fluß steht für den Heiligen Geist“*, sagte er, *„der wirklich und ungehindert durch das Leben eines Menschen strömt.“* Dann sagte er, ich solle mir inmitten des Flusses einen Fels vorstellen, unbeweglich, das Wasser bricht sich an ihm und umbraust ihn. Dieser Fels repräsentiert den persönlichen Geist mancher Menschen – verhärtet und unfähig, am Strom des geistlichen Lebens teilzunehmen. Der Heilige Geist ist da, er durchströmt den Sinn, das Herz, die Emotionen und den Körper des Menschen; somit kann er auch hervorragend predigen, Wunder wirken und mächtige Prophetien aussprechen. Doch der Geist des Menschen selbst kann an dem nicht teilnehmen. Er schläft, isoliert und funktionsunfähig. Traurigerweise wird dieser Zustand, wenn er unverändert bleibt, eine Demonstration dessen sein, was Jesus mit folgenden Worten meinte:

> Viele werden an jenem Tage zu mir sagen: Herr, Herr! Haben wir nicht durch deinen Namen geweissagt und durch deinen Namen Dämonen ausgetrieben und durch deinen Namen viele Wunderwerke getan? Und dann werde ich ihnen bekennen: *Ich habe euch niemals gekannt*. Weicht von mir, ihr Übeltäter! (Mt 7,22-23)

Das Wort „kennen“ in „Ich habe euch niemals gekannt“ ist im Griechischen dasselbe Wort wie das Wort, das für die Ehe verwendet wird: Adam „erkannte“ Eva. Jesus sagt also eigentlich: „Ich bin euch nie richtig *begegnet*.“

Je mehr wir darüber nachdachten, desto sinnvoller erschien uns diese Offenbarung, und wir konnten sie deutlich im Leben unserer Ratsuchenden sehen.

Doch als wir uns aufmachten, über den schlummernden Geist zu lehren, waren wir schockiert angesichts der entsetzlichen Tatsache, daß nur sehr wenige Menschen im Leib Christi wußten, wofür der menschliche Geist überhaupt gut ist! Es war vielen von ihnen noch nie aufgefallen, daß wir einen Geist haben, der über spezifische und klar definierbare Funktionen verfügt. Dadurch sahen wir uns veranlaßt zu suchen und herauszufinden, was denn nun die besonderen und spezifischen Fähigkeiten und Wirkungsweisen des Geistes sind.

Im folgenden werden neun der zahlreichen Funktionen unseres persönlichen Geistes aufgelistet. Wir beschreiben, für welche Funktionen Gott den Geist geschaffen hat und kontrastieren das mit all dem, was ein schlummernder Geist nicht tun kann. Wodurch ein Mensch geistlich einschläft und was man dagegen tun kann, wird gegen Ende dieses Kapitels erklärt werden.

Wir haben erkannt, daß der schlummernde Geist eine der epidemischen Krankheiten unserer Generation ist; je weniger geistliche Nahrung vorhanden ist und je mehr Ehen und Familien auseinanderbrechen, desto mehr nimmt sie zu. Der Geist eines jeden Menschen schläft in gewissem Maße. Einige Menschen sind in allen neun Bereichen funktionsuntüchtig, manche nur in einem oder zwei. Keiner von uns ist hellwach, keiner im Tiefschlaf.

Die erste Funktion unseres persönlichen Geistes ist die gemeinschaftliche Anbetung.

> Es kommt aber die Stunde und ist jetzt, da die wahren Anbeter den Vater in *Geist* und Wahrheit anbeten werden; denn auch der Vater sucht solche als seine Anbeter. Gott ist Geist, und die ihn anbeten, müssen in Geist und Wahrheit anbeten. (Joh 4,23-24)

Der Mensch, dessen Geist erweckt ist, fühlt die auferbauende Gegenwart des Herrn in einem Anbetungsgottesdienst. Er fühlt Jesu Salbung auf sich herniederströmen. Sein Geist wird angerührt und neu mit Gottes Geist erfüllt. Aus diesem Menschen quillt so viel Freude und Liebe hervor, daß seine Seele Gott Lobpreislieder singt. Er kann in „unaussprechlicher und verherrlichter Freude" in seiner Gegenwart *wohnen* (1.Petr 1,8).

Beachten Sie die Verwendung der Worte „Seele" und „Geist" sowie die Zeitform in den ersten Zeilen des Magnifikat: „Und Maria sprach: Meine *Seele erhebt* den Herrn, und mein *Geist hat frohlockt* in Gott, meinem Heiland" (Lk 1,46-47). Wenn Gott an uns wirkt, wirkt er als erstes in unserem Geist. Unser Geist freut sich an seiner Liebe. Dadurch werden wir fähig, ihn aus vollem Herzen zu preisen, damit die Seele ihn erheben kann. Weil der Geist „frohlockt *hat*", *erhebt* die Seele den Herrn.

Erweckte Menschen werden vom Geist Gottes nicht nur in die Anbetung getragen, sie fühlen und spüren auch das Aufwallen des Geistes und Herzens anderer Menschen. Sie werden nicht nur von seiner Liebe durchflutet, sondern auch von der Liebe der ganzen Gemeinschaft. Echte Anbetung bindet Herzen zusammen, weil der Geist vieler Menschen in einem Feuer der Liebe verschmilzt.

Menschen mit einem schlummernden Geist haben schon oft zu uns gesagt: „Ich weiß einfach nicht, worüber die reden. Ich fühle Gottes Gegenwart nie.“ Einige fühlen ein momentanes Aufflackern, doch verspüren sie keine bleibende Kraft. Sie wissen nicht, wie sie ihren bedürftigen Geist in seinem Fluß baden sollen, denn eins ist gewiß: „Des Stromes Bäche erfreuen die Stadt Gottes…“ (Ps 46,5). Einem Menschen, bei dem wir einen schlummernden Geist vermuten, stellen wir vielleicht folgende Frage: „Wenn Du in einem Anbetungsgottesdienst oder in einem Gebetstreffen bist und die anderen die Hände heben und Gott preisen, fühlst Du dann seine Gegenwart oder weißt Du nur aus Glauben heraus, daß er da ist?“ Menschen mit einem schlummernden Geist antworten ausnahmslos: „Oh, ich weiß einfach nur, daß er da ist.“ Man denke daran, was Jesus zu Thomas sagte: „Selig sind, die nicht gesehen haben und doch glauben“ (Joh 20,29; Albrecht). Solche Menschen erleben die Fülle der Anbetung nicht und haben sie vielleicht noch nie erlebt. Aber wenigstens glauben sie.

Die zweite Funktion unseres persönlichen Geistes besteht darin, den Menschen in die Lage zu versetzen, eine befriedigende Zeit allein mit Gott zu verbringen. Erweckte Menschen können in Gottes Gegenwart eintreten, sich in seiner Liebe sonnen und sich erheben. Sie „…(fahren auf) mit Flügeln wie Adler“ (Jes 40,31; LÜ). Durch Inspiration springen einem die Worte der Bibel förmlich ins Auge, durch die sanfte Kraft des Heiligen Geistes durchfluten Gedanken und Bilder unaufgefordert die Gedankenwelt. Andererseits erzählen uns schlummernde Menschen: „Ich versuche, Zeit mit Gott zu verbringen, aber das wird immer so eine trockene Angelegenheit. Ich finde keine Worte. Ich fühle nie etwas.“ Manchmal fassen sie vielleicht den Entschluß: „Wenn ich schon nicht besonders gut beten kann, kann ich wenigstens in der Bibel lesen.“ Also versuchen sie, diszipliniert vorzugehen und arbeiten unter Umständen mit einem Bibelleseplan. Aber das wird auch zur Wüste. Schon ziemlich bald fällt ihnen auf, daß sie dieselben Sätze mehrmals gelesen und den Sinn immer noch nicht verstanden, ja allenfalls an der Oberfläche gekratzt haben. In Hiob 32,8 heißt es, daß es der *Geist* im Menschen ist, der ihn verständig werden läßt. Bei erweckten Menschen geht der Heilige Geist durch den menschlichen Geist und bewirkt Verständnis des Wortes Gottes; aufregende Erkenntnisse und Zusammenhänge springen einem aus den Seiten entgegen. Doch für einen Schläfer ist das Lesen mechanisch und knochentrokken, weil sein Geist nicht auf den Heiligen Geist reagieren kann. Wenn er seine Zeit allein mit Gott so durchzieht, bleibt sie eine Pflicht ohne Segnungen.

Wir neigen dazu zu denken, ein Mensch verstünde augenblicklich die Dinge des Geistes, sobald er den Heiligen Geist empfängt. Aber darin liegt kein Zauber, sondern nur Salbung für jene, die Ohren haben, um zu hören und Augen, um zu sehen. Vor diesem Hintergrund lesen wir folgende Passage:

> Der *ungeistliche* Mensch empfängt die Gaben des Geistes Gottes nicht, denn sie sind ihm eine Torheit und er ist *nicht fähig, sie zu verstehen, weil sie geistlich beurteilt werden müssen.* (1.Kor 2,14; wörtl.a.d.Engl.)

Dinge zu verstehen, ist keine Frage bestechender, intellektueller Fähigkeiten. Wir kennen Hunderte von überaus gescheiten Menschen, die geistlich schlafen und – wie Nikodemus – nicht einmal die einfachsten Dinge des Geistes verstehen können, auch wenn sie sozusagen rein „technisch“ mit dem Heiligen Geist erfüllt sind.

Die dritte Funktion unseres persönlichen Geistes besteht darin, uns die Fähigkeit zu schenken, Gott zu hören. Menschen, die ihre „Sensoren“ eingeschaltet und richtig abgestimmt haben, haben Träume oder Visionen oder hören den Herrn direkt sprechen, so wie es in 4.Mose 12,6-8 über Gottes Propheten gesagt wird. Erweckte Menschen bekommen intuitiv bestimme Eindrücke (durch die Kraft des Heiligen Geistes). Sie erhalten Offenbarungen und verspüren die Begeisterung, Hand in Hand mit Gott nach seiner Führung zu gehen. Schläfrige Menschen erzählen uns: „Das kommt mir spanisch vor. Ich denke, ich muß diesen Menschen einfach glauben, die mir ständig erzählen, Gott würde immer wieder zu ihnen sprechen; doch bei mir passiert so was nie. Ich habe nie einen Traum und nie eine Vision. Ich denke, ich trotte einfach so durchs Leben.“ Gott kommuniziert mit uns durch unseren Geist. Er spricht zu den Ohren unseres Geistes. Wer „nur so durchs Leben trottet“ hat taube Ohren und blinde Augen, weil sein Geist nicht funktionstüchtig ist.

Die vierte Funktion unseres Geistes ist die Inspiration. Beflügelte Menschen erleben, wie die Ideen in ihren Gedanken nur so sprießen. Sie sind kreativ. Sie entdecken neue Möglichkeiten bestimmte Dinge durchzuführen. Die Gedichte oder die Musik, die sie schreiben, sind ein Spiegel der Lebensqualität und segnen alle, die sie lesen oder hören. Wer geistlich erstarrt ist, hat nicht oft neue Erkenntnisse, die er weitergeben kann. Wenn so jemand Gedichte schreibt, sind es wahrscheinlich Knittelverse oder so perfekt ausgeklügelte, im Versmaß geordnete und sich reimende Wortreihen, daß sich in ihnen keine Melodie mehr findet; es sind einfach nur gereimte Worte in einem Versmaß.

Im Süden unseres Staates war ich einmal allein in einer Kirche, als der Violinist, der zu dieser Zeit Konzertmeister des dortigen Sinfonieorchesters war, hereinkam, um ein Stück zu proben, das er am selben Abend im Gottesdienst aufführen wollte. Ich sah ihn nicht. Plötzlich zerrissen Klänge die Stille. Sie waren technisch perfekt. Die Musik war großartig! Doch irgendetwas fehlte. Schon bald hatte ich das Gefühl, daß zwar seine Violine sang, doch sein Geist nicht durch sie sang. Später las ich Kritiken seiner Solo- Konzerte, die er überall im Land gegeben hatte. Sie hatten alle denselben Grundtenor: Technisch perfekt, ausgezeichnete Fingertechnik, makellose Interpretation, doch: kein Geist. Seine Musik sang nicht. Sein Geist war nicht erweckt; er konnte die Lieder des Komponisten nicht durch die Töne seines Instruments singen. Der Mann hatte Technik ohne Inspiration.

Ein Freund von mir sprach einmal über zwei verschiedene Arten von Ingenieuren in seiner Firma. Er sagte, einige hätten neue Ideen, die die Firma voll Begeisterung und Faszination in der Arbeit vorwärtsbrächten. Doch die anderen nannte er nur „die Monotonen". Sie hatten nie eine originelle Idee. Sie kopierten das, was andere erfanden. Manche sind wach, manche schlafen.

Die fünfte Funktion unseres persönlichen Geistes besteht darin, uns die Fähigkeit zu verleihen, zeitliche Grenzen zu sprengen. Damit sich das nun nicht mystisch oder mysteriös anhört, wollen wir es durch ein Beispiel verdeutlichen. Zwei verschiedene Ehepaare kommen in unser Büro zur Eheseelsorge. Das erste Paar hat einen erweckten, funktionsfähigen Geist. Sie werden nicht vom Schmerz des Augenblicks in Schach gehalten. Ihr Geist macht es ihnen möglich, sich an wunderbare, vergangene Zeiten zu erinnern und an die glücklichen Tage zu denken, die noch vor ihnen liegen. Sie haben Wurzeln und Hoffnung. Sie strecken sich über den momentanen Zeitraum hinaus zu auferbauenden Ereignissen in der Vergangenheit und zu Träumen der Zukunft aus. Doch das zweite Paar ist dafür wie tot. Ihr Geist kann sie weder in die Vergangenheit, noch in die Zukunft leiten. Sie sind in schmerzlichen Augenblicken verstrickt und gefangen. Sie können nur noch über ihre momentane Niedergeschlagenheit nachdenken und möchten fliehen.

Der junge Mann, über den ich eingangs sprach, der seine Rechnungen nicht zahlte, hatte genau dieses Problem. Wenn er etwas im Moment haben wollte, nahm er sich es. Aber er konnte sich nicht in die Zukunft hineinversetzen und erkennen, daß der Tag kommen würde, an dem die Gläubiger auf die Begleichung der Rechnung bestehen würden. Er hatte einfach kein Gefühl für den Lauf der Zeit. Wenn er Rechnungen zugeschickt bekam, waren diese so sehr Teil einer unwiderruflichen Vergangenheit, daß er in den Gläubigern ohnehin nur Nervensägen sah, die kein Recht hatten, ihm Schwierigkeiten zu machen und nicht Menschen, die versuchten, rechtmäßige Schulden einzutreiben.

Vielleicht hat sich der Leser, genauso wie Paula und ich, schon oft gefragt: Wie können Gemeindemitglieder vollmächtigen Predigten zuhören, die vor einem Gericht über der Sünde warnen, dazu immer wieder „Amen“ sagen und es scheinbar wirklich ernst meinen, die Worte dann so schnell und leicht vergessen und weitersündigen, so als ob sie mit dem Tag des Jüngsten Gerichts nicht das Geringste zu tun hätten! Als ich diesem Phänomen in der Seelsorge auf den Grund ging, fand ich heraus, daß all diese Menschen wirklich glauben, daß wir alle für unsere Taten Rechenschaft werden ablegen müssen (Röm 14,12; 1.Petr 4,5). Doch das Verblüffende war die Frage, warum diese Erkenntnis nicht die Kraft hatte, sie davon abzubringen, bewußt zu sündigen. Sie verhielten sich so, als ob niemand Buch über unsere Taten führen würde. Als mir der Herr über den geistlichen Schlummer die Augen öffnete, verstand ich. Ihr Verstand konnte das Kommen des Jüngsten Gerichts logisch begreifen, doch ihr Geist konnte darin nicht mehr finden als bloße Worte. Das war keine Realität für sie, da sie kein wirkliches Gespür für die Zukunft entwickeln konnten. Paula und ich sehen jetzt, daß jede noch so gesalbte Predigt über die Endzeit für den schlummernden Geist genauso effektiv ist, wie wenn man eine Münze in einen Verkaufsautomaten steckt, die dann durchfällt und bei der Münzrückgabe wieder herauskommt. Wir möchten an diesem Punkt daran erinnern, daß wir mit dem Gesagten niemanden angreifen möchten. Wir beschreiben lediglich den Zustand und seine Resultate. Wenn wir das Phänomen wirklich verstehen, werden wir vielleicht auch Erbarmen haben. Diese Menschen sind schlicht und einfach unfähig. Das ist keine Frage der Willenskraft oder intensivierter Anstrengung. Der Teil ihrer inneren Maschine, der die Münze packt, wenn sie oben eingeworfen wird, funktioniert bei ihnen einfach nicht!

Die sechste Funktion unseres persönlichen Geistes ist eine der drei grundlegenden Funktionen, die im ersten Kapitel schon besprochen wurden – die Befähigung zur Gemeinschaft und Kommunikation mit anderen. Geistlich wache Menschen begegnen einander auf der Ebene ihres Geistes. Durch Einfühlungsvermögen stimmen wir uns auf den anderen ein. Unser Geist identifiziert sich mit dem Nächsten und fühlt, wie er fühlt. Viele von uns haben es schon erlebt, daß sie jemanden zum ersten Mal trafen und doch das Gefühl hatten, ihn schon ein Leben lang zu kennen. Wir stellen bald fest, daß wir mit diesem Menschen im Einklang sind. Kaum haben wir unseren Satz begonnen, schon hat sich der andere mit uns identifiziert und uns ganz genauso verstanden, wie wir es meinen. Gespräche springen fröhlich und kinderleicht von einem Thema zum anderen; es macht richtig Spaß. Wir werden erfrischt und möchten mit diesem Menschen wieder beisammen sein.

Andererseits gibt es da vielleicht einen Burschen, mit dem wir schon seit Jahren zusammenarbeiten, und am Ende müssen wir zugeben, daß wir ihn auch nicht besser kennen wie am ersten Tag! Es hat einfach nie „Klick" gemacht. Die Gespräche blieben in peinlich genau abgesteckten Grenzen und gut abgeschirmt, weil er nie fähig zu sein schien, das wirklich zu verstehen, was wir eigentlich meinten, es sei denn wir haben es ihm haarklein auseinanderklamüsert. Mit ihm zusammen zu sein, war ermüdend. Es konnte sich nie eine Freundschaft zwischen uns entwickeln.

Ich bin mir sicher, daß wir alle es schon einmal erlebt haben, daß wir jemand besuchten und glaubten, daß er uns im Gespräch folgen würde, nur um etwas total Irrelevantes aus seinem Munde zu hören, etwas, das weit am Ziel vorbeischoß. Wenn wir dies vor dem Hintergrund des geistlichen Schlafs betrachten, können wir es vielleicht verstehen: Er konnte die Regungen unseres Geistes nicht deuten. Mit seinem Verstand dachte er sich eine Antwort aus, und sobald sich die Konversation in Gefilde bewegte, in denen er uns hätte „deuten" müssen, um antworten zu können, war er dazu nicht in der Lage. Seine Gedanken konnten uns in diese Bereiche nicht folgen, also schoß er an uns vorbei.

Menschen mit einem schlummernden Geist bleiben auf geistige Spielereien beschränkt. Sie können nie jemandem wirklich begegnen. Ihr Geist kann auf diese Art und Weise nicht funktionieren.

Damit wäre nun auch eine logische Erklärung für die vielen Scheidungen heutzutage gegeben. Menschen, deren Geist schlummert, können keine Beziehungen aufrechterhalten. Mit einem geistlichen Schläfer zu leben, ist nicht nur einsam, sondern noch dazu äußerst ärgerlich. Um meinen Beitrag zu unseren vierunddreißig Ehejahren (am 12.Januar 1985 war es soweit) zu leisten, mußte ich in der Lage sein, zu erkennen, wo Paula emotionell gerade stand. Jeden Tag muß ich fähig sein zu erkennen, wann sie umarmt werden möchte oder wann körperliche Nähe sie stören würde. Ich muß mit meiner fröhlichen Plauderei aufhören, wenn mein Geist ihre Sorge spürt und fragen: „Liebling, was hast Du denn?" Andererseits darf ich nicht still und verschlossen sein, wenn ihr Geist mir Signale sendet, die zeigen, daß sie mit mir reden möchte. Oft beschäftigen mich so viele Dinge und bin ich so geistesabwesend, daß ich immer einmal mehr versage als reagiere! Sie wiederum muß in der Lage sein, es zu spüren, wenn mein Geist meilenweit weg ist, um meine Schweigsamkeit nicht als persönliche Zurückweisung zu deuten. Sie muß wissen, wie sie mir in meinem Geist folgen und mich aufrufen kann, mit ihr Gemeinschaft zu haben. Die Tatsache, daß wir das tun können, ist einer der Gründe, warum unsere Ehe ein Segen und keine Schufterei ist.

In der Seelsorge hören wir oft, daß Menschen, deren Geist schlummert, aneinander vorbeileben. Aufgrund ihrer Isoliertheit, ihrer mangelnden Wahrnehmungsfähigkeit und ihres geistigen Ratespiels, tun und sagen sie oft genau das, was dem anderen gerade ungelegen kommt. Nach einer Weile wird das ein Grund für ständige Niedergeschlagenheit. Mit einem Partner zu leben, der gerne nett sein möchte, aber nicht sensibel auf uns eingehen kann, kann sehr schmerzhaft und einsam werden und um so schrecklicher, weil wir genau wissen, daß er sich wirklich anstrengt. Je mehr Familien auseinanderbrechen, desto mehr gebrochene Menschen kommen daraus hervor, deren Geist nie Nahrung empfangen hatte, um leben zu können. Immer mehr Menschen sind immer schlechter ausgerüstet, um eine Ehe am Leben zu erhalten! Diese Unglücklichen können nicht mehr erhoffen als unpersönliche, vorübergehende Begegnungen, weil sie das innere Heiligtum des Geistes der beiden Ehepartner nicht betreten und aufrechterhalten können. Wir sangen immer „Nimm' meine Hand, ich bin ein Fremder im Paradies", und nur wenige wußten wie schmerzlich diese Worte eigentlich waren! So viele Menschen versuchen zu leben, eine gute Ehe zu führen und ein intaktes Familienleben zu haben, aber es ist beklagenswert, daß sie so schlecht dafür ausgerüstet sind.

Die siebte Funktion unseres Geistes besteht darin, die Herrlichkeit der ehelichen, sexuellen Vereinigung zu schaffen. Von Paulus lernen wir, daß ein Mann, der bei einer Frau liegt, „eins" mit ihr wird (1.Kor 6,16).

> Und wißt ihr etwa nicht, daß, wenn ein Mann sich mit einer Prostituierten verbindet, sie ein Teil von ihm und er ein Teil von ihr wird? Denn Gott sagt uns in der Heiligen Schrift, daß die beiden in seinen Augen zu einer Person werden. Doch wenn ihr euch dem Herrn hingebt, werdet ihr und Christus zu einer Person zusammengefügt. Deswegen sage ich auch, ihr sollt vor der sexuellen Sünde fliehen. Keine andere Sünde zieht den Körper so sehr in Mitleidenschaft wie diese. Wenn ihr diese Sünde begeht, richtet sich das gegen euren eigenen Leib. (1.Kor 6,16-18; wörtl.a.d.Engl.)

Das sind nicht nur schöne poetische Worte. Paulus beschreibt die Tatsache der Vereinigung. Paare, die einen erweckten Geist haben und in einer christlichen Hochzeitsfeier einander geweiht wurden, können in ihrer Vereinigung eine Herrlichkeit entdecken, die der Herr eigens für ihren Genuß geschaffen hat. In einer echten Vereinigung durchfließt der Geist eines jeden den Körper des anderen und erregt und segnet ihn. Deshalb sagt auch die Heilige Schrift: „Und Adam *erkannte* sein Weib Eva…“ (1.Mo 4,1; LÜ). In einer richtig miteinander geteilten, ehelichen Sexualität wird einem jeden eine intime und kostbare Erkenntnis des anderen geschenkt, eine hingebungsvolle und erfüllende Begegnung zweier Wesen, die heil sind. Diese Begegnung hängt von der Fähigkeit des jeweiligen persönlichen Geistes ab, die Gegenwart des anderen und das Durchdringen seines Geistes zu fühlen.

Einige Ehepaare haben bezeugt, daß sie scheinbar das Gefühl hatten, während sie den Partner umarmten und streichelten, mit ihrer eigenen Hand durch den anderen hindurch die eigene Brust zu streicheln! Der eine oder andere Mann hat uns erzählt, er würde in einer wahren Welle liebevoller Energie, die von den Brüsten seiner Frau ausgeht, förmlich taumeln und mit überschwenglicher Liebe und Wertschätzung für sie erfüllt werden. Deswegen heißt es auch in Sprüche 5,19: „Die liebliche Hirschkuh und anmutige Gemse – *ihre Brüste sollen dich berauschen* jederzeit, in ihrer Liebe sollst du *taumeln* immerdar!“

Für Paula und mich war es ein Segen, in unseren vierunddreißig Ehejahren zu wissen, zu welcher Heiligkeit und Erquickung Gott den ehelichen Sex geschaffen hat. Ich bin fest davon überzeugt, daß ein Mann gegen sexuelle Versuchung umfassend geschützt wird, wenn er erkennt, was für ein herrliches Geschenk Gott ihm mit seiner Ehefrau gemacht hat, das niemand anderer als er auspacken darf. Die Herrlichkeit der ehelichen Sexualität kommt dadurch zustande, daß der Heilige Geist z.B. das Liebeslied der Schöpfung durch meinen Geist Paula vorsingt und durch Paulas Geist mir vorsingt. Unser Geist allein kann uns nicht für- und ineinander in Verzückung versetzen. Doch Gott kann und tut es. Wenn sein Heiliger Geist durch meinen Geist zu ihr fließt und durch ihren Geist zu mir fließt, werden wir gesegnet und erfüllt und dazu gebracht, einander mehr zu lieben und zu schätzen, als man mit Taten oder Worten ausdrücken könnte. Da das eine Tatsache ist (für uns beide auf jeden Fall, da wir es wissen und erleben), können wir schon allein logisch daraus ableiten, daß keine außereheliche, sexuelle Vereinigung je an dieser Herrlichkeit der sexuellen Vereinigung teilnehmen kann! Unser Gott ist heilig. Der Heilige Geist wird Unheiligkeit weder durchströmen, noch an ihr teilnehmen. Deshalb kann es definitiv keine Herrlichkeit in irgendeiner außerehelichen Vereinigung geben! Außereheliche Sexualität ist streng verboten

(5.Mo 5,18; 2.Mo 20,14). Der Heilige Geist wird das Wesen des anderen Menschen nicht durch den Geist eines Ehebrechers in Erregung versetzen!

Teil des Schutzes eines jeden Christen ist das Wissen, daß Gottes Gesetz absolut ist: „Aber der Gewinn der Erkenntnis ist der: Die Weisheit erhält ihren Besitzer am Leben" (Pred 7,12b). Gleichgültig wie wunderbar das Gesicht, die Figur oder der Charakter einer Frau ist, die nicht die Partnerin ist – sie kann definitiv keine Herrlichkeit haben und nicht zur Herrlichkeit werden, auch wenn ein verheirateter Mann glaubt, noch so starke Gefühle für sie zu empfinden. Die sexuelle Vereinigung außerhalb der Ehe besudelt beide und verwirrt ihre Seelen. Eine Frau sagt ihrem Ehemann wer er ist, indem sie sich mit ihm vereint. Jede andere Frau, und wenn sie noch so attraktiv ist, kann ihm nur Lügen erzählen und bezüglich seiner Identität Verwirrung stiften. Deshalb sagt die Bibel über Menschen, die Inzest begangen haben (man kann das auch auf jede andere unrechtmäßige Vereinigung übertragen): „Sie haben eine schändliche Befleckung verübt, ihr Blut ist auf ihnen" (Anmerkung: wörtlich „Blutschuld" „Verwirrung, eine Verletzung der göttlichen Ordnung"; 3.Mo 20,12b). Und über einen Ehebrecher: „…er zerstört seine eigene Seele" (Spr 6,32; wörtl.a.d.Engl.).

Wir sind überaus besorgt darüber, daß nicht jeder an die Absolutheit der Gesetze Gottes glaubt und sich danach richtet. Diese Menschen werfen ihre Herrlichkeit in den Schmutz. Um diese Tragödie zu vermeiden, schrieb Paulus:

> Denn dies ist Gottes Wille: eure Heiligung, daß ihr euch von der Unzucht fernhaltet, daß jeder von euch sich sein eigenes Gefäß in Heiligkeit und Ehrbarkeit zu gewinnen wisse (mit seiner eigenen Frau sexuell verkehrt), nicht in Leidenschaft der Lust wie die Nationen, die Gott nicht kennen; daß er sich keine Übergriffe erlaube noch seinen Bruder in der Sache übervorteile, weil der Herr Rächer ist über dies alles, wie wir euch auch zuvor gesagt und ernstlich bezeugt haben. Denn Gott hat uns nicht zur Unreinheit berufen, sondern in Heiligung. (1.Thes 4,3-7)

Nicht viele verstehen und erleben diese Herrlichkeit, auch wenn sie gläubig sind und sich ausschließlich füreinander verwahrt haben. Ehepaare sind womöglich verblendet und gehemmt, weil sie schlicht und einfach nicht wissen, daß Sex eine gesegnete Begegnung sein kann. Oder, noch schlimmer, viele können in diese Herrlichkeit nicht eintreten, weil ihr Geist schläft.

Menschen, die die ganze Zeit ihrer Ehe über einen schlummernden Geist hatten, haben in der Seelsorge oft darüber geklagt, daß ihnen nach einer Weile das Interesse am Sex verlorengegangen sei.

Wenn der anfängliche, romantische Eifer nachläßt und das Neue gar nicht mehr so neu ist, kann es sein, daß solche Menschen ihr sexuelles Verlangen verlieren. Für jeden Mann, der in unser Büro kommt, um darüber zu klagen, daß sich ihm seine Frau nicht sexuell öffne, hören wir die Klagen von mindestens fünfzig Frauen, ihre Ehemänner würden ihnen „die schuldige Ehepflicht" (1.Kor 7,3; Menge) nicht leisten. Warum? Wenn der Geist der Frauen schläft, neigen sie zu einem pflichtbewußten Verhalten und geben sich hin; Männer hingegen, die noch nie entdeckt haben, wie herrlich ihre Frauen sind, glauben in der Regel, es sei die Pflicht einer Ehefrau, sich dem Mann zu schenken und sind sich nur wenig – wenn überhaupt – dessen bewußt, daß auch der Mann die Pflicht hat, sich seiner Frau zu schenken! In einem kranken kulturellen Umfeld aufgewachsen, sehen die Männer allzuoft in ihren eigenen sexuellen Bedürfnissen eine scheußliche Plage für ihre Frauen, die sich vielleicht damit abfinden, aber wohl genauso glücklich wären, wenn die Ehemänner davon Abstand nehmen würden. Was ist das bloß für eine Tragödie!

Ein schlummernder Geist, sei er männlich oder weiblich, verfehlt die Herrlichkeit der Ehe. Wenn er sie verfehlt hat, wird er für jede beliebige Person, die ihn verlockt, verwundbar. Er kennt lediglich körperliche Erregung und emotionelle Stimulation. Wenn jemand des Wegs kommt, bei dem man ein bißchen Erregung bekommen könnte, fällt er dem Reiz der sündigen Gelegenheit zum Opfer. So wie wir es sehen, hält ihn sein Gewissen nicht davon ab, Sünde zu begehen. Er kann auf keine herrlichen Erinnerungen zurückgreifen, die ihn vor einem Verlust warnen würden. Beim Ehebruch springen womöglich Funken auf den emotionellen Brennstoff über und entzünden ein romantisches Feuer, das in der Beziehung zum Ehepartner schon seit langem tot ist. Diese Art von verbotener Beziehung scheint so viel besser auszusehen als das, was man zu Hause vorfindet; das verwirrt ihn völlig, und er glaubt, wieder zum Leben erwacht zu sein, während in Wirklichkeit seine Seele und sein Geist sterben. Er weiß nicht, was Sprüche 7,27 über die Ehebrecherin sagt: „Ein Weg zum Scheol ist ihr Haus, der hinabführt zu den Kammern des Todes."

Ich denke da an einen Pastor, der bei mir in der Seelsorge war. Er war ein evangelikaler Fundamentalist. Doch sein Geist war noch nie erwacht. Er konnte an der Gemeinschaft mit seiner Frau nichts Herrliches finden – nicht nur im Ehebett, sondern auch in jedem anderen Bereich des Ehelebens. Es war unausweichlich, daß das Vakuum in seinem Herzen von seiner Sekretärin gefüllt wurde. Er kam zu mir, voller Angst, sein mittlerweile begangener Ehebruch könnte entdeckt werden. Ich erklärte ihm, daß, wenn Ehemann und Ehefrau einander emotional nicht am Leben erhalten können, das daraus resultierende Vakuum unter Umständen von einer Liebe ausgefüllt werden kann, die keine echte partnerschaftliche Liebe ist, sondern nichts als Verwirrung. Nachdem wir um Vergebung gebetet hatten, sagte ich ihm, er müsse nicht nur das Verhältnis mit seiner Sekretärin abbrechen, sondern in Zukunft auch jeglicher Art von Beziehung mit ihr aus dem Weg gehen. Die Gefahr, daß er nochmals in dieselbe Sünde fallen würde, sei einfach zu groß. Er erwiderte: „Oh John, ich kann nicht. Diese Frau ist mein Leben! Ich kann ohne sie nicht mehr leben!"

Mit Nachdruck redete ich ihm zu: „Das ist ein Trugschluß, mein Freund! Sie ist Dein Tod! *Wegen* ihr kannst Du nicht leben!"

„Aber John, ich hab's doch versucht", konterte er, „ohne sie sterbe ich einen emotionellen Tod. Ich kann sie nicht aufgeben."

Ich blieb hartnäckig: „Dir wurde Deine eigene Frau gegeben, um Dich emotional am Leben zu erhalten. Du mußt Dein Leben bei ihr finden. Genau bei ihr sucht Dein Geist Leben. Diese andere Frau ist nur ein schlechter Ersatz."

Er gab nicht nach: „Diese Frau ist mir in Fleisch und Blut übergegangen, John."

Ich gab nicht nach: „Die Liebe, die Du mit ihr erlebst, ist nicht real. Du wirst Deine Familie, Deine Gemeinde, Deinen Dienst verlieren..."

Er ging immer und immer wieder zu ihr. Weder der Herr noch ich konnten sich durchsetzen. Er konnte sich von ihr nicht loseisen. Er verlor seine Gemeinde. Seine Frau versuchte jahrelang, bei ihm zu bleiben und verließ ihn schließlich doch. Seither ist er ein gebrochener Mann, der herumzieht, um einen Platz zu finden, an dem er dienen kann. In der Tat gilt: „Der Weg der Treulosen ist ihr Verderben" (Spr 13,15b; ZÜ).

Wenn es sich hierbei nur um einen Einzelfall handeln würde, hielte sich auch unsere Trauer in Grenzen. Doch leider haben wir schon buchstäblich hunderten von solchen Fällen gedient. 1983 begegneten uns mehr Pastoren, die in Ehebruch lebten, als in all unseren vorhergegangenen dreißig Jahren des Dienstes zusammen!

Die am weitesten verbreitete Ursache, die wir für Ehebruch bei Christen finden, ist dieser Zustand des schlummernden Geistes. Wenn wir nicht herausfinden, zu welcher Herrlichkeit Gott die Ehe bestimmt hat, werden wir auch nie wissen, warum Gott das Gesetz gegeben hat. Manche glauben sogar, Gott sei unfair, so als ob er nicht wollte, daß die Menschen das Leben genießen. Doch in Wirklichkeit möchte Gott die besten und höchsten Freuden des Lebens für uns und hat es so gewollt, daß das Ehebett diesen Zweck mit am meisten erfüllt. Das Gesetz dient zum Schutz. Doch Menschen, die im geistlichen Schlaf liegen, sind wie Menschen, die hinter einem hohen, hölzernen Zaun leben und sich nicht darüber im klaren sind, wie herrlich das Leben hinter dem Zaun ist.

Die achte Funktion unseres persönlichen Geistes besteht darin, uns vor Krankheit zu schützen und uns Erholungsfähigkeit zu schenken, d.h. eine Krankheit schnell abschütteln zu können, wenn uns dennoch eine befällt. „Eines Mannes Geist erträgt seine Krankheit; aber einen niedergeschlagenen Geist, wer richtet den auf?“ (Spr 18,14). „Ein fröhliches Herz bringt gute Besserung, aber ein niedergeschlagener Geist dörrt das Gebein aus“ (Spr 17,22). Wir alle kennen Menschen, die selten krank sind oder es gelassen ertragen, wenn sie krank sind. Eine Krankheit hat keine Macht über ihre Emotionen. Bald schon schütteln sie sie ab, oder – wenn sie von einer lähmenden oder gar unheilbaren Krankheit geplagt werden – bleiben dynamisch und behalten ein blühendes Aussehen. Ihr Geist trägt sie und überwindet. Sie bleiben niemals „…*unter* diesen Umständen“. Sie erholen sich. Andererseits waren wir alle schon über Menschen betrübt und haben den Kopf geschüttelt, die bei jeder möglichen Krankheit oder jedem Rückschlag *unter* die Räder kommen. Eine Grippe oder Erkältung, die in der Gemeinde umgeht und andere Geschwister einen, höchstens zwei Tage plagt, tragen sie wochenlang mit sich herum. Folgenschwere Unfälle oder unheilbare Krankheiten zerstören sie. Sie verwelken. Alles in ihrem Leben – und auch alle Menschen in ihrer Umgebung – drehen sich ausschließlich um ihre Schwierigkeiten! Ohne die Dynamik eines funktionsfähigen Geistes, haben sie keine Möglichkeit zu sehen, was nach den Schwierigkeiten kommt, keine Kraft, fest zu stehen, kein Durchhaltevermögen, keine Beharrlichkeit, keine bleibende Freude.

Die neunte Funktion unseres Geistes ist ein gutes Gewissen, das *vor* einem fraglichen Ereignis aktiv wird, um uns von Schwierigkeiten fernzuhalten, nicht erst nachher, um uns dann die Sünde bewußt zu machen. Das Gewissen arbeitet aufgrund der Fähigkeit unseres persönlichen Geistes, sich in andere hineinzuversetzen, wodurch wir Informationen über deren Gefühle erhalten und insbesondere darüber, was sie verletzen würde. Ein Beispiel: Wenn ich sehe, wie ein Bruder, der genauso groß ist wie ich, eine Jacke trägt, die mir gut gefällt, was hält mich dann davon ab, die Jacke zu stehlen, wenn er sie irgendwo liegen läßt und niemand zusieht? In den Zehn Geboten heißt es, ich dürfe nicht stehlen (5.Mo 5,19), doch die Gebote sollen mich nicht in erster Linie von der Sünde abhalten, sondern mich vielmehr überführen.

> Wir wissen aber, daß alles, was das Gesetz sagt, es denen sagt, die unter dem Gesetz sind, damit jeder Mund verstopft werde und die ganze Welt dem Gericht Gottes verfallen sei. Darum: aus Gesetzeswerken wird kein Fleisch vor ihm gerechtfertigt werden; denn durch Gesetz kommt Erkenntnis der Sünde. (Röm 3,19-20)

Zu keiner Zeit der israelischen oder unserer Geschichte war die Kenntnis des Gesetzes allein imstande, die Menschen von der Sünde abzuhalten. Israel kannte es und versagte dennoch. So verhält es sich mit uns allen, wenn wir einzig und allein das Gesetz haben.

Die Furcht schreckt uns nicht ab; Menschen werden zu Ehebrechern, obwohl sie Angst davor haben, jemand könnte es herausfinden.

Die Liebe zu Gott sollte die Sünde vermeiden, doch Diener, die vor Liebe zu Gott förmlich brennen, sündigen dennoch.

Was hält mich nun davon ab, die Jacke meines Bruders zu stehlen? Mein Geist informiert mich, wie sehr ich den Heiligen Geist betrüben würde (Eph 4,30) und bereitet mir schon im voraus Schmerzen, indem er mich den Schmerz meines Bruders wissen läßt.

Es gibt nun zwei Arten von Gewissen. Ein geistlicher Schläfer kann durchaus ein aktives Gewissen haben, das, *nachdem* er gesündigt hat, Reue in ihm hervorruft. Es funktioniert auf der Grundlage des Gesetzes. Es funktioniert gut durch den Verstand, durch das Erinnerungsvermögen und durch Emotionen. Doch nur in den seltensten Fällen, wenn überhaupt, ist es schon *vor* dem fraglichen Ereignis stark genug, um es zu vermeiden. Das Gewissen erinnert uns daran, daß *wir* vor dem Herrn und vor uns selbst versagt haben, doch selten, wenn überhaupt, führt es uns *den Schmerz unseres Bruders* bewußt vor Augen. Es macht uns lediglich bewußt, daß wir nicht so waren, wie wir zu Anfang sein wollten. Selten führt es uns in eine wirkliche Buße. Buße findet statt, wenn wir um des Herrn und um des Nächsten willen Schmerz empfinden. Reue bleibt egozentrisch und wird nach Kategorien der Unterlassung unserer eigenen Leistung bemessen. Wirkliche Buße ist ein Resultat der Gabe der Liebe. Wenn ich jemanden liebe und mein Geist erweckt und wachsam ist, weist er mich in die Schranken, noch *bevor* ich eine potentiell verletzende Tat begehe. Die Liebe zügelt mich, weil ich es nicht aushalte, denjenigen zu verletzen, den ich liebe. Wenn der Bruder ein Fremder für mich ist, liebt ihn der Herr in mir und sendet durch meinen Geist Signale aus, die mich warnen, nichts zu tun, was den Herrn und ihn betrüben würde.

Wenn der Geist eines Menschen apathisch ist, kann er ihn nicht warnen. Das ist so, als ob dieser Mensch Scheuklappen tragen würde. Wenn der mögliche Schmerz anderer allmählich bis zu seinem Bewußtsein vordringt, wird er von Gier und Verlangen hinausgedrängt. Doch ein erweckter Geist singt zu laut, um ohne beträchtliche Anstrengung zum Schweigen gebracht zu werden. Vielleicht heißt es aus diesem Grund in 1.Joh 3,6: „Jeder, der in ihm bleibt, sündigt nicht; jeder, der sündigt, hat ihn nicht gesehen noch ihn erkannt." Wenn wir in unserem Geist Jesus wirklich kennen, erwacht dadurch in uns eine solche Liebe für alle anderen, daß wir es nicht aushalten können, einem anderen Leid zuzufügen. Wenn ein Mensch sündigt, dann deshalb, weil er in seinem Geist in diesem Bereich Jesus nicht wirklich kennt und nicht wahrhaft in ihm bleibt.

„Jeder, der aus Gott geboren ist, tut nicht Sünde, denn sein Same bleibt in ihm; und er kann nicht sündigen, weil er aus Gott geboren ist" (1.Joh 3,9). Christen haben sich schon oft über diese Schriftstelle den Kopf zerbrochen, da sie ja wissen, daß Christen gelegentlich sündigen. Vielleicht helfen die Erkenntnisse über den schlummernden Geist, dieses Geheimnis zu entschleiern. Wenn wir uns bekehren, werden wir von unserem Stand her wiedergeboren. Doch hier sehen wir, daß diese neue Geburt in einigen Bereichen des inneren Wesens ihre Wirksamkeit noch nicht entfaltet hat. Wir haben diese unsere Rettung noch nicht „mit Furcht und Zittern" (Phil 2,12) vollendet. Auch wenn Johannes dieses „Aus-Gott-geboren-Sein" nicht durch eine Bezugnahme auf verschiedene Bereiche in uns näher beschreibt, erkennen wir doch aufgrund unserer jahrelangen, seelsorgerlichen Erfahrung, daß jeder Lebensbereich, in dem der Geist eines Menschen schlummert, eigentlich ein Bereich ist, in dem sein Geist die Frohe Botschaft und die Wiedergeburt noch nicht angenommen hat. Obwohl er von seinem Stand her ein für allemal wiedergeboren ist, hat sich das in jenen Bereichen noch nicht in seiner Erfahrung niedergeschlagen; somit kann und wird er sündigen, weil sein Gewissen in bestimmten Bereichen nicht funktionsfähig ist. Andererseits kann er sich in den Bereichen, in denen der Geist des Menschen schon wahrhaftig wiedergeboren und erweckt ist, nicht bewußt für die Sünde entscheiden. Sein Geist wird es ihm nicht gestatten. Dieser Mensch wird unzählige dumme Fehler machen und Dinge nicht tun, die getan werden sollten und nach wie vor von falschen Gedanken und Gefühlen geplagt werden, doch im Sinne einer willentlichen, falschen Entscheidung, kann er nicht sündigen. Sein erweckter Geist hat mit seinem Gewissen ein viel zu mächtiges Werkzeug in der Hand, um ihn sündigen zu lassen. Durch seinen Geist überwindet ihn die Liebe; sie wird es ihm nicht gestatten, sich dafür zu entscheiden, den Herrn oder andere Menschen zu verletzen.

Doch wenn ein Mensch die Disziplin des geistlichen Wegs – d.h. Anbetung, Studium der Bibel, aufopferungsvolle Hingabe an den Nächsten, Nächstenliebe etc. – aufgibt, kann sein Geist einschlafen. Dann versagt das Gewissen. Die meisten Verheißungen Gottes sind mit einer Bedingung verknüpft und hängen davon ab, ob wir in einer Position verweilen, in der wir sie empfangen können.

Vielleicht sehen wir jetzt allmählich, in welch schrecklich krankem Zustand sich die Menschheit befindet. Je mehr Familien zu Bruch gehen, desto weniger Menschen verfügen über einen wirklich erweckten und funktionsfähigen Geist. Deshalb versagt das Gewissen, und alle möglichen Übel nehmen überhand, wie z.B. Ehebruch, Verbrechen, Scheidung und Christen, die mit ihren Lippen ehrenvoll sprechen, ihr Leben jedoch weitab vom Weg Jesu führen. Es stimmt wirklich: Wenn sich eine Nation von Gott abwendet, wird „ihr unverständiges Herz verfinstert“ (Röm 1,21b) und „Gott (gibt sie dahin) in den Gelüsten ihrer Herzen in Unreinheit“ (Röm 1,24). Ein Volk, dessen Geist nicht funktionieren kann, degeneriert von einer Generation zur nächsten zu immer unmenschlicheren und bestialischeren Verhaltensweisen.

Als Paula und ich das mehr und mehr erkannten und mehr und mehr darüber betrübt wurden, riefen wir dem Herrn die zweite Frage entgegen: „Warum schlummert der Geist der Menschen?“ Der Herr gab uns die Antwort: *„Diese Menschen sind noch nie wirklich menschliche Wesen geworden.“*

Wir möchten gleich an dieser Stelle eine Gegenerklärung abgeben: Wir sprechen nicht vom Humanismus. Satan versucht, alle herrlichen Dinge Gottes zu kopieren. Der Humanismus ist Satans Kopie dessen, was Gott in den Menschen vollbringt. Humanismus bedeutet: Die Menschheit möchte sich, von der Hölle gedrängt, in den Mittelpunkt des Universums stellen und versucht, aus dem Fleisch heraus (und durch verborgene, finstere Mächte) zu all dem zu werden, was sie ihrer eigenen Meinung nach sein soll. Kurz gesagt: Humanismus ist nicht mehr und nicht weniger als eine endlose Wiederholung der Ursünde – der Mensch versucht, ohne Gott gut zu sein. Der Humanismus ist der Versuch, das ganze Potential der Menschheit auszuschöpfen. In sich betrachtet ist das ein hochtrabendes Ideal, doch allein aus der Kraft des Fleisches und ohne Gott ist es nichts anderes als Sünde und Götzendienst.

Wir müssen uns jedoch davor hüten, daß uns unsere Reaktion auf diesen Irrtum von dem abbringt, was wirklich Wahrheit ist. Warum sollte sich Satan nach Kräften anstrengen, durch den Humanismus Gottes Werke zu kopieren, wenn an diesem Menschsein nicht etwas überaus Wichtiges und Richtiges dran wäre? Denn in diesem Menschsein liegt wirklich etwas Entscheidendes: Wozu dienen die ganze Schöpfung und Jesu Tod und Auferstehung? Was ist Gottes letztliches Ziel? Gott erweckt Söhne und Töchter, um mit ihnen Gemeinschaft zu haben (1.Joh 1,1-4)! Gott hatte schon genügend Engel um sich – Wesen ohne menschliche Körper. Das Neue und Beständige, das bleiben wird, wenn die ganze Schöpfung vernichtet worden ist, ist der erlöste und verherrlichte menschliche Körper. Denken Sie darüber nach. Himmel und Erde werden vergehen. Wenn das Feuer alles andere in der gesamten Schöpfung verzehrt und aufgelöst hat (2.Petr 3,10), werden nur zwei Dinge übrig bleiben, die Teil dieser Schöpfung waren. Erstens: Jesu Worte. „Himmel und Erde werden vergehen, meine Worte aber werden nimmermehr vergehen" (Mt 24,35; Menge). Zweitens: Sein eigenes erlöstes Volk. Seine Worte kamen vom Himmel (Joh 14,10) und gingen durch ihn auf uns über. Sie waren nicht auf der Erde sondern im Himmel geboren worden. In diesem Sinne waren sie, wie die Engel, nicht Teil dieser Schöpfung.

Somit bleiben wir als einziges übrig, wir, die wir in der Schöpfung geboren wurden, sie jedoch überdauern werden! Beachten Sie diesen entscheidenden Faktor. Nichts Materielles in der Schöpfung wird bestehen; die gesamte Materie wird verbrannt und vernichtet werden – außer dem erlösten und auferstandenen, menschlichen Körper! Elia und Jesus haben das Irdische an ihrem Körper ein für allemal in den Himmel getragen! Man kann hier einwenden, daß unser erlöster und auferstandener Körper aus dem neuen Himmel und der neuen Erde gemacht sein wird; das kann auch gut sein. Nichtsdestoweniger befindet sich durch Elia und Jesus ein für allemal im Himmel dieses kleine bißchen Erde, umgestaltet und verherrlicht und dennoch Erde. Mit all dem möchten wir sagen, daß Gott die Menschen und keine vom Körper getrennten Geistwesen als neue Schöpfungsordnung, als das Ziel des gesamten Schöpfungsprojekts errichtet.

Also fragte ich ihn, was er denn mit „menschliche Wesen" meine. Aufgrund meiner anthropologischen, soziologischen und psychologischen Ausbildung kenne ich all diese Definitionen des „homo sapiens". Hier nun die christliche Definition, die Gott mir gab: *Ein menschliches Wesen ist eine Person, deren Geist lebendig und funktionsfähig ist, mittels dem sie sich in andere Menschen hineinversetzen kann und das, was im Nächsten ist, mehr schätzt als ihr eigenes Leben oder ihre eigenen Interessen.*

> Größere Liebe hat niemand als die, daß er sein Leben hingibt für seine Freunde. (Joh 15,13)

> ...ein jeder sehe nicht auf das Seine, sondern ein jeder auch auf das der anderen. (Phil 2,4)

Nach vielen Jahren der Ausbildung und der seelsorgerlichen Erfahrung wußte ich, was er mit dem Satz „Diese Menschen sind noch nie wirklich menschliche Wesen geworden“ meinte. Er wollte damit sagen, daß solche Menschen „unmenschlich“, „inhuman“ sind, weil sie als Kinder – im Laufe ihrer Erziehung – diese wesentlichste Nahrung, die sie hätte menschlich machen sollen, nicht erhalten hatten. *Gott stellt uns in Familien – obwohl er weiß, daß das riskant ist –, weil wir nur dort von Vätern und Müttern, Brüdern und Schwestern, Verwandten und Freunden die Nahrung bekommen können, die einzig und allein unseren Geist zur Fülle des Lebens und der Funktionsfähigkeit bringen kann.* Liebevolle, zärtliche Berührung durchdringt, über die Grenzen des Körpers hinaus, den anderen bis ins Innerste. Wiegen, An-sich-Drücken, Anschmiegen und Streicheln erwecken den Geist eines jeden Menschen, ziehen ihn ans Licht und trainieren ihn, damit er sozial funktionstüchtig wird. Die Liebe Gottes zu uns geht von seinem Geist zu unserem Geist. Doch so wunderbar das auch ist, für sich allein reicht es nicht aus, um uns menschlich zu machen. Wenn dem so wäre, warum sollte er uns dann überhaupt auf die Erde schicken? *Der eigentliche Zweck, warum wir hier auf Erden sind, besteht darin, daß wir genau hier, in unserem Körper, durch Liebe in einer Art und Weise zum Leben erweckt werden können, wie es im Himmel nicht möglich wäre. Gott wollte es so, daß wir seine Liebe von Person zu Person, von Körper zu Körper erfahren und so herausgerissen und trainiert werden, um menschlich zu werden.*

Der Zweibeiner Mensch ist die einzige Spezies in der gesamten Schöpfung, die nicht so wie ihre eigene Art wird, wenn sie nicht von Mitgliedern ihrer eigenen Art erzogen wird. Wenn man ein Pferd unter Kühen großzieht, wird es nach wie vor wie ein Pferd herumlaufen und wiehern, nicht wie eine Kuh. Wenn eine Katze von Hunden großgezogen wird (wie unser liebevoller Hund unser Kätzchen großzog, als dessen Mutter starb), wird die Katze dadurch nicht verwirrt und wird nicht versuchen zu bellen oder das Bein zum pinkeln zu heben. Sie wird miauen und sich auch sonst gerade so wie alle Katzen verhalten. Doch wenn ein Menschenbaby seine Mutter verliert und von Wölfen großgezogen wird – wie es in der Geschichte schon geschehen ist –, wird es sich in den meisten Bereichen wie ein Wolf verhalten, auf allen Vieren gehen und den Mond anheulen. Wir werden nicht instinktiv menschlich so wie andere Tiere zu dem werden, was sie sind, gleichgültig in welchem Umfeld sie großgezogen werden. Andere Tiere, z.B. Hunde, sind im Wald vielleicht hilflos, wenn sie in der Stadt aufgezogen wurden; doch wenn sie lange genug überleben, können sie durch ihren Instinkt ihre eigentliche Identität wieder aufgreifen. Beim Menschen verhält es sich anders. Er ist notwendigerweise an eine Sozialordnung gebunden. Er ist länger als irgendeine andere Art in der gesamten Schöpfung von seinen Eltern und von der Gesellschaft abhängig. Mit dem Zweibeiner Mensch muß man sprechen, damit er sprechen lernt, gehen, damit er gehen lernt und man muß ihn lieben, damit er lieben lernt. Wir sind vom kulturellen Umfeld abhängig.

Wir möchten es auf den Punkt bringen: Wenn uns unsere Eltern keine Nahrung geben, werden wir durch unsere sündhaften Reaktionen an sündhafte Schemata gebunden. Niemand kann je sagen, er sei nicht verantwortlich. Wir werden Rechenschaft ablegen müssen über unsere Reaktionen auf die Menschen, die uns verletzt haben; für die Wunden selbst sind wir jedoch nicht rechenschaftspflichtig. Sündhafte Reaktionen kuriert man mit Vergebung. Wunden müssen jedoch geheilt werden. Wenn Eltern ihren Kindern keine Zuwendung schenken, werden diese – ungeachtet ihrer Reaktion darauf – verletzt. Fähigkeiten, die sie unbedingt brauchen, werden lahmgelegt und schlafen ein. Das schreit nach Heilung, die das Auferstehungsleben in sich birgt.

Keine Nahrung ist für den menschlichen Geist so lebenswichtig wie die Liebe. Schon gleich nach der Geburt möchten wir festgehalten und geknuddelt werden. Der Geist eines Babys streckt sich über die Grenzen seines winzigen Körpers hinaus aus, um sich in denjenigen, der es festhält, hineinzukuscheln. Diese Nahrung ist genauso notwendig wie Essen und Trinken. Ohne Essen und Trinken stirbt der Körper. Ohne Berührung stirbt der menschliche Geist. Wenn er berührt wird, streckt sich der Geist aus, lernt wer und was er ist, genießt das Leben, schätzt andere und wird stark. Ohne Berührung igelt sich der Geist angesichts kalter Mauern und hölzerner Schranken ein und findet keinen Platz, an dem er das Leben festhalten könnte. Er schrumpft, zieht sich in sich zurück und schließt die Augen.

Es war Gottes Absicht, daß die Nahrung, die wir brauchen, uns durch die primären Bezugspersonen, die uns das Leben geschenkt haben, nämlich durch Vater und Mutter zuteil werden soll. Für eine reichhaltige und ausgeglichene „Ernährung" sind beide Elternteile absolut notwendig: Die Mutter hat uns in sich getragen und uns (hoffentlich) an ihrer Brust gestillt. Um des Kindes willen, muß der Vater während dieser Zeit auch aktiv anwesend sein. Von der Mutter wird uns eine ganz spezielle, weibliche Wärme, Zartheit und Sensibilität zuteil, ohne die wir wie der Elefant im Porzellanladen herumtappen würden. Doch ist es der Vater, der in erster Linie die Struktur und Stärke des Charakters aufbaut, durch die diese Wärme und Sensibilität des Geistes fließen kann*. Er ist dazu ausersehen, den Geist mit Lebensmut und Vision ins Leben zu rufen; die Mutter soll diesen Prozeß ausgleichen, unterstützen und ermutigen. Beachten Sie: Wir sagen weder, daß *einzig und allein* von der Mutter Wärme und Sensibilität kommen, noch daß *einzig und allein* vom Vater Struktur und Stärke kommen. Wir sprechen hier von *primären* Begabungen und Verantwortlichkeiten, die – wenn sie gemäß dem wunderbaren und vollkommenen Plan Gottes ausgeübt werden – uns zurüsten und befähigen sollen, in das Maximum dessen, wofür wir geschaffen wurden, hineinzuwachsen.

Die Heilige Schrift wendet sich immer wieder sowohl an Väter als auch an Mütter; jedoch überträgt sie durchweg den Vätern die primäre Verantwortung für die Kindererziehung.

> Und ihr Väter reizt eure Kinder nicht zum Zorn, sondern zieht sie auf in der Nahrung und Ermahnung des Herrn! (Eph 6,4; wörtl.a.d.Engl.)

In anderen Übersetzungen heißt es: „...in der Disziplin und Unterweisung des Herrn". Wir bevorzugen jedoch dieses Wort „Nahrung". Beachten Sie folgendes: Das Wort sagt weder „Und ihr Mütter...zieht sie auf...", noch „Und ihr Eltern...". Dieses Gebot ergeht ganz speziell an die Väter. Vielleicht liegt das daran, daß die Mütter ohnehin die Ärmel schon hochgekrempelt haben, die Väter jedoch erst noch daran erinnert werden müssen! Wahrscheinlicher jedoch daran, daß die Väter die primäre Rolle bei der Kindererziehung einnehmen sollen.

> Siehe, ich sende euch den Propheten Elia, bevor der Tag des Herrn kommt, der große und furchtbare. Und er wird das Herz der Väter zu den Söhnen und das Herz der Söhne zu ihren Vätern umkehren lassen, damit ich nicht komme und das Land mit dem Bann schlage. (Mal 3,23-24)

Beachten Sie nochmal, daß sich der Herr an die Väter wendet. Wenn sich Väter und Kinder nicht miteinander versöhnen, wird die Erde mit dem Bann geschlagen werden! Doch die Verheißung deutet auf eine positive Entwicklung hin. Er sagt zwar nicht, daß sich alle

---

* Zur Untermauerung dieser Aussagen empfehlen wir dem Leser ausdrücklich, die Einleitung von *Crisis in Masculinity* von Leanne Payne zu studieren.

Väter zu all ihren Kindern hinwenden werden, aber immerhin offensichtlich so viele, daß die Erde nicht voll und ganz mit einem Bann geschlagen werden wird.

Wir haben das „Elijah House“ gegründet, lehren seit Jahren im ganzen Land und schreiben Bücher, weil wir ohne den geringsten Zweifel wissen, wie außerordentlich wichtig Väter sind. Die Väter müssen erweckt werden, damit sie erkennen, wer sie für ihre Kinder sind. Christen und die Welt müssen den vielen Elia-Botschaftern, die die Väter zu ihren Kindern rufen, damit der Bann nicht komme, zuhören und auf sie reagieren, und die Verheißung Maleachis wird für eine kommende Generation bestehen bleiben, die Ohren hat zu hören.

> Höre, Israel: Der Herr ist unser Gott, der Herr allein! Und du sollst den Herrn, deinen Gott, lieben mit deinem ganzen Herzen und mit deiner ganzen Seele und mit deiner ganzen Kraft. Und diese Worte, die ich dir heute gebiete, sollen in deinem Herzen sein. *Und du sollst sie deinen Kindern einschärfen*, und du sollst davon reden, wenn du in deinem Hause sitzt und wenn du auf dem Weg gehst, wenn du dich hinlegst und wenn du aufstehst. (5.Mo 6,4-7)

Beachten Sie, wie oft der Herr dasselbe sagt, sowohl über Väter als auch über Mütter, aber insbesondere zu den Vätern, da er jedesmal die Väter als erstes nennt und manchmal überhaupt nur von den Vätern spricht:

> Gehorche, mein *Sohn*, der Zucht deines *Vaters* und verwirf nicht die Weisung deiner *Mutter*! Denn ein anmutiger Kranz für dein Haupt sind sie und eine Kette für deinen Hals. (Spr 1,8-9)

> Mein *Sohn*, wenn du meine Reden annimmst und meine Gebote bei dir verwahrst, indem du der Weisheit dein Ohr leihst, dein Herz dem Verständnis zuwendest…dann wirst du verstehen die Furcht des Herrn… (Spr 2,1-2.5)

Achten Sie darauf, wie oft die Lehre für Eltern, insbesondere für Väter, direkt mit dem „Leben“ in Beziehung gesetzt wird:

> Mein *Sohn*, meine Weisung vergiß nicht, und dein Herz bewahre meine Gebote! Denn Länge der Tage und Jahre des *Lebens* und Frieden mehren sie dir. (Spr 3,1-2)

> Die Zucht des Herrn, mein *Sohn*, verwirf nicht und laß dich nicht verdrießen seine Mahnung! Denn wen der Herr liebt, den

züchtigt er wie ein *Vater* den Sohn, den er gern hat. (Spr 3,11-12)

Hört, ihr *Söhne*, auf die Zucht des *Vaters* und merkt auf, um Einsicht zu kennen! Denn gute Lehre gebe ich euch. Meine Weisung sollt ihr nicht verlassen! Als ich noch ein Sohn war bei meinem *Vater*, zart und einzig war vor meiner Mutter, da unterwies er mich und sprach zu mir: Dein Herz halte meine Worte fest! Beachte meine Gebote und *lebe*! (Spr 4,1-4)

Mein *Sohn*, auf meine Worte achte, meinen Reden neige dein Ohr zu! Laß sie nicht aus deinen Augen weichen, bewahre sie im Innern deines Herzens! Denn *Leben* sind sie denen, die sie finden, und *Heilung* für ihr ganzes Fleisch. – Mehr als alles, was man sonst bewahrt, behüte dein Herz! Denn in ihm entspringt die Quelle des *Lebens*. (Spr 4,20-23)

Mein *Sohn*, horche auf meine Weisheit, zu meiner Einsicht neige dein Ohr, daß du Besonnenheit behältst und deine Lippen Erkenntnis bewahren! (Spr 5,1-2)

Mein *Sohn*, bewahre meine Worte, und meine Gebote birg bei dir! Bewahre meine Gebote, damit du *lebst*... (Spr 7,1-2a)

Es ist klar, daß es nach Gottes Gebot, nach seinem Plan und seiner Vorsehung die Väter und Mütter sind, die den Auftrag haben, ihre Kinder im geistlichen Lebensweg zu unterweisen. Vor dem 18.Jahrhundert gab es noch keine Sonntagsschulen. Wir möchten damit auch nicht sagen, daß man damit aufhören sollte. Vielmehr müssen sie gestärkt und verbessert werden. Doch Eltern sollen nicht den gesamten Bereich der Lehre auf die Sonntagsschule abschieben, um so ihrer Verantwortung aus dem Weg gehen zu können. Die Sonntagsschule kann ein Zweig delegierter, elterlicher Lehre für den *Verstand* und für die *Seele* sein. Doch der *Geist* eines Kindes lernt mehr durch das Leben selbst als durch mechanisches Auswendiglernen. Was Kinder in der Sonntagsschule und in der Gemeinde lernen, kann unwesentliche oder beträchtliche Auswirkungen haben; das hängt einzig und allein davon ab, wie der persönliche Geist durch die Lebenserfahrung zu Hause genährt und gelehrt wird. Umarmungen lehren. Küsse unterweisen. Disziplin prägt. Zucht bändigt wild herumtobende Energien. Ermahnungen sind die Kontrollpunkte der Emotionen. Instruktion bildet Richtlinien und Kanäle für den Fluß von Energien und Emotionen aus. Ohne dieses frühe „Urtraining“ zu Hause, werden in der Sonntagsschule lediglich beziehungslose Zierdeckchen auf einem Vulkan gewoben. „Haftet Narrheit am Herzen des Knaben, die Rute der Zucht entfernt sie davon“ (Spr 22,15). Durch Erfahrung werden Kinder zu dem, was ihre Eltern sind und nicht durch deren Worte, noch durch die Worte der Sonntagsschullehrer oder irgendwelcher anderer Menschen.

In dem Moment da ein Baby empfangen wird, braucht sein Geist die Gegenwart seines Vaters neben der Mutter. Wie wir schon in den vorangegangenen Kapiteln gesehen haben, ist der Fötus eine Person, die in ihrem Geist weiß, ob sie von ihrem Vater nun willkommen geheißen wird oder nicht. Kinder im Mutterleib wissen, welches Geschlecht sich ihr Vater für sie wünscht. Sie hören, was der Vater zur Mutter sagt und reagieren auf die Art und Weise wie er sich ihr nähert. Schon im Mutterleib beeinflussen der Geist und der Charakter des Vaters die Prägung des kindlichen Charakters.

Sobald ein Kind zur Welt kommt, braucht er/sie seinen/ihren Vater. Gott sei Dank ermutigt die moderne Medizin die Väter, bei der Geburt dabei zu sein und erlaubt ihnen, das Neugeborene schon so bald wie möglich in den Arm zu nehmen. Augenblicklich umgeben der Geist und die Kraft des Vaters das Kind und locken dessen Geist heraus, damit es sich öffnet, vertraut, etwas riskiert, auf das Wagnis Verletzbarkeit eingeht, sich mitteilt, sich in einen anderen Menschen hineinkuschelt, gibt und nimmt. Das ist ein lebenswichtiges und grundlegendes Training. Ein Baby braucht sowohl die Güte der Mutter als auch die Wärme und Stärke des Vaters. Man muß ihm das Gefühl geben, willkommen, in seiner Zugehörigkeit sicher, unbeschwert und auf Erden zu Hause zu sein.

Eine solche Berührung bewirkt Heilung. Während der Geist eines Menschen Teil dieser kranken Welt wird, werden ihm viele Wunden geschlagen. Unmittelbar verspürt das Baby die Einsamkeit und Verlorenheit, weitab von der Einheit mit dem Schöpfer. Jedes mütterliche und väterliche Trauma wurde während der neun Monate zu seinem eigenen. Es hat schon dieses Schockerlebnis hinter sich, wenn man aus dem warmen, sicheren Mutterleib in das unwirtliche Leben hinausgestoßen wird. Eine Berührung wirkt dann wie Balsam. Festgehalten zu werden bedeutet Heilung.

Ein Baby hat das Bedürfnis, daß sein Vater mit ihm des Nachts herumgeht und es aufstoßen läßt, ihm Wiegenlieder vorsingt, sanft, liebevoll und beruhigend mit ihm spricht. Väter sollten das Baby füttern, Windeln wechseln, es wiegen und mit ihm kuscheln; alles, was die Mütter tun, sollten auch die Väter tun – das Stillen ausgenommen; doch wenn sie dafür ausgerüstet wären, sollten sie auch das tun! Kleinkinder haben das Bedürfnis, mit ihren Vätern auf dem Boden herumzutollen, zu spielen und zu lachen. Die Mütter werden zu all dem genauso gebraucht, doch die meisten Mütter tun das ohnehin ganz natürlich. Den Vätern hingegen muß man sagen, wie entscheidend ihre Gegenwart ist. Die Mütter allein können den Geist ihrer Kinder nicht voll und ganz zum Leben erwecken.

Marshall L.Hamilton schreibt in seinem Buch *Father's Influence on Children* (Nelson-Hall, Chicago, 1977):

> Studien über die Abwesenheit des Vaters berichten von nachteiligen Auswirkungen auf Kinder in Bezug auf die Aggression, die Abhängigkeit, die Anpassungsfähigkeit oder Psychopathologie, auf Verbrechenshäufigkeit, moralisches Verhalten, Erfolg im Friedenskorps oder der Armee, auf die Zahl vorehelicher Schwangerschaften, die Männlichkeit bei Männern und die intellektuelle Leistungsfähigkeit (S.51).

> Etliche psychologische Probleme und Störungen, die man ursprünglich als Folge von Unzulänglichkeiten im Verhalten der Mutter betrachtete, scheinen – in den Studien, in denen sich die Forscher die Mühe machten, auch den Einfluß des Vaters zu studieren – mindestens genauso stark vom Verhalten des Vaters beeinflußt zu werden (S.141).

> Es wird klar, daß das Vorbild des Vaters, was seine politischen Ansichten, seinen religiösen Glauben und seine Einstellung gegenüber Menschen mit verschiedenen ethnischen Eigenheiten und unterschiedlicher nationaler Herkunft betrifft, dazu beiträgt, zumindest am Anfang, aber oft auch ein Leben lang die Einstellung seiner Kinder zu den besagten Themen zu bestimmen (S.166).

> Das Versagen des Vaters, Richtlinien zu geben und ihnen wirksam Geltung zu verschaffen, wird in unterschiedlichem Ausmaß mit Homosexualität, Kriminalität, Schizophrenie, geringem Selbstwert, verminderter Kompetenz und Erfolglosigkeit in Beziehung gesetzt (S.167).

Aus einer Studie von Tess Forrest aus dem Jahre 1966:

> Während sie in ihrer Kindheit das Vertrauen zur Mutter erlernt, muß sie auch das Vertrauen zum Vater erlernen. Das kleine Mädchen braucht insbesondere durch den Vater die Bestätigung, daß sie als weibliches Wesen liebenswert ist, und ebenso die Zusicherung, daß sie – als eine sich von anderen unterscheidende und separate Persönlichkeit – wertgeschätzt wird. Seine zarte Sanftheit vermittelt ihr, daß er sich über ihre Weiblichkeit freut. Im Vergleich zur Mutter hat der Vater einen schärferen

> Blick, einen festeren Griff, eine rauhere Wange und eine tiefere Stimme. Nichtsdestoweniger ist er genauso zärtlich, liebevoll, herzlich und gibt Sicherheit; das kleine Mädchen kann sich in den Armen eines Mannes liebevoll gewiegt und von der Stimme eines Mannes getröstet fühlen. Der Kontakt mit dem Vater eröffnet der Mutter-Kind-Dyade die Möglichkeit und die Freude triadischer Einheit und sekundärer Abhängigkeit (S.80).

> Wie der Vater zu werden, der in vernünftiger Art und Weise bewundernswert und begehrenswert ist, wird von einem Jungen in der Regel mit angemessener Männlichkeit, Beliebtheit und einer allgemein guten Anpassung in Verbindung gebracht. Wenn der Vater in einem dieser Bereiche versagt, steigt das Risiko, daß der Sohn es mit Problemen wie Homosexualität, psychologischen Störungen oder kriminellen Neigungen zu tun bekommt, wenngleich viele Möglichkeiten übrig bleiben, wie der Junge in angemessener Weise geprägt werden kann (S.78).

Jungen und Mädchen suchen bei ihren Vätern nach ihrer Lebensphilosophie. Aus der Beziehung zu unserem Vater kommt ein Großteil unserer Lebensfreude, Kreativität, Ambition, Bestimmung und Zielgerichtetheit. Wenn Kinder von ihren Vätern kein Leben empfangen können, verhungert und verkrüppelt ihr Geist. In dem Maße wie Eltern versagen, besonders die Väter, schläft der Geist der Kinder ein. Von da an leben sie mit halb ausgeprägten Emotionen und einer zerbrechlichen Gedankenwelt; man kann das beinahe mit einem Schiff vergleichen, das frohgemut die Segel setzt, um mit dem Wind zu segeln, die ab einem bestimmten Zeitpunkt jedoch nur noch lustlos und kraftlos herumflattern – ein Schiff in Ketten. Die Kinder *sind nicht funktionstüchtig*. Der Leib Christi muß das ganze Ausmaß dieser Tragödie endlich begreifen. Kinder, denen es an Zuwendung, am allermeisten von ihren Vätern, mangelt, *können Gott nicht begegnen*, können andere Menschen, das Leben oder sich selbst nicht wirklich in die Arme schließen. In diesem Sinne sind sie nie richtig menschlich geworden. Sie können nicht durch ihren Geist Zugang zum Herzen des anderen finden. Sie können nicht durch geistliche Sensibilität für den anderen lieben. Sie sind isoliert und wanken wie Zombies durch die Irrungen und Wirrungen des Lebens. Den meisten ist es gar nicht bewußt, daß noch viel mehr am Leben dran ist, als das, was sie bisher kennengelernt haben. Sie sind wie ein Acht-Zylinder-Motor, der noch nie mit mehr als zwei Zylindern gelaufen ist.

Da ihr Gewissen nicht funktionieren kann, es sei denn durch Reue oder Furcht, folgt daraus eine herzlose Mißachtung des Lebens und eine stetig abnehmende Achtung des Gesetzes. Vor dem Ersten Weltkrieg war die Kleinstfamilie noch nicht isoliert. Tanten, Onkel, Großeltern und Cousinen sprangen ein, als die Väter in den Krieg gerufen wurden und die Mütter in Fabriken für den Krieg arbeiten mußten. Kinder, die in diesen Zeiten geboren wurden, konnten dennoch von nahestehenden Verwandten Zuwendung erfahren. Das war eine romantische und liebevolle Zeit.

Doch im weiteren Verlauf der Geschichte wurde die Familie durch die wachsende Industrialisierung und Mobilität entmenschlicht und dezentralisiert. Bis zum Zweiten Weltkrieg waren dann viele Kleinstfamilien schon isoliert. Familienoberhäupter waren in den Krieg gegangen und ihre Kinder hatten sie überhaupt nie gekannt. Eine ganze Generation fiel in den geistlichen Schlaf. Die Religion war zwar immer noch populär, doch immer mehr wurde sie rituell, wie Auswendiggelerntes praktiziert und immer weniger in wahrer Frömmigkeit. Als die charismatische Bewegung kam, wurden viele, die zu echten Begegnungen nicht fähig waren, mit dem Heiligen Geist erfüllt. Unzählige Charismatiker, denen das einzig Echte fehlte, hungerten nach mehr und dennoch konnten sie das Allerheiligste nicht betreten. Somit wurden Unreife und große Schwankungen von einem unausgewogenen Standpunkt zum nächsten charakteristische Merkmale der charismatischen Bewegung. Was da schief läuft, ist so einfach zu erklären. Ein schlummernder Geist kann Gott nicht wirklich begegnen, solange er nicht vom Leib Christi geheilt wird. Der fehlende Schlüssel ist die Heilung des schlummernden Geistes.

Bedenken Sie doch, daß heutzutage ganze Generationen unfähiger Menschen bei Scheidungsprozessen die Gerichtssäle füllen. Der Geist ihrer Kinder ist noch schwächer ausgeprägt; ihre Kinder legen mehr und mehr unverhohlene Rebellion und einen ausschweifenden Lebensstil an den Tag. Die Verbrechensraten schnellen in die Höhe. Vielleicht können wir jetzt Paulus' Prophetie verstehen:

> Dies aber wisse, daß in den letzten Tagen schwere Zeiten eintreten werden; denn die Menschen werden selbstsüchtig sein, geldliebend, prahlerisch, hochmütig, Lästerer, den Eltern ungehorsam, undankbar, unheilig, lieblos, unversöhnlich, Verleumder, unenthaltsam, grausam, das Gute nicht liebend, Verräter, unbesonnen, aufgeblasen, mehr das Vergnügen liebend als Gott, die eine Form der Gottseligkeit haben, deren Kraft aber verleugnen; und von diesen wende dich weg. (2.Tim 3,1-5)

In unseren Augen wirkt sich der oben erwähnte Bann oder Fluch jetzt schon aus. „Ein Fluch ohne Ursache – er tritt nicht ein" (Spr 26,2b;

wörtl.a.d.Engl.). Wir Väter müssen die Schuld dafür auf unsere Schultern nehmen und handeln, um unsere Familien zu retten, bevor es zu spät ist. Beachten Sie den Satz: „...die eine *Form* der Gottseligkeit haben, deren Kraft aber verleugnen“. Solche Menschen können einen verstandesmäßigen Bezug zur Doktrin und zur Lehre herstellen. Sie können rein emotional und logisch in der Liturgie und im Heilsplan Trost finden. Das sind die besagten „Formen“. Gesetze und Rituale sprechen den Verstand und das Herz an. Aber sie können nicht die Person umfangen, denn dazu würde ein funktionsfähiger Geist erforderlich sein. Wir sind uns sicher, daß Paulus, als er den Rat gab „...von diesen wende dich weg“, meinte, man solle diesen Menschen in einer überaus engen Beziehung nicht vertrauen und ihnen keine Position verleihen, in der sie Einfluß oder Autorität ausüben. Paulus' Gebot in Galater 6,1 lautet: „Brüder, wenn auch ein Mensch von einem Fehltritt übereilt wird, so bringt ihr, die Geistlichen, einen solchen im Geist der Sanftmut wieder zurecht. Und dabei gib auf dich selbst acht, daß nicht auch du versucht wirst!“ Geistlich schlafenden Menschen hilft man nicht dadurch, daß man sie zu Ausgestoßenen macht. Man muß sie willkommen heißen, umarmen und festhalten; sie brauchen das Auferstehungsleben. Vielleicht gibt es keinen entscheidenderen Ruf, der an unsere Generation ergeht, als: „Bahnt den Weg des Herrn“ (Jes 40,3) in der Wüste des Herzens und des Geistes der Schlummernden.

In Kürze werden wir darauf eingehen, was getan werden kann, um einen schlummernden Geist zu wecken; zunächst möchten wir noch aufzeigen, wie allgemein bekannt den Menschen diese Wahrheit ist, zumindest im Herzen, wenngleich nicht im Kopf. All unsere Lieblingsmärchen erzählen Geschichten über einen schlummernden und gefangenen Geist! „Schneewittchen und die Sieben Zwerge“ hat schon viele Generationen angesprochen, weil wir ganz tief in uns wissen, daß wir damit gemeint sind. Schneewittchen ißt den giftigen Apfel – die vergiftete Frucht eines Lebens ohne Liebe – und schläft ein! Die Sieben Zwerge stehen für unsere zwergenhaften Talente. Wem muß man noch sagen, wen die böse Königin repräsentiert? Oder der Königssohn – Jesus! Wie bringt er Schneewittchen wieder zum Leben zurück? Durch einen Kuß! Allein die Liebe kann uns aus dem Schlaf reißen.

Oder nehmen wir „Dornröschen“. Die Königstochter sticht sich mit der Spindel des Spinnrads in den Finger – Werke, ohne die Ausdrucksformen der Liebe, werden zur stumpfsinnigen Plackerei – und fällt in einen tiefen Schlaf. Auch der ganze Hofstaat im Schloß fällt in einen hundertjährigen Schlaf (so wie unsere Talente und Fähigkeiten). Rings um das Schloß beginnt eine Dornenhecke zu wachsen (gerade so wie auch wir abweisende Verteidigungsmauern um unser inneres Wesen errichten). Der Königssohn (Jesus) bahnt sich mit seinem brennenden Schwert (der Wahrheit) einen Weg durch die Dornen, tötet den Drachen (Satan) und betritt unser Schloß. Wiederum erwacht die Prinzessin samt ihrem Hofstaat durch den Kuß der Liebe.

Denken Sie nur an den Frosch, der die Königstochter überredet, ihn bei ihr bleiben zu lassen und ihn zu füttern, bis er sich schließlich in einen herrlichen Königssohn verwandelt. Wodurch? Durch einen Kuß! Wir werden solange umherhüpfen und quaken, bis unser Geist durch die Liebe erweckt wird, wodurch wir dann zu Königssöhnen und Königstöchtern werden. Diese kranke Welt mit all ihren Teufeln hat uns verhext (einschlafen lassen) und in Frösche verwandelt, in Karikaturen dessen, was wir eigentlich sein sollten.

Kurz nachdem uns der Herr diesen Schlüssel aufgezeigt hatte, produzierte Walt Disney eine neue Version von „Dornröschen"; als wir es sahen, mußte ich die ganze Zeit über weinen! „O Gott, komm!", rief ich. Wie sehr wir doch diese Art von Erweckung brauchen!

Wie können wir diese Erweckung bewirken? Wie können wir einen schlafenden Geist durch Liebe ins Leben zurückrufen? Zunächst einmal müssen wir herausfinden, wie es wirklich um den Menschen steht. Dazu sind nur einige prägnante Fragen erforderlich; die Fragen leiten sich aus der Liste der neun Funktionen des Geistes ab:

1. Wenn Sie in einem Anbetungsgottesdienst oder einem Gebetstreffen sind, fühlen Sie dann die Salbung Gottes über sich kommen und Sie durchfließen, oder wissen Sie einfach nur aus Glauben heraus, daß er da ist?

2. Wenn Sie Ihre stille Zeit mit Gott haben, treten Sie dann in Gottes Gegenwart ein? Können Sie in seiner Gegenwart bleiben? Wenn Sie die Bibel lesen, springen Ihnen da manchmal Worte, die Ihnen etwas sagen, förmlich entgegen? Oder wird die Bibellese zu einer trockenen Angelegenheit?

3. Hören Sie den Herrn? Haben Sie geistliche Träume oder Visionen? Spricht Gott zu Ihnen?

4. Wenn Sie in einem Gespräch sind, steigen Sie wirklich voll ein und fühlen, was der andere fühlt, oder müssen Sie mit Hilfe Ihres Verstandes herausbekommen, was Sie sagen sollen?

5. Sind Sie ein kreativer Mensch? Haben Sie neue Ideen? Oder müssen Sie sich immer streng an das Handbuch halten?

6. Haben Sie die Herrlichkeit der ehelichen Sexualität erlebt, in der Sie fühlen, wie der Geist Ihres Partners mit Ihrem verschmilzt?

7. Warnt Ihr Gewissen Sie mit Nachdruck, bevor Sie etwas tun und hält Sie somit von Schwierigkeiten fern? Oder funktioniert es lediglich danach, durch Reue?

Und so weiter, und so fort. In den seltensten Fällen müssen Sie mehr als die ersten vier Fragen stellen, um zu wissen, was los ist.

Wenn wir den konkreten Zustand erkennen, dann erklären wir sein Wesen und seine Ursachen. Fast in allen Fällen wird uns der Ratsuchende bereitwillig und leicht verstehen. Oft ruft er dann aus: „Oh, deshalb konnte ich nie…“ oder „Kein Wunder, daß…“ und „Wie werde ich davon geheilt?“

Danach stellen wir Fragen über seine Erfahrungen mit seinen Eltern, insbesondere in frühester Kindheit; wenn wir diese Bereiche schon abgedeckt hatten, legen wir sie in einem Rückblick erneut dar. Wir suchen nach der An- oder Abwesenheit des Vaters in den ersten zwei oder drei Jahren, nach vorhandener oder fehlender Liebe, nach vorhandender oder fehlender Disziplin, sowie nach Lehre und Vorbildfunktionen, seien sie gut oder schlecht. Daraufhin können wir dem Ratsuchenden darlegen, wie sein Geist gedieh oder verhungerte, sich ausstreckte oder einschlief.

Unter Umständen ist es erforderlich, einem Ratsuchenden zu erklären, wie sein Geist Groll und Verurteilung gegenüber seinen Eltern hegen kann, obwohl er sich dessen nicht bewußt ist. Wir helfen ihm, die Früchte in seinem Leben zu identifizieren, die ja notwendigerweise Wurzeln haben. Wir versichern ihm, genauso wie er durch Glauben und nicht durch Gefühl das Heil erlangt hat, müsse er nun nicht versuchen, das erneut zu fühlen, was sein Geist tatsächlich über seine Eltern empfunden hatte; er brauche lediglich im Glauben anerkennen, daß eventuell Sünden des Grolls vorhanden sind und im Glauben Vergebung empfangen. Paulus sagte: „Denn ich bin mir wohl keiner Schuld bewußt, aber dadurch bin ich noch nicht gerechtfertigt“ (1.Kor 4,4; Menge). Hiob sagte: „Wie viele Sünden und Vergehen habe ich!“ (Hi 13,23). David sagte: „Von den verborgenen Sünden sprich mich frei!“ (Ps 19,13b). Und der Psalmist: „Erforsche mich, Gott, und erkenne mein Herz; prüfe mich und erkenne, wie ich's meine. Und sieh, ob ich auf bösem Wege bin…“ (Ps 139,23-24; LÜ). Wenn es angebracht scheint, zitieren wir einige dieser Schriftstellen im Laufe des Seelsorgetermins.

Was das Gebet betrifft, so beten wir für einen solchen Menschen weder ohne ihn, noch im Stillen. Wenn er sitzt oder kniet, knien wir uns neben ihn. Wir legen ihm einen Arm um die Schulter und halten seine Hand; wir wissen, daß er menschliche Berührung braucht, durch die Gottes Geist das Werk vollbringen wird. Durch diese Berührung schenkt der Herr ihm die Liebe, die er in seiner Kindheit vermißt hat. Wir bitten den Herrn, dem Kind in ihm zu dienen. Wir bitten den Ratsuchenden, Buße zu tun und laut bezüglich seines Grolls zu beten. Wir sprechen Vergebung aus. Und, was am wichtigsten ist, wir bitten den Herrn, in seinem Geist Einzug zu halten, ihn dort zu umwerben und ins Leben zu ziehen und das Vakuum auszufüllen. Wir beten, der Herr möge ihm so viele Jahre wiedererstatten, wie die Heuschrecke gefressen und der Vertilger vernichtet hat (Joel 2,25). Wir bitten ganz konkret, der Herr möge seinen Geist erwecken und ziehen, damit er wieder lebhaft und enthusiastisch „funktionieren" kann. Manchmal müssen wir auch alle, aus seinem Abgelehntsein und seinem verzweifelten Hunger nach Liebe resultierenden Todeswünsche und bittere Urteile und Erwartungshaltungen, in den Tod ziehen.

Nach dem Gebet folgt der entscheidende Teil der Heilung. In anderen Problembereichen erringt man den Sieg vielleicht schon durch ein oder mehrere Gebete. Der Seelsorger oder Fürbitter kann an diesem Prozeß intensiv teilhaben, muß aber nicht. Und *vielleicht* wird sich der andere erholen, gleichgültig, ob er nun in einer guten Gemeinde oder in einem guten Hauskreis ist oder nicht. Bei einem geistlich schlummernden Menschen verhält es sich nicht so. Zur Heilung dieses Zustands ist es erforderlich, daß die Gemeinde Kirche ist! Ein Ast der Gemeinde muß als Familie gegenwärtig sein, die dieses Kind quasi durch ihre Liebe „ausbrütet" und ihm das schenkt, was ihm seine natürliche Familie nicht geben konnte. Für einen Schlummernden reicht das, was Gemeinden normalerweise „christliche Gemeinschaft" nennen, nicht aus. Wenn man am Sonntagvormittag lediglich in einer Bank sitzt und mit dem Rücken des Vordermanns Gemeinschaft hat, wird niemand auferstehen. Liebesmähler, Besuche des Pastors, Gemeindetreffen und Arbeitsgruppen werden diese Aufgabe nicht bewältigen. Diese Aktivitäten sind zu distanziert, zu unpersönlich, zu wenig wirksam auf der tiefen Ebene des Herzens. Es ist gut, sie als Hintergrund oder Ergänzung zu haben. Doch einzig und allein erfüllte, persönliche Begegnung und Engagement, die über sekundäre Beziehungen hinausgehen und diese zu unmittelbaren, primären Beziehungen machen, können diesen schlummernden Geist mit lebensspendender Kraft anrühren.

Im einundzwanzigsten Kapitel von *Die Umgestaltung des Inneren Menschen* gehen wir umfassender auf die Notwendigkeit ein, daß im Leib Christi einige zu Vätern und Müttern in Christus werden. Hier soll es ausreichen zu bemerken, daß im Falle eines schlummernden Geistes eine „zweite Elternschaft" nicht nur eine nette Alternative darstellt, sondern vielmehr eine absolute Grundvoraussetzung ist, ohne die nichts vorwärts geht. Man muß sie nicht immer bewußt eingehen, „Elternschaft" nennen oder darüber diskutieren. Manchmal geschieht sie quasi von selbst. Es ist hilfreich, wenn derjenige, der die Elternrolle übernimmt, sieht, was geschieht und still Dinge zuläßt, prüft und über sie wacht, bis der andere heil genug ist, um sich abzunabeln und seinen eigenen Weg zu gehen. Manchmal ist am besten, so wie Paulus bewußt eine solche Elternschaft einzugehen, damit dem anderen bewußt wird, daß „...ich abermals Geburtswehen erleide, bis Christus in euch Gestalt gewonnen hat" (Gal 4,19). Es kann sein, daß das Wissen, daß ein Freund bereit ist, etwas zu riskieren und so viel zu ertragen, um uns in Liebe zu tragen, der springende Punkt ist, der quasi wie ein Meißel die Tür unseres Herzens aufstemmt, damit wir empfangen können.

Menschen, die eine zweite Elternschaft übernehmen, verspüren große Liebe für ihr „Kind"; sie erleben aus erster Hand, worauf Paulus sich bezog, als er sagte:

> Denn wer ist unsre Hoffnung und Freude oder Krone des Ruhms? Seid nicht auch ihr es vor unsrem Herrn Jesus Christus bei seiner Wiederkunft? Ja, ihr seid unsre Ehre und Freude! (1.Thes 2,19-20; Schlachter)

> Daher, meine geliebten Brüder, nach denen ich mich sehne, ihr meine Freude und meine Krone: stehet in dieser Weise fest im Herrn, Geliebte! (Phil 4,1; Menge)

> Deswegen, Brüder, sind wir über euch bei all unserer Not und Drangsal getröstet worden durch euren Glauben; denn jetzt leben wir, wenn ihr feststeht im Herrn. (1.Thes 3,7-8)

> Darum hielt ich es auch nicht mehr länger aus, sondern ließ mich nach eurem Glauben erkundigen, ob nicht etwa der Versucher euch versucht habe und unsre Arbeit umsonst gewesen sei. (1.Thes 3,5; Schlachter)

Jemand, der in Liebe darum ringt, Vater oder Mutter für einen anderen zu sein, wird schließlich, nachdem er diesen so geduldig umworben hat, die unvorstellbare Liebe des Herrn für ihn erkennen. Bis zu diesem Zeitpunkt kann man kaum mehr tun, als dem Opfer, das

Jesus gebracht hat, um uns durch seine Liebe zum Leben zu erwecken, einen Lippendienst zu erweisen. Doch wenn wir herausfinden, wie viel ihn das gekostet hat, indem wir selbst in unserem eigenen Herz für einen anderen ringen, fallen wir auf die Knie und platzen fast vor Dankbarkeit darüber, daß er uns nicht aufgegeben hat. Während ein Schlummernder zum Leben zurückgeführt wird, erfährt der Heilende selbst mehr Heilung als der Schlummernde. Es stimmt wirklich, wenn es heißt: „Geben ist seliger, denn nehmen."

Wir empfehlen unseren Lesern, Kapitel 21 in *Die Umgestaltung des Inneren Menschen* genauestens zu lesen, um auf die Grenzen und Stolpersteine, sowie auf Hinweise, wann man eine solche Beziehung eingehen und wann man von ihr die Finger lassen sollte, aufmerksam zu werden. In dieser Arbeit lauern viele Gefahren und Irrungen. Aber dennoch – der Herr hat uns nicht zu einem sicheren Leben berufen, sondern vielmehr dazu, unser Leben für den Nächsten hinzugeben und aufzuopfern.

Ein schlummernder Geist wird durch die aufopferungsvolle Liebe einiger weniger und die Unterstützung des Leibes Christi erweckt. Ohne den Leib Christi ist diese Arbeit zu schwer und die Gefahren einer abgöttischen Fixierung auf Menschen zu groß. Paulus spricht in ein und demselben Kapitel (Epheser 4) über die Bedeutung einzelner, die Bedeutung des Dienstes der Apostel, Propheten, Evangelisten, Hirten und Lehrer und schließlich über die Bedeutung des „...Leibes zu seiner Selbstauferbauung in Liebe". Weder sollte ein Seelsorger allein daran arbeiten, einen geistlich Schlafenden zum Leben zu erwekken, noch sollte der Leib Christi glauben, er könne ohne diese Spezialsoldaten auskommen, die als Seelsorger ein enormes Risiko eingehen.

Wir können diesen Themenbereich nicht abschließen, ohne den Leib Christi inständig zu bitten, er möge doch begreifen, welches Risiko solche Seelsorger auf sich nehmen. Wir, also „sein" Leib Christi, haben so oft verächtlich die Nase gerümpft, wenn ein Seelsorger der Verwirrung zum Opfer gefallen ist. Doch vielleicht waren es ja wir, die versagt haben. Haben wir über unsere lastentragenden Heiligen gewacht und sie beraten? Haben wir sie durch Gebet beschützt? Haben wir dafür gesorgt, wenn Ratsuchende ihre Seelsorger falsch zitiert oder Dinge ausgeplaudert haben, die nicht für die Allgemeinheit bestimmt waren, daß unsere Seelsorger verteidigt werden und die Unmutsäußerungen verstummen?

Vielleicht kann man keinen wichtigeren Finger in den Riß des Deiches stecken, der die vernichtenden Wassermassen vor unserer ganzen Gesellschaft zurückhält, als in diesem Dienst: den schlummernden Geist zu erwecken. Entweder wachen wir, die Gemeinde, auf und übernehmen diese unsere Aufgabe, oder Satan beherrscht eine Gesellschaft, in der Verbrechen und Ehescheidungen überhand nehmen. O Gemeinde, streiche diese mystische Zukunftsorientiertheit aus dem Ruf „Maranatha" (Trotzdem, komm' Herr!)! Hier und jetzt kommt der König, unmittelbar und praktisch, um die Seinen durch einen Kuß zum Leben zu erwecken; wenn nicht, werden wir weiterschlafen.

> Wach auf, wach auf! Kleide dich, Zion, in deine Kraft! Kleide dich in deine Prachtgewänder, Jerusalem, du heilige Stadt! (Jes 52,1a).

Offensichtlich können wir nicht auf die Straßen hinauslaufen und die ganze Welt aufwecken. John und ich (Paula) versuchten kurzzeitig, diese Bürde auf unsere Schultern zu nehmen und wurden davon erdrückt, bevor wir erkannten, daß der Herr eigentlich schon gekommen ist, um genau dies zu tun. Es war wirklich eine Erleichterung zu wissen, daß wir nur für diejenigen Verantwortung übernehmen sollen, die uns der Herr aufs Herz legt oder zu uns führt.

Vielleicht sind manche Menschen für einen intensiven Dienst noch nicht bereit; vielleicht ist ihnen nicht einmal bewußt, daß sie diesbezüglich eine Not haben. Oftmals wurden wir gerufen, sie eine Zeitlang in deren Abwesenheit in allgemeine Gebete zu hüllen, während wir uns im Stillen zur Verfügung stellten. Der Herr wird die Herzen bereiten. Wir dürfen einen Menschen ob seiner Bedürftigkeit niemals „anklagen", noch seine geschlossenen Türen in einer Art und Weise niederwalzen, die den Dienst eher wie einen Angriff aussehen läßt.

Nicht jeder von uns ist zum intensiven Seelsorgedienst berufen. Nicht jeder ist berufen, eine zweite Elternschaft zu übernehmen. Doch jeder Christ ist Teil der Familie Gottes. In dieser Familienbeziehung ist jeder von uns aufgerufen, das Leben, das wir empfangen haben, mit dem Nächsten zu teilen. Der Herr „tröstet (uns) in all unserer Drangsal, damit wir die trösten können, die in allerlei Drangsal sind, durch den Trost, mit dem wir selbst von Gott getröstet werden" (2.Kor 1,4).

Jeder von uns schlummert in gewisser Hinsicht in dem einen oder anderen Bereich. Jeder von uns hat Bereiche, in denen er zum Leben erweckt werden muß. Wenn der Leib Christi in enger Gemeinschaft und Einheit miteinander lebt, werden wir einander wirksam Leben schenken können. Der Herr in uns ist die Kraft. Ihm stehen *ausschließlich* unvollkommene Gefäße zur Verfügung, durch die er arbeiten kann, und dennoch ist sein Werk vollkommen.

Der „Auferstehungsdienst“ muß nicht kompliziert sein. Im folgenden lesen Sie Zeugnisse einfacher, doch ungemein mächtiger Ereignisse, die wir im Leib Christi miterlebt haben.

In der Baptistengemeinde bei uns am Ort ist ein pensioniertes Ehepaar, das von ihrem aktiven Dienst für den Herrn nie „in Rente“ gehen wird, weil der Dienst mehr beschreibt *was sie sind*, als *was sie tun*. Ich bezweifle, daß sie ein intellektuelles Verständnis des schlummernden Geistes haben, aber sie haben schon unzählige Menschen erwärmt und entfacht. Sie kennen und lieben den Herrn und haben es sich zu ihrem Lebensstil gemacht, darin engagiert zu sein, was er gerade tut. Sie sind schon für viele der jungen Ehepaare, die hier – weitab von der Unterstützung ihrer Familien – wohnen, Mama und Papa geworden; sie haben ein offenes Haus und wissen, wie sie den Menschen ein Gefühl der Unbeschwertheit und des Willkommenseins geben. Jeden Monat organisieren sie bei sich zu Hause Geburtstagspartys für Leute in der Gemeinde, von denen viele an ihrem besonderen Tag nirgendwo anders feiern könnten. Sie sind sehr besorgt über die steigende Zahl von Kindern aus zerbrochenen Familien, deren Väter verschwunden sind und deren Mütter zu sehr unter Druck stehen, als daß sie noch qualitativ hochwertige Zeit mit ihnen verbringen könnten. Jeden Tag gehen sie zur nahegelegenen Grundschule, um im Speisesaal oder auf dem Spielplatz einfach nur *da zu sein*, als liebevolle Großeltern, mit denen sich die Kinder identifizieren, mit denen sie reden und von denen sie „trinken“ können. Everett und Bernice haben ein tiefgreifendes Verständis davon, daß Jesus durch seine Leute immer und immer wieder Fleisch wird; wenn sie also ein Kind umarmen, oder ihm Liebe und Ermutigung zusprechen, fließen das Leben und die Heilung Jesu in unermeßlicher Quantität, Qualität und Kraft. Man könnte gar nicht alles aufzählen, wie sie sich anderweitig noch investieren. Und all das tun sie mit Freude.

In „Cornerstone“, der Gemeinde in der unser ältester Sohn Pastor ist, gab es eine junge Frau, die ein uneheliches Kind hatte. Als die Zeit gekommen war, in der man den kleinen Jungen segnen wollte, sagte Loren zu der Versammlung: „Ihr alle kennt die Umstände der Geburt dieses Babys. Wir wissen nicht, wie lange es dauern wird, bis es einen Papa hat, und jeder kleine Junge braucht einen Papa. Wenn es einen Mann gibt, der verspricht, diese Mutter zu unterstützen, während sie verspricht, ihr Kind mit der Nahrung und Ermahnung des Herrn aufzuziehen, der möge jetzt nach vorne kommen.“ Nicht *ein* Mann kam, sondern *jeder* Mann aus der Versammlung! So ein Versprechen wurde und wird in einfacher Weise erfüllt: Gebet um Heilung; Unterstützung; Versorgung; Gebet, daß der Junge in die Fülle seines Lebens eintreten möge; achtsame Sensibilität, die den kleinen Burschen so oft wie möglich umarmt; ihn als Person und seine Leistungen bewundern; mit fester, ruhiger Hand Disziplinierung ausüben – wenn erforderlich; ihm vermitteln, daß seine Zugehörigkeit zur Familie ein Segen und eine große Freude ist; für Seelsorge und Hilfestellung zur Verfügung stehen, wenn die Mutter sie braucht. Der kleine Junge und die Mutter werden von Tag zu Tag hübscher.

In „Cornerstone“ gibt es Hauskreise für alle Altersgruppen. Sie dienen der Anbetung, dem Bibelstudium, dem Austausch, dem gemeinschaftlichen Dienst und lustigen Aktivitäten, doch insbesondere einem Gefühl der Zugehörigkeit zur Familie Gottes. Jede alleinstehende Mutter oder Vater ist Teil einer der Hauskreisfamilien, sofern sie/er damit einverstanden sind. Als Teil dieser Gruppe stehen sie nicht mehr isoliert da, wenn sie ihre schwere Last tragen müssen. Viele Gemeinden entdecken allmählich diese gesegnete Art der Fürsorge. Die Sorge um den anderen geht über die Veranstaltungstermine hinaus. Wir haben immer und immer wieder Zeugnisse der Dankbarkeit gehört, die in etwa folgenden Grundtenor hatten: „Ich kann es nicht in Worte fassen, wie viel es mir bedeutet hat, als ihr kamt, um mir mit meinen Kindern, mit dem Hausputz, mit dem Einkauf, mit Ermutigung und mit persönlichem Gebet zu helfen. Bis dahin hatte ich nicht gewußt, was es bedeutet, eine Familie zu haben.“ Der Herr erweckt den Geist und baut ihn auf mit Liebe und Kraft durch das persönliche Engagement derer, die ihr Leben für andere hingeben.

Eine der erstaunlichsten Geschichten über Wachstum unter dem Segen des Herrn ist uns aus Kansas zu Ohren gekommen. Ein Professor, der Leiter einer Fakultät an einer staatlichen Universität war, machte sich Sorgen um die vielen Studenten, die weit weg von zu Hause waren; viele von ihnen hatten aufgrund von Rebellion oder weil ihr Heim schlichtweg vor ihren Augen zusammengebrochen war, keine intakte Familienbindung mehr; etliche von ihnen suchten nach Trost und Antworten in der falschen Art und Weise und am falschen Ort. Unaufdringlich ließ er bekannt werden, daß sein Haus für jeden offen wäre, der einfach nur kommen und sich entspannen, eine Tasse Kaffee trinken und einen Besuch machen möchte. Einige Studenten kamen. Schon bald fühlten sie sich so zu Hause, daß sie über die wirklich wichtigen Dinge zu reden begannen. Der Professor und seine Frau waren sehr sensibel und boten Seelsorge und Gebet an. Diese Studenten brachten Freunde mit. Schon bald ähnelte der Haushalt mehr einem Hauskreis; in verschiedenen Gruppen gab es Seelsorge, Gebet und Bibelstudium. Viele kamen nach wie vor einfach nur weil sie einen Kaffee und eine Umarmung wollten. Dieser Hauskreis platzte bald aus allen Nähten, siedelte in ein Schulgebäude über und sah mittlerweile eher wie eine Gemeinde aus. Binnen kurzem mußten sie ein Gebäude finden, das sie ihr eigen nennen konnten. Der Professor war so sehr mit pastoralen Aufgaben beschäftigt, daß er seinen Beruf als Leiter einer Fakultät seiner Universität aufgeben mußte; dann gab er die Hälfte seiner Lehrkapazität ab und wurde schließlich als vollzeitlicher Pastor einer ausgewachsenen Gemeinde eingesetzt. Viele der jungen Menschen, die als emotionale Nesthäkchen begannen, haben jetzt einen überfließenden Reichtum, den sie an andere weitergeben können. Einige Leute der ursprünglichen Gruppe sind in der Gemeinde geblieben; wir sind aber auch etlichen – im ganzen Land verstreut – begegnet, die, nachdem wir ihnen diese Geschichte erzählt hatten, sagten: „Oh, Sie reden von 'Mustard Seed'! Dort hat der Herr mein Leben gerettet!“

Der Anfang des Auferweckungsdienstes kann in der Tat so einfach sein, daß man nur sagt: „Ich kümmere mich um andere. Meine Tür ist offen. Mein Heim ist Dein Heim. Komm' einfach auf 'ne Tasse Kaffee vorbei; wenn Du willst, reden wir ein bißchen...“

Kapitel 6

Der Geist im Kerker

> Zu dir, Herr, rufe ich; mein Fels, wende dich nicht schweigend von mir ab, daß du nicht gegen mich verstummst und ich nicht denen gleich werde, die in die *Grube* hinabfahren! (Ps 28,1)

> Beharrlich habe ich auf den Herrn geharrt, und er hat sich zu mir geneigt und mein Schreien gehört. Er hat mich heraufgeholt aus der *Grube des Verderbens*, aus *Schlick und Schlamm*; und er hat meine Füße auf Felsen gestellt, meine Schritte fest gemacht. Und in meinen Mund hat er ein neues Lied gelegt, einen Lobgesang auf unseren Gott. Viele werden es sehen und sich fürchten und auf den Herrn vertrauen. (Ps 40,2-4)

> Er hat vieles gesehen, aber es nicht beachtet, hat offene Ohren, aber hört nicht. Deinem Herrn hat es gefallen um seiner Gerechtigkeit willen. Er macht das Gesetz groß und herrlich. Doch ist es jetzt noch ein beraubtes und ausgeplündertes Volk. Sie sind *allesamt in Löchern gefesselt, und in Kerkern werden sie versteckt gehalten.* Sie sind zur Beute geworden, und da ist kein Erretter, zur Plünderung, und niemand sagt: Gib wieder her! (Jes 42,20-22)

> „Der Geist des Herrn ist auf mir, weil er mich gesalbt hat, Armen gute Botschaft zu verkündigen; er hat mich gesandt, Gefangenen Befreiung auszurufen und Blinden, daß sie wieder sehen, Zerschlagene in Freiheit hinzusenden, auszurufen ein angenehmes Jahr des Herrn." (Lk 4,18)

Es gibt einen Zustand, der dem geistlichen Schlummer ähnelt, jedoch noch schlimmer ist – ein Mensch kann geistlich eingekerkert sein.

Wir entdeckten diesen Zustand, während wir einer reizenden Dame dienten, die jetzt unsere Freundin und Mitarbeiterin ist und uns erlaubt hat, in ihrer Lebensgeschichte ihren wirklichen Namen beizubehalten. Jo Black kam völlig verzweifelt zu uns, weil sie die Fülle des Lebens nicht genießen konnte. Als Ehefrau eines Oberstleutnant der Luftwaffe fühlte sich Jo verpflichtet, Partys zu geben und am Standort zahlreiche soziale Funktionen zu übernehmen. Doch sie fühlte sich nie ganz wohl dabei. Sie war verlegen und fühlte sich unsicher, weil sie nie das fühlen konnte, was andere Menschen fühlten. Sie kam sich vor wie ein viereckiger Reifen neben all den runden, der jedermann mit deplazierten Gedanken und Statements einen Schock versetzte.

In der Standortkapelle wurde sie mit dem Heiligen Geist erfüllt, aber dennoch hatte sie immer noch all die Unzulänglichkeiten, unter denen Menschen mit einem schlummernden Geist leiden. Nichts half. Die stille Zeit mit Gott wurde eine trockene Angelegenheit. Gemeinschaftliche Anbetung war entweder gerade noch erträglich oder aber langweilig, auf jeden Fall nie von Gottes Gegenwart erfüllt. Sie dachte, ihre Anwesenheit wäre für ihren Ehemann stets ohnehin nur peinlich und fragte sich immer wieder, warum er sie nach wie vor schätzte und liebte.

Sie sagte, am schlimmsten sei es jedoch gewesen, daß ihr Sex nur wenig oder gar nichts bedeutete. Sie wollte davon am besten überhaupt nichts wissen. Frank war nach wie vor ein sanfter und rücksichtsvoller Liebhaber und erstaunlich geduldig mit ihr; ihr tat es weh, daß sie auf so einen großartigen Mann nicht eingehen konnte. Wenn er nicht so nett und geduldig gewesen wäre, hätte sie vielleicht irgendeine Rechtfertigung vor sich selbst dafür gefunden, sich von ihm abzuwenden. Aber sie konnte an ihm überhaupt keinen Fehler finden und das erfüllte sie mit Abscheu vor sich selbst und Reue.

Es war nun nicht so, daß Jo irgendwelche körperlichen Probleme gehabt hätte. Sie war und ist eine der Frauen mit dem schönsten Gesicht und der besten Figur, die Paula und ich je kennengelernt haben. „Widerlich gesund“, wie Jo zu sagen pflegte. Sie hatte nie Kopfschmerzen oder ein anderes körperliches Problem, dem sie ihre Aversion gegen Sex hätte zuschreiben können. Sie konnte einfach nicht im Geschlechtsakt aufgehen und irgendetwas anderes als körperliche Emotionen empfinden, die in sich selbst nach einer Weile langweilig und lästig wurden.

Sie wollte herausfinden, was sie blockierte. Wir stellten wie üblich unsere Fragen und fanden heraus, daß ihr elterliche, insbesondere väterliche Zuwendung gefehlt hatte. Nach einer Weile offenbarte der Heilige Geist eine verdrängte und vergessene Mißhandlung. Also bereiteten wir für jede schmerzliche Erfahrung, die wir finden konnten, den Weg zur Vergebung und brachten jede Verhaltensweise ihres alten Wesens ans Kreuz. Doch Jo kam stets zurück und sagte: „Mir geht's nicht besser, John. Ich kann immer noch nichts fühlen.“

In diesen Tagen wußten wir noch nichts über den geistlichen Schlummer. Wir kamen der geistlichen Einkerkerung einige Monate vor dem Schlummer auf die Spur. Vielleicht war diese Abfolge der Ereignisse die Vorsehung Gottes; hätten wir nämlich den geistlichen Schlummer gekannt, wären wir wohl höchstwahrscheinlich vorschnell bei der Schlußfolgerung angelangt gewesen, daß dies hier der Fall sei und wären somit am eigentlichen Problem vorbeigeschossen, weil die Symptome nämlich annähernd identisch sind. Wenn sich dann keine Ergebnisse gezeigt hätten, wären wir nur noch mehr verwirrt gewesen. Wir erwähnen das, weil viele, die das Phänomen des schlummernden Geistes kennen, versucht haben, einen eingekerkerten Geist freizusetzen, so als ob es sich dabei um den Schlummer handeln würde und nichts anderes; weil sie infolgedessen versagten, begannen sie, an sich und dem Schlüssel zur Lösung zu zweifeln.

Eines Tages waren Jo und ich (John, der ihr an jenem Tag diente) mit unserem Latein völlig am Ende. Es gab keinen Augenblick ihrer Biographie mehr, den wir noch nicht von einem Dutzend verschiedener Blickwinkel aus betrachtet hätten. Wir hatten nicht die leiseste Ahnung, warum sie keine Begeisterung und Lebensfreude finden konnte.

Ich fühlte mich dahingehend geführt, ein Experiment zu versuchen. Manchmal gibt mir der Herr die Fähigkeit, mich durch meinen Geist mit dem Wesen des anderen mittels Einfühlungsvermögen zu identifizieren; dadurch kann ich fühlen, was er innerlich fühlt und somit Anhaltspunkte finden, die anderweitig nicht zugänglich wären. Durch die Kraft des Heiligen Geistes und mit der Genehmigung des anderen identifiziere ich mich eine begrenzte Zeit sehr intensiv mit ihm. Auf diese Weise wird er mir durch und durch vertraut, ich kenne ihn gewissermaßen von innen her, so als ob ich sein Leben gelebt hätte. Weil wir uns nicht mehr zu helfen wußten, versuchten Jo und ich es.

Wenn ich diese Erfahrung mit anderen gemacht habe, war ich in der Lage, durch den Heiligen Geist die Gegenwart ihres Geistes, ihren Schmerz und ihre Freude zu spüren; dabei gewann ich ein starkes Gespür für den Charakter und die Persönlichkeit des anderen.

Als ich diese geistliche Identifikation mit Jo einging, war niemand zu Hause! Es war so, als ob man eine leere Eingangshalle beträte. Jeder von uns hat schon einmal erlebt, wie leer große Gebäude wirken, wenn man sie ganz allein betritt. Jo war so leer wie eine unbewohnte Höhle! Ihr eigener Geist schien überhaupt nicht vorhanden zu sein. Es war nun nicht so, daß in ihr ein fremder Geist gewohnt hätte; ich hätte die Gegenwart des Bösen bemerkt. Ihr christliches Leben und der Heilige Geist, dessen Gegenwart ich durchaus fühlen *konnte*, hatten Angriffe des Dämonischen abgehalten. Das Gegenteil einer dämonischen Einnistung war der Fall. Außer dem Heiligen Geist war niemand da, nicht einmal Jo selbst!

Ich rief: „Jo, wo bist Du? Ich kann Dich nicht finden."

„Sag's Du mir, John. Du bist der Seelsorger. Ich weiß es nicht."

Wieder war ich mit meiner Weisheit am Ende, noch mehr als zuvor. So etwas hatte ich noch nie erlebt.

Manchmal wird uns auf recht sonderbare Art und Weise Hilfe zuteil: Zu dieser Zeit las ich J.R.R.Tolkiens Trilogie *Der Herr der Ringe*. Im dritten Buch, *Die Rückkehr des Königs*, wurde Merry, ein Freund Aragorns – der zu diesem Zeitpunkt bereits als der zurückkehrende König offenbart worden war – von einem der schwarzen Geister, der Diener Saurons (der Satan in dieser Fantasy-Geschichte) niedergeschlagen. Merrys Geist wanderte in bedrückender Düsterkeit umher und wurde immer weiter fortgetrieben, während er in ein Koma fiel, von dem bekanntlich noch nie jemand wieder erwacht war. Aragorn, mittlerweile König Elessar von Elbenstein, ließ Königskraut bringen, zerrieb es und warf es in kochendes Wasser; schon bald erfüllte ein Wohlgeruch den Raum; Aragorn hielt Merrys Hand und schickte seinen eigenen Geist aus, um Merrys Geist zu suchen. Schließlich fand er ihn in den Visionen seines Geistes und eskortierte ihn zurück zum Leben. (Wer gegenüber Fantasy-Geschichten Vorbehalte hat, möge sich zurückhalten; sie dienten mir lediglich als Inspiration. Der Herr kann alles zu seinem guten Zweck verwenden.)

Während ich mich an diese Geschichte erinnerte, kam mir eine Idee. Nachdem ich also um Gottes Erlaubnis gebeten und sie erhalten hatte, sandte ich meinen Geist zusammen mit dem Geist des Herrn, der ja unser zurückkehrender König ist, aus, um Jo zu finden. Er ließ das durch eine Vision geschehen. Ich habe keine Ahnung, ob diese Vision lediglich eine stellvertretende, bildhafte Darstellung, ein Gleichnis irgendeiner anderen Realität war, oder ob ich in gewisser Hinsicht wirklich die geistliche Realität so sah wie sie war. Wie dem auch sei – es funktionierte.

Ich „sah", wie unser wunderbarer Herr in einen steil abfallenden Tunnel hinabstieg. Er hatte weder eine Fackel noch eine Laterne bei sich. Er selbst war das Licht. Ich folgte ihm. Mir kam es fast so vor, wie wenn man nachts auf einer engen Straße einem Wagen folgt: Die Scheinwerfer streichen kurz an Wänden und Sträuchern vorüber, und danach versinkt alles wieder in der Dunkelheit. Ich sah, wie das Licht Jesu im Vorübergehen die Wände erhellte. Wir kamen zu einer riesigen, uralten, verrosteten und verschlossenen Kerkertür. Vor dem Herrn ging sie ganz von selbst auf. Schriftstellen schossen mir durch den Kopf: „…ich bin lebendig in alle Ewigkeit und habe die Schlüssel des Todes und des Hades" (Offb 1,18). Ich wußte, daß wir jetzt genau so einen Ort betraten! „…der Heilige, der Wahrhaftige, der den Schlüssel Davids hat, er, der da öffnet, so daß niemand wieder zuschließen wird…" (Offb 3,7; Menge). „Mir ist alle Macht gegeben im Himmel und auf Erden“ (Mt 28,18). Er mußte nicht einmal einen Schlüssel ins Schloß stecken. Er selbst ist der Schlüssel! Durch seine Autorität sprang die Tür auf. „…des Hades Pforten werden sie nicht überwältigen“ (Mt 16,18b). Innerhalb eines kurzen Augenblicks wurde mir bestätigt, daß Jesus mit diesen Worten die Gemeinde meinte; die Gemeinde in der Offensive, nicht in der Defensive; die Gemeinde, die die Pforten der Hölle aufbricht, um einzudringen und die Gefangenen zu befreien! Wir betraten einen Kerker der Hölle, und ich wußte es!

Ich sah wie schmutzig der Boden unter unseren Füßen war. Die Truggebilde der Hölle flohen vor Jesu Gegenwart. Dort war Jo, in einer Ecke zusammengekauert wie ein Fötus, an den Handgelenken und Knöcheln an die Wand gekettet. Sie sah grauenerregend aus, weiß und blau, ausgezehrt und ausgehungert und so winzig wie ein kleines Kind. Mit seinen schönen braunen, nagelwunden Händen brach er geschickt und sanft Jos Fesseln entzwei. Er half ihr auf und drückte sie zärtlich an seine Brust; ich dachte: „Er wird seine Herde weiden wie ein Hirte, die Lämmer wird er in seinen Arm nehmen und in seinem Gewandbausch tragen, die säugenden Muttertiere wird er fürsorglich leiten“ (Jes 40,11). Ich weinte vor Freude, weil es so schön war.

Der Herr trug Jo von diesem Ort weg. Laut beschrieb ich Jo was ich sah. Später erzählte sie mir, daß sie jeden Augenblick davon in unbeschreiblicher Freude und Erwartung miterlebt hatte.

Während er sie trug, hauchte er seinen Atem in sie; dabei schoß mir 1.Mose 2,7 durch den Kopf, sowie zahllose andere Schriftstellen über den Wind des Heiligen Geistes (wie z.B. in Johannes 3) und über Elisa, der den toten Sohn der Schunemiterin anhauchte (2.Kön 4,18-37). Dann stellte er sie auf ihre Füße, nahm ihre linke Hand in seine Rechte und ging gemeinsam mit ihr aus dem Tunnel hinaus. Während sie gingen, begann Jo von einem kleinen Mädchen zu der erwachsenen Frau, die sie jetzt ist, heranzuwachsen – beinahe so wie das „Zauberbrot“ vor einigen Jahren in der Werbung. Dann fuhr er mit seinen Händen über ihren Körper, und überall, wo man Haut sehen konnte, verwandelte sie sich vom Blaßgrau des Todes in herrliches Rosa.

Am Ende der Vision sah ich, wie er sie losschickte, damit sie auf einer herrlichen Wiese herumtollen konnte, während er freudestrahlend und stolz zuschaute.

Nachdem wir uns einige Minuten still im Glanz seiner Gegenwart gesonnt hatten, sagte ich: „Jo, ich will Dir nicht vorgaukeln, ich würde das auch nur im Geringsten verstehen, und doch weiß ich, daß etwas Wunderbares geschehen ist. Wir werden sehen; warten wir's ab.“

Jo machte zwei Wochen Urlaub. Als ich sie das nächste Mal sah, strahlte sie! Sie konnte es kaum erwarten, mir alles zu erzählen: „John, rate mal! Ich bin draußen und ich lebe! Ich kann fühlen! Im Flugzeug fingen die Leute an, mir von ihren Schwierigkeiten zu erzählen, und zum ersten Mal hatte ich das Gefühl, ich habe ihnen was zu sagen. Ich fühlte wie sie fühlten. Ich wußte, was ich sagen sollte. Ich fühle mich nicht mehr wie eine Fremde. Jetzt finde ich es toll, andere Menschen zu besuchen. Und was das Beste ist – Sex macht mir jetzt wirklich Spaß. Manchmal becirce ich Frank sogar, und (mit einem Lächeln und glänzenden Augen) er kann es kaum glauben. Er kommt an seine Grenzen!"

Zweimal hatte Jo einen Rückfall; sie ging nicht wieder zurück ins Gefängnis, verfiel jedoch einem Schlummer und der Unzulänglichkeit. Es war einfach, sie wieder ins Leben zurückzurufen. Sie lernte, jeden Tag diszipliniert zu sagen: „Herr, ich wähle das Leben!" Die Menschen gaben sich bei ihr zu Hause gegenseitig die Türklinke in die Hand. Natürlich brachte der Herr viele Menschen zu ihr, die auch unter derselben Art von Einkerkerung gelitten hatten. Es war eine große Freude für sie zu sehen, wie der Herr einen nach dem anderen befreite. Jo wurde als Seelsorgerin eine unserer Mitarbeiterinnen. Sie bildete Gebetsgruppen und fing an, am Luftwaffenstützpunkt Bibelkurse abzuhalten. Sie war Feuer und Flamme für den Herrn und so froh, endlich frei und heil zu sein!

Sei es wie es mag, all das ließ mich in der Bibel nachforschen. Bis dahin war ich schon so viele Sackgassen entlanggewandert, die anfangs gut aussahen; ich würde mich auf nichts einlassen, wenn man es nicht auch im Wort Gottes finden könnte. Es war nicht schwer zu finden. Man konnte es kaum verfehlen. Jesus spricht darüber in Lukas 4,18 (wobei er Jesaja 61,1 zitiert). Unter anderem ist er auch deswegen gekommen!

> „Der Geist des Herrn ist auf mir, weil er mich gesalbt hat, Armen gute Botschaft zu verkündigen; er hat mich gesandt, *Gefangenen* Befreiung auszurufen und Blinden, daß sie wieder sehen, *Zerschlagene* in Freiheit hinzusenden…"

Was war Jo wenn nicht gefangen und zerschlagen? Ich hatte diese Verse immer bildlich verstanden, so als ob sie sich auf die innere Freiheit oder auf Kriminelle im Gefängnis bezögen, die am Ende freigelassen werden. Diese Bedeutung konnten sie ja immer noch haben. Doch Jesus offenbarte mir eine wörtlich zu nehmende Bedeutung, an die ich nie gedacht hatte.

Dann enthüllte er mir viele andere Schriftstellen, von denen ein Großteil am Anfang dieses Kapitel angeführt wird. Beachten Sie jedoch, wie präzise Psalm 88 den Zustand beschreibt, um den es hier geht:

1. „…mein Leben ist nahe dem Scheol" (V.4).

2. „Schon zähle ich zu denen, die hinabsinken ins Grab" (V.5a; Einheit). Dieses „Grab" ist nicht nur so eine Redewendung, sondern sehr real und buchstäblich ein Grab für unseren Geist!

3. „Ich bin wie ein Mann, der keine Kraft hat" (V.5b). Das beschreibt exakt Jos Zustand.

4. „Denn sie sind von deiner Hand abgeschnitten" (V.6b). Eine passende Beschreibung von Jos Gefühlen.

5. „Du hast mich in die tiefste Grube gelegt, in Finsternisse, in Tiefen" (V.7). Jo kannte das als Realität, nicht nur als bildhaft-dichterische Beschreibung.

6. „Meine Bekannten hast du von mir entfernt, hast mich ihnen zum Greuel gemacht" (V.9a). Das war die gesellschaftliche Situation, der Jo ihr Leben lang verhaftet gewesen war.

7. „Ich bin eingeschlossen und kann nicht herauskommen" (V.9b). Das war Jos Gefängnis. Sie war eingeschlossen und unfähig herauszukommen.

8. „Mein Auge verschmachtet vor Elend" (V.10a). Jo trauerte jeden Tag, weil sie nicht leben konnte.

9. „Zu dir rufe ich, Herr, den ganzen Tag. Ich strecke meine Hände aus zu dir" (V.10b). Hier besteht der Bezugspunkt darin, daß Gott den Psalmisten nicht zu hören und ihm nicht zu antworten schien. Genauso schien er auch Jo nicht zu hören.

10. „Wirst du an den Toten Wunder tun? Oder werden die Gestorbenen aufstehen, dich preisen?" (V.11). Was die Heilige Schrift hier wortwörtlich meint, sei dahingestellt; für Jo beschrieben diese Worte, wie tot sie sich fühlte, wie leer und „gestorben".

Und so weiter und so fort. Der ganze Psalm beschrieb ihren Zustand.

All das in der Heiligen Schrift zu sehen war nicht genug. Damals wußte ich schon, daß ich all das in die Schrift hineinlesen konnte, was ich gerne sehen wollte. Also bat ich Gott, sowohl mich mehr zu lehren, als auch mir so viele unleugbare Erfahrungen unvergänglicher Früchte zu schenken, daß es viel abwegiger wäre, diese Offenbarung zu leugnen als sie anzunehmen.

Er fing an, mich zu lehren. Er erklärte mir, daß ein Mensch, der im Mutterleib ein absolut vernichtendes Trauma erlebt, unter Umständen gegen Gott rebellieren kann. Während er noch im Mutterleib ist, wendet sich dieser Mensch schon vom Leben ab; er wird fliehen, sich verstecken, nicht geboren werden, nicht aus dem Mutterleib herauskommen und sein Leben nicht aufs Spiel setzen wollen. Er erinnerte mich daran, daß selbst das, was wir zu haben glauben, noch von uns genommen wird, wenn wir unser Talent vergraben (Mt 25,14-30). Dann zitierte er folgende Schriftstelle: „Der Dieb kommt nur, um zu stehlen und zu schlachten und zu verderben. Ich bin gekommen, damit sie Leben haben und es in Überfluß haben" (Joh 10,10). Er sagte: *„John, Du und viele andere in meinem Leib, ihr habt euch hier stets auf die Worte 'schlachten' und 'verderben' konzentriert, weil ihr diese aufgrund eurer eigenen Erfahrung verstehen konntet. Doch habt ihr je darüber nachgedacht, was Satan stehlen möchte? Meine Schafe möchte er stehlen. Viele haben das verstanden und dachten, das würde nur bedeuten, daß er am Ende Menschenseelen mit in die Hölle nehmen werde. Aber er kann noch mehr tun. Christen sind in der Regel 'verborgen' (Kol 3,3) und geschützt (Ps 91 und 34,7), doch wenn meine Kinder gegen mich aufbegehren, öffnen sie Satan die Tür. Dann können dessen Vasallen zu diesem Menschen im Mutterleib – oder auch später im Leben – kommen und seinen Geist einkerkern. Von da ab kann er weder leben, noch 'funktionieren', wie Du ja bei Jo gesehen hast."*

Weiterhin erklärte er mir, daß noch hinter einer anderen wohlbekannten Schriftstelle eine verborgene Bedeutung stecke: „Und wenn ihr mit dem Fremden nicht treu gewesen seid, wer wird euch das Eure geben?" (Lk 16,12). Er sagte: *„John, hast Du Dir je darüber Gedanken gemacht, was denn eigentlich das Deine ist, das Dir gegeben werden wird?"* Die Antwort umfaßte natürlich vieles. Doch in diese Situation wandte er die Schriftstelle folgendermaßen an: *„Dreh' die Bibelstelle einfach um. Wenn ein Mensch mit dem Fremden treu ist, wird ihm das Seine gegeben werden. Jo in ihrem Kerker versuchte ihr Bestes, mit dem treu zu sein, das nicht das Ihre war, nämlich mit meinem Reich. Sie versuchte zu dienen. Durch ihren Glauben und ihren Gehorsam konnte ich ihr das Ihre geben, ihren eigenen Geist, zum Leben freigesetzt"*.

Ich verstand nie, ob nun irgendein Teil unseres Geistes tatsächlich körperlich von uns entfernt wird, oder ob wir irgendwie tief in uns selbst gefangengenommen werden. Ich vermute letzteres. Das andere erscheint allzu sonderbar, sogar für meine Phantasie.

Dann konfrontierte uns der Herr mit einem eingekerkerten Geist nach dem anderen. Obwohl die beste Möglichkeit, Menschen freizusetzen, nach wie vor darin besteht, visionär zu beschreiben, was der Herr tut, sind die Szenarien der Gefangenschaft fast immer unterschiedlich: Eine Person sah ich eingesperrt in einer alten, baufälligen Blockhütte, angekettet an ein Etagenbett in der Ecke. Es stellte sich heraus, daß der Mann in seinem Leben wirklich einmal in einer solchen Hütte gewesen war; er hatte eine irrationale Furcht vor ihr; er verfolgte die gesamte Szene mit mir während ich betete; manchmal erlebte er sie schon, noch bevor ich sie beschrieben hatte und zwar genau so, wie sich das Drama auch vor meinen Augen entwickelte. Einen anderen Mann sah ich – was sehr treffend war – in einem Eisberg eingefroren. Sein Herz war in der Tat eingefroren. Paula hatte einmal eine Vision von einer Frau, die in einem Vogelkäfig eingesperrt war und nicht singen konnte; ein andermal sah sie einen Mann in einem Loch im Boden, über das schon Gras gewachsen war. Mit schwacher Stimme rief er immer und immer wieder, doch niemand, der vorüberging, konnte ihn hören. Ich verstehe diese verschiedenen Arten der Einkerkerung als Parabel, wenngleich ich in Jos Fall den Eindruck hatte, ich würde etwas sehen, das der eigentlichen Realität ziemlich nahe kam. Die Tatsache, daß die Bilder zu passen schienen und daß viele sie sehen und nachvollziehen konnten, während ich sie beschrieb, war nicht genug. Ich kannte die Macht der Suggestion.

Was uns immer mehr überzeugte, war die bleibende und unleugbare Frucht. Schwierige Seelsorgefälle veränderten sich allmählich vor meinen Augen. Was noch wichtiger ist: Wie Jo kamen sie zurück und riefen: „In dieser Woche habe ich eine herrliche Sinfonie *gehört*. Ich war schlichtweg begeistert! Bis vor kurzem war das für mich immer nur erträglicher Krach gewesen!“ oder „Ich sah einen Sonnenaufgang! Zum ersten Mal habe ich ihn wirklich gesehen. Ich habe ihn gefühlt. Ich wußte nicht, wie tot ich bisher durchs Leben gewankt bin!“ „John und Paula, es verdrießt mich nicht mehr, Leute zu besuchen. Jetzt kann ich mich in sie hineinversetzen. Andere zu besuchen ist so erfrischend.“ „Halleluja! Ich kann Gottes Gegenwart erleben. Er ist real! Ich kann ihn *fühlen*!“ Nichts von all dem war zuvor vorhanden gewesen. So wurde es nun leichter zuzugeben, einen wirklichen Schlüssel gefunden zu haben, als zu versuchen, all das irgendwie anders zu erklären.

Eine geistliche Einkerkerung diagnostiziert man sowohl indem man Symptome beobachtet, als auch indem man die Gaben der Weisheit und der Erkenntnis ausübt. Wenn wir eine mögliche Einkerkerung in Betracht ziehen oder ausschließen wollen, gehen wir die Liste von Fragen durch, die wir auch im Falle des schlummernden Geistes verwenden und fügen diesen noch einige hinzu. Da die Frage nach dem Glückserlebnis in der Sexualität bei der Diagnose einer geistlichen Einkerkerung sehr aufschlußreich ist, fragen wir in der Regel nach, ob Sex lediglich etwas ist, das man eben macht, oder ob man dabei Freude und Herrlichkeit erlebt. Wir fragen:

1. Fühlen Sie sich manchmal hohl, leer und unausgefüllt, so als ob etwas fehlen würde?

2. Fühlen Sie sich manchmal zutiefst einsam, allein und weitab vom aktuellen Geschehen, selbst inmitten einer Menschenmenge?

3. Fühlen Sie sich manchmal verfolgt, gequält oder niedergeschlagen, obwohl Ihnen nach außen hin niemand Probleme bereitet? (Dämonische Geister quälen den Geist gefangener Menschen; jene fühlen diesen Schmerz wie einen unterirdischen Fluß, ohne zu wissen, was das genau ist.)

4. Leiden Sie unter dem Eindruck, in Ihnen wären Talente, Kräfte und Energien vorhanden, die Sie nicht anzapfen können, gerade so, als ob sie für Sie verschlossen wären?

5. Haben Sie manchmal ein innerliches Gefühl der Verzweiflung, der Verlorenheit und Sinnlosigkeit, wenn nach außen hin alles gut zu laufen scheint?

6. Haben Sie manchmal das Gefühl, um Sie herum gebe es nichts als Probleme und Gefahren, während alle anderen in Ihrem Umfeld absolut sicher sind?

7. Geraten Sie manchmal unerklärlicherweise innerlich in Rage? Werden Sie wütend und toben über etwas, obwohl es nichts gibt, worüber man sich ärgern müßte? (Der Geist eines eingekerkerten Menschen hat einen maßlosen Zorn auf die Ketten, die ihn binden.)

8. Fällt es Ihnen schwer, in Gottesdiensten, die ziemlich lebendig und aufregend sind, wach zu bleiben? Fällt es Ihnen genau dann schwer, die Augen offen zu halten, wenn der Pastor eine wirklich gute Predigt hält? (Satan ist ein Hypnotiseur.)

Wenn wir uns dann immer noch nicht sicher sind oder weitere Bestätigungen möchten, stellen wir unter Umständen weitere Fragen, wie z.B.:

9. Wurde oder wird Ihnen leicht schwindlig (Gleichgewichtsstörungen)? Haben Sie sich schon einmal in der Gegenwart der Kraft Gottes in einem Anbetungsgottesdienst schwach oder schwindlig gefühlt? (Wir wissen nicht, weshalb dieses Phänomen auftritt; doch es ist gang und gäbe, daß eingekerkerte Menschen in kalten Schweiß ausbrechen und/oder sich schwindlig fühlen, wenn andere sich durch die Salbung des Herrn auferbaut, warm ums Herz und fröhlich fühlen. Vielleicht verspüren sie mittels Einfühlungsvermögen die Übelkeit und den Schmerz ihres Kerkermeisters in der Gegenwart Jesus, aber wir wissen es nicht.)

10. Hatten Sie je Teilleistungsstörungen? (Eingekerkerte Menschen hatten in der Regel – jedoch nicht immer – in ihrer Kindheit irgendeine Form von Teilleistungsstörung, oder leiden heute noch darunter.)

11. Fühlen Sie sich in einer mächtigen Anbetungszeit friedvoll und fröhlich, oder nervös und unerklärlicherweise verärgert? Fühlen Sie sich gehetzt oder ruhig wenn andere um Sie herum beten und Jesus für seine Gegenwart danken?

Vielleicht läßt sich diese Reaktion so erklären, daß solche Menschen – wie der blinde Bartimäus – um so lauter schreien möchten, wenn Jesus nah an ihnen vorbeigeht (Mk 10,46-52), und/oder daß ihre dämonischen Kerkermeister durch die Gegenwart Jesu nervös und ängstlich werden und jene das fühlen.

Häufig kann man aufgrund der Antworten der Ratsuchenden darauf schließen, ob sie nun eingekerkert sind oder nicht. Manchmal kann man aus den Fragen und Antworten jedoch keinen klaren Schluß ziehen. In diesem Fall gehen wir ins Gebet und warten darauf, daß uns der Herr die notwendige Unterscheidungsfähigkeit gibt. Manchmal offenbart er den wahren Zustand unmittelbar, manchmal nicht. In seiner Weisheit weiß er, daß die Zeit für eine klare Antwort noch nicht gekommen ist. Vielleicht möchte er, daß wir die Lebensgeschichte der betreffenden Person eingehender besprechen; vielleicht gibt es Hinweise, von denen er möchte, daß wir sie in Betracht ziehen, die wir jedoch nicht näher betrachten würden, wenn er zu früh antworten würde. Also beraumen wir weitere Treffen an und bitten den Herrn, er möge in unserem Gespräch das offenbaren, worauf er unser Augenmerk lenken möchte. Wir möchten deutlich machen, daß wir, bevor wir die oben aufgeführten Fragen stellen, die Familiengeschichte des Ratsuchenden durchgesprochen und so viel über die Frühphase seines Lebens in Erfahrung gebracht haben wie er wiedergeben kann oder woran er sich aus Erzählungen anderer Familienmitglieder erinnern kann.

Wenn wir Schlummer oder Einkerkerung vermuten, werden wir die Umstände der Geburt des Ratsuchenden so genau wie irgend möglich erforschen. War er als Kind gewollt oder ist es einfach nur so „passiert"? Waren die Eltern glücklich über ihr werdendes Kind und glücklich miteinander? War die Mutter zur Zeit der Schwangerschaft Raucherin oder Trinkerin? Das wievielte Kind war er? Wünschten sich die Eltern einen Jungen genauso sehr wie ein Mädchen? Gab es Trennungen aufgrund des Berufes oder eines Krieges?

Manchmal schlummert eine solche Person gar nicht. Vielleicht beantwortet sie alle diagnostischen Fragen so, daß man offensichtlich davon ausgehen kann, daß sie nicht geistlich schläft. Weitere Fragen bringen es jedoch ans Licht, daß sie eingekerkert *ist*. Solche Menschen leiden mehr als diejenigen, die sowohl schlummern als auch gefangen sind. In ihrem Geist verspüren und empfinden sie viele Dinge sehr leidenschaftlich; dadurch wird ihre Verblüffung und ihr Schmerz nur noch verstärkt, wenn sie feststellen, daß ihnen die Fähigkeit, das Leben wirklich zu leben, versperrt ist. Da Satan in der Tat ein Hypnotiseur ist, ringen sie vielleicht darum, wach zu bleiben, überanstrengen sich und ermatten. In der Regel wird ein Mensch jedoch sowohl geistlich schlafen als auch eingekerkert sein.

Wenn uns die Diagnose einer geistlichen Einkerkerung gesichert erscheint, erklären wir wie dieser Zustand aussieht und wodurch er hervorgerufen wird. Bevor wir beten, rufen wir dem Ratsuchenden ins Bewußtsein, daß auch seine eigenen Sünden ihren Teil dazu beitragen. Wir sprechen über Rebellion, Rückzugsverhalten, Amniosis* (vgl. *Die Umgestaltung des Inneren Menschen*, Kapitel 13), sowie über die Notwendigkeit, Gott Vater zu vergeben und selbst für den Groll gegenüber Gott und dem Leben auf Erden Vergebung zu empfangen. Wir bestehen darauf, daß der Ratsuchende als Antwort auf folgende Fragen konkret vernehmbare Aussagen macht: „Wählen Sie das Leben? Sind Sie bereit, Schmerz und Verletzbarkeit als Preis zu bezahlen,

---

* Laut Sandford bezeichnet Amniosis die Unfähigkeit, das Amnionwasser (= Fruchtwasser) zu verlassen und geboren zu werden oder eine Flucht durch Rückzug in das sichere Versteck des Mutterleibs. (Anm.d.Übers.)

um sich jeden Tag neu für das Leben zu entscheiden und etwas dafür zu riskieren?"

Das Gebet beginnt mit einfachen Bitten um innere Heilung, wie sie in den ersten Kapiteln dargestellt werden. Wir vergewissern uns, daß komplette Vergebungsgebete gesprochen werden, in denen der Ratsuchende vergibt und selbst Vergebung empfängt, um so die volle Versöhnung mit seinem Leben als Person auf Erden zu erlangen.

Nachdem wir über allem, was wir besprochen hatten und was den Mächten der Finsternis zu deren Zweck der Gefangennahme Tür und Tor geöffnet hätte, Heilung und Vergebung ausgesprochen haben, bitten wir den Herrn, die Person freizusetzen. Wir hatten nie den Eindruck, es reiche aus, einfach nur darum zu bitten, daß es geschehen möge. Wir werden selbst aktiv, indem wir es durchbeten, bis die Person weiß, daß sie frei ist. Wie wir aufgezeigt haben, erfordert das in der Regel ein von Erfahrung begleitetes Engagement in irgendeiner Art von visionärem Gebet, in dem wir gemeinsam mit dem Herrn am Geschehen teilnehmen. Manchmal werden wir gerufen, in den geistlichen Kampf einzutreten und fest neben dem Herrn zu stehen, um die Mächte der Finsternis zurückzuhalten, während er die betreffende Person freisetzt.

Einen Menschen durch Gebet von seiner geistlichen Gefangenschaft zu befreien ist eines der aufregendsten und lohnendsten Abenteuer, die man bestehen kann! Man kann einfach nicht in angemessener Weise beschreiben, wie sich dieses Abenteuer von etwas, das man sich nur vorstellen kann und von dem man nur Bilder vor Augen hat, zu einer intensiven, realen und emotionell aufwühlenden Erfahrung entwickelt. Obwohl man vielleicht am Anfang den Gedanken hatte, man durchwandere nichts anderes als lediglich die eigenen Fantasiewelt, bricht irgendwo im Verlauf des Gebets die Realität durch, und man stellt fest, daß der Geist vor Freude im Herrn förmlich in die Luft springt. Vielleicht weil die Visionen und Gebete dem Herrn in seinem Verlangen, seine Kinder zu befreien, lediglich als Vehikel dienen, ist es wohl ziemlich unwichtig, wie exakt, wie real oder wie fantasievoll unsere Gebetsvisionen sind. Das Wichtige sind die bleibenden Früchte: Menschen werden auf eine sehr reale Art und Weise befreit.

Wenn Menschen aus ihrem inneren Kerker befreit werden, ist es meist so, als ob sie sich auf den Weg machten, um verlorene Zeit nachzuholen. Manchmal sind sie viel begeisterter für den Herrn als andere. Sie dienen mit großem Glauben und großer Freude. Sie werden von anderen förmlich belagert, bis man sich fragt, wo denn nur all die Menschen herkommen.

Jo diente gemeinsam mit uns im „Elijah House“ bis ihr Ehemann zum Luftwaffenstützpunkt Loring in Maine versetzt wurde. Sie war für uns wie eine Tochter geworden und war zunächst völlig geknickt über diese Versetzung. „Ach, ganz dort oben in Maine“, sagte sie. „Schon die nächste Kleinstadt wäre viel zu weit weg!“

Doch wir erwiderten: „Jetzt ist die Zeit gekommen, daß Du Deinen eigenen Weg gehst, Jo. Der Herr wird mit Dir gehen.“

Schon bald nach ihrer Ankunft in Loring wurde sie von einer Frauengruppe eingeladen, Zeugnis zu geben. Die Zuhörerschaft stand wie unter Strom. Jo wurde zunächst von Frauen und dann auch von Männern förmlich überrannt; alle wollten Hilfe durch Gebet und Seelsorge. Sie rief uns an: „John und Paula, das schaff' ich nicht.“

„Doch Du schaffst es, Jo. Der Herr wird mit Dir sein.“

Sie rief Bibelarbeits- und Gebetsgruppen ins Leben. Bald darauf wurde sie von einem ortsansässigen Pastor, der für eine Weile verreisen mußte, gebeten, an seiner Stelle auf die Kanzel zu steigen. Wieder rief sie uns an: „Ich kann das nicht, John und Paula. Ich bin keine Predigerin. Wie könnte ich als Frau auf die Kanzel steigen und predigen?“

Wir fragten sie: „Was sagt Frank denn dazu?“

„Oh, er ist sehr dafür. Er sagt, er werde an meiner Seite stehen und mich unterstützen.“

„Also dann, pack's an; der Herr wird mit Dir sein.“ Wiederum segnete der Herr sie; alle waren sehr erfreut, einschließlich Jos Familie.

Irgendwie schien eine Familie in Connecticut, in der der Ehemann und Vater mit Krebs im Sterben lag, davon gehört zu haben, daß diese Frau in Maine beten könnte und daß der Herr darauf antworten würde. Sie riefen Jo an und baten sie, zu ihnen zu kommen und ihren Vater zu heilen. „John und Paula, das kann ich nicht. Was ist nun, wenn nichts passiert? Ich bin kein Wunderheiler. Was soll ich tun?“

„Was sagt Frank denn dazu?“

„Er sagt, ich solle gehen; meine Gebete können auf jeden Fall niemandem schaden.“

„Versuch's Jo. Der Herr wird mit Dir gehen.“

Als sie dort ankam, war die ganze Familie im Haus versammelt und zankte sich schon um die Aufteilung der Erbschaft. Der Mann, der einst groß und stark gewesen war, lag nun verhutzelt und schwach da. Jo dachte: „Oh, was kann ich da schon tun?“ Sie konnte uns nicht anrufen; in ihr wiederholten sich ständig die Worte „Der Herr wird mit Dir sein“. Sie setzte sich neben dem Mann auf das Bett und begann zu beten. Dann kroch sie unter der Führung des Heiligen Geistes auf das Bett, nahm den Mann in ihre Arme und sang ihm im Geiste etwas vor, während sie ihn wie ein Baby wiegte. Nach einer Weile war er fest eingeschlafen und fand nach Tagen zum ersten Mal wirklich Ruhe.

Am nächsten Morgen kam Jo zurück und sah, daß es dem Mann schon viel besser ging; er hatte eine Mahlzeit eingenommen und saß aufrecht im Bett. Doch es war unüberhörbar, daß sich die Familienmitglieder im Nebenraum immer noch stritten. Sie hörte, wie der Herr deutlich sagte: *„Ruf sie zur Buße. Damit bringen sie ihren Vater um."*

„Nein, Herr, das kann ich nicht tun!"

"Sag's ihnen, Jo."

Sie rief sie all an sein Bett und sagte: „Durch Ihre ständigen Streitereien untereinander bringen Sie Ihren Vater um. Der Herr möchte, daß Sie Buße tun." Sie knieten nieder und Jo leitete sie in einem Gebet der Buße, der Vergebung und der Versöhnung. Als sie „Amen" sagten, rief der kranke Mann: „Das Feuer ist weg! Ich hab' keine Schmerzen mehr!" Einige Familienmitglieder nahmen den Herrn an.

Jo sagt, sie würde nur allzugerne davon berichten, daß der Mann völlig gesund wurde und sie alle bis ans Ende glücklich miteinander lebten. Doch das war nicht der Fall. Jo fuhr wieder nach Hause. Einige Familienmitglieder kehrten wieder zu ihrem alten Weg zurück. Ein paar Wochen später starb der Mann. *Aber er hat nie wieder Schmerzen gehabt!*

Nach wie vor gebraucht der Herr Jo und ihre Familie. Die Luftwaffe hat sie nach Afrika geschickt, wo Jo und Frank wissen: „Der Herr geht mit euch."

Wir erzählen Jos Geschichte weil wir wissen, daß sich viele, die früher eingekerkert gewesen waren, ineffektiv vorkommen, so als ob sie die Mission ihres Lebens schon verpatzt hätten. Doch weit gefehlt: Ihre Erfahrung und dieses herrliche Gefühl, frei zu sein, hat sie mehr zugerüstet als viele andere. Sie *kennen* die Realität des Bösen. Sie *kennen* die Gnade und Barmherzigkeit unseres Herrn. Sie müssen sich nicht abrackern, um Glauben zu erzeugen. Sie wissen, *wem* sie geglaubt haben. Menschen werden zu ihrem Feuer hingezogen.

Vielleicht hat unser Geist diesen Schlüssel schon die ganze Zeit über gekannt. So wie „Schneewittchen" und „Dornröschen" die Geschichte eines schlummernden Geistes erzählen, gibt es noch eine Vielzahl anderer Märchen über Prinzen und Prinzessinen, die gefangen gehalten werden; zwei Beispiele hierfür wären „Ritter Blaubart" und „Rapunzel". Derlei Geschichten sprechen jede Generation aufs Neue an. Sie faszinieren uns. Es könnte doch sein, daß unser Geist um eine Einkerkerung weiß, während unser Verstand sich dessen nicht bewußt ist oder dazu tendiert, abschätzig darüber zu denken.

In der Grundschule spielten wir unermüdlich ein Spiel, das wir entweder „Die Miesen im Knast“ oder „Das Gefängnisspiel“ nannten. Zwei Teams standen sich gegenüber; zwischen ihnen lag ein freies Feld. Jedes Team hatte seine eigene Linie und sein eigenes Gefängnis. Die Mitspieler rannten quer über das Feld auf die andere Seite zu und versuchten, das gegnerische Team zu verlocken, ihnen nachzulaufen. Wer als letzter die eigene Linie überschritt, hatte die „Macht“. Jeder, der von diesem Spieler berührt wurde, war dessen Gefangener. Niemand konnte etwas dagegen tun, daß er seinen Gefangenen zu dem abgesteckten Bereich „abführte“, der das Gefängnis darstellte. Nun versuchte das andere Team, seine Teamkameraden wieder frei zu bekommen. Wenn jemand durchlaufen konnte, ohne berührt zu werden und die Hand eines Gefangenen packen konnte, durften beide unbehelligt wieder hinter ihre eigene Linie zurückgehen. Das Team, das gegen Ende die meisten Gefangenen hatte, war der Sieger.

Ich war zwar zugegebenermaßen mystischer veranlagt als die meisten anderen, doch schon als Kind „wußte“ ich, daß hinter diesem Spiel mehr steckte, als man mit den Augen sehen konnte. Es sprach mich tief in meinem Innersten an. Ich „wußte“, daß es eine „Wahrheit“ wiederspiegelte.

Wer unmittelbar von der „Grundlinie des Gebets“ abläuft, hat die „Macht“. *Es gibt* echte Gefangene. Wir laufen auf das Territorium des Feindes, um die Gefangenen an der Hand zu packen und sie zu befreien. Da Jesus mit uns und in uns ist, können wir sicher Hand in Hand in Richtung Freiheit gehen. Es gibt einen Unterschied: Wenn der Kampf vorüber ist, werden in Satans Lager keine gefangenen Christen mehr übrig sein! Wir gewinnen, weil Jesus schon gewonnen hat!

Vielleicht sollte man hier noch zur Vorsicht mahnen. Erstens: Diese Arbeit ist nichts für Neulinge im Glauben. Man muß dermaßen auf die Herrschaft Jesu vertrauen, daß man vor den Mächten der Finsternis weder Angst hat, noch sich von ihnen ablenken läßt, noch tollkühn wird. Der Gebetskämpfer muß den Gehorsam gegenüber dem Herrn kennen, damit er unter dessen Führung in das Feindesland hinein- und wieder hinausgehen kann und sich nicht an unwichtigen Nebenkriegsschauplätzen aufreibt. Zweitens: Das Vorstellungsvermögen des Gebetskämpfers muß sowohl lebhaft, als auch durch Erfahrungen in Christus schon diszipliniert worden sein. Er muß einerseits in der Lage sein, alle Eindrücke, die ihm der Herr schenken möchte, zu empfangen und andererseits als Soldat soviel Disziplin aufbringen, daß er dem gegenwärtigen Unternehmen nicht noch weitere hinzufügt oder sich in ihnen verstrickt (2.Tim 2,3-4). Seine Phantasie muß unerschütterlich der Kontrolle durch den Herrn Jesus Christus und niemand anderem unterstehen. Auch die Emotionen muß man bändigen können, damit sie nicht Amok laufen. Dasselbe gilt für den Verstand. Paula und ich haben in dieser Arbeit noch nie Schaden erlitten und waren auch noch nie ernsthaft in Gefahr; doch wir wissen auch, daß der Herr uns erst dann dazu berief, als wir diese Art von Selbstkontrolle und Disziplin hatten.

Wir möchten auch davor warnen, vorschnell die Schlußfolgerung zu ziehen, diese oder jene Person sei eingekerkert. Die Zeit ist unser Freund. Wenn die Person wirklich schon seit Jahren eingekerkert ist, dann wird ihr ein weiterer Tag, an dem wir warten und beobachten, beten und nachdenken auch nicht mehr viel schaden. Der Herr kann und wird Bestätigung schenken.

Andererseits, wenn die Person nicht eingekerkert ist, bezweifle ich, daß unsere Gebete recht viel mehr beschädigen können als unseren eigenen Stolz. Niemand will dumm dastehen. Doch ist es durchaus möglich, daß der Ratsuchende am Ende noch mehr abgeschreckt und verletzt wird, wenn wir über etwas beten, was bei ihm überhaupt nicht der Fall ist.

Wenn wir auf diese Punkte achten, sollten wir uns durch nichts mehr abschrecken lassen. Wieviele Menschen leben ihr Leben so als ob sie ständig stranguliert würden, Menschen, die wissen, daß es mehr gibt, wenn sie es nur ergreifen könnten? Solche Menschen wünschten sich, wir würden es versuchen, anstatt auf unseren guten Ruf zu achten. Was haben wir denn zu verlieren? Zumindest haben wir den anderen genügend geliebt, um überhaupt etwas zu riskieren, und wenngleich der eine oder andere nach außen hin ärgerlich sein wird, wenn wir versagen, weil unsere Diagnose falsch war, weiß er doch in seinem Herzen, daß wir genügend Liebe für ihn gehabt haben, um überhaupt etwas zu seinen Gunsten zu versuchen.

Jesus kam auf die Erde, um genau dieses Werk zu tun – die Gefangenen freisetzen! Wir wollen darauf reagieren und dienen, und dann soll der Herr, der töricht genug ist, uns rissige Gefäße dafür zu gebrauchen, mit den Ergebnissen leben! Er ist groß genug, um das zu tun. Doch wir wollen unsere Freiheit nicht als Vorwand für das Böse oder für eine Dummheit vorschieben. Gottes Kinder – so unglaublich viele von ihnen – müssen freigesetzt werden.

Kapitel 7

Depressionen

> Freut euch mit den Freuenden, weint mit den Weinenden! (Röm 12,15; Meister)
>
> Einer, der das Oberkleid ablegt am Tag der Kälte, oder Essig auf Natron, so ist es, wenn einer einem traurigen Herzen Lieder singt. (Spr 25,20)

Christen, die jämmerlich schlecht informiert waren, haben in ihrem Eifer zu heilen, ohne es zu wissen leider oft genau das getan, was depressive Menschen quält, anstatt ihnen Erleichterung zu verschaffen. Zunächst einmal muß der Leib Christi lernen, was er im Rahmen seiner Anstrengungen, Menschen mit Depressionen zu helfen, *nicht* tun soll und in zweiter Linie erst, was als Ergänzung einer etwaigen, von Experten verschriebenen Behandlung, getan werden *kann*.

Wir müssen verstehen, was eine Depression ist und was sie nicht ist. Wenngleich wir dem Leser empfehlen möchten, sich mit den zahlreichen, gültigen, medizinischen Definitionen der Depression vertraut zu machen, möchten wir hier jedoch nicht darauf eingehen. Wir haben kein medizinisches Ziel. Wir möchten mit allem Nachdruck sagen, daß bei einer Depression sehr reale, medizinisch nachweisbare, chemische Faktoren eine Rolle spielen und daß alle, die ohne medizinische Qualifikation in diesem Bereich seelsorgerlich tätig sind, den ärztlichen Rat, die Behandlungsmethoden und die Medikation respektieren und beachten müssen. Kein Seelsorger ohne medizinische Ausbildung sollte je sagen: „Wirf doch all Deine Tabletten auf den Müll" oder „Geh' nicht mehr zum Psychiater". Wenn es einem depressiven Menschen durch unseren Dienst allmählich besser geht, und wir vermuten, daß Medikamente mehr blockieren als helfen, können wir unseren Ratsuchenden zum Arzt schicken, damit er ihm seine Besserung beschreibt und ihn fragt, ob es ratsam wäre, die Dosis zu reduzieren. Wenn wir die Gelegenheit haben, können auch wir uns mit dem Mediziner absprechen. Niemand sollte ohne Approbation Medizin praktisch ausüben. Ohne Ausbildung und Approbation einen medizinischen Rat zu erteilen ist vom rechtlichen Standpunkt betrachtet verwerflich, ganz zu schweigen von der Tatsache, daß dies theologisch absolut irrig ist.

Es zeugt nicht von einem Mangel an Glauben, wenn man Medikamente nimmt! In Jesus Sirach 38,1-8 (Einheits.Ü.) heißt es (wenngleich dieses Buch, das zu den Apokryphen gehört, von den protestantischen Gemeinden nicht als Teil des Kanons der Heiligen Schriften anerkannt wird, wird es dennoch von der gesamten Christenheit als vom Heiligen Geist inspiriert erachtet und beachtet.):

> Schätze den Arzt, weil man ihn braucht; denn auch ihn hat Gott erschaffen. Von Gott hat der Arzt die Weisheit, vom König empfängt er Geschenke. Das Wissen des Arztes erhöht sein Haupt, bei Fürsten hat er Zutritt. Gott bringt aus der Erde Heilmittel hervor, der Einsichtige verschmähe sie nicht. Wurde nicht durch ein Holz das Wasser süß, so daß Gottes Macht sich zeigte? Er gab dem Menschen Einsicht, um sich durch seine Wunderkräfte zu verherrlichen. Durch Mittel beruhigt der Arzt den Schmerz, ebenso bereitet der Salbenmischer die Arznei, damit Gottes Werke nicht aufhören und die Hilfe nicht von der Erde verschwindet.

Wir denken ja auch nicht, daß es ein Zeichen von Kleinglauben ist, wenn wir einen Mechaniker bitten, den Motor unseres Wagens zu überholen oder daß es ein Zeichen des Mißtrauens ist, wenn wir uns beim Backen an ein Rezept halten. Deshalb sollten wir auch, nachdem wir für Heilung gebetet haben, keine Angst davor haben, die Arzneien einzunehmen, die uns der Arzt verschrieben hat. Wenn der Herr die Macht zu Heilen hat, dann hat er auch dieselbe Macht, eine nicht mehr erforderliche Dosis auszusetzen. Die meisten Ärzte sind froh, wenn sie eine Dosis reduzieren können. Der Leib Christi merke auf! Man sollte sich unbedingt davor hüten, einen medizinischen Rat zu geben! Wohl machen sich nur wenige Leser eine Vorstellung davon, wie oft wir Christen arrogant prahlen gehört haben: Sie hätten jemandem dem Rat gegeben, er solle seine Medikamente die Toilette hinunterspülen und Glauben haben; wie oft ist uns zu Ohren gekommen, daß dadurch Schaden angerichtet wurde, nur um dann auch noch zu hören, wie diese aufgeblasenen Seelsorger die Folgen dem „mangelnden Glauben“ des Ratsuchenden zuschreiben. Über eine derart hochmütige Torheit muß man Buße tun und von ihr mit aller Macht Abstand nehmen.

Eine Depression hat sowohl körperliche als auch psychosomatische Ursachen. Auch wenn sie einen psychosomatischen Ursprung hat, ist die Depression in jedem Falle doch ein sehr realer, körperlicher Zustand. Andererseits birgt sie unvorstellbar intensive, psychologische Realitäten in sich, auch wenn sie durch chemische Faktoren, durch einen organischen Schock für das Gesamtsystem oder durch andere Ursachen hervorgerufen wird. Später werden wir eine Vielzahl psychologischer Ursachen von Depressionen aufzählen. Man darf jedoch niemals vergessen, daß eine solche Auflistung ein einfaches chemisches Ungleichgewicht nicht außer Acht läßt oder ausschließt. Diese Faktoren überschneiden sich und stehen in Beziehung zueinander.

Unser Ziel ist es, eine christliche Definition der Depression vorzulegen. Wir möchten Christen zurüsten, damit sie depressiven Menschen in einer Art und Weise dienen können, wie jeder normale Nicht-Fachmann dienen kann, ohne sich dabei auf irgendein medizinisches Fachgebiet zu wagen. Man sollte sich auch darüber im klaren sein, daß wir mit unserer Darlegung einer geistlichen Definition der Depression keine andere Definition für ungültig oder weniger wertvoll erklären wollen. Viele Psychiater, die in unseren Seelsorgeseminaren unsere Lehre gehört haben, konnten unsere christliche Definition der Depression neben ihre medizinische Sicht legen, ohne dabei auf offensichtliche Konfliktpunkte oder Schwierigkeiten zu stoßen.

Kurz gesagt, ist die Depression ein Zustand, in dem unser persönlicher Geist die Fähigkeit, die Person voll und ganz, sei es emotional oder körperlich, aufrechtzuerhalten, verloren hat. Stürbe die Funktionsfähigkeit unseres Geistes vollständig ab, würde das zum Tod führen. „(Denke an ihn)...bevor die silberne Schnur zerreißt und die goldene Schale zerspringt und der Krug am Quell zerbricht und das Schöpfrad zersprungen in den Brunnen fällt. Und der Staub kehrt zur Erde zurück, so wie er gewesen, und der Geist kehrt zu Gott zurück, der ihn gegeben hat“ (Pred 12,6-7). Bei der Depression erhält der Geist einer Person den Körper zwar noch aufrecht, doch bei weitem weniger erfolgreich als bei einem gesunden Menschen; er verfügt nicht mehr über die Fähigkeit, die Person psychologisch zu erhalten. Gleichgültig, wie lautstark die Pflicht auch ruft, der Depressive hat keine Energie, irgendetwas zu leisten. Er kann keine Freude empfinden. Unterhaltungen, die früher recht erfrischend waren, werden mühselig. Durch „Du sollst“ und „Du mußt“ wird er zu Reaktionen gezwungen, für die er keinen inneren Antrieb mehr verspürt oder hat. „Du hast mich in die tiefste Grube gelegt, in Finsternisse, in Tiefen“ (Ps 88,7). „Ich bin eingeschlossen und kann nicht herauskommen“ (V.9c). Wenn er nicht depressiv wäre, verfügte er vielleicht über die Fähigkeit, sich nach einem innerlichen Reservoir auszustrecken und Energiereserven anzuzapfen, die ihm das Fühlen und Handeln ermöglichen würden; doch jetzt ist dieses Reservoir leer. Er ist emotional bankrott. Im Depot sind keine emotionalen Energiereserven mehr vorhanden. Es gibt nur noch Perplexität, Schuld, Verzweiflung, Trostlosigkeit und Finsternis.

Niedergeschlagenheit ist nicht dasselbe wie Depression. Wir alle haben unsere Höhen und Tiefen. Normale Menschen wissen, daß es ihnen morgen besser gehen wird. Sie wissen, daß sie nach wie vor innere Energiereserven in Anspruch nehmen können, indem sie Musik hören, in freier Natur wandern, zu einer Party oder einem Gebetstreffen gehen – was auch immer ihrer Erfahrung nach Erquickung bringt. Auch wenn diese normalen „Aufmunterungen“ versagen, wissen sie, daß sie nach ein oder zwei Nächten des Ausruhens wieder wie neu sein werden. Der entscheidende Faktor ist, daß sie noch immer *Hoffnung* haben. Das Charakteristische an der Depression ist die *Verzweiflung*. Depressive Menschen sind nicht nur hoffnungslos, sie *wissen*, daß es ihnen morgen nicht besser gehen wird. Diese Erkenntnis, die sie durch bittere Erfahrungen gewonnen haben, hat sie gelehrt, daß das Leben morgen genauso öde sein wird wie heute. Das ist keine Frage zulässiger oder unzulässiger logischer Schlußfolgerungen oder positiven Denkens. Unerschütterliche Tatsachen und unbestreitbare Geschehnisse nageln die Füße des Vogels „Hoffnung auf Morgen“ am Boden fest. Es ist unmöglich, davon auszugehen oder logisch damit zu argumentieren, eines Tages werde etwas Gutes geschehen. Das Licht der Hoffnung ist völlig erloschen.

Das erste Faktum, das jeder dienende Christ ständig im Hinterkopf haben muß, ist, daß sich eine depressive Person *nicht selbst helfen kann*. Man wird nicht gesund, indem man positiver denkt, eine Reihe positiver Bekenntnisse ablegt, ein besseres Gefühl in sich erzeugt, einen Dämon austreibt, sich genügend Ruhe verschafft oder die Ernährung umstellt. Bei der Genesung geht es darum, den abgestorbenen Geist neu anzufachen und zum Leben zu erwecken. Kein Depressiver kann selbst sein Feuer anfachen. Entweder wird er von anderen aus seiner Grube gezogen oder gar nicht. Er muß durch die Gebete anderer zum Leben erweckt werden. *Er kann es nicht allein schaffen.*

Manchmal verschwinden Depressionen auf geheimnisvolle und scheinbar unerklärliche Weise. Man fragt sich, ob jemand unsichtbar und unbekannterweise den Hebel des Gebets angesetzt hat, ob sich irgendein chemischer Mangel oder ein Ungleichgewicht plötzlich normalisiert hat oder ob der Herr, der oft auf geheimnisvolle Art und Weise wirkt, einfach nur einen Lichtstrahl ins Dunkel geschickt hat. Tatsache ist – aus welchem Grund auch immer – daß Depressionen manchmal langsam oder auch schnell auf unerklärliche Weise verschwinden; wir betonen, daß der Depressive nichts damit zu tun hatte und das auch weiß. Depressionen zu überwinden ist keine Frage der Willenskraft.

Sobald wir einmal erkannt haben, daß ein Depressiver nichts dazu beitragen kann, sich aus diesem Zustand zu befreien, haben wir auch den Schlüssel gefunden, um den meisten fehlgeleiteten Versuchen, Depressiven zu helfen, Einhalt gebieten zu können.

In Kürze werden wir viele wichtige Dinge anführen, die man nicht tun sollte, doch zunächst wollen wir uns einigen diagnostischen Anhaltspunkten zuwenden, die uns helfen werden, zumindest auf laiengemäßer Ebene festzustellen, ob ein Mensch tatsächlich depressiv ist oder nicht. Die neurotische Depression ist nicht dasselbe wie die psychotische manische Depression. Ein Merkmal der neurotischen Depression ist mangelnde Energie. Die Haut der betreffenden Person ist oftmals schlaff und grau; die Augen erscheinen in der Regel leer und ausdruckslos. Einem Depressiven in die Augen zu schauen bedeutet, in ein Meer des Nichts zu blicken. Man sieht keinerlei Antrieb, kein aufflackerndes Interesse, keinen emotionalen Funken, keine Lust, keine Gier, keine Freude, keinen Humor, kein Funkeln, sondern lediglich Leere.

Es ist auch wichtig, in welchem Stadium die Depression sich befindet. Im fortgeschrittenen Stadium hängen die Schultern schlaff nach unten; die Person geht schlurfend, mit unsicheren Schritten. Das Hörvermögen ist zwar nicht wirklich beeinträchtigt, doch wirkt es oft so, weil die Person langsam oder überhaupt nicht reagiert. Das Haar verliert Glanz und Fülle und wird schließlich fettig und strähnig. Manchmal hat die Person starken Körpergeruch.

Manisch-depressive Menschen erheben sich in euphorische Höhen und fallen gleich darauf in depressive Tiefen. Doch am Fußpunkt dieser Pendelbewegung haben sie noch immer beträchtliche Energien übrig. Ihnen in die Augen zu sehen ist nicht dasselbe wie bei einem neurotisch Depressiven. Die Augen eines manisch Depressiven erscheinen selten ohne Glanz und niemals leer. Wenn man ihm in die Augen sieht, starrt man auf einen Güterzug, der mit einhundertfünfzig Stundenkilometer auf einen zurast. Seine Haut hat noch Farbe; weder stolpert er so vor sich hin noch läßt er die Schultern hängen. Ein manisch Depressiver fühlt sich vielleicht depressiv, weiß aber in seinem Herzen, daß er dieses Tal wieder verlassen wird; ein Teil seines Zorns richtet sich gegen die Instabilität, die er nicht beeinflussen kann. An einem der beiden Pole festgezurrt zu werden erscheint ihm besser, als ständig hin- und herzuschwingen, doch auf der *bewußten* Ebene, sei es himmelhoch jauchzend oder zu Tode betrübt, vergißt er das womöglich und denkt, sein Hoch oder Tief sei alles, was es im Leben für ihn gibt (chronisch manisch Depressive erleben auf der bewußten Ebene stets Überraschungen, wenn sich ein emotionaler Zustand, sei es ein Hoch oder ein Tief, nicht als dauerhaft herausstellt.).

Bei neurotisch Depressiven braucht derjenige, der ihnen dient, oft nur geringe oder gar keine diagnostischen Fähigkeiten. Sie wissen, daß sie depressiv sind und können dieser Tatsache in der Regel überaus deutlich Ausdruck verleihen. Nachdem sie gesagt haben, daß sie depressiv sind, nennen sie manchmal freiwillig genügend Symptome, die die Exaktheit ihrer Eigendiagnose problemlos bekräftigen. Wenn das nicht der Fall ist, werden einige einfache Fragen die Diagnose ziemlich schnell bestätigen: „Wie lange fühlen Sie sich schon so? Wachen Sie jeden Morgen auf und fühlen sich unmöglich? Ist momentan jede kleine Entscheidung eine Riesenlast für Sie? Stellen Sie fest, daß Sie sich nicht dazu aufraffen können, selbst die einfachsten Arbeiten im Haushalt (oder im Berufsleben) zu erledigen, die ihnen früher leicht gefallen sind? Hassen Sie sich dafür und sinken Sie dann nur noch tiefer? Werden Sie von anderen ermutigt, den Kopf nicht hängen zu lassen und wissen nicht, wie Sie das bewerkstelligen sollen und hassen sich dann selbst, weil Sie die anderen hassen?" Die meisten Depressiven werden ohne zu Zögern auf alle oder die meisten dieser Fragen mit „Oh ja!" antworten und dankbar sein, daß Sie sie verstehen.

Depressive sind normalerweise ehrlich, was ihre Emotionen betrifft. Depression ist kein Zeichen von Schwäche. Selbst starke Menschen fallen ihr zum Opfer. Menschen, die es sich zum Ziel gemacht haben, andere nicht zu verletzen, stürzen bei weitem öfter in die Grube der Depression als aggressive und verletzende Menschen. Es hat den Anschein als ob sie stark genug wären, sich selbst davon abzuhalten, andere anzugreifen, bis unterdrückte Emotionen zurückschlagen und ihre eigenen Energien angreifen. Depressive sind in der Regel Menschen, die emotional stark genug waren, sich der Realität so wie sie ist zu stellen, obwohl sie tendenziell das Glas mehr halb leer gesehen haben als halb voll. Sie sitzen keinem Trugschluß auf. Sie haben vielleicht eine unausgewogene, stets zum Negativen neigende Sicht der Dinge, aber sie haben die Realität nicht aus den Augen verloren. Ein psychotischer Mensch kann frohgemut verkünden, zwei und zwei wären fünf, doch ein neurotisch Depressiver sagt: „Zwei und zwei sind vier, und ich halt' es keine Minute länger aus!"

Sobald sich eine Diagnose auf Depression erhärtet hat, gestaltet sich der Dienst völlig anders als das, was im Falle einer nicht-depressiven Person angemessen wäre. (Hier sollte man erwähnen, daß wir uns auf den Dienst am neurotischen, *nicht* am psychotischen Menschen beziehen. Der Psychotische gehört in die Hände eines fachlich ausgebildeten Experten.) Man muß genau das Gegenteil dessen tun, was man bei einem nicht-depressiven Menschen tun würde. Die entscheidende Schriftstelle lautet: „Freut euch mit den Freuenden, weint mit den Weinenden!" (Röm 12,15; Meister). Mit dem Weinenden zu weinen bedeutet, Einfühlungsvermögen zu zeigen, einzutreten und mit ihm zu fühlen, dort zu gehen, wo der andere geht. Was einem normalen

Menschen nützen würde, darf man *nicht* zu einem Depressiven sagen. Was einen normalen Menschen ermutigt, wird einen Depressiven nur noch depressiver machen. Was das Herz eines normalen Menschen erhebt, wird jemanden, der schon in einem tiefen Loch sitzt, zerschmettern. Der Einsatz eigener, positiver Charaktereigenschaften und alle Methoden, die sonst immer effektiv waren, haben im Dienst am Depressiven nichts zu suchen. Wir haben ein völlig anderes Spiel begonnen, das nach seinen eigenen Regeln abläuft. Der Heilungserfolg wird nur denen zuteil, die diese Regeln lernen. Der Dienst am Depressiven ruft uns zum Tod am Kreuz, so daß nichts, was wir im allgemeinen Dienst praktizieren, hier eindringen und sich einmischen kann.

Das bedeutet nun, daß der Leib Christi vor allem anderen lernen muß, was er in der Nähe von depressiven Menschen *nicht* tun darf. Nachdem wir in vielen Seminaren die folgende Liste von Dingen, die man in der Seelsorge an Depressiven nicht tun darf, gelehrt haben, macht es uns traurig zu berichten, daß die einstimmige Antwort darauf lautete: „Auweia, ich hab' immer genau das Falsche getan. Ich sehe ein, daß ich zwar helfen wollte, aber eigentlich grausam war. Gott, vergib' mir." Wir wollen hoffen, daß wir wenigstens die Last, die wir – ohne es zu wollen – für Depressive waren, erträglicher machen können, indem wir sorgfältig auf folgende Punkte achten:

1. Sagen Sie nicht „Kopf hoch!". Ein Depressiver ist absolut unfähig, sich aufzumuntern oder auf eine Aufmunterung zu reagieren. Das ist keine Frage der Willenskraft. Er kann es einfach nicht! Wenn man versucht, ihn zu erheitern und dabei versagt, verstärkt man die Depression nur noch. Ihr Ansporn sagt ihm nicht nur, daß Sie ihn nicht verstehen, sondern treibt ihn nur noch weiter in die Isolation hinein.

2. Nehmen sie einen Depressiven nicht auf eine Party mit. Eine Party ist vielleicht ein gutes Heilmittel für einen Menschen, der momentan verzweifelt ist. Die Gemeinschaft und der Spaß können ihn erquicken. Doch genau dasselbe kameradschaftliche Beisammensein und die Vergnügungen überschütten einen Depressiven mit Schuldgefühlen, weil er denkt, daß er ein Spielverderber ist; darüberhinaus verursachen sie bei ihm vielleicht Eifersucht und Zorn darüber, daß die anderen sich am Leben freuen können, er jedoch nicht; schließlich fühlt er sich noch schuldiger und zorniger über sich selbst. Somit erkennen wir, warum die Heilige Schrift folgendes sagt: „Einer, der das Oberkleid ablegt am Tag der Kälte, oder Essig auf Natron, so ist es, wenn einer einem traurigen Herzen Lieder singt" (Spr 25,20). Wiederum ist die Teilnahme an einer Party keine Frage der Willenskraft; es ist nicht tadelnswert, daß er kein „Feiertagsgesicht" aufsetzen kann, um der allgemeinen Heiterkeit keinen Dämpfer zu verabreichen.

Wenn Sie ihn zu einer Party mitnehmen, bringen Sie ihn dadurch in eine unhaltbare Situation, in der sein Anderssein wie ein Distelstrauch unter Gänseblümchen heraussticht.

3. Predigen Sie ihn nicht an.

4. Schimpfen Sie ihn nicht.

5. Belehren Sie ihn nicht. Ein Depressiver weiß, daß er das, was Sie ihn lehren, nicht tun kann; denn er weiß wie Paulus, „…daß in mir, das ist in meinem Fleisch, nichts Gutes wohnt; denn das Wollen ist bei mir vorhanden, aber das Vollbringen des Guten nicht" (Röm 7,18). Durch die schwindende Energie reduziert sich die Aufmerksamkeitsspanne eines Depressiven drastisch. Worte bringen ihn zum Ermatten. „…das viele Studieren ermüdet den Leib" (Pred 12,12; ZÜ). Selbst ganz normale Menschen ermatten durch langatmige Darlegungen; für einen Depressiven wird eine ermüdende Langatmigkeit richtiggehend bedrückend. Ermahnungen sind für ihn der Beweis dafür, daß Sie ihn nun wirklich überhaupt nicht verstehen. Sie glauben immer noch, es gebe etwas, das er tun könnte und sollte, um sich selbst zu helfen, wenn er es nur versuchen würde. Sie begreifen nicht, daß sein Geist tot ist, unfähig, Funktionen aufrechtzuerhalten. Er kann überall das Gas aufdrehen, und dennoch wird man keine Flamme anzünden können. Ihre Worte sind lediglich ein Zeichen dafür, daß Sie immer noch nicht ganz glauben, daß seine Zündflamme wirklich erloschen ist. Er fühlt sich verdammt.

6. Raten Sie ihm nicht „Hast Du das schon probiert? Weißt Du, wenn Du nur…". All diese gutgemeinten Heilmittel treiben den Depressiven nur noch weiter in die Trostlosigkeit. Höchstwahrscheinlich hat er alles, was sich seine Ratgeber vorstellen können und noch mehr, schon versucht. Ein Rat führt zum selben Trugschluß wie eine Ermahnung. Nichts, was ein Mensch, der in einem tiefen Loch sitzt, tun kann, wird ihm heraushelfen; das weiß er genau. Das Charakteristische an der Depression ist Hilflosigkeit und Hoffnungslosigkeit. Nur jemand, der selbst schon einmal depressiv war, kann dieses Gefühl der Vergeblichkeit, diese absolut finstere und abgrundtiefe Verzweiflung nachvollziehen. „Ich bin gerechnet zu denen, die in die Grube hinabfahren. Ich bin wie ein Mann, der keine Kraft hat, unter die Toten hingestreckt, wie Erschlagene, die im Grab liegen…" (Ps 88,5-6a). Mahner und Ratgeber sind für einen Depressiven so, wie es in Sprüche 28,3 (Einheits.Ü.) beschrieben wird: „Ein Vornehmer, der die Armen unterdrückt, ist wie Regen, der alles wegschwemmt und kein Brot bringt."

7. *Versuchen Sie nicht, bei einem Depressiven einen Dämon auszutreiben!* Depressionen sind nicht in erster Linie dämonischer Natur. Es geht dabei zunächst einmal nicht um das Eindringen fremder

Wesen. Da es sich um einen psychologischen und geistlichen Zustand handelt, in dem der persönliche Geist eines Menschen seiner Fähigkeit zu funktionieren abgestorben ist – mit allen möglichen Begleiterscheinungen wie Furcht, Ängsten, Schuldgefühlen und Frustration –, kann sich ein dämonischer Geist der *Unterdrückung* diese Trägheit des Sinnes und des Herzens zunutze machen, um einen Depressiven noch tiefer in die Finsternis hineinzudrängen. Doch den Depressiven selbst muß man auf diese Möglichkeit nicht einmal aufmerksam machen. Man kann still für sich alle bedrückenden Geister binden und vertreiben und die Engel des Herrn herbeirufen, damit sie den Betreffenden umgeben und behüten. „Denn er bietet seine Engel für dich auf, dich zu bewahren auf allen deinen Wegen" (Ps 91,11). „Der Engel des Herrn lagert sich um die her, die ihn fürchten, und er befreit sie" (Ps 34,8). Wenn jemand mit der Depression laut und offen wie mit einem Dämon umgeht und einen Exorzismus vornimmt, wird der Geist der Unterdrükkung wirklich vertrieben. Eine Zeitlang, vielleicht für einen Tag oder sogar für eine Woche scheint die betreffende Person keine Depressionen mehr zu haben, gibt vielleicht darüber Zeugnis, und die Gemeinde freut sich über einen weiteren vermeintlichen Sieg. Doch ein solcher Sieg ist selten von Dauer. Wenn der Herzens- und Sinneszustand, der für den bedrückenden Geist wie eine Einladung ausgesehen hat, unverändert bleibt, wird die Person schon bald wieder in die tiefsten Tiefen zurückfallen. Der Depressive wird sich letztlich schlechter fühlen als je zuvor und, wenn das Gute keinen Bestand hat, daraus den Schluß ziehen: „Da haben wir's! Ich wußte es! Gott kann mir nicht helfen. Der Teufel hat mich sicher in der Tasche. Ich bin verloren." „Den Schaden meines Volkes möchten sie leichthin heilen, indem sie rufen: Heil! Heil! Aber kein Heil ist da" (Jer 6,14; Einheits.Ü.). Wenn man den Depressiven auf die Gegenwart eines Dämons aufmerksam macht, verstärkt man dadurch nur seine Angst. So ein Mensch weiß ohnehin schon, daß er ein hoffnungsloser Fall ist. Er weiß, daß er kraftlos ist. Wenn man ihm dann noch sagt, Dämonen wären im Spiel, dann ist das so, wie wenn man einem Tapezierer, der eifrig dabei ist, Tapeten an die Decke zu kleben, sagt, malariainfizierte Mücken würden ihn umschwirren, und er solle sie schleunigst totschlagen, oder... Dann ist das so, wie wenn man einem Mann, der an allen vieren gefesselt ist, warnend zuruft, daß er nun gleich ins Wasser geworfen werden wird.

8. Nehmen Sie einen Depressiven in kein Gebetstreffen mit. Wir alle fallen gelegentlich in ein Loch, und ein Gebetstreffen ist in der Regel eine ausgezeichnete Medizin für ein müdes Herz. Ein guter Anbetungsgottesdienst richtet uns auf. „Ein Wort, geredet zu rechter

Zeit, ist wie goldene Äpfel auf silbernen Schalen" (Spr 25,11; LÜ); „Wie die Kühle des Schnees zur Zeit der Ernte, so ist ein getreuer Bote dem, der ihn gesandt hat, und erquickt seines Herrn Seele" (Spr 25,13; LÜ). Zu der Zeit als Sprüche 25 niedergeschrieben wurde, pflanzte man in Vorgärten eine Frucht namens Kitchilika. Sie war eine Kreuzung zwischen Orange und Grapefruit, hatte die Farbe eines Apfels und wurde normalerweise ausgepreßt, um Gästen, die von der Reise ermüdet waren, den erfrischenden Saft zu servieren. Wenn es zur rechten Zeit schneite, förderte das den guten Geschmack, so wie man im Staate Washington den Frost braucht, der den Äpfeln ihr köstlich-herbes Aroma verleiht. Genauso erfrischt das Wort Gottes und Gebet einen nicht-depressiven Menschen. Doch Depressive haben ja keinen funktionstüchtigen Geist mehr, mit dem sie entweder das Wort oder die Gegenwart Gottes ergreifen und festhalten könnten. Es ist ihnen nicht möglich, an der gemeinsamen Anbetung teilzunehmen, die alle anderen auferbaut. Vielmehr verstärken sich ihre Depressionen dadurch nur noch mehr, weil ihnen drastisch vor Augen gemalt wird, welche guten Dinge die anderen empfangen, während sie nichts als stets zunehmende Traurigkeit, Zorn und Eifersucht verspüren.

9. Nehmen Sie einen Depressiven weder zu einem lustigen Theaterstück mit noch zu einer Wanderung im Wald, oder zu einem Picknick, oder zum Baden am Strand, und zwar aus genau denselben Gründen aus denen auch Partys tabu sind.

10. Ermutigen Sie einen Depressiven nicht, in einer privaten Zeit vor Gott Hilfe zu finden. Erwarten Sie von ihm nicht, daß er dem Herrn in die Arme läuft, um bei ihm Trost und Heilung zu finden. Zeiten der Andacht sind die wichtigste und beste Hilfe für normalen Menschen. Doch für Depressive sind sie eine Qual. Depressive haben nicht mehr das Gefühl, beten zu können, am wenigsten für sich selbst. Agnes Sanford konnte im Frühstadium ihrer Depression zwar noch für andere beten, die auch geheilt wurden, doch sie hatte überhaupt keinen Glauben für ein Gebet für sich selbst.

> Herr, Gott meines Heils! Des Tages habe ich geschrien und des Nachts vor dir. Es komme vor dich mein Gebet! Neige dein Ohr zu meinem Schreien! Denn satt ist meine Seele vom Leiden, und mein Leben ist nahe dem Scheol...Auf mir liegt schwer dein Zorn, und mit allen deinen Wellen hast du mich niedergedrückt...Mein Auge verschmachtet vor Elend. Zu dir rufe ich, Herr, den ganzen Tag. Ich strecke meine Hände aus zu dir...Ich aber, o Herr, schreie zu dir, und am Morgen möge dir mein Gebet begegnen. Warum, Herr, verwirfst du meine Seele, verbirgst du dein Angesicht vor mir? (Ps 88,2-4.8.10.14.15)

Ein Depressiver ist davon überzeugt, daß Gott seine Gebete nicht hören wird. Wenn man ihn also in Treffen mitnimmt, in denen er die Gesichter anderer Menschen von Gottes Gegenwart erfüllt sehen kann, während er nichts als die Finsternis scheinbarer Ablehnung spürt, ist das nur eine Qual für ihn. Wenn Sie erwarten, daß der Herr ihm in seiner stillen Zeit begegnen wird, ist das ein Zeichen Ihres mangelnden Verständnisses dessen, daß er nicht länger in der Gegenwart Gottes verweilen kann. Die machtvolle Gegenwart Gottes, die andere erquickt, wird ihn lediglich bedrücken.

> Bis wann, Herr? Willst du mich vergessen immerdar? Bis wann willst du dein Angesicht vor mir verbergen? Bis wann soll ich Sorgen hegen in meiner Seele, Kummer in meinem Herzen bei Tage? Bis wann soll sich mein Feind über mich erheben? Schau her, antworte mir, Herr, mein Gott! Mach hell meine Augen, daß ich nicht zum Tod entschlafe! Daß mein Feind nicht sage: 'Ich habe ihn überwältigt!' meine Bedränger nicht frohlocken, wenn ich wanke. (Ps 13,2-5)

Jemand fragt vielleicht: „Wie könnte Gottes vollkommene und sanfte Gegenwart irgendjemand bedrücken?" Die Gegenwart des Herrn wird wirklich nie jemanden bedrücken, doch sind Depressive durchaus in der Lage, einen Segen als Unterdrückung wahrzunehmen. An diesem Punkt sind sie ganz nah an einem Irrglauben. „Gegen den Reinen zeigst du dich rein, gegen den Verkehrten aber verdreht" (Ps 18,27). Erinnern Sie sich: In Maleachi 3,19 geht die Sonne auf, um die Bösen vollständig zu verzehren; doch in Vers 20 ist es dieselbe Sonne, die als Sonne der Gerechtigkeit mit Heilung in ihren Schwingen aufgeht. Ich (John) erinnere mich noch, wie meine Eltern oder Geschwister oft mit einem durch und durch guten Herzen zu mir kamen und mir Zuwendung schenken wollten, ich jedoch so dumm und zornig auf sie war, daß mir diese Liebe arglistig und bedrückend und somit ganz sicher nicht annehmbar zu sein schien; das dauerte so lange, bis der Ärger nachließ. In gleiche Weise sieht der Depressive alles durch die Brille der Ablehnung und des „Ich sollte abgelehnt werden", während doch eigentlich wahre Liebe ausgegossen wird. Sie können Gottes Güte und Barmherzigkeit genau dann nicht empfangen, wenn sie sie am meisten brauchen; sie denken dabei oft völlig verdreht und meinen, sie würden sie nicht verdienen, weil sie offensichtlich versagt haben; doch wären sie nicht depressiv, hätten sie leicht begreifen können, daß sie sich Gottes Liebe nie haben verdienen müssen. Depressive werden immer und immer wieder von einer Eifersucht auf andere, denen Gott offensichlich seine Gunst schenkt, angegriffen und bedrückt; auch wenn der Depressive in einer Menschenmenge oder Gruppe ist, sind seine Energien zu schwach, um den bedrängenden Energien der Umstehenden etwas entgegenzusetzen. Ich (John) erinnere mich, daß ich Paulas Gegenwart auch nicht ertragen konnte, als ich noch unter Migräne litt. Ich wollte, daß sie bei mir ist. Doch durch den Schmerz reagierte mein Geist irgendwie empfindlicher als sonst auf alle möglichen Bewegungen um mich herum. Geräusche durchfuhren die Nerven meines Körpers, so als ob man mit einem dornigen Ast in mir herumgewühlt hätte. Menschen mit Depressionen haben keine Energie mehr, um zu reagieren; doch die Energien anderer zerbersten wie turmhohe, fordernde Wellenberge an ihrem Strand. Sie hassen es, in einer Menschenmenge zu stehen, besonders wenn die machtvolle Energie des Gebets oder hochtrabender Emotionen freigesetzt wird. Deshalb:

11. Nehmen Sie einen Depressiven weder in einen Anbetungsgottesdienst mit, noch

12. ins Theater, in ein Ballett oder eine Oper, noch

13. zu einem Fußballspiel oder einem anderen Sportereignis.

14. Versuchen Sie nicht, die Erinnerungen eines Depressiven zu heilen. Oftmals ist eine alte und noch nicht geheilte Erinnerung die eigentliche Ursache der Depression, doch das kann erst dann geheilt werden, wenn der Betreffende *nicht mehr* depressiv ist. Innerliche Umgestaltung ist Tod und Wiedergeburt am inneren Menschen. Bestenfalls braucht man einen starken Geist, wenn wir die Veränderung durch inneren Tod und Wiedergeburt durchmachen, die das jeweilige Trauma erfordert (Für eine detailliertere Darlegung des Prozesses des Todes und der Wiedergeburt im Rahmen der inneren Heilung vgl. Kapitel 6, „Den Teufelskreis durchbrechen" in *Die Umgestaltung des inneren Menschen.*). Depressive können den Druck einer inneren Umgestaltung nicht aushalten. Wir müssen den Depressiven aus seinem Loch ziehen und dürfen es danach nicht versäumen, das Innere seines Herzens zu heilen, damit Schuld, Zorn, Haß, Ablehnung, sowie andere Verletzungen und Sünden ihn nicht wieder in seiner Depression verstricken und aufs Neue einkerkern.

15. Statten Sie einem Depressiven keine zu langen Besuche ab. Gehen Sie einfühlsam auf sein Energiepotential und seine Aufmerksamkeitsspanne ein.

Jemand fragt vielleicht: „Nun, was gibt es denn dann noch, das man für einen Depressiven überhaupt tun *kann*?" Eine ganze Menge. Doch wir müssen wissen, was und dem Herrn vertrauen, daß wir wirklich „...alles (vermögen) durch den, der (uns) stark macht" (Phil 4,13; Schlachter).

Während wir Schritt für Schritt darlegen, was getan werden kann, werden wir auch mit unserer Auflistung dessen, was man nicht tun sollte, weitermachen.

16. Lächeln Sie nicht. Verbannen Sie das Lächeln aus Ihrem Gesicht. „Weint mit den Weinenden." Wir müssen dorthin gehen, wo der andere steht, bevor wir ihn hinaustragen können. Wir müssen nicht wie er werden, aber wir müssen uns in ihn hineinversetzen, bis er weiß, daß wir seine Situation kennen und daß wir, ohne zu urteilen oder zu verdammen, nachvollziehen können, wie er sich fühlt. Wenn wir lächeln, sagen wir ihm dadurch, daß wir eben nicht dort stehen, wo er steht und – noch zwingender – daß wir nicht mitfühlen, es vielleicht gar nicht können und deshalb zu meiden sind. Es gibt Stahltüren in seinem Innersten; wenn sie einmal geschlossen sind, ist es unwahrscheinlich, daß sie sich binnen kurzem wieder öffnen werden.

Seien Sie mitfühlend. Setzen Sie sich zu ihm und fangen Sie an, an seinen *schlimmsten* Dingen Anteil zu haben: „Ich weiß, wie Du Dich fühlst. Jeden Morgen ist der Himmel schwarz. Jede Entscheidung ist zu viel für Dich. Du kannst Dich nicht überwinden, all die kleinen Dinge zu tun, die Dir früher leicht gefallen sind. Du haßt Dich selbst und dann haßt Du die anderen, weil ihnen alles so leicht fällt und dann haßt Du Dich selbst, weil Du die anderen haßt. Und niemand versteht Dich. Jeder sagt nur 'Kopf hoch!' und versucht, Deine Gefühlswelt aufzumöbeln, doch Du kannst es nicht. Du weißt, daß es morgen auch nicht viel besser sein wird. Du hast schon alles probiert und nichts funktioniert."

Mittlerweile wird der Depressive auf Ihrer Handfläche sitzen. Er weiß, daß Sie keine Depressionen haben, weil er es sehen kann. Er glaubt, daß Sie deswegen da sind, weil Sie ihn verstehen und nicht dasselbe törichte Zeug tun oder sagen wie all die anderen, die es bei ihm schon versucht haben. So wird zumindest ein Teil seiner Einsamkeit erträglicher. Es ist nicht sehr wahrscheinlich, daß Sie ihn vergraulen werden, indem sie sich aus Dummheit nicht darüber im klaren sind, wo er wirklich steht. Und da Sie offensichlich nicht depressiv sind, beginnt vielleicht zum ersten Mal ein kleiner Hoffnungsschimmer in ihm zu leuchten.

Dr.John Lefsrud, ein befreundeter Psychiater aus Edmonton, Alberta, weiß, wie lebenswichtig Hoffnung für einen Depressiven ist; deshalb steht er selbst unerschütterlich und barmherzig am Eingang zu seiner Klinik, begrüßt depressive Menschen, spricht sie mit Namen an und sagt: „Nun, was werden Sie wohl tun, wenn Sie hier wieder rausgehen?" Weder fordert noch erwartet er eine Antwort. Indem er als Experte diese Frage stellt, pflanzt er bewußt einen Samen der Hoffnung.

Das eben Dargelegte beinhaltet noch einige andere Empfehlungen:

17. Stehen Sie nicht, wenn der andere sitzt. Ihnen ist es vielleicht überhaupt nicht bewußt, daß die Haltung eines Menschen mit seinem Zustand in Beziehung steht; dem Depressiven höchstwahrscheinlich schon. Wenn Sie stehen, wird sich Ihre Gegenwart wie eine schwere Last über seinem Kopf auftürmen. Wenn Sie jedoch entspannt in einem Stuhl neben ihm sitzen, vermitteln Sie ihm dadurch, daß Sie ihm einfühlsam auf seiner Ebene begegnen. Ich (John) mußte das unter großen Schwierigkeiten lernen. Eine Freundin brachte ihren Ehemann zu uns, der sich im Frühstadium der Depression befand; ich war ihm zuvor noch nie begegnet. Er war ein stolzer Mann; für ihn war es schon entwürdigend, überhaupt ein emotionales Problem zu haben; doch daß man von ihm nun auch noch erwartete, mit einem Seelsorger zu sprechen, war schlichtweg eine Beleidigung. Er war einzig und allein deshalb gekommen, weil seine Frau Druck machte. Wir hatten erst vor kurzem unser pastorales Amt aufgegeben und im Glauben einen Seelsorgedienst begonnen; ein Freund hatte uns für unser Büro einige tiefe Sessel geschenkt, die wir den Ratsuchenden anboten; ich hatte einen wackligen, alten Stuhl mit hoher Rückenlehne hinter meinem Schreibtisch. Weil er wohl etwas brauchte, worauf er herumreiten konnte, um seinen Zorn zu rechtfertigen und sich aus der Misere zu stehlen, kritisierte er gleich zu Anfang diese „Sitzordnung". „Wer sich entfremdet, sucht einen Vorwand, um gegen jedes gesunde Urteil auszubrechen" (Spr 18,1: wörtl.a.d.Engl.). Für ihn war es offensichtlich, daß ich absichtlich diese Stühle und diese Sitzordnung ausgewählt hatte, um meine Ratsuchenden zu erniedrigen und mich selbst zu erhöhen; nachdem er sich absolut unzweideutig über all das Luft gemacht hatte, stolzierte er zur Tür hinaus und ließ seine verblüffte, händeringende Frau zurück. Mir war das kein Rätsel. Ich empfand nur Bedauern.

18. Kommen Sie ihm nicht zu nahe. Dringen Sie nicht in sein Territorium ein. Normalen Menschen möchte ich gerne nahe sein. Insbesondere im Gebet knie ich neben dem anderen nieder und lege einen Arm um seine Schulter. Wenn man einem Depressiven dient, sollte man diese Nähe vermeiden. Seine überstrapazierten Nerven können es nicht ertragen, wenn man ihm so nahekommt.

19. Dienen Sie einem Depressiven weder in der Gruppe, noch zu zweit. Wenn mehr als einer dient, soll der eine, auf den sich die nötige Aufmerksamkeit richten kann, vorne sitzen; die anderen sollten hinter dem Ratsuchenden sitzen und ihm eigentlich gar nicht bewußt sein. Der Herr sandte die Jünger immer zu zweien aus (Lk 10,1). In Prediger

4,9-10 heißt es: „Zwei sind besser daran als ein einzelner, weil sie einen guten Lohn für ihre Mühe haben.“ Normale Menschen finden die beste Hilfe in Gegenwart vieler. „...doch kommt Rettung durch viele Ratgeber“ (Spr 11,14). Durch die Gegenwart vieler gebietet man verwirrten, romantischen Vorstellungen Einhalt; man geht der Gefahr aus dem Weg, daß sich jemand an einer Person als dem großen Heiler und nicht am Herrn festhält. Doch der Depressive kann die Belastung nicht ertragen, daß zu viele Menschen einfach nur durch ihre sichtbare Anwesenheit unbewußt eine Reaktion von ihm fordern. Wenn mehr als eine Person einem Depressiven dienen, sollten sie versuchen, es so arrangieren, daß die Assistenten sich in einer beruhigenden Entfernung aufhalten. Depressive können sich nur auf eine Person einstellen, und das in der Regel nicht allzu lang.

20. Schließen Sie die Tür nicht. Für einen normalen Menschen ist es tröstlich und schafft Sicherheit, wenn man in einem Seelsorgebüro mit geschlossener Tür oder an einem ruhigen, abgeschlossenen Ort über vertrauliche Dinge spricht. Damit signalisiert man, daß man seinen Wunsch nach Vertraulichkeit respektiert. Doch ein Depressiver kann sich dabei wie in einer Falle fühlen. Unter Umständen braucht er die Gewißheit, daß er jederzeit hinaus kann, wenn er fliehen möchte. Wenn Sie die Tür offenlassen, zeigen Sie damit, daß Sie das respektieren. Sie signalisieren ihm auch, daß Sie nicht beabsichtigen, mit ihm eine weitschweifende Forschungsreise in sein Innerstes zu machen, die ihn zum momentanen Zeitpunkt nur überfordern würde. Die offene Tür ist ein Zeichen Ihrer Sensibilität. Sie dient seiner Entspannung.

21. Seien Sie nicht bescheiden. Sagen Sie nicht: „*Unter Umständen* kann ich Dir helfen.“ Sagen Sie nicht: „Fühlst Du Dich manchmal so?“ Bei normalen Menschen möchten wir nicht vermessen oder hochmütig erscheinen. Wir fragen, anstatt festzustellen. Wir versuchen, Respekt für die Privatsphäre und die Initiative des anderen zu zeigen. Es kann gut sein, daß wir um der Bescheidenheit willen unsere innerliche Sicherheit mit „vielleicht“ und „Ich denke, ich könnte...“ kaschieren. Bei Depressiven ist es genau anders; sie sollen nichts Bescheidenes zu hören bekommen, kein „Ich denke, ich weiß wie Du Dich fühlst“, kein irgendwie geartetes „wenn“. Sie müssen hören: „Ich *weiß*, wie Du Dich fühlst.“ Doch dann müssen Sie das beweisen, indem Sie mitfühlen. Wenn ein Seelsorger niemals depressiv war, muß er sich die Erfahrung eines anderen Menschen quasi „borgen“ und sich so verhalten, als ob er das selbst durchgemacht hätte. Das ist ein zentraler Punkt für den anderen, um Zutrauen und Vertrauen zu bekommen. Zur rechten Zeit kann der Seelsorger sagen: „*Ich kann Dich da rausholen*“, aber nicht „Ich denke...“ oder „Vielleicht kann ich...“ oder „Es kann

schon sein, daß...". Agnes Sanford erinnerte sich daran, was sie damals dachte, als ein junger Mann auf sie zukam, um ihr wegen ihrer Depressionen zu dienen: „Wenn dieser junge Mann jetzt auch nur ein einziges „wenn" sagt, weiß ich, daß ich nie geheilt werde." In so einem Moment ist ein Depressiver wie ein Mann, der in den Operationssaal gefahren wird, um sich einem chirurgischen Eingriff zu unterziehen und dabei voll und ganz vom Arzt abhängig ist. Sollte der Arzt versuchen, bescheiden zu sein und sagen „Ich weiß nicht, ob ich Ihre Gallenblase entfernen kann oder nicht", werden die meisten Operationskandidaten garantiert aufspringen und mit bloßem Hintern Hals über Kopf aus dem Krankenhaus stürzen! Wenn unser Leben schon vom Talent unseres Arztes abhängt, wollen wir uns in seinen Händen absolut sicher fühlen. Ein Depressiver weiß, daß er sich nicht selbst wiederbeleben kann. Wenn Sie ihm Hilfe anbieten, wird entweder alles bei Ihnen liegen oder gar nichts geschehen. Weil er das weiß, möchte er auch keine zaghaften Äußerungen hören, kein „wenn" und keine eingeschränkten Erfolgsaussichten. Der Depressive möchte sichergehen, daß Sie wissen, wie er sich fühlt, bevor er auch nur ein Fünkchen Vertrauen in Sie setzt. Ihre Zusicherung und der Beweis, daß Sie das wirklich wissen, ist wie Balsam für seine zerschundene Seele; denn er mußte es so oft ertragen, daß sein Versuch, in anderen Verständnis zu wecken, kläglich scheiterte, so daß Ihre Zusicherung, Sie wüßten schon, wie er sich fühle, sowie die Tatsache, daß Sie das auch beweisen, für ihn über alle Maßen erholsam ist.

22. Sparen Sie sich lange Erklärungen oder Reden. Sobald Sie mitfühlend genug sind, um zu erkennen, daß der Depressive bereit ist, sich in Ihre Hände zu begeben, weil Sie ihn verstehen, hören Sie besser mit dem Reden auf und sagen lediglich: „Ich kann Dich da rausholen".

23. Sagen Sie nicht: „Du kannst von Deinen Depressionen frei werden", oder „Ich kann Dir sagen, wie Du von Deinen Depressionen frei werden kannst.". So werden Sie die ganze Mission am sichersten verpatzen und die Türen zuwerfen. Die Heilung des Depressiven muß einzig und allein direkt auf Ihren Schultern ruhen. Ein Depressiver ist emotional gelähmt. Als die vier Männer den Gelähmten vor Jesus niederließen, sah dieser auf und „als (er) ihren Glauben sah, sagte er (zu dem Mann): 'Stehe auf...'" (Lk 5,17-26; Menge). Ein Depressiver wird nur am Seil unseres Glaubens und nicht seines eigenen aus seiner Grube herausklettern; das müssen sowohl er als auch Sie von Anfang an wissen.

24. Sagen Sie ihm, daß Sie wissen, wie Sie für ihn beten müssen, damit *er geheilt werden wird.* Im selben Atemzug fügen Sie dann noch hinzu: „Durch meinen Glauben, nicht Deinen." *Lassen Sie nicht ein-*

mal für einen Augenblick den Gedanken in Ihm hochkommen, Sie würden glauben, er müsse etwas tun – und wenn es nur das Allergeringste wäre –, um geheilt zu werden. Bei normalen Menschen möchten wir so dienen, daß deren eigener Glaube herausgefordert wird, so daß wir am Ende wie Jesus sagen können: „Dein Glaube hat dich gerettet. Geh hin in Frieden!" (Lk 7,50). Doch ein Depressiver weiß, daß nichts geschehen wird, wenn die Initiative bei ihm liegt. Er wird sowohl das Versagen als auch den Erfolg bei Ihnen suchen, indem er einmal davon ausgeht, daß Sie versagen, und ein andermal hofft, daß Sie nicht versagen.

25. Erklären Sie ihm, daß er wie der Gelähmte ist, der vor Jesus auf die Erde herabgelassen wurde, und daß Sie für ihn aus Ihrem Glauben, nicht aus seinem heraus beten werden. Beten Sie danach für ihn. Doch *legen Sie in diesem Fall Ihre Hände nicht auf seinen Kopf.* Aufgrund seines „Energiezustands" kann er das Gewicht Ihrer Hand körperlich nicht aushalten; noch dazu ist sein Nervenkostüm viel zu angeschlagen. Legen Sie Ihre Hände *leicht* auf seine Schultern, während Sie hinter ihm stehen. Indem Sie hinter ihm stehen, sind Sie ihm nahe und respektieren dennoch sein Bedürfnis nach Distanz.

26. Beten Sie nicht zu lange. Beten Sie lebendig, phantasievoll und positiv. Denken Sie daran: Sagen Sie nicht: „Wenn es Dein Wille ist, dann..." Jetzt ist nicht die Zeit für Ungewißheit. Wie Jesus in Lukas 4,18 sagt – nichts ist sicherer, als die Tatsache, daß er genau deswegen gekommen ist, um uns von solchen inneren Fesseln zu befreien: "'Der Geist des Herrn ist auf mir, weil er mich gesalbt hat, Armen gute Botschaft zu verkündigen; er hat mich gesandt, Gefangenen Befreiung auszurufen und Blinden, daß sie wieder sehen, Zerschlagene in Freiheit hinzusenden, auszurufen ein angenehmes Jahr des Herrn'."

Wenn ich bete, sehe ich den anderen quasi durchsichtig vor mir; ich beschreibe diesen Zustand; ich blicke in ihn hinein und sehe das erloschene Licht seines Geistes bildhaft vor mir, jetzt, da es vom Herrn wieder neu entfacht wird.

27. Lassen Sie es nicht zu, daß der andere Erfolg oder Versagen auf der Grundlage von Gefühlen oder anderen unmittelbar auftretenden Zeichen bemißt. Ich füge ohne Umschweife hinzu: „Herr, ich weiß, daß (Name des Ratsuchenden) momentan vielleicht nichts fühlt. Wir tun das hier nicht auf der Grundlage von Gefühlen, sondern auf der Grundlage meines Glaubens, und ich weiß, daß es funktionieren wird. Früher oder später, vielleicht schon heute, vielleicht nächste Woche, aber sicher in naher Zukunft wird sich dieser Mensch besser fühlen, so wie ein Grashalm plötzlich aus der Schneedecke hervorspitzt. Ich werde ihn in meinem Herzen tragen, Herr, und ich werde weiterbeten

bis er völlig frei und seine Depressionen los ist. Ich weiß, daß es funktionieren wird, Herr, und ich danke Dir und preise Dich dafür."

28. Beenden Sie Ihr Treffen nicht mit dem Gebet. Fügen sie schnell hinzu: „Ich möchte Dich wiedersehen."

29. Sagen Sie nicht: „Kannst Du mal wieder zu mir kommen?" oder „Möchtest Du, daß wir uns nochmal treffen?" Bei normalen Menschen signalisieren wir durch solche Fragen, daß wir ihren Wunsch respektieren. Ein Depressiver ist sich sicher, daß ihn niemand lieben könnte (oder sollte) und daß sicherlich niemand mit ihm Gemeinschaft haben möchte. Wenn wir also „Ich möchte Dich wiedersehen" sagen, heilen wir dadurch seine Erwartungshaltung und seine Furcht vor Ablehnung.

Erklären Sie ihm, daß man manchmal öfters beten muß, damit die innere Zündflamme auflodert und weiterbrennt. Manchmal sage ich: „Unser inneres Wesen ist wie ein alter Ford-Motor an einem kalten Tag. Manchmal stirbt er wieder ab oder hustet einige Male vor sich hin, bis er schließlich von alleine weiterläuft. Vielleicht müssen wir mehrmals beten, doch ich weiß, daß es am Ende funktionieren wird." Vereinbaren Sie einen nächsten Termin.

30. Lassen Sie nichts in der Schwebe. Machen Sie Tag und Uhrzeit konkret aus. „Ich würde Dich gerne am Mittwoch um zwei Uhr sehen." Wenn Sie sagen: „Komm' einfach, wenn Du kannst", wird er nicht kommen. Nageln Sie ihn fest.

31. Erwarten sie nicht, daß der Depressive zu Ihnen kommt. Wenn das Wunder noch nicht geschehen ist, wird er nicht kommen. Sich anzuziehen, um irgendwohin zu fahren, ist einfach zu viel, ganz zu schweigen von der Furcht vor dem Versagen. Gehen Sie zu ihm. Wenn Sie es noch nicht wissen, dann fragen Sie: „Wo wohnst Du? Ich werde kommen und Dich abholen." Normale Menschen möchten, daß man ihnen Spielraum gibt und ihre privaten Angelegenheit respektiert, damit sie die Freiheit haben können, einen Termin einzuhalten oder nicht. Ein Depressiver hingegen braucht die Gewißheit, daß Sie die volle Verantwortung übernehmen, ihm nachgehen werden und wollen. Vielleicht erwidert er: „Oh, Du brauchst Dir wegen mir keine Umstände zu machen!", doch glauben Sie ihm nicht. Machen Sie für ihn einen Umweg.

32. Versäumen Sie den Termin nicht. Das ist ein absolutes „Muß". Wenn die Großmutter stirbt, dann verlegen Sie das Begräbnis auf die darauffolgende Woche. Das Leben des Depressiven hängt an Ihrer Zuverlässigkeit. Wenn Sie bei ihm nicht auftauchen, auch wenn Sie einen noch so guten Grund dafür anführen und er mit seinem *Verstand* noch so vernünftig denkt: „Ich versteh's ja. Man konnte wirklich nichts machen", wird sein *Herz* daraus schließen: „Ich wußte es. Es wird nicht

klappen. Man hat mich schon wieder im Stich gelassen und abgelehnt, genauso wie ich es verdiene."

33. Übergeben Sie die Person im Gebet nicht dem Herrn. Agnes Sanford, die auf der ganzen Welt bekannt ist als Pionierin und Wiederentdeckerin der Heilung innerhalb der größeren Konfessionen, die bahnbrechende Vorkämpferin für die Heilung am inneren Menschen, die Frau, die selbst von ihren Depressionen geheilt wurde und eine Autorität auf dem Gebiet des Dienstes an Depressiven ist, verlor ihren Mann und bekam gleich darauf erneut Depressionen. Sie kam zu Paula und mir, die wir damals Pastor und Ehefrau in der kleinen First Congregational Church, United Church of Christ, in einer Kleinstadt des Council Grove, Kansas, waren. Wir waren überwältigt, als diese große, heilige Pionierin zu uns kleinen Seelsorgern kam und um Hilfe bat. Wir dachten, es wäre demütig und angemessen, im Gebet zu sagen: „Herr, wir legen Agnes in Deine Hände. Wir vertrauen sie Dir an. Wir wissen, daß Du Dich um sie kümmern wirst, Herr Jesus, weil Du sie liebst." Agnes versank augenblicklich in den tiefsten Tiefen ihrer Depression. Als ich sie das nächste Mal sah, ließ sie mich wissen, daß Paula und ich sie im Stich gelassen hätten. Agnes konnte nach wie vor für andere beten, die daraufhin auch geheilt wurden. Sie konnte immer noch lehren, vollmächtig und effektiv sein. Sie hatte Glauben für andere und doch keine Körnchen davon für sich selbst! Sie hatte es schon allein mit Gott versucht, doch sie und er hatten (wie sie glaubte) versagt. Sie an Gott zu übergeben, bedeutete, sie dem Versagen preiszugeben. Sie mußte von anderen getragen werden; deswegen und nur deswegen war sie zu uns gekommen; doch unsere falsche Demut und unsere Furcht hielten uns davon ab, genau das zu tun. Ich tat augenblicklich Buße und sagte: „Oh Agnes, wir werden das sehr gerne für Dich tun. Wir werden Dich gern in unserem Herzen tragen. Wir werden Dich durch unsere Liebe zum Leben erwecken. Das ist eine große Freude für uns. Du fällst uns nicht zur Last. Du bist uns Grund zur Freude." Agnes' Depressionen wurden schnell besser. Ich trug sie weiterhin in einem Herzen der Liebe (vgl. Kapitel 21 und 22 ihrer Autobiographie *Sealed Orders*). Agnes wurde nicht nur von ihren Depressionen befreit, sie wurde im Lauf der Jahre weicher, freier, weiser, glücklicher und entspannter.

Übergeben Sie einen depressiven Menschen niemals zu früh ausschließlich in die Hand Gottes. Sie müssen ihn tragen, so wie Paulus es in Galater 4,19 beschreibt: „Meine Kinder, um die ich abermals Geburtswehen erleide, bis Christus in euch Gestalt gewonnen hat..." Beachten Sie hier das Wort „abermals". Menschen, die fest und sicher in Jesus stehen, können diesen Stand kurzzeitig verlieren und müssen dann für eine Weile getragen werden. Geben Sie nicht auf. Verharren Sie. Den anderen zum Leben zu erwecken, kann lange dauern. Eine Frau, deren Verwandte mich (John) um Hilfe baten, war so depressiv, daß sie zwei volle Jahre lang im Bett geblieben war und am ganzen Körper wundgelegene Stellen hatte. Ihre Schwiegermutter kümmerte sich um den Haushalt, um sie und um ihre Kinder. Ich diente ihr gemäß den Schritten, die wir dargelegt haben. Ich mußte sie immer wieder besuchen, am Anfang zweimal die Woche, dann sechs Monate lang immer einmal die Woche, bis sie sich so weit erholt hatte, daß sie aufstehen und ihre Rolle als Ehefrau und Mutter wieder einnehmen konnte. Später war noch etliche Monate lang Seelsorge erforderlich, um die zahlreichen verborgenen Wurzeln, die hinter den Depressionen steckten, zu entdecken und zu heilen.

34. Tragen Sie die Last des anderen nicht für sich alleine. Sie müssen dem Depressiven im Zweiergespräch dienen, doch ziehen sie darüber hinaus noch Freunde und Gebetskämpfer hinzu, die ihnen die Last tragen helfen. Die Weisheit wird ihnen vorgeben, ob sie es dem Depressiven sagen sollten oder nicht. Einige fühlen sich nämlich schuldig, weil Sie wegen ihnen Unannehmlichkeiten in Kauf nehmen müssen und tadeln sich selbst, wenn sie nicht schleunigst wieder auf die Beine kommen. Sie wollen niemandem zur Last fallen; das trug unter anderem auch dazu bei, daß sie depressiv wurden; letztenendes müssen sie sich auch das wieder abgewöhnen. Doch wenn der Depressive so in falschen Bahnen denkt, kann es unter Umständen nicht ratsam sein, ihn darüber zu informieren, daß etliche Leute für ihn beten. Andererseits könnten einige Menschen diese Information als Zeichen Ihrer Liebe deuten und sich dadurch ermutigt fühlen. Wir sollten so handeln, wie es unserer Meinung nach den Bedürfnissen des Einzelnen am besten entspricht.

35. Ziehen Sie nicht die Gebetsunterstützung von „Klageweibern“ hinzu. Wir brauchen deren Ächzen und Seufzen nicht; die dadurch freiwerdende psychische Energie kann den Ratsuchenden in Mitleidenschaft ziehen. Bitten Sie heitere, positive und glückliche Gebetskämpfer um Unterstützung.

36. Übersehen Sie nicht die einfachen praktischen Dinge, die mit der Genesung des Depressiven einhergehen: „Oh, Du hast eine neue Frisur.“ „Heute siehst Du viel besser aus.“ Körpersprache, Kleidung, ein Funkeln in den Augen – viele Dinge lassen darauf schließen, daß der andere allmählich zu neuem Leben erwacht. Wir können diesen Prozeß des Wiederauflebens in zweierlei Hinsicht unterstützen. Zunächst einmal, indem wir es bemerken, bestätigen und mit einem Kompliment bedenken, wenn ein winziger, praktischer Schritt getan

wurde. „Du hast wieder Hemd, Krawatte und einen tollen Anzug an. Du siehst großartig aus. Das ist schön zu sehen.“ Darüberhinaus können wir die Person in vielerlei Hinsicht ermutigen, die Flügel wieder zu spreizen.

Ein junger Mann (nicht ich), der Agnes vor einigen Jahren diente, sah, daß sie wieder zum Leben erwachte und sagte zu ihr: „Agnes, was hast Du früher eigentlich gerne getan, ich meine, bevor Du depressiv wurdest?“

„Oh, ich schrieb sehr gerne. Ich bin Buchautorin.“

„Nun, versuch's doch mal wieder. Du brauchst Dich ja nicht gleich zu verausgaben, aber schau' einfach mal, ob es Dir wieder Spaß macht.“

Agnes schrieb ein Theaterstück in drei Akten – die Geschichte von Saul, Jonathan und David. Hinter ihrer Depression steckte viel Zorn, dem die Frau eines Pfarrers der Episkopalkirche keinen freien Lauf lassen sollte. Je mehr Menschen sie auf der Bühne sterben ließ, desto besser fühlte sie sich, bis schließlich ganze Armeen dahingerafft wurden! Manche Leute spielen Klavier oder Gitarre, arbeiten im Garten, wandern, beobachten Vögel oder gehen Angeln. Ermutigen Sie die Erneuerung des praktischen Interesses, das früher vorhanden gewesen war.

37. Wenn die Person anfängt, dem zu erliegen, was man „Übertragung“ nennt, d.h. wenn sie glaubt, sie würde sich in Sie verlieben, dann weisen Sie diesen Ratsuchenden nicht ab. Einigen von ihnen kann man erklären, was eine Übertragung ist (vgl. Kapitel 21 „Väter und Mütter in Christus“ in *Die Umgestaltung des Inneren Menschen*). Einige werden nicht bereit sein, zu hören, daß ihre Liebe zu Ihnen Elemente des Irrealen oder der Verwirrung beinhalte. Dann liegt diese Last ausschließlich auf Ihrem Herzen. Halten Sie Ihr Herz rein. Glauben Sie nicht, diese Liebe des anderen zu Ihnen wäre eine romantische oder gar eine echte partnerschaftliche Liebe, gleichgültig wie sehr der Ratsuchende auch davon überzeugt sein mag. Sie sollen die unerschütterliche Gewißheit haben, daß Ihre eigene Liebe für den anderen weder romantisch noch partnerschaftlich ist, daß Ihre Liebe die Liebe des Herrn für einen Menschen ist, der gerade erlöst wird, oder wie die Liebe der Eltern für ihr Kind, und daß die Liebe des anderen eine vorübergehende, übersteigerte Fixierung auf Sie darstellt, quasi die Nabelschnur-Verbindung für sein Lebensblut. Eines Tages wird diese Nabelschnur durchtrennt werden, und Sie beide werden die besten Freunde sein, jedoch keine Geliebten.

In diesem Bereich lauert eine große Gefahr. Soweit Paula und ich wissen, sind mehr Seelsorger durch mangelnde Erkenntnis und falschen Umgang mit Übertragungen zu Fall gekommen, als durch irgendein anderes Problem. Es sind wirklich so viele, daß man am liebsten rufen möchte: „Flieht gleich zu Anfang vor der Schlacht." Doch Christus ruft uns nicht, damit wir uns in Sicherheit wiegen könnten, sondern vielmehr, um zu dienen und uns einem Risiko auszusetzen, wie es ja auch das Beispiel seines eigenen Lebens gezeigt hat. Ein Bibelwort, das für uns zum „Rhema" wurde, gab uns große Gewißheit: „Wo keine Rinder sind, ist die Krippe leer, doch kommt reichlicher Ertrag durch die Kraft des Stieres" (Spr 14,4). Vielleicht finden wir uns inmitten eines Riesenschlammassels oder in einer brenzligen Situation wieder, während wir dienen, doch der Herr möchte nicht, daß wir wie die Pharisäer über unsere Unnahbarkeit wachen, sondern vielmehr wie Diener die Last und die Hitze des Tages ertragen.

Vergewissern Sie sich, daß Sie wirklich solange verharren, bis der andere von seinen Depressionen frei ist, bis die Ursache dafür entdeckt und der andere umgestaltet wird und in seinem neuen Leben wandelt. Beenden Sie weder die Seelsorge noch die Beziehung, solange der Ratsuchende nicht in der Lage ist, selbst seine Freiheit zu bewahren. Mit unserem Verstand wird uns sehr schnell klar, ob wir geliebt werden, doch das Herz muß immer und immer und immer wieder prüfen, erproben und sichergehen, bevor es zur Ruhe kommt, bevor es für sich absolut festmacht, daß es geliebt wird und diese Frage nicht noch einmal aufgerollt werden muß. Wenn die Frage der Liebe beantwortet ist, wird aus der Sicherheit der Mut zum Leben.

Bei einer Übertragung stellt der Ratsuchende den Seelsorger quasi wie einen vermeintlichen Abgott auf ein Podest, da er vorübergehend von ihm empfängt, was man normalerweise ausschließlich direkt von Gott empfangen sollte. Ob es sich nun um eine Übertragung handelt oder nicht, ein Mensch, der seine Depressionen hinter sich läßt, lebt eine Zeitlang nicht aus seiner eigenen geistlichen Kraft heraus, sondern vielmehr durch die Frömmigkeit seines Helfers. Man könnte das mit der Wiedergeburt vergleichen. Vor der natürlichen Geburt sind wir vom Körper und dem Leben unserer Mutter umgeben. Während dieser Zeit wird der Mutter jedoch nicht unsere abgöttische Verehrung zuteil, obgleich uns alle lebenserhaltenden Kräfte durch sie vermittelt werden. Wir sind nicht für uns selbst verantwortlich, sondern der andere. Wenn wir als Erwachsene diese Kontrolle über unser Leben in die Hände eines anderen legen, so *ist* das götzendienerisch, denn der Herr möchte, daß wir auf unseren eigenen Füßen stehen und allein von ihm abhängig sind. Man muß jedoch verstehen, daß depressive Menschen nicht länger in der Lage sind, wie verantwortungsvolle Erwachsene zu leben. Damit möchten wir nun nicht sagen, sie hätten einen Rückschritt gemacht und wären wieder zu kleinen Kindern geworden, sondern nur, daß sie augenblicklich nicht dazu in der Lage sind. Sie müssen vorübergehend von einem anderen Menschen getragen werden.

Somit ist diese Art von Beziehung nicht götzendienerisch. Aber es liegt dennoch eine Gefahr darin: Es kann sein, daß es dem Seelsorger so gut gefällt, den Ratsuchenden zu tragen – vielleicht aus Ichsucht, Machtdenken und falscher Lust, vielleicht weil es für ihn notwendig ist, gebraucht zu werden, weil er besitzen will oder weil er für den anderen wie Gott wird –, daß er unbewußt oder sogar ganz bewußt nicht die Bereitschaft zeigen wird, den anderen wieder loszulassen, wenn die Zeit reif ist. Unter Umständen ist auch das Gegenteil der Fall: Der Seelsorger macht sich so viel Sorgen, ist so ausgezehrt und wird so von der Verantwortung angegriffen, daß er die Beziehung zu früh abbricht; dadurch fühlt sich der Ratsuchende abgelehnt und versinkt wieder in seiner Depression. Es kann auch sein, daß der Ratsuchende versucht ist, sich zu lange an den Seelsorger zu klammern oder aber seinerseits die Beziehung zu früh abzubrechen. In den meisten Fällen werden die Ratsuchenden verwirrt. Der Seelsorger muß den Kurs halten, wachen Sinnes und im Bewußtsein der Gefahren und Konsequenzen.

Die am weitesten verbreitete und größte Gefahr ist sexueller Natur. Ob nun eine Frau bei einem Mann in der Seelsorge ist oder umgekehrt, ob eine Frau bei einer Frau und ein Mann bei einem Mann in der Seelsorge ist – es kann passieren, daß einer von beiden oder alle beide sich sexuell oder romantisch stimuliert fühlen oder einer Verwirrung zum Opfer fallen. Der jeweilige Partner gewinnt vielleicht den Eindruck, daß hier geistiger Ehebruch stattfindet, d.h. daß einer oder beide die Art von Liebe und Gemeinschaft (abgesehen von sexuellen Aktivitäten) empfangen, die rechtmäßigerweise ausschließlich dem Partner zustünde. Das kann in der Tat geschehen. Die Gesellschaft sieht zu und vermutet womöglich hinter einer unschuldigen liebevollen Beziehung einen Skandal oder erkennt völlig richtig einen geistlichen Ehebruch und/oder Ehebruch im engeren Sinne und reagiert darauf. Tragischerweise geschieht es häufig, daß das Paar auch sexuell aktiv wird.

Aus den genannten Gründen sollte ein Seelsorger, wenn er sieht, daß ein Ratsuchender sich an ihm festklammert, engen Kontakt mit weisen Kollegen halten und achtsam sein; das gilt sowohl für die Seelsorge an Depressiven, als auch für die Seelsorge ganz allgemein. Der Seelsorger muß demütig genug sein, den Warnungen dieser Freunde zuzuhören und sie sich zu Herzen zu nehmen. Wenn die Liebe wie ein Feuer lodert, dann kann sie von großem Nutzen sein, wenn es darum geht, das Herz eines Menschen zum Leben zu erwecken und zu erwärmen; doch kein Weiser spielt mit dem Feuer. Man muß diesem Feuer weise und unnachgiebig Grenzen ziehen und ihm Einhalt gebieten, damit es nicht plötzlich dort ausbricht, wo es nicht ausbrechen soll. Kurz, wir dürfen das Risiko nicht scheuen, aber wir dürfen auch den Dienst unseres Herrn nicht verpatzen, indem wir unachtsam sind. Weisheit und Beherrschung müssen siegen. Die Verantwortung, dem Ratsuchenden vor Augen zu führen, daß er geliebt wird, lastet auf den Schultern des Seelsorgers; gleichzeitig muß er diese Liebe in ihre Schranken weisen, ohne dem Ratsuchenden das Gefühl zu vermitteln, abgelehnt zu werden.

Eines Tages schickte mich der Herr in ein Krankenhauszimmer, wo ich eine Dame vorfand, die sich nur sehr schleppend von einem Herzanfall erholte. Ob nun die Depression den Herzanfall ausgelöst hatte oder erst später begann, sei dahingestellt; die Folge war, daß sie nicht mehr leben wollte. Ich unterstützte die Mediziner, indem ich für die physische Heilung ihres Herzens betete und widmete mich dann der umfangreicheren Aufgabe, sie aus ihrer Depression herauszureißen. Nach einigen Monaten war sie von ihren Depressionen fast völlig frei und hatte zahlreiche Ursachen für den Herzanfall und die Depressionen überwunden.

Ich nahm sie in meinem Wagen zu einem Gebetstreffen mit. Sie war sehr hübsch, ungefähr so alt wie meine Mutter, verheiratet und auch schon Großmutter. Ich spürte, wie sie all ihren Mut zusammennahm, um mir eine peinliche Frage zu stellen. Schließlich holte sie tief Luft und platzte heraus: „Herr Pastor, wenn ich Sie bitten würde, mit mir ins Bett zu gehen, würden Sie mir das abschlagen?“

Ich empfand Schmerz für sie, Schmerz über das Leid und die Verwirrung, die sie sich selbst auferlegt hatte; darüberhinaus schämte ich mich, daß ich sie nicht durch weiseren Rat vor so etwas bewahrt hatte; also dachte ich eine Weile nach und sagte schließlich: „Sie wissen, daß ich mich um Sie sorge, doch spreche ich nicht von dieser Art von Liebe. Als Diener des Herrn darf ich das nicht und somit würde ich es Ihnen abschlagen, aber ich würde Sie nicht ablehnen.“ Obwohl ich ziemlich geschockt war, versuchte ich auf meine eigene unreife Art und Weise, ihr durch meine Antwort und meine ganze Art zu vermitteln, daß ich ihr die Stange halten würde, daß ich in der Tat Liebe für sie empfinde und daß ich sie nach wie vor annehmen und sie wegen ihrer Frage nicht verachten würde. Ich wußte, da war etwas, das mit Sexualität eigentlich überhaupt nichts zu tun hatte. Ich wollte einer weitergehenden Seelsorge den Weg nicht versperren. Sie würde darüber sprechen müssen. Sie war einer schwerwiegenden Übertragung und Verwirrung zum Opfer gefallen.

Ich wußte, daß etwas überaus Mächtiges sie gezwungen hatte, ihr sonst so korrektes Verhalten links liegen zu lassen. Später stellte sich folgendes heraus: Wäre ich nicht so sicher in Christus und in meiner Liebe zu Paula verankert gewesen, und hätte sie mich wirklich verführt, so hatte sie mich mit all dem auf einer tieferen Ebene lediglich auf die Probe gestellt. Würde ich sie immer noch lieben, mögen und respektieren können, auch wenn sie ihr vorgespiegeltes und leistungsorientiertes, damenhaftes Verhalten ablegen und verführerisch erscheinen würde? Ich frage mich noch heute, ob meine Antwort nun weise oder dumm gewesen war; zumindest beantwortete sie ihre tiefergehenden Fragen. Ich wollte nicht, daß die Beziehung in die Brüche ging; sie konnte bezüglich ihrer Gefühle zur Ruhe kommen. Daraus schloß sie (das stellte sich später heraus), daß sie wirklich, aufrichtig und in der angemessenen Art und Weise geliebt wurde und das Risiko eingehen konnte, heil und frei zu werden.

Ich erzähle diese Geschichte, damit andere sehen können, daß bei Beziehungen, die sich in eine völlig falsche Richtung zu entwickeln scheinen, das in der Tiefe manchmal überhaupt nicht der Fall ist oder sein muß. In diesem Moment hing ihr Leben sowohl an meiner kompromißlosen Hingabe an ein gerechtes Leben in Christus, als auch an meiner Bereitschaft, zuzulassen, daß Jesus hinter dem, was so schief zu laufen schien, die in ihr aufkeimende Realität findet und ihr dient. Später kam ans Licht, daß ihr Stiefvater, dem sie vertraut und den sie geliebt hatte, sexuelle Annäherungsversuche unternommen hatte. Obwohl sie zwanzig Jahre älter war als ich, hatte sie mich an seinen Platz und somit auf den Prüfstand gestellt: Konnte sie sicher sein, wenn sie es zuließ, von einer Vaterfigur geliebt zu werden? Konnte sie mit ihrer Liebe eine Vaterfigur verführen? Konnte sie geliebt werden, ohne daß sich diese Liebe unlautererweise in Sex verwandelte? Dieses Raster voll unbeantworteter Fragen war die Ursache hinter der Depression, der sie zum Opfer gefallen war. All das steckte eigentlich hinter dem, was nach außen hin lediglich wie sexuelle Wollust aussah.

Mit dieser Geschichte möchte ich Seelsorgern, speziell denen, die Depressiven dienen, den Rat geben, *nicht* auf das zu reagieren, was zu geschehen *scheint*. „Er wird sein Wohlgefallen haben an der Furcht des Herrn. Er wird nicht richten nach dem, was seine Augen sehen, und nicht zurechtweisen nach dem, was seine Ohren hören“ (Jes 11,3). In der eben erzählten Geschichte hätte man dieselben Fehler machen können: Man hätte der Versuchung erliegen oder andererseits selbstgerecht handeln können, so als ob das Verhalten des Ratsuchenden tadelnswert gewesen wäre und somit Rüge, Ablehnung und Verdammnis verdient hätte. Beide Reaktionsmodelle hätten das eigentliche Geschehen außer Acht gelassen. Was unser Leben betrifft müssen wir umsichtig am Weg des Herrn festhalten und voll Erbarmen und Geduld dem anderen dienen, damit der Herr Gelegenheit bekommt, das eigentliche Lied des Herzens zu offenbaren.

Wir packen depressive Fälle deswegen auf der Grundlage dieser Geschichte an, weil die gängigste und grundlegendste Ursache einer Depression in einer Kombination aus Leistungsorientierung und verborgenen, ungelösten emotionalen Faktoren der Schuld, der Angst, des Grolls und der Ablehnung besteht. Wäre es der betreffenden Person möglich gewesen, sich dieses Geflecht aus Verletzungen bewußt zu machen, wäre es höchstwahrscheinlich nie zu einer Depression gekommen. Wenn die Last der eigentlichen Depression leichter wird, fängt das Herz an, nach Möglichkeiten zu suchen, wie es Signale an die Oberfläche senden kann, die über die ursprünglichen und ursächlichen Verletzungen und Sünden Aufschluß geben. So wie vor dem Auftreten der Depression verhindert die Leistungsorientierung auch jetzt noch, daß sich der Betreffende eine Schuld oder ein Trauma offen eingestehen kann. Deshalb denkt sich der Geist in ihm irgendeinen Schachzug aus, wie z.B. Träume, Geschichten oder eine scheinbare Verführung. Es ist nun die Aufgabe des Seelsorgers, diese Anhaltspunkte festzuhalten und die Aufgabe des Heiligen Geistes zu offenbaren, was sie bedeuten.

Den besten Einblick in den Themenbereich „Leistungsorientierung“ gewinnt man durch die Lektüre des dritten Kapitels unseres Buches *Die Umgestaltung des inneren Menschen*. Kurz gesagt tritt eine Leistungsorientierung dann auf, wenn ein Mensch nicht genügend bedingungslose Liebe und Zuwendung empfängt und stattdessen die Botschaft „Nur wenn Du den hier vorherrschenden Standard erreichst, wirst Du geliebt werden und dazugehören“ in sein Herz aufnimmt. Da jeder von uns Liebe braucht, um überhaupt leben zu können, wird Angst das Herz in ihren Bann ziehen, die Angst vor Ablehnung. Das führt wiederum entweder zu willfährigem Verhalten – „Ich werde alles tun, womit ich mir offensichtlich Eure Wertschätzung verdienen kann, denn mir ist klar, daß ich das tun muß, um Eure Liebe zu gewinnen.“ – oder zu Rebellion – „Wenn ich mir Eure Liebe durch Leistung erkaufen muß, werde ich das bestimmt nicht tun, und dadurch werdet Ihr gestraft.“ Der Mensch, der versucht, Leistung zu erbringen, um Liebe zu gewinnen, wird sich ständig abrackern. Er wird sich niemals sicher sein, ob er auch ja genug getan hat, um die Liebe der anderen zu verdienen. Er bemißt alles und beurteilt, wie gut seine Leistung war.

Gleichgültig wieviel Zuwendung er auch empfängt, er ist nie voll und ganz überzeugt davon, daß er auch wirklich geliebt wird; er denkt vielmehr: „Wenn sie wüßten wie ich wirklich bin, könnten sie mich ganz gewiß nicht lieben." Da er das Geliebt-Werden immer automatisch mit dem „Brav-Sein" koppelt, fürchtet sich jeder Leistungsorientierte davor, daß ihm jemand in die Karten schaut. Er kann den anderen keinen Einblick in abstoßende oder tadelnswerte Dinge zeigen – weder nach außen hin, noch in seinem innersten Wesen –, weil er Angst hat, daraufhin abgelehnt zu werden. So wird er in seinem Rollenspiel gefangen; innerlich fühlt er sich mehr und mehr in die Isolation abgedrängt. Je länger er leistungsorientiert lebt, desto mehr innerer Zorn wird geschürt; er ist zornig, weil er etwas leisten muß, um geliebt zu werden, anstatt geliebt zu werden, einfach nur weil er da ist. In seinem Innersten wächst der Drang, sein Image vom „netten Kerl" zu durchbrechen, um so herauszufinden, ob man ihn in jedem Fall lieben wird (das war auch der Beweggrund, warum diese Großmutter mich verführen wollte).

In Hinsicht auf die Depression bedeutet das nun, daß sich leistungsorientierte Menschen so lange und so intensiv abmühen, Leistung zu erbringen, bis ihr Innerstes des Spielchens schließlich überdrüssig wird. Folgender Gedanke formt sich in ihren Herzen, ohne daß man ihn bewußt wahrnehmen würde: „Das funktioniert nicht. Ich habe nicht das Gefühl, jetzt auch nur ein bißchen mehr geliebt zu werden wie damals, als ich anfing...(welches Ziel auch immer sich die betreffende Person gesetzt hatte). Ich geb's auf." Der Geist beginnt einen „Sitzstreik"; die Bereitschaft, überhaupt irgendetwas zu leisten, stirbt. Depressionen dieser Art können scheinbar über Nacht auftreten, wenngleich aufmerksame Beobachter die sich ankündigenden Zeichen schon lange zuvor hätten wahrnehmen können. „Ausgebranntheitsdepressionen" treten nie so urplötzlich auf wie es den Anschein hat.

Ein leistungsorientierter Mensch kann auch versuchen, sich durch Leistung Liebe zu verdienen und sich niedergeschlagen und unliebenswert fühlen, weil er dabei versagt – vielleicht nicht in den Augen anderer, jedoch sehr wohl in seinen eigenen. Wenn er von geliebten Menschen Liebe empfängt fühlt er sich schuldig: „Ich hab' deren Liebe nicht verdient" oder „Die können das doch wohl nicht ernst meinen", denn in diesem Fall würde er dem Standard entsprechen müssen, obwohl er sich absolut unfähig und unwürdig fühlt. Sein Innerstes ist in Aufruhr; deshalb kann er nur eine mangelhafte Leistung erbringen, fühlt sich noch viel schlechter, leistet wiederum noch weniger, versagt erneut und versinkt so Schritt für Schritt in den Tiefen der Depression.

Ein leistungsorientierter Mensch kann von beiden Endpunkten der Skala aus Depressionen verfallen. Wer zu viel leistet, wird durch die Anstrengung müde; Erfolg droht ihm zu offenbaren, daß er sich kein bißchen mehr geliebt oder sicherer fühlt. Das führt zur innerlichen Kapitulation. Andererseits läuft für ihn Versagen auf mangelnde Liebe und Ablehnung hinaus; dadurch wird sein Versagen nur noch schlimmer; so komprimieren sich Versagen und Gefühle der Unzulänglichkeit zu einem abwärtsgerichteten Sog, bis man schließlich am Fußpunkt, der Depression, angelangt ist.

Ein leistungsorientierter Mensch fällt der Depression auch durch Isolation und Schuld zum Opfer. Wenn er weiß, daß er einem anderen seine Sünden bekennen muß, um geheilt zu werden (Jak 5,16), tut er das vielleicht auch pflichtbewußt, jedoch sehr vorsichtig und unter strengster Selbstkontrolle; der Zuhörer mag nun daraus folgern, er sei offen, ehrlich und aufrichtig, während er in Wirklichkeit nur eine sorgfältig kontrollierte Rolle gespielt hat. Das Eigentliche, Rohe, Unvorbereitete, nicht Durchdachte in seinem brodelnden inneren Vulkan läßt er nie auf sich selbst los, geschweige denn auf andere. In den meisten Fällen wird ein leistungsorientierter Mensch das Rollenspiel der Selbsterkenntnis durch Bekenntnis niemals beginnen. Er ist davon überzeugt, daß sein Nächster ihn niemals lieben könne, wenn er herausfinden würde, was eigentlich in ihm steckt. All das bedeutet nun, daß der heilende Balsam der Vergebung nie bis zum Kern des Inneren Menschen, wo all die Erinnerungen „gespeichert" sind, vordringen darf. Darüberhinaus bedeutet das, daß der Leistungsorientierte um so sorgfältiger daran arbeiten muß, seine Fassade zu bewahren, je näher ihm andere Menschen kommen. Somit wird die Energie und die Kraft des Leistungsorientierten von uralter Schuld aufgezehrt. Während er sich für andere verausgabt, wird sein inneres Reservoir immer leerer, bis er schließlich wie über dünnes Eis läuft und schließlich ins kalte Wasser der Depression plumpst. Ob die daraus resultierende Depression sich nun langsam entwickelt oder plötzlich da ist, der Grund dafür ist nicht der Tropfen, der „das Faß zum Überlaufen bringt". Die Ursache liegt in uralter Schuld und Einsamkeit, die noch nie durch das Kreuz und Blut Christi geheilt worden sind.

Agnes Sanford wurde gebeten, einer Missionarin zu helfen, die aufgrund ihrer nicht nachlassenden Depressionszustände wieder nach Hause geschickt worden war. Agnes diente ihr, wie wir dargelegt haben, bis sie bereit war, über die möglichen Ursachen ihrer Depression zu sprechen. Obgleich die Frau eine Evangelistin war, die den Heiden das kostenlose Geschenk der Liebe Gottes predigte, war sie selbst so leistungsorientiert, daß sie tief in ihrem Herzen nie wirklich geglaubt hatte, Gott könne sie auch dann lieben, wenn sie nicht diene oder irgendetwas Entsetzliches täte. Schließlich stellte sich heraus, daß sie mit sechzehn eine Beziehung zu einem Mann gehabt und dabei ihre Jungfräulichkeit verloren hatte. Ihr leistungsorientiertes Wesen hielt sie davon ab, es irgendjemandem zu erzählen. Sie hatte versucht, es im Stillen Jesus zu bekennen und hatte sich abgemüht zu glauben, ihr wäre auch wirklich vergeben worden. Doch hatte sie sich nie selbst vergeben können und war auch nicht in der Lage, in ihrem Herzen zu verstehen, wie ihr je ein anderer und schon gar nicht Gott vergeben könnte.

Agnes rief: „Oh, da haben wir's ja. Eine alte Schuld, noch nicht vergeben, tief in Ihrem Herzen."

„Was meinen Sie mit 'noch nicht vergeben'? Ich predige den Heiden schon seit fünfzig Jahren das Heil in Christus! Ich *weiß*, daß Gott mir vergeben hat."

„Ja", erwiderte Agnes. „Selbstverständlich weiß die Erwachsene, daß ihr vergeben wurde. Doch das sechzehnjährige Mädchen in Ihnen hat das nie gespürt." Wenn ich mich an Agnes' Geschichte richtig erinnere, sagte die Dame darauf in etwa folgendes: „Das ist doch absurd!" Doch die Wahrheit in Agnes' Worten drang viel zu tief in sie ein und berührte ihr verletztes Herz, bis die Erwachsene schließlich zu weinen begann und die Wahrheit in Agnes' Worten erkannte.

„Doch wie kann Gott dem kleinen Mädchen jetzt vergeben? Das liegt nun schon mehr als fünfzig Jahre zurück."

„Wie wäre es, wenn Sie sich vorstellen würden, Sie wären jetzt gerade sechzehn und es wäre einen Tag nachdem es geschehen war und Sie könnten direkt zu Jesus gehen und ihm alles erzählen? Wäre er dann in der Lage, Ihnen zu vergeben?"

„Oh ja, ja. Natürlich könnte er."

„Dann machen wir das doch."

Also beteten sie haargenau so: Sie baten Jesus, zu diesem kleinen Mädchen hinzugehen und ihm zu sagen, daß er ihr vergebe, genau so, wie er vor so langer Zeit zu dieser anderen Frau gesagt hatte: „So verurteile auch ich dich nicht. Geh hin…" (Joh 8,11).

Die Dame, die den Heiden fünfzig Jahre lange Vergebung gepredigt hatte, empfing nun selbst Vergebung; ihre Depressionen waren weg und kamen nie wieder. Sie hatten in ihrem Herzen keinen Platz mehr, wo sie sich hätten aufhalten können. Darüberhinaus wußte diese leistungsorientierte Frau tief in ihrem Herzen, daß sie wirklich geliebt wurde, obwohl sie nicht alles richtig gemacht hatte.

Man könnte sagen, daß hinter jeder Depression in einem gewissen Maß Leistungsorientierung steckt, wenngleich sie nicht die primäre

Ursache zu sein braucht. Die zentrale Ursache – Schicksalsschlag, Verlust, Schuld oder Ablehnung – ist der Funke; die Leistungsorientierung ist das Brennholz. Oder man drückt es so aus: Die Wunde ist der Same, die Leistungsorientierung ist der fruchtbare Boden, auf dem die Depression still und heimlich wachsen kann. Es muß nicht notwendigerweise so sein, daß alle depressiven Menschen zutiefst leistungsorientiert sind; doch in mehr als fünfundzwanzig Jahren der Seelsorge haben Paula und ich noch nie einen Depressiven gefunden, bei dem die Leistungsorientierung kein wichtiger Faktor für die Entstehung der Depression gewesen wäre. Das Gegenteil ist selbstverständlich nicht wahr – nicht alle leistungsorientierten Menschen laufen unweigerlich auf eine Depression zu. Doch ich tendiere zu der Ansicht, daß wohl kein anderer Faktor zu einer Depression geführt hätte, wenn die Leistungsorientierung nicht dazu beigetragen hätte.

Darüberhinaus sind noch andere Ursachen möglich, wie z.B. (nicht notwendigerweise nach Wichtigkeit oder Häufigkeit geordnet):

Ein Faktor kann uralte Schuld sein, wie das ja auch bei der Missionarin der Fall war. Seelsorger müssen sich über eins unzweifelhaft im Klaren sein: Ob ein Mensch nun leistungsorientiert ist oder nicht – er kann alle richtigen Schritte des Bekenntnisses gehen und seine Schuld immer noch nicht loslassen. Wenn er, wie die Missionarin, seine Schuld still für sich bekannt hat (was nebenbei bemerkt unbiblisch ist; nirgendwo in der Bibel finden wir ein Gebot, das uns aufrufen würde, unsere Sünden still für uns zu bekennen; vielmehr gibt es klare Anweisungen, sie anderen Menschen zu bekennen, wie z.B. in Jakobus 5,13ff.), bleibt in seinem Herzen immer noch die Frage bestehen, ob ihm die Menschen vergeben würden, wenn sie davon wüßten. Höchstwahrscheinlich ist das innere Wesen immer noch unsicher, ob ihm vergeben ist oder nicht, so wie das Herz der Missionarin. Der Herr vergibt wirklich; manchmal empfangen wir nur nicht.

Wenn ein Mensch anderen seine Sünden bekannt hat, hat er es vielleicht dennoch nicht zugelassen, daß der Balsam der priesterlichen Autorität bis zu seinem eigenen, gequälten Herzen vordringt. Leistungsorientierte Menschen haben womöglich elterliche Berührung nur in Form von Bestrafung kennengelernt; folglich kann im Unterbewußtsein eine Verbindung zwischen der Bestrafung und dem Wissen, daß man geliebt wird, entstanden sein. So ein Mensch kann sich, ohne es zu wissen, selbst bestrafen, indem er sich die Vergebung verwehrt; deshalb gewinnt er auch einen falschen Eindruck von der Liebe Gottes, denn „Schau nur, wie er mich züchtigt!" In seiner Gedankenwelt erscheint Hebräer 12 völlig verdreht, um ihm zu bestätigen, daß Gott ihn liebt, weil dieser ihn zu strafen scheint, wenn er sich selbst straft.

In den meisten Fällen, in denen Schuld Depression hervorgerufen hat, stellen Paula und ich fest, daß der Betreffende wirklich glaubt, Gott habe ihm vergeben, jedoch nie richtig effektiv in der Lage war, sich selbst zu vergeben. Da er Liebe brauchte und sich selbst davon überzeugen mußte, daß er die anderen liebt, konnte er sich selbst nicht vergeben; denn so wie er die Dinge sah, verhielt es sich folgendermaßen: Hätte er geliebt, hätte er doch so etwas nie getan und selbstverständlich verdient er die Vergebung nicht. Manchmal hörten Paula und ich, wie leistungsorientierte Menschen, als sie aufgefordert wurden, anderen zu vergeben, sagten: „Gut, ich könnte ihm vergeben, wenn er es verdient hätte, doch er hat es ja absichtlich getan!" In gleicher Weise richten sich solche Menschen selbst und verweigern sich selbst die Vergebung. In ihren Augen muß man sich die Gnade verdienen. Das Herz eines Leistungsorientierten grenzt die Tatsache aus, daß Gnade „unverdiente Gunst" bedeutet – zu diesem Zeitpunkt ist er vielleicht felsenfest von einer „unverdienten Gnade" überzeugt! Auch nicht-leistungsorientierte Menschen halten sich unter Umständen in gleicher Weise davon ab, sich selbst zu vergeben. Jeder von uns hat in gewissem Maße diese götzendienerische Lüge akzeptiert, daß wir eigentlich Götter hätten sein sollen; wenn uns unsere Sünden dann beweisen, daß wir es eben nicht sind, hassen wir uns dafür.

All das führt uns zu einem weiteren Vorbehalt: Ein Seelsorger *darf* einem Ratsuchenden *nicht* vorschnell glauben, wenn dieser sagt, er wisse, daß er Vergebung empfangen habe. Nicht Glaubensbeteuerungen sondern Früchte offenbaren, was wirklich vorhanden ist. Wenn die Wunde nach wie vor da ist, dann ist etwas unterblieben – höchstwahrscheinlich die Vergebung. Durch weitere Fragen, die verschiedene Aspekte abdecken, wird vielleicht deutlich, was sich wirklich im Herzen verbirgt: „Wenn Sie auf diesen Vorfall zurückblicken, erfüllt Sie dann ein tiefer Friede, ja sind Sie sogar dankbar, daß es überhaupt geschah, oder erschaudern Sie?" „Mögen Sie sich selbst?" „Mögen Sie sich auch als Einundzwanzigjährigen, der das damals getan hat?" „Was fühlen Sie, wenn Sie an den Kerl denken, der Ihnen das angetan hat?" „Fällt es Ihnen leicht, diesen jungen Menschen, der Sie damals waren, in Gedanken in den Arm zu nehmen?" „Würden Sie den jungen Menschen genauso schnell wieder vergessen, um wieder der zu sein, der Sie jetzt sind?" Und so weiter und so fort. Irgendwie muß die betreffende Person dahin geführt werden, daß sie allen Beteiligten uneingeschränkt vergibt, ja sogar Gott, der das alles zugelassen hat (2.Kor 5,18-20), und vor allem dahin, daß sie sich selbst vergibt und annimmt!

Kindheitliche Wunden eitern oft so lange vor sich hin, bis die jugendliche Energie nachgelassen oder momentane Streßsituationen die Verteidigungsmauern niedergerissen haben, was schließlich zur Depression führt. Wiederum mag es so aussehen, als ob der Druck, der momentan auf Ihnen liegt, die Ursache wäre; doch in Wirklichkeit fungiert er lediglich als Funke, der die Lunte einer Bombe anzündet, die vor langer, langer Zeit gelegt wurde, um irgendwann einmal zu explodieren.

Folgende Wunden treten am häufigsten auf: Mangel an Zuwendung, der in der frühen Kindheit die schwerwiegendsten Verletzungen hinterläßt; frühzeitiger Verlust eines lieben Menschen, sei es durch den Tod eines Elternteils, durch Scheidung oder Trennung; abgelehnt, böswillig verlassen, an ein Waisenhaus übergeben oder zur Adoption freigegeben zu werden; Verlust der Lieblingsoma oder des Lieblingsopas, des Lieblingsbruders oder der Lieblingsschwester, vielleicht sogar des Hundes; schwere, frühkindliche Krankheiten, insbesondere solche, die eine lange Quarantäne erforderlich machten. Vielleicht wurde einem Menschen auch zu früh eine viel zu große Verantwortung aufgebürdet, z.B. weil die Eltern Alkoholiker oder noch zu unreif waren, was zur Folge hat, daß ein größeres Kind sich für die Kleineren verantwortlich fühlt und sich um sie kümmert, oft ohne sie mit allem Notwendigen versorgen zu können.

Vor oder während der Geburt erlebte Traumata, wie sie in vorangegangenen Kapiteln beschrieben wurden, können später Depressionen hervorrufen. In einem frühen Entwicklungsstadium erlittene Verletzungen führen mit größerer Wahrscheinlichkeit zu Depressionen als später erlittene. Nach dem Kleinkindalter erlittene Traumata können bewußt angepackt, ins Gedächtnis zurückgerufen und in einem Kampf durchgegangen werden; doch Verwundungen aus der Frühphase des Lebens sind oft ganz und gar unbewußt, und man kann sich nicht mehr an sie erinnern; doch dadurch wirken sie um so folgenschwerer im Unbewußten. Es stimmt nicht, wenn es heißt, was man nicht wisse, könne einen auch nicht verletzen. Eigentlich ist vielmehr das Gegenteil der Fall: Was wir nicht wissen und was wir in uns nicht finden *kann* uns verletzen.

Folgendes könnte man als Prinzip festhalten: Immer wenn Menschen glauben, sie würden andere schützen, indem sie ihnen ihre Schwierigkeiten vorenthalten (wir meinen hier generell; es zeugt von Weisheit, wenn man den richtigen Augenblick wählt), verletzen sie ihre Lieben noch viel schlimmer, weil sie diese in ihrem Geist einem Kampf mit Gefühlen überlassen, die diese weder fassen, noch benennen können. Oftmals ist es genau diese Art von unerkannter Trauer,

Schuld, Angst oder Ablehnung, die den inneren Menschen so sehr niederschmettert, daß infolgedessen Depressionen auftreten. Die Wahrheit setzt uns frei. Wenn wir in dem Glauben, andere schützen zu müssen, Dinge verdunkeln, machen wir die geraden Wege Gottes krumm.

Der Verlust einer Arbeitsstelle, das Ausscheiden aus dem Arbeitsleben, zu viele und zu schnell aufeinanderfolgende Veränderungen, z.B. wenn man in Rente geht, gleichzeitig den Wohnort wechselt und somit gute alte Freunde oder eine christliche Gemeinschaft hinter sich läßt – all das kann zu Depressionen führen. Frauen, deren Leben sich voll und ganz um das Mutter-Sein gedreht hat, können in Depressionen versinken, wenn die Kinder zu Hause ausziehen. Insbesondere für leistungsorientierte Männer kann der Ruhestand bedeuten, daß sie nun zu nichts mehr zu gebrauchen sind. Versagen im Geschäftsleben kann alles, was im Innersten verdrängt wurde und nun wie ein Vulkan brodelt, durch Schuldgefühle nur noch mehr belasten.

Jemand kann unter Umständen auch depressiv werden, wenn der Partner stirbt oder – was noch schlimmer ist – sich scheiden läßt. Wenn man den Partner verliert, haben alle Liebesbezeigungen und Ermutigungen kein Ziel mehr. Es ist niemand mehr da, mit dem man seine Freude teilen, über einen lustigen Sketch lachen und einen Verlust beweinen könnte. Kleine, tröstliche Gewohnheiten, z.B. wenn jeden Tag eine Tasse Kaffee auf dem Tisch steht, wenn er nach Hause kommt, oder wenn sie ihm abends seine verspannten Schultermuskeln massiert, oder wenn man sich nach einem langen, harten Tag im Bett zusammenkuschelt, fehlen jetzt und reden unüberhörbar vom Schmerz der Einsamkeit.

Menschen, die weinen können oder die in der Lage sind, auch mal richtig zornig zu sein, werden selten so schwer von Depressionen getroffen wie Menschen mit stoischer Ruhe, die eine philosophische Weltanschauung an den Tag legen, sich stets in der Hand haben und somit völlig ahnungslos den Brennstoff für das Feuer einer späteren Depression bereitstellen. Bei netten Menschen führt ein Verlust oder Trauer leichter zur Depression als bei Menschen, die ihren Unmut auch mal an jemand anderem auslassen. Aggressive Menschen werden nie so viele Verletzungen einfach hinunterschlucken, die sich dann nach innen wenden und selbstzerstörerisch wirken. Ruhige, disziplinierte Menschen, die es sich auf ihre Fahnen geschrieben haben, andere nicht zu verletzen, ja ihnen nicht einmal Unannehmlichkeiten zu machen oder ihnen zur Last zu fallen, muß man nach einem Verlust besonders sorgfältig im Auge behalten. Solche Leute können am leichtesten depressiv werden, wenngleich aggressive Menschen dagegen auch nicht immun sind.

Frauen werden häufig depressiv, nachdem sie ein Kind zur Welt gebracht haben. Manchmal geschieht folgendes: Eine Frau war vielleicht als Mädchen so sehr verletzt worden, daß sie ganz tief in ihrem Herzen überhaupt nicht leben wollte. Doch vielleicht wuchs sie ungeachtet der Verletzung heran und streckte sich nach dem Glücksgefühl der Ehe und der Schwangerschaft aus. Im Verborgenen weigerte sich jedoch nach wie vor ein Teil von ihr, Leben hervorzubringen. Das Baby, das nun in ihrem Leib heranwuchs, löste ihren Haß auf sich selbst, wie sie ihrerseits noch im Mutterleib war, aus. Während der Schwangerschaft gebrauchte die Natur all ihre Energien dafür, dieses neue Leben heranwachsen zu lassen. Doch nach der Niederkunft war es so als ob ein straff gespanntes Gummiband an einem Ende losgelassen wurde und zum anderen Ende hin zurücksprang, also zu ihrem verborgenem Wunsch, dem Leben ein Ende zu machen, es nicht zu lieben und hervorzubringen. Auf diese Weise wurde das neue, von ihr abhängige Leben für sie unerklärlicherweise zu einer Last und nicht zur ungetrübten Freude, wie sie sich das vorgestellt hatte. Manchmal stellt in diesen Fällen die physikalische Chemie einen ausschlaggebenen Faktor dar; wir halten es jedoch mehr mit der Vermutung, daß, wenn in der Frau nicht a priori eine Vorliebe für Kummer und Tod vorhanden wäre, ihre Vitalität den Einfluß chemischer Faktoren zu ihren Gunsten verändern würde, um so mehr, da sie durch die Liebe des Babys und die Notwendigkeit des Stillens zum Leben hingezogen werden würde. Wiederum ist es uns auch hier aufgefallen, daß leistungsorientierte Frauen meist mehr als üblich an Symptomen leiden, die nach einer Geburt auftreten.

Auch ein gewaltiger physischer oder psychischer Schock kann eine Depression verursachen. Die operative Entfernung der Gebärmutter (Hysterektomie), der Verlust eines Körperglieds oder eines Auges oder ein entstellender Unfall ziehen oft Depressionen nach sich.

Ein Trauma – z.B. eine Kriegsneurose – oder Streß, den man zu lange erträgt, kann zu Depressionen führen. Der Intendant eines regionalen Fernsehsenders wurde wegen seiner starken Depressionen zu uns gebracht; er ging wie ein kleines Kind an der Hand, schlurfte nur noch so dahin, ließ die Schultern hängen und hatte einen leeren Blick. Der Fernsehsender durchlebte schwere Zeiten – Schulden, Hektik und Termindruck, Reibereien unter den Mitarbeitern etc. Der Intendant hatte pflichtbewußt versucht, all das in seinem eigenen Herzen und auf seinen eigenen Schultern zu tragen. Die Bürde der Arbeit und der emotionale Stress fungierten als Katalysatoren; doch die eigentliche

Ursache der Depression lag in seiner Kindheit. Er wurde von einer dominanten, durch und durch leistungsorientierten und erfolgsgierigen Mutter erzogen; sein Vater bewirkte überhaupt nichts. Von keinem der beiden Elternteile wurde ihm Zuwendung und nährende Substanz zuteil. Solange der Fernsehsender einen stabilen, erfolgreichen Kurs zu steuern schien, konnte er dem Druck widerstehen, ja er fand sogar Gefallen daran. In seinem Unterbewußtsein war er Mamas braver Junge, der allen Widrigkeiten zum Trotz Erfolg hatte und sich selbst mit Gefühlen der Großherzigkeit emotional belohnte. Er konnte sich als der Mediengigant, der er geworden war, annehmen. All das zeigte ihm, daß er geliebt wurde (und daß Mama und Papa ihn auch lieben konnten). Ein paar Rückschläge steckte er weg. Doch als sich dieser Abwärtstrend zu konsolidieren schien, ging auch sein eigenes Selbstwertgefühl in die Brüche. Das überall drohende Versagen fraß wie ein gnadenloser Vampir sein inneres Selbstwertgefühl auf, bis er schließlich keinerlei Elan mehr hatte und der Depression zum Opfer fiel. Es war nicht nur notwendig, ihn aus seiner Depression zu reißen, sondern auch durch sein geschäftliches Versagen hindurch – was seiner Meinung nach die Ursache war – zu dem vorzudringen, was in Wirklichkeit sein inneres Wesen verzehrte.

Ein wie auch immer gearteter „Trip“, dem man zu lange anhängt, kann das Pendel schließlich in Richtung Depression ausschlagen lassen. Selbst himmelhoch jauchzende Freude, ein Hoch nach dem anderen kann schließlich in den Zerbruch führen, wenn der innere Mensch in seiner Suche nach einem Ausgleich etwas findet, worüber er traurig sein kann. Viele geistliche Menschen waren höchst erstaunt und entsetzt, als sie sich in den Tiefen der Depression wiederfanden, nachdem sie wochenlang herrliche Abenteuer, mystische Höhepunkte und große Siege im Herrn erlebt hatten. Alles schien ideal zu laufen, doch plötzlich kamen scheinbar wie aus dem Nichts diese depressiven Gefühle. Es ist natürlich und gesund, durch ein Gegengewicht Ausgleich zu finden. Doch wenn irgendetwas, das noch nicht geheilt ist, vor dem wir entkommen wollten und uns so lange und so begeistert in den Dienst für Gott geflüchtet hatten, unter der Oberfläche liegt, dann landen wir vielleicht so hart auf dem Boden, daß wir quasi „durchfallen“, in der schon auf uns lauernden Düsternis versinken und uns nicht mehr aufrappeln können. Emotionen, die ein Gegengewicht schaffen, sind in Ordnung. Wir brauchen sie. Es ist jedoch nicht gut, wenn wir keinen Aufwind mehr bekommen, weil unser Tief sich an irgendetwas Depressives in uns angekoppelt hat, das nur auf diese Gelegenheit gewartet hatte.

Eine kurzgefaßte Aussage über die Ursachen: Wenn irgendeine massive Verletzung, Furcht, Zorn, Haß oder Schuld in uns ungehindert wütet, kann jede Art von Schock, jede Wunde uns über das eigentliche Erlebnis hinaus in die Tiefen der Depression stürzen.

Depressiven *kann* geholfen werden. Wir müssen nur wissen wie, und im Gebet und in der Seelsorge verharren.

Bevor wir dieses Thema verlassen, müssen jedoch noch zwei Punkte angesprochen werden. *Erstens*: Wir haben nicht viel über den Zorn gesprochen. Einige Seelsorger sehen im Zorn eine Hauptursache und vermuten, daß er hinter den meisten Depressionen steckt. Ein Freund von uns ging in das Zimmer eines Ratsuchenden, der immer wieder so tief in Depressionen versunken war, daß er ins Krankenhaus gebracht werden mußte, und fragte ihn geradeheraus: „Okay, worüber bist Du denn jetzt wieder zornig?" Es funktionierte. Der Patient platzte förmlich und fing dann an, sich zu erholen. Wenn es stimmt, daß oft Zorn im Herzen eines Depressiven verborgen ist, dann müssen wir uns daran erinnern, daß die Leistungsorientierung der Schlüssel dazu ist. Zorn, in der rechten Art und Weise ausgedrückt, ist gesund, denn auch Jesus „...(blickte) auf sie umher mit Zorn, betrübt über die Verhärtung ihres Herzens..." (Mk 3,5) und tadelte die Pharisäer und Schriftgelehrten oft mit schroffen Worten. Leistungsorientierte Menschen unterdrücken ihren Zorn. Jeder von uns tut das gelegentlich. In den meisten Fällen werden wir jedoch feststellen, daß es die Leistungsorientierung war, die, unfähig den Zorn auszudrücken, ihn im Herzen einschloß, bis er zu eitern begann und schließlich den Geist des betreffenden Menschen krank machte.

Zweitens: „Wie sieht es bei der Depression mit der Früherkennung und Vorsorge aus?" „Was können Verwandte und Freunde, die mit Depressiven zusammenleben, tun?" Menschen, die schon mehr als eine Depression hinter sich haben, sowie deren Verwandte und Freunde können es lernen, die sich ankündigenden Zeichen zu erkennen. Einige Gegenmaßnahmen können dem Abgleiten in die Depression entgegenwirken: Freunde und Verwandte, ermutigen Sie die betroffene Person, darüber zu sprechen, es „sich von der Seele zu reden". Pflegen Sie einen Austausch mit ihr. Für den Betroffenen gilt: Ändern Sie etwas. Durchbrechen Sie routinemäßige, eingefahrene Abläufe, tun Sie etwas, das Ihnen Spaß macht, machen Sie einen kurzen Urlaub, verbringen Sie Zeit mit Freunden, die Ihnen ein gutes Gefühl geben, für die Sie sich nicht verantwortlich fühlen, in deren Gegenwart Sie keine Maske aufsetzen oder Schutzzäune errichten müssen. Gehen Sie in ein Gebetstreffen (bevor die Depression anfängt, können all die im ersten Teil dieses Kapitel aufgezählten Dinge, die man nicht tun sollte, wie eine gute Medizin wirken).

Bringen Sie die betreffende Person zu einem Seelsorger. Am besten ist es, wenn Sie ihr viel herzliche, körperliche Zuwendung schenken und nach Möglichkeiten suchen, wie Sie sie bestätigen und ihr Komplimente machen können. Wenn einige Familienmitglieder ein Teil des Problems sind, dann schaffen Sie dem potentiell Depressiven einen kleinen Freiraum und ein wenig Zeit ohne sie.

Wenn die Person jedoch schon depressiv ist, dann sollten die Familienmitglieder das tägliche Familienleben weiterführen, so als ob keiner von ihnen deshalb verstimmt wäre. Unterlassen Sie es vor allem, dem Depressiven eine Strafpredigt zu halten und ihn zu schelten, wenn er keine Leistung bringt. Familienmitglieder können unauffällig einige der Arbeiten übernehmen, die der Depressive unterläßt. Wenn die Familie ihren Kurs unbeirrt weiterverfolgt, wird die Schuld für den Depressiven geringer werden. Normalerweise würde ein derartiges Verhalten einem Menschen signalisieren, daß er nicht erwünscht ist und nicht gebraucht wird; doch der Depressive wird dadurch eher erleichtert als verletzt.

Wenn wir im Krankenhaus sind und uns in Kürze einer Operation unterziehen müssen, dann hilft es uns überhaupt nicht, wenn die Krankenschwester ruft: „Ach du Schreck, Sie sehen ja furchtbar aus! Sie armer Kerl!" Doch wenn sie ruhig und flink ihre Arbeit verrichtet und nicht die Fassung verliert, dann schließen wir daraus: „Nun, mit mir muß alles in Ordnung sein; sie scheint sich nicht allzuviel Sorgen zu machen. Ich denke alles läuft gut." Ein Depressiver braucht dieses Gefühl, daß die Welt um ihn herum in Ordnung ist. Hochspannung und klappernde Geräusche strapazieren schon die Nerven normaler Menschen; Depressive jedoch werden davon bis ins letzte ausgezehrt und ihr Nervenkostüm wird zerfetzt, insbesondere weil sie als leistungsorientierte Menschen stets die Verantwortung übernehmen, alles zusammenzuhalten; doch jetzt sind sie dazu nicht im Stande.

In freier Natur zu sein ist gut für Menschen, die allmählich versinken oder schon in der Grube angelangt sind. Ich liebe diese alte Hymne, deren Worte so wahr sind:

In den Wald mein Meister schritt,

Erschöpft und ausgezehrt er litt,

In den Wald mein Meister kam,

Erschöpft vor Lieb' und Schmach.

Der Ölbaum war nicht blind für ihn,

Die grauen Blätter trösten ihn;
Der Busch aus Dornen tröstet ihn,
Als in den Wald mein Meister ging.
Aus dem Wald mein Meister kam,
Wohl zufrieden er nun war.
Aus dem Wald mein Meister kam,
Nun fügte er sich Tod und Schmach.
Tod und Schmach ihn zuletzt zogen,
Aus dem Schutz des Walds ihn zogen;
An einem Baum zum Tod ihn zogen
Als aus dem Wald mein Meister kam.

Pilgerhymne, Pilgrim Press, Boston 1831

Seit Gott Adam und Eva den Segen schenkte, den Garten Eden zu bestellen, war es auch seine Absicht, daß Natur und Mensch füreinander Sorge tragen sollten. Wo gibt es eine Seele, die so tot ist, daß ihr Geist nur wenig Ruhe und Erfrischung in der Natur findet? Einigen wird das Meer zum Segen. Nichts verschaffte Agnes Sanford so viel Erleichterung wie am oder auf dem Meer zu sein. Einige finden Erfrischung im Wald, auf dem Feld, an Flüssen oder Seen. Der Wald singt meinen angeknacksten Nerven ein Lied von der Ewigkeit und Ruhe in Gottes Güte. Das Gras der Prärie, das im Wind hin- und herwogt, oder die goldenen Wellen erntereifen Weizens beruhigen meine überanstrengte Seele und führen meinen Geist zur Stille. Das sanfte Prickeln, wenn man barfuß über Gras läuft, oder das durchdringende Gefühl, wenn man seine Zehen in warmen Sand bohrt, der Kuß auf den Wangen, wenn eine sanfte Brise wie ein Federbüschel darüberstreicht, oder das Schauspiel, auf dem Rücken zu liegen und zuzuschauen, wie weiße Scherenschnittumrisse sich auf dem blauem Grund des Himmels zu Schiffen und Drachen zusammenfügen – all das ist Balsam für eine müde Seele und einen depressiven Geist. Menschen, die langsam versinken, brauchen eine hohe Dosis ruhiger, erlebter Natur, bevor es zu spät ist. Sogar das Wüten der Natur kann einen therapeutischen Effekt haben. Ich wurde in der Prärie groß; deshalb liebe und genieße ich ein wild tobendes Gewitter; es reißt mich mit, begeistert mich und gibt mir immensen Auftrieb. Ich bin in Hochstimmung und werde erfrischt; wenn es dann vorbei ist, kommt es mir vor, als sänge ich Lobpreislieder, wenn ich im Duft erfrischter und feuchter Erde herumgehe und zusehe, wie von den nassen Blättern Tropfen funkelnd zu Boden fallen. Die ganze Natur trägt einen Mantel der Frische – genauso auch mein Geist.

Einige fürchten sich vielleicht vor einem Gewitter oder werden nur noch depressiver wenn sie die Ruhe der Natur erleben. Erkennen Sie selbst, was für Sie gut ist und wenden Sie es an.

Ein letztes Wort: Ein leistungsorientierter Seelsorger wird nun versuchen, alle achtunddreißig Dinge, die man nicht tun sollte, in der exakten Reihenfolge im Kopf zu behalten, sich anstrengen, sie Wort für Wort anzuwenden, und dabei verzweifeln! Wer sicher ruht, wird die Prinzipien der Einfühlsamkeit und des gesunden Menschenverstandes ergreifen, die Warnungen in seiner „Datenbank" speichern und zulassen, daß die Liebe und das Erbarmen des Heiligen Geistes durch seine Augen, Worte und Hände fließen, um den ermüdeten Depressiven wieder zum Auferstehungsleben zu erwecken.

Noch ein Wort an alle, die sich dabei ertappen, wie sie aufschreien: „Auweia, ich hab's verpatzt. Wieviele Depressive habe ich wohl schon verletzt?!" Vergeben Sie sich selbst, lieben Sie sich selbst und gehen Sie weiter! Ärzte mit den allerbesten Absichten ließen George Washington verbluten; doch man ist reifer geworden auf diesem Gebiet, und so können auch wir reifer werden.

Kapitel 8

Verunreinigung, Dämonen, Todeswünsche

> Laßt euch nicht irreführen! „Schlechter Umgang verderbt gute Sitten." Werdet nüchtern, wie es sich gehört, und sündigt nicht; denn manchen fehlt die richtige Gotteserkenntnis: zur Beschämung muß ich euch das sagen! (Menge ÜS 1.Kor 15,33-34)
>
> Geliebte, da ich allen Fleiß anwandte, euch über unser gemeinsames Heil zu schreiben, war ich genötigt, euch zu schreiben und zu ermahnen, für den ein für allemal den Heiligen überlieferten Glauben zu kämpfen. Denn gewisse Menschen haben sich heimlich eingeschlichen, die längst zu diesem Gericht vorher aufgezeichnet sind, Gottlose, welche die Gnade unseres Gottes in Ausschweifung verkehren und den alleinigen Gebieter und unseren Herrn Jesus Christus verleugnen. (Judas 3-4)

Es ging mir gelegentlich so, daß ich jemanden besuchte, der mir vielleicht bis dahin völlig fremd war und ich das Verlangen hatte, ihm ins Gesicht zu schlagen, obwohl ich nach außen hin überhaupt keinen Grund dafür entdecken konnte! Nachdem ich mein Herz erforscht hatte, stellte ich einige Male fest, daß diese spezielle Person längst vergessene Feindseligkeiten, die sich gegen jemand anderen richteten und in meinem Herzen vor sich hin eiterten, ausgelöst hatte. Es war gut, diese verborgenen Gefühle ans Licht zu bringen; so konnten einige Freunde sie im Gebet besiegen. Ich hatte mich eines „Projektionismus" schuldig gemacht; dieses Phänomen tritt auf, wenn ein innerlicher Aufruhr irgendwo „da draußen" seinen Feind lokalisiert und seine aufgestaute Energie auf diese beliebige Person projiziert, die das gar nicht verdient hat. Auf diese Art und Weise habe ich sie verunreinigt.

Doch manchmal erkannte ich in meinem Geist, daß das Verlangen nach Gewalttätigkeiten, das Verlangen, diesen Kerl zu schlagen, seinen Ursprung gar nicht in mir hatte. Später, als ich Gelegenheit hatte, im Rahmen eines Seelsorgetermins mit ihm zu sprechen, stellte ich fest, daß die Gewalt quasi durch sein Wesen „hindurchsickerte"; das zeigte sich nun nicht primär daran, daß er anderen Gewalt antun wollte, als vielmehr daran, daß sein Geist anderen Menschen fortwährend signalisierte, sie mögen ihm doch Gewalt antun! Solche Signale haben ihren Ursprung in einer Märtyrerhaltung, entstanden durch Urteile aus bitterer Wurzel, sowie in der Erwartungshaltung, von anderen geschlagen und verletzt zu werden. Genau solche Signale gingen von ihm aus, verunreinigten mich und erzeugten in mir jene Gefühle und Gedanken.

Befand sich nicht jeder von uns schon einmal in einer Situation, daß er mit einem Menschen zusammen war, der sexuelle Unreinheit ausstrahlte? Frauen sind diesbezüglich empfindsamer als Männer. Oftmals steigen Ehefrauen aus irgendeinem Gespräch mit einer Zufallsbekanntschaft aus und liegen später ihren Männern mit Warnungen vor „diesem Kerl da" in den Ohren; in der Regel sind die Männer darüber höchst erstaunt. „He, Du hast diesen Mann doch gerade eben erst kennengelernt! Woher willst Du denn all das über ihn wissen? Denkst Du nicht, Du urteilst ein wenig vorschnell über ihn?" Später findet er vielleicht heraus, daß der Betreffende schon die Hälfte der weiblichen Belegschaft in seinem Büro verführt hat! Die Frau fühlte sich in dessen Gegenwart verunreinigt. Sie wußte es. Ein weiser Ehemann hat gelernt, über derlei Beobachtungen nachzudenken oder zumindest nachzusehen, ob vielleicht im Garten möglicherweise Unkraut sprießt.

Ist nicht jeder von uns schon einmal Menschen begegnet, in deren Gegenwart wir uns augenblicklich veranlaßt sahen, auf der Hut zu sein? Ich erinnere mich noch, wie ein befreundeter Pastor von einem Lehrer schwärmte, der aus einem fremden Land gekommen war und nun in seiner Gemeinde lehrte. Ich war neugierig und in meinem Geist seltsamerweise besorgt. Mein Freund spürte das und arrangierte ein Frühstück mit uns, diesem Mann und dessen Reisegefährten. Ich mochte den Lehrer. Mein Geist konnte ihm trauen. Doch wieviel Böses strahlte dessen Gefährte aus! In mir begann mein Geist schier hörbar zu singen: „Feind! Feind!" In der Gegenwart dieses Mannes fühlte ich mich innerlich unrein, war unruhig und argwöhnisch. Ich wußte, er war ein Wolf im Schafspelz.

Ich warnte meinen Freund, den Pastor. Doch jener konnte mich nicht hören. Der Lehrer ging wieder in sein Heimatland zurück. Sein Gefährte blieb und riß die Gemeinde in tausend Stücke! Seinen Worten zufolge, müßte jede Familie alle Kunstgegenstände und Musikstücke aus ihrem Heim verbannen, auf oder in denen nicht das Gesicht oder der Name Jesu zu finden war. All das wäre vom Teufel. Er sprach über einen Großteil der Gemeinde Flüche aus, wenn diese seinen Wünschen nicht entsprachen. Den Frauen in der Gemeinde wurde gesagt, sie würden Gebärmutterkrebs bekommen, wenn sie ihm nicht gehorchten oder auch nur, wenn sie lediglich anderer Meinung wären. Schließlich stellte sich die Gemeinde auf die Hinterfüße und warf ihn – leider zusammen mit meinem Freund, dem Pastor – hinaus. Doch, was noch schlimmer war, fast ein Drittel der Gemeinde, die Babys in Christus, wurden durch dessen Geist verunreinigt und gemeinsam mit ihm seinem Irrweg überlassen.

In dieser Geschichte sehen wir, wie die Gabe der Unterscheidung der Geister funktioniert und zwar auf der Grundlage der Fähigkeit unseres Geistes, das zu fühlen, was im anderen ist, sowie eine Verunreinigung zu spüren und zu identifizieren. Unter Umständen haben wir diese Gabe direkt von Gott empfangen, sie wächst aber auch durch Erfahrung: „Die feste Speise aber ist für die Gereiften, deren Sinne durch Übung geschult sind zur Unterscheidung des Guten und des Bösen“ (Hebr 5,14; Schlachter). Diese Geschichte möchte uns jedoch nicht in erster Linie über die Gabe der Geisterunterscheidung belehren, sondern vielmehr darüber, in welcher Gefahr all diejenigen schweben, deren Geist nicht geübt oder nicht gereift genug ist, um auf der Hut sein zu können. Der Geist jenes Mannes hat die einfachen Gemüter so sehr infiziert und verunreinigt, daß diese mit einem Mal in einer Art und Weise dachten und Dinge sagten, die sie sonst niemals zugelassen hätten.

> Geh einem törichten Mann aus dem Weg, denn du wirst keine verständigen Lippen kennenlernen. Die Weisheit des Klugen ist es, seinen Weg zu begreifen, aber die Narrheit der Toren ist Täuschung. (Spr 14,7-8)

> Denn ein törichter Mensch redet Törichtes. Und sein Herz bereitet Unheil, Ruchloses zu tun und Irreführendes gegen den Herrn zu reden, um die Seele des Hungrigen leer zu lassen und dem Durstigen den Trank zu verweigern. Und die Werkzeuge des Schurken sind böse: er beschließt böse Anschläge, um die Elenden durch Lügenreden zugrunde zu richten, selbst wenn der Arme redet, was Recht ist. (Jes 32,6-7)

Nebenbei bemerkt, bekam jener Mann ungefähr nach einem Jahr plötzlich Darmkrebs und starb nach sechs Wochen! Man denkt in diesem Zusammenhang an Herodes, der von Würmern zerfressen wurde (Apg 12,23) und an den Zauberer, den der Heilige Geist durch Paulus auf der Insel Salamis blind machte (Apg 13,1-12).

Das Tragische in der Gemeinde meines Freundes war diese Verunreinigung. So wie auch ich mich dabei ertappt hatte, in der Gegenwart der oben beschriebenen Menschen eigenartige Dinge zu denken, fingen auch diese Menschen an, so zu denken wie dieser Wolf. Wir sprechen hier weder von Hypnose noch von bewußten Methoden der Gedankenkontrolle. Jener Mann war sich selbst dessen nicht bewußt, daß der Einfluß, der von seinem Geist ausging, dämonischer Art war, wenngleich er wohl gelernt hatte, sich auf seine Fähigkeit, Menschen zu beeinflussen, zu verlassen. Später werden wir zu diesem Themenbereich noch einmal zurückkehren und näher auf die Teufel eingehen, die hinter den Kulissen stecken; für den Moment wollen wir uns ausschließlich darauf konzentrieren, was von unserem eigenen Geist ausgeht. Den unreifen Christen in jener Gemeinde fehlte entweder die Erkenntnis oder die Erfahrung oder sie wurden schlichtweg übertölpelt. Sie waren sich nicht darüber im klaren, daß sie verunreinigt waren. Sie glaubten, ihre Gedanken wären wirklich ihre eigenen.

Am Anfang unseres Dienstes waren Paula und ich in einer Gemeinde einer kleinen Stadt tätig, die das Zentrum eines Landwirtschaftsgebiets war. Der Chef der Bank am Ort hatte Hypotheken auf fast jedem Geschäft und Bauernhof des Gemeinwesens. Er war auch Mitglied in unserem Vorstand (in dieser Denomination war es üblich, daß der Vorstand über die Finanzen bestimmte). Zwischen den Treffen kamen einzelne Vorstandsmitglieder oft abends privat zu mir, wie z.B. Nicodemus, der über meine Gedanken, die Gemeinde solle aktiv werden, sagte: „John, wir wissen, daß Du Recht hast. Komm' ins nächste Treffen und Du wirst es sehen. Wir werden an Deiner Seite stehen." Ich bin mir sicher, daß sie es ehrlich meinten. Sie wollten wirklich für den Herrn und seinen Diener einstehen. Doch es war höchst erstaunlich mitanzusehen, was ausnahmslos jedesmal geschah: Der Bankier kam herein und ohne etwas zu sagen, überschlugen sich die Leute förmlich, um mit ihm auch ja einer Meinung zu sein! Man könnte richtigerweise sagen, das Geld wäre Grund genug gewesen, um all das zu erklären. Doch ich wußte, daß da noch etwas anderes dahintersteckte; ich fühlte es an mir selbst. Meine Gedanken schwirrten umher und gingen drunter und drüber. Ohne daß auch nur ein Wort gesagt worden wäre, fühlte ich die Ausstrahlung seiner Anwesenheit. Er war stark. Er verunreinigte. Natürlich war das nicht nur er allein. Der Einfluß des Gottes Mammon strahlte von ihm aus. Ich mußte mich zusammennehmen, mich auf Jesus ausrichten und einige Minuten über Gottes Wort nachdenken, bis mein Herz und mein Sinn endlich wieder klar waren. Dann konnte ich erneut sehen, wo ich stand und wie es richtig war. Meine Freunde im Vorstand waren noch zu unerfahren in Christus. Sie waren nicht gut genug geschützt. Sie wurden hinweggetragen; sie waren „...ein Spiel der Wellen, hin und her getrieben..." (Eph 4,14; Einheits.Ü.). Könnte es nicht auch sein, daß Paulus mit diesen „Wellen" vielleicht auch das meinte, was unsere Teenager vor einigen Jahren als „Schwingungen" bezeichneten? Ob dem nun so ist oder nicht, sei dahingestellt; unsere Vorstandsmitglieder wurden auf jeden Fall immer und immer wieder von dieser Verunreinigung überwältigt.

Gott sei Dank, funktioniert es auch andersherum. Ist es nicht ein wahrer Genuß, Menschen zu besuchen, von denen man erfrischt wird? Geben uns nicht manche Menschen das Gefühl, irgendwie reiner zu sein? Ich danke Gott für die unscheinbaren, alten „Mütter im Herrn", die er mir in etlichen Gemeinden als Unterstützung gab. Immer wenn „die Last des Tages und die Hitze" (Mt 20,12) unerträglich zu werden drohten, schaute ich bei einer oder mehreren von ihnen vorbei, um ihnen dem Anschein nach zu dienen. In Wahrheit mußte ich sie einfach eine Zeitlang besuchen, damit ihre gesunde und heilige Ausstrahlung mich durchströmen konnte. Ich spürte, wie sie – durch das Leben gezüchtigt – heil waren, und dieses Heil-Sein erfüllte ihre Häuser mit Frieden. Es machte kaum einen Unterschied, ob sie nach außen hin irgendein Familienproblemchen durcheinanderzubringen schien, worin ich ihnen wirklich helfen konnte. Die angenehme Gegenwart ihres Geistes reinigte mich.

Die Verunreinigung ist eine gewaltige Kraft, die hinter vielen menschlichen Sünden steckt. Aber wir schreiben das nicht, um Ihnen Furcht davor einzuflößen, sich unters Volk zu mischen. Das sei ferne. Wir sind Bezwinger, mehr als Überwinder (Röm 8,35-39). Wir lehren, um Sie auf etwas aufmerksam zu machen. Wer weise ist, schult sich in der „geistlichen Hygiene". Schon oft bin ich von einer Dienstreise nach Hause gekommen und zog „Wolken von kleinen Kobolden" hinter mir her, anstatt Wordsworths „Wolken der Herrlichkeit". Paula und ich haben es gelernt zu beten und den Herrn zu bitten, uns von allen Verunreinigungen zu säubern: „Wasch' uns rein, Herr, von allem, was wir heute unter Umständen aufgelesen haben. Herr, wir legen Dir alle Lasten und Probleme hin, sowie alles, was unseren Geist heute bedrängt und belastet hat. Reinige uns, Herr." Es ist schon erstaunlich, wie eine einfache, lange Umarmung von Paula die falschen Dinge zu verjagen vermag. Das ist so, als ob der Herr durch ihren Geist Heil und Licht ausgießen würde, so daß alles andere aus meinem Geist einfach verschwinden muß.

Nachts gibt es manchmal Augenblicke, in denen ich mir sicher bin, daß mein Geist für den Herrn Krieg führt. Ich denke, das ist bei vielen, die ihm dienen, der Fall. Träume sind manchmal ein Beleg für den Kampf, den wir nachts geführt haben. Ich habe die Erfahrung gemacht, daß ich verärgert und entnervt aufwache und mich so fühle, als möchte ich etwas abschütteln. Gebet hilft und reinigt oft durch und durch wie eine erfrischende Dusche. Manchmal kann ich es jedoch nicht selbst tun; auch das gemeinsame Gebet mit Paula schafft es nicht. Wenn Paula sich dann mit dem Oberkörper (ohne Kleidung) an mich schmiegt und einfach ruhig verharrt, fühle ich, wie das Lied ihres

Geistes durch mich hindurch erklingt und ziemlich bald geht es mir wieder gut – in der Regel möchte ich dann auch noch nicht gleich aufstehen! Ich hoffe, ich gebe einen Denkanstoß; ich wünschte mir, mehr Ehepaare würden es lernen, einander so zu erfrischen wie Gott es beabsichtigt hat.

Paula und ich unterscheiden uns nicht von anderen Menschen. Alle Menschen fühlen diese Verunreinigungen, von denen wir gesprochen haben. Der Leib Christi muß lernen, wie er damit umgehen muß – durch Gebet und die Gegenwart liebender Menschen.

Hier sollte jedoch noch ein Wort der Vorsicht angefügt werden. Die Hebräer waren sich der Verunreinigungen sehr bewußt – zu sehr bewußt. Das alttestamentliche Gesetz erwähnt viele Dinge, die verunreinigen, und wie man mit ihnen umgehen sollte; all das wird im Neuen Testament nirgends wieder aufgegriffen, was uns zu denken geben sollte! Viele Nahrungsmittel verunreinigten (3.Mo 11). Ein Kind zur Welt zu bringen, machte unrein (3.Mo 12). Menschen wurden durch einige Krankheiten unrein (3.Mo 13). Ein ungewollter oder absichtlich hervorgerufener Samenerguß war, genauso wie die Menstruation der Frau, eine Verunreinigung (3.Mo 15). Unmoral, Götzen, das Berühren von Leichen – durch hunderte von Dingen wurden Menschen unrein. Jesus traf Pharisäer, die sich jeden Tag vierhundertmal lossprachen, nur um Verunreinigungen abzuwaschen. Das Wort „koscher" stammt aus diesen Tagen der sorgfältigen Waschungen und Verrichtungen, die Verunreinigungen vermeiden sollten. Simon, der Pharisäer, war überzeugt davon, daß Jesus kein Prophet war, sonst hätte er es nicht zugelassen, daß diese Frau mit schlechtem Leumund ihn durch Berühren seiner Füße verunreinigte (Lk 7,36-50).

Jesus konterte, indem er seine Jünger mit ungewaschenen Händen essen ließ und folgende Lehre zum Thema hielt:

> Nicht was in den Mund eingeht, verunreinigt den Menschen, sondern was aus dem Mund ausgeht, das verunreinigt den Menschen. Dann traten seine Jünger hinzu und sprachen zu ihm: Weißt du, daß die Pharisäer sich ärgerten, als sie das Wort hörten? Er aber antwortete und sprach: Jede Pflanze, die mein himmlischer Vater nicht gepflanzt hat, wird ausgerottet werden. Laßt sie! Sie sind blinde Leiter der Blinden. Wenn aber ein Blinder einen Blinden leitet, so werden beide in eine Grube fallen. Petrus aber antwortete und sprach zu ihm: Deute uns dieses Gleichnis. Er aber sprach: Seid auch ihr noch unverständig? Begreift ihr noch nicht, daß alles, was in den Mund eingeht, in den Bauch geht und in den Abort ausgeworfen wird? Was aber aus dem Mund ausgeht, kommt aus dem Herzen

hervor, und das verunreinigt den Menschen. Denn aus dem Herzen kommen hervor böse Gedanken: Mord, Ehebruch, Unzucht, Dieberei, falsche Zeugnisse, Lästerungen; diese Dinge sind es, die den Menschen verunreinigen... (Mt 15,11-20)

Ein für allemal hat Jesus der äußerlichen Angst vor Verunreinigung und den sich daraus ergebenden Reinigungsritualen ein Ende bereitet. Kein Christ muß sich vor einer äußerlichen Verunreinigung durch bestimmte *Dinge* fürchten.

Aber er warnte erneut vor innerer Verunreinigung: „Denn aus dem Herzen kommen hervor böse Gedanken: Mord, Ehebruch, Unzucht, Dieberei, falsche Zeugnisse, Lästerungen; *diese Dinge sind es, die den Menschen verunreinigen...*" Nicht das, was uns von außen berührt, sondern das, was wir *in uns fühlen und dann nach außen hin* – in Unmoral oder Götzendienst – *tun*, verunreinigt uns.

Sobald wir nun erkennen, daß das, was im Geist anderer Menschen gegenwärtig ist, uns verunreinigen kann, müssen wir das durch einfachen Glauben ausbalancieren. Wir brauchen keine Angst zu haben, sondern lediglich das „hinwegbeten", was wir in unser Herz und in unseren Sinn eindringen fühlen, weil unser Geist es mit anderen Menschen zu tun hat. „Denn der in euch ist, ist größer, als der in der Welt ist" (1.Joh 4,4; LÜ). Vor allem ist es wichtig, daß Christen sich nicht aus der Welt zurückziehen.

Wir müssen lernen, die Kraft des Fleisches nicht zu glorifizieren. Als Paula und ich unseren Reisedienst anfingen, kamen wir in eine Gemeinde oder ein Privathaus, eine Stadt oder ein Gebiet, in dem wir dienen sollten und spürten sofort, daß viele falsche Strömungen vorhanden waren. Manchmal handelte es sich dabei um Verbitterung und Spaltung aufgrund dessen, was zu Hause, in der Gemeinde oder unter der Leiterschaft geschehen war; manchmal handelte es sich um Unglauben oder Spott aus der Zuhörerschaft. Weil wir noch unreif waren, ließen wir uns zu Anfang von all dem überrollen. Wir dachten oft: „Hier können wir wirklich nicht dienen; da führt kein Weg hin." Oder „Das wird hart. Ich bin mir nicht sicher, ob wir das anpacken wollen oder nicht." So klein wie unser Glaube war, fiel auch die Ernte aus. Als wir im Glauben heranwuchsen und erkannten, daß Jesus völlig real den Sieg schon errungen *hat*, wurde uns auch klar, daß wir schon siegreich waren! Am Anfang beschworen wir durch unser Gebet einen mächtigen Sturm herauf und voll Begeisterung verjagten wir überall Dämonen. Dadurch wurde die Atmosphäre zwar reiner, doch wir wurden aufgrund unserer selbst und unserer soldatischen Macht aufgeblasen und hatten keinen Blick mehr für den König der Könige. Wir lernten, daß es einen besseren Weg gibt, um dieselbe Reinigung zu bewirken. Vielleicht sagten wir entlang des Wegs kurz und still für uns: „Herr, reinige die Luft“, doch das war zweitrangig. Wir haben folgendes gelernt: Wenn wir *wissen*, daß *er* den Sieg schon errungen *hat*, *tragen wir diese Kraft mit uns.* Er überträgt sie auf uns und sie durchströmt uns. Jetzt ignorieren wir die Dämonen und fangen an, Jesus zu preisen. Schon bald können diese das nicht mehr ertragen und fliehen; dann gehört Jesus allein alle Ehre und ihnen überhaupt keine mehr, weil sie niemand mehr beachtet.

Wie dem auch sei – jeder Krieger möge mit den Waffen kämpfen, für die er Glauben hat „…nach dem Maß des Glaubens“ (Röm 12,3; Menge). Ich bin mir sicher, daß es besser war, so Krieg geführt zu haben, wie wir es taten – bis wir eine bessere Vorgehensweise erlernt hatten –, anstatt dem Feind das Feld kampflos zu überlassen. Auch heute verjagen wir noch manchmal Dämonen, doch nicht mehr weil wir uns fürchten würden, sie könnten uns lahmlegen. Wir wissen, daß der Herr der Feldherr ist und ihm der Sieg gehört.

Manchmal bin ich versucht, zornig auf Brüder zu sein, die jedes Treffen damit beginnen, dem Teufel zu widerstehen und ihn des Feldes zu verweisen; mein Geist empfindet einfach nicht, daß das notwendig wäre. Dann erinnert mich der Herr daran, daß mein Bruder auch weiterwachsen wird, und zwar so, wie ihn der Herr auf seine eigene Art und nach seinem Zeitplan lehren wird. „Und wenn ihr über irgend etwas anderer Meinung seid, so wird Gott euch auch darüber Klarheit verleihen“ (Phil 3,15; Menge).

Dennoch gibt es einen weiteren Grund, warum es gut ist, sich dieser Verunreinigungen bewußt zu sein: Zum Schutz derer, die sich darüber nicht im klaren oder unreif sind. Paulus schrieb die meisten seiner Briefe, um den Leib Christi vor den Verunreinigungen der Befürworter der Beschneidung zu schützen. Er schrieb ganz konkret, um dem Verfall in Korinth durch Inzest Einhalt zu gebieten (1.Kor 5). Weil wir alle als Glieder des Leibes miteinander verbunden sind und alle leiden, wenn eins davon leidet (1.Kor 12,26), wissen wir auch, daß die Unmoral alle verunreinigt; abgesehen davon, daß sie ein schlechtes Zeugnis ist, könnte sie die Schwachen der Verführung preisgeben. In 2.Thessalonicher 3,6 schrieb er und gebot „…daß ihr euch zurückzieht von jedem Bruder, der unordentlich und nicht nach der Überlieferung wandelt, die er von uns empfangen hat“. Er wollte nicht, daß die Schwachen dadurch befleckt würden, daß sie der Unreinheit ausgeliefert sind. Jedoch darf man nicht vergessen, daß man sich erst dann von einem Bruder zurückziehen darf, wenn alle in Matthäus 18 und Galater 6,1 vorgegebenen Schritte gegangen wurden, der Bruder jedoch nach wie vor eine Zurechtweisung ablehnt. Bevor wir einen Bruder im Stich lassen, damit er durch die harte Methode zur Einsicht kommt, versuchen wir zunächst, mit allem, was in uns ist, Heilung zu bringen.

Paulus schrieb:

> Denn wenn sie den Befleckungen der Welt durch die Erkenntnis des Herrn und Heilandes Jesus Christus entflohen sind, aber wieder in diese verwickelt und überwältigt werden, so ist für sie das letzte schlimmer geworden als das erste. Denn es wäre ihnen besser, den Weg der Gerechtigkeit nicht erkannt zu haben, als sich, nachdem sie ihn erkannt haben, wieder abzuwenden von dem ihnen überlieferten heiligen Gebot. Es ist ihnen aber nach dem wahren Sprichwort ergangen: Der Hund kehrt wieder um zu seinem eigenen Gespei und die gewaschene Sau zum Wälzen im Kot. (2.Petr 2,20-22)

Das sind die Worte eines Älteren, der einen Jüngeren im Glauben beschützen will. Das ist unsere Verantwortung, wie es auch in Hesekiel 33,1-6 heißt:

> Und das Wort des Herrn geschah zu mir so: Menschensohn, rede zu den Söhnen deines Volkes, und sage zu ihnen: Wenn ich das Schwert über ein Land bringe, und das Volk des Landes nimmt einen Mann aus seiner Gesamtheit und setzt ihn sich als Wächter ein, und er sieht das Schwert über das Land kommen und stößt ins Horn und warnt das Volk, wenn dann einer den Schall des Horns hört, sich aber nicht warnen läßt, und das Schwert kommt und rafft ihn weg: so wird sein Blut auf seinem Kopf bleiben. Er hat den Schall des Horns gehört, hat sich aber nicht warnen lassen; sein Blut wird auf ihm bleiben. Doch hat er sich warnen lassen, so hat er seine Seele gerettet. Wenn aber der Wächter das Schwert kommen sieht, und er stößt nicht ins Horn, und das Volk wird nicht gewarnt, und das Schwert kommt und rafft von ihnen eine Seele weg: so wird dieser um seiner Schuld willen weggerafft; aber sein Blut werde ich von der Hand des Wächters fordern.

Wir schreiben jedoch hauptsächlich über Heilung. Ob Verunreinigungen nun vom Geist eines Menschen oder von Dämonen herrühren, in jedem Fall wirken sie verletzend. Wenn jemand eine Verunreinigung loswerden und wieder auf dem geraden Weg gehen will, gleichgültig, ob er sie nur gespürt hat, ihr den kleinen Finger gegeben hat oder fatalerweise kopfüber hineingesprungen ist, dann ist das Bekenntnis der erste Schritt. Wir müssen dem Herrn bekennen, wie verwundbar wir sind. Achten Sie darauf, wie weise Jesaja reagierte, als die Herrlichkeit des Herrn den Tempel erfüllte: „Wehe mir, denn ich bin verloren. Denn ein Mann mit unreinen Lippen bin ich, und *mitten in einem Volk mit unreinen Lippen wohne ich*“ (Jes 6,5). Auch wenn wir uns keine Missetat zuschulden kommen lassen, leben wir inmitten eines „verdrehten und verkehrten Geschlechts“ (Phil 2,15). Wir nehmen seine Verderbtheit in uns auf, einfach nur, indem wir mit ihm zusammen sind. Es tut niemals weh zu bekennen: „Herr, ich bin unrein. Wasche mich rein.“ „Wenn wir behaupten, keine Sünde zu haben, so betrügen wir uns selbst, und die Wahrheit ist nicht in uns“ (1.Joh 1,8; Menge).

Nachdem wir bekannt haben, müssen wir empfangen und uns von der Vergebung reinigen lassen. Johannes schrieb: „Wenn wir aber im Licht wandeln, wie er im Licht ist, haben wir Gemeinschaft miteinander, und das Blut Jesu, seines Sohnes, *reinigt uns* von jeder Sünde“ (1.Joh 1,7). Hat sich der Leser schon einmal gefragt (wie auch wir), warum Johannes nicht einfach schrieb: „…wie er im Licht ist…und das Blut Jesu, seines Sohnes, reinigt uns…“? Warum sollte man in diesem Zusammenhang die Gemeinschaft erwähnen? In Vers 9 sagte er: „Wenn wir unsere Sünden bekennen, ist er treu und gerecht, daß er uns die Sünden vergibt und uns reinigt von jeder Ungerechtigkeit.“ Hier ging es im Textzusammenhang um die Vergebung. Warum hat er diesen scheinbar irrelevanten Satz über die Gemeinschaft in den Text eingefügt? Es ist nicht nur das Blut Jesu das heilt. Das Blut reinigt. Doch es ist nicht die alleinige Aufgabe des Blutes zu heilen. Die Gemeinschaft heilt und stellt wieder her.

Erinnern Sie sich an die Frau, die den Saum des Gewandes Jesu berührte und sich unbemerkt wieder davonstehlen wollte (Lk 8,40-48)? Sie erfuhr körperliche Heilung. Doch Jesus wollte sie nicht einfach so entkommen lassen. Auf seine Fragen hin kam sie nach vorne und bekannte ihr Problem – und das in einer Kultur, die alles, was mit Blut zu tun hatte, als unrein erachtete! Er wollte, daß sie vor allen bekannte, warum sie gekommen war! Durch eine Berührung von ihr wäre jeder, der in der Menschenmenge neben ihr stand, unrein geworden. Laut Aussage des biblischen Gesetzes hätte sie überhaupt nicht da sein dürfen (3.Mo 15,19-30). Kein Wunder, daß sie ihre Anwesenheit verbergen wollte. Warum hat sie dann unser Herr dermaßen in Verlegenheit gebracht? Wollte er, daß sie vor *allen anderen Menschen* ein Bekenntnis ablegte? Jesus wußte, daß die körperliche Heilung allein nicht ausreichte. Er wußte, daß sie in die *Gemeinschaft* ihrer Mitbürger wieder eingegliedert werden mußte, gleichgültig, wie peinlich das für sie war. Allein deren Annahme und Umarmung konnte für zwölf Jahre des Leidens und der Ächtung Heilung bringen! Leib

Christi, merke auf diese Lehre! Wir dürfen nach Bekenntnis und Inanspruchnahme des Blutes den Dienst nicht beenden. Das ist zwar Erlösung und Wiederherstellung, jedoch noch keine Heilung. Heilung heißt, mit offenen Armen aufgenommen zu werden, festgehalten zu werden und liebevolle Worte zu hören. Wir brauchen Arme und Hände, die andere berühren und festhalten. Wenn wir mit dem Verstand wunderbare, befreiende Worte hören, kann es sein, daß unser Herz nach wie vor bebt und unser Geist nach wie vor schmachtet. Eine Berührung bringt Linderung für das Herz und stellt den Geist wieder her. Freudentränen inmitten einer Gemeinschaft sagen uns, daß wir wirklich geliebt werden. Das schafft Heilung.

Wieviel sollen wir nun – wie es in Jakobus 5,16 heißt – „einander" bekennen und wieviel einfach im Stillen vor Jesus allein? Diese Frage entscheidet man am besten aufgrund dessen, wie tief und schwerwiegend wir in Sünde verstrickt sind, bzw. was erforderlich ist, um wieder heil zu werden. Weniger anstrengende Kämpfe im Herzen kann man vielleicht am besten abwehren, indem man unter Tags öfters kurze Gebete gen Himmel schickt. Taten, insbesondere solche, an denen andere beteiligt sind, müssen vor anderen bekannt werden. In den meisten Fällen ist es jedoch nicht notwendig, die beteiligten Personen namentlich zu erwähnen. Unser Bekenntnis sollte diejenigen schützen, die zu irgendeiner Enthüllung vor anderen Menschen vielleicht noch nicht bereit sind. Wir können uns selbst zur Last fallen und unseren Freunden auf die Nerven gehen, wenn wir meinen, absolut alles und jedes mit jemandem durchsprechen zu müssen! Martin Luthers Beichtvater schrie schließlich verzweifelt aus: „Martin, Du mußt ein Register haben, darinnen rechtschaffene Sünden stehen…mußt nicht mit solchem Humpelwerk und Puppensünden umgehen und (aus jeglicher Bagatelle) eine Sünde machen!"

Selbstverständlich muß sexuelle Sünde bekannt werden. Dasselbe gilt für Gesetzesübertretungen wie Diebstahl, Lüge etc. Diese und ähnliche Dinge bedürfen eines mündlichen Bekenntnisses. Einfache Sünden des Herzens und der Gedanken reinigt Gott auf unserem Weg in aller Stille.

Bis jetzt sprachen wir ausschließlich über persönliche Verunreinigung durch die Gegenwart anderer Menschen, die ohne unser Zutun geschieht. Manche Menschen haben es sich jedoch zum Ziel gesetzt, andere vorsätzlich und bewußt zu verführen – sei es zu sexuellen Handlungen, zum Diebstahl, zum Glücksspiel, zur Lüge etc.; sie möchten den anderen nicht nur mit Worten überreden, sondern machen sich daran, ihn von Geist zu Geist zu beeinflussen. Vielleicht haben sie keine Ahnung welche Macht der Geist in ihnen hat, aber sie wissen, daß sie Einfluß nehmen können und versuchen, das bewußt einzusetzen. Sie wollen uns in ihren Bann ziehen. Schon unzählige Male haben viele von uns das Herz eines Bruders oder einer Schwester im Gottesdienst oder in der Seelsorge gereinigt, nur um mitanzusehen, wie sie von Verführern überwältigt werden, die es sich willentlich vorgenommen haben, sie zu verunreinigen. Im Laufe seines Kampfes mit den Befürwortern der Beschneidung wurde Paulus so zornig über diese Angelegenheit, daß er ausrief: „Möchten doch die Leute, die euch aufwiegeln, sich sogar entmannen lassen!“ (Gal 5,12; Menge). Hat nicht jeder von uns, der in irgendeiner Hinsicht im Dienst steht, schon einmal dieselbe Art von Frustration oder Zorn erlebt? Die Verunreinigung ist keine Seltenheit. Sie ist ein Bestandteil davon, daß jeder Christ Tag für Tag darum kämpft, seinen Weg gehen zu können. Wir müssen uns der Verunreinigung mehr bewußt werden, um einige aus dem Feuer zu reißen (Judas 23).

Paulus wies uns an, einander zu ermahnen (Kol 3,16). In Sprüche 27,6 heißt es: „Treu gemeint sind die Schläge dessen, der liebt, aber überreichlich die Küsse des Hassers.“ „Blutige Schläge reinigen vom Bösen; Hiebe machen das Innerste rein“ (Spr 20,30; wörtl.a.d.Engl.). Manchmal braucht man Mut, um jemanden zu tadeln. „...weise sie streng zurecht, damit sie im Glauben gesund seien“ (Tit 1,13). Das Problem ist nur, daß wir so aufgeregt sind und uns verkrampfen, weil wir jemanden ermahnen müssen; wenn wir dann endlich unseren Mut zusammengenommen haben und handeln, schießen wir gleichsam mit Kanonen auf Spatzen! Ein Wort an einen weisen Menschen hätte ausgereicht; das wußten wir auch, doch hatten wir uns selbst nicht so sehr in der Hand, daß wir nur das gesagt hätten, was eigentlich notwendig gewesen wäre. Oder das Gegenteil ist der Fall: Wir können nicht genug Schneid aufbringen, was zur Folge hat, daß wir mit einem Luftgewehr auf einen Bären schießen! Es gibt keine andere Möglichkeit, das richtige und weise Ermahnen zu erlernen, als durch den Spießrutenlauf von Versuch und Irrtum. Der Leib Christi muß das lernen. Man kann dabei nicht nach einer Art Handbuch vorgehen. Der Heilige Geist lehrt durch Erfahrung. Wir müssen einfach ins kalte Wasser springen und es lernen.

In den seltensten Fällen muß derjenige, der verunreinigt wird, mit Nachdruck ermahnt werden. Er muß gewarnt werden und braucht Stärke, die ihm durch unsere Liebe und Annahme zuteil wird. Vielleicht hilft es ihm, das zu sehen, was er ohnehin allmählich zu erkennen beginnt, wenn wir *mit* ihm reden und nicht *auf* ihn einreden. *Wer andere verunreinigt, muß scharf ermahnt werden!* Ich wünschte mir, ich hätte damals in der Gemeinde meines Freundes eingegriffen und dem Treiben des Wolfs im Schafspelz ein Ende bereitet. Vielleicht wäre dieser Pastor heute ein völlig intakter Mann, wenn ich nicht nur mit ihm, sondern vielmehr mit dem Wolf gesprochen hätte. Vielleicht hätten wir auch einige der vermeintlich „neuen“ Wölfe retten können.

Gleichgültig, welches Register wir bei unserer Ermahnung auch ziehen – wo immer es möglich ist, sollte eine heilbringende Umarmung darauf folgen. Damit wir uns jedoch nicht wie „Umarmungsapostel“ anhören, möchte ich in diesem Zusammenhang noch erwähnen, daß die Heilung viele Gesichter hat, z.B. ein gemeinsames Abendessen, Karten oder Golf spielen. Vor einiger Zeit kamen ein befreundeter Pastor und ich nicht gut miteinander aus. Also trafen wir uns zu einem gemeinsamen Abendessen im „Clinkerdagger“ in Spokane. Dieses Restaurant hat einen Balkon, der einen herrlichen Blick auf den Fluß Spokane bietet. Während des Abendessens wollten wir eigentlich den Anblick des Wassers genießen, das – aufgrund der Schneeschmelze – in einem gewaltigen Strom unter uns vorbeischoß. Doch die Bedienung sagte: „Es tut mir leid, meine Herren, der einzige Tisch, der noch frei ist, ist dort in der 'Liebesecke'.“ Es handelte sich dabei um eine Bank, auf der zwei Personen nebeneinander vor einem Tisch sitzen und den besten Blick auf den Fluß genießen konnten. Wir dachten gar nicht lange nach und sagten: „Oh gut, den nehmen wir. Genau so etwas hatten wir uns vorgestellt.“ Die Bedienung servierte das Essen und als sie schließlich am Schluß mit dem Kaffee kam, saßen wir da im Gebet und hielten uns an der Hand! Sie war sicherlich der Meinung wir wären schwul! Als wir ihren Blick sahen, fingen wir schallend zu lachen an. Dieses humorvolle Komplott, der Spaß, den wir miteinander hatten – wir wußten, daß uns der Herr auf genau diese Art und Weise heilen und zusammenschweißen wollte.

Hinter Verunreinigungen können auch Dämonen stecken. Wir sind nicht bereit zu sagen, dies sei ausnahmslos der Fall. Das wäre nicht nur zuviel der Ehre für Satan, sondern man würde ihm dadurch auch eine Allwissenheit und Allgegenwart zuschreiben, die er nicht hat. Einzig und allein der Herr ist allwissend und allgegenwärtig. Wenn Verunreinigungen eine dämonische Ursache haben, wird das von Menschen mit Geistesgaben in der Regel schnell erkannt. Das Verräterische daran ist nämlich die Veränderung, die sich am Betreffenden vollzieht. Sie denken und reden nicht nur in einer Art und Weise, die ihnen fremd ist (was auch lediglich durch menschliche Verunreinigung bedingt sein kann), sie strahlen darüberhinaus etwas aus, was nicht von ihnen selbst ausgeht. Der Ton ihrer Stimme verrät, daß etwas anderes in ihnen am Wirken ist. Menschen, die unter dem Einfluß anderer Menschen stehen, scheinen immer noch irgendwie gefaßt zu sein und sich selbst in der Hand zu haben; doch Menschen, die von Dämonen beeinflußt oder gesteuert werden (aber nicht notwendigerweise besessen sind), sind in unnormalem Maße streitbar und irrational. Man kann das Dämonische förmlich aus ihren Mundwinkeln tropfen sehen. Manchmal haben sie Ideen oder Informationen, von denen man weiß, daß sie das nicht ohne fremde Hilfe erdacht oder herausgefunden haben können. Es geschieht oft, daß Christen, die geistlich sensibel sind, die Anwesenheit eines dämonischen Einflusses in Form von Übelkeit spüren, oder in einem Gefühl des Verdreht- und Bedrängtseins, das ihnen Schmerzen oder einen Druck in der Brust oder im Kopf verursacht.

Wenn in diesen Fällen Dämonen am Werk sind, haben wir es in der Regel nicht mit Geistern niederer Rangordnung zu tun. Es handelt sich vielmehr um „Gewalten... Weltbeherrscher dieser Finsternis" (Eph 6,12). Diese Erkenntnis sollte uns keine Angst machen. Angefangen beim niedrigsten finsteren Kobold bis hin zum Teufel selbst – über jeden einzelnen hat selbst der geringste Christ leicht den Sieg in der Hand, denn „sie haben ihn überwunden durch des Lammes Blut und durch das Wort ihres Zeugnisses" (Offb 12,11; Schlachter). Filme, wie „Der Exorzist" wirken sich nachteilig für uns aus, weil sie die Schwachen lehren, Satan habe immense Kräfte, die er in Wirklichkeit nicht mehr gebrauchen kann, es sei denn gegen jene, die Jesus nicht kennen oder gegen Christen, die ihm diese Kraft verleihen, indem sie glauben, er hätte sie tatsächlich.

Dämonen ergreifen Besitz von Menschen und beeinflussen sie. *Gewalten üben Macht aus*, in der Regel *durch Außenstehende*, indem sie diese in den Einflußbereich mächtiger verunreinigender Ströme zerren oder Blockaden errichten. Weltbeherrscher manipulieren archetypische Gedankenstrukturen über den Menschen, um deren Emotionen zu lenken und das freie Denken zu ersticken (vgl. den ersten Teil von Kapitel 16 in unserem Buch *„Die Umgestaltung des Inneren Menschen"*). Archetypische Strukturen sind typische Denkweisen, die in der Mentalität der Menschheit verankert und Teil des alles umfassenden Fleisches sind, das uns allen gemein ist. Weit verbreitete Archetypen sind: Rassendiskriminierung, die Unterdrückung der Frau, Gier, Krieg und Aggression, religiöse Stereotypen und Dogmen.

Wenn ein Mensch beginnt, in einer Art zu fühlen oder zu denken, die in den Machtbereich eines Archetypen eindringt, erhalten Gewalten die Gelegenheit, ihn zu dirigieren, indem sie ihn in das Netz derartiger Denkweisen einwickeln. Eishockeyspieler tragen Helme, um ihren Kopf vor Stößen und Schlägen zu schützen. Um einen Archetypen zu verstehen, muß man lediglich die Funktion eines solchen Helms umdrehen. Anstatt vor Schaden zu bewahren, schirmen Archetypen das Licht Gottes ab und verhindern somit eine gesunde, rationale Art zu denken. Anstatt für den Träger durch ausgepolsterte Stellen Schläge abzufangen, stellen Archetypen selbst einen solchen Schlag dar, einen Schlag mit Fangarmen der Verunreinigung; diese Verunreinigung durchströmt die Gehirnwindungen, um die betreffende Person an falsche Gedanken und Emotionen zu ketten.

Archetypen sind also quasi Werkzeuge, mit deren Hilfe Gewalten Menschen verunreinigen und lenken; all das geschieht unter der Oberhoheit der Weltbeherrscher der Finsternis. Ich empfinde Schmerz und mein Herz wird schwer, wenn ich sehe, wie mein Bruder nur darauf brennt, mir endlich den neuesten „Nigger-Witz" zu erzählen. Ich bin nicht in erster Linie um der Schwarzen willen betrübt, denen gegenüber unser Herr einem jeden aufrichtigen Christen Liebe ins Herz legt, wenngleich natürlich derlei Dinge für jeden schwarzen Bruder und jede schwarze Schwester verletzend sind. Ich bin vor allem darüber betrübt, wie sehr die Gedanken und das Herz des Bruders, der dieses Vorurteil hat, gefangen sind. Er macht sich überhaupt keine Vorstellung, in welchem Maße er schon Opfer einer „Invasion" geworden ist. Er ist sich nicht darüber im klaren, wie sehr die Verunreinigung sein Leben schon fest in der Hand hat. Martin Luther King Jr. wirkte wahre Wunder für die Schwarzen in Amerika; aber vielleicht hat er uns allen einen noch viel größeren Dienst dadurch erwiesen, daß er den Kampf angeführt hat, um die Bindungen archetypischer Verunreinigung zu brechen!

Schauen wir nicht alle voll Schmerz auf unsere Brüder, die liberale Geistliche sind und unabsichtlich dämonische Lehren verbreiten (1.Tim 4,1)? Sie sind verunreinigt. Sie sind sich dessen überhaupt nicht bewußt; sie sind zu Marionetten geworden, die törichte Lehren vom Stapel lassen und dabei auch noch denken, all das wären ihre eigenen weisen Gedanken. Das Heimtückische an der Verunreinigung besteht darin, daß jene denken, sie allein besäßen die reine Wahrheit und daß jene Vertreter des orthodoxen Glaubens nach wie vor in den Verunreinigungen vergangener Jahre gefangen sind! Nur der Heiland, das Wort und der Heilige Geist befreien uns. „...wo aber der Geist des Herrn ist, ist Freiheit" (2.Kor 3,17). „Denn Gott hat uns nicht einen Geist der Furchtsamkeit gegeben, sondern der Kraft und der Liebe und der *Besonnenheit*" (2.Tim 1,7). Viele unserer liberalen Brüder, die ihres geistigen Schatzes beraubt und verblendet sind, haben kein Leben; sie glauben jedoch fortwährend, ihr Durcheinander an fleischlichen Gedanken, die in Wirklichkeit vom „Fürsten des Machtbereichs der Luft" gelenkt werden, seien Leben. Doch nur der Sohn Gottes ist das Leben.

„Ihr seid aus Gott, Kinder, und habt sie überwunden, weil der, welcher in euch ist, größer ist als der, welcher in der Welt ist. Sie sind aus der Welt, *deswegen reden sie aus dem Geist der Welt, und die Welt hört sie*“ (1.Joh 4,4-5). Es geschieht hauptsächlich durch die archetypische Kontrolle der Gewalten, daß Menschen verunreinigt werden und ihre Verunreinigung wiederum andere Menschen in der Welt verunreinigt.

Paula und ich sind nicht die einzigen, die mit großartigen Hoffnungen zu Gemeindekonferenzen fuhren, nur um mitzuerleben, wie diese nach und nach in Verbitterung versanken. Nach einer Weile, als ein Sprecher versuchte, den anderen in Diskussionen, die keinen Pfifferling wert waren, mit seiner Stimmgewalt zu übertrumpfen, brauchte man nicht einmal die Gabe der Geisterunterscheidung um zu sehen, daß sich hier mehr als lediglich Ausdrucksformen einer gefallenen Menschheit zeigte! Dämonische Mächte verunreinigten die Versammlung, bis sie ihre schrillen Stimmen durch die Münder der Männer erheben konnten, die voll Stolz der Auffassung waren, sie dienten einzig und allein der Sache des Herrn. Spaltung war die Folge; jeder für sich suchte sich ein Schlupfloch, in dessen Isolation er seine kleinkrämerische Gekränktheit hegen und pflegen konnte. War nicht jeder von uns schon einmal traurig darüber, solche Szenen mitzuerleben? Wußten wir nicht alle, daß man derartig nutzlosen Streitgesprächen über das Gesetz aus dem Weg gehen soll (Tit 3,9), konnten uns jedoch allzuoft nicht am Riemen reißen, je mehr wir in diese Schlacht hineingezogen wurden?

Ich (John) ging mit einem befreundeten Pastor zu einer Konferenz, die von einer bestimmten Denomination abgehalten wurde (es könnte jedoch auch jede beliebige andere Denomination oder Freikirche gewesen sein). Auf der Konferenz glaubte einer der Hauptredner mehr und mehr Salbung zu verspüren und rief die Anwesenden auf, wieder zu dem „guten Weg von früher“ zurückzukehren. Es ist immer gut, Gottes Volk zu den guten Wegen Gottes zurückzurufen. Doch es stellte sich heraus, daß dieser „gute Weg von früher“ aus fleischlichen Traditionen bestand, über die der Großteil jener Gemeinde noch nicht hinausgewachsen war. Er deutete seinen Eifer fälschlicherweise als Salbung und verfolgte mit aller Macht diesen eingeschlagenen Kurs. Schon bald verlegte sich die gesamte Zuhörerschaft im Stillen auf die geistliche Kampfführung. Einige verwiesen die Horde unreiner Geister, die über die Anwesenden kam, des Feldes. Andere, die in den Verunreinigungen und Trugschlüssen des Sprechers gefangen waren, sagten laut „Amen“, während sie in ihrem Geist gegen die Mißgunst der anderen Anwesenden ankämpften. All das bewirkte nun nicht Auferbauung und Einheit, sondern vielmehr Bitterkeit und Zwist.

Das funktioniert jedoch auch anders herum. 1959 wurde Agnes Sanford eingeladen, in einem extrem gesetzlichen, fundamentalistischen College zu sprechen. Sie wußte, daß sie einen geistlichen Kampf würde führen müssen, weil ihre Botschaft wahrscheinlich gewaltige Mächte der Finsternis aus ihrer herrschenden Position vertreiben würde; deshalb bat sie um Hilfe. Pfarrer Wilbur Fogg von der Episkopalkirche, seine Frau Alice und ich fuhren auch dorthin, um als Zuhörer im Saal Fürbitte zu leisten. Agnes begann ihre Predigt und rief: „Brüder und Schwestern, glaubt ihr, daß das Wort Gottes von der ersten bis zur letzten Seite wahr ist?" Die Antwort war ein lautes und einstimmiges „Amen, Schwester!".

„Ich auch. Glaubt ihr, daß Gott die Welt geschaffen hat, genau so, wie es in 1.Mose 1 geschrieben steht?"

„Amen!"

„Ich auch. Glaubt ihr, daß er die Welt in sechs Tagen geschaffen und am siebten Tag geruht hat?"

„Amen!"

„Ich auch. Dann habe ich eine Neuigkeit für euch, meine Freunde. Wenn ihr wirklich glaubt, daß Gott die Welt so geschaffen hat, wie es in der Bibel steht, dann könnt ihr nicht glauben, er habe das innerhalb von sechs irdischen Tagen getan, die 24 Stunden lang sind, denn die Bibel sagt nicht, daß er das getan hätte!"

Kein einziges „Amen", nichts! Fassungslose Stille! Der Kampf hatte begonnen. Wir nahmen Gebetsposition ein und los ging's!

Dann eröffnete Agnes ihnen das Wort Gottes, ähnlich wie Jesus es für Kleopas und den anderen Jünger auf der Straße nach Emmaus tat (Lk 24,13-35). Sie zeigte ihnen, daß unsere Sonne und unser Mond nicht vor dem vierten Tag geschaffen wurden (1.Mo 1,14-19); wenn Gott nun vom ersten „Tag" und der ersten „Nacht" sprach, konnte er sich deshalb nicht auf einen unserer irdischen, vierundzwanzigstündigen Tage beziehen, deren Länge sich davon ableitet, daß sich unser Planet um die Sonne dreht, sondern vielmehr auf irgendeine andere Art von Tag und Nacht, auf einen Zeitraum, den nur er allein kennt und der vielleicht Äonen lang war! Ihre Logik war geradlinig und zwingend. Doch die Schlacht fand nicht auf dem Feld der Logik statt. Während sie diese Lehre brachte, erfüllten Engel den Raum mit himmlischem Licht. Wilbur, Alice und ich konnten fast physisch zusehen, wie stählerne Ketten von den Gedanken der Anwesenden abfielen. Während sie mit offenem Mund dasaßen und vor sich hin starrten, zerschmetterte das Licht in ihren Gedanken Archetypen der Gefangenschaft. Das war der Durchbruch. Von diesem Zeitpunkt an, führte Agnes sie drei Tage lang von einem herrlichen Raum zum nächsten, die ihnen im Reich Gottes bisher sämtlich verschlossen gewesen waren.

In Council Grove (Kansas), wo Paula und ich einige Jahre lang dienten, wurden der ortsansässige römisch-katholische Priester und ich richtig gute Freunde. Er hatte Multiple Sklerose im fortgeschrittenem Stadium; in der Annahme daß er so möglichst wenig Schwierigkeiten haben würde, hatte ihn sein Bischof in diese kleine Stadt geschickt. Auch wenn sein Körper lahmgelegt war, war das doch bei seinem Verstand und seinem Geist überhaupt nicht der Fall. Schon bald hatte er den ganzen Ort ordentlich aufgemöbelt. Weil er nicht mehr selbst Auto fahren konnte, chauffierte ich ihn manchmal. Eines Tages wollte er zu einem Treffen in Wichita, wo alle Priester der katholischen Diözese Kansas zusammenkamen. Der Bischof von Kansas sollte der Hauptredner sein. Ich genoß das Abendessen, und als die Versammlung beginnen sollte, verspürte ich in meinem Geist eine eigenartige Aufregung. Ich „wußte", daß etwas in der Luft lag, daß sich da etwas Großartiges zusammenbraute. Der Kampf war im vollen Gange und die Guten gewannen! Damals war ich noch zu jung; ich nahm nicht am Kampf teil, aber ich konnte ihn spüren. Nichts Außergewöhnliches geschah, bis der Bischof aufstand und zu sprechen anfing. Er sagte erst etwas, was vermutlich das Tagesgebet war, bekreuzigte sich und begann seine Predigt mit den Worten: „Brüder, ich habe Neuigkeiten für euch. Martin Luther hatte recht!" Markerschütternde Stille, überall erstrahlte das Licht!

Hätte der Bischof lediglich aus seinem Fleisch heraus gesprochen, hätte er vielleicht seine Zuhörerschaft verloren! Doch Gott hatte alles vorbereitet. Engel und die Gebete der Fürbitter hatten den Sieg schon in Anspruch genommen. Mit offenem Mund sahen sich die Anwesenden kurz an, und ihre Herzen und ihre Gedankenwelt blieb offen. Sie folgten dem Bischof. Sie hörten begierig zu. Er fuhr fort, lehrte all die fundamentalen Tatsachen des Evangeliums, die Luther neu entdeckt hatte und sagte: „Wir waren blind, Brüder, wir waren blind." Ich war vermutlich der einzige protestantische Pastor auf dieser ganzen Versammlung und im Hinausgehen bekam ich zufällig mit, wie eine Gruppe von Priestern sich miteinander unterhielt; sie sagten: „Hätte nie gedacht, daß ich so was je aus dem Mund eines unserer Bischöfe hören würde!" „Wo nimmt er nur den Mut her?" Ich hörte keine einzige negative Reaktion. Einige hatten vielleicht einen negativen Grundtenor, doch bin ich mir sicher, daß die meisten von ihnen die Worte des Bischofs begeistert aufgenommen hatten. Die Himmelswelt hatte einen großen Sieg errungen. „Ihr seid schon rein um des Wortes willen, das ich zu euch geredet habe" (Joh 15,3). Sein Wort reinigt. Doch die

Kriegsführung im Gebet öffnet die Ohren, auf daß sie hören und die Augen, auf daß sie sehen können. Verunreinigung blockiert. Fürbitte bereitet dem Herrn einen Weg in der Wüste (Jes 40).

Politische Demagogen deklamieren eine Unmenge von Schlagworten, die sich an noch nicht bewußt gewordene, dämonische Verunreinigungen über Menschen ankoppeln sollen. Auf diese Art und Weise brachte Hitler Deutschland unter seine Kontrolle und war sich höchstwahrscheinlich darüber überhaupt nicht im klaren, daß er selbst ein Sklave finsterer Mächte war. Der Mob, der im Süden der USA oft Lynchjustiz übte, wurde von ähnlichen aufwieglerischen Reden gelenkt, die hinter den Kulissen von Gewalten nach Belieben eingesetzt wurden. Im März 1984 mußte unser Präsident Reagan entsetzt feststellen, wie Kongressabgeordnete und Senatoren bezüglich seiner Gesetzesvorlage, die das Schulgebet in öffentlichen Schulen einführen sollte, zahllose irrelevante Themen ausdiskutierten. Er konnte nicht verstehen, wie Männer, die im logischen Denken geübt sind und das höchste soziale und politische Ansehen im ganzen Land genießen, so unbedeutende Torheiten von sich geben konnten; im Rahmen eines kurzen Kommentars sagte er ihnen das auch. Vielleicht können wir es verstehen. Die Weltbeherrscher wollten in erster Linie dem Gebet einen Riegel vorschieben. Sie brachten alle Energie auf, um die Weisen töricht zu machen. Wie? Indem sie mit Archetypen der Angst vor Kontrolle hantierten, indem sie latent verborgene, kindheitliche Wunden aufrissen und Groll gegenüber Eltern, Lehrern und Pastoren etc. schürten und sie mit falschen Bereichen der Gedankenwelt in Verbindung brachten. So brachten sie Männer, die sonst so weise urteilen, dahin, daß sie stolz auf ihre verwirrten Gedanken wurden. „Während sie sich ihrer angeblichen Weisheit rühmten, sind sie zu Toren geworden" (Röm 1,22; Menge).

Hier gab es eine direkte Konfrontation mit Mächten der Finsternis, in der es um Verunreinigung in unserer Zeit ging. Überall in Amerika kamen Christen zusammen, um als Fürbittearmee zu beten. Wir wußten um diese gemeinsame Anstrengung im Kampf. Warum haben wir dann nicht gewonnen? „Mein Volk kommt um aus Mangel an Erkenntnis" (Hos 4,6). Gott wird mit seinen Heerscharen keine Invasion starten und die Kontrolle übernehmen; der Heilige Geist wird den freien Willen eines Menschen nicht überstimmen, die Mächte der Finsternis jedoch schon; das ist ihre Arbeitsweise. Wer von uns betete als Krieger gegen die finsteren Armeen über der Hauptstadt des Landes? Ich wette, viele taten das. Doch wer leitete mit dem Schwert der Wahrheit in der Hand den Kampf gegen die Archetypen der

Gedankenkontrolle sowie gegen die Gewalten, die diese dirigierten und einsetzten?

Ich, ein Vermittler dieser Lehre, einer der Propheten des Herrn, die sehen, wo die Schlacht eigentlich stattfindet, einer der andere lehrt, der wußte, daß die Schlacht im vollen Gange war – ich vergaß es! Warum? Verunreinigung und dämonische Strategie. Paula und ich waren hier in einem dringenderen geistlichen Kampf verwickelt. Zweifellos hat Satan uns und viele andere, die die dreckigen Hände der Dämonen hätten sehen und beiseitestoßen können, absichtlich abgelenkt. Man hätte Satan förmlich sagen hören: „Gorbag, Du und Deine Armeen, ihr zieht dort hinauf und beschäftigt all diese Fürbitter, die wirklich wissen, wie sie geistlich Kampf führen müssen und lenkt sie ab, damit sie uns bei unserem Spielchen in Washington D.C. nicht dazwischenfunken und uns Einhalt gebieten können." In dem Moment als die Tageszeitungen die Niederlage verkündeten, wußte ich, was geschehen war. Satan hatte die mit Erkenntnis gesegneten Krieger irgendwoanders beschäftigt, während er – zumindest vorübergehend – dort in der Hauptstadt den Sieg errungen hatte.

Bedeutet das nun, Satan hätte Macht? Nein, er hat lediglich eine Strategie. Seine Macht ist die Täuschung, die durch Verunreinigung wirksam wird. In einer direkten Konfrontation flieht er. „Dem widersteht standhaft durch den Glauben..." (1.Petr 5,9a). „Unterwerft euch nun Gott! Widersteht aber dem Teufel, *und er wird von euch fliehen*" (Jak 4,7). Der Teufel gewinnt aufgrund seiner Strategie alle möglichen vorübergehenden Siege, indem er stört, ablenkt oder in Apathie einlullt und vor allem, indem er Erkenntnis verhindert. Er weiß, daß er nicht gewinnen kann, wenn Christen herausfinden, daß er anwesend ist und wie seine Taktiken aussehen.

Manchmal hat er durch Verunreinigung ganze Nationen fest in seiner Hand. Momentan (d.h.im Jahre 1984; Anm.d.Übers.) verfolgen wir alle, wie er durch den Ayatollah Khomeini und durch religiösen Fanatismus den Iran manipuliert. Er bedient sich bestimmter Archetypen und entfacht emotionale Glut durch ein Feuer des Hasses und des Krieges, genauso wie er Jahrhunderte zuvor islamische Krieger veranlaßte, über Afrika hinweg in Europa einzufallen, angefeuert vom Eifer zu bekehren oder zu töten. Verunreinigung!

„Wodurch hält ein Jüngling seinen Pfad rein? Indem er sich bewahrt nach deinem Wort" (Ps 119,9). „In meinem Herzen habe ich dein Wort verwahrt, damit ich nicht gegen dich sündige" (Ps 119,11). Als ich mir eines Tages den Kopf darüber zerbrach, warum so viele Christen, die Gottes Wort wie ihre Westentasche kennen, dennoch immer und immer wieder scheinbar so leicht gegen ihn sündigen können, fragte ich den Herrn. Er wies mich auf das Wort „Herz" in diesem Psalm hin; die Bibel sagt nicht, dieser Mensch hätte das Wort in seinem Verstand sondern vielmehr in seinem *Herzen* verwahrt. Ich fragte ihn also, was es denn bedeute, wenn man das Wort in seinem Herzen verwahrt: „Wie gelangt das Wort vom Verstand ins Herz? Wie kann ich sicher gehen, daß es auch wirklich dorthin gelangt und dort bleibt?" Zunächst bestand seine Antwort nur aus einem einzigen Wort: „Liebe". Dann lehrte er mich, daß nur Menschen mit einem wachen Geist *ihn wirklich lieben, und alle, die sich aufmachen, den Nächsten in Christus zu lieben, sind diejenigen, die das Wort Gottes wahrhaftig in ihrem Herzen verwahren.* Erst wenn das Wort *in Liebe gelebt* wird, gelangt es vom Kopf ins Herz. Gott machte es mir überaus deutlich, daß eine solche Liebe eine direkte Begegnung und Wertschätzung seiner Person sein muß, ein „Liegen an der Brust Jesu" (vgl. Joh 13,23); wenn dem nicht so ist, werden Wort und Herz nicht miteinander verbunden werden.

Wie sollen wir den Verunreinigungen der Welt, dem Hochmut des Lebens und der Lust der Augen widerstehen (1.Joh 2,16)? Indem wir es zulassen, daß Jesus uns liebt, indem wir seine Liebe in uns aufsaugen und *diese Liebe dann 24 Stunden am Tag, also als Lebensstil zu anderen hin ausgießen!* Wer Jesus selbstsüchtig nur für sich allein und nur um der Hoffnung auf das Himmelreich willen haben will, wird immer und immer wieder verunreinigt werden. Doch wer Jesu Liebe für seinen Nächsten verströmt, verbindet das Wort Gottes fest mit seinem Herzen und sitzt, geht und steht mit Jesus.

Wir haben schon mehrmals mit Nachdruck darauf hingewiesen, daß wir im Leib Christi die menschliche, gemeinschaftliche Umarmung brauchen. Nie würden wir von dieser Lehre Abstriche machen, noch ihr widersprechen. Aber es muß auch klar verstanden werden, daß wir erst dann in der ganzen Fülle vom Leib Christi profitieren können, wenn der Herr die erste Liebe unseres Herzens ist. Einige können Gott erst dann finden, wenn der Leib Christi sie so sehr liebt, daß ihr Geist die Möglichkeit bekommt, aufzuwachen und Gott zu finden. Doch wenn sich ein Kind Gottes lediglich an den Leib Christi klammert und meint, das reiche aus oder sich aus irgendeinem Grund nicht abnabelt und zu Jesus weitergeht, wird seine Beziehung zu allen anderen schließlich schal und unbrauchbar werden. Gott ist mit Recht ein eifersüchtiger Gott, weil er uns liebt. Wenn wir einen Augenblick lang alle anderen Einsichten, die wir bisher mitgeteilt haben, vergessen und einfach nur nachdenken, werden wir uns daran erinnern, daß wir genau in den Zeiten ins Trudeln gerieten oder versucht wurden, in denen wir es zuließen, daß unsere Liebe erkaltete. So einfach ist das.

Doch um in der Lage zu sein, geistlich Krieg zu führen, um die Schwachen zu beschützen und die Verwundeten zu heilen, müssen wir all diese anderen Dinge wissen.

Wir möchten nun im weiteren über Todeswünsche sprechen, ein Thema, das wir in diesem Kapitel behandeln, weil so oder so die volle Last der Verunreinigung hinter jedem Todeswunsch steht.

Wir wissen nicht, ob unser Geist zur Erde kam, nachdem er im Himmel in irgendeiner Form schon vorher existiert hatte, oder ob sein Leben zu dem Zeitpunkt beginnt, da er bei der Empfängnis durch einen Hauch das Licht der Welt erblickt. Manchmal tendiere ich zu ersterer Ansicht, manchmal zu letzterer und bin mir aufgrund biblischer Hinweise oder aufgrund der Theologie oder aufgrund meiner Erfahrung jeweils sicher, daß es so oder so sein müsse. Meistens tendiere ich zu der Ansicht, wir müssen wohl beim Vater gewesen sein und unser Herr habe uns gebeten zu kommen, doch niemand kann das sicher wissen. Ich finde es faszinierend, in dieser Hinsicht über eine bestimmte Bibelstelle nachzusinnen: „So wie du nicht weißt, wie *im Leib einer Schwangeren der Geist in die Gebeine kommt,* so kennst du auch das Tun Gottes nicht, der alles macht“ (Pred 11,5; wörtl.a.d.Engl.).

Auf jeden Fall kannte unser Geist die Schönheit und die gesunde Atmosphäre des Himmels. Unser Geist erinnert sich noch daran, wie es war, mit dem Schöpfer eins zu sein, sei es während eines jahrtausendelangen Aufenthalts im Himmel oder in einem einzigen Augenblick der Schöpfung. Augustinus sagte: „Auf Dich hin hast Du uns erschaffen und unruhig ist unser Herz, bis es ruht in Dir.“

Stellen Sie sich nun einmal die Auswirkungen für diesen reinen und makellosen Geist vor, als er Teil dieser verfallenen Erde wurde! Man könnte das folgendermaßen veranschaulichen: Wenn Sie eine „Landratte“ sind, dann denken Sie an Ihre erste Reise über den Ozean oder als Sie ein Flugneuling waren, der zum ersten Mal in einem kleinen Flugzeug durch ein Gewitter fliegt und dabei wie wild hin- und hergebeutelt wird. Denken Sie nur daran, wie übel Ihnen wurde und wie schlecht es Ihnen dabei ging. Sie können sich wohl gut daran erinnern, wie Sie sich danach sehnten, wieder festen Boden unter den Füßen zu haben. Wissen Sie noch, wie Sie schrien: „Oh, warum habe ich bloß diese Reise gemacht?“ Erinnern Sie sich, wie Sie sich über die Reling beugten oder die Plastiktüte unter dem Flugzeugsitz in Anspruch nahmen und sich so sehr wünschten, das alles möge doch endlich vorbei sein! Wie peinlich das doch alles war. Auch wenn Sie sich nicht gezwungen sahen, auf die Toilette zu fliehen oder die Plastiktüte hervorzuholen, dann erinnern Sie sich vielleicht, daß Sie es nicht ausstehen konnten, von anderen genau beobachtet zu werden.

Sie waren überzeugt davon, daß jedermann sehen konnte, wie die Galle hinter Ihren Augen hochkam! Sie wären am liebsten im Boden versunken. Immer und immer wieder sagten Sie sich selbst vor, daß es Ihnen bald wieder besser gehen würde, wenn Sie nur durchhalten könnten. Wenn Sie sich an so ein Erlebnis erinnern können, dann haben Sie zumindest eine dumpfe Vorstellung davon, was Ihr Geist fühlte, während er in seinen ersten Lebensmomenten und -tagen im Mutterleib und inmitten der Verunreinigung der Welt hin- und herschaukelte.

Denken Sie nur an folgende einfache Tatsache: Die Himmelswelt dreht sich weder um sich selbst noch um die Sonne. Hier jedoch dreht sich alles. Wir sind aus der Ruhe in ein sich wild drehendes Universum gekommen. Hat sich der Leser schon einmal auf eine dieser verrückten, rotierenden Untertassen in Disneyland oder Disneyworld oder auf dem Rummelplatz auf ein „Taifunrad" gewagt? Haben Sie sich je gefragt, warum diese Berg- und Talfahrten eine derartige Anziehungskraft auf uns haben? Ein Grund dafür kann sein, daß sie auf einer Ebene unter dem menschlichen Erinnerungsvermögen die Früherfahrungen unseres Geistes wiederaufleben lassen! Sie ermöglichen es uns, das bewußt zu spüren, was wir ganz am Anfang unseres Lebens erlebten. Das schafft Erleichterung, weil etwas bewußt wird, was verborgen war.

In einem Elternhaus, in dem man sich nach Kindern sehnt und sie liebt, trägt eine herzliche Begrüßung dazu bei, den ersten Schrecken und die Übelkeit zu heilen – und das sogar schon im Mutterleib. Wenn der Mutterleib jedoch Schauplatz traumatischer und bedrückender Erlebnisse wird – z.B. durch Streit, Gezänk, Lärm und schmerzliche Emotionen – kann der Geist des Kindes das Übel der allgemeinen Verunreinigung, die wir schon allein dadurch erleiden, daß wir in der Welt sind, nicht überwinden. Folglich schreit es: „Anhalten! Ich will aussteigen!" Wir möchten gar nicht hier sein. Mit unserem Verstand begreifen wir das vielleicht nicht, doch ist das mittlerweile die feste Überzeugung unseres Geistes. Wir sind fest entschlossen zu sterben, weil das die einzige Alternative zu dem darstellt, daß wir von nun an die ganze Zeit in einer Welt leben müssen, die für uns unerträglich geworden ist.

Todeswünsche, die sich einmal in uns festgesetzt haben, manifestieren sich in verschiedenster Weise. Zunächst einmal können sie die Ursache sein, die hinter außergewöhnlich gefährlichen und hartnäckigen Kinderkrankheiten stecken. In diesem Fall wird der Geist des Menschen seinen Körper weder wie normal aufrechterhalten, noch eine Krankheit leicht abschütteln, eben weil er nicht will. Er möchte vielmehr unseren Todeswunsch ausleben. Unsere Energien laufen in entgegengesetzte Richtungen. Viele Eltern sind zu uns gekommen und bitten uns um Rat und Gebet; sie sind verzweifelt und verängstigt, weil ihr Kind oder ihre Kinder entweder ständig krank oder extrem anfällig für irgendwelche Unfälle sind. Daraufhin stellen wir immer Fragen zur Familiengeschichte: War das Kind etwas, das ihnen sozusagen nachträglich eingefallen ist, oder hatten sie es sich gewünscht und gewollt? Wie verlief die Schwangerschaft? War sie für die Mutter körperlich sehr schwierig? In welcher Beziehung standen die Eltern zueinander während der Schwangerschaft? Lag wirtschaftlicher, beruflicher oder irgendein anderer Druck auf den Eltern? Trugen sich während dieser Zeit große, tragische Ereignisse, Todesfälle oder andere traumatische Begebenheiten zu? Wie verlief die Geburt selbst? Waren andere Kinder auf das Neugeborene eifersüchtig oder hießen sie es willkommen? Verfiel die Mutter in nachgeburtliche Depression? Gab es Tragödien oder traumatische Erlebnisse unmittelbar nach der Geburt? Und so weiter und so fort.

Meistens finden wir nicht allzu schwer identifizierbare Ursachen hinter dem Todeswunsch eines Kindes. Diese können so geheilt werden, wie wir es in den vorangegangenen Kapiteln besprochen haben.

Aus einem Todeswunsch wächst man nicht heraus; man schüttelt ihn auch nicht automatisch ab. Wenn man ihn nicht in Angriff nimmt, bleibt er bestehen und wartet nur auf adäquate Reize, um daraufhin mit Krankheiten und Schwierigkeiten wellenartig das Leben eines Menschen zu überfluten.

Todeswünsche beeinträchtigen die Bewegungskoordination und das Vertrauen. Einige Menschen gehen sehr unsicher durchs Leben. Manche sehen richtig verhärmt aus, so als ob es in ihrem Leben nichts geben würde, was sie begeistern würde und was sie genießen könnten. Manchen Menschen sieht man an, daß sie innerlich gehetzt sind; ich entnehme dem folgendes: „Ich bin irgendwo hier drin; wann kommt denn endlich jemand, der mich hier raus und zum Leben hin führt?“ Andere wiederum haben einen sehr wehmütigen Blick. Sie haben den bewußten Wunsch zu leben, können jedoch nirgendwo den „Ein-Schalter“ finden. Der Todeswunsch ist eine Erscheinungsform des inneren Schwurs (vgl. Kapitel 11 in *Die Umgestaltung des Inneren Menschen*).

Von ihrer natürlichen Konstitution her, hat Paula einen sehr athletischen Körperbau. Aber auch sie litt unter einer frühen, geistlichen Verwirrung. Bei ihr handelte es sich nicht um einen Todeswunsch, sondern vielmehr um die Botschaft (wie bereits im zweiten Kapitel erläutert), sie habe kein Recht zu leben. Das hatte nun zur Folge, daß alles Athletische an ihr blockiert war. Anstatt beim Tennis frisch und rückhaltlos in einen Schlag hineinzugehen, hielt sie sich zurück und nahm so immer die falsche Position ein. Folglich schlug sie peinlich, wie zufällig und wie mit einer Fliegenklatsche und nicht leicht und koordiniert nach dem Ball. Ihre Stellung zum Ball nahm stets die Wucht aus ihrem Schlag; nie konnte sie richtig hinter einer athletischen Bewegung stehen noch sich in deren Fluß eingliedern. Oft sah ich ihr beim Spielen zu und war verblüfft, daß sie scheinbar nicht in der Lage war, sich wirklich in das Spiel hineinzugeben; stattdessen schien sie nur eine Rolle zu spielen. Im letzten Sommer (1983) diente ein lieber Freund ihr in der Tiefe ihres Geistes und fand heraus, daß sie noch im Mutterleib tief verletzt worden war. Das war des Rätsels Lösung. Ihr Geist hatte nicht die Freiheit gehabt, sich in Vergnügungen und Spiele voll und ganz einzubringen. Dadurch wurde ihr Körper seiner natürlichen Koordination beraubt. Jetzt lernt sie gerade, beim Tennisspielen mit allem was sie ist in einen Schlag hineinzugehen. Sie hat auch viel Spaß an Aerobic-Kursen. Es ist eine Freude zuzusehen, wie sie immer „geistesgegenwärtiger" wird und wie beim Sport ihr Geist durch ihren Körper fließt.

Da ich Sportler und Seelsorger bin, beobachte ich, wie sich die Menschen bewegen. Ich verfolge, wie die geistige Absicht sich in athletischen Anstrengungen niederschlägt. Ich studiere den Gang von Menschen, ihre Haltung, ihre Handbewegungen und ihre Körpersprache. Sobald man einmal diesen Schlüssel des frühen Todeswunsches entdeckt hat, ist es höchst erstaunlich, wie leicht man lernen kann, seine Wirksamkeit in den Bewegungen eines Menschen zu erkennen. Ganz besonders sieht man ihn im überaus selbstbeherrschten und verkniffenen Gang eines Menschen, der von seiner Mutter dominiert wird. Man kann wirklich sehen, daß dieser noch nie befreit wurde, nie losgelassen wurde und sich noch nie ungehindert ins Leben hat hineinwerfen können. Ihm waren zu viele Kontrollen und Regeln auferlegt worden. Infolgedessen sind auch seine Bewegungen verhalten und wirken beengt. Er hat nicht die Fülle des Lebens. Jede Körperbewegung und -haltung verkündet diese Tatsache.

Todeswünsche beeinträchtigen auch den Ton der Stimme. An dem, wie ein Mensch singt, kann ich erkennen, ob sein Geist die Freiheit hatte, sich für das Leben zu entscheiden. Einige haben so wenig Autorität, daß auch ihr Zwerchfell völlig kraftlos geworden ist. Oder sie erzeugen den Ton an einer falschen Stelle des Gaumens; so klingen sie ineffektiv und kindisch, als hauchten sie nur und bekämen zu wenig Luft. Einige klingen hart und dünn. Bei einer ausgebildeten Stimme ist es viel schwieriger, Rückschlüsse auf den Zustand des Geistes des betreffenden Menschen zu ziehen. Ein Gesangslehrer arbeitet ja genau an diesen Mängeln. Eine untrainierte Stimme hingegen spiegelt wider, welcher jeweilige Zustand dem Stimmvolumen, der Stimmlage und der Intensität abträglich oder förderlich ist. Wenn man den Schlüssel ergreift, haben derlei Beobachtungen überhaupt nichts Geheimnisvolles mehr an sich und werden zu einem Bestandteil des gesunden Menschenverstands.

Hinter einem „ewigen Verlierer" steckt oft ein Todeswunsch. Wir sprechen von einem Menschen, für den eigentlich alles prima laufen müßte, sei es im geistigen, emotionalen und körperlichen Bereich; doch irgendwie schafft er es meistens, die Niederlage aus dem Schlund des Sieges an sich zu reißen. Solche Menschen gehen voran, bis sie kurz vor dem Erfolg stehen, doch keinen Schritt weiter. In dem Moment, da es den Anschein hat, der endgültige Durchbruch zum Erfolg stehe unausweichlich bevor, geschieht irgendetwas. Entweder tun sie dann etwas Dummes, oder es entstehen Blockaden oder es hält die Zerstörung Einzug und zwar in einem Bereich, wo es niemand erwartet hatte und wo es anscheinend auch unmöglich war. Oft wird dadurch das ganze Projekt zunichte. Weise Menschen bauen sicher auf ein festes Fundament; törichte Menschen bauen auf Sand (Lk 6,46-49). Die Schwierigkeit hierbei liegt darin, daß diese Menschen sich dessen nicht bewußt sind, wie denn dieser sandige Grund, auf dem sie gebaut haben, eigentlich aussieht.

Doch nicht hinter jedem Hang, immer alles zu verlieren, steckt ein Todeswunsch. In uns kann ein sich selbst erfüllender Hang zum Versager vorhanden sein, der von elterlichen Worten stammt, wie z.B.: „Du wirst es nie zu etwas bringen"; unser Herz hat diese Worte geglaubt und setzt sie in die Praxis um; eine weitere Wurzel kann übermäßige Leistungsorientierung sein (vgl. Kapitel 3 in unserem Buch *Die Umgestaltung des Inneren Menschen*), sowie zahlreiche andere Verzerrungen unseres Wesens. Ein Mann, der bei mir in der Seelsorge war und immer genau dann versagte, wenn der Erfolg unmittelbar vor der Tür stand, hatte einen Vater, der seinerseits ein chronischer Versager war. Die Wurzel des Übels in diesem Sohn bestand darin, daß er innerlich die Lüge akzeptiert hatte, er dürfe es nie besser machen, als sein Vater. Konsequenterweise sabotierte er unbewußt seinen eigenen Erfolg.

Heute (18. April 1984) besuchte ich einen jungen Mann, dessen Eltern ihn außerehelich gezeugt hatten, und weil er unterwegs war, sahen sie sich gezwungen zu heiraten. Als er zur Welt kam, war sein Bauch an der Stelle, wo die Nabelschnur herauskam, aufgeplatzt. Durch verschiedene Fragen wurde offenbar, daß er die Botschaft empfangen hatte, er wäre eine ungewollte Last und möge doch sterben, damit die Eltern frei sein könnten, um das Leben zu genießen. Dieser

Todeswunsch hatte sich in einer Unfähigkeit, die zur Leistung erforderliche Kraft festzuhalten, manifestiert. Immer und immer wieder hatte er diverse Prüfungen beinahe vermasselt oder aufgegeben, obwohl er die geistigen Fähigkeiten besaß, Klassenbester zu sein. Sein Todeswunsch raubte seinem Bewußtsein immer und immer wieder die Kraft, etwas leisten zu können.

Es ist auch ein weit verbreitetes Phänomen, daß Todeswünsche die sexuelle Erfüllung verhindern. Ganz tief in ihrem Innersten haben Menschen, die davon betroffen sind, es nie akzeptiert, körperliche Wesen zu sein. Sie sehen in ihrem Körper ein notwendiges Übel, mit dem man sich abzufinden hat, solange man auf der Welt sein muß. Vielleicht lernen sie es, mit dem Partner sexuell aktiv zu werden, sei es aus einem Pflichtgefühl heraus oder weil sie in gewisser Hinsicht ja auch Genuß dabei empfinden. Doch von einer wirklich herrlichen Sexualität sind sie weit entfernt. Ihr Geist hat nicht die Freiheit, froh und glücklich jede Zelle zu durchströmen und den anderen mit Liebe und Freude zu begeistern. In der Regel vermitteln uns Menschen, die einen verborgenen Todeswunsch haben, daß sie mit der Sexualität eigentlich lieber nichts zu tun haben möchten. Vergleichbar mit einem Menschen, dessen Geist schlummert, sind auch sie nicht in der Lage, dem anderen auf der körperlichen Ebene wirklich zu begegnen.

Wie bei einem schlummernden Geist, sind auch bei einem Menschen mit verborgenen Todeswünschen die Talente nur höchst unzureichend ausgeprägt. Der Geist kann wohl wach sein, aber er hat nicht die Freiheit, sich ins Leben hineinzuwagen und es zu ergreifen. Im Gebet sehe ich mich oft veranlaßt, mir einen solchen Menschen bildhaft als erfrorene Knospe vorzustellen, die nicht in der Lage ist, ihre Blütenblätter zu öffnen und zur vollen Pracht aufzublühen. Im Gebet „sehe“ ich, wie der Herr so einen Menschen dann zur vollen Blüte führt. Ich sehe zu und beschreibe laut, wie aus dieser Knospe eine herrliche Blume wird. Solche Menschen brauchen sehr viel Ermutigung, um sich weiterhin entfalten und sich im Laufe des Befreiungsprozesses für das Leben entscheiden zu können.

Jeder, der einen verborgenen Todeswunsch hegt, ist in der Tiefe seines Geistes zornig auf Gott. Verstandesmäßig ist ihm das vielleicht überhaupt nicht klar, ja unter Umständen reagiert er schockiert auf die Vorstellung, daß jemand überhaupt auf Gott zornig sein könnte. Dahinter steckt der weit verbreitete Trugschluß, daß die Zielperson unseres Zornes es auch verdient haben muß, daß wir auf sie zornig sind. Selbstverständlich hat Gott es nicht verdient, daß wir auf ihn zornig sind, aber das hält uns eben nicht davon ab. „Die Narrheit des Menschen führt ihn in die Irre, aber auf den Herrn ist sein Herz wütend“ (Spr 19,3). Wir sind wütend auf Gott, weil er uns von sich getrennt hat, weil er uns mitten in diesen Scherbenhaufen Erde gesetzt hat, weil er uns fallengelassen hat, weil er „nicht da“ war, als wir ihn im Mutterleib brauchten. Natürlich war er da, doch unser zorniges Herz konnte das einfach nicht glauben.

Wenn wir einen möglichen Todeswunsch aufdecken und/oder jemanden davon überzeugen möchten, daß er wirklich zornig auf Gott ist, benutzen Paula und ich die folgende Liste von Fragen. Diese Fragen sollen nun nicht durch langes Nachdenken beantwortet werden, sondern vielmehr mit der ersten Empfindung oder dem ersten Gedanken, der einem in den Sinn kommt. Wenn eine Frage nicht beantwortet werden kann, ohne erst lange nachdenken zu müssen, dann ist das in sich schon eine sehr aufschlußreiche Antwort.

In der Regel erkläre ich dem Ratsuchenden, daß ich nicht weiß, ob wir unseren Ursprung im Himmel oder in der Zeugung haben; jedoch zum Zwecke dieser Fragen wollen wir uns einmal vorstellen, wir hätten schon vorher im Himmelreich gelebt. Wenn es die betreffende Person wünscht, sollen alle Fragen still beantwortet und erst später besprochen werden.

1. Stellen wir uns mal vor, wir sitzen alle gemeinsam an einem himmlischen Ort und genießen die Gemeinschaft mit den Engeln und Heiligen; der Herr tritt ein und sagt: „Ich bräuchte drei oder vier Freiwillige, die auf die Erde gehen.“ Wären Sie unter den Freiwilligen?

2. Wenn Jesus sich Ihnen sozusagen vorgestellt, Ihren Namen genannt und Sie gefragt hätte: „Wirst Du für mich auf die Erde gehen?“, hätten Sie dann geantwortet: „O Mann, ja, Herr, auf der Stelle, Halleluja!“ oder vielmehr: „Okay (verflixt nochmal!)“

3. Wenn Sie nun auf die Erde kommen müßten, jedoch die Umstände bestimmen könnten, würden Sie sich dann für die Zeit und den Ort, an dem Sie geboren wurden, entscheiden, oder für ein anderes Jahrhundert oder ein anderes Land?

4. Würden Sie sich bezüglich Ihrer Geburt für Ihre Eltern oder für andere Eltern entscheiden?

5. Würden Sie sich für Ihren Vater entscheiden oder für irgendeinen anderen Vater?

6. Für Ihre Mutter?

7. Wären Sie lieber ein Junge oder ein Mädchen?

8. Würden Sie sich für Ihr Gesicht entscheiden?

9. Für Ihren Körper?

10. Für Ihren Verstand?

11. Für Ihren Charakter und Ihre Persönlichkeit?

12. Wenn Sie eine Frau sind – sind Sie schön? Hübsch? Attraktiv? Begehrenswert? Liebenswert? Würde sich jemand für Sie entscheiden? Sollte er das tun? Wenn Sie ein Mann sind – sind Sie stattlich? Gutaussehend? Attraktiv? Begehrenswert? Liebenswert? Würde sich jemand für Sie entscheiden? Sollte man das tun?

13. Mögen Sie sich selbst?

14. Wenn Jesus jetzt in diesem Augenblick auf Sie zuginge und sagte: „Du hast die Wahl – Du kannst entweder Dein Leben zu Ende führen oder gleich jetzt mit mir in den Himmel mitkommen", wofür würden Sie sich entscheiden?

Während wir diese Fragen stellen, stimmen wir unseren Geist auf den Geist des anderen ein, um durch Einfühlungsvermögen das zu fühlen, was er wirklich fühlt. Manchmal sind Menschen nicht in der Lage, völlig ehrlich zu sein. Vielleicht ist unser Gespür für das, was sie eigentlich hätten antworten sollen, präziser als sie es ausdrücken können.

Nachdem wir diese Liste durchgegangen sind, sagen wir: „In dem Maße wie Sie sich nicht freiwillig für ein Leben auf der Erde gemeldet hätten oder nur widerwillig gekommen wären, in dem Maße wie Sie sich nicht für Ihre Geburtszeit und -ort oder für einen oder beide Elternteile oder für Ihr Geschlecht entschieden hätten, in dem Maße wie Sie sich nicht für Ihr Gesicht, für Ihren Körper, für Ihren Verstand oder Charakter entschieden hätten, in dem Maße wie Sie nicht der Meinung sind, Sie seien schön oder stattlich, liebenswert oder begehrenswert, in dem Maße wie Sie sich selbst nicht lieben – in dem Maße sind Sie zornig auf Gott. In Ihrem Innersten sagen Sie: 'Als er mich geschaffen hat, hätte er wirklich sorgfältiger arbeiten können.' In dem Maße wie Sie sich dafür entscheiden, gleich jetzt in den Himmel zu kommen, anstatt hier auf Erden weiterzuleben, sagen Sie zu Gott, daß es Ihnen hier nicht gefällt."

Um den Menschen in der Seelsorge Verständnishilfen zu geben, gebrauchen wir unter Umständen Analogien wie die folgende: „Angenommen Sie richten für Ihr Kind ein Kinderzimmer ein, das voll ist mit Spielsachen und anderen interessanten Dingen; Sie führen es dorthin, doch nach fünf Minuten läuft es wieder heraus und sagt: 'Dort gefällt's mir nicht'. Wie würden Sie sich als Vater oder Mutter fühlen? Werden Sie geehrt? Oder vielmehr nicht geehrt?" Wir können dem noch hinzufügen: „Erkennen Sie, daß, wenn wir die Erde, die quasi unser Kinderzimmer ist, nicht mögen und dort nicht bleiben möchten, wir die Gabe von Gott Vater nicht ehren?"

Oder: „Nehmen wir einmal an, Sie gäben Ihrem Kind einen kleinen roten Wagen. Es ist nicht gerade begeistert darüber und spielt nur selten damit. Wenn es damit spielt, dann läßt es ihn einfach irgendwo im Schnee liegen. Wir fühlen Sie sich als Eltern dabei? Geehrt oder nicht geehrt? Aber nehmen wir mal an (etwas ganz und gar Fiktives), Ihr Kind liebt diesen Wagen so heiß und innig, daß es andere Kinder damit spazierenfährt, daß es ihn wäscht, einwachst und in die Garage stellt. Wie fühlen Sie sich jetzt als Eltern?" Einige müssen dabei lachen und sagen: „Eingeseift", weil ihnen klar wird, wie wenige Kinder so verantwortungsbewußt handeln würden. Jedoch verstehen alle, worauf wir hinauswollen. So ein Verhalten ehrt den, von dem das Geschenk stammt. Deshalb sagen wir: „Wir haben Neuigkeiten für Sie – Sie selbst, Ihr Körper, Ihr Verstand, Ihr Gesicht, so wie Sie sind, Sie *sind* dieser kleine rote Wagen, den Gott Ihnen gegeben hat. Wenn Sie ihn nicht lieben, wenn Sie sich nicht um ihn kümmern, ehren Sie Gott nicht. Sie sind zornig auf Gott, weil er Sie so geschaffen hat, wie Sie sind." „Du sollst deinen Nächsten lieben *wie dich selbst*" (Mk 12,31). Es ist ein *Gebot*, uns selbst zu lieben.

Es ist überaus verblüffend, aber daß wir mit Gott versöhnt werden müssen, ist ein Aspekt unseres Glaubens, der am häufigsten übersehen wird. Wir scheinen der Auffassung zu sein, daß wir nie auf Gott zornig sein sollten, weil er es selbstverständlich nicht verdient hat. Was noch viel wichtiger ist, wir glauben, es gäbe keine Möglichkeit, wie wir Gott vergeben könnten, weil er ja überhaupt nichts falsch gemacht hat. Wir vergessen dabei, daß wir schon so oft einem anderen fälschlicherweise etwas vorgehalten haben, der jedoch das, was wir glaubten, nie getan hatte, und dennoch mußten wir ihm vergeben. Ihm zu vergeben, bedeutete nun nicht, er habe etwas getan, was man ihm vergeben müsse, sondern nur, daß wir unser eigenes Herz reinigen mußten. Genau um dasselbe geht es in der Frage der Versöhnung mit Gott. Er hat sich nichts zuschulden kommen lassen, aber das hat uns nicht davon abgehalten, ihm gegenüber einen Schmollmund zu machen und darf uns nicht davon abhalten, ihm zu vergeben.

In der Urkirche gab es einige Unklarheiten darüber, inwieweit man Gott vergeben müsse. Deshalb traf Paulus sehr prägnante Aussagen zu diesem Thema und gebot:

> Alles aber von Gott, der uns mit sich selbst versöhnt hat durch Christus und uns den Dienst der Versöhnung gegeben hat, nämlich daß Gott in Christus war und die Welt mit sich selbst versöhnt hat, ihnen ihre Übertretungen nicht zurechnete und in uns das Wort von der Versöhnung gelegt hat. So sind wir nun Gesandte an Christi Statt, indem Gott gleichsam durch uns ermahnt; wir bitten für Christus: *Laßt euch versöhnen mit Gott!* (2.Kor 5,18-20)

Beachten Sie hier, daß Paulus nicht sagte, wie man erwarten möchte „...der sich mit der Welt versöhnt hat", so als ob die Tatsache, daß er uns vergeben solle, das einzig Notwendige wäre. Es stimmt: Er mußte uns vergeben; das vollbrachte er in Jesus Christus. Hier jedoch wird aus dem Kontext deutlich, daß Paulus von beiden Seiten sprach: Gott vergibt dem Menschen und wird mit ihm versöhnt und der Mensch vergibt Gott und wird mit ihm versöhnt. „...wir bitten für Christus: *Laßt euch versöhnen mit Gott!*"

Wenn wir in all dieser schwindelerregenden Übelkeit des Überdrusses an der Erde, gerade als wir aus dem Himmel in diese verderbte Welt kamen, im Mutterleib unseren Schrei hätten in Worte fassen können, wäre in etwa folgendes dabei herausgekommen: „Gott, wie konntest Du nur? Das war aber nicht Teil unseres Handels! Du hast mir nicht gesagt, daß es so hart werden würde! Wo bist Du?" Oder: „Herr, Du hast mich hierher gesandt, weil ich für Dich etwas hätte tun sollen (Eph 2,10) und dann steckst Du mich in diese katastrophale Familie, und jetzt geht in mir alles drunter und drüber! Ich kann mich nicht mal mehr daran erinnern, was ich hätte tun sollen. Wie soll ich jetzt meine Aufgabe erledigen? Ist das denn fair?" Oder: „Wo warst Du als ich Dich brauchte? Kein pflichtbewußter irdischer Vater hätte sein Kind so tief fallen lassen, ohne etwas dagegen zu unternehmen. Bin ich Dir egal?" Daß er sich um uns sorgt und unter immensen Kosten für sich selbst gehandelt hat, ist jetzt nicht so entscheidend. In diesem Moment sind wir weit davon entfernt, das glauben zu können.

Wir schlagen dem Leser vor, Hiob und die Psalmen zu lesen und dabei sein besonderes Augenmerk darauf zu richten, wie aufrichtig diese Menschen zu Gott schrien. Überprüfen Sie, wie ehrlich die Dinge in Psalm 38 und 39 beschrieben werden: So tief bin ich gesunken, Herr; „Verlaß mich nicht, Herr;...Eile zu meiner Hilfe" (Ps 38,22.23). Beachten Sie die ungeschminkte Klage in Psalm 44,10: „Doch du hast uns verworfen und in Schande gebracht...", oder lesen Sie nur, wie Hiob mit Gott streitet: „Aber zum Allmächtigen möchte ich reden, und mich gelüstet, mit Gott zu rechten" (Hi 13,3; ZÜ). „Siehe, er wird mich töten, ich will auf ihn warten, nur will ich meine Wege ihm ins

Angesicht rechtfertigen" (V.15). „Nur zweierlei tue nicht mit mir, dann werde ich mich nicht vor deinem Angesicht verbergen! Entferne deine Hand von mir, und dein Schrecken soll mich nicht ängstigen! Dann rufe, und ich will antworten, oder ich will reden, und du erwidere mir! Wie viele Sünden und Vergehen habe ich? Laß mich mein Verbrechen und mein Vergehen wissen! Warum verbirgst du dein Angesicht und hältst mich für deinen Feind?" (V.20-24).

Hiobs Klage ist der Schrei, der vom Geist eines jeden von uns ausgeht – wenn wir es nur wüßten. Jeder von uns hegt Groll gegenüber Gott. Man kann es jedoch nicht billigen, zornig über Gott zu denken, deshalb werden wir auch nicht zugeben, daß wir derlei Gedanken haben. Aber sie sind da.

Diese verborgene Lagerstätte in uns dient dämonischen Mächten, die uns verunreinigen, als Einfallstor. Deshalb behandeln wir auch Verunreinigung, Dämonen und Todeswünsche in einem Kapitel. Verunreinigungen von außen – sei es von Menschen, von Gegenständen oder von Dämonen – können in unserem Innersten keinen Halt finden, *wenn sie dort keinen fruchtbaren Boden finden.* Hier finden wir in einem jeden von uns diesen Nährboden für alle möglichen bösen Einflüsse, der seit unserer Geburt vorhanden ist: Gott ist trotz allem ungerecht und kümmert sich um niemand, „zumindest nicht um mich, gleichgültig wie das bei anderen ist; wie hätte er mich sonst in so eine Lebenssituation stellen und mich dann im Stich lassen können! Das ist doch nicht fair!"

Vielleicht das Grundlegendste, was wir in der Seelsorge tun können, besteht darin, Menschen in ein Gebet zu führen, in dem sie Gott vergeben und nicht nur mit ihm versöhnt werden, sondern auch mit ihrer eigenen Person. Jeder Mensch muß sich so annehmen, wie und wozu Gott ihn geschaffen hat. Vor etlichen Jahren leiteten Paula, Loren und ich ein Seminar in Spokane, das speziell auf professionelle Berater und Seelsorger zugeschnitten war. Es sollte Menschen mit einer Berufsausbildung in diesem Bereich lehren, wie sie durch Vergebung und den Tod am Kreuz in Christus dienen können. Viele Geistliche, Psychiater und psychologische Berater besuchten dieses Seminar. Wie üblich, teilten wir die Teilnehmer wieder in kleine Gruppen auf, damit sie sich gleich nach der Lehre einander im Gebets- und Befreiungsdienst widmen konnten. Sie sollten dadurch lernen, daß sie das in die Tat umsetzten, was ihnen eben gelehrt worden war. Wir haben das schon in vielen Gruppen getan und es immer als die wirksamste Methode angesehen. Normalerweise gingen die Teilnehmer immer in die Tiefe, indem sie aufrichtig einander Dinge bekannten, füreinander beteten und mit den Weinenden weinten, was ausgezeichnete Heilungserfolge nach sich zog. Zu unserem Verdruß stellten wir fest, daß die Teilnehmer dieses Seminars sich den anderen nicht ehrlich öffnen konnten und wollten. Es handelte sich immerhin um Profis, deren tägliche Beschäftigung so aussah, daß sie Ratsuchenden zuhörten, die sich ihnen öffneten, um widerliche Details ungeschminkt und aufrichtig zu bekennen. Es war deren Beruf, Bekenntnissen zuzuhören. Aber genau diese Seelsorger konnten sich selbst weder öffnen noch aufrichtig einander Dinge bekennen!

Einige Tage lang dachte ich verdutzt und traurig vor dem Herrn über diese Tatsache nach. Was war der Grund dafür? Dann offenbarte mir der Herr die Antwort. Es war nicht, wie ich vermutet hatte, die Reserviertheit und Eifersucht von Profis. In dieser Gruppe waren überdurchschnittlich viele Menschen, die sich selbst partout nicht annehmen konnten. Weil sie sich so, wie sie als Kleinkinder und Kinder waren, nicht mochten, strampelten sie sich ab und beeilten sie sich, erwachsen zu werden. Sie hatten hart daran gearbeitet, dem zu entkommen, wie sie als Kind waren. Dieses Ringen um Reife hatte sie an einen Punkt geführt, von dem aus sie anderen helfen konnten; sie waren überhaupt nicht bereit, zurückzuschauen! Wenn man Dinge bekennt, gehört es in gewisser Hinsicht dazu, daß man noch einmal zum Kind wird, verletzbar und offen ist und vertraut, wie ein Kind vertraut. Sie konnten einander nichts bekennen (wenngleich sie Tag für Tag bei anderen Menschen darauf bestanden), weil sie mit eisenharter Kompromißlosigkeit nicht gewillt waren, das Risiko einzugehen, noch einmal wie ein Kind zu werden! „...Wer das Reich Gottes nicht aufnehmen wird wie ein Kind, wird nicht hineinkommen" (Lk 18,17).

Wir führten die Gruppe durch die oben angeführte Liste von Fragen. Sie antworteten annähernd unisono. Sie mochten sich selbst nicht. Sie hätten sich nicht dafür entschieden, zur Erde zu kommen. Sie erkannten, daß sie auf Gott zornig waren, weil er sie geschaffen hatte. Es wurde ihnen klar, daß sie nicht in der Lage gewesen waren, sich selbst anzunehmen.

Hier finden wir ein wichtiges evangelikales und theologisches Phänomen: Unsere Erfahrung mit diesen professionellen Seelsorgern zeigte uns, daß viele Christen Jesus als Herrn und Heiland angenommen haben, um nicht so sein zu müssen, wie sie selbst waren.

Es ist in Ordnung, wenn man sich verändern will. Jesus gestaltet uns um. Doch diese Menschen haben den entscheidenden ersten Schritt nicht getan. Jesus kam zu ihnen und *nahm sie so an wie sie waren – ohne Veränderung*. Das Großartigste daran, daß Jesus in einem schmutzigen, muffigen Stall geboren wurde ist doch, daß er in unser Innerstes kommt, wenn wir am allerschlimmsten sind und uns annimmt, noch bevor wir uns irgendwie verändert haben „…und zwar als wir tot waren durch unsere Übertretungen…“ (Eph 2,5; Menge). An den Seminarteilnehmern ist das völlig vorbeigegangen. Sie waren nicht bereit, dieses schreckliche Kind, das sie einst waren, anzunehmen. Sie hatten Jesus und das Kreuz als Fluchtweg benutzt.

Wir baten diese Seelsorger, sich dieses schreiende Etwas, dessen Nase läuft und das die Windeln voll hat, vorzustellen, also genau das Kind, das sie einmal waren und das vor ihnen steht mit Tränen im Gesicht; wir baten sie, sich nach ihm auszustrecken und es in ihre liebenden Arme zu schließen – *und nicht, es vorher zu waschen und dann erst zu lieben, sondern es so festzuhalten und zu trösten, wie es war*. Wir ließen es nicht zu, daß sie diesen kleinen Menschen erst noch irgendwie besser machten, um ihn lieben zu können. Sie sollten ihn lieben und annehmen wie Jesus es tat, nämlich genau so, wie er war, ohne ein Anzeichen der Veränderung. Wenn er nie besser werden würde, würden sie ihn dennoch lieben und wertschätzen.

Wir führten sie durch einen Bußprozeß: „Herr, wir tun Buße darüber, daß wir dagegen rebelliert haben, hier auf der Erde geboren worden zu sein und zwar genau dort, wo Du uns hingestellt hast. Wir tun Buße darüber, daß wir uns so, wie Du uns geschaffen hast, nicht gemocht und angenommen haben. Wir tun Buße darüber, daß wir die Erde, uns selbst und alle irdischen Erfahrungen abgelehnt haben. Wir konnten Dir nicht vertrauen, daß Du wirklich Herr bist und wußtest, was Du getan hast. Wir vergeben Dir, Herr Jesus Christus und Gott Vater, daß Du uns geschaffen hast und uns hierher gestellt hast. Wir tun Buße darüber, daß wir uns selbst abgelehnt haben. Wir nehmen unseren Körper an. Versöhne uns mit uns selbst. Versöhne uns mit der Zeit und dem Ort und mit der Stellung, in der wir hier auf der Erde leben. Danke, Jesus.“

Dieses Seminar verwandelte sich während eines einzigen Treffens vom schlimmstmöglichen zum großartigsten überhaupt! Überall erlebten Menschen einen Durchbruch zu echter Freude, Freude darüber, daß sie lebten, daß sie genau ihren Körper haben, daß sie Kinder Gottes auf Erden sind. All das hatte Auswirkungen auf die Gesundheit, die Bewegungskoordination, die Lebensanschauung, eheliche Beziehungen, Sex, die Fähigkeit anzubeten, einfache Freuden wie Essen und Spielen etc.. Einige gingen nach Hause und suchten nach alten Bildern von sich als Kinder, um die Gebete, die sie bereits gesprochen hatten, mit Hilfe dieser konkreten Veranschaulichung noch einmal zu bekräftigen.

Wir hatten einen wichtigen Schlüssel gefunden. Wieviel Millionen von Menschen leben auf der Erde, die versucht haben, zu schnell erwachsen zu werden, weil sie vor diesem rotznasigen Kind fliehen wollten? So wird man es nie schaffen. Dieses unannehmbare Kind bereitet einem im Herzen immer wieder Schwierigkeiten. Wir tun törichte Dinge, die ein Zeichen von Unreife sind, weil ein Teil unseres Innersten nicht erwachsen geworden ist. Psychologen bezeichnen das als „Fragmentierung", „mangelnde Integration" oder „an frühere Entwicklungsstufen fixierte Emotionen". Paulus sagte darüber folgendes: „Aber ich sehe ein anderes Gesetz in meinen Gliedern, das dem Gesetz meines Sinnes widerstreitet und mich in Gefangenschaft bringt unter das Gesetz der Sünde, das in meinen Gliedern ist" (Röm 7,23). Wir führen Krieg mit uns selbst, denn ein Teil unseres Innersten ist wütend und tobt, weil er nicht angenommen wurde. In 1.Korinther 13,11 (Menge) heißt es: „Als ich ein Kind war, redete ich wie ein Kind, hatte einen Sinn wie ein Kind, urteilte wie ein Kind; seit ich aber ein Mann geworden bin, habe ich das kindische Wesen abgetan." Wir können das kindische Wesen niemals dadurch abtun, daß wir es wegstecken, verstecken, so tun, als wäre es gar nicht da und uns abstrampeln, um es zu vertuschen. Wir müssen uns mit demselben Erbarmen und derselben bedingungslosen Liebe, die der Herr für uns hat, selbst annehmen. Dann werden wir in der Lage sein, uns nackt vor Gott zu stellen, ihm zu vertrauen und unsere Sündhaftigkeit zu akzeptieren. Einzig und allein wenn wir „in Liebe gewurzelt und gegründet" sind, in Gottes Liebe, „die die Erkenntnis übersteigt", werden wir zur vollen Reife heranwachsen (Eph 3,14-19).

So unglaublich viele Christen möchten sich das Heil zunutze machen, um vor dem zu fliehen, wer sie selbst sind; Jesus hingegen möchte von uns, daß wir uns selbst vergeben und uns annehmen, so wie er es getan hat. Das bedeutet nicht nur Erlösung, sondern vielmehr innere Integration. Eine Dame, der ich diente, handelte immer wieder unreif und dumm, bis sie erkannte, daß sie das Kind in ihr haßte und sich entschloß, es zusammen mit mir im Gebet anzunehmen und zu lieben. Sie war von inneren Stimmen drangsaliert worden, die sich nicht verscheuchen ließen. Ich war versucht, einen fremden Geist zu vertreiben. In diesem Falle war das jedoch nicht erforderlich. Als sie sich selbst angenommen hatte, fragte ich sie: „Wo sind die Stimmen geblieben?"

„Pastor, sie sind weg. In mir ist alles ganz friedlich." Die Stimmen hatten keinen dämonischen Ursprung gehabt; sie stellten nur eine Möglichkeit dar, wie das Kind in ihr durch Wutausbrüche um Aufmerksamkeit buhlen konnte.

Hinter allen derartigen inneren Tumulten stehen Todeswünsche. Wenn wir das Kind in uns nicht annehmen und lieben können, wird das leicht zu einem Todeswunsch. Satan findet in dem abgelehnten kleinen Kind einen guten Nährboden für seine Samen der Verunreinigung. Diese Schlacht ist vorbei, wenn wir, wie Jesus, uns lieben und annehmen, so wie wir an jedem Augenblick unseres Lebens waren.

Man muß nicht speziell erwähnen, daß hinter jedem Selbstmordversuch, gleichgültig welchen manipulativen Hintergrund er auch hat, nichtsdestotrotz ein Todeswunsch steht. Wer Selbstmord verübt, hat es lediglich geschafft, das in die Tat umzusetzen, was der Geist in ihm immer schon wollte – die Flucht.

Sollten wir in unserer Diagnose feststellen, daß der Betreffende einen verborgenen Todeswunsch hegt, überwinden wir diesen durch den Gebetsdienst. „Möchten Sie heil werden? Entscheiden Sie sich für das Leben?" Wir bestehen darauf, daß der Ratsuchende das mit Bestimmtheit sagt, so wie Jesus diejenigen, die zu ihm kamen, so oft bat, genau zu sagen, was sie wollten. Wir bitten Jesus, dem Kind in ihm zu dienen und es ins Leben „herauszulocken". Wir ergreifen Autorität und brechen alle womöglich vorhandenen inneren Schwüre, nicht leben zu wollen. Wir beten für die Integration des Geistes, des Herzens, des Sinnes und des Körpers, und daß alle Teile des Inneren einander annehmen und harmonisch zusammenarbeiten mögen. Wir beten für die Koordination der Körperfunktionen, damit der Geist ungehindert durch alle Teile des Körpers strömen und in die Tat einfließen kann. Wir ersuchen den Ratsuchenden, sich Tag für Tag zu disziplinieren und sich für das Leben zu entscheiden.

Es ist schon erstaunlich, was so ein einfacher Dienst bewirkt. Wir haben etliche Ordner voller Briefe von Menschen, die Zeugnis ablegen von einer neuen Freiheit, das überfließende Leben zu genießen, das Jesus zu geben kam. Wir sind zuversichtlich, daß der Leib Christi leicht lernen kann zu erkennen, wo Verunreinigungen vorhanden sind, zu verstehen, wie Gewalten verunreinigende Archetypen einsetzen und wie diese Dinge Todeswünsche erzeugen und dann durch sie arbeiten. Wir *können* einander freisetzen!

Kapitel 9

Identifikationen und das „Würger-Syndrom"

Wo das Holz zu Ende geht, erlischt das Feuer; und wo kein Ohrenbläser ist, kommt der Zank zur Ruhe. Kohle zur Kohlenglut und Holz zum Feuer und einen zänkischen Mann, um Streit zu entfachen. Die Worte des Ohrenbläsers sind wie Leckerbissen, und sie gleiten hinab in die Kammern des Leibes. Silberglasur, auf Tongeschirr gebracht, so sind feurige Lippen und ein böses Herz. Mit seinen Lippen verstellt sich der Gehässige, aber in seinem Innern hegt er Betrug. Wenn er seine Stimme lieblich macht, traue ihm nicht! Denn sieben Greuel sind in seinem Herzen. Mag sich der Haß verbergen in Täuschung, seine Bosheit wird doch in der Versammlung enthüllt werden. Wer eine Grube gräbt, fällt selbst hinein; und wer einen Stein wälzt, auf den rollt er zurück. Eine Lügenzunge haßt die von ihr Zermalmten; und ein glatter Mund bereitet Sturz. (Spr 26,20-28)

...Denn wir alle straucheln oft. Wenn jemand nicht im Wort strauchelt, der ist ein vollkommener Mann, fähig, auch den ganzen Leib zu zügeln. Wenn wir aber den Pferden die Zäume in die Mäuler legen, damit sie uns gehorchen, lenken wir auch ihren ganzen Leib. Siehe, auch die Schiffe, die so groß und von heftigen Winden getrieben sind, werden durch ein sehr kleines Steuerruder gelenkt, wohin das Trachten des Steuermanns will. So ist auch die Zunge ein kleines Glied und rühmt sich großer Dinge. Siehe, welch kleines Feuer, welch einen großen Wald zündet es an! *Und die Zunge ist ein Feuer, die Welt der Ungerechtigkeit. Die Zunge zeigt sich unter unseren Gliedern als diejenige, die den ganzen Leib befleckt und den Lauf des Daseins entzündet und von der Hölle entzündet wird.* Denn jede Art, sowohl der wilden Tiere als der Vögel, sowohl der kriechenden als der Seetiere, wird gebändigt und ist gebändigt worden durch die menschliche Art; die Zunge aber kann keiner der Menschen bändigen: sie ist ein unstetes Übel, voll tödlichen Giftes. (Jak 3,2-8)

Eine Frau kam zu uns und brachte ihren Ehemann mit. Sie sagte, sie habe das Problem, daß sie es nicht lassen könne, der „Herr" im

Haus zu sein. Ihr Ehemann würde sich nie auf die Hinterfüße stellen, um ihr Einhalt zu gebieten. Sie dominiere ihn voll und ganz, habe das jedoch gründlich satt. Sie sagte, sie könne nie in ihm zur Ruhe kommen, obwohl sie das doch so sehr möchte. Könnten wir die Ursache dafür finden und ihn freisetzen, endlich ein Mann zu sein?

Schon kurz darauf fanden wir heraus, daß er von einer Mutter, die alles lenkte sowie von älteren Schwestern großgezogen wurde. Er war es gewöhnt, dominiert zu werden. Er hatte gelernt, das als Zeichen der Liebe zu deuten. Und jetzt, da ihn seine Frau herumkommandierte, wußte er, daß sie sich um ihn sorgte. Diese Rolle war ihm vertraut und angenehm, wenngleich auch erniedrigend. Aber für Frieden und Liebe müsse man eben diesen Preis zahlen.

Wie man vermutet, war ihr Vater ein schwacher Mann, der von ihrer Mutter dominiert wurde. Weder Vater noch Mutter waren in der Lage, Liebe zu zeigen. Beide waren dem Zwang der Leistungsorientierung unterworfen. Der Vater war ein sanfter und freundlicher Mann; doch die bösartige Zunge der Mutter trampelte ständig auf seinen Gefühlen herum. Zwischen ihrem sechsten und ihrem achtzehnten Lebensjahr, als sie schließlich ihr Elternhaus verließ, konnte sie sich – was ihren Vater betraf – am lebhaftesten daran erinnern, daß er von Zeit zu Zeit zu ihr kam und ihr all die schrecklichen Dinge erzählte, die ihre Mutter zu ihm gesagt hatte. Er brach zusammen, weinte und lehnte sich an ihrer Schulter an, und sie tröstete ihn. Das war die einzige körperliche Erfahrung der Liebe, die sie kannte. Deshalb identifizierte sie im weiteren Liebe genau damit, daß eine starke Frau einen schwachen Mann tröstet.

Sie wuchs zu einer so schönen Frau heran, daß sie in einem der Staaten im Osten der USA einen wichtigen Schönheitswettbewerb gewann. Auch mit vierzig war sie immer noch so schön, daß sie die Wahlen zur „Miss Amerika" hätte gewinnen können. Als sie so um die zwanzig war, fing sie an, für eine führende Persönlichkeit aus der Welt des Sports zu arbeiten. In dieser Position verabredete sie sich oft mit Männern, die ausgezeichnet gebaut waren und große charakterliche Stärke besaßen. Doch irgendwie konnte es nie so sein, daß bei ihr romantische Gefühle aufkamen und sie sich für einen von ihnen interessierte, obwohl sie alle sich leidenschaftlich um sie bemühten. Dann begegnete sie diesem Mann, der schließlich ihr Ehemann wurde. Er war ungefähr so groß wie sie, nicht athletisch gebaut, hatte keine breiten Schultern, aber er war sanft und freundlich. Dazu kam noch, daß ihm erst kurz zuvor seine Verlobte, die er von ganzem Herzen geliebt hatte, den Laufpaß gegeben hatte. Er hatte ein gebrochenes

Herz. Bei ihrer ersten Verabredung begann er, von seinem Schmerz zu erzählen; er weinte und lehnte sich an ihrer Schulter an.

Wer würde nicht bemerken, was sich da abspielte? Sie erkannte ihre Art der Liebe wieder! Er brauchte sie. Jetzt konnte sie sich selbst als liebevolle Frau sehen, die einen schwachen Mann tröstete. Keiner der starken Männer war in der Lage, diese Identifikation auszulösen. Mit starken Männern, die sie nicht „brauchten" eine Beziehung einzugehen, war in ihr einfach nicht angelegt. Mit dieser, ihr vertrauten Rolle, konnte sie sich hingegen identifizieren; sie konnte sie akzeptieren und darin auch ein Selbstwert- und Zugehörigkeitsgefühl finden. Also heiratete sie ihn.

Beziehungen, die auf einer Not aufgebaut sind, sind weder stabil noch dauerhaft. Den Beteiligten wird schließlich klar, daß sie mehr wollen als nur gebraucht werden, oder der schwächere Teil entwickelt genug Grips, sich endlich ändern zu wollen. Dann muß der Stärkere lernen, seine alte Rolle aufzugeben oder beiseite gestoßen und ausgebootet zu werden. Das bedeutet Krieg. Die alten Rollenspiele müssen sterben. Neue Beziehungsgrundlagen müssen gefunden werden. Einige Ehen überleben das, insbesondere solche, in denen Jesus der Herr ist. Die meisten Beziehungen, die auf einem Bedürfnis aufgebaut sind, gehen in die Brüche, wenn die beteiligten Personen reifer werden, weil sie die eingetretenen Veränderungen nicht akzeptieren können. Der Partner ist vielleicht weder fähig, die alten Identifikationen und das daraus resultierende Rollenverhalten aufzugeben, noch die neuen Identifikationen zu schätzen.

Meine (Johns) Aufgabe als Seelsorger bestand darin, dieser Ehefrau klarzumachen, daß sie einen Mann brauchte, der schwach war. Ich erklärte ihr, wie sie es gelernt hatte, sich selbst als liebevollen Menschen zu sehen, indem sie einem schwachen Mann diente; ich fragte sie, ob sie sich der Tatsache stellen könne, daß sie in Wirklichkeit eben nicht wolle, daß er stark wäre, auch wenn sie dachte, sie möchte das sehr wohl. Sie protestierte mit Nachdruck und betonte erneut, sie habe all das satt und wolle nichts mehr, als daß er endlich ein starker Mann für sie wäre. Doch ich konnte sehen, daß ihr Herz meilenweit von dem, was ihr Verstand glaubte, entfernt war. Weder durch Lehre noch durch Seelsorge war es mir möglich, sie zu der Erkenntnis dessen zu führen, das aufrechtzuerhalten sie sich in ihrem Herzen vorgenommen hatte.

Wir Seelsorger haben gelernt, was in so einem Fall zu tun ist; also tat ich es: Ich begann einen Kampf! Seelsorger wissen, wie sie einige wenige Fragen stellen können, von denen sie sich voll bewußt sind, daß die Antworten darauf einen Kampf provozieren werden. In dem daraus entstehenden Streitgespräch treten dann oft die tiefliegenden und wahren Regungen des Herzens zutage. Dann kann der Seelsorger hinter die Masken sehen und das erkennen, was sich eigentlich zwischen dem Ehepaar abspielt. Und siehe da – die beiden fingen an zu streiten, daß die Fetzen nur so flogen. Schon bald brach sein empfindsames Herz und er begann zu weinen. Augenblicklich veränderte sich ihre gesamte Stimmung und ihr Verhalten. Jetzt hatte sie, was ihr Herz wollte. Sie wurde wieder zur tröstenden, starken Frau, die seinen Kopf auf ihre Schulter legte und ihm zuckersüße Worte ins Ohr säuselte.

„Da!", rief ich, „Sehen Sie's? Sehen Sie, was Sie eben getan haben? Sie waren erst dann zufrieden, als Sie die Art von Beziehung wiederhergestellt hatten, in der Sie sich als liebende Frau wiederfinden konnten. Sie brauchten ihn als schwachen, weinenden Mann, damit Sie stark sein und ihn trösten konnten. Erkennen Sie, daß zwar ein Teil Ihres Verstandes und Ihres Herzens möchte, daß er für Sie stark ist, der vorherrschende Bereich in Ihnen jedoch fest entschlossen ist, das nicht zuzulassen?"

„O ja, John, ich seh's, ich seh's ja. O was soll ich nur tun?"

Viel Seelsorge und Gebet für die Umgestaltung des inneren Menschen folgte. Sie mußte das seit Generationen in Ihrer Familie herrschende Schema „Dominante Frau – Schwacher Mann" erkennen. Sie mußte ihren Haß auf ihren Vater und auf ihre Mutter bekennen und Vergebung empfangen. Doch vor allem mußte sie diese falsche Identifikation der Liebe zum Tod am Kreuz bringen. Er mußte dieselben Dinge in seiner eigenen Familie erkennen, seinen Haß auf seinen Vater, weil dieser schwach war, seinen Haß auf seine Mutter, weil sie so dominant war, seinen Haß auf seine Schwestern, sowie seine eigene falsche Identifikation der Liebe und den falschen Trost, den er in der Aufgabe seiner Leiterschaft fand.

Paula und ich möchten zwei Dinge aufzeigen, die sich auf unseren Geist und auf resultierende Charakterstrukturen beziehen. Erstens: Die Macht der Identifikation; zweitens: Das „Würger-Syndrom".

Wenn unser Geist dem Leben begegnet, sucht er Nahrung. So wie ein Baby instinktiv nach einer Brustwarze sucht und daran zu saugen lernt, so sucht der Geist nach einer liebevollen Berührung. Gott hat uns so geschaffen, daß unser Geist durch herzliche, körperliche Zuwendung Liebe und somit auch die Kraft zum Leben findet. Wenn wir Liebe geben und empfangen, durchströmt Gott selbst uns durch seinen Heiligen Geist. Der primäre Antrieb unseres Geistes besteht darin, die Art zu leben, für die er geschaffen wurde, erst zu finden und sie dann zu praktizieren.

Wenn wir keine Ausdrucksformen der Liebe empfangen, die den Geist nähren und ernähren, klammern wir uns an jeden Ersatz, den wir finden können. Dann identifizieren wir die Liebe nicht an der Zuwendung und dem „Ich-Du-Wechselspiel" offener Herzen und der Interaktion von Geist zu Geist, sondern an der Erscheinungsform, die sie offensichtlich anzunehmen scheint. Das ist so, als ob wir uns an der Verpackung und nicht am Inhalt festhalten würden. Wenn wir den wahren Inhalt nicht haben können, wird die Verpackung über alle Maßen wichtig. Da nun die jeweilige Erscheinungsform der Liebe die eigentliche Liebe ersetzt und uns nie zufriedenstellt, müssen wir uns mehr und mehr absichern.

Aus diesem Grund sowie durch das, was wir alle durch die Sünde Adams geerbt haben, erscheint die Liebe in jedem von uns irgendwie verdreht und verzerrt. Jede Art von Liebe, die nicht am Kreuz gestorben und wiedergeboren ist, benutzt, manipuliert, beutet aus, fordert und lenkt! Die Welt ehrt die Liebe und akzeptiert idealerweise alle Formen der Liebe als gut. Vaterliebe, Mutterliebe, partnerschaftliche Liebe, Bruderliebe, Nächstenliebe etc. – alle Erscheinungsformen werden als zuträglich akzeptiert. Doch keine von ihnen ist rein. Jede Art von Liebe, die nicht erneuert wurde, ist fleischlich und krank.

Wie unterschiedlich sind echte Mutterliebe und übertriebene Mutterliebe. Dieser Unterschied stirbt durch die Kapitulation vor Christus am Kreuz. Das unmenschliche Wesen Adams in uns, verleitet uns, die Liebe in ihr Gegenteil zu verkehren. *Wahre Liebe gibt ihr Leben für andere hin; Liebe, die nicht erneuert ist, gibt das Leben anderer für sich hin.* Ein Vater, der meint, seinen Sohn aus Liebe zu ermutigen, Fußball zu spielen oder seine Tochter aus Liebe zu ermutigen, Geige zu spielen, erstickt womöglich das Leben seiner Kinder, deren Talente ganz woanders liegen. Eine Mutter, die sich in die Ehe ihrer Tochter einmischt, weil sie „sie zu sehr liebt, um mitanzusehen wie sie leidet", zerstört vielleicht aufgrund ihrer eigenen Vorstellung von Mutterschaft das Leben ihrer Tochter und zwar im falschen Namen der „Liebe".

Das Zusammenleben eines heranwachsenden Mädchens mit ihrem Vater und anderen primären, männlichen Bezugspersonen strukturiert in ihr die Vorstellung, was ein Mann, der sie liebt, tun und wie er sein sollte. Diese unterschwelligen Vorstellungen definieren für sie „Liebe" und „Haß". Durch die Gesamtheit dieser Vorstellungen (noch dazu, da sie sich aus Erscheinungsformen der Liebe zusammensetzt und nicht aus der Liebe selbst) und den Antrieb des Mädchens, diese Vorstellungen verwirklicht zu sehen, wird sie eher gefesselt als für ihren Partner freigesetzt. Bei einem Jungen gilt dasselbe für die Mutter. Auch er bringt eine Anzahl von Vorbedingungen mit, die seine Frau dann erfüllen muß. *Wahre Liebe setzt den anderen frei, damit er all das werde, was er werden kann. Fleischliche Liebe legt den anderen in Ketten, damit er nicht zu seinem wahren Ich finden kann.* Ein Beispiel: Ein Mädchen hat vielleicht gelernt, daß ihr Vater all ihre Entscheidungen für sie trifft und ihr immer wieder aus der Patsche hilft. Vielleicht hat aber diese Art der Liebe ihr Leben erstickt. Vielleicht hat sie das gehaßt, aber dennoch ist es die einzige „Verpackung", mit der sie die Liebe eines Mannes zu identifizieren gelernt hat. Dann heiratet sie einen Mann mit großer Weisheit und Freiheit, der instinktiv merkt, wenn ihre Bitten sie zu einem Kind degradieren, das sich im Schoß seines Vaters einigelt. Er besteht darauf, daß sie ihre eigenen Entscheidungen trifft und zu den Konsequenzen steht. Es kann jedoch gut sein, daß sie das, was eigentlich wahre Liebe ist, als Lieblosigkeit und Ablehnung interpretiert. Wenn dieser Mann nicht selbst wirklich stark ist, können ihre Vorstellungen der Liebe ihn zwingen, seine Weisheit nicht mehr einzubringen und stattdessen die Rolle zu spielen, die sie ihm unbewußt auf den Leib schreibt. Wir fühlen, was der andere gern möchte. Wo keine Freiheit herrscht, so zu sein wie man ist, weil man Angst davor hat, abweisend zu erscheinen, wird die Liebe zum Gefängnis.

Eine Frau, die zu uns kam, berichtete uns, daß ihr Vater ein schwer arbeitender Bauer war. Er stand frühmorgens auf und arbeitete bis zum Sonnenuntergang auf den Feldern. Er war freundlich und liebevoll, doch nach dem Abendessen fiel er erschöpft ins Bett, so daß sie ihn kaum zu Gesicht bekam. Nur wenn sie krank war, war er wirklich für sie da. Dann verschob er seine Pflichten, blieb zu Hause und kochte für sie eine ganz ausgezeichnete Hühnersuppe. Er setzte sich zu ihr ans Bett, legte seine warme, starke Hand auf ihre Stirn, redete mir ihr, tröstete sie und blieb so lange bei ihr, bis er zufrieden feststellte, daß es ihr gut ging. So entstand ihre Identifikation der Liebe, basierend auf der „Verpackung", in der sie ihr zuteil wurde. Sie lernte, in dieser Art von Zuwendung zu schwelgen und kostete jedes Kopfweh und jedes Fieber bis zum allerletzten aus.

Natürlich heiratete sie einen Mann, der genauso arbeitswütig war wie ihr Vater, genauso zärtlich, aber auch die meiste Zeit nicht zu Hause. Als sie zum ersten Mal Migräne bekam, legte sie sich ins Bett und wartete auf die Hühnersuppe. Aber sie bekam sie nicht. Sie machte ihrem Mann Vorhaltungen und bat ihn um Hilfe. Doch er erwiderte nur: „Jetzt bist Du ja ein großes Mädchen. Nimm' einfach ein Aspirin. Du wirst es überstehen" und ging zur Arbeit.

Sie war am Boden zerstört! „Dieser Mann liebt mich nicht!" Natürlich liebte er sie und mit ihrem Verstand hatte sie das auch binnen weniger Monate akzeptiert; doch ihr Herz brauchte Jahre, um das als wahre Liebe anzuerkennen und zu empfangen, was er auf seine spezielle Art zu geben hatte. Ganz bewußt mußte sie im Gebet die Macht dessen in den Tod geben, was diese kindheitliche „Liebesverpackung" ihrem Herzen anerzogen hatte. Sie mußte sich disziplinieren und sich dafür entscheiden zu glauben, daß sie geliebt wird, bis der Herr ihr schließlich neue Augen öffnete, mit denen sie die einzigartigen Beweise der Fürsorge ihres Ehemanns erkennen und richtig deuten konnte.

Zahllose Vorstellungen in unserem Herzen formen diese „Verpackung", in der die Liebe sich uns zeigt; für mich hing sie damit zusammen, wie Mama etwas kochte, wie sie sich um mich kümmerte, wenn ich krank war, wie sie die Kleidung bügelte und sie in die richtigen Schubladen der Kommode legte, wie sie Klavier spielte, wie sie uns für die Schule zurechtmachte, wie sie unser Pausenbrot verpackte, wie sie sich darum kümmerte, daß wir schön gekämmt waren. Sogar wenn sie – kurz bevor wir unser Ziel erreicht hatten – im Auto mit Spucke Flecken an uns abwischte und sich „unnötigerweise" über Schnitte und blaue Flecken Sorgen machte (auch wenn sie noch so weh taten) – all das hieß für mich „Liebe". All diese Dinge und noch etliche mehr bildeten zusammen dieses Paket, dem Paula entsprechen mußte, oder ich glaubte, daß sie mich nicht liebte – die „Spucke-Reinigungsaktionen" ausgenommen!

Paulas Vater war ein starker Mann; wenn er zu Hause war, war er wirklich „zu Hause"; er war liebevoll, witzig und kümmerte sich um sie. In der Zeit, da ihr Sinn sich heranbildete, hatte ihm seine Erfahrung schon Weisheit verliehen. Als sie mich heiratete, war ich immer noch ein wild dreinblickender, unreifer Mystiker, der überall – außer am rechten Ort – nach der Wahrheit suchte. Es war unmöglich, daß dieser Bursche, der ich war, dieses mannshohe Bild ausfüllen könnte, mit dem sie Liebe identifizierte.

Wir hatten unsere Schubladen, in die der andere hineinpassen mußte. Wir zogen und schoben, forderten und waren enttäuscht, bis unsere Liebesvorstellungen am Kreuz starben. Alle paar Monate bahnten wir uns mühsam einen Weg durch all den Nebel und die Verwirrung, bis zum Vorschein kam, daß jeder von uns glaubte, der andere würde ihn gar nicht richtig lieben, oder es zumindest nicht ausdrücken. Dann mußten wir bekennen, daß wir dadurch verletzt worden waren. Jeder von uns hatte gedacht, er würde sich mehr anstrengen zu lieben als der andere; dann auch noch gesagt zu bekommen, es wäre dem anderen nicht aufgefallen, daß man es überhaupt versucht hatte, war der größte Hammer von allen! Die vorgeformten Vorstellungen steckten dahinter. Das, was der andere tat, konnten wir nicht als Liebe deuten, weil das in unserer Vorstellung der Liebe einfach nicht angelegt war. Viel folgenschwerer war jedoch die Tatsache, daß wir das als *Lieblosigkeit* deuten *konnten*, was der andere aus genau demselben Grund *nicht tat*, eben weil es nicht Teil dieses Pakets war, wie die Liebe sich in seiner Familie geäußert hatte.

Es sollte hier noch erwähnt werden, daß in Familien, in denen reichlich körperliche Zuwendung auf der Tagesordnung steht, es normalerweise der Fall ist, daß im Geist aller Familienmitglieder so viel Sicherheit entstanden ist, daß sich die Kinder nicht so stark an die „Verpackungen" der Liebe klammern. Sie sind mehr in der Lage, die Liebe aus dem, was der andere tut, „herauszulesen". Andererseits gilt: In Familien, in denen nur wenig liebevolle Berührung vorkam, sind die betreffenden Personen wahrscheinlich auch weniger flexibel. Wenn man einmal voraussetzt, daß das Wesen eines Menschen kalkulierbar ist, kann man folgende Faustregel festhalten: In dem Maße, wie es einem Menschen an Zuwendung gemangelt hat, in dem Maße wird er starr reagieren, wenn es um die Identifikation der Liebe geht. Jedoch sollte auch folgendes gesagt werden: Wenn ein Mensch, der in seinen frühen Jahren viel liebevolle Berührung erlebt hat, einen Partner heiratet, der reserviert und unfähig ist, seine Fürsorge mit herzlichen Umarmungen, ungehemmter Bewunderung und Bestätigung auszudrücken, wird dieser Kontrast im Laufe der Jahre unter Umständen die Sicherheit des ersteren untergraben und dessen Flexibilität lähmen. Wenn die betreffende Person nicht in einer engen Beziehung mit dem Herrn lebt, dessen Gnade sie kräftigt und aufrechterhält, kann dieser Fall eintreten. Bei manchen kann sogar die liebevolle Berührung selbst zur „Verpackung" geworden sein: „Jeder Mensch umarmt den, den er liebt. Mein Mann hält mich nie in seinen Armen, es sei denn er möchte Sex; deshalb fühle ich mich ausgenutzt und nicht geliebt." Dennoch kann man die Faustregel aufrechterhalten. Bei Menschen, deren Geist im Verlauf ihrer frühen Lebensjahre durch liebevolle Berührung genährt wurde, ist eine Ausgangsposition der Sicherheit und Flexibilität vorhanden, die es ihnen leichter machen wird, zu vergeben, Erbarmen zu haben und den anderen in Liebe zu ertragen, bis der Herr die Herzen weichmachen und in einem oder beiden Veränderung bewirken kann.

Ob sie nun sicher oder unsicher ist – jede Person hat gewisse Vorstellungen und Forderungen in sich. Deswegen sind viele Ehepaare zu uns gekommen und haben gesagt: „Wir verstehen das nicht. Wir stehen vor einem Rätsel. Bevor wir verheiratet waren, konnte jeder dem anderen frei gegenübertreten. Wir konnten über alles reden. Wir haben nie gestritten. (Hier liegt eine kleine Verfälschung der Wahrheit vor; das Erinnerungsvermögen kann einem einen Streich spielen). Wir hatten Spaß, wenn wir zusammen waren. Dann heirateten wir. Seit den Flitterwochen gingen wir uns gegenseitig an die Gurgel. Wir stritten einfach wegen allem und jedem. Keiner konnte mehr er selbst sein. Jedes Wort mußte man sich genauestens überlegen. Es war überhaupt nicht mehr lustig, zusammenzusein. Man kam sich vor wie im Gefängnis. Dann ließen wir uns scheiden. War das ein Gefühl, endlich frei zu sein! Nach einer Weile gingen wir wieder miteinander und stellten fest, daß wir uns mögen. Also dachten wir nochmal über das Heiraten nach. Oh Mann, dann ging der ganze Mist wieder von vorne los! Wie kommt's? Sind wir nicht füreinander bestimmt? Sollen wir nur Freunde sein, aber keine Ehepartner?"

Die Antwort? Identifikationen. Bilder. Vorstellungen. Solange sie nicht verheiratet waren, hatten sie eine gewisse emotionale Distanz. Jeder konnte nach wie vor er selbst sein. Doch je näher sie einander kamen, desto mehr nahmen ihre verborgenen, inneren Nöte das Ruder in die Hand und wollten ihre Vorstellungen von der Liebe erfüllt sehen. Sie maßen und beurteilten die Leistung des anderen und fühlten sich gefangen und betrogen. Liebe, die nicht erneuert worden ist, hat keine andere Möglichkeit als die Trennung, um die Unmenge von unbewußten Forderungen, die ein Individuum einem anderen auferlegen kann, zu überwinden.

In diesem Sinne hat das Christentum, ohne es zu wollen, etwas ungemein Grausames getan: Es lehrte das christliche Ideal einer Ehe ohne gleichzeitig über Christus zu lehren. Unsere Filme, unsere Romane, unser Beispiel für unsere Nachbarn, alle Bereiche, in denen sich eine gute Ehe nicht verbergen kann, sondern vielmehr wie eine Stadt auf dem Berg ist, haben den Nichtchristen in der Welt ein sehr plastisches Bild vor Augen gemalt, wie deren Eheleben aussehen sollte. Dieses Vorbild wird jedoch für sie zum Todesstoß, weil es sich in ihre Welt der hohen Ansprüche nahtlos einfügt. Ohne Christus können Nichtchristen diesen Vorstellungen jedoch nicht entsprechen und so wird der Anspruch und der Versuch, darauf zu reagieren nichts weiter als eine Fessel. Wir möchten damit nicht sagen, daß wir keine Vorbildfunktion ausüben sollten, so als ob es den Ungläubigen leichter fallen würde, wenn wir versagen! Unser Vorbild sollte ein Teil dessen sein, was Nichtchristen überführt und in ihnen einen Hunger nach Christus weckt. Jedoch *sagen* wir damit, daß wir Christen die Dynamik in diesem Bereich verstehen müssen. Wir sollten wachsam und in der Nähe sein, bereit, das Evangelium zu verkünden und die Scherben aufzulesen. Mit anderen Worten: Es ist besser, daß Männer und Frauen das Evangelium hören und anfangen, innerhalb des heilenden Umfelds Jesu und seiner Gemeinde ihren immensen Ansprüchen abzusterben.

Doch wenn Menschen sich Christus *nicht* hingegeben haben, *werden* sie es auf die harte Tour lernen, und unter anderem wird es ihnen auch unser Vorbild noch schwerer machen. Dann müssen wir evangelisieren, indem wir Herzen und Ehen heilen und wiederherstellen.

Leider sind viele Christen der Meinung, sie wären durch die Bekehrung völlig verändert worden, obgleich diese nur der Anfang eines Prozesses ist. Und so sind auch sie nicht nur in ihren vererbten, unbewußten Ansprüchen verharrt, sie haben dem noch alles hinzugefügt, was sie momentan in der Sonntagsschule und in der Gemeinde lernen! So rücken die Mauern des Gefängnisses nur noch enger zusammen! Christus hat etwas über Gesetzesgelehrte gesagt, das manchmal auch für uns Christen gilt: „Auch euch Gesetzesgelehrten wehe! Denn ihr belastet die Menschen mit schwer zu tragenden Lasten, und selbst rührt ihr die Last nicht mit einem eurer Finger an" (Lk 11,46). Erst muß vieles von uns mit Jesus sterben, damit unsere „Du sollst"- und „Du müßtest"-Welten endlich den Versuch bleiben lassen, unseren Partner zu zwingen, unseren Vorstellungen zu entsprechen und ihn stattdessen so sein lassen, wie Gott es beabsichtigt hat. Wenn wir schließlich unserem Ego absterben, dann stellen wir eigenartigerweise und zu unserer Freude fest, daß uns der andere, so wie er wirklich ist, viel mehr zum Segen wird als das, was wir unserer Meinung nach gewollt hatten.

Es gibt nur einen Ausweg aus unserem Morast unbewußter Forderungen, die wir einander auferlegen: Deren Tod durch Gebet und Disziplin. Jesus ist die Antwort, nicht in einer Bekehrung, die ein für allemal alles klärt, sondern vielmehr in einer Bekehrung, die jeden Tag neu weitergeht, während wir mehr und mehr Dinge finden, die noch sterben müssen.

Wir möchten jedoch, so drastisch wir nur können, eine Unterscheidung treffen: Wenn wir vom Heiligen Geist als Sünder überführt werden und Jesus annehmen, dann neigt der natürliche Mensch zu der Ansicht, all das Böse in uns wäre an jenem Kreuz gestorben. Das ist großartig. Es ist gestorben. Aber man muß sich hier zwei Tatsachen stellen: Nicht all das Böse, das von unserem Stand vor Gott her betrachtet tot ist, ist gleichzeitig auch in unserer täglichen Erfahrung tot. Paula und ich haben das in all unseren Büchern und Lehrkassetten immer wieder gesagt. Doch über die zweite Tatsache möchten wir eine klare Aussage treffen: Nicht nur das Böse in uns muß sterben, sondern auch das Gute. Einen Großteil unseres Wesens erachten wir als gut. Was ist nun so problematisch an unserer natürlichen Freundlichkeit oder unserer natürlichen Großzügigkeit? Welches Problem gibt es mit all den gottgegebenen natürlichen Talenten, die wir seit unserer Geburt haben? Ist etwas faul an ihnen? Nein, überhaupt nichts, außer daß sie alle mit sündhaften Verunreinigungen durchzogen sind. Vielleicht gehen wir ganz selbstverständlich davon aus, daß all das Gute bei der Bekehrung starb und wiedergeboren wurde, und daß damals alle unreinen Motive in uns abgestorben sind. Aber dem ist nicht so.

Sagen wir mal, ich war mir bewußt, daß ich zehn Talente oder gottgegebene Fähigkeiten hatte, als ich Jesus in mein Leben aufnahm. Nehmen wir einmal an, ich hätte erkannt, daß ich in der Zwischenzeit in zwei Bereichen so sündig geworden war, daß ich einen Heiland brauchte. „Preis dem Herrn, Jesus starb für meine Sünde. Ich bin wiedergeboren. Ich bin reingewaschen. Jetzt nehme ich meine acht guten Talente, füge die zwei erneuerten dazu und schon bin ich wieder ganz. Danke Jesus." Der Herr ließ das eine Zeitlang zu. Weil er mich liebt, sagte er dann aber traurig zu mir: *„John, es gibt keine acht guten. Es ist alles Sünde.*"

Die entscheidende Botschaft dieses Kapitels lautet: Zunächst einmal sind all die Vorstellungen und Arten der Liebe, mit denen wir groß wurden, Sünde und müssen sterben. All die guten Dinge, die ein Teil von uns wurden als wir heranwuchsen – Loyalität, Zuwendung, Zärtlichkeit, Dankbarkeit, Höflichkeit und viele andere mehr –, wurden durch die Sünde verdorben und müssen am Kreuz sterben. Loyalität der Familie gegenüber erscheint uns zum Beispiel gut. Sie *ist* auch gut. Aber nehmen wir einmal an, ein Pastor züchtigt richtigerweise unseren Bruder und unsere Schwester. Eine Loyalität, die nicht gekreuzigt wurde, ist immer noch fleischlich und gehört in die alte Welt. Wenn wir uns dieser Loyalität verschreiben, werden wir aus unserer Selbstgerechtigkeit heraus den Pastor angreifen, weil wir glauben, daß die Loyalität unserer Familie gegenüber unsere Sache gerecht und richtig macht. Eine Mutter rechtfertigt unter Umständen die Tatsache, daß sie ihre Kinder anschreit, so: „Ich denke, ich sorge mich einfach zu sehr um sie." Doch wahre Mutterliebe in Christus hätte das Kind respektiert und es zur Rechenschaft gezogen ohne zu schimpfen. In diesem Fall war der als Liebe maskierte elterliche Stolz am Werk. Ein eifersüchtiger Ehemann geht vielleicht so weit, daß er jemanden angreift, mit dem seine Ehefrau öfters zusammen ist; er glaubt, sein Beweggrund wäre Liebe und ein gerechtfertigter Besitzanspruch. In Wirklichkeit stecken Angst und Zorn dahinter, die sich auf die Zeit zurückverfolgen lassen, in der sich seine Eltern trennten und die noch nie bereinigt worden sind. *Wir haben keine lauteren Motive*. Nichts wohnt in uns, das durch und durch gut wäre (Röm 7,18). All unsere Gerechtigkeit ist wie ein beflecktes Kleid.

Aus diesem Grund sagte Jesus: „Wenn jemand zu mir kommt und haßt nicht seinen Vater und seine Mutter und seine Frau und seine Kinder und seine Brüder und Schwestern, dazu aber auch sein eigenes Leben, so kann er nicht mein Jünger sein“ (Lk 14,26). Das Wort „hassen“ wird, wie das Wort „lieben“ auf verschiedene Art und Weise verwendet: Ich liebe den Herrn, ich liebe Paula, ich liebe Hot Dogs – drei verschiedene Möglichkeiten. Es ist undenkbar, daß Jesus uns die Erlaubnis gegeben haben könnte, irgendjemand in falscher Weise zu hassen. Er meint, daß wir diesen fortwährenden fleischlichen Einfluß aus unseren Familien und uns selbst hassen sollen, der die Lebensart des alten Weinschlauchs dem neuen überstülpen möchte. Die verschiedenen erlernten Möglichkeiten, all die guten Familiendinge zu tun, müssen gehaßt werden und am Kreuz sterben, damit der neue Weg Jesu unser Weg werden kann. Eine ausführlichere Darlegung dieser Lehre finden Sie in unserem Buch *Restoring the Christian Family*, Kapitel 18 „Renunciation, or Cutting Free“ oder auf unserer Lehrkassette „Cutting Free“. In diesem Zusammenhang soll es reichen festzuhalten, daß es all diese guten Dinge in uns sind, die dieses Paket ausmachen, das wir mit Liebe assoziieren und das am Kreuz sterben muß – je früher desto besser. Das geschieht, indem wir einfach dafür beten, daß diese Kreuzigung stattfinden möge, wenn wir Tag für Tag ein Paket nach dem anderen erkennen. Dann bewirkt Jesus diesen Tod in uns – wenn möglich auf dem leichten Weg, wenn nötig auf dem harten. Und er gibt uns alles in erlöster Form wieder zurück.

Uns besuchte oft ein Mann, der von einer extrem kritischen Mutter erzogen worden war. Sie war unfähig, Zuwendung zu schenken und immer wieder schmetterte sie ihn mit ihrer Zunge zu Boden. Folglich identifizierte er die Liebe an Vorhaltungen und Strafpredigten. Wenn er allein zu uns kam, sagte er schon nach wenigen Minuten: „Vielleicht ruf' ich besser meine Frau an und sag' ihr wo ich bin, sonst haut sie mich in die Pfanne, ich sag's euch.“ Immer wenn sie uns beide gemeinsam besuchten, fiel uns auf, daß er kleine, bissige Bemerkungen machte, die seine Frau provozieren sollten; schließlich explodierte sie und ging auf ihn los. So wurde sein Verlangen nach einer Bestätigung ihrer Liebe befriedigt. Er riß die Arme in die Höhe, so als ob er ihre Schläge abfangen wollte. Das Komische und doch Tragische an der Angelegenheit ist, daß er 1.95 m groß ist und sie nur 1.55 m! Sie stellte überhaupt keine Bedrohung für ihn dar! Um bestätigt zu bekommen, daß sie ihn liebte, provozierte er sie, bis sie schließlich angriff. Dann konnte der kleine Junge in diesem Erwachsenen die Schläge abfangen und sich wieder geliebt fühlen.

Wir erzählen diese Geschichte, um zu veranschaulichen, welcher Unterschied zwischen einer leichten Lehre und einer harten Lehre besteht. Dieser Mann hatte kein Ohr für unsere Versuche, ihm zu zeigen, was in ihren Schlachten wirklich ablief. Wenn er das hätte erkennen können, hätten sie beide all das durch Gebet ans Kreuz bringen und gemeinsam über sich selbst lachen können. Weil er jedoch dazu nicht in der Lage war, wurde das, was humorvoll hätte sein können, todernst. Unser liebender Herr konnte sie einzig und allein dadurch befreien, daß er sie dazu brachte, dieses Spielchen schließlich satt zu haben und zu hassen. Ihre Schlachten wurden immer schlimmer, und schließlich war nichts mehr in ihm übrig, das unbewußt ein solches Theater gemocht hätte. Er konnte das Schelten nicht mehr als Liebe identifizieren, sondern nur noch als Haß. Ihre Ehe überlebte, aber nur nachdem sie die verabscheuungswürdigsten Tiefen erreicht hatten und nun wirklich ihrem Ego absterben wollten.

Manchmal werden die Identifikationen der Liebe so unerschütterlich durch Phantasievorstellungen gestützt und so vehement als Forderung auf andere projiziert, daß die Anerkennung und Annahme aufrichtiger und herzlicher Liebe völlig blockiert wird. Ein Mädchen hat z.B. einen Vater, der über alle Maßen kritisch, fordernd, unsensibel und selbstbezogen ist. Sie glaubt schließlich, daß Männer sie nie bemerken werden, sich nie darum kümmern werden, wie es ihr geht, sie nie bestätigen werden, sie nie mit allem Nötigen versorgen werden, sondern sie vielmehr ausnutzen werden, um ihren eigenen selbstsüchtigen Zielen zu dienen. Gleichzeitig macht sie sich ein Bild davon, was sie ihrer Meinung nach unbedingt von einem Mann braucht und träumt davon, eines Tages einen Mann zu heiraten, der bei ihr zu Hause bleibt, der aufmerksam all ihren Worten lauscht, der ihr Blumen und Pralinen schenkt, der mit ihr Reisen zu exotischen und aufregenden Gegenden der Welt macht, der ihr sagt, wie schön sie ist und der für sie all die romantischen Dinge tut, die sie in Filmen gesehen und in Büchern gelesen hat. Sie heiratet einen Mann, der trotz seiner eigenen kindheitlichen Verletzungen versucht, das zu tun, was sie seiner Meinung nach segnen und was ihr gefallen wird. Ihr Geburtstag steht vor der Tür. Sie malt sich in schillernden Farben aus, wie vollkommen die Feier sein wird. Sie stellt sich vor, wie der Mann ihres Lebens früh von der Arbeit nach Hause kommen wird, um mit ihr zu Abend zu essen und dann ins Theater zu gehen. Sie werden in einem feinen Restaurant bei Kerzenlicht und leiser Musik speisen und niemand wird sie belästigen oder in ihre Privatsphäre eindringen. Im Theater werden sie sich bei der Hand nehmen und danach werden sie im Mondschein am Seeufer spazierenfahren. Er wird ihr sagen, wie hübsch sie doch sei, und sie wird lächeln und seufzen und vor lauter Wonne überall eine Gänsehaut bekommen. Der „große Tag" kommt immer näher und sie gibt ihm Tips: „Du könntest mich damit *überraschen*, daß Du..." Den ganzen Tag über probt sie für den herrlichen Abend, der auf sie wartet. Gegen fünf Uhr ruft er an, um ihr mitzuteilen, daß er sich verspäten werde. Es täte ihm leid, aber es ließe sich nicht vermeiden. Er werde so bald wie möglich kommen. Zwei Stunden später kommt er nach Hause – völlig außer Atem, ein wunderhübsch verpacktes Geschenk und eine Schachtel Pralinen in der Hand (sie steht auf Pralinen) und eine unbeholfene Entschuldigung auf den Lippen (er hat noch nie gut „Es tut mir leid" sagen können). Flugs eilen sie ins Restaurant. Die Bedienung ist langsam und sie werden immer gereizter, als klar wird, daß sie es wohl nicht mehr rechtzeitig ins Theater schaffen werden. Versuche, Konversation zu führen, arten blitzartig zu Anklagen und defensiven Reaktionen aus und schließlich – bedrückendes Schweigen. Ihr Traum ist in Scherben; sie versinkt unter einer schwarzen Wolke des „Nie denkt er an mich"; sein Geschenk und die Pralinen bleiben ungeöffnet und geraten in Vergessenheit. „Was soll's", denkt er, „ich kann nicht gewinnen".

So viel zur Identifikation. Den zweiten Faktor, den wir besprechen möchten, ist das „Würger-Syndrom". Ein „Würger" ist ein Vogel, der sein Opfer auf einem Dorn aufspießt und es dann Muskel für Muskel auseinanderreißt. Auf Menschen übertragen ist ein „Würger" eine Person, der die Gerechtigkeit so sehr für sich gepachtet hat, daß alle anderen unweigerlich böse sein müssen. Wenn nun ein Würger versucht, einem anderen zu helfen, wird er ihn genau dadurch Stück für Stück vernichten. Was noch schlimmer ist, der Würger denkt, er oder sie würde wirklich versuchen, liebevoll oder hilfreich zu sein.

In der Geschichte, die wir am Anfang dieses Kapitels erzählt haben, war die Ehefrau zum Würger geworden. Sie mußte ihren Ehemann vernichten, damit er schwach wäre, sie dagegen stark sein konnte. Das hatte zur Folge, daß die Fürsorge, die sie ihm schenkte, ihr Trost und ihr Geflöte ihn eigentlich erniedrigten und abkanzelten. Ihre Versuche, ihn zu lieben, waren in Wirklichkeit die Demontage seines Mannseins durch sie, den Würger – „Muskel für Muskel".

Mitunter die stärkste Kraft, die am Entstehen und Aufrechterhalten des Würger-Syndroms mitwirkt, ist die fleischliche Art und Weise, wie wir in allen Beziehungen das Gegengewicht zum anderen schaffen. Wenn zum Beispiel ein Mensch überaus geschwätzig ist, wird sein Partner still. Das bedeutet jedoch nicht, daß er nichts zu sagen hätte. Weil er oder sie aber die „bessere Hälfte" des anderen ist, veranlaßt ihn oder sie die Notwendigkeit des Ausgleichs zum Rückzug. Wenn jemand sehr extrovertiert und aggressiv ist, wird der andere das in der Regel damit ausgleichen, daß er ruhig und introvertiert wird. Wenn der eine die Kinder nicht züchtigt, neigt der andere dazu, die Disziplinierung zu übertreiben. Dieses Ausgleichen ist kein bewußt unternommener, sondern vielmehr ein ganz und gar unbewußter Versuch, der aus dem Einssein in der Ehe resultiert.

Am Anfang unserer Ehe war ich der gespenstische Supermystiker, der immer Träume und Visionen hatte und in Grenzbereichen seine Erfahrungen machte. Paula war genauso mystisch veranlagt wie ich, doch wagte sie es nicht, dem Ausdruck zu verleihen. Sie stand mit beiden Beinen auf der Erde und war der Praktiker. Je wilder ich wurde, desto vernünftiger und selbstbeherrschter wurde sie und umgekehrt: Je mehr sie sich vornahm, ein unerschütterlicher Fels des gesunden Menschenverstands zu werden, desto mehr wohnte ich in meinem Wolkenkuckucksheim. Wir brachten einander immer wieder aus dem Gleichgewicht.

Der Antrieb in jedem von uns, der hinter all dem steckte, war das Würger-Syndrom. Paula war mit Brüdern aufgewachsen, mit denen sie sich ständig im Wettstreit geschwisterlicher Rivalität befand. Sie waren gute Sportler, hatten gerne Spaß und heckten stets irgendwelche Abenteuer aus; also glänzte sie in der Schule mit guten Noten und versuchte, verläßlicher und weiser zu sein als ihre Brüder. In sehr feinsinniger Weise konsolidierte sich in ihr die Anschauung, daß man einen Mann ausstechen konnte, indem man ihm in seiner Fehlerhaftigkeit diente. Sie war immer unerschütterlich und gerecht, was die Familie tröstete. Das wäre schon gut so gewesen, doch ihre Rolle brachte es mit sich, daß jemand den Widerpart spielen mußte. Ihr Herz konnte es nicht wirklich aufrichtig wollen, daß ich weise und stabil wäre. Unbewußt war es für sie erforderlich, daß ich herumstolpere und Fehler mache.

Ich passe ganz ausgezeichnet in dieses Schema. Ich hatte eine kritische Mutter. Mir wurde gelehrt, man müsse gehorsam und pflichtbewußt sein, nicht nur gegenüber den Sanftmütigen, sondern auch gegenüber den Anmaßenden (1.Petr 2,18); folglich war ich fest entschlossen, das Richtige zu tun, gleichgültig, ob ich nun dabei ausgenutzt oder gelobt wurde. Ich wurde zum Märtyrer, der stets etwas leistete, das Ausgenutztwerden hinunterschluckte und unbehelligt seinen Weg des Dienens weiterging. Es war gut, die Bereitschaft zu haben, ungeachtet aller Umstände zu dienen, doch meine Rolle erforderte einen Gegenspieler, der mich verfolgte. Meiner Einschätzung nach war die Frau das bösartige Wesen, das den edelmütig leidenden Mann angreift. Also sah mein Spiel so aus, daß ich mich bis an die

Grenzen des Glaubens vorwagte, wie ein Pionier, der dorthin geht, wo sich bisher noch nie jemand hinzugehen getraute, der schon „die Pfeil' und Schleudern des wütenden Geschicks" erduldete, „sich waffnend gegen eine See von Plagen" (*Hamlet*, Akt III, Szene I), nur um herauszufinden, daß ich von Paula offensichtlich dabei nicht unterstützt, ja in meinen Augen überdies sogar noch angegriffen und kritisiert wurde. Darüber hinaus bewies mir die Kritik, die ich für mich unweigerlich als gut empfand, erneut, welch schwere Prüfungen meine „Gerechtigkeit" doch zu bestehen hatte.

Das Wesen des Würger-Syndroms besteht darin, daß es sich auf Kosten anderer persönliche Gerechtigkeit verschafft. Nicht alle leistungsorienterten Menschen sind auch Würger, aber alle Würger sind leistungsorientiert. Sie haben der Lüge geglaubt, die besagt, sie müßten etwas leisten, um geliebt zu werden, sind sich jedoch unsicher, was ihre eigene Leistung betrifft; deshalb sehen sie sich unbewußt veranlaßt, einen Gegensatz zwischen sich und anderen herzustellen; die anderen müssen schlecht dastehen, damit der Würger gut dastehen kann. Der Würger fürchtet Ablehnung mehr als alles andere, doch in seinem Bestreben, alle übrigen an Leistung zu übertreffen, vereinigt er alle Gerechtigkeit in sich. Ohne es zu wissen, tut er genau das, was ihn zu einem Menschen macht, mit dem niemand auskommen kann. Sein Los ist es, in letzter Konsequenz abgelehnt zu werden.

Weil sie Liebe wollte, diente die Frau in unserer ersten Geschichte ihrem Mann und war sich nicht im klaren darüber, daß sie in ihrem Verlangen, die Starke zu sein, die einem schwachen Mann hilft, ihn eigentlich so lange den Bauch aufschlitzte, bis er sie schließlich nur noch hassen konnte. Er war verwundbar und empfänglich für jede Frau, die ihm das Gefühl gab, er sei stark und fähig. Daß er ein Verhältnis mit einer anderen anfing, war unausweichlich, und seine großartige christliche Ehefrau konnte nicht verstehen, wie er ausgerechnet *jene* Kreatur ihr vorziehen konnte! Glücklicherweise suchten sie rechtzeitig Rat und ihre Ehe konnte gerettet werden.

Wir erinnern uns an einen Mann, der zwar ein außerordentlich fähiger Ingenieur war, aber dennoch einen Job nach dem anderen verlor. Er wuchs mit zwei Brüdern auf. Von den Kindern wurde mit immensem Nachdruck gefordert, Tätigkeiten im Haus zu übernehmen, aber sie erfuhren keinerlei elterliche Liebe. Dick war schon bald größer, stärker und schneller als seine Brüder; zumindest konnte er sie beim Arbeiten ausstechen. Die paar mageren Worte elterlichen Lobes, die er dafür erhielt, daß er mehr geleistet hatte als die anderen beiden, wurden seine Identifikation von Liebe. Sie führten auch dazu, daß er zum Würger wurde, denn um sein Selbstwertgefühl und das Gefühl geliebt zu werden, aufrechtzuerhalten, war es erforderlich, daß jemand anders da war, der weniger leistete als er. Schon bald nachdem Dick eine Arbeit in einem Büro begonnen hatte, konnte er aufgrund seiner überragenden Intelligenz Aufgaben erledigen, in die andere sich monatelang hätten einarbeiten müssen. Weil er großzügig und liebevoll war, bot er seinen Kollegen seine Hilfe an und es fiel ihm nicht auf, daß er sie dadurch demütigte. Die anderen fühlten sich erniedrigt und angeklagt. Schon bald erregte er bei allen im Büro Anstoß. Schließlich rief ihn sein Chef zu sich und sagte: „Dick, Du bist ein großartiger Mitarbeiter, Du bist intelligent, hast eine gute Ausbildung und ich kann Dich nur wärmstens weiterempfehlen. Aber irgendwie paßt Du nicht in unser Büro. Ich werde Dich gehen lassen müssen."

In den ersten Jahren nachdem wir Dick kennengelernt hatten, wechselte er zweimal die Arbeitsstelle. Ich begleitete ihn zu einem festlichen Essen, bei dem sein momentaner Chef eine Rede halten sollte. Dreimal unterbrach Dick die Rede seines Chefs, um ihn mit „hilfreichen" Vorschlägen zu korrigieren! Es schien ihm überhaupt nicht klar zu sein, daß seine „Hilfe" seinen Chef und seine eigene Person unterminierte. Ich besuchte Dick bei sich zu Hause. Ständig mäkelte er an seiner Frau herum, während sie das Abendessen machte; er fuhrwerkte neben ihr in der Küche herum und „half" ihr. Er hatte nicht die leiseste Ahnung, was er dadurch dem Selbstwertgefühl seiner Frau antat. Er war nur dann fähig, sich geliebt und angenommen zu fühlen, wenn es ihm möglich war, mehr als seine Frau in der Küche zu leisten. Dick war auch ein ausgebildeter Pianist. Seine Kinder nahmen Klavierstunden. Ich sah ihm zu, wie er sich neben sie setzte und ihnen liebevoll helfen wollte. Doch nach einigen Minuten fingen die Kinder an zu weinen, während Dick dasaß und seine hervorragenden Soli spielte.

Würger sind nach außen hin oft recht liebevoll. Sie betreiben einen großen Aufwand, um anderen zu helfen und können einfach nicht verstehen, warum sie von diesen dann auch noch abgelehnt werden. In der Regel verwandeln sie sich in ehrwürdige Märtyrer, die trotz aller Widrigkeiten versuchen, anderen Menschen zu helfen.

Würger reihen sich in die Schar der edelmütigen Heiligen der Kirche ein. Für gewöhnlich arbeiten sie sorgfältiger als jeder andere. Aber man kann einen Würger eben daran erkennen, daß die Menschen um ihn herum, die normalerweise kompetent und selbstbewußt sind, auf einmal zittrige Finger bekommen oder Termine mit ihm vergessen. Menschen im Umfeld eines Würgers leisten weniger als das, wozu sie normalerweise in Gegenwart anderer fähig sind. In diesem Fall handelt es sich um eine Verunreinigung, wie wir sie im achten Kapitel besprochen haben.

Jeder von uns leidet in gewisser Hinsicht unter diesem „Würger-Problem“. Inwieweit jeder von uns irgendwie leistungsorientiert ist und entweder zu Hause oder in der Schule in einer Art von geschwisterlicher Rivalität seinen Stand behaupten mußte, ist es in jedem Menschen verborgen. Wir alle leben von einer inneren Quelle des Wohlergehens. Wenn dieser Strom in uns jedoch versiegt, und wir es nicht schaffen, ihn von Jesus wieder nachfüllen zu lassen, werden wir uns entweder aufblasen oder ein Loch in das Reservoir eines anderen Menschen schlagen. Dieser Mensch braucht unsere Hilfe. Also helfen wir ihm und fühlen uns selbst wieder groß und toll. Das ist das Würger-Syndrom: Sich selbst auf Kosten anderer ein gutes Gefühl verschaffen.

Zur Zeit grassiert im Leib Christi das Würger-Syndrom wie eine Seuche, insbesondere unter Frauen, wenngleich Männer auch zu Würgern werden können. Viele wuchsen in Elternhäusern auf, in denen es keine Liebe gab. Sie kämpften gegen Geschwister, um wenigstens ein winziges Körnchen elterlicher Aufmerksamkeit zu erhaschen und lernten zu Hause das Spiel um die Liebe zu gewinnen, indem sie gerechter waren als ihre Geschwister. Ohne sich dessen bewußt zu sein, daß dieses Schema in ihnen nach wie vor aktiv ist, haben sie den Herrn vielleicht noch in der Familie kennengelernt. Je frommer und hingegebener sie wurden und je mehr sie – wie ich – in ihrer Unreife dazu neigten, immer mystischer und religiöser zu werden und sich immer mehr auf Erfahrungen zu stützen, desto stärker versuchten ihre Ehemänner in der Regel unbewußt, dies auszugleichen, indem sie einen krassen Realismus und schließlich eine ganz und gar weltliche Gesinnung vertraten. Das wiederum löste dieses alte Spielchen der geschwisterlichen Rivalität aus. Diese Frauen, die kleine Kinder in der Familie Gottes sind, beteten daraufhin mit glühendem Eifer für die Bekehrung ihrer Männer, und es war ihnen nicht klar, wie sehr ihre Herzen diese Gebete sabotierten. Wiederum standen sie inmitten dieser geschwisterlichen Rivalitäten; ihre neue Gerechtigkeit hing jetzt davon ab, den Kontrast zu „diesem schrecklichen Mann“ herzustellen. Je frommer und heiliger sie wurden, desto tiefer fielen ihre Ehemänner in die Sünde. Dann kamen sie an den Punkt, an dem sie sich aktiv für oder gegen das Würger-Syndrom entscheiden mußten. Die Frau war eigentlich gar nicht so gut. Der Mann war eigentlich gar nicht so schlecht. Sie war gar nicht so fromm und keine so eifrige Beterin und er war gar nicht so weltlich gesinnt und herzlos. Ihr Bestreben, einander auszugleichen, trieb sie in Positionen, die einander genau gegenüberstanden.

„Hiobs Ratgeber" konnten auch nicht helfen. Ihre Freunde in der Gemeinde priesen diese Frau mit dem heiligen Lebensstil, die durch die Gnade Gottes weiterhin mit diesem heidnischen Sünder zusammenleben konnte. Seine Freunde konnten einfach nicht verstehen, wie er es aushalten konnte, mit so einer extremen „Verrückten" und ihren „scheinheiligen Freunden, die allesamt religiöse Fanatiker sind" zu leben. Die Frau und ihre Freunde, die ihrerseits nicht verstehen konnten, warum Gott diese elende Kreatur nicht rettete, beteten viel. Die Dynamik des Einander-Ausgleichens und des Würger-Syndroms behinderte den Weg seines Herzens. Er wollte den Herrn annehmen, doch den Herrn anzunehmen wurde für ihn gleichbedeutend mit einer Kapitulation vor ihr und nicht vor Gott. Abgesehen von den Blockaden des Stolzes spürt ein Mann in seinem Geist, daß daran etwas nicht stimmen kann. Darüberhinaus hat er Angst davor, so zu werden wie sie und ihre Freunde. Ihr Vorbild hat überhaupt keine „evangelisierende" Wirkung auf ihn.

Manchmal läuft es genau andersherum ab, doch die Resultate sind dieselben. Erst vor kurzem dienten wir einigen Männern, die ihre Frauen verloren als sie zum Herrn kamen und seinen Ruf in den Dienst vernahmen. Dieselbe ausgleichende Dynamik und dieselbe Art des Würger-Syndroms trat auf den Plan.

Eine solche Polarität muß jedoch nicht entstehen. Geistliche Menschen müssen von ihrem Podest herabsteigen. Sie sollen zu Hause mit beiden Beinen auf dem Boden stehen, realistisch, menschlich und verletzbar sein. Es ist oft ärgerlich, daß der Partner eines Frischbekehrten – oft richtigerweise – den Eindruck hat, der Herr sei zu einem Rivalen geworden. Die partnerschaftliche Liebe wurde auf den Herrn übertragen, wo sie nicht hingehört; der unbekehrte Partner fühlt sich von einer Liebe ins Abseits gestellt, mit der niemand konkurrieren und gegen die niemand gewinnen kann! Ein frischbekehrter Christ neigt dazu, anderen zu vermitteln: „Ich habe eine neue Liebe gefunden, die mich durch und durch zufrieden stellt; ich brauche Dich nicht mehr." Doch der Christ sollte sowohl die Liebe als auch die Weisheit seines nichtchristlichen Partners annehmen. Der Nichtchrist wird durch den Gläubigen geheiligt (1.Kor 7,14). Im Glauben kann ein gläubiger Mensch Gottes Weisheit sehr wirkungsvoll bei einem ungläubigen Partner finden.

Jo, deren Geschichte in Kapitel 6 „Der Geist im Kerker" erzählt wird, schwang sich im Herrn bald zu großartigen und herrlichen Höhen auf, während Frank nach wie vor von einem Gottesdienstbesuch

Abstand nahm. Aber wir waren dem Herrn sehr dankbar, daß sich bei den beiden keine derartige Polarisierung und kein Würger-Syndrom entwickelte. Jo bat Frank immer wieder um seinen Rat, wenn es darum ging, einem Ratsuchenden zu helfen. Ich habe nie weisere Ratschläge gehört als die, die der Herr ihr so durch Frank gab! Sie stellte ihm Fragen über den Glauben oder über die Bibel, die sie nicht beantworten konnte. In jederlei Hinsicht honorierte sie ihn als Haupt. Sie glaubte nicht, daß er erst dann als ihr Haupt aktiv werden könnte, wenn er Christus als seinen Herrn annahm. Sie „aktivierte" ihn sozusagen in der Position, die er schon innehatte (Eph 5,22-23). Je mehr sie den Herrn kannte, desto herzlicher konnte sie sich ihm mit all ihren fraulichen Qualitäten schenken. Eines Tages sagte sie grinsend: „Frank sitzt immer wieder da, geht die Bibel durch und murmelt, er *müsse* es lernen, dieses Ding zu verstehen!" Schon bald war er so ein bibelfester Kirchgänger, daß einige Flieger aus seinem Freundeskreis anfingen, in die Gottesdienste der Standortkapelle zu gehen. Sie waren der Auffassung: „Wenn Frank Black sagt, daß da was dahinter ist, dann muß auch was dahinter sein."

Wahrer Glaube trennt uns von dem fortwährenden fleischlichen Einfluß unserer Familien, aber er wird uns nie von ihnen persönlich trennen. Wenn dadurch, daß einer gläubig ist und der andere nicht, scheinbar eine Distanz zwischen beiden entsteht, dann wäre es ein gewaltiger Trugschluß zu glauben, unser Herr Jesus wäre die Ursache dieser Trennung. Nicht er sondern das Fleisch, höchstwahrscheinlich eine ausbalancierende Dynamik und das Würger-Syndrom fügen der Familie Schaden zu. Christen sollen Buße tun über ihre „gespenstisch"-abgehobenen Einstellungen, über ihr Elitedenken, über die Meinung, sie wären etwas Besseres und über jeden anderen „-ismus", den man sich nur vorstellen kann; sie sollten demütig wieder in die Arme des Partners zurückkehren, den Gott ihnen geschenkt hat.

Wir brauchen keine Angst davor zu haben, von dem besiegt zu werden, was unser Partner darstellt. Wir sind mehr als Überwinder. Niemand ist durch und durch böse, noch durch und durch gut. Im Glauben können wir der Anweisung Paulus' in Philipper 4,8 folgen: „Übrigens, Brüder, alles, was wahr, alles, was ehrbar, alles, was gerecht, alles, was rein, alles, was liebenswert, alles, was wohllautend ist, wenn es irgendeine Tugend und wenn es irgendein Lob gibt, das erwägt!" Aus dem Glauben heraus können wir von unserem Partner das Beste und nicht das Schlechteste empfangen.

Im folgenden finden Sie die „zielgenauesten" Fragen, die wir gefunden haben, um festzustellen, ob jemand das Würger-Syndrom hat:

Zeigen sich Menschen in Ihrer Gegenwart immer nur von ihrer Schokoladenseite oder von ihrer schlechtesten Seite?

Wird durch das Zusammenleben mit Ihnen Ihr Partner ein besserer oder ein schlechterer Mensch?

Schöpfen Sie Weisheit und Güte von Ihrem Partner? Oder schöpfen Sie weniger als er/sie imstande ist zu geben?

Könnten Sie sich wirklich freuen, wenn Ihr Partner zum Herrn finden würde? Oder müßte sich dann ein Teil von Ihnen mehr anstrengen, um ein besserer Christ zu sein als Ihr Partner imstande ist zu sein?

„Tut nichts aus Selbstsucht und Eitelkeit, sondern in Demut schätze einer den andern höher als sich selbst!" (Phil 2,3; Albrecht). Janet Wilcox, unsere „Haus- und Hofseelsorgerin", die bei uns wohnt, sagt gerne: „Demut ist nichts mehr und nichts weniger als die direkte Folge davon, die Dinge so zu sehen, wie sie wirklich sind." Deshalb lautet die letztgültige Kontrolle, ob jemand das Würger-Syndrom hat: „Was sehen Sie zuerst und am leichtesten: Die Fehler des anderen oder Ihre eigenen?" oder „Versuchen Sie in einem Streitgespräch das Herz des anderen zu segnen und zu behüten, während sie gemeinsam die Wahrheit finden oder ist es Ihr Bestreben zu beweisen, daß er falsch liegt, Sie jedoch Recht haben?"

Glücklicherweise gibt es einen Unterschied zwischen dem allgemeinen Würger-Syndrom, dem wir alle hie und da anheimfallen und dem, ein eingefleischter Würger zu sein. Ein eingefleischter Würger ist ein Mensch, in dem das Verlangen, Anerkennung zu finden, so übermächtig und alles bestimmend ist, daß das Würger-Syndrom zu seinem grundlegenden Lebensstil wird. Diese Menschen leben in und für ein Bild von sich selbst. Sie arbeiten vierundzwanzig Stunden am Tag daran, auch wenn ihnen das vielleicht überhaupt nicht bewußt ist.

Dick war durch und durch zu einem Würger geworden. Wo er auch war, sein Verhalten war immer dasselbe und führte immer zu denselben Resultaten. Seine Frau hatte es schließlich satt, in ihrem eigenen Haus wie ein ungeschicktes Kind behandelt zu werden und verließ ihn. Als ihre Individiuation schließlich so weit vorangeschritten war, daß sie zu sich selbst gefunden hatte, brach all der unterdrückte Zorn aus ihr heraus. Gleichgültig wie sehr ihre Freunde auch auf sie einredeten, haßerfüllt und vehement bestand sie auf der Scheidung. Sie hatte genug. Er würde sich doch nie ändern. Da wir zu dem werden, wie wir urteilen (Röm 2,1) – und in ihren Augen konnte Dick wirklich nichts richtig machen –, hackt sie als Würger aus der Ferne durch seine

Kinder auf ihn ein, während sie die Rolle der rechtmäßig Geschiedenen spielt.

Es folgt eine Liste von Symptomen, an denen wir erkennen, ob es sich bei einem Menschen um einen Würger handelt. Auch wenn wir uns hier auf den Kontext des Gemeindelebens beziehen, gilt doch dasselbe für Büros, Clubs, Sportvereine etc., kurz für jeden gesellschaftlichen Rahmen.

Würger haben stets einen Grund, eine Entschuldigung oder ein Alibi, um das, was sie tun, zu rechtfertigen. Der Fehler liegt nie bei ihnen. Wenn man nun um eine echte Anklage nicht umhin kann und sie zugeben müssen, daß sie etwas Falsches getan haben, dann hat jemand anders sie in diese unzumutbare Lage manövriert. Sie *mußten* einfach so handeln. Unbewußt deuten sie jede Anklage so als würden sie nicht geliebt; sie können sich nicht vorstellen, jemand könnte sie trotz ihrer Fehler lieben; folglich dürfen sie niemals Fehler machen. Der Würger versteht nicht, daß die meisten Menschen seine Fehler ohnehin schon sehen und ihn dennoch lieben.

Würger fassen das, was andere tun, falsch auf und unterstellen ihnen falsche Beweggründe. Wir kannten eine geschiedene Frau, der die Mitglieder ihrer Gemeinde liebevoll dienten. Sie schenkten ihr Gemüse, halfen ihr im Garten, brachten ihr Brennholz für den Ofen, halfen ihr, eine Arbeit zu finden, beteten für sie, trugen sie in ihren Herzen mit sich und ertrugen ihre Attacken. In ihrer Version sah das so aus, daß diese Gemeinde voll hartherziger und egozentrischer Menschen sei, die nie etwas für einen anderen täten, es sei denn, sie bekämen dadurch ein gutes Gefühl oder verbesserten ihren eigenen guten Ruf. Sie konnte keine Anstrengung der Geschwister als wahre Liebe zu ihr deuten und unterschob deren guten Werken ihre eigenen falschen Motive.

Das führt uns zum nächsten Symptom: Würger unterschieben anderen oft *ihre eigenen* unbewußten Motive und klagen sie deswegen erbittert an. Die geschiedene Frau, von der wir eben sprachen (und die wir Alice nennen möchten), war stets damit beschäftigt, für andere etwas zu tun. Aber tragischerweise war sie sich nicht darüber im klaren, daß sie aus den unterschiedlichsten Motiven heraus anderen diente, die oft in ihren eigenen, noch nicht geheilten Unsicherheiten verwurzelt waren. Unaufhörlich projizierte sie das, was in ihrem eigenen Herzen war, auf andere und griff es an, so als ob es tatsächlich in ihrem Gegenüber vorhanden wäre. Über diese Art von Würger schrieb Paulus an Timotheus: „...Zugleich aber lernen sie auch, müßig in den Häusern umherzulaufen, nicht allein aber müßig, sondern auch geschwätzig und vorwitzig, indem sie reden, was sich nicht geziemt"

(1.Tim 5,13). Würger versuchen, für Gott Werke zu tun, doch weil sie sich so weit vom Strom des Heiligen Geistes entfernt haben, sind es lediglich „tote Werke“ (Hebr 6,1). Ihre vielen Werke bringen eher Probleme mit sich, als daß sie helfen würden; in diesem Sinne sind sie „müßig“.

Würger erzählen Geschichten. In der Regel sind sie die Klatschbasen der Gemeinde. Ihre Fähigkeit, sich gut zu fühlen, hängt davon ab, inwieweit sie den Kontrast zwischen sich und dem Versagen anderer herstellen können; deshalb gehen sie auf Nummer sicher, daß auch ja jedermann die Fehler der anderen weiß. Doch in der Regel tarnt sich dieses Getratsche – sogar vor den Würgern selbst – als „Besorgnis“: „Beten wir doch für Bruder Soundso; er hat dies und das getan…“. Durch Verunreinigung geschieht es, daß grundsolide Menschen, die normalerweise überhaupt nicht tratschen würden, den Pastor oft damit überraschen, daß sie ins Fahrwasser eines Würgers geraten. Würger glauben, sie wären keine Klatschbasen und streiten es auch mit aller Macht ab. Eine Frau, die ein Würger war, hat einmal ein und dieselbe Geschichte dem Pastor und jedem Ältesten der Gemeinde erzählt; jedesmal schloß sie mit den Worten: „Ich hab's niemand sonst erzählt. Dir sag ich's auch nur, damit Du beten kannst.“ Als sie dann mit allen auf einmal konfrontiert wurde und offenbar wurde, daß sie jedem dasselbe erzählt hatte, konnte sie es nicht glauben und gab es auch nicht zu. Hartnäckig vertrat sie die Auffassung einer hätte vor dem anderen getratscht und jetzt wollten sie es ihr in die Schuhe schieben. So etwas hat sie nicht getan. Sie war doch ein guter Mensch und jeder wußte es. Wie konnten sie nur auf diesen Gedanken kommen!

Würger können keine Erkenntnis der Wahrheit erlangen. Die einfache Wahrheit, die sie nicht hören können, besagt, daß sie bedingungslos geliebt werden. Ihre extreme Leistungsorientierung und die mitleiderregenden Versuche, sich selbst eine Gerechtigkeit aufzubauen, um ein Gefühl des Geliebtseins und der Sicherheit zu bekommen, sind genau die Dinge, die sie davon abhalten zu verstehen oder anzunehmen, daß Jesus sie auch ohne all ihre Mühe lieben und akzeptieren kann. Das Würger-Syndrom zählt somit zu den „mancherlei Leidenschaften“, die Paulus erwähnte, als er über die schrieb, die „…sich Eingang in die Häuser zu verschaffen wissen und Angehörige des weiblichen Geschlechts einzufangen suchen und zwar solche, die *mit Sünden beladen sind* und von *mancherlei Leidenschaften* umgetrieben werden, die immerfort etwas Neues lernen wollen und doch *niemals zur wirklichen Erkenntnis der Wahrheit zu gelangen vermögen*“ (2.Tim 3,6; Menge).

Auch wenn Paulus hier Frauen erwähnt, haben wir dieselben Dinge auch bei Männern gesehen. In einer kleinen Gruppe, vor der wir einen Vortrag hielten, befand sich ein Mann, der immer wieder nörgelte und auch dementsprechende Fragen stellte. Die meisten dachten, er wolle nur gern polemisieren. Schon beim geringsten Anlaß fing er Streit an. Wir fanden heraus, daß hinter seiner ewigen, irrelevanten Fragerei und seinem Gezänk das Herz eines Würgers stand. Auf Kosten aller Anwesenden bewies er, daß er ein ausgezeichneter Kenner der Bibel war, um so der einzig Wahrhaftige sein zu können, der allen anderen den Weg wies. Nach einer Weile war jedem von uns klar, was hier eigentlich vor sich ging, und unsere Herzen bluteten für ihn. Das Würger-Syndrom ist eine gemeine Falle, ein satanisches System, mit dem Menschenseelen von der wahren Gemeinschaft mit dem Vater, mit dem Sohn und miteinander abgehalten werden sollen.

Würger schreiben die Geschichte ganz neu. Eine Frau hatte einen Vater, der ihr keine Liebe schenken konnte. Er wollte nur Leistung sehen. Sie sah, wie er zu toben begann und gnadenlos auf ihren geliebten älteren Bruder einschlug. Sie konnte sich den Zorn auf ihren Vater nicht eingestehen. Das wäre eine Sünde gewesen, wo sie doch eine vollkommene Dame sein mußte, um geliebt zu werden. Durch Gottes Gnade heiratete sie einen sanftmütigen, freundlichen Mann, der ganz anders war als ihr Vater. Doch genau dadurch drohten ihre wahren Gefühle gegenüber ihrem Vater ans Licht zu kommen. Von da an konnte der Ehemann nichts mehr richtig machen; gleichzeitig wurde in ihrer Vorstellung ihr Vater immer heiliger und heiliger. Auch war sie mit ihren Brüdern stets in einem Wettkampf gestanden; jene konnten gemeinsam mit ihrem Vater auf den Feldern arbeiten, sie jedoch nicht. Deshalb mußte sie vor ihren Kindern so dastehen, als ob sie viel länger, viel hingebungsvoller und mit viel mehr ehrenhafter Selbstaufopferung gearbeitet hatte als ihr Ehemann. Über die Jahre konsolidierte sich das Würger-Syndrom, das anfänglich nur schwach vorhanden gewesen war.

Als die Seelsorge anfing, kannte ich die Familie schon viele Jahre lang. Ich wußte, wie sich ihr Zusammenleben gestaltete. Ich wollte der Frau helfen, der Wahrheit ins Auge zu schauen; doch immer wenn wir uns das nächste Mal trafen, erfuhr ich, daß sie all die Vorfälle, die wir besprochen hatten, noch einmal durchgegangen war und sie überarbeitet hatte, und sie war felsenfest davon überzeugt, daß die erdachten Begebenheiten, die sie mir nun erzählte, wirklich die Wahrheit waren. Diese neuen Geschichten „...kannst Du wirklich nicht kennen, weil ich sie noch nie jemandem erzählt habe, um seinen Ruf zu schützen..." Man gewann den Eindruck, daß sie durch die neuen „Offenbarungen" diesen bösen Mann ehrenhaft vor einer Bloßstellung schützte. Schließlich hatte die Version, die sie mir von ihrem gemeinsamen Leben vorlegte, so gut wie nichts mehr mit den Tatsachen zu tun. Sie blieb jedoch davon überzeugt, daß diese Geschichte die einzig wahre wäre, und daß niemand wisse, was für eine arme Märtyrerin sie doch sei und wie viel sie leiden müsse. Wenn jemand bemerkte, daß, obwohl sie sich scheiden ließ, er diese Scheidung nie gewollt und sie immer geliebt habe, erwiderte sie: „Warum sollte er auch? Er hatte keinen Grund dafür. Ich war eine perfekte Ehefrau für ihn." Sie sagt das ungeachtet der Tatsache, daß all ihre Kinder und Enkelkinder ihn ehren und lieben und nur wenig mit ihr zu tun haben, weil sie sie genauso bösartig in Stücke reißt wie ihn. Solche Menschen sind zu bemitleiden; man muß für sie im Gebet ringen.

Würger werben „Rekruten" an. In der Gemeinde finden sie Freunde, die glauben werden die Würger seien wirklich so gut, wie sie immer glauben machen wollen. Diese Freunde werden von ihnen mit „Beweismaterial" versorgt, mit zusammengeschusterten Halbwahrheiten, die so verdreht werden, daß der Pastor (oder jeder andere, der abgesägt werden soll) in einem denkbar schlechten Licht dasteht. „Diese aber lästern alles, was sie nicht verstehen" (Jud 10; Schlachter). „Mit ihrer Stellung unzufrieden, murren diese Leute, während sie nach ihren Lüsten wandeln. Ihr Mund führt stolze Reden, und dabei kriechen sie vor solchen Leuten, von denen sie Gewinn erhoffen" (Jud 16; Albrecht). „Wenn all diese Leute nur wüßten, was hier eigentlich läuft! Wir müssen diese Gemeinde zusammenhalten. Ich bin vielleicht froh, daß Du wahrhaftig und rechtschaffen Deinen Weg gehst. Eines Tages wird alles rauskommen und Du wirst sehen, daß ich immer schon Recht hatte. Dieser entsetzliche Mann! Aber wir müssen ihn einfach lieben. Beten wir für ihn." Sie sind wirklich der Meinung, sie seien die Koryphäen des Glaubens; ihnen fällt gar nicht auf, daß die Tatsache, daß sie die Fehler anderer brauchen, damit sie selbst recht haben können, ihre Wahrnehmung der Wirklichkeit verzerrt hat. „In diesen Briefen ist einiges schwer zu verstehen, *was die Unwissenden und Unbefestigten verdrehen* wie auch die übrigen Schriften zu ihrem eigenen Verderben" (2.Petr 3,16b). Petrus sprach über schwierige Passagen in den Briefen des Paulus, doch seine Worte beschreiben sehr treffend, wie Würger Ereignisse des Gemeindelebens mißverstehen und sie zu ihrem eigenen Verderben verdrehen; denn jeder, der die Gesalbten des Herrn verunglimpft, bekommt mit dem Herrn Schwierigkeiten.

Würger deuten den Versuch, ihnen zu helfen, als Angriff. Eines Tages versuchte in meinem Büro ein Ehemann das Herz seiner Frau zu erreichen. Sie hatte dafür gesorgt, daß auch wirklich jeder in der Gemeinde wußte, was er doch für ein schrecklicher Mann war. Die Zeit und der Herr hatten ihn rehabilitiert, und sie überließ es „diesem Haufen von Abgefallenen", sich eine „richtige Gemeinde" zu suchen. Jetzt versuchten wir, ihre Ehe zu retten. Er saß neben ihr, voller Liebe und eifrig darum bemüht, zu ihr durchzubrechen; zärtlich nahm er ihren Arm, während er sie bat, ihm und mir Gehör zu schenken. Aber sie wandte sich pikiert ab und rief: „Haben Sie gesehen, was er eben getan hat? Er hat mich geschlagen!" Sie war felsenfest davon überzeugt, daß er sie mit seiner Berührung habe verletzen wollen. In ihrem Herzen wußte sie natürlich, daß sie log, doch ihr Geist war so sehr damit beschäftigt, sie als gerecht und ihn als böse hinzustellen, daß ihr schon der geringste Vorwand ausreichte.

Würger haben immer alles unter Kontrolle. Sie haben nicht die Sicherheit und das Vertrauen, die Dinge frei laufen lassen zu können. Sie können nicht zur Ruhe kommen und sich darauf verlassen, daß andere sie mögen werden. Sie müssen entweder im Mittelpunkt stehen oder alles so manipulieren, daß es nur noch über ihre „Schaltzentrale" läuft. Ein Mann, der schon so halb im Ruhestand war, wurde von einer Gemeinde engagiert, für die Kirche einen neuen Eingangsbereich und eine neue Vorderseite zu planen und zu bauen. Mit diesem Umbau wollte man auch mehr Sitzplätze gewinnen und den hinteren Teil des Altarraums verschönern. Er leistete ausgezeichnete Arbeit und war mit ganzem Herzen dabei. Ein anderer Mann, der im Kirchenrat saß, manipulierte weitere Mitglieder des Kirchenrats, flüsterte dem Pastor etwas ins Ohr und erschwerte dem Baumeister seine Arbeit so sehr, daß dieser schließlich aufgab und angewidert die Gemeinde verließ. Der Mann aus dem Kirchenrat beendete schließlich die Arbeit; jedoch war ihm nicht bewußt, daß er nicht von der Sorge um die Arbeit getrieben wurde, sondern vielmehr von Konkurrenz- und Rivalitätsdenken, sowie dem Verlangen, alles unter Kontrolle zu haben. Dieser Mann stört immer und immer wieder das Gemeindeleben.

Würger können nicht zur Ruhe kommen. Sie leiden an chronischen Erschöpfungszuständen, wenn nicht körperlich dann emotional. Das begründet sich dadurch, daß sie stets für die Liebe arbeiten müssen. Je sorgfältiger sie arbeiten, desto mehr hinken sie hinterher, da die Menschen von ihren Anstrengungen abgeschreckt werden. Folglich strengen sie sich noch viel mehr an. Das Spiel des Verlierers geht weiter und immer weiter.

Würger widersetzen sich innerer Heilung. Schließlich läuft bei ihnen nichts schief. Es sind immer die anderen. Wenn sie es zulassen, daß man ihnen dient, dann immer nur in dem Maße wie sie selbst das

Steuer in der Hand behalten können und nichts preisgeben müssen, das sie zu Sünden führen würde, die wirklich tief in ihnen verborgen sind. Aus ihrer Gerechtigkeit heraus spielen sie die Rolle derjenigen, die es demütig zulassen, daß ihnen gedient wird. Eine Frau, die ein Würger war, erzählte mir immer von ihren dummen Fehlern. Doch ihr Bekenntnis sollte aufzeigen, wie ihr gutes und liebevolles Herz sie veranlaßte, Menschen, die es nicht verdienten, immer wieder (dummerweise) Freundlichkeit zu erweisen.

In aller Regel haben Würger einen schlummernden Geist. Das ist nicht bei allen der Fall und selbstverständlich ist nicht jeder ein Würger, der einen schlummernden Geist hat. Doch insofern ihr Geist schlummert, deuten sie das, was in Anbetungsgottesdiensten und Treffen geschieht, von innen her, ausgehend von ihrer eigenen Mentalität und nicht in der wahren Gesinnung des Heiligen Geistes. Deshalb ist es gut möglich, daß sie nur eine verzerrte Version des Geschehens wahrnehmen und Außenstehenden auch so davon berichten. Es gibt noch eine Vielzahl anderer Symptome, doch jeder, der die grundlegenden Schlüsselfaktoren Leistungsorientierung, Sich-Abmühen und geschwisterliche Rivalität festhält und sie mit der Tatsache verbindet, daß sich ein Mensch auf Kosten anderer seine eigene Gerechtigkeit schaffen muß, wird sich schon bald seine eigene Liste zusammenstellen können. Es ist wichtig, daß es der Leib Christi lernt, die vielen Würger in seiner Mitte zu erkennen und ihnen zu dienen.

Einen Menschen, der durch und durch Würger ist, freizubekommen, ist die schwierigste Aufgabe, die uns je untergekommen ist. Wenn wir erfolgreich waren, dann mußten wir vorher immer den langen, steinigen Weg der Geduld, der Beharrlichkeit und der Nachsicht gehen, unterstützt durch Gebet; aber wir suchen nach wie vor nach einem einfacheren Weg. Das Problem besteht nicht nur darin, daß sich solche Menschen ungemein schwer tun, Fehler zuzugeben. Der springende Punkt ist vielmehr, daß das Würger-Syndrom zur Grundhaltung und zum zentralen Antrieb ihres Lebens geworden ist! Auch wenn der Würger diese Tatsache erkennt und sie haßt, ist sie doch so sehr in seinem Denken, Fühlen und Handeln eingraviert, daß es womöglich der jahrelangen, schmerzhaften Selbsterkenntnis und Kreuzigung bedarf, um sich ihrer zu entledigen. Dazu kommen noch Angst und Verwirrung: „Wenn die einzige Möglichkeit zu leben, die ich kenne, stirbt, wie soll ich dann weiterleben? In welchem neuen Rahmen können meine Energien zur Entfaltung kommen?“ Wer ein Urteil oder eine Erwartungshaltung hat, die sich auf eine innerliche, bittere Wurzel zurückführen läßt, der leidet in einem kranken Bereich seines ganzen Wesens. Man kann diese Wurzel ausreißen und weitergehen. Dasselbe gilt für innere Schwüre oder vorgeburtliche Wunden und Sünden. Doch bei einem Würger ist es eben nicht so, daß er in einem Bereich ein Problem hätte, während die anderen Bereiche größtenteils intakt sind. Er leidet an einer Krankheit seines persönlichen Geistes, die die Gesamtstruktur seiner Seele und seine Sicht des Lebens als falsche Reaktion auf drohende Isolation, Angst, Einsamkeit und Ablehnung errichtet hat.

Wenn man dem Würger-Syndrom den Garaus machen will, ist ein radikaler und vollständiger Tod am Kreuz erforderlich. Dieser Tod kann erst dann Wirklichkeit werden, wenn der Geist des Menschen schließlich das begreift, was der Verstand schon beim ersten Bekehrungserlebnis verstanden hat – Jesus liebt uns bedingungslos! Der Geist ist schon seit langem darauf programmiert, sich die Liebe zu verdienen. Es kommt einer Revolution gleich, dieses lebenslange Lernen auf den Kopf zu stellen. Der Geist des Würgers erhascht vielleicht ein kurzes Aufflackern des Geliebtwerdens; doch der starke Krieger in seinem Ich kann ihn sehr schnell wieder in die alten ausgetretenen Pfade zurückreißen. Kurz, unser Ich hat ein Eigenleben und kämpft ums Überleben; das Würger-Syndrom wird zur Festung und zum Bollwerk des Ich.

Das Würger-Syndrom als allgemeine Tendenz in uns allen ist relativ leicht zu heilen. Wir packen die Wurzeln an, so wie wir für jedes andere Problem in uns beten. Bekenntnis, Buße, Vergebung, Loslösung, Tod am Kreuz und Auferstehung zu einem neuen Leben – so sieht der einfache Weg zur Heilung aus. Wenn wir das Problem einmal erkannt haben und die grundlegenden Schritte zur Heilung gegangen sind, kann ein disziplinierter Wandel auf dem neuen Weg eine wahre Freude sein. Wir lachen über uns selbst und sagen: „Oh, hoppsa, wieder mal 'gewürgt'" oder „He, Du würgst mich schon wieder!" „Auweia, hab' ich wirklich? Vergib mir."

„Eingefleischte" Würger brauchen langmütige Freunde, die ihnen näher sind als ein Bruder (Spr 18,24). Das müssen Menschen sein, die Liebe schenken können, wenn der Würger sie am allerwenigsten verdient. Sie müssen großzügig sein und ein offenes Herz haben, Menschen die sich angesichts von Kränkungen und Beleidigungen nicht abwenden, nicht zornig werden und sich nicht geschlagen geben. Immer wieder hatten wir Menschen in der Seelsorge, die sich verzweifelt ändern wollten. Sie nahmen unseren Dienst gut an, und anfangs schien er auch Wirkung zu zeigen. Doch die noch sehr zerbrechliche Struktur der Heilung wurde von lieben Menschen zu Hause entzwei gerissen, die es aufgrund ihrer Verletzung im Laufe von Jahren gelernt haben, sich hinter Verteidigungsmauern einzuschließen, sich zu verstecken und Rachefeldzüge zu unternehmen. Oftmals ist das, was sich eine Ehefrau ganz neu und frisch vorgenommen hat, an der stählernen Mauer negativer Erwartungshaltungen und dem Urteil eines Ehemanns zerschellt, der das Gefühl hat, er hätte schon alles unter Dach und Fach. „Sie wird sich nie ändern." Seine Einstellung drängt sie förmlich in die alten Strukturen zurück und bekräftigt erneut genau das Programm, das sie gerade eben abgelehnt hat. Familienmitglieder eines Würgers müssen selbst für den seelsorgerlichen Dienst offen sein; so wird es ihnen möglich, sich mit der Sünde in ihrem eigenen Herzen zu befassen, die sie eine derartige Beziehung ernten ließ, sowie mit Verteidigungshaltungen, die sich in ihnen entwickelt haben und dem Würger keinen Raum zur Veränderung zugestehen. Durch Gebet müssen sie genügend geistliche Kraft und die souveräne Gabe des Vertrauens und des Mutes bekommen, damit sie sich erneut für den Menschen öffnen können, der sie immer wieder verletzt hat; so können sie dann bedingungslose Liebe und Zuwendung schenken, die für eine Heilung unverzichtbar sind.

Wer einem Würger dient, muß die Fähigkeit haben, den anderen sanft aber bestimmt, immer und immer wieder mit diesen Themen zu konfrontieren und ihn zu ermahnen. Wenn ein Würger „würgt", muß man ihm das mit eindeutigen Worten klarmachen. Man muß ihn immer wieder von seinem Podest der Selbstgerechtigkeit herunterholen und ihm dabei *gleichzeitig so viel Annahme und Zuwendung schenken*, daß der Geist in ihm schließlich die Vorstellung akzeptieren kann, er brauche seine Gerechtigkeit nicht zur Schau stellen, um geliebt zu werden und er werde nicht abgelehnt, wenn er etwas falsch macht.

Paula und ich waren zwar keine „eingefleischten" Würger, aber wir hatten genug davon in uns. Als wir dieses Problem anpackten, lernten wir, einander immer wieder damit zu konfrontieren. Für den Augenblick schien es oft nicht zu funktionieren. Einer von uns beiden regte sich auf und war eingeschnappt, weil ihn der andere hundertprozentig wieder einmal nicht verstanden habe. Doch der Heilige Geist ließ uns nicht los, und früher oder später mußten wir die Wahrheit doch zugeben und uns geschlagen geben. Als wir lernten, den „Feind" nicht im anderen zu sehen, sondern vielmehr uns selbst zu disziplinieren und uns voll Erbarmen dafür zu entscheiden, gemeinsam mit dem anderen gegen die Bindung anzugehen, wurden die konfrontierenden Worte immer effektiver. Als wir lernten, dem anderen vor der Konfrontation zuzusichern: „Ich liebe Dich, ich schätze Dich, doch Du tust folgendes…", entdeckten wir, daß unsere Versuche einander zu helfen, von unserem Gegenüber bereitwilliger angenommen wurden. Als wir eine persönliche Beziehung mit dem Herrn entwickelten, so daß unser

Selbstwertgefühl und unser Wohlergehen in erster Linie von ihm abhing, mußten wir weder die Angriffe, noch die tollpatschigen Versuche des anderen, uns zu „helfen“ nicht mehr als persönliche Bedrohung auffassen. Der Herr selbst konnte uns mehr und mehr in die Lage versetzen, die Besorgnis in einer Kritik herauszuhören, die Wahrheit in einer Lüge, die Verletzung des anderen in einer abgehackten, schroffen Antwort, anstatt in erster Linie immer eine verletzende Absicht zu unterstellen. Wir beteten gemeinsam; dadurch fanden wir am Fuß des Kreuzes einen gemeinsamen Nenner und überließen unsere unvollkommenen Vorstellungen über die Wahrheit dem Herrn, der selbst die Wahrheit ist. Wir stellten fest, daß die mangelnde Bereitschaft, gemeinsam über ein Mißverständnis, einen Zwist oder über Zorn zu beten, ein sicheres Zeichen dafür war, daß der einzelne nicht bereit war, das Spielchen aufzugeben, in dem man dem anderen bewies, daß er falsch lag und man sein eigenes Gekränktsein hegte und pflegte.

Bei einem Menschen, der durch und durch ein Würger ist, dürfen wir nicht davon ausgehen, daß er schon allein dadurch geheilt werden sollte, daß man einige Male über tief in seinem Geist verankerte Dinge gebetet hat. Wir müssen verschiedene Bereiche immer und immer wieder im Gebet durchgehen, bis der Geist, in dem das Problem seinen Ursprung hat, schließlich voll und ganz geheilt ist.

TEIL III

Geistliche Sünden

Vorwort

Es ist nicht unsere Absicht, in diesem Teil all die verschiedenen Erscheinungsformen des Okkulten und anderer geistlicher Sünden zu katalogisieren und bis ins Detail zu beschreiben. Viele Autoren haben das schon getan. Jeder kompetente Verkäufer in jedem christlichen Buchladen kann den Leser auf einige gute Bücher zu diesem Thema verweisen. Wir möchten vielmehr den Leib Christi lehren, wie man Wunden heilen kann, die dem Geist eines Menschen zugefügt worden sind. Deshalb werden wir einige der wichtigeren okkulten Sünden aufzeichnen und beschreiben, um ausgehend von dieser Erkenntnis ein ausreichendes Verständnis dafür zu schaffen, was geheilt werden und wie man dabei vorgehen sollte.

Jegliche Beschäftigung mit dem Okkulten verwundet unseren Geist. Wir brauchen nicht nur Befreiung und Vergebung sondern auch Heilung. Als Seelsorger sind wir aufgerufen, die Grundvoraussetzungen in der Geschichte der jeweiligen Person festzuhalten, die sie für Versuchungen und Angriffe verwundbar gemacht haben. Wir dürfen nicht nur die Auswirkungen der Sünde heilen, sondern die Ursachen. Deshalb nehmen wir auch diesen Teil über geistliche Sünden in ein Buch mit auf, das sich eigentlich hauptsächlich mit innerer Heilung beschäftigt.

Im Rahmen unseres Dienstes haben wir festgestellt, daß es dem Leib Christi noch an vielem fehlt, was diesen Bereich angeht. Zu viele, die anderen dienen, haben richtigerweise durch das Blut Vergebung bewirkt, durch das Kreuz okkulte Praktiken in den Tod gezogen, durch Autorität Dämonen ausgetrieben und durch das Wort Gottes gelehrt; doch dann haben sie sich zu früh gefreut, so als ob das vollständige Werk der Heilung schon vollbracht wäre. Ein Ratsuchender kann jedoch durchaus immer noch dieselben tiefen Wunden behalten, die ihn ursprünglich zu Fall gebracht hatten; dazu kommen weitere Verletzungen des Geistes in Folge seiner okkulten Sünden. Der Leib Christi muß es lernen, beharrlich zu sein, bis das Werk im anderen vollbracht und der Betreffende nicht nur wieder frei sondern auch heil ist.

Kapitel 10

Die Beschäftigung mit dem Okkulten

Unmißverständlich verbietet der Herr jegliche Beschäftigung mit dem Okkulten:

> Wenn du in das Land kommst, das der Herr, dein Gott, dir gibt, dann sollst du nicht lernen, es den Greueln dieser Nationen gleichzutun. Es soll unter dir niemand gefunden werden, der seinen Sohn oder seine Tochter durchs Feuer gehen läßt, keiner, der Wahrsagerei treibt, kein Zauberer oder Beschwörer oder Magier oder Bannsprecher oder Totenbeschwörer oder Wahrsager oder der die Toten befragt. Denn ein Greuel für den Herrn ist jeder, der diese Dinge tut. Und um dieser Greuel willen treibt der Herr, dein Gott, sie vor dir aus. Du sollst dich ungeteilt an den Herrn, deinen Gott, halten. Denn diese Nationen, die du austreiben wirst, hören auf Zauberer und auf Wahrsager. Du aber – so etwas hat der Herr, dein Gott, dir nicht gestattet! (5.Mo 18,9-14)

Das Wort „okkult" bedeutet entweder „verborgen" oder es bezieht sich auf die Tat des Verbergens. In der Astronomie bezeichnet der Begriff „Okkultation" ein Phänomen, in dem ein Stern von den Sonnenstrahlen verdeckt wird. In diesem Zusammenhang erweckt das Wort „okkult" keine negativen Assoziationen. Es wird lediglich als wissenschaftlich-beschreibendes Wort verwendet. In religiösen Kreisen bedeutet es jedoch: „Dem Wesen entsprechend oder zugehörig zu den Wissenschaften, die sich des Gebrauchs des Übernatürlichen bedienen (wie z.B. Magie, Alchimie, Astrologie, Theosophie usw.) (*Oxford Universal Dictionary*, Clarendon Press, 1933).

In diesem Zusammenhang bezieht sich das Wort „Magie" nicht auf Tricks, deren Wirkung auf schnelle Handbewegungen und Sinnestäuschungen zurückzuführen ist und die heutzutage oft von einem „Magier" dargeboten werden. Solche Tricks sollte man richtigerweise als „Taschenspielerei" bezeichnen. Magie zu praktizieren bedeutet, „...den Verlauf von Ereignissen zu beeinflussen, indem man das Tätigwerden geistlicher Wesen erzwingt oder irgendein 'okkultes' Steuerprinzip der Natur wirksam werden läßt" (a.a.O.).

Somit hat die Magie zwei Dimensionen. In der ersten bedeutet Magie, daß bestimmte Prinzipien durch unsere eigene übernatürliche

Energie wirksam werden, um uns an unser Ziel zu bringen. In dieser Dimension arbeitet der, der sich der Magie bedient, alleine und benutzt einzig seine eigenen übersinnlichen Kräfte, um die Natur zu seinen Zwecken zu beeinflussen und zu dirigieren. Er selbst wird vielleicht von dämonischen Gewalten geleitet, doch zum Zwecke der Unterscheidung fügen wir hinzu, daß er darüber keine Ahnung hat, sich dessen nicht bewußt ist oder zumindest keine fremde Hilfe und keine anderen Kräfte außer seinen eigenen aktiv einlädt. In der zweiten Dimension ruft derjenige, der sich der Magie bedient, die Hilfe anderer Wesen bewußt an. Diese Art der Magie ist somit auch Nekromantie, Spiritismus, Hexerei und manchmal auch Mediumismus.

Bei der Nekromantie benutzt man bestimmte Gegenstände, um die Toten zu befragen und von ihnen Erkenntnisse über die Zukunft zu bekommen oder um bestimmte Ereignisse herbeizuführen. Der Begriff „Spiritismus" bezeichnet den Umgang mit vermeintlichen Geistern verstorbener Personen. Mediumismus bezieht sich auf eine Praktik, in der ein Spiritist manchmal unter Einsatz seines Körpers und insbesondere seiner Stimmbänder, Kontakt mit solchen Geistern aufnimmt, so daß diese angeblichen Geister Verstorbener durch ihn sprechen können.

Was den Spiritismus anbelangt, sind die Aussagen des Herrn glasklar und streng: „Wenn sich jemand zu den Geisterbeschwörern und Zeichendeutern wendet, daß er mit ihnen Abgötterei treibt, so *will ich mein Antlitz gegen ihn kehren und will ihn aus seinem Volk ausrotten*" (3.Mo 20,6; LÜ). Was das Medium selbst betrifft, ist das Wort Gottes noch viel strenger: „Wenn ein Mann oder eine Frau Geister beschwören oder Zeichen deuten kann, so sollen sie des Todes sterben; man soll sie steinigen; ihre Blutschuld komme über sie" (3.Mo 20,27; LÜ). Dasselbe Gebot finden wir auch in 3.Mose 19,31 (LÜ): „Ihr sollt euch nicht wenden zu den Geisterbeschwörern und Zeichendeutern und sollt sie nicht befragen, daß ihr an ihnen nicht unrein werdet; ich bin der Herr, euer Gott."

Alchimie, das zweite Wort, das in obigem Zitat aus dem Lexikon genannt wird, bezieht sich *nicht* – wie allgemein angenommen – auf Männer mit Spitzhüten, die nach den folgenden vier nicht plausiblen Dingen suchen:

1. Die Verwandlung unedler Metalle in Gold;

2. Das universelle Lösungsmittel (eine Säure, die angeblich alles auflösen kann);

3. Das Elixier ewiger Jugend (ein Trank, der jedem, der ihn trinkt, ewige Jugend schenken soll. Einige Historiker glauben,

daß Ponce de Leon nach einem solchen Trank suchte, als er als einer der ersten Männer Florida entdeckte);

4. Das Perpetuum Mobile.

Die Alchimie ist eine alte Wissenschaft, die es schon lange vor der Entstehung der hebräischen Nation gegeben hat. Da sie unter anderem von den Christen verfolgt wurden, tarnten die Alchimisten ihre eigentlichen Absichten hinter den vier oben genannten Zielen, was dazu führte, daß die Öffentlichkeit glaubte, sie wären nur Narren, die nach dem Unmöglichen suchten. Doch in Wirklichkeit suchten sie nach nichts mehr und nichts weniger als der Vollkommenheit der Seele!

In diesem Kontext hat „Vollkommenheit" nun nichts mit Reife und dem Hineinwachsen in moralische und ethische Tugenden, wie Jesus sie hatte und wie sie in Kolosser 3,12-17 aufgelistet werden, zu tun. Vielmehr geht es darum, die Fähigkeiten der Seele so lange zu disziplinieren und zu reinigen, bis man die Kraft des Geistes in sich entdeckt und sich zunutze macht, um – ohne das Einschreiten Gottes – Wunder zu wirken. Es geht eigentlich um ein Streben nach Macht, um die Freisetzung der Kraft, die im persönlichen Geist des Menschen verborgen ist. Im Verborgenen verfügt jeder Mensch über eine derartige Kraft. Die Wissenschaft hat es zum Beispiel gelernt, durch die Kraft, die bei der Spaltung oder Fusion winziger Atome frei wird, alles in einem Umkreis von 45 Kilometern zu vernichten. Wenn man so unendlich kleine Teilchen wie Atome dazu bringen kann, eine solch ehrfurchtgebietende Macht freizusetzen, dann möge man sich ein Bild davon machen, was im Geist eines einzigen Menschen verborgen sein dürfte!

Als die Sünde im Herzen Adams Einzug hielt, mußte der Herr die Kraft, die er in ihn gelegt hatte, einsperren und verbergen, damit ein einziger Mensch nicht mehr vernichte als viele Wasserstoffbomben! „Denn die Schöpfung ist der Nichtigkeit unterworfen worden – nicht freiwillig, sondern durch den, der sie unterworfen hat –, auf Hoffnung hin, daß auch selbst die Schöpfung von der Knechtschaft der Vergänglichkeit frei gemacht werden wird zur Freiheit der Herrlichkeit der Kinder Gottes" (Röm 8,20-21). Es ist so als ob Gott sowohl im Menschen als auch in der Natur den strahlenden Glanz auf ein schwaches Glimmen zurückgeregelt hätte, damit die Macht, die er in sie gelegt hat, nicht von verdorbenen Hirnen und Herzen mißbraucht werde. Seit dem Sündenfall hat Satan schon immer daran gearbeitet, die Kräfte des Menschen vor ihrer Zeit zu entfalten; das führte zu all diesen okkulten Beschäftigungen, die Gott verboten hat. Wie Paulus schrieb, wird Gott der Menschheit die Fülle der Herrlichkeit zur rechten Zeit zurückerstatten:

> Wenn aber schon der Dienst des Todes, mit Buchstaben in Steine eingegraben, in Herrlichkeit geschah, so daß die Söhne Israels nicht fest in das Angesicht Moses schauen konnten wegen der Herrlichkeit seines Angesichts, die doch verging, wie wird nicht vielmehr der Dienst des Geistes in Herrlichkeit bestehen? Denn wenn der Dienst der Verdammnis Herrlichkeit ist, so ist der Dienst der Gerechtigkeit noch viel reicher an Herrlichkeit. (2.Kor 3,7-9)

Doch solange die Sünde im Herzen des Menschen nicht vernichtet worden ist, wird Gott die Macht des Menschen nicht wiederherstellen. Satan weiß, welche Schäden daraus entstehen würden; deshalb ist es sein Bestreben, die übersinnlichen Kräfte des Menschen wiederherzustellen, so wie er auch Jesus Macht versprochen hatte (Mt 4,8; Lk 4,6).

Die spitzen, nach oben konisch zulaufenden Papierhüte, die einige von uns als Kinder tragen mußten, als wir in der Schule zur Strafe in die Ecke gestellt wurden, lassen sich auf die spitzen Hüte zurückführen, die Alchimisten im Mittelalter trugen. Die Alchimisten sahen wie Narren aus; deshalb wurde jeder, der diesen spitzen Hut tragen mußte, als Narr verspottet. Doch weder waren die Alchimisten in diesem Sinne Narren, noch war konisch gleichbedeutend mit komisch. Es war ihnen sehr ernst. Durch sie spielte sich die Ursünde ein zweites Mal ab: Sie versuchten durch Studien und Praktiken wie Gott zu werden und seine Macht zu bekommen.

Die Geschichte von Aladin und der Wunderlampe, die schon seit vielen Generationen als Gutenachtgeschichte überaus beliebt ist, ist eigentlich die Geschichte eines Alchimisten. Aladin durchforschte drei immer tiefer liegende, zusammenhängende Schatzhöhlen. Die Alchimisten sprechen von obskuren, esoterischen (innerlichen, verborgenen) Forschungsreisen durch drei aufeinanderfolgende Höhlen des Seins – den Verstand, das Herz und den Geist. In der am tiefsten gelegenen Höhle fand Aladin eine Wunderlampe. Die Alchimisten glaubten, in den Tiefen des menschlichen Geistes wunderbare Erkenntnisse zu finden. Auch heute noch ist die Lampe ein allgemeingültiges Symbol für Erkennntis. Als Aladin an der Lampe rieb, erschien ein dienstbarer Geist und tat wunderbare Dinge, so wie Aladin es erbat. Reibung erzeugt Wärme. Die Alchimisten schrieben über das „Argent", was so viel bedeutete wie die goldene Hitze des Feuers, durch die der Geist im Inneren aktiviert und es ihm ermöglicht würde, entsprechend dem Willen des Alchimisten wunderbare Dinge zu tun.

In seiner Einführung zu *Hermetic Philosophy and Alchemy* (M.A.Atwood, the Julian Press, New York, 1960), schrieb Walter Leslie Wilmhurst über die Alchimie:

> Wenn wir von der Alchimie als Kunst sprechen, so ist sie das, weil sie in der Literatur zum Thema für gewöhnlich so bezeichnet wird; doch eigentlich ist sie eine exakte Wissenschaft – und überdies eine göttliche Wissenschaft, die „heilige Alkemie", wie ihre Gelehrten sie bezeichnen. Sie beschäftigt sich mit tiefgründigen Erkenntnissen über die *geistigen, übersinnlichen und geistlichen* Elemente im Menschen sowie mit der Art und Weise, wie man diese praktisch *kontrollieren und manipulieren* kann… (S.7)

Weiter auf Seite 26:

> Einfach ausgedrückt war die Hermetik, oder die begriffsidentische Alchimie, was ihre vorrangige Aufgabe und Funktion betrifft, *die philosophische und exakte Wissenschaft des Erneuerungsprozesses der menschlichen Seele von ihrem gegenwärtigen, an Sinneswahrnehmungen gebundenen Zustand, zur Vollkommenheit und Erhabenheit jenes göttlichen Zustandes, in welchem sie ursprünglich geschaffen worden war.*

Der Humanismus, also der Versuch des Menschen, ohne Gott in all das einzutreten, wofür er geschaffen wurde, ist nichts Neues. Zahllose Generationen von Alchimisten lassen unsere modernen Humanisten ziemlich blaß aussehen. Wilmhurst sagt auf Seite 42 über die Alchimie:

> Sie sieht den Menschen, d.h. die Seele oder das wahre Ich des Menschen, in einem Prozeß der Wiederherstellung, die auf die schreckliche Katastrophe des „Falles" folgt; im Laufe dieses Prozesses hat die Entwicklung unter Zutun der Kräfte und Gesetze der Natur den Menschen teilweise vom Chaos und der Unordnung erlöst und ihn an einen Punkt gebracht, von dem aus er *unter der richtigen Anwendung seiner Intelligenz und seines Willens* seinen Teil dazu beitragen kann, *um seine völlige Wiederherstellung zu bewirken.* (Hervorhebungen in den drei Zitaten vom Autor)

Die Alchimie ist somit gnostisch: Sie vertritt die falsche Lehre, man könne durch das rechte Wissen errettet werden. Die Alchimie vertritt somit auch den Pelagianismus: Die Fortsetzung der Irrlehre, man könne sich selbst retten, ohne Jesus Christus als Herrn und Heiland anzunehmen.

Die Alchimisten sprachen mit Begeisterung über den „Lapislazuli" oder den „Weißen Stein" (der eigentlich azur- bzw. himmelblau ist). Wenn man durch Disziplinierung und Training genügend weit fortgeschritten war, wenn die Reinigung gewährleistet war, wurde das Subjekt in einen Trancezustand versetzt, in dem sich seine Seele auf geheimnisvolle Art und Weise zum weißen Stein, dem „Stein der Weisen" materialisieren sollte. Unter der Führung seines Hypnotiseurs sollten sein Geist und seine Seele Gegenden und den „Äther" durchreisen, um mit allem eins zu werden. Auf diese Weise war all die Erkenntnis der gesamten Menschheit immer zur Hand. Durch die Wissenschaft und durch Disziplin trachteten die Alchimisten danach, zu dem weißen Stein zu werden, durch den sie alle Erkenntnis und alle Weisheit haben könnten.

Die Menschen und Satan haben schon immer Gottes Tun kopiert. Durch die Alchimie versuchten diese Männer *ohne Gott das zu bekommen*, was Gott *seiner Verheißung nach durch den Heiligen Geist geben wird*. „Der Beistand aber, der Heilige Geist, den der Vater senden wird in meinem Namen, *der wird euch alles lehren* und euch an alles erinnern, was ich euch gesagt habe" (Joh 14,26).

Petrus schrieb „...den Fremdlingen von der Zerstreuung von Pontus, Galatien, Kappadocien, Asien und Bithynien..." (1.Petr 1,1). In dieser Gegend gab es viele Alchimisten. Auf der Insel Paphos traf Paulus Elymas, der als Zauberer höchstwahrscheinlich auch ein Alchimist war; weil dieser nicht aufhören wollte „...die geraden Wege des Herrn zu verkehren..." (Apg 13,10) gebot Paulus, daß er blind werde. In jenen Tagen muß die Alchimie den jungen Christen wie ein willkommener Lockvogel vorgekommen sein, eine Abkürzung zur Macht für unsichere „Fremdlinge". Ob Petrus nun von der Alchimie gewußt hatte und mit 1.Petrus 2 ganz bewußt deren Einfluß niederschlagen wollte, sei dahingestellt. Das war auf jeden Fall die Absicht des Heiligen Geistes. Beachten Sie, wie in Petrus' Brief auf „Steine" Bezug genommen wird:

> Legt nun ab alle Bosheit und allen Trug und Heuchelei und Neid und alles üble Nachreden, und seid wie neugeborene Kinder begierig nach der vernünftigen, unverfälschten Milch – damit ihr durch sie wachset zur Errettung –, wenn ihr wirklich geschmeckt habt, daß der Herr gütig ist. Zu ihm kommend als zu einem *lebendigen Stein*, von Menschen zwar verworfen, bei Gott aber auserwählt, kostbar, laßt euch auch selbst als *lebendige Steine* aufbauen, als ein geistliches Haus, ein heiliges Priestertum, um geistliche Schlachtopfer darzubringen, Gott wohlannehmbar durch Jesus Christus. Denn es ist in der Schrift

> enthalten: 'Siehe, ich lege in Zion einen auserwählten, kostbaren *Eckstein*; und wer an ihn glaubt, wird nicht zuschanden werden.' Euch nun, die ihr glaubt, bedeutet er die Kostbarkeit; für die Ungläubigen aber gilt: 'Der *Stein*, den die Bauleute verworfen haben, dieser ist zum *Eckstein* geworden', und: 'ein *Stein* des Anstoßes und ein Fels des Ärgernisses.' Da sie nicht gehorsam sind, stoßen sie sich an dem Wort, wozu sie auch gesetzt worden sind. Ihr aber seid ein auserwähltes Geschlecht, ein königliches Priestertum, eine heilige Nation, ein Volk zum Besitztum, damit ihr die Tugenden dessen verkündigt, der euch aus der Finsternis zu seinem wunderbaren Licht berufen hat; die ihr einst 'nicht ein Volk' wart, jetzt aber ein Volk Gottes seid; die ihr 'nicht Barmherzigkeit empfangen hattet', jetzt aber Barmherzigkeit empfangen habt. Geliebte, ich ermahne euch als Beisassen und Fremdlinge, daß ihr euch der fleischlichen Lüste, die gegen die Seele streiten, enthaltet. (1.Petr 2,1-11)

Jesus ist der eine zentrale und wahre Eckstein, der einzig vollkommene oder weiße Stein. Beachten Sie: Alchimisten sind eifrig bemüht, durch wissenschaftliche Betätigung und Hypnose zu vollkommenen Steinen zu werden. Petrus rief die Christen auf, sich „...als lebendige Steine aufbauen (*zu lassen*), als geistliches Haus..." Alchimisten wollen sich selbst als *Einzelpersonen* aufbauen. Christen sollen *als geistliches Haus*, als auserwähltes *Geschlecht*, als königliches *Priestertum*, als heilige *Nation*, als ein *Volk* zum Besitztum Gottes aufgebaut werden (nicht um sich selbst für sich selbst zu besitzen).

Ob sich Johannes auf der Insel Patmos des Vorhandenseins von Alchimie nun bewußt war oder nicht, sei dahingestellt; der Heilige Geist wußte es sicherlich, und deshalb verhieß der Herr: „Wer ein Ohr hat, höre, was der Geist den Gemeinden sagt! Wer überwindet, dem werde ich von dem verborgenen Manna geben; und *ich werde ihm einen weißen Stein geben* und, auf den Stein geschrieben, einen neuen Namen, den niemand kennt, als wer ihn empfängt" (Offb 2,17). Im hebräischen Kulturkreis wurde einem Menschen, dem große Sünden vergeben worden waren, ein weißer Stein gegeben. Daß er diesen Stein dann trug, war ein Zeichen davon, daß ihm vergeben worden war. Aber der Heilige Geist könnte genausogut in etwa folgendes sagen: „Wer überwindet, dem werde ich eine *vollkommene Seele geben*; niemand muß Alchimie studieren, um sie zu *bekommen*." Wir sind alle dabei, in Jesu Abbild umgestaltet zu werden; dieser Prozeß wird schließlich „in einem Nu, in einem Augenblick" (1.Kor 15,52) vollendet werden und zwar als Geschenk, nicht als etwas, das man durch alchimistische

Wissenschaften oder dessen modernes Gegenstück, den Humanismus, erringen könnte.

Der Alchimist war der Auffassung, er wäre in der Lage, weit entfernt oder in der Zukunft liegende Dinge zu erkennen, wenn er in seinen weißen Stein, also in seine vollkommene Seele blickt. Hierbei handelt es sich natürlich um Gaben, die einzig und allein Gott nach seinem Ermessen verleiht und zwar durch zwei der neun Geistesgaben, die Gabe der Erkenntnis und die Gabe der Prophetie. Heutzutage ahmen Hellseher auf dem Rummelplatz alchimistische Praktiken nach, indem sie vorgeben, in ihre „Kristallkugel" zu blicken. Die Kristallkugel ist jedoch nichts anderes als nur ein billiger Abklatsch des Steins der Weisen, des Lapislazuli, des weißen Steins.

Der Weise oder Alchimist hat sein gewünschtes Ziel natürlich nie erreicht. Er fand überall nur Fälschungen; das erkannte auch Simon als er die echten Wunder der Apostel sah; deshalb rief er ihnen nach, sie mögen ihm doch auch diese Macht geben (Apg 8,9-24). Andererseits hatten die Alchimisten oder „Zauberer" jedoch genügend Erkenntnisse, um das gemeine Volk in Erstaunen zu versetzen, wie es heißt: „Nun hatte schon vorher ein Mann namens Simon in der Stadt gelebt, der sich mit Zauberei abgab und die Bevölkerung von Samaria dadurch in Staunen versetzte; denn er behauptete von sich, er sei etwas Großes" (Apg 8,9; Menge). Durch ihre Errungenschaften betrogen die „Zauberer" sich selbst mit der Annahme, sie seien auf dem richtigen Weg.

Man betrachte nur einmal, was die Zauberer Ägyptens vollbrachten. Höchstwahrscheinlich waren sie wahre Meister der Alchimie; wie dem auch sei, sie machten die ersten Zeichen Moses und Aarons nach! Auch ihre Stäbe verwandelten sich in Schlangen, wenngleich Aarons Stab ihre Stäbe verschlang (2.Mo 7,12). Aaron streckte seine Hand aus und „...er erhob den Stab und schlug vor den Augen des Pharao und vor den Augen seiner Hofbeamten auf das Wasser im Nil. Da wurde alles Wasser, das im Nil war, in Blut verwandelt. Die Fische im Nil starben, und der Nil wurde stinkend, und die Ägypter konnten das Wasser aus dem Nil nicht trinken; und das Blut war im ganzen Land Ägypten. *Aber die Wahrsagepriester Ägyptens machten es ebenso mit ihren Zauberkünsten*" (V.20-22). „Da streckte Aaron seine Hand aus über die Gewässer in Ägypten, und die Frösche kamen herauf und bedeckten das Land Ägypten. *Aber die Wahrsagepriester machten es ebenso mit ihren Zauberkünsten* und ließen die Frösche über das Land Ägypten heraufkommen" (2.Mo 8,2-3). Aaron brachte eine Mückenplage über Ägypten. „*Die Wahrsagepriester aber machten es ebenso mit ihren Zauberkünsten*, um die Mücken hervorzubringen; *aber sie konnten es nicht*“ (V.14).

In Griechenland war die Philosophie zur vollen Blüte gelangt und in ihr auch die Wissenschaft der Alchimie. Vielleicht entdecken wir vor diesem Hintergrund mehr als bisher in der bekannten Schriftstelle aus 1.Korinther 1,17-25:

> Denn Christus hat mich nicht ausgesandt zu taufen, sondern das Evangelium zu verkündigen: *nicht in Redeweisheit, damit nicht das Kreuz Christi zunichte gemacht werde*. Denn das Wort vom Kreuz ist denen, die verlorengehen, Torheit; uns aber, die wir errettet werden, ist es Gottes Kraft. Denn es steht geschrieben: ‘*Ich will die Weisheit der Weisen vernichten*, und den Verstand der Verständigen will ich verwerfen.’ Wo ist ein Weiser? Wo ein Schriftgelehrter? Wo ein Wortstreiter dieses Zeitalters? Hat nicht Gott die Weisheit der Welt zur Torheit gemacht? Denn weil ja in der Weisheit Gottes die Welt durch die Weisheit Gott nicht erkannte, hat es Gott wohlgefallen, durch die Torheit der Predigt die Glaubenden zu erretten. Denn während Juden Zeichen fordern und *Griechen Weisheit suchen*, predigen wir Christus als gekreuzigt, den Juden ein Ärgernis und den Nationen eine Torheit; den Berufenen selbst aber, Juden wie Griechen, Christus, Gottes Kraft und Gottes Weisheit. Denn das Törichte Gottes ist weiser als die Menschen, und das Schwache Gottes ist stärker als die Menschen.

In Kapitel 2 fährt Paulus fort:

> ...Und meine Rede und meine Predigt bestand nicht in überredenden Worten der Weisheit, sondern in Erweisung des Geistes und der Kraft, *damit euer Glaube nicht auf Menschenweisheit, sondern auf Gottes Kraft beruhe*. Wir reden aber Weisheit unter den Vollkommenen, *jedoch nicht Weisheit dieses Zeitalters, noch der Fürsten dieses Zeitalters, die zunichte werden*, sondern wir reden Gottes Weisheit in einem Geheimnis, die verborgene, die Gott vorherbestimmt hat, vor den Zeitaltern, zu unserer Herrlichkeit. *Keiner von den Fürsten dieser Welt hat sie erkannt* – denn wenn sie erkannt hätten, so würden sie wohl den Herrn der Herrlichkeit nicht gekreuzigt haben –, sondern wie geschrieben steht: ‘Was kein Auge gesehen und kein Ohr gehört hat und in keines Menschen Herz gekommen ist, was Gott denen bereitet hat, die ihn lieben.’ (V.4-9)

Wenn wir verstehen, was die Alchimie lehrte und vollbringen wollte, begreifen wir auch besser, warum Paulus so klar sagte: „(Die Weisheit)...Keiner von den Fürsten dieser Welt hat sie erkannt..." und „...damit euer Glaube nicht auf Menschenweisheit, sondern auf Gottes Kraft beruhe..." Einzig und allein Christus und nicht Menschenweisheit kann uns wiederherstellen und vollkommen machen.

Wenn wir die Magie und die Alchimie als bloße Torheit betrachten, täuschen wir uns. Gott hat sie zur Torheit gemacht, wie Paulus sagt, doch er hätte sie nicht so streng verboten, wenn sie nur ein harmloses, fehlgeleitetes Hirngespinst wäre! Die meisten, die sich damit beschäftigen sind wohl Dilletanten und Amateure und finden nur wenig mehr als ihre eigenen Phantasiegebilde. Aber es steckt eine Wirklichkeit dahinter, die schrecklich und absolut real ist. Aufgrund der verdammenswürdigen Sündhaftigkeit dieser Realität hat Gott die Bewohner Kanaans vor den Augen Israels vernichtet und Israel selbst immer wieder gescholten, gewarnt und gezüchtigt. Gottes Strafe für Zauberer (Adepten der Alchimie) fiel nicht weniger drastisch aus als die für Medien. Die an anderer Stelle zitierte Passage aus 3.Mose 20,27 lautet in der Revised Standard Version folgendermaßen: „Ein Mann oder eine Frau, die Medien *oder Zauberer* sind, sollen getötet werden; sie sollen gesteinigt werden, ihr Blut komme über sie" (wörtl.a.d.Engl.).

Bis jetzt haben wir über Magie und Zauberkünste oder Alchimie gesprochen. Einige, die die Zauberkunst beherrschen, hängen lediglich der alchimistischen Zauberkunst an. Einige fügen ihren Sünden noch die Hexerei hinzu. Jedoch sind nicht alle Hexenmeister auch Alchimisten, so wie nicht alle Alchimisten gleichzeitig auch Hexenmeister sind. Die Hexerei ist eine besondere Form der Magie oder der Zauberei. Die Hexerei ist diese zweite Erscheinungsform der Magie, die mit anderen Geistern und Mächten Kontakt aufnimmt und sie gebraucht, um die Natur zu manipulieren oder Dinge geschehen zu lassen. So etwas wie „weiße Magie" gibt es nicht. Satan verwendet derlei Dinge in aktuellen Fernsehsendungen, in denen z.B. eine gewisse „Samantha" auftritt und uns mit niedlichen Darbietungen verführt, doch auch einmal in diesen Bereich hineinzuschnuppern, denn ein wenig Magie sei völlig harmlos und mache ja Spaß. Doch jede Form der Magie ist Sünde. Bei der sogenannten „weißen Magie" glaubt der Praktizierende jedoch zumindest, er täte etwas Gutes. Er hat vielleicht wohlmeinende Absichten, doch sind sie mit Sünde durchzogen. Bei der Hexerei ist das anders. Hexerei ist schwarze Magie. Ihre Absichten, Methoden und Pläne sind böse und verfolgen ausschließlich selbstsüchtige Ziele. Hexerei wirkt niemals zugunsten anderer, sondern vielmehr *gegen* sie, zum alleinigen Gewinn des Hexers.

Satanskulte setzen die Hexerei gegen den Leib Christi ein. Sie „beten“ in rhythmischen Sprechchören, um unerklärliche mechanische Defekte, Wutausbrüche, Tratschereien, Ehebruch etc. zu verursachen. Der Gedanke, Männer und Frauen des zwanzigsten Jahrhunderts könnten an derart bösartigen und scheinbar abergläubischen Aktivitäten teilnehmen und damit auch noch Wirkung erzielen, scheint allzuweit hergeholt; doch Paula und ich standen schon im direkten Gebetskampf gegen Hexensabbate und Hexenmeister und wissen aus Erfahrung, welche Dinge da geschehen können. Während einer solchen Schlacht war Paula mit Andrea schwanger. Eine unsichtbare gewaltige Kraft stieß sie so vehement, daß sie fast die Treppe hinunterstürzte. Das war keine Einbildung, sondern vielmehr ein wirklicher Versuch, ihr Schaden zuzufügen. Loren, unser ältester Sohn, arbeitete für einen befreundeten christlichen Psychiater, der sich zu der Zeit in einer entlegenen Gegend auf einem Felsvorsprung über dem Fluß Spokane ein Haus, und unten am Fluß eine Bootsanlegestelle und eine Garage baute. Loren übernahm einen Teil der Schreinerarbeiten. Eines Morgens spürte ich im Gebet eine Vorwarnung vom Herrn. Ich fragte ihn, worum es sich handele und sah in einer Vision, wie Loren sich mit langen gelben Seilen von einem erhöhten Platz herabschwang. Von allen Seiten drohte Gefahr. Bevor Loren in die Arbeit fuhr, rief ich ihn an und fragte: „Loren, arbeitest Du heute hoch oben oder tief unten?“

„Tief unten, Pa, ich werde an der Bootsanlegestelle arbeiten.“

„Nun, dann sei heute einfach vorsichtig, ja? Du kennst mich und meine 'Vorwarnungen'.“ Ich erzählte ihm von der Vision, die ich hatte.

An diesem Tag kamen Cynthia (die Frau des Arztes) und zwei ihrer Töchter, um sich ihr neues Haus anzusehen. Cynthia ging am Rand des Felsvorsprungs in die Hocke, um sich das Fundament etwas genauer anzusehen. Eine mächtige unsichtbare Hand schlug sie mit solcher Macht auf den Rücken, daß sie über den Rand des Felsvorsprungs stürzte! Sie schlug sich die Ferse auf und kam auf halbem Weg nach unten auf einem Felssims zum Liegen. Die Mädchen nahmen ein langes gelbes Verlängerungskabel und ließen es zu Loren hinab, der über den steilen, mit Schiefergeröll bedeckten Felshang zu Cynthia hinaufgeklettert war. Zu der Zeit stemmte Loren immer Gewichte. Nachdem er sich das Kabel um die Hüfte gebunden hatte, nahm er Cynthia in seine Arme und versuchte verzweifelt, keine ruckartigen Bewegungen zu machen, aus Angst, ihr Rückgrat könnte gebrochen sein; danach stieg er mit Cynthia in seinen Armen diesen steilen Abhang wieder hinunter und achtete peinlich genau darauf, jeden Schritt gut auszubalancieren. Gott sei Dank hatte er schon immer die Beweglichkeit und den Gleichgewichtssinn einer Katze. Die Mädchen sicherten ihn, indem sie am Kabel zogen, und schließlich gelangte er sicher unten an. Er legte Cynthia auf die Ladefläche seines Kombis, den er an jenem Tag „zufälligerweise“ hier unten und nicht wie gewöhnlich oben geparkt hatte. Im Krankenhaus stellte man fest, daß Cynthia sich drei Wirbel gebrochen hatte, aber keiner davon seine Position verlassen hatte! Jeder der drei Wirbel hätte ihr Rückenmark durchtrennen können! Ihre rechte Ferse war gebrochen. Doch Ferse und Rücken heilten so schnell, daß sie nach drei Wochen schon wieder frohgemut ohne Gips auf Krücken dahinhumpeln konnte!

Doch ihr Unfall war überhaupt kein Unfall. Cynthia war Ballettänzerin und hatte somit einen ausgezeichneten Gleichgewichtssinn. Den Schlag, der sie zu Fall brachte, hatte sie sich ganz sicher nicht eingebildet. Zu dieser Zeit standen ihre und unsere Familie gemeinsam im geistlichen Kampf gegen Hexen und Hexenmeister.

Sieben von uns wurden eingeladen auf der Insel Vancouver zu lehren, d.h. ich würde lehren und die anderen würden Gebetsgruppen leiten. Gleich nachdem wir in St.Mary's Priory, Victoria, angekommen waren, kam ein Begrüßungskomitee und sagte: „Gott sei Dank, daß Sie da sind. Auf einer nahegelegenen Insel findet unter der Führung eines Hexenmeisters ein Hexensabbat statt; die Hexen haben einen Jungen zu Tode gehaßt. Er liegt mit einer mysteriösen Blutkrankheit im Sterben; die Ärzte kennen weder den Namen noch die Ursache dieser Krankheit. Aber wir kennen sie! Es sind diese Hexen!“ Noch bevor wir etwas sagen konnten, benachrichtigte man uns, daß der Junge gestorben sei. Wir beschlossen im Gebet in die Schlacht zu ziehen und den Aktivitäten dieser Versammlung einen Riegel vorzuschieben.

Der Krieg begann. Die Leute von dem Dorf der Insel berichteten, einige hätten in einer Erscheinung diesen Hexenmeister über die Ortschaft fliegen sehen! Viele hatten vor ihm und dem Hexentreffen Angst. Nur wenige wagten es, ihm unter die Augen zu treten.

Als wir wieder zu Hause waren, setzten wir den geistlichen Kampf fort. Nach wenigen Tagen fühlte ich mich total ausgezehrt. Nach ungefähr einem Monat sagten mir prophetisch begabte Menschen, ich bräuchte mehr Schutz um mich herum. Bei einem meiner Vorträge sah ich, wie Freunde von uns mit Tränen in den Augen unter den Zuhörern saßen. Danach fragte ich sie: „War das, was ich gesagt habe, so schlecht, daß ihr weinen mußtet?“

„Nein John, wir konnten im Geist sehen, daß Du immer und immer wieder, jeden Augenblick, jeden Tag geschlagen wirst.“ Und ich kam mir wirklich wie ein Sandsack vor, fühlte mich überall grün und blau geschlagen, obwohl man nirgends etwas sehen konnte.

Ich fuhr zu einem christlichen Zeltlager, um dort zu sprechen. Dort erkannte eine Schwester im Herrn, die eine talentierte Masseuse ist, wie sehr mein Körper litt. Sie sagte: „Vielleicht hilft es Dir, wenn ich Dich einmal richtig durchknete.“ Ich war zwar argwöhnisch, aber dennoch bereit, alles zu versuchen. Ich vergewisserte mich, daß noch jemand anders anwesend war, dann breiteten wir im Gras eine Decke aus, und sie fing an, meinen Rücken zu massieren. Immer und immer wieder kam sie an dieselbe Stelle, ungefähr rechts von der Mitte meiner Wirbelsäule. Sie schien verdutzt. Schließlich fragte ich sie: „Was ist los? Etwas scheint Dich doch zu beunruhigen.“ Sie erwiderte: „Ich weiß es nicht, John. So etwas habe ich noch nie erlebt. Hier sitzt etwas Böses.“

Wir schickten den Dritten, der bei uns gewesen war, los, um eine Frau zu holen, die die Gabe der Erkenntnis hatte. Als sie kam, sagte die Masseuse zu ihr: „Marilyn, irgendetwas ist in Johns Rücken. Ich weiß nicht was. Ich möchte, daß Du es wegnimmst.“ Mehr erzählten wir Marilyn darüber nicht; wir gaben ihr keinen Hinweis, an welcher Stelle meines Rückens da etwas sein könnte.

Marilyn betete einige Minuten lang im Geist; schließlich griff sie mit aller Macht genau an diesen Punkt auf meinem Rücken, riß etwas heraus, warf es weg und schrie dabei vor Angst! Wir fragten sie, was es denn gewesen sei. Als sie ihre Beherrschung wiedergefunden hatte, sagte sie: „Es war ein Speer, ein gemeines Ding von Satan, das genau dort in Johns Rücken steckte!“ Wem das unmöglich, unwahrscheinlich oder irrig vorkommt, der achte genau auf folgende Schriftstelle: „Bei alledem ergreift den Schild des Glaubens, mit dem ihr *alle feurigen Pfeile* des Bösen auslöschen könnt“ (Eph 6,16). Vielleicht hat der Herr das unter anderem deswegen geschehen lassen, daß wir über jeden Zweifel erhaben erkennen können, daß die Heilige Schrift das, was sie sagt, manchmal ganz genauso meint, wie sie es sagt und nicht nur im übertragenen Sinn. Diese Pfeile sind real. Niemand kann mir etwas anderes erzählen. Ich fühlte in mir, wie schwach ich davon wurde. Ich spürte es, als Marilyn den Speer aus mir herauszog. Und ich habe es auch erlebt, wie Erleichterung und Heilung meinen Körper wieder durchströmten. Der geistliche Kampf ist real!

Bald darauf hörte ich von jemandem auf der Insel, daß der Hexenmeister und seine Anhänger einen schlimmen Autounfall hatten. Man sah ihn nicht mehr über dieses Dorf fliegen! Seine Macht war gebrochen.

Agnes Sanford war in England. Ein Pastor kam zu ihr und klagte darüber, daß sich drei Hexenmeister zusammengetan hätten, um gemeinsam zu versuchen, ihn zu Tode zu hassen. Jeden Tag spürte er die

Angriffe in seinem Körper. Sie fragte den Herrn, was zu tun sei, und in diesem Falle sagte er zu ihr: „*Bete, daß sich diese Kräfte umkehren mögen.*“ Das tat sie dann auch; sie stellte sich bildlich vor, wie deren Angriffe die Zielrichtung änderten und wieder auf jene selbst zurückkamen. Am nächsten Tag waren alle drei Hexenmeister tot! Der Herr ließ sie ihren eigenen Haß ernten. Wie sagt Johannes so passend: „Wer seinen Bruder haßt, der ist ein Mörder“ (1.Joh 3,15a; Albrecht). Haß tötet wirklich. Hexenmeister wissen, wie sie Geister aussenden müssen, um ihre Feinde niederzuschlagen.

Wo es solche Hexenzirkel gibt, trachten sie danach, alle Gemeinden anzugreifen, die lebendig zu sein scheinen. Satanisten hatten beschlossen, für eine Zeit die Rathdrum Prärie in der Nähe von Coeur D'Alene zu ihrem Stützpunkt zu machen. Satanisten sind sich vielleicht darüber nicht im klaren, doch viele ihrer Rituale, sind die Rituale von Hexenmeistern. Mit einem Mal geschahen schreckliche und sonderbare Dinge. Man fand Tiere, denen die Eingeweide herausgenommen und die Geschlechts- oder andere Organe herausgeschnitten worden waren. Ein Beamter der Sheriffzentrale riet einer Freundin von uns, einer Ernährungsberaterin, die regelmäßig in diese Gegend kam, um Ernährungsprogramme in Schulen und Krankenhäusern zu überwachen, eine Waffe in ihr Handschuhfach zu legen und wenn sie in diesem Gebiet war, auf keinen Fall den Wagen zu verlassen. Er riet ihr, nicht alleine zu fahren, doch wenn es nicht anders ging, solle sie nirgends anhalten. Er warnte sie: Sollte vor ihr auf der Straße eine Menschenkette Aufstellung nehmen, dürfe sie nicht einmal bremsen. Sollte sie jemanden anfahren, solle sie weder stehenbleiben, noch den Vorfall melden! In diesem Fall solle sie ihren Wagen reparieren lassen und nichts darüber sagen. Eine andere Bekannte von uns stieß zur selben Zeit auf einer Landstraße auf eine solche Menschenkette, die sich vor einem gefällten Baum formiert hatte. Man hatte ihr einen ähnlichen Rat gegeben; deshalb gab sie Vollgas, verließ die Straße und raste, so schnell sie konnte, über ein Feld zu einem nahegelegenen Haus.

In Kanada diente ich einer Frau, die als Kind Satans gezeugt und später im Mutterleib ihm geweiht wurde! Ihre Eltern und andere Satanisten benutzten sie immer wieder für unsagbar entwürdigende sexuelle Rituale. Bei der Kommunion war Kot das Brot. Paulus schrieb: „Und habt nichts gemein mit den unfruchtbaren Werken der Finsternis, sondern stellt sie vielmehr bloß; denn was heimlich von ihnen geschieht, ist selbst zu sagen schändlich“ (Eph 5,11-12). Es ist bedauerlich, daß Paulus' Lehre auch heute noch so gut paßt! Der Anstand verbietet es mir, über weitere Details der unglaublich erniedrigenden Aktivitäten, denen diese Frau als Kind unterworfen wurde, zu berichten! Erstaunlicherweise konnte irgendetwas in ihr, die ganze Zeit über Widerstand leisten. Eingaben bei der Regierung befreiten sie schließlich von diesem Mißbrauch, und bald darauf wurde sie vom Herrn gerettet. Jetzt wollte sie innere Heilung für all diese Jahre, von denen sie in ihrer Erinnerung nach wie vor durch Alpträume und Schreckensbilder terrorisiert wurde.

Wir haben schon einigen ehemaligen Satanisten gedient, die uns alle von ähnlichen Ausschweifungen, verbunden mit den erniedrigendsten Formen der Hexerei berichtet haben. Wir sprechen so eingehend über dieses Thema, auf daß der Leib Christi ein für allemal seinen Kopf aus dem Sand herauszieht! Man ist so blind und töricht zu glauben, solche schrecklichen satanischen Rituale würde es heute nicht mehr geben oder wären nur wirkungslose Fantasiegebilde und Spinnereien, nur weil die meisten modernen Menschen es gelernt haben, einem so „dummen Aberglauben“ keinen Glauben mehr zu schenken. Dadurch, daß man glaubt, Satanisten und ihre schwarze Hexerei würde es nicht geben, werden sie auch nicht vertrieben! Diese Bösartigkeiten wuchern überall; sie wachsen immer stärker, je mehr sich unsere Welt von der Wahrheit des Wortes Gottes abwendet.

> Und wie sie es nicht für gut fanden, Gott in der Erkenntnis festzuhalten, hat Gott sie dahingegeben in einen verworfenen Sinn, zu tun, was sich nicht geziemt: erfüllt mit aller Ungerechtigkeit, Bosheit, Habsucht, Schlechtigkeit, voll von Neid, Mord, Streit, List, Tücke; Ohrenbläser, Verleumder, Gottverhaßte, Gewalttäter, Hochmütige, Prahler, Erfinder böser Dinge, den Eltern Ungehorsame, Unverständige, Treulose, ohne natürliche Liebe, Unbarmherzige. Obwohl sie Gottes Rechtsforderung erkennen, daß, die solches tun, des Todes würdig sind, üben sie es nicht allein aus, sondern haben auch Wohlgefallen an denen, die es tun. (Röm 1,28-32)

Der Leib Christi muß es lernen, diejenigen zu befreien und zu heilen, die unser Herr den Fängen der satanischen Hexerei entreißen möchte. Diese als törichte Einbildung abzutun wird überhaupt nichts bewirken. Wir müssen wissen, wie wir ihnen siegreich dienen können im Kampf gegen die Wirklichkeit, die sie gefesselt hat. Und wir müssen auch wissen, wie wir all diejenigen befreien können, die Opfer der Satanisten wurden und wie wir ihre Wunden heilen können.

Als Paula und ich noch jung im Glauben waren und zum ersten Mal im geistlichen Kampf standen, wurden wir des Nachts im Schlaf oftmals „angesprungen“. Viele Christen haben diese Erfahrung gemacht. Etwas Dämonisches betrat unser Zimmer, sprang mich an und lähmte mich in Sekundenbruchteilen. Ich konnte keinen Muskel mehr bewegen. Ich konnte kaum atmen. Da ich wußte, daß Jesus, der in mir ist, stärker ist, als der in der Welt, begann ich zu beten und wiederholte still für mich immer wieder: „Jesus ist mein Herr. Jesus, Du bist Herr." Nach einer oder zwei Minuten konnte ich den Namen Jesu laut aussprechen und damit anfangen, dieses Wesen abzuschütteln. Manchmal wurde Paula durch mein Ringen wach; sie kämpfte mit mir, bis wir frei waren und das Haus wieder rein war. Nach einigen Minuten schliefen wir wieder tief und fest, und dasselbe oder ein anderes dämonisches Etwas sprang nun Paula an. Sie durchlebte den gleichen Kampf, weckte mich auch auf und wir beteten wieder. Jetzt, Jahre später, werden wir nicht mehr auf diese Weise angegriffen, vielleicht weil der Teufel weiß, daß unser Glaube zu stark ist. Wir wissen aus erster Hand, was Johannes meinte, als er folgende Zeilen schrieb:

> Ich schreibe euch, Väter, weil ihr den erkannt habt, der von Anfang an ist. Ich schreibe euch, ihr jungen Männer, *weil ihr den Bösen überwunden habt.* Ich habe euch geschrieben, Kinder, weil ihr den Vater erkannt habt. Ich habe euch, Väter, geschrieben, weil ihr den erkannt habt, der von Anfang an ist. Ich habe euch, ihr jungen Männer, geschrieben, weil ihr stark seid *und das Wort Gottes in euch bleibt und ihr den Bösen überwunden habt.* (1.Joh 2,13-14)

Einige Jahre später erzählte uns einer unserer Missionare der United Church of Christ, der sich in einer Sabbatzeit von seinem Dienst in Afrika ausruhte, einige Geschichten von Eingeborenen, die durch das, was sie dort das „schwarze Gespenst" nannten, getötet wurden. Er beschrieb dieselbe Erfahrung, die wir auch durchgemacht hatten. Unser Glaube hat uns beschützt. Seltsamerweise hatten wir nie richtig Angst; wir waren lediglich verärgert. Im Glauben wußten wir, daß uns der Teufel nicht töten konnte. Nach dem Angriff schliefen wir immer wieder schnell ein und waren uns des Schutzes unseres Herrn sicher. Diese Eingeborenen sind jedoch an ihrer Angst gestorben. Ihre Furcht hatte den Dämonen und den dahinter stehenden Medizinmännern mehr Macht gegeben, als sie eigentlich hatten. Der Afrikamissionar und andere aus Haiti (von anderen Konfessionen) berichteten auch von der Macht der Medizinmänner, die aus großer Entfernung Menschen mit Schmerzen, Schwierigkeiten und Unfällen heimsuchen können.

Ein befreundeter Pastor hatte eine sehr hübsche blonde Tochter, die in einem Team nach Haiti fuhr, um dort den Sommer über an einer missionarischen Arbeit teilzunehmen. Vor ihrer Abreise besuchten Paula und ich den Pastor und er erzählte uns davon. Mein Herz wurde schwer. Ich wußte, daß sie in Gefahr war und sie besser nicht gehen sollte. Aber wie sollte ich das den anderen vermitteln? Ich wußte, daß sie der Zauberei begegnen und nicht darauf vorbereitet sein würde, damit umzugehen. Der Pastor selbst glaubte kaum an solche Sachen. Man sollte nun nicht annehmen, daß sich jeder, der nach Haiti reist, in Gefahr begibt; natürlich ist das nicht der Fall. Diese Warnung galt ganz speziell dem Mädchen. Böse Mächte kreuzten tatsächlich ihren Weg, und sie kehrte mit einer seltenen Krankheit zurück, die scheinbar kein Arzt heilen konnte. Ich bin mir sicher, daß mir die Familie nicht glauben könnte, wenn ich versuchen würde, ihnen darzulegen, was die eigentliche Ursache dieser Krankheit war. Erst vor kurzem kam es Paula und mir zu Ohren, daß ein Mann, der herumreist, um Dämonen auszutreiben, auch diese Familie besucht hatte; er stellte fest, daß etwas Dämonisches die Tochter peinigte, trieb es aus und jetzt geht es ihr wieder gut.

Reicht es Ihnen? Wer ähnliche Erfahrungen gemacht hat, wird jetzt schon wissen, daß das, was wir sagen, wirklich stimmt. Hexenmeister können mit dämonischen Mächten hantieren und Menschen niederschlagen; dämonische Kräfte können Menschen physisch angreifen.

In meinem Oxford-Lexikon findet sich in der Auflistung okkulter Praktiken auch die Astrologie. Viele Christen meinen, die Astrologie gehöre nicht zu den Übeln, die der Herr verboten hat. Doch das Wort Gottes ist klar und deutlich. Jesaja tadelte Israel, weil es sich Hexern und Astrologen zugewandt hatte:

> Tritt doch auf mit deinen Bannsprüchen und mit der Menge deiner Zaubereien, mit denen du dich abgemüht hast von deiner Jugend an! Vielleicht kannst du Hilfe schaffen, vielleicht wirst du Schrecken einflößen. Du bist müde geworden durch die Menge deiner Beratungen. Sie sollen doch auftreten und dich retten, die Himmelszerleger, die Sternebeschauer, die an jedem Neumond wissen lassen, was über dich kommen soll! Siehe, sie sind wie Strohstoppeln geworden, Feuer hat sie verbrannt! Vor der Gewalt der Flamme haben sie ihr Leben nicht gerettet: es gab keine Kohle, um sich zu wärmen, kein Feuer, um davor zu sitzen. So sind dir die geworden, für die du dich abgemüht hast, deine Handelspartner von deiner Jugend an. Sie taumeln, jeder nach seiner Seite hin; niemand rettet dich. (Jes 47,12-15).

Wer Astrologie betreibt, befleckt sich mit der Sünde der Divination. Die Divination ist der Blick in die Zukunft oder das Unbekannte.

Sie ist Satans Kopie der Gaben der Erkenntnis und der Prophetie. Manchmal will Gott es in seiner Weisheit so, daß wir bestimmte Dinge besser nicht wissen, so wie ein irdischer Vater auch erst dann mit seinem Kind über Sex spricht, wenn er weiß, daß es reif genug ist, um richtig damit umzugehen. „Gottes Ehre ist es, eine Sache zu verbergen, die Ehre der Könige aber, eine Sache zu erforschen" (Spr 25,2). Wenn der Herr möchte, daß wir etwas wissen, wird er den einen oder anderen Weg finden, um uns gemäß seiner Kenntnis unserer Reife auf dem herrlichen Weg der Suche zu „Königen" zu machen. „Noch vieles habe ich euch zu sagen, aber ihr könnt es jetzt nicht tragen" (Joh 16,12). Er weiß, wann er eine Erkenntnis verbergen muß und wann und wie er sie uns am besten enthüllt.

Die Divination durchbricht Gottes Vorsehung. Die Divination wird aktiv, wenn wir Gott nicht vertrauen. Wir möchten gerne selbst Hand an unser Leben legen. Wir möchten wissen, was uns bevorsteht, damit wir uns darauf vorbereiten können. Wenn wir unseren Verstand und Computeranlagen dafür verwenden, eine Projektion des Wahrscheinlichen vorzunehmen und uns dahingehend vorzubereiten, dann ist das noch keine Divination. Das ist noch kein besorgter Gedanke über den morgigen Tag (Mt 6,34). Das bedeutet vielmehr, unsere gottgegebene, natürliche Weisheit einzusetzen, von der Gott erwartet, daß wir sie uns erhalten. Jedoch wenn wir mehr als das wollen, tritt die Divination auf den Plan. Wenn wir versuchen, unsere Sicherheit in einer Gewißheit zu finden, die auf unrechtmäßig angeeignetem Wissen basiert, dann ist das Divination. Der springende Punkt, der bei der Divination hinter der Sünde des Ungehorsams steckt, ist Angst und mangelndes Vertrauen. Wenn wir der Hand Gottes nicht mehr blind vertrauen können, erheben wir selbst etwas in den Rang eines Gottes. „Wer ist so blind wie mein Knecht und so taub wie der Bote, den ich sende? Wer ist so blind wie mein Vertrauter und so taub wie der Knecht des Herrn?" (Jes 42,19; Einheits.Ü.) Der Diener Gottes ist bereit, nichts zu sehen, nichts zu hören und stattdessen dem Herrn zu vertrauen.

Wahrsager, Handleser, Kaffeesatzleser etc. betreiben Divination, die vom Wort des Herrn verboten wurde: „…daß nicht jemand unter dir gefunden werde, der…Wahrsagerei…oder Zauberei treibt oder…Zeichendeuterei vornimmt…" (5.Mo 18,10-11; LÜ).

Es liegt eine hauchdünne Grenze zwischen der Suche nach Gottes Führung und dem unbewußten Versuch, das in Divination zu verwandeln. Immer und immer wieder bedrängten die Könige Israels die Propheten des Herrn und sagten: „Fragt ihr den Herrn für uns." Manchmal war ihr Herz in Ordnung, manchmal jedoch so voller

Furcht, daß sie versuchten, die Propheten Gottes in Hellseherei zu verwickeln.

Ein Herz, das falsch liegt, kann das ganz normale, tägliche Hören Gottes in Divination verwandeln. Paula und ich besuchten einen befreundeten Farmer in Arkansas. Als wir angekommen waren, fragten wir ihn, was denn mit seinen angepflanzten Bohnen los sei; sie sahen allesamt ziemlich krank aus. Er erklärte, daß er – ausgehend von seiner Erfahrung und seiner natürlichen Weisheit – geplant hatte, in diesem Jahr Weizen zu pflanzen. Aber er hatte versucht, alles nur nach dem Hören der Stimme Gottes zu tun; er war sich sicher gewesen, Gott hätte ihm gesagt, er solle Bohnen pflanzen. Es stellte sich jedoch heraus, daß das Wetter, das während dieser Wachstumsphase herrschte, für den Weizen ausgezeichnet gewesen wäre, für die Bohnen jedoch verheerend. Jetzt wuchs sein Schuldenberg.

Oberflächlich betrachtet sieht alles gut aus, was mit dem Hören der Stimme Gottes zu tun hat. Doch Gott möchte uns weder zu Sklaven noch zu Robotern degradieren. Er hat uns einen gut funktionierenden Verstand gegeben und erwartet von uns, daß wir ihn auch gebrauchen. Darüberhinaus stellte sich bald heraus, daß unser Freund Angst vor einem Fehlschlag gehabt hatte. Er gebrauchte dieses „Hören auf Gott", um sich 150%ig sicher zu sein. So wurde es die Sünde der Divination. Hätte Gott von ihm gewollt, daß er eine andere Feldfrucht anbauen soll, hätte der Herr auch die Initiative übernommen und gesprochen und das dann von mindestens zwei Zeugen bestätigen lassen. Doch das ängstliche Herz unseres Freundes versuchte, Gott zu seinem Hellseher zu machen. Zur Züchtigung und zur Lehre ließ ihn der Herr auf eine falsche Stimme hören. Es war hart, das auf diese Weise zu lernen, doch es wurde unserem Freund gewiß ins Herz geschrieben, daß er zuhören soll, wenn Gott sprechen möchte, ihn jedoch nicht zu seinem Hellseher machen darf. Viele im Leib Christi haben denselben Fehler gemacht und die daraus folgenden, schrecklichen Konsequenzen tragen müssen.

Genauso gibt es auch eine schmale Grenze zwischen Gebet und Magie. Wenn wir die Gesetze des Universums Gottes entdecken und seine Verheißungen hören, können wir mit einer so falschen Herzenshaltung diese Verheißungen im Gebet in Anspruch nehmen und diese Prinzipien aktivieren, daß wir dabei eigentlich den Bereich des Gebets verlassen und den der Magie betreten. Die Magie ergreift das Wort Gottes und beharrt so auf seine Verheißungen, daß sie eigentlich versucht, Gott zu manipulieren oder zu zwingen, das zu tun, was wir wollen. Wahres Gebet ist bitten, demütiger Respekt vor dem freien Willen eines Vaters, der in seiner Weisheit auch „Nein" sagen kann.

Um Ziele zu erreichen, kann und soll im Gebet der Autorität Ausdruck verliehen werden, doch erst nachdem man sorgfältig auf Gott gehört hat, damit der Heilige Geist in und mit uns wirkt, während wir das ausdrücken, was in Wirklichkeit auch Gottes Wille ist. Doch wenn wir seine Verheißungen ergreifen und festhalten und darauf bestehen, daß er das tut, was wir wollen, weil er es ja verheißen hat – „Herr, wir wissen, daß Du es tun mußt, weil Dein Wort ja so wahr ist" –, versuchen wir eigentlich, Gott zu manipulieren. Unser Gebet ist zur Magie geworden! Wir operieren mit Gottes Prinzipien, um das zu erhalten, was wir möchten.

Oral Roberts hat das Prinzip des „Senfkornglaubens" richtig erkannt. Was wir hier sagen, richtet sich nicht gegen ihn; wir halten seinen Dienst hoch in Ehren. Aber man kann diesen Senfkornglauben so lange falsch einsetzen, bis er schließlich zu einer Art Magie geworden ist. Wenn ein Diener Gottes z.B. einem Brief, in dem er Sie um Hilfe bittet, ein Markstück beilegt, dann arbeitet er nach dem Prinzip des Senfkornglaubens, ob er sich darüber im klaren ist oder nicht. Die Macht dieses Prinzips, die Sie dazu veranlassen soll, ihm ein Gegengeschenk zu machen, ist Magie. Der Schlüssel zur Unterscheidung ist die Höflichkeit. Die Wege Gottes respektieren den freien Willen eines jeden Menschen. Ein Mark- oder Fünfzigpfennigstück, das Ihnen in diesem Kontext als Geschenk zugesandt wird, arbeitet darauf hin, Ihren freien Willen durch die Wirkkraft der Prinzipien des Gesetzes zu überwinden. Es mißachtet unser Recht, selbst in Freiheit zu entscheiden, ob wir etwas für den betreffenden Dienst spenden möchten.

Früher hörte ich öfters einem weithin bekannten Bibellehrer zu, der über Heilung sprach; währenddessen hörte ich gelegentlich die Stimme des Herrn in meinem Geist: „Dieser Lehrer lehrt Magie". Der Lehrer behauptete mit großem Nachdruck, daß Gott heilen *muß*, wenn wir nur unseren Glauben einsetzen. Liebe Geschwister im Leib Christi, bitte versuchen Sie niemals, an Gott einen Hebel anzusetzen! Gott *muß* überhaupt nichts tun! Wenn wir versuchen, ihn dazu zu bringen, daß er irgendetwas tut, dann ist das Magie; Magie ist der Einsatz von göttlichen Prinzipien oder Gesetzen, mit denen wir unsere eigenen selbstsüchtigen Ziele erreichen wollen. Vielleicht möchte Gott jetzt noch nicht sondern erst später heilen. Wir können ihn nicht zwingen, unserem Zeitplan gemäß zu handeln. Wenn wir ein Auto starten, hat das nichts mit Magie zu tun. In diesem Fall arbeiten wir mit den Naturgesetzen zusammen, da ein Motor ja nach den Gesetzmäßigkeiten der Verbrennung funktioniert. Wir selbst führen diesem Vorgang keine eigene Energie zu. Wir mischen uns nicht ein. Die Magie mischt sich nach dem Willen dessen, der sie ausübt, in Vorgänge ein und erzwingt auf der Grundlage okkulter oder verborgener Prinzipien ein bestimmtes Ereignis.

In dieser Hinsicht haben die Lehrer der unlängst entstandenen Glaubensbewegung völlig ahnungslos viele aufrichtige Christen zur Ausübung der Magie geführt. Wir bitten den Leib Christi inständig, darüber Buße zu tun, für all diejenigen zu beten, die in diese Art von Magie hineingestolpert sind und vor allem die Betroffenen nicht zu verurteilen oder gar die Einheit des Leibes durch Ablehnung zu spalten. Wir alle sind Pioniere in Grenzbereichen des Glaubens, wir stolpern und gelangen durch Versuch und Irrtum zur Reife. Wir wollen einander lieben, uns versöhnen und geheilt werden.

Die Theosophie behauptet, ein esoterisches Wissen über das Zusammenspiel natürlicher Elemente mit der Welt des Geistes zu haben (in diesem Fall ist damit nicht nur der Geist eines Menschen gemeint, sondern vielmehr die geistliche Welt, die alles durchdringt). In der Regel erachten Theosophen ihre Sicht des Lebens für tiefer und grundlegender als die der anerkannten religiösen Lehren. Orthodoxe Dogmen sind für sie lediglich für die Öffentlichkeit bestimmte Auswirkungen und Ausdrucksformen tieferer Wahrheiten, in die nur sie, die Erleuchteten, eingeweiht sind. Diese Sünde ist wiederum gnostischen Ursprungs. Sie glauben, daß sie durch ihr esoterisches Wissen gerettet werden. Diese „Meister" oder „Illuminati" glauben, es sei ihre Pflicht, weniger „Erleuchteten" den Weg zu weisen. Sie werden dabei jedoch von Gewalten der Täuschung getrieben. Sie verbreiten eine Menschenlehre:

> Heuchler! Trefflich hat Jesaja über euch geweissagt, indem er spricht: 'Dieses Volk ehrt mich mit den Lippen, aber ihr Herz ist weit entfernt von mir. Vergeblich aber verehren sie mich, indem sie als Lehren Menschengebote lehren.' (Mt 15,7-9)

Es ist jedoch noch schlimmer, daß diese, ohne es zu ahnen, dämonische Lehren weitergeben. „Der Geist aber sagt ausdrücklich, daß in späteren Zeiten manche vom Glauben abfallen werden, indem sie auf betrügerische Geister und Lehren von Dämonen achten..." (1.Tim 4,1).

Wie bei den Alchimisten findet sich auch bei den Theosophen Gedankengut des Pelagianismus und des Humanismus, wenngleich sie sich selbst wohl lieber theistisch nennen würden, weil sie normalerweise ziemlich religiös sind. Die Rosenkreuzer, die Werke von Madame Blavatzky usw. sind Beispiele der Theosophie. Die Theosophie versucht, die Wahrheit durch Erfahrung zu entdecken. Leider handelt es sich hierbei nicht um die gottgegebenen Erfahrungen, von denen wir Christen profitieren, Erfahrungen unter dem Schutz des Heiligen Geistes und unter Anleitung des Wortes Gottes und der Geschwister im Glauben. Jene suchen ein von Erfahrungen begleitetes Verständnis falscher Lehren in geheimen „Mandami" und übersinnlichen Erlebnissen. Es ist ihr Bestreben, „Initianden" in immer tiefere „Geheimnisse" einzuweihen.

Die Ziele der Theosophie unterscheiden sich nicht wesentlich von denen der Alchimie. Theosophen haben andere Methoden; sie erlegen sich weder diese rigorose Selbstdisziplin der Alchimisten auf, noch deren Reisen ins Innerste, die den weißen Stein hervorbringen sollen. Die Theosophen trachten auch nach Integration und Ganzheit, d.h. sie wollen in sich die vormalige Vollkommenheit Adams wiederherstellen. Wir kennen jedoch die Worte Jesu: „Niemand kommt zum Vater als nur durch mich" (Joh 14,6). Der Mensch und Satan haben immer wieder einen anderen Weg als den Kreuzestod gesucht, um wiedergeboren und im Reich Gottes neu aufgenommen zu werden. Vielleicht sollten wir sagen, daß Satan fortwährend nach Mitteln und Wegen, Finten und Lehren, kurz, nach allem sucht, das den Menschen vom steinigen Weg des Kreuzes ablenken und zur breiten und ebenen Straße ins Verderben hinführen kann. Stets spricht er das Verlangen des Menschen an, der zu werden, der er sein soll; genau diese Versuchung lag auch vor der staunenden Eva, deren Augen sich erst langsam öffneten! Ein Mensch ist immer versucht, in sich selbst vollkommen zu werden, manchmal mit Hilfe anderer, aber im Wesentlichen ganz alleine und ohne Gott.

Deshalb ist Stolz die Wurzel jeder okkulten Sünde! Das Kreuz soll uns unter anderem auch demütig machen. Gottes Plan sieht so aus, daß er den Stolz in uns bis ins letzte ausmerzen möchte, indem wir immer und immer wieder ans Kreuz kommen müssen. „Wo bleibt nun da das Rühmen? Es ist ausgeschlossen! Durch was für ein Gesetz? Durch das der Werke? Nein, sondern durch das Gesetz des Glaubens" (Röm 3,27; Menge). Das Wesen jeglicher Form von Okkultismus besteht darin, daß der Mensch etwas in sich selbst werden möchte, daß er Macht haben und sie einsetzen möchte, um sich selbst auf ein Podest zu stellen, so wie auch Simon wollte, daß die Menschen ihn für einen großen Mann halten sollten. Paulus schrieb über diese sündige Neigung folgendes:

> Denn wenn jemand meint, etwas zu sein, während er doch nichts ist, so betrügt er sich selbst. (Gal 6,3)

> Wenn jemand meint, er habe etwas erkannt, so hat er noch nicht erkannt, wie man erkennen soll. (1.Kor 8,2)

> Niemand betrüge sich selbst! Wenn jemand unter euch meint, weise zu sein in dieser Welt, so werde er töricht, damit er weise werde. Denn die Weisheit dieser Welt ist Torheit bei Gott. (1.Kor 3,18-19a)

Von den okkulten Praktiken, die in 5.Mose 18,10-11 aufgelistet werden, bleiben noch Mediumismus (den wir im nächsten Kapitel behandeln werden) und der „Bannsprecher" übrig. Friedrich Anton Mesmer, geboren am 23. Mai 1733, gestorben am 5. März 1815, hatte die Hypnose neu entdeckt. Mesmer glaubte an den „Magnetismus", der angeblich von astrologischen Kräften abzuleiten wäre. Er versuchte, magnetische Kräfte zu Heilungszwecken einzusetzen. Er war der Meinung, vor allem durch Hypnose diesen „Magnetismus" zur Anwendung bringen zu können. Die Hypnose wurde nach ihm „Mesmerismus" genannt. Noch heute gehört sein Name im Amerikanischen zum täglichen Wortschatz. Wenn man von einer Darbietung oder einer Person gefesselt oder begeistert ist, verwendet man das Wort „mesmerized". Zur Zeit der Bibel wurde die Hypnose als „Bannsprechen" bezeichnet; der Hypnotiseur war folglich ein „Bannsprecher".

Die Hypnose ist strengstens verboten. Ein Christ sollte dafür keine Begründung brauchen; der Gehorsam allein sollte ausreichen. Doch einer der Gründe dafür besteht darin, daß wir unseren Willen niemand anderem als dem Herrn Jesus Christus ausliefern sollen. Ein zweiter Grund ist die Tatsache, daß eine solche Auslieferung in der Psyche Türen öffnet, die niemand anderem als allein unserem Herrn offenstehen sollten. Darüberhinaus kann nur Jesus allein vertrauenswürdig über unseren Willen bestimmen. Es stimmt eben nicht, daß die Hypnose einen Menschen nicht dazu bringen könne, gegen seinen Willen zu handeln, weswegen sie angeblich eine sichere Angelegenheit wäre. Wenn ein Hypnotiseur innerlichen Haß, Groll, Zorn oder einen furchterregenden, nutzbaren und verborgenen, jedoch mächtigen inneren Trieb entdeckt und festhält, kann er dies dazu verwenden, eine Person alle möglichen verkehrten, bösartigen und peinlichen Dinge tun zu lassen, die zu tun sich kein normaler Mensch sonst in der Lage gesehen hätte.

Als mir einmal auf einem Seminar eine Frage zu meiner Lehre gestellt wurde, war eine Antwort auf den Themenkreis der Hypnose erforderlich. Ich erklärte, wie sie vom Wort Gottes verboten werde und daß ihr Einsatz bei Gesellschaftsspielen absolut töricht und tadelnswert sei. Ich sagte, kein Seelsorger oder christlicher Psychiater solle sie verwenden; wenn er bei einem Patienten etwas herausfinden möchte, solle er ihm Fragen stellen oder es durch die Geistesgaben der Weisheit und der Erkenntnis ans Licht kommen lassen. Ich erklärte, die Hypnose könne Dinge enthüllen, die der Herr noch nicht zu heilen bereit ist; der Heilige Geist hingegen wird den jeweiligen Bereich nur dann offenbaren, wenn die betreffende Person für die Heilung bereit ist. Über ihren Einsatz bei kieferorthopädischen Eingriffen bei Menschen, die eine herkömmliche Narkose nicht vertragen, könne ich nichts sagen, außer, daß das Wort Gottes ihre Anwendung verbiete.

Unmittelbar danach saß ich am Mittagstisch einem Kieferchirurgen gegenüber, der damals der Präsident einer nationalen Vereinigung war, die Ärzten lehrt, wie sie die klinische Hypnose einsetzen sollen! Er sagte, er sei in jederlei Hinsicht voll und ganz mit mir einer Meinung, daß solche Warnungen notwendig seien und auch ihre Gültigkeit haben. Doch er verwendete die Hypnose eben bei solchen Patienten, die keine normale Narkose bekommen konnten. Nach zehn Jahren kam dieser Mann zu mir und sagte traurig: „John, der Herr hat mich auf einem steinigen Weg zur Einsicht geführt. Nie wieder werde ich die Hypnose für irgendetwas hernehmen!“ Eine Menschenmenge umringte uns, und ich wurde weggeschoben; ich hatte nie wieder die Gelegenheit zu fragen, was denn geschehen sei. Welche Erfahrung hatte ihn so traurig, aber auch so fest entschlossen gemacht? Als auf einer anderen Konferenz wieder dieses Thema auf den Tisch kam, bezeugte ein Psychiater, daß auch er in der Vergangenheit Hypnose angewendet hatte und dies nie wieder tun würde. Wiederum war nicht genügend Zeit um die Hintergründe zu durchleuchten. Aber wir brauchen es nicht zu wissen. Der Gehorsam gegenüber dem Wort Gottes sollte ausreichen. Preis sei Gott, daß er sein Wort seinen professionell geschulten Dienern offenbart.

Auf einer „School of Pastoral Care“, wurde der christliche Psychologe Dr. Morton Kelsey gefragt, was er von Hypnose halte. Er sprach sich auch dagegen aus; er berichtete von einem Seelsorger, der eine Ratsuchende hypnotisiert hatte. Er gab ihr den posthypnotischen Impuls, sie würde nie wieder rauchen. Es funktionierte. Sie hörte auf zu rauchen. Nach zwei Wochen sprang sie aus einem Fenster im zweiten Stock! Der Seelsorger kam zu dem Schluß, daß er ihr das Ventil genommen hatte, ohne den innerlich aufgestauten Druck zu heilen. Morton Kelsey fiel auf, daß hier nicht nur der unkluge Einsatz der Hypnose zu dem Ergebnis geführt hatte, sondern die Tatsache, daß sie überhaupt angewendet worden war.

Es gibt noch zahlreiche andere Arten okkulter Beschäftigung, aber vielleicht kann man sie alle unter den besprochenen Oberbegriffen zusammenfassen. Wir beabsichtigen weder, eine Chronik aller verschiedenen Erscheinungsformen des Okkultismus zu erstellen, noch sie im Licht des Wortes Gottes zu beleuchten. Vielmehr wollen wir den

Leib Christi über das Okkulte unterweisen, um Heilung zu ermöglichen.

Jegliche Beschäftigung mit dem Okkulten bringt Verletzungen mit sich. Gott hat uns nicht dafür geschaffen. Ob wir nun bewußt oder ohne es zu wissen damit hantieren oder ob es gegen uns verwendet wird – in jedem Fall wir unser „System" dadurch aus der Bahn geworfen. Sich mit Okkultismus zu beschäftigen ist genauso, wie wenn man eine herrliche Sopranstimme zwingt, Baß zu singen. Das führt zu einer Beschädigung der Stimmbänder. Von Natur aus sind unser Körper und unser Geist mit den Wegen des Okkultismus nicht vertraut. Shakespeare wußte das (was die Sünde im allgemeinen betrifft), und deshalb ließ er Lady Macbeth auch in aller Deutlichkeit sagen:

> Kommt, Geister, die ihr lauscht
> Auf Mordgedanken, und *entweibt mich* hier;
> Füllt mich von Wirbel bis zur Zeh', randvoll,
> Mit wilder Grausamkeit! *Verdickt mein Blut;*
> *Sperrt jeden Weg und Eingang dem Erbarmen,*
> *Daß kein anklopfend Mahnen der Natur*
> *Den grimmen Vorsatz lähmt*; noch friedlich hemmt
> Vom Mord die Hand! *Kommt an die Weibesbrust,*
> *Trinkt Galle statt der Milch*, ihr Morddämonen,
> Wo ihr auch harrt in unsichtbarer Kraft
> *Auf Unheil der Natur!* Komm, schwarze Nacht,
> Umwölk' dich mit dem dicksten Dampf der Hölle,
> Daß nicht mein scharfes Messer *sieht die Wunde,*
> *Die es geschlagen; noch der Himmel,*
> *Durchschauend aus des Dunkels Vorhang, rufe:*
> *Halt! Halt!*
>
> (*Macbeth*, Akt I, Szene 5, Hervorhebungen vom Autor)

Die Sünde und insbesondere der Okkultismus zerstört den gesunden Fluß des Geistes in seinem Zusammenspiel mit dem Körper. Shakespeare ließ Macbeth dies in der folgenden bekannten Passage aus Akt II, Szene 1 ausdrücken:

> Mir war, als rief es: „Schlaft nicht mehr! *Macbeth*
> *Mordet den Schlaf*!" Ihn, den unschuld'gen Schlaf;
> *Schlaf, der des Grams verworr'n Gespinst entwirrt,*
> Den Tod von jedem Lebenstag, *das Bad*
> *Der wunden Müh', den Balsam kranker Seelen,*
> Den zweiten Gang im Gastmahl der Natur;
> *Das nährendste Gericht* beim Fest des Lebens.

Denken Sie daran, daß das Stück damit beginnt, daß drei Hexen Macbeth durch falsche Verheißungen des Ruhms *verunreinigen.* Das Drama um Macbeth, das sich daraus entwickelt, ist eine Offenbarung und eine Lehre darüber, wie die Hexerei das gottgegebene Gewissen und gottgegebene Gedankenschemata verdreht. Wir sind der Auffassung, daß jeder, der es in der Seelsorge und im Heilungsdienst mit den Auswirkungen des Okkultismus zu tun hat, von einer eingehenden Betrachtung Macbeths mit einem besonderen Augenmerk darauf, wie der Okkultismus die Natur und die Menschheit von ihrer natürlichen Bahn ablenkt, profitieren würde.

Eine weit verbreitete und schon bald auftretende Folge von okkulter Beschäftigung sind Schlafstörungen. Schlaflosigkeit, unruhiger Schlaf und Alpträume lassen sich auf viele Faktoren zurückführen; doch die Seelsorger des Elijah House suchen routinemäßig danach, ob sich der Betreffende früher mit Okkultismus beschäftigt hat, dies immer noch tut oder ob er unter dem Beschuß okkulter Kräfte steht. Durch Fragen stellt man schnell fest, ob die Person je etwas damit zu tun gehabt hat. Viele Menschen gehen fälschlicherweise von der Annahme aus, Okkultismus könne nicht die Ursache ihrer Schwierigkeiten sein, da sie nie regelmäßig okkulte Dinge praktiziert haben. Vielleicht haben sie vergessen, wie sie als Kind nur so aus Spaß mit Freunden einmal zu „Tante Fanny“ gegangen sind; diese hielt ihre Hände fest und bezauberte sie dadurch, daß sie Dinge wußte, die schon geschehen waren und ihnen sagte, was in Zukunft noch geschehen würde. Oder wieviel Spaß es ihnen machte, mit einem „Ouijaboard“ zu spielen. Vielleicht vergessen sie, daß sie auch heute noch dieses teuflische Spiel „Dungeons and Dragons“ (Verließe und Drachen) spielen, das die Mitspieler direkt in okkulte Praktiken verwickelt. Oder daß sie ein paarmal versuchten, einander zu hypnotisieren oder eine spiritistische Sitzung nachzuspielen. Und wenn sie noch so harmlos aussehen mag – Sünde ist Sünde; sie setzt Kräfte frei, mit denen man sich später so oder so beschäftigen muß. Es ist nun nicht so, daß Gott von Kindern, die im Spiel ihre Nase in solche Dinge hineinstecken, abgestoßen würde. Er versteht das. Doch die Gesetze des Universums haben kein Erbarmen und zeigen keine Nachsicht. Gleichgültig, wie frohgemut wir vom Dach eines Hochhauses springen – die Folgen sind immer verheerend. Einmal genügt. Gott hat Erbarmen (vgl. Psalm 103). Er war nicht zornig über unsere kindlichen Abenteuer. Doch genauso wie man das Gesetz der Schwerkraft nicht leugnen kann, ist Gott auch nicht in der Lage, seine Gesetze zu widerrufen, nur weil einige törichte Kinder sie nicht verstehen. Wie dumm käme es uns vor, wenn ein Kind dächte, es könne fünf Minuten lang ohne Sauerstoffgerät in einem Unterwasserkäfig umherschwimmen. Wir würden *davon ausgehen*, daß es ertrinkt. Niemand würde versuchen, Gott dafür die Schuld zuzuweisen. Jedermann, der die Gesetzmäßigkeiten versteht, die im Bereich des Okkultismus wirksam sind, wird nicht überrascht oder beleidigt sein, wenn einige Jahre nach dem fraglichen Vorfall auf einmal schreckliche Folgen auftreten. Wir erkennen ja auch erst jetzt die fürchterlichen Konsequenzen für Vietnamveteranen, die vor vielen Jahren mit dem chemischen Kampfstoff „Agent Orange" in Berührung gekommen waren. Eine einmalige okkulte Aktivität während der Kindheit kann für jemand im Erwachsenenalter entsetzliche Folgen haben. Der Seelsorger muß erkennen, daß wir es hier mit der Gesetzmäßigkeit von Ursache und Wirkung zu tun haben. Wer einmal seine Nase in okkulte Dinge hineingesteckt hat, wird im Allgemeinen nicht sofort ernten, was er gesät hat; doch eines Tages wird die Zeit der unabwendbaren Ernte gekommen sein.

Schlafstörungen aufgrund von okkulten Einflüssen können zunächst geheilt werden, indem man für den jeweiligen Grad der okkulten Beschäftigung Vergebung erlangt und zweitens, indem man die Tür schließt. Das Herumspielen mit okkulten Dingen – auch wenn es noch so unbedeutend zu sein scheint – öffnet okkulten Kräften Tür und Tor. Spielerische Erkundungen in diesem Bereich gewähren Mächten Zutritt, die normalerweise nicht die Möglichkeit haben würden, eine Einzelperson zu befallen: „Wäre doch nur einer unter euch, der die beiden Torflügel zuschlösse, damit ihr nicht umsonst auf meinem Altar Feuer anzündet!" (Mal 1,10) Wie man diesen Vers richtig auslegt, sei dahingestellt; wir erleben, wie der Heilige Geist ihn bei der Heilung von okkulten Wirkungen anwendet. Der Seelsorger soll dafür beten, daß der Herr all die „übersinnlichen" Türen des Betreffenden schließen möge, insbesondere wenn das Feuer des Gebets entzündet worden ist.

Drittens, können Schlafstörungen durch „Verbergen" geheilt werden: „Ihr seid ja doch gestorben, und euer Leben ist zusammen mit Christus in Gott verborgen" (Kol 3,3: Menge). Ein Christ lebt normalerweise vor Satan verborgen, weil ihn die Engel Gottes bewachen. Dämonischen Kräften ist es nicht möglich zu erkennen, wo sie ihn treffen und wie sie seine Pläne vereiteln könnten. Aber der Okkultismus macht den Menschen sichtbar. In Tolkiens Fantasy-Werk *Der Herr der Ringe* verhielt es sich so, daß Frodo immer dann für jeden – außer für die Mächte der Finsternis – unsichtbar wurde, wenn er sich seinen *magischen* Ring auf den Finger steckte! Durch die Magie hatte er ihre Domäne betreten, und jetzt konnten sie ihn viel deutlicher sehen als wenn er nur eine natürliche Person gewesen wäre. In gleicher Weise betreten wir durch den Okkultismus Satans Welt, und seine Vasallen sehen uns. Diese Bloßstellung heilen wir, indem wir einfach dafür beten, die Person möge erneut verborgen werden.

Manchmal sage ich: „Herr, so wie die Engel ihre Hand ausstreckten, Lot zu sich hinein ins Haus holten und diese Männer in Sodom mit Blindheit schlugen, so daß sie die ganze Nacht nach dem Eingang suchten und ihn doch nicht fanden, so nehme ich diese Person für den Leib Christi in Anspruch und schlage alle Mächte der Finsternis mit Blindheit. Sie können meinen Bruder (oder meine Schwester) nicht mehr sehen. Von jetzt an ist er vor ihnen verborgen. Ich verdunkle alle Fährten, auf denen sie ihm gefolgt sind. 'Ihr Weg sei finster und schlüpfrig, und der Engel des Herrn verfolge sie!'(Ps 35,6)."

Viertens: Wir beten um körperliche Heilung. Wir bitten den Herrn, seinen heilenden Balsam über Körper und Geist des Ratsuchenden zu gießen und alle Ansatzpunkte, die der Teufel vielleicht in ihm eingepflanzt hat, zu entfernen und Heilung zu bringen.

Eine zweite Auswirkung des Okkultismus kann das Hören lästiger, innerer Stimmen sein. Manchmal hat das natürliche, psychologische Ursachen. Manchmal kann das nichtsdestotrotz auch auf einen okkulten Einfluß zurückzuführen sein; vielleicht ist der Okkultismus auch die einzige Ursache. Durch Fragestellungen und die Gabe der Unterscheidung stellt man fest, was jeweils der Fall ist. Wenn man sich nicht sicher ist, kann es nie schaden, für alle Fälle einen okkulten Einfluß „wegzubeten". Sollten okkulte Dinge nicht die Ursache gewesen sein, hat man durch Erwägung der Möglichkeit diesen Bereich wenigstens schon einmal ausgeschlossen. Dann gehen wir im Gebet dieselben vier Schritte und fügen noch einen fünften hinzu: Wir weisen die Geister und Stimmen zurecht, stoßen sie hinaus und gebieten ihnen im Namen Jesu still zu sein. Manchmal katapultiert uns so ein Gebet mitten in eine ausgewachsene Dämonenaustreibung, auf die wir im nächsten Kapitel näher eingehen wollen.

Eine dritte weit verbreitete Auswirkung okkulter Betätigung sind wiederkehrende Unfälle oder tragische Ereignisse. Manchmal stoßen wir auf Urteile und Erwartungshaltungen, die von bitteren Wurzeln herrühren, von denen der Betreffende immer wieder auf mysteriöse Art und Weise niedergeschlagen wird oder tragische Situationen „erntet" (vgl. Kapitel 14 in *Die Umgestaltung des Inneren Menschen*); wir beten dagegen und dennoch wird die Person ihren unheimlichen Hang nicht los, Schaden zu erleiden, obwohl alles um sie herum sicher ist. In so einem Fall offenbart der Heilige Geist womöglich, daß aufgrund okkulter Beschäftigung zu einem Zeitpunkt ihres Lebens, die Mächte der Finsternis wissen, wie und wann sie genau das richtige Falsche geschehen lassen müssen, um ihr Kartenhaus zum Einsturz zu bringen.

Jeder von uns hat schon unter verhängnisvollen Zufällen gelitten; zum Beispiel entscheidet sich jemand, uns genau dann anzurufen, wenn wir im Begriff sind, wegen eines wichtigen Termins das Haus zu verlassen, weshalb wir dieses Treffen dann platzen lassen müssen! Oder wir verfolgen ein Ziel, das sich für uns als falsch herausstellt; einen Augenblick zu spät bekommen wir die Information, die uns all den Schmerz und all die Schwierigkeiten erspart hätte; und zum Schluß finden wir dann noch heraus, daß durch eine eigenartige Aneinanderreihung von Umständen diese Information nicht rechtzeitig zu uns gelangen konnte. Oder vielleicht geschieht etwas nicht rechtzeitig, und all unsere Pläne werden zunichte gemacht, z.B. im Falle einer Firma, die vergißt ihre Schulden zu bezahlen, wodurch ein spezielles Projekt ins Wasser fällt oder jemand, der vergißt, uns für diese oder jene Aufgabe zu empfehlen. Christen staunen immer wieder über die Vorsehung und Zeitplanung Gottes. Genau die richtigen Zufälle scheinen zusammenzukommen, und alles gelingt vorzüglich. Bei Menschen, die durch Okkultismus blockiert sind, läuft das andersherum ab. Wenn es irgendwo einen Haken gibt, wenn irgendetwas die Arbeit verpatzen kann, dann wird es auch hundertprozentig eintreffen! Sie scheinen nie Glück zu haben und sagen gerne: „Wenigstens läuft es schief; immer noch besser als wenn's überhaupt nicht mehr laufen würde, oder?"

Durch die oben angeführten Schritte schieben wir dem Spiel Satans einen Riegel vor; zu dem Gebet kommt noch der direkte Befehl hinzu, daß dessen Einfallstore in das Leben des Betreffenden verschlossen werden sollen. Wir gebieten Satan, er solle seine Hände von dem Ratsuchenden lassen. Vielleicht sollte man auch noch erwähnen, daß Flüche die am weitesten verbreitete Ursache von Unfällen und schmerzlichen Ereignissen wie diesen sind. Damit meinen wir, daß womöglich irgendeine finstere Macht oder ein Mensch, der Hexerei praktiziert, einen Fluch auf das Leben des Betreffenden gelegt hat. In der Autorität und im Namen Jesu brechen wir diesen Fluch. Der Fluch kann auch so aussehen, daß die Person in ihrer Bitterkeit und in ihrem Urteil über Vater und Mutter diese unbewußt verflucht hat. Jesus erinnerte seine Nachfolger: „Denn Mose hat gesagt: 'Ehre deinen Vater und deine Mutter!' und: 'Wer Vater oder Mutter flucht, soll des Todes sterben.'" (Mk 7,10). Wir sterben dem Leben in Fülle ab. Wenn wir in diesem Sinne Vater oder Mutter verfluchen, wird ein Fluch auf unser Leben gelegt. Von da ab wird nichts mehr richtig klappen. Wir fügen dies hier ein, weil wir wissen, daß die Schwierigkeiten höchstwahrscheinlich nicht aufhören werden, wenn ein Seelsorger okkulte Zerstörungen zwar entdeckt und hinauswirft, jedoch das, was zwischen dem Ratsuchenden und seinen Eltern steht, nicht enthüllt und zur Vergebung bringt. Mangelnde Vergebung wird dem Fluch über dem Leben eines Menschen weiterhin Macht geben, wodurch Satan nach wie vor Zugang hat.

Eine vierte Folge der Beschäftigung mit dem Okkulten können Niedergeschlagenheit und körperliche Krankheiten sein. Jemand fühlt sich vielleicht drangsaliert und gepeinigt. Vielleicht bekommt er immer wieder Ausschläge oder weniger schwerwiegende Krankheiten, gegen die der Arzt nicht wirklich etwas ausrichten kann. Wiederum können viele psychosomatische oder rein medizinische Ursachen mitwirken; andererseits wäre es unklug, die Möglichkeit eines okkulten Einflusses außer Acht zu lassen. Eine Frau in unserer Gebetsgruppe klagte erst vor kurzem darüber, daß sie einfach nicht völlig geheilt und gesund werden kann. Sie wurde immer von irgendetwas geplagt. Ich „sah" okkulte Kräfte in ihrer Familiengeschichte und betete, daß ihnen ein Ende gesetzt werde. Gestern abend (1. Mai 1984) erhielt ich einen Brief von ihr, in dem sie voller Freude davon berichtete, wie unser Gebet in der Gruppe sie frei gemacht hätte.

Manchmal ist körperliche Niedergeschlagenheit keine Folge einer früheren Beschäftigung mit dem Okkulten, sondern vielmehr eines momentan tobenden geistlichen Kampfes. Agnes Sanford geriet im Ausland mit einigen Hexen in Konflikt. Es kam ihr vor, als hätte sie in einem Wespennest herumgestochert. Dieser Konflikt schlug sich bei ihr in Kopfschmerzen, Müdigkeit, Aussetzern bei Lehrvorträgen, Anflügen von Verzweiflung und Gefühlen der Sinnlosigkeit nieder. Sie bat mich um Hilfe. Ich wußte, daß sie alles mögliche schon versucht hatte, und es war wirklich eine Salbung auf mir, als ich ihr riet: „Mach' doch einfach mal was an der frischen Luft, wie z.B. im Wald spazierengehen oder im Gras 'rumkugeln." Sie versuchte es, und es funktionierte – insbesondere das Herumkugeln im Gras. Ihr kam es vor, als ob all die negativen Einflüsse im Gras versickern würden. Sie schrieb mir, daß einige Leute der Meinung wären, sie sei eine verrückte Frau, aber es gehe ihr ganz gewiß besser!

Vielleicht darf ich an dieser Stelle auch noch einwerfen, was meine indianischen Vorfahren vom Stamm der Osage oft sagten: „Ein Grund, warum der weiße Mann aus den Augen verliert, wer er eigentlich ist und falsche Dinge tut, ist, daß er zu weit entfernt von der Erde lebt. Seine Häuser und Straßen isolieren ihn von der guten Erde." Die Indianer saßen und schliefen absichtlich so weit wie möglich auf der Erde, eben weil sie wußten, daß das gut für sie war. Man organisiert für Stadtkinder Zeltlager in freier Natur, weil soziologische Studien darauf hinwiesen, welche Folgen es hat, wenn dem Menschen eine natürliche und gesunde Umwelt fehlt. Abgesehen von all den verschiedenen Heilungsgebeten, empfehlen wir darüber hinaus als „Gegenmittel“ für okkulte Einflüsse, viel Zeit in freier Natur, in der guten Erde zu verbringen. Wenn ein Ratsuchender nach dem anderen zu mir kommt, die Arbeit sich vor mir auftürmt und ich mich verunreinigt fühle, kann es gut sein, daß ich zwischen den Terminen zehn Minuten im Garten spazierengehe und mit meinen Fingern in der Erde herumgrabe. So „versickert“ die Verunreinigung, die ich bis zu diesem Zeitpunkt nicht mehr erfolgreich wegbeten konnte.

Ein fünftes Symptom okkulter Angriffe sind getrübtes Erinnerungsvermögen, blockierte Gedankengänge, die Unfähigkeit, sich daran zu erinnern, wo man etwas hingelegt hat oder was man eben noch getan hat und die Tatsache, daß man während dem Sprechen den Faden verliert. Da ich selbst manchmal an den Auswirkungen eines abnormal geringen Zuckergehalts des Blutes (Hypoglykämie) sowie an gelegentlichen akuten Stresszuständen gelitten habe, weiß ich aus erster Hand, daß diese Symptome körperliche und psychologische Ursachen haben können. Dennoch kann man mit Hilfe der Unterscheidungsfähigkeit auch auf okkulte Ursachen stoßen. Die beiden Ursachen müssen einander nicht ausschließen. Vielleicht könnte man die körperlichen Ursachen überwinden, wenn der Okkultismus nicht den Ausschlag geben würde; vielleicht könnte man sich einem okkulten Angriff widersetzen, wenn man nicht schon so ausgelaugt und gestreßt wäre. Manchmal jedoch können bestimmte Anzeichen allein auf okkulte Störeinflüsse und nicht auf körperliche Faktoren zurückzuführen sein.

Als Agnes Sanford und ich anfingen, gemeinsam als Team herumzureisen, hatte das genau diesen Grund. Feindliche Geister hatten ihre Gedanken blockiert und ihr den Rachen zugeschnürt, was ihre Sprechfähigkeit erheblich einschränkte. Ich hielt nur selten Vorträge, normalerweise am Vormittag. Das war auch nicht meine Aufgabe. Tagsüber beteten wir gemeinsam. Während den Veranstaltungen las ich die Bibelstellen und sprach ein Gebet; Agnes lehrte und ich schloß dann wieder mit einem Gebet ab. Während ihrer Predigt saß ich unter den Zuhörern, von wo aus ich sie beobachten konnte und leistete die ganze Zeit über Fürbitte für sie. Solange ich mich an meine Pflichten erinnerte anstatt mich von ihren Worten ablenken zu lassen, ging von ihr ununterbrochen Kraft aus. Sie hatte auch mit Verspannungskopfschmerzen zu kämpfen, die zum Teil von der Anstrengung des vielen Redens und von der Last der Fürbitte herrührten, aber auch von okkultem Widerstand. Ich sollte sie beschützen, damit sie sich ungehindert auf ihren Dienst konzentrieren könnte. Viele Sprecher haben es sich angewöhnt, zu Hause Gebetskämpfer zusammenzutrommeln; einige von ihnen haben Fürbitter gleichsam wie eine Schutzmauer in ihrem Reiseteam; es heißt ja auch in Psalm 8,3: „Aus dem Munde der Kinder und Säuglinge hast du Macht gegründet um deiner Bedränger willen, um zum Schweigen zu bringen den Feind und den Rachgierigen."

Eine sechste Auswirkung okkulter Beschäftigung sind ständige Familienzwistigkeiten und -tragödien. Satan greift die Diener Gottes oftmals dadurch an, daß er ihre Familien trifft. Gemeindemitglieder sollten es sich angewöhnen, regelmäßig für die Familie ihres Pastors zu beten. Lehrer, Propheten und Evangelisten im Reisedienst brauchen Gruppen, die für sie beten und dabei insbesondere ihre Familien im Auge haben; weil diese nämlich so oft unterwegs sind, sind ihre Familien verwundbar und in der Zeit, da sie nicht zu Hause sind, dem Groll anderer ausgesetzt.

Von speziell berufenen Dienern Gottes einmal abgesehen, gilt folgendes: Wenn jemand sich irgendwann einmal in seinem Leben mit Okkultismus beschäftigt hat, wurden Zugangstore zur Familie geöffnet, die eigentlich hätten geschlossen bleiben sollen. Merken Sie noch einmal auf die Worte des Herrn über solche, die an Seancen teilgenommen haben: „(Ich)...*will ihn aus seinem Volk ausrotten*" (3.Mo 20,6; LÜ). Das Gesetz des Säens und Erntens tritt in Kraft. Wenn sich ein Mensch dem Okkulten zuwendet, schneidet er infolgedessen sich selbst und alle, die in seiner Obhut sind, vom Herrn ab. Diesen Samen hat er gesät; folglich muß er auch dementsprechend ernten. Die Mächte der Finsternis wollen daraus einen Vorteil schlagen und fügen der Zucht des Gesetzes noch Zerstörung, Aufruhr und Tragödie hinzu. So wird die Schuld, die ihren Weg zum Kreuz nicht findet, zu einem Hebel, an dem dämonische Kräfte ansetzen und Dinge bewegen können. Wir machen dieser Einflußnahme durch Vergebung, Heilung und Verbergen der Familie ein Ende. Lassen Sie uns auch die Lehren des ersten Kapitels nicht vergessen. Der verwundete Geist braucht viel Heilung; denn es soll nicht so weit kommen, daß wir all die richtigen Schritte gehen und dabei versäumen, den anderen zu umarmen und zu heilen, so wie mein Vater es tat, nachdem er uns den Hintern versohlt hatte. Zerrissene und angeschlagene Gefühle und Beziehungen müssen geheilt werden. Es wird nicht reichen, lediglich Satans Heere des Feldes zu verweisen, jedoch durch nicht geheilte Wunden und Erinnerungen die Tür offen zu lassen.

Ein siebtes, weit verbreitetes Symptom könnte man zwar auch unter den vorher genannten Auswirkungen zusammenfassen, doch verdient es, gesondert erwähnt zu werden. Manchmal sieht es so aus, als ob in einer Familie das Geld nie ausreicht. Genau dann, wenn Vater oder Mutter endlich Hoffnung schöpfen, den Kopf eine Weile über Wasser halten zu können, werden sie von unerwarteten Ausgaben wieder in die Tiefe gerissen. Jedes Licht am Ende des Tunnels wird irgendwie gelöscht oder stellt sich als Truggebilde heraus. Der Knackpunkt liegt darin, daß man die absonderlichsten, unfairsten und mysteriösesten Ausgaben hat! Das Leben fließt nicht gleichmäßig dahin. Die Finanzkalkulation kommt so sehr durcheinander, daß es unmöglich wird, sich überhaupt noch daran zu halten. Es scheint ein Fluch auf dem Wohlergehen der Familie zu liegen. Wenn die Familie ihren Zehnten nicht zahlt, dann ist das sowieso der Fall; deshalb muß man diesen Bereich zuerst ins Reine bringen:

> Darf ein Mensch Gott berauben? Ja, ihr beraubt mich! – Ihr aber sagt: 'Worin haben wir dich beraubt?' Im Zehnten und im Hebopfer. *Mit dem Fluch seid ihr verflucht*, mich aber beraubt ihr weiterhin, ihr, die ganze Nation! Bringt den ganzen Zehnten in das Vorratshaus, damit Nahrung in meinem Haus ist! Und prüft mich doch darin, spricht der Herr der Heerscharen, ob ich euch nicht die Fenster des Himmels öffnen und euch Segen ausgießen werde bis zum Übermaß! Und *ich werde um euretwillen den Fresser bedrohen*, damit er euch die Frucht des Erdbodens nicht verdirbt und damit euch der Weinstock auf dem Feld nicht fruchtleer bleibt, spricht der Herr der Heerscharen. Und alle Nationen werden euch glücklich preisen, denn ihr, ihr werdet ein Land des Wohlgefallens sein spricht der Herr der Heerscharen. (Mal 3,8-12)

Manchmal verhält es sich jedoch so, daß eine Familie treu ihren Zehnten gibt und um so mehr leidet, weil Gottes Verheißungen nicht wahr zu sein scheinen. „Ich tue doch meinen Teil dafür! Warum bricht Gott nicht durch? Das ist nicht fair. Ich weiß, daß er einen Grund dafür hat, doch wie kommt's, daß er immer dann, wenn alles schief läuft, eine Entschuldigung hat und ich nie?!" Somit ist die zweite Komponente eines etwaigen okkulten Einflusses noch wichtiger als die finanzielle Misere: Nichts würde der Teufel lieber tun, als unser Vertrauen auf die Treue Gottes zu brechen.

Manchmal sehe ich im Gebet einen großen See voller Segen, den Gott aufgestaut hat; er möchte ihn auf uns niederströmen lassen, doch der Fluch hat unseren Einlauftrichter auf den Kopf gestellt. Das Wasser des Segens spritzt wie von einem Regenschirm an allen Ecken weg, und durch die Öffnung fließt lediglich ein kleines Rinnsal. Im Glauben reißen wir die Hand des Teufels von diesem „Nachschubweg" weg und sehen, wie der Trichter richtig herum plaziert wird; jetzt kann er die Ströme der Güte aufnehmen und sie zum Kind und zur Familie Gottes leiten.

Die Familie braucht nicht nur Heilung für die Anstrengungen der finanziellen Not, sondern auch in ihrer Beziehung zu Gott. Sie müssen an einen Punkt kommen, an dem sie Gott vergeben, wie auch Paulus uns ermahnt: „Laßt euch versöhnen mit Gott!" (2.Kor 5,20b) Diese Versöhnung mit Gott könnte auch bei allen anderen besprochenen Verletzungen zur Anwendung kommen; hier ist sie jedoch besonders vonnöten, da eine spezielle Verheißung Gottes *scheinbar* gebrochen worden ist.

Die achte Folge okkulter Beschäftigung ist nichts, was man vielleicht bloß erwarten sollte; es ist absolut unabwendbar, daß es vom Gesetz her geschehen *wird*: Schwierigkeiten und Schäden werden sich von einer Generation auf die nächste übertragen (5.Mo 5,9). Das soll hier nur erwähnt werden; in Kapitel 13 werden wir näher darauf eingehen.

Es gibt noch zahlreiche andere Auswirkungen, doch die genannten sind am weitesten verbreitet.

Der Leib Christi muß sich dieser Thematik bewußt werden; er muß seine Kraft und seine Autorität kennen. Wir werden mit eindringlichen Worten gerufen:

> Gott steht in der Gottesversammlung, inmitten der Götter richtet er. Bis wann wollt ihr ungerecht richten und die Gottlosen begünstigen? Schafft Recht dem Geringen und der Waise, dem Elenden und dem Bedürftigen laßt Gerechtigkeit widerfahren! Rettet den Geringen und den Armen, entreißt ihn der Hand der Gottlosen! (Ps 82,1-4)

Die Macht ist uns gegeben:

> Und Jesus trat herzu und redete mit ihnen und sprach: Mir ist *alle* Macht gegeben im Himmel und auf Erden. (Mt 28,18)

> Diese Zeichen aber werden denen folgen, die glauben: In meinem Namen *werden sie Dämonen austreiben*; sie werden in neuen Sprachen reden; (Mk 16,17)

Selbst der geringste Christ hat die Fülle der Macht in seiner Hand und ist der Freude des Kampfes teilhaftig. Die Könige und Nationen, über denen wir die Rache Gottes vollstrecken sollen, sind natürlich in erster Linie die dämonischen Mächte:

Die Frommen sollen jubeln in Herrlichkeit, jauchzen sollen sie auf ihren Lagern! Lobpreis Gottes sei in ihrer Kehle und ein zweischneidiges Schwert in ihrer Hand, um Rache zu vollziehen an den Nationen, Strafgerichte an den Völkerschaften, um ihre Könige zu binden mit Ketten, ihre Edlen mit eisernen Fesseln, um das schon aufgeschriebene Gericht an ihnen zu vollziehen! Das ist Ehre für *alle* seine Frommen. Halleluja! (Ps 149,5-9)

Kapitel 11

Spiritismus und Dämonenaustreibung

> Und die Person, die sich zu den Totengeistern und zu den Wahrsagern wendet, um ihnen nachzuhuren, gegen diese Person werde ich mein Angesicht richten und sie ausrotten aus der Mitte ihres Volkes. (3.Mo 20,6)

> Und wenn in einem Mann oder einer Frau ein Totengeist oder Wahrsagergeist ist, sie müssen getötet werden. Man soll sie steinigen; ihr Blut ist auf ihnen. (3.Mo 20,27)

Der Spiritismus ist besonders attraktiv für Menschen, die nicht genügend Glauben oder nur unzureichende biblische Kenntnisse haben. Der Einsame, der einen lieben Menschen verloren hat und nicht einfach glauben kann, daß sie beide nach diesem kurzen Leben die Ewigkeit gemeinsam verbringen werden, sieht im Spiritismus eine Möglichkeit, mit diesem Menschen Kontakt aufzunehmen und von ihm Ermutigung zu bekommen. Vielleicht sind sie sich nur wenig oder überhaupt nicht darüber im klaren, daß Gott so etwas verbietet. Für sie scheint es eine gute Sache zu sein, einem wunden Herz durch solche Kontakte Erleichterung zu verschaffen. Es gibt vielleicht auch noch andere Gründe, aus denen heraus man sich dem Spiritismus zuwendet. Vielleicht will jemand unbedingt den Schlüssel zu einem Bankschließfach oder das Testament eines Verstorbenen wiederfinden. „Wenn wir nur Onkel Bill fragen könnten; er würde es uns sagen. Was ist daran so schlimm?“ Manche Menschen haben große Angst vor dem Tod, genauer gesagt davor, nach dem Tod in ein großes, schwarzes Nichts zu fallen. Auch wenn sie es mit den Lippen bekunden, haben sie in ihren Herzen doch nicht die Fülle des Glaubens an unseren auferstandenen Herrn; deshalb haben sie das Gefühl, sie bräuchten Erfahrungen, die ihnen die scheinbare Gewißheit geben, daß auch nach dem Tod etwas Reales existiert. Spiritistische Sitzungen scheinen ihnen den gewollten Beweis zu liefern. Doch Gott bietet uns viel bessere Antworten auf einen derartigen Mangel an; zu keiner Zeit und durch nichts kann Spiritismus je zum richtigen Weg werden.

Im Spiritismus wird versucht, mit Verstorbenen in Kontakt zu treten und mit ihnen zu kommunizieren. Einen Menschen, der versucht, Kontakte herzustellen und durch den diese Kontakte dann zustande kommen, nennt man Medium.

Aus den oben genannten Schriftstellen wird klar ersichtlich, daß das Wort Gottes Spiritismus ausdrücklich verbietet. Unser Herr sagt nicht, warum es verboten ist, nur: „Du sollst keine andern Götter haben neben mir“ (2.Mo 20,3). Diese Stelle legt nahe, daß wir Menschen nicht mit dem Geist eines Verstorbenen in Kontakt treten können, ohne uns dadurch einer Form des Götzendienstes schuldig zu machen. Gott selbst muß es nicht erklären. Es reicht, daß er es verbietet.

Doch wir können leicht selbst einige seiner Beweggründe erkennen. Erstens: Wie oben erwähnt, Götzendienst. Wir leisten womöglich Geistern Treue und Gehorsam, was wir allein Gott geben sollten. Wir kennen z.B. Menschen, die sich so sehr dem Spiritismus verschrieben haben, daß sie keine Entscheidung mehr treffen, ohne vorher die Geister zu befragen. Sie übertragen etwas auf Geister (in der Regel Dämonen, die sich als Onkel Bill und Tante Betsy ausgeben), was einzig und allein Gott gehört. „Befiehl dem Herrn deinen Weg und vertraue auf ihn, so wird er handeln“ (Ps 37,5). „Befiehl dem Herrn deine Werke, und deine Gedanken werden zustande kommen“ (Spr 16,3).

Zweitens: Verunreinigung. Einige Lehrer des Wortes Gottes behaupten, der Geist eines Menschen würde unmittelbar nach dem Tod in die Wohnungen des Himmels einziehen. Sie sagen, Spiritisten könnten niemals mit dem Geist eines Verstorbenen Kontakt aufnehmen. Diese Gelehrten sind der Meinung, ein Mensch könne lediglich den satanischen „Engel“ kontaktieren, der die betreffende Person ihr Leben lang beobachtet hatte, weshalb er auch ihre Verhaltensmuster und ihre Stimme perfekt imitieren und Dinge verkünden kann, die scheinbar nur der Verstorbene hätte wissen können. Jene Bibellehrer behaupten deshalb, daß jeder, der versucht mit einem Verstorbenen Kontakt aufzunehmen, nur von Dämonen verunreinigt wird. Wie wir später noch erläutern werden, bezweifeln wir, ob diese Erklärung allen Tatsachen gerecht wird; es gibt womöglich Fälle, in denen jemand wirklich den Geist eines Verstorbenen kontaktiert. Wie dem auch sei, in beiden Fällen ist Verunreinigung die Folge. Durch einen solchen Kontakt öffnet man in seinem Geist Türen, die verschlossen bleiben sollten.

Wie wir in Kapitel 8 erklärt haben, können uns lebende Personen auf der Erde zu unseren Lebzeiten durch ihre Gegenwart oder durch das, was von ihrem Geist ausgeht, über eine räumliche Distanz hinweg verunreinigen. Aber ein Mensch hat einen Körper. Sein Geist muß in seinem eigenen Körper wohnen. Bei dem Geist eines Verstorbenen oder einem Dämon, der die Anwesenheit eines Geistes vortäuscht ist das jedoch nicht so. Sie haben keinen Körper. Das bedeutet nun, daß sie sich an einen lebenden Menschen anhängen, in ihn eindringen und in ihm wohnen, ja ihn letztlich vielleicht ganz und gar besitzen können. Somit kann eine Seance für einen Menschen nicht nur Verunreinigung nach sich ziehen, sondern darüber hinaus zur Besessenheit führen.

Oft betrügen sich jene, die versuchen, mit Geistern Kontakt aufzunehmen, selbst oder sind als Medien wahre Scharlatane, die ihre Kunden um des Geldes oder eines anderen Vorteils willen verführen möchten. Kinder versuchen oft, in dummen Spielen spiritistische Sitzungen abzuhalten. Weil nichts Wirkliches zu geschehen scheint, gehen einige davon aus, daß am Spiritismus überhaupt nichts dran ist und äußern sich abschätzig darüber.

Jedoch hat das Verbot des Spiritismus mehr Gründe als Götzendienst, Verunreinigung, Empfänglichkeit für dämonischen Einfluß etc.; all das kann geschehen, auch wenn den Versuchen, mit Geistern Verstorbener Kontakt aufzunehmen, kein Erfolg beschieden ist. Gott spricht sich so unnachgiebig dagegen aus, weil der Spiritismus die Möglichkeit in sich birgt, mit Geistern oder irreführenden Dämonen Beziehungen einzugehen. Unser Herr hätte sich nicht so viele Sorgen gemacht, wenn es sich dabei nur um phantasievolle Narreteien handeln würde. Viele Menschen betrügen nur sich selbst. Das einzig Reale, das geschieht, ist die Sünde, es versucht zu haben. Dennoch stoßen auch fehlgeschlagene Versuche verbotene Tore auf und streuen Samen aus, die später Gericht ernten werden. Selbst Kinderspiele wie das Ouijaboard richten großen Schaden an. Manchmal geschieht es jedoch, daß Medien und Teilnehmer an einer Seance wirklich einen Geist anrufen und mit ihm Kontakt aufnehmen. Weil all das so unerbittlich real ist, erweckt es den Zorn des Herrn.

Geistern, mit denen man Kontakt aufgenommen hat – sei es, daß es sich wirklich um einen Verstorbenen handelt oder nur um eine dämonische Vorspiegelung – darf man keinen Glauben schenken. Dämonen beginnen gerne damit, einem Menschen auf der Erde durch die Stimmbänder des Mediums einige einfache und leicht zu überprüfende Tatsachen zu erzählen, z.B. wo man einen verlorenen, von der Familie hochgeschätzten Gegenstand wiederfinden kann. Damit möchten sie ihre Glaub- und Vertrauenswürdigkeit demonstrieren. Sobald diese Grundlage erst einmal geschaffen ist, können sie die leichtgläubige Zielperson in Illusionen und immer gemeinere Trugschlüsse und Lehren hineinführen. Die kontinuierliche Kontaktaufnahme sichert die Position des bösen Geistes im Geist und in der Seele des Menschen, bis dieser letztlich in der Falle sitzt und den Weg in die Hölle eingeschlagen hat. Es gibt viele „spiritistische Gemeinschaften", die Jesus ihren Herrn nennen und nach wie vor glauben, sie seien durch und durch christlich, während sie auf dem breiten Weg zur ewigen Pein gehen. Satan verblendet sie (2.Kor 4,4) und verstellt ihnen den Blick auf Schriftstellen wie 3.Mo 20,6 und 27; hingebungsvoll ermutigt er sie, zu Gott zu beten und weiterhin in ihrer „Gemeinschaft" zu bleiben. Wenn der schöne Schein des guten Christenlebens einmal abgetan wird, weiß er, daß seine Betrügereien so ans Licht kommen werden, wie sie wirklich sind. Satan möchte, daß sie in all dem äußeren Drum und Dran des Christentums verharren, während er in ihrem Leben seine Fallen auslegt, deren wahre Natur niemand vermutet.

Wie erwähnt, sind einige Gelehrte der Meinung, daß die Verstorbenen entweder in den Himmel oder in die Hölle kommen; deshalb könne ein Medium nur einen vorgetäuschten Geist kontaktieren, dessen eingehende Kenntnisse es ihm möglich machen, diejenigen an der Nase herumzuführen, die mit ihm Kontakt aufnehmen. Ich denke, diese Gelehrten haben prinzipiell und in den meisten Fällen recht. Doch vielleicht sollte man nicht allzu dogmatisch den Standpunkt verfechten, daß Medien und Menschen, die an Seancen teilnehmen, *ausschließlich* Vorspiegelungen kontaktieren. Als Saul vor der großen Schlacht, die er am folgenden Tag gegen die Philister austragen sollte, aus der Fassung geriet, und kein Prophet ihm Gottes Wort verkündete, machte er sich auf und ritt die ganze Nacht hinter den feindlichen Linien umher, um die Hexe von Endor zu finden. Er wußte, daß es verboten war, zu einem Medium zu gehen, aber er war verzweifelt und verängstigt. Er selbst hatte „...die Totenbeschwörer und die Wahrsager aus dem Land ausgerottet" (1.Sam 28,9). Doch da er – wie viele, denen heutzutage klar ist, daß sie es besser wissen sollten – geistig verwirrt war, entschloß er sich, in jedem Fall ein Medium zu konsultieren. Saul bat die Hexe, Samuel zu rufen. Die Heilige Schrift spricht nirgends von einer imaginären Begegnung oder daß Saul nicht wirklich mit Samuel gesprochen hätte. Vielmehr finden wir einen schnörkellosen Tatsachenbericht:

> Als aber die Frau Samuel sah, schrie sie laut auf und sagte zu Saul: Warum hast du mich betrogen? Du bist ja Saul! Und der König sagte zu ihr: Fürchte dich nicht! Nun, was siehst du? Die Frau antwortete Saul: Ich sehe einen Geist aus der Erde heraufsteigen. Er sagte zu ihr: Wie sieht er aus? Und sie antwortete: Ein alter Mann steigt herauf. Er ist in ein Oberkleid gehüllt. Da erkannte Saul, daß es Samuel war, und er neigte sich mit seinem Gesicht zur Erde und fiel nieder. Und Samuel sprach zu Saul: Warum hast du meine Ruhe gestört, daß du mich heraufkommen läßt? Und Saul antwortete: Ich bin in großer Bedrängnis! Denn die Philister kämpfen gegen mich, und Gott ist von mir

gewichen und antwortet mir nicht mehr, weder durch Propheten noch durch Träume. Da ließ ich dich rufen, damit du mir zu erkennen gibst, was ich tun soll. Und Samuel sprach: Warum fragst du mich, da doch der Herr von dir gewichen und dein Feind geworden ist? Der Herr hat dir getan, wie er durch mich geredet hat. Und der Herr hat das Königtum aus deiner Hand gerissen und es David, deinem Nächsten, gegeben. Weil du der Stimme des Herrn nicht gehorcht und seinen flammenden Zorn nicht an Amalek ausgeführt hast, darum hat dir der Herr das heute angetan. Und der Herr wird auch Israel mit dir in die Hand der Philister geben. Morgen wirst du mit deinen Söhnen bei mir sein. Auch das Heerlager Israels wird der Herr in die Hand der Philister geben. (1.Sam 28,12-19)

Ob Saul nun am nächsten Tag ohnehin geschlagen und getötet worden wäre, auch wenn er nicht zu dem Medium gegangen wäre, sei dahingestellt; Samuel verkündete ihm seinen bevorstehenden Tod, da jeder, der ein Medium konsultiert, „aus dem Lande ausgerottet" werden wird!

Wir sehen also, daß zumindest diese Geschichte aus der Bibel deutlich macht, daß ein Medium manchmal wirklich mit einem Verstorbenen Kontakt aufnimmt. Saul lebte zu Zeiten des Alten Testaments. Vielleicht können Christen gar nicht so verwirrt sein wie er, weil wir in einer anderen Zeit leben. Andererseits sollten wir vielleicht keine so absoluten Behauptungen aufstellen, die wir in der Bibel eben nicht finden. Die Begegnung zwischen Samuel und Saul war ohne Frage real. Vielleicht sind auch einige andere Kontakte genauso real. Wenn dem so ist, kann man eine derartige Begegnung nach wie vor nicht billigen. Sie ist Sünde, von Gott verboten, und jedem Gläubigen sollte das genügen.

Nebenbei bemerkt, ist es interessant, daß die Hexe von Endor Saul drängte, noch etwas Fleisch zu essen, bevor er ging. Das war nicht nur der übliche Brauch, gastfreundlich zu sein und jedermann wo möglich etwas zu essen zu geben; die Frau hatte Angst, daß Saul, der alle Medien hatte ausrotten lassen, sich vielleicht wieder besinnen und ihr dasselbe antun würde. Als er ihre Speise aß, aß er auch ihr Salz. Einer der wichtigsten Bräuche dieser Zeit sah so aus, daß ein Mensch einem anderen, dessen Salz er gegessen hatte, nichts antun konnte. Indem sie sich ihm freundlich erwies, meinte sie, sich vor dem König retten zu können. Offensichtlich ging ihre Rechnung auf. Ob Saul ihr sonst etwas angetan hätte, ist zweitrangig; er tat es nicht. Menschen, die in der Sünde des Spiritismus verstrickt sind, meinen oft, sie könnten sich eben dadurch retten, daß sie herzlich und freundlich sind. „Denken Sie doch nur an all das Gute, das wir tun; sehen Sie nur, wie freundlich wir sind. Gott könnte uns nie ablehnen. Wir sind nicht böse." Doch beim letzten Gericht wird weder die Hexe von Endor noch irgendein anderer wohlmeinender, liebevoller, doch fehlgeleiteter Spiritist dem Gericht Gottes entgehen können. Sünde ist Sünde, egal wie angenehm der Charakter oder wie freundlich die Absichten des Betreffenden sind.

In einer Zeit, in der ich regelmäßig Besuche im Krankenhaus machte, kam ich (John) einmal in ein Zimmer, in dem eine Dame im Sterben lag; sehr bald stellte sich heraus, daß sie schon seit langem eine praktizierende Spiritistin war. Ich legte Zeugnis ab von der rettenden Gnade des Herrn Jesus Christus. Ja, sie wollte ihn als Herrn und Heiland annehmen; hatte sie ihn etwa in ihrer spiritistischen Gemeinschaft nicht schon immer gekannt? Ja, ich nehme an, daß sie *von* ihm gewußt hatte. Jetzt führte ich sie an den Punkt, an dem sie ihn in ihrem Herzen *aufnehmen*, Vergebung empfangen und wiedergeboren werden sollte. Sie sagte, sie wolle auch das tun und nahm ihn im Gebet als ihren Herrn und Heiland auf. Dann sagte ich: „Bessie, jetzt, da Du Jesus als Herrn und Heiland angenommen hast, wirst Du Deinen Arbeitern entsagen und sie gehen lassen müssen." Manche Spiritisten bezeichnen die Geister auf der anderen Seite, mit denen sie vermeintlich in Kontakt stehen, als ihre „Arbeiter". Einige Arbeiter werden als gut eingestuft, einige als böse und deshalb auch als nicht vertrauenswürdig. (Als ich ins Zimmer gekommen war, hatte sie große Augen bekommen und gerufen: „Oh, Du bist von den allerbesten Arbeitern umgeben!" Ich wußte sofort, daß sie Spiritistin war und deshalb hatte ich auch geantwortet: „Ja, Bessie, das ist der Herr Jesus Christus und seine Begleiter." So waren wir ins Gespräch gekommen.)

Bessie erhob Einspruch: „Oh nein, ich brauche meine Arbeiter."

„Nein, Bessie, Du brauchst niemand außer Jesus."

„Nein, nein, ich brauche sie!"

In diesem Moment kam die Herrlichkeit des Herrn über uns. Der Herr selbst ging auf sie zu. Doch Bessie wand sich vor Schmerzen und zog sich voll unterwürfiger Angst vor ihm zurück. Ich sah, was der Herr tat und sagte nochmals: „Siehst Du Bessie, diese Geister haben Angst vor ihm. Du hast nichts zu fürchten. Du gehörst zu ihm. Er liebt Dich. Laß die Arbeiter einfach gehen und es wird Dir gut gehen."

„Oh nein, das könnte ich nie tun."

Wiederum kam die Herrlichkeit des Herrn, noch intensiver als zuvor. Bessie erstarrte vor Schrecken. „Laß diese Arbeiter gehen, Bessie. Jesus liebt Dich. Es wird gut sein."

„Nein, nein, ich kann nicht."

„Doch, Du kannst."

So ging es einige Male hin und her. Offensichtlich hatte der Herr sie schließlich voller Gnade mit seiner Liebe berührt und ihr Kraft verliehen; sie sagte: „Okay, ich laß sie gehen.“ Auf dieses Signal hin gebot ich jedem Geist – sowohl Geist, als auch Dämon, jedoch nicht dem Heiligen Geist –, sie zu verlassen und vergab ihr die Sünde des Spiritismus. Bessie entspannte sich, und die Herrlichkeit des Herrn kam erneut – und blieb! Bessie hatte keine Angst mehr. Diese Furcht war nicht ihre Furcht gewesen, sondern die der Dämonen in ihr. Jetzt hatte sie Frieden. Als ich ging, schaute ich mich noch einmal um und sah ihren freudig-gelassenen Gesichtsausdruck. Ihre Familie berichtete mir, daß sie bald danach ruhig und friedlich verstarb.

Leider sind derlei Fälle nicht immer so eindeutig und leicht zu lösen. Im Umgang mit dem Spiritismus gibt es etliche Grauzonen. Jemand mag die Begriffe, um die es hier geht, anders gebrauchen, doch wir verwenden das Wort „Spiritismus“ im engeren Sinne zur Beschreibung des bewußten Versuchs, mit Geistern Verstorbener Kontakt aufzunehmen, normalerweise in einer spiritistischen Sitzung durch ein Medium. „Spiritismus“ im weiteren Sinne bezieht sich für uns auch auf den Versuch, Naturgeister zu kontaktieren oder auf die Bereitschaft, von Geistern kontaktiert zu werden, wie das bei der Gruppe um Peter Caddy im schottischen Ort Findhorn der Fall ist.

Zwar widerwillig, aber im Gehorsam gegenüber dem Herrn, möchte ich nun einige Geschichten aus unserer Familie erzählen; ich weiß, daß wohl in jeder Familie viele ähnliche Begebenheiten vorgekommen sind. Ich berichte davon, um auf bestimmte Punkte hinzuweisen. Es muß deutlich gesagt werden, daß es sich hierbei nicht um Zeugnisse handelt. Wir sind nicht stolz auf das Geschehene und sind nicht der Meinung, daß es dem Herrn die Ehre gibt. Wir geben diesen Einblick nicht, um andere zu ermutigen, nach denselben Erfahrungen zu streben, noch sind wir der Meinung, daß das Berichtete bewundernswert sei; vielmehr möchten wir damit sagen, daß wir als geisterfüllte Christen derlei Begegnungen ablehnen und soweit möglich vermeiden müssen. Der Grund dafür ist nun nicht, daß sie eindeutig schlecht oder verboten wären, sondern einfach weil wir es nicht wissen; diese Begebenheiten spielen sich in der besagten Grauzone ab, und wir müssen darauf achten, daß unser Kleid nicht vom Fleisch befleckt wird (Jud 23).

Unsere (Johns) Familie ist schon seit je her mystisch veranlagt. Viele eigenartige Dinge sind in ihr geschehen. Einmal lag meine Mutter mit großen Schmerzen im Krankenhaus. Sie erinnerte sich, wie ihre Mutter sie immer getröstet hatte, wenn sie als kleines Mädchen krank gewesen war; für einen Augenblick ging sie zurück in ihre

Kindheit und wünschte sich, ihre Mutter könne auch jetzt bei ihr sein und sie trösten. Im nächsten Augenblick hatte sie den Eindruck, Großmutter Potter, die schon lange tot war, stehe neben ihrem Bett; unmittelbar darauf kam es meiner Mutter vor, als stehe sie selbst neben dem Bett und Großmutter wäre in ihren Körper geschlüpft, um für sie alle Schmerzen auf sich zu nehmen. Nach einigen Minuten der Erleichterung war Großmutter Potter verschwunden, und meine Mutter lag wieder in ihrem Krankenhausbett.* Selbstverständlich ist es einzig und allein Jesus, der unsere Schmerzen für uns trägt. Der eine oder andere denkt vielleicht, der Herr habe es meiner Großmutter erlaubt zurückzukehren, um ihrer Tochter zu helfen. Andere, zu denen ich mich zähle, sind wiederum der Anschauung, daß sich meine Mutter entweder getäuscht hat oder von einem Geist irregeführt wurde, der sich als ihre Mutter ausgab. Aber niemand weiß es genau.

Worauf wir jedoch hinauswollen ist die Tatsache, daß es sich hierbei um eine Grauzone handelt. Kein Vertreter der beiden Standpunkte kann sich absolut sicher sein. Die größte Gefahr liegt vielleicht darin, daß jemand, der leidet oder noch nie ein derartiges Erlebnis hatte, nun womöglich denkt: „Ich wünschte, mir würde auch mal so was passieren." Das öffnet vielleicht Türen oder ermutigt zu bestimmten Versuchen, von denen man die Finger lassen sollte. Als geisterfüllter Christ würde ich mich nie nach einer solchen Erfahrung ausstrekken; ich habe gebetet, daß der Herr mein ganzes mystisches Wesen sterben lassen und das Kreuz zwischen mir und meinem mystischen Familienerbe errichten möge. Doch nehmen wir einmal an, man trifft sich und berichtet einander von seinen Erlebnissen, und ich erzähle eine solche Geschichte. Könnte das meinen schwächeren Bruder nicht in Versuchung führen? Ich denke, daß jeder von uns in solchen Grauzonen den Rat des Paulus befolgen sollte, in dem es darum geht, kein zu Fleisch essen, um den schwächeren Bruder damit nicht zu versuchen (Röm 14,13-22).

---

* Da in einigen dieser Geschichten Großmutter Potter erwähnt wird, sollte man an dieser Stelle darauf hinweisen, daß Großmutter Potter eine überzeugte, gläubige Frau war, die treu ihre Bibel las. Sie hatte nichts mit Spiritismus zu tun, und ich kann mich nicht daran erinnern, daß sie jemals sehr mystisch gewesen wäre. Sie stand mit beiden Beinen auf der Erde. Als strenge fundamentalistische Abstinenzlerin bekam sie einen großen Schreck als sie erfuhr, daß die Medizin mit Namen Hadacol, die sie gerne bei Erkältungen und Husten einnahm, einen Alkoholgehalt von mehr als fünfzig Prozent hatte!

Unser Herr Jesus, das Wort, das bei Gott war, der Schöpfergott (Joh 1,1-14; Kol 1,15 ff.; Hebr 1,1-3) gab Mose das Gesetz. Dennoch sehen wir ihn auf dem Berg der Verklärung, wie er sich mit Mose und Elia unterhält (Mt 17,1-8). Elia war nicht gestorben; er war in den Himmel aufgefahren. Mose war gestorben. Da unser Herr nie gesündigt hat (2.Kor 5,21) und man ihn hier mit einem Verstorbenen sprechen sieht, sind offensichtlich nicht alle Kontakte vom Himmel zur Erde verboten! Es ist auch ein Fall von Spiritismus, wenn die Menschen versuchen, Himmelsbewohner zu kontaktieren. Das dürfen wir niemals tun. Wenn wir das erwähnen, wollen wir den Spiritismus in keiner Weise entschuldigen; wir möchten lediglich denen Erleichterung verschaffen, die durch Erlebnisse, in denen Verstorbene ohne Einladung anscheinend zu ihnen gekommen sind, Schwierigkeiten bekommen haben. Selbst die Tatsache, daß unser Herr eine solche Erfahrung gemacht hat, ist für mich ein Zeichen dieser Grauzone. Die Trennungslinien sind nicht immer klar ersichtlich.

Noch eine weitere Geschichte aus meiner Familie: Meine Mutter kaufte einen gebrauchten Polstersessel. Sie brachte ihn nach Hause und wollte ihn vor der Benutzung noch sauber machen. Während sie zwischen der Sitzfläche und der Seitenlehne tief hinunterbohrte, hörte sie plötzlich etwas, das ihr wie die Stimme ihrer Mutter vorkam (einige Jahre nachdem diese gestorben war): „Greif' noch weiter runter, Zelma." Sie tat es und fand einen außergewöhnlich wertvollen Diamantring, den der Juwelier später auf ihre Größe anpaßte. Sie trägt ihn bis auf den heutigen Tag und ist sich sicher, daß er ein Geschenk ihrer Mutter ist.

Meine Mutter hat nie versucht, mit jemandem Kontakt aufzunehmen. Das Erwähnte geschah *mit* ihr. Doch wer initiierte diese Begebenheiten? Ließ Gott es zu, so daß es wirklich Großmutters Geist war, der sprach? Oder war es ein Dämon, der meine Mutter überzeugen wollte, um ihren wahren Glauben zu schwächen und sie in die Irre zu führen? Jeden der beiden Standpunkte könnte man unerbittlich verteidigen. Aber ganz gewiß gibt es eine Grauzone, die niemand wirklich versteht.

Bei geisterfüllten Christen mache ich mir mehr Sorgen um diese Grauzonen als um den eigentlichen Spiritismus. Es ist bekannt, daß Spiritismus schlecht ist. Wir können ihn leicht erkennen und ihm aus dem Weg gehen, entschlossen, dem Wort Gottes zu gehorchen. Doch die Grauzonen stacheln die Neugierde an. Was sie betrifft, sind die biblischen Richtlinien nicht so klar und deutlich. Wir mußten schon mitansehen, wie Ratsuchende immer weitere, scheinbar unschuldige Schritte in immer krassere Unausgewogenheit, wenn nicht sogar offensichtliche Täuschung und Sünde gingen. Viele wurden, völlig ahnungslos, durch mystische Begebenheiten in Götzendienst gefangen und suchten bei verschiedenen Quellen Trost und Anleitung, jedoch nicht mehr beim Heiligen Geist. Aus genau diesem Grund gebe ich unsere Familiengeschichten preis. Aus jahrelanger seelsorgerlicher Erfahrung weiß ich, daß fast jede Familie ähnliche Geschichten erzählen könnte. Ich vermittle damit nicht Angst und Rückzug, sondern vielmehr wie man vorsichtig und korrekt vorgeht. Wir wollen fest entschlossen sein, unseren Weg gemäß dem Wort Gottes rein zu halten (Ps 119,9). Wenn uns dann etwas wie die oben wiedergegebenen Geschichten widerfährt, können wir es einfach dem Herrn in die Hand geben, um Vergebung bitten, wenn wir in irgendeiner Hinsicht offen waren, wo wir es nicht sollten, Gott für die Erfahrung preisen und in ihm weitergehen; dann werden wir auch weise genug sein, keine Geschichten zu erzählen, wenn die Unreifen dadurch zu einem irreführenden Abenteuer verleitet werden würden.

Aufgrund meines Amtes als Prophet und Pastor wußte ich es oft schon im voraus, wenn in meiner Gemeinde ein Todesfall bevorstand. Mit der Gabe der Erkenntnis, war es leicht, das zu erkennen. „Gott der Herr tut nichts, er offenbare denn seinen Ratschluß den Propheten, seinen Knechten" (Am 3,7; LÜ). Dieses Wissen führte mich in die Fürbitte. Oft betete ich gerade für die betreffende Person, als ich von ihrem Tod unterrichtet wurde. Das war meine Funktion als Pastor und Prophet. Doch manchmal geschahen auch Dinge, die ich nicht so leicht verstehen konnte. Eines Tages überlegte ich mir, was ich in einer Grabrede über einen bestimmten Menschen sagen sollte. Das kostete mich einen ziemlichen Kampf, weil ich so viel Gutes und Schlechtes über ihn wußte, was die Gemeinde auch wußte. Ich war allein in meinem Büro und betete darüber; mein linker Arm lag ausgestreckt auf dem Schreibtisch. Schließlich entschied ich mich: Der Herr möchte, daß ich mein Augenmerk auf seine Gnade lenke; da ich nicht alles im Leben meines Freundes ignorieren konnte – eben weil die Gemeinde von mir erwartete, daß ich etwas dazu sagte –, würde ich nur kurz und voller Mitgefühl sprechen. Meine Augen waren immer noch geschlossen, der Kopf zum Gebet gebeugt. Eine Hand griff nach meiner Hand und drückte sie, so wie wir oft jemanden sanft drücken, um ihn zu bestätigen. Ich „erkannte" die Anwesenheit meines verstorbenen Freundes. Was ist nun wirklich geschehen? War das wirklich der Geist meines Freundes, der meine Wahl bekräftigte? War es der Herr, der mir zustimmte? Oder sollte ich durch irgendetwas getäuscht und in die Irre geführt werden? Weder wollte ich mit jemandem Kontakt aufnehmen, noch irgendetwas in der Art erleben. *Unaufgefor-*

dert widerfuhr es mir. Ich bin mir sicher, daß sich schon viele andere Pastoren über ähnliche Erfahrungen gewundert haben. Hier stoßen wir erneut auf eine solche Grauzone. Welchen Reim sollen wir uns daraus machen? Was sollen wir damit anfangen?

Ich erzähle diese Geschichte, um zu bezeugen, was ich getan habe. Ich betete, der Herr möge mich vor allen falschen Erfahrungen behüten, alles Fleischlich-Mystische in den Tod ziehen und alles in mir verschließen, das nicht geöffnet sein sollte. Andererseits betete ich, der Herr möge mich beschützen und „nicht in Versuchung führen" wenn er wollte, daß ich für derlei Dinge empfänglich sein solle. Aus der Seelsorge weiß ich, daß viele Pastoren von Erfahrungen „geplagt" werden, die sie nicht richtig einordnen können; sie scheuen sich, davon zu erzählen, weil sie sich vor dem fürchten, was andere Menschen daraufhin denken oder tun werden.

Eines Tages besuchte ich meine Mutter als sie emotional ziemlich durcheinander war und Gefahr lief, einige falsche Entscheidungen zu treffen. Wenngleich manche Leute tausende von Kilometern reisen, um zu mir in die Seelsorge zu kommen, und meine seelsorgerliche Erfahrung international bekannt ist, konnte ich natürlich bei meiner eigenen Mutter keinen entscheidenden Durchbruch erringen (Mt 13,57). Erschöpft und betrübt ging ich ins Nebenzimmer. Fenster und Türen waren geschlossen. Nirgendwo im Haus lief Wasser. Plötzlich spürte ich über mir die Gegenwart von Großmutter Potter; ich „wußte", daß sie über meine Mutter weinte. Ein Wassertropfen fiel auf meine Braue und lief mir ins Auge; er war so real und so groß, daß ich meine Brille abnehmen und sie und mein Auge trockenwischen mußte! Die Decke war nicht feucht; es gab keine physikalische Erklärung dafür! Was war geschehen? War das wirklich eine Träne gewesen? Warum? Warum sollte es der Herr zulassen, daß jemandem so etwas widerfuhr, der sich gegen jede Form des Spiritismus ausgesprochen hat und fest entschlossen ist, umsichtig vor dem Herrn zu wandeln? Ich weiß, daß ich meinen guten Ruf (und vielleicht auch den meiner geliebten Familie) aufs Spiel setze, wenn ich diese Geschichten auch nur erzähle. Aber ich setze ihn aus einem höchst zwingenden und dringlichen Grund aufs Spiel: Ich weiß, daß es viele, viele Pastoren und Laienprediger im Leib Christi gibt, die ähnlich Erfahrungen gemacht haben und niemandem davon erzählt haben, aus Angst davor, als „Spinner" oder Sonderlinge abgestempelt oder gar als Spiritisten aus ihrer Gemeinde hinausgeworfen zu werden! Vor fünfzehn Jahren entsagte ich jeglicher Form des Mystizismus und sagte zum Herrn: „Ich möchte keine Erfahrungen machen, es sei denn, der Heilige Geist schenkt sie mir." Seither habe ich nichts mehr wie in den erwähnten Geschichten erlebt;

vielleicht konnten sie unter anderem deswegen geschehen, weil ich in Christus noch so unreif war. Aber genau darum geht es uns. Wievielen Christen – insbesondere frischbekehrten – widerfuhren ähnliche Dinge, und wer konnte ihnen zuhören, ohne sie anzuklagen? Wer wußte schon, wie er ihnen dienen oder ihre Not erkennen sollte?

Unterdrückung und Isolation sind nicht gut. *Am rechten Ort etwas mitzuteilen bringt Heilung. Ein Hauskreis in einer Gemeinde ist der rechte Ort.* Freunde können unterscheiden und beten. Wir müssen die Aura des Urteilens und Verdammens wegnehmen und uns in rechter Weise mitteilen, innerhalb des Leibes Christi, wo unsere Brüder und Schwestern für uns beten und uns beschützen können. Gleichgültig, ob solche Begebenheiten erkennbar gut oder schlecht sind – Einsamkeit, die durch eine mystische Erfahrung entsteht, kann den Geist verletzen.

Ich habe lange mit anderen darüber debattiert und gebetet, bevor ich mich entschloß, diese Geschichten weiterzugeben; ich glaube, daß es eine Last der Verwirrung und Verwunderung gibt, von der ein Großteil unserer Brüder und Schwestern befreit werden muß. Ihre Heilung ist es uns wert, unseren Ruf aufs Spiel zu setzen. Ich erwarte *nicht* und erhoffe mir auch nicht, daß der Leib Christi die Fragen derer, die ähnliche Erfahrungen gemacht haben, beantworten kann. Ich kann es auf jeden Fall nicht; ich kann mir nicht einmal meine eigenen Erlebnisse erklären. Sich eingehend mit diesen Fragen zu beschäftigen würde uns wahrscheinlich ablenken, irreführen und uns von der Beschäftigung mit angemesseneren und fruchtbringenderen Themen abhalten. Auf dieser Seite der Ewigkeit „...gibt (es) mehr Ding' im Himmel und auf Erden, als Eure Schulweisheit sich träumt, Horatio" (William Shakespeare, *Hamlet*, Akt I, Szene 5). Aber wir können der Einsamkeit und dem erstaunten Fragen, ob diejenigen, die mystische Erfahrungen machen, nun verrückt oder absonderlich sind, ein Ende machen, indem wir sie annehmen und bereit sind, ihnen zuzuhören und sie im Gebet zu unterstützen. Da ich selbst auf ein extrem mystisches Erbe zurückblicke, kenne ich aus erster Hand diese zermürbende und vernichtende Einsamkeit, die infolge sonderbarer Erfahrungen entsteht! Ich weiß, wie sehr man sich danach sehnt, sich an einem sicheren Ort im Leib Christi mitteilen zu können. Ich weiß, wie wichtig es ist, daß sich mystisch veranlagte Christen in unserer Mitte nicht isoliert vorkommen, sondern sich vielmehr von der Liebe und der betenden, ausbalancierenden Fürsorge von Menschen umgeben fühlen, die vielleicht selbst derartige Erfahrungen nie gemacht haben.

Die Mystiker unter uns machen oft Erfahrungen in der besagten Grauzone. Sie brauchen nüchterne Menschen, die sie begleiten und ihnen beistehen. Menschen, die stets auf dem Boden der Tatsachen stehen, brauchen hingegen die Herausforderung, von Erfahrungen zu hören, die sich außerhalb ihres Horizontes abspielen. Viel zu lange dominiert nun schon eine Atmosphäre der Furcht und des Spottes, des Tadelns und Richtens, wodurch alle mystisch veranlagten Menschen zum Schweigen gebracht und isoliert werden. Wir neigen dazu, das, was wir nicht verstehen, zu fürchten. So oft sind schon Brüder und Schwestern mit tiefen Verletzungen zu uns gekommen, die anderen von einem Erlebnis berichtet hatten, nur um sich auf einmal unter Verdammnis und in noch größerer Isolation und Einsamkeit als die wiederzufinden, die sie zu sprechen veranlaßt hatte! Wir bitten den Leib Christi, nicht arrogant und unsensibel zu sein, insbesondere wenn er aufgerufen wird, einen Bruder oder eine Schwester zu warnen.

Weder möchte ich über solche Erfahrungen und die, die sie machen, stillschweigend hinwegsehen, noch sie schönfärben. Ich spreche mich nur für Heilung aus. In dieser pragmatischen Zeit wird der Mystiker durch die Isolation vielen Gefahren ausgesetzt. Der Leib Christi muß sich um die Mystiker in seiner Mitte versammeln und sie beschützen, damit sie keinem Trugschluß anheimfallen oder durch mangelnde Bereitschaft zum Wagnis abgekapselt und schließlich sogar in der Ausübung der Geistesgaben, die eindeutig ihre Gültigkeit haben, unfruchtbar werden. Wenn sie nämlich isoliert sind, tragen sie zu viele Wunden und sind zu einsam, um ihre Funktion erfüllen zu können, selbst wenn sie nach wie vor die Bereitschaft dazu hätten. Wir wollen mit Bestimmtheit in erster Linie heilende Botschafter Jesu sein und nicht schnelle Schwerter des Gerichts, wenngleich ein schneller Schwertstreich auch heilsam sein kann, wenn die heilende Liebe vorhanden ist.

Alle, die sich mit Spiritismus im engeren und/oder im weiteren Sinne eingelassen haben, brauchen viel Heilung. All die Auswirkungen und heilenden Gegenmaßnahmen, die wir im vorigen Kapitel beschrieben haben, gelten auch hier, jedoch mit einigen Ergänzungen und speziellen Schwerpunkten.

Erstens: Weit mehr als die meisten anderen okkulten Dinge, gibt der Spiritismus einen Menschen, der darin verstrickt ist, dem Blick und dem Zugriff finsterer Mächte preis. Sowohl Menschen, die aktiv spiritistisch tätig waren, als auch solche, die irgendwie ohne eigenes Verschulden durch andere dazu verleitet wurden, müssen noch gewissenhafter vor den Augen der Dämonen verborgen und in allen Bereichen ihrer Seele noch rigoroser vor dem Angriff des Teufels verschlossen werden.

Die Verunreinigung ist schwerwiegender. Unter Umständen hat sich ein böser Geist an den betreffenden Menschen angehängt, ja ist vielleicht sogar in ihn eingedrungen. In solchen Fällen ist höchstwahrscheinlich eine Dämonenaustreibung angesagt.

Womöglich wurde etliches im Sinn des Betreffenden gespeichert: Gedanken, Emotionen und die Erinnerung, anscheinend wieder mit einem lieben Menschen gesprochen zu haben, können ihn plagen; vielleicht schreien diese Erfahrungen danach, akzeptiert und wiederholt zu werden. Manchmal sind Leute der Überzeugung, ein Verstorbener habe ihnen etwas anvertraut oder aufgetragen; wenn sie das dann nicht tun, wäre das für sie ein Zeichen mangelnder Loyalität und Liebe. Der gesamte Handlungsstrang von *Hamlet* dreht sich um dessen Glauben, sein toter Vater wäre ihm erschienen und hätte ihm geboten, an seinem Bruder Rache zu nehmen, weil dieser getötet und seinen Thron und seine Frau für sich beansprucht hatte. Die Ehre scheint auf dem Spiel zu stehen. Unangebrachter Eifer zwingt die Personen zu handeln, meistens mit falschen Mitteln für eine falsche Sache, da die Rache nicht Hamlet sondern nur dem Herrn zusteht.

Dieser „Speicher" muß durch Autorität vernichtet, die Worte der Geister in Jesu Namen hinausgeworfen werden. In der Regel möchten Dämonen Menschen anstacheln, etwas wirklich Falsches zu tun, um etwas anderes vermeintlich Falsches wieder ins Lot zu rücken, ja vielleicht sogar, etwas scheinbar Richtiges zu tun, um etwas Falsches zu korrigieren oder zu verhindern. Oftmals sind Christen der festen Überzeugung, eine bestimmte Person könne bezüglich einer Schuldfrage endlich zur Ruhe kommen, wenn sie ihr scheinbar aus der anderen Welt Vergebung zusprechen könnten; vielleicht fände auch die Sehnsucht eines Herzens Heilung, wenn sie im Namen eines Verstorbenen Liebe vermitteln könnten, die dieser zu Lebzeiten nicht hat ausdrücken können. Doch diese Sehnsucht soll nicht durch Spiritismus gestillt werden. Dem Heiligen Geist stehen andere und bessere Mittel zur Verfügung, um sich dieser Not zu widmen. Wenn es den Anschein hat, eine solche Not habe durch Spiritismus gelindert werden können, muß der Seelsorger scheinbar verletzen, um heilen zu können. „Mary, diese Nachricht hast Du mit spiritistischen Mitteln erlangt. Ich weiß, daß sie Dich getröstet hat, aber das ist ein falscher Trost. Erkennst Du nicht, daß Deine Frage immer noch unbeantwortet ist? Dein Geist hat keine Ruhe, auch wenn Du Dich mit Deinem Verstand an diese Nachricht geklammert hast. Wir wollen diese Botschaft loslassen. Wir müssen nicht wissen, ob es sich dabei um etwas gehandelt haben könnte, was Dir der Mensch, den Du so sehr liebst, hätte sagen wollen. Unser Herr ist der einzig wirkliche Trost. Hören wir doch nur auf ihn und reinigen wir uns von jeder Verunreinigung. Okay? Möchtest Du mit mir dafür beten?"

Botschaften und Erfahrungen, an die man sich erinnert, plagen die Gedanken und das Herz und betteln um Anerkennung. Es kann geschehen, daß ein Bruder oder eine Schwester von einer Seance kommt und zu jemandem, der nie auch nur daran gedacht hat, an einer spiritistischen Aktivität teilzunehmen, sagt: „Gestern abend kam Papa zu uns; alle in der Familie sollen wissen, daß er sie liebt; er möchte, daß Du, George, als ältester, Dich um den Rest der Familie kümmerst, insbesondere um David, der, wie Papa sagt, auf dem besten Weg ist, Ärger zu bekommen." Das hört sich völlig harmlos, ja sogar hilfreich an. Doch vielleicht hätte George ohnehin die Verantwortung übernommen. Die Botschaft stiftet nur Verwirrung. Wenn David nun wirklich Ärger bekommt, werden George und alle anderen Familienmitglieder von dem Gedanken geplagt sein, ob Spiritismus nicht vielleicht doch in Ordnung ist. Wenn George besonders auf David achtgibt, wird ihm notwendigerweise die Befürchtung Probleme bereiten, daß er eigentlich auf Geheiß und auf den Rat eines Spiritisten hin handelt; das hat zur Folge, daß sogar eine richtige Aufgabe innerhalb der Familie von der Frage beeinträchtigt wird, ob sie nun rein ist oder nicht. Wenn ein Prophet George denselben Rat gegeben und David keinen Ärger bekommen hätte, würde Gott allein die Ehre bekommen. Doch wenn sich die Umstände anders gestalten, wer bekommt dann die Ehre?

Wer für Befreiung und Heilung betet, sollte darum bitten, daß die Gedanken und das Herz des Ratsuchenden gereinigt und alles, woran er sich erinnert, von Andeutungen und Versuchungen reingewaschen werden mögen. Der Seelsorger sollte von der reinigenden Kraft des Wortes Gottes Gebrauch machen:

> Das Gesetz des Herrn ist vollkommen und erquickt die Seele; das Zeugnis des Herrn ist zuverlässig und macht den Einfältigen weise. Die Vorschriften des Herrn sind richtig und erfreuen das Herz; das Gebot des Herrn ist lauter und erleuchtet die Augen. Die Furcht des Herrn ist rein und besteht in Ewigkeit. Die Rechtsbestimmungen des Herrn sind Wahrheit, sie sind gerecht allesamt; sie, die köstlicher sind als Gold, ja viel gediegenes Gold, und süßer als Honig und Honigseim. Auch wird dein Knecht durch sie gewarnt; in ihrer Befolgung liegt großer Lohn. (Ps 19,8-12)

Ein Seelsorger tut gut daran, dem Ratsuchenden mehrere Schriftstellen wie diese vorzulesen und ihm als „Hausaufgabe" die tägliche Bibellese vor allem von Schriftstellen wie Psalm 119, Johannes 12 bis

20 oder den Brief an die Römer aufzugeben. Jesus hat es nicht symbolisch gemeint, als er sagte: „Ihr seid bereits rein *infolge des Wortes, das ich zu euch geredet habe* (Joh 15,3; Menge). Sein Wort ist die Kraft, die Rettung bringt (Röm 1,16; Menge).

Dämonen lieben es, durch angebliche spiritistische Botschaften Familienstreitereien anzufachen. Einer, der sich als verstorbene Schwester ausgibt, sagt womöglich: „Paßt auf Martha auf; sie erzählt alles mögliche über euch, was sie nicht sollte" oder „Daniels Frau macht Deinem Mann schöne Augen. Sei auf der Hut." Um seine wahre Absicht, nämlich Argwohn zu schaffen und Samen der Unzufriedenheit und Spaltung zu säen, zu kaschieren, kann der Dämon hinter den Kulissen den einen oder anderen guten Rat einflechten, wie z.B.: „Habt Erbarmen" oder „Versucht zu vergeben"; er weiß, daß seine „Zielperson" dadurch die eigentliche Botschaft fester in ihrem Herzen verankern wird, als sie vermutet. Der Dämon weiß, daß diese Samen des Argwohns und der Zwistigkeit im Herzen des Menschen so oder so ihr dreckiges Werk vollenden werden. Der Betreffende wird versuchen, diese Botschaft abzuschütteln, doch in seinem Hinterkopf werden die Fragen und der Groll weiterhin an ihm nagen.

Wir wollen eine klare Trennungslinie zwischen den Worten des Herrn und fleischlichen oder dämonischen Botschaften ziehen. Auch ein Prophet des Herrn kann warnen; vielleicht mahnt und rät er in gleicher Weise zu Erbarmen und Vergebung. Wenn der Prophet spricht, redet der Heilige Geist durch ihn. Seine Worte sind vom Herrn gesalbt. Sie vermitteln dem Herzen des Menschen Gottes Absichten. Sie bringen Gutes hervor, „denn Gott ist es, der in euch sowohl das Wollen als auch das Vollbringen wirkt, nach Seinem Wohlgefallen" (Phil 2,13; Schlachter). Wenn ein Plappermaul Geschichten verbreitet, ist das Fleisch am Werk: „Ein ruchloser Mann gräbt Unheil, und *auf seinen Lippen ist es wie sengendes Feuer*. Ein Mann der Falschheit entfesselt Zank, und ein Ohrenbläser entzweit Vertraute" (Spr 16,27-28). Es kann, muß aber nicht sein, daß das Fleisch von Dämonen getrieben und gestützt wird; die üble Nachrede kann auch einzig und allein im Fleisch seinen Ursprung haben. Doch wenn sie auf spiritistischem Wege verbreitet wird, stecken immer Dämonen und ihre Verunreinigungen dahinter. Dann trägt sie Satans „Salbung" und schlängelt sich in die Herzen der Menschen, um dort an die niedrigsten Motive des Fleisches zu appellieren. Gottes Wort ruft seine Gerechtigkeit in uns hervor. Satans Worte verführen zum Schlimmsten, wozu das Fleisch des Menschen fähig ist.

Es ist sehr wichtig, diese Unterscheidung zu verstehen, denn viele haben schon gesagt: „Ich sehe eigentlich nicht ein, was an dem Wort des Spiritisten so falsch sein soll. Mein Pastor hat mit denselben Worten dasselbe zu mir gesagt. Ich sehe darin eine Bestätigung." Das stimmt nicht. Die Worte des Spiritisten sind mit den Worten des Pastors nicht identisch, auch wenn sie sich in Wortlaut, Betonung und Tonfall gleichen. Der entscheidende Faktor ist die unverwechselbare Kraft und Quelle der jeweiligen Worte. Gott braucht keine Bestätigungen vom Teufel. Sein Wort wird von hinzugefügtem Sauerteig bösen Ursprungs nur besudelt. Wir müssen unser Herz, unseren Verstand, unsere Seele und unseren Geist *allein* auf Gott richten, der die Quelle ist und Worte des ewigen Lebens hat (Joh 6,68).

Menschen, die in irgendeiner Form des Okkulten verstrickt sind, sollte man eindringlich bitten, dieser Betätigung im Gebet, laut und vor anderen zu entsagen. Für diejenigen, die im Spiritismus verstrickt sind, ist das nicht nur eine weise Bitte, sondern vielmehr ein Muß. Das gesprochene Wort hat Kraft, insbesondere im Bekenntnis, wie wir Jakobus 5,13-19, dem Gebot, einander die Sünden zu bekennen, entnehmen können.

Bei jedem Gebet über okkulte Beschäftigung ist es wichtig, das Blut Christi einzusetzen, ganz besonders bei allen, die von Spiritismus im engeren und weiterem Sinne beschmutzt sind. Das Blut, das Wort und das Kreuz sind die mächtigsten Waffen unseres Kampfes, wenn wir jemanden heilen wollen, der in Okkultismus und insbesondere in Spiritismus verwickelt ist.

In 3.Mose 20,6 heißt es: „Und die Person, die sich zu den Totengeistern und zu den Wahrsagern wendet, um ihnen nachzuhuren, *gegen diese Person werde ich mein Angesicht richten und sie ausrotten aus der Mitte ihres Volkes*." Folglich findet man zwei zentrale Auswirkungen des Spiritismus, auf die man im Heilungsgebet eingehen sollte. Erstens: Die betreffende Person muß wieder in die Lage versetzt werden, die Gnade Gottes zu empfangen. Im Gebet sollte so lange Versöhnung ausgesprochen werden, bis die Person weiß, daß Gott ihr wieder wohlgesonnen ist. Auch sollte der Segen neu eingesetzt werden. Jemand fühlt sich vielleicht wieder angenommen, doch eher als Mensch dritter Klasse, der zwar erneut Zugang zu Gott hat, aber bis an sein Lebensende nichts Gutes mehr erfahren wird. Deshalb muß man den Segen Gottes über ihm aussprechen, bis er wieder glaubt, daß Gottes Engel und Heilige vor ihm hergehen, um sein Bestes zu suchen und daß ihm erneut eine wichtige Aufgabe anvertraut werden kann. Sein Vertrauen als Königskind, das vom König versorgt wird, muß wiederhergestellt werden.

Zweitens: Die Beziehung zwischen einem Menschen, der in irgendeiner Art von Spiritismus verstrickt war und nun Buße darüber getan hat, und seiner Familie, sowie der Familie Gottes muß neu hergestellt werden. Ab dem Zeitpunkt, an dem die okkulte Sünde verübt wurde, bewirken die unabwendbaren Gesetzmäßigkeiten des Säens und Erntens, daß ein Mensch von allem abgeschnitten ist. Diesem Fluch des Gesetzes wurde am Kreuz Christi Einhalt geboten. Gott schlug alle Forderungen des Gesetzes ans Kreuz und strich alle gesetzlichen Anforderungen (Kol 2,14). Wie jede andere Sünde, fordert auch der Spiritismus Vergeltung. Vergebung bedeutet nicht, Gott würde über die Sünde hinwegsehen, sondern vielmehr, daß er den Preis unserer Befreiung von der Sünde selbst bezahlt, indem er ihn unter Schmerzen auf sich nimmt. Nichtsdestoweniger wartet diese ehrfurchtgebietende und herrliche Tatsache, daß er den vollen Preis bezahlt hat, darauf, daß sie im Gebet angewendet wird. Der Seelsorger oder Heiler darf es nicht versäumen, für die vollständige Beendigung sämtlicher Auswirkungen des Spiritismus zu beten! Wir sagen das, weil wir zu unserem großem Kummer und zum wiederholten Schaden des Leibes Christi schon allzu oft davon gehört haben, daß Menschen von ihren Fehltritten und der darauf folgenden Buße erzählt haben, ihre Zuhörer jedoch weder für sie beteten noch sonst irgendetwas unternahmen! Das ist fast so bedauerlich wie die eigentliche Verfehlung des Sünders. Der Mensch findet in erster Linie im Gebet Zugang zur Gnade Gottes. Es reicht nicht, die Fakten zu verstehen. Es reicht nicht, die Fakten zu akzeptieren. Nur im Gebet kommen das Blut und das Kreuz zur Anwendung und vollenden das Werk.

Alles Okkulte überträgt auf der Familienlinie den Schaden auf kommende Generationen. Dasselbe gilt für den Spiritismus. Wer betet, ist auch aufgerufen, die Weitergabe der Zerstörung von Generation zu Generation zu beenden. In Kapitel 13 werden wir noch darüber sprechen.

Wenngleich jede Form okkulter Beschäftigung dämonisches Bedrängtsein oder Innewohnen zur Folge haben dürfte, tritt beim Spiritismus fast immer eine Dämonisierung auf. Insbesondere was die Rolle des Mediums angeht, ist der Spiritismus nicht nur der Versuch, mit Geistern Kontakt aufzunehmen. Während man bei der Hexerei versucht, mit und durch Dämonen zu arbeiten, stellt der Spiritismus eine direkte Einladung an Dämonen dar, den Leib des Menschen zu betreten und *durch* ihn zu arbeiten. Deshalb führt der Spiritismus mehr als jede andere okkulte Beschäftigung zu einem dämonischen Innewohnen.

Einige sind nun der Meinung, kein geisterfüllter Christ könne je von einer dämonischen Macht bewohnt werden. Wir sind nicht zu der Erkenntnis gelangt, daß dies eine historische Tatsache wäre, gleichgültig, wie ansprechend der theologische Standpunkt auch sein mag, der Heilige Geist und Dämonen könnten nicht am selben Ort wohnen. Daß dies geschieht ist eine Tatsache. Wir haben schon aus hunderten von geisterfüllten Christen, von denen einige nicht nur seit Jahren geisterfüllt, sondern darüber hinaus hochgeschätzte und vollmächtige Diener des Herrn waren, Dämonen ausgetrieben! Ich kann nicht voll und ganz erklären, warum das so ist; aber daß es so ist, ist für uns in den Jahren zermürbender Erfahrungen stets eine unbestreitbare Tatsache gewesen. Gott sei Dank ist es genauso unbestreitbar, daß alle anderen Geister *unweigerlich gehen müssen*, wenn der Heilige Geist Einzug hält.

Aus Respekt vor den Überzeugungen einiger anderer haben wir manchmal einfach gesagt, ein Gläubiger sei „dämonisiert". Dieser Begriff trifft keine Festlegung, ob sich der Dämon nun im oder außerhalb des Betreffenden befindet. Vielleicht haben diejenigen, die glauben, ein Dämon könne nicht in einem Christen Wohnung nehmen, insofern recht, daß in den tiefsten Regionen, wo Christus selbst durch seinen Heiligen Geist wohnt, kein Dämon bleiben kann. Es kann sein, daß der Dämon, den wir austreiben, lediglich einen weniger zentralen Bereich des Charakters und der Persönlichkeit eines Menschen bewohnt.

Deshalb verwenden wir mehrere Begriffe, um die jeweiligen Grade der Dämonisierung voneinander zu unterscheiden: Die erste Stufe bezeichnen wir als „Umschwirrtsein". Damit meinen wir nicht, daß ein Dämon in der betreffenden Person wohnen würde, sondern vielmehr, daß satanische Armeen sie wie aufgescheuchte Hornissen umschwirren. Durch Bereiche ihres Fleisches, die noch nicht gekreuzigt sind, können die Dämonen sie gelegentlich aktivieren und manchmal auch motivieren, falsche Dinge zu tun. Von außerhalb krallen sie sich an ungeschützten Bereichen der Person fest.

Die nächste Stufe ist das „Innewohnen". Ein Dämon ist eingedrungen, bleibt jedoch ohne Wirkung. Um eine Analogie zu gebrauchen, ist das so, wie wenn weiße Blutkörperchen ein Tuberkulosebakterium einkapseln. Der Mensch konnte durch seine Charakterstärke den dämonischen Eindringling zumindest eine Zeitlang niederringen, war jedoch nicht in der Lage, ihn hinauszuwerfen; aber immerhin konnte er ihn größtenteils lahmlegen. Nachdem man den Heiligen Geist empfangen hat, zwingt dessen Kraft den Dämon, ans Licht zu kommen, sich zu offenbaren, und schließlich wird er ausgetrieben.

So war es in meinem (Johns) Fall. Ich wuchs in einem sehr liberalen gemeindlichen Umfeld auf, was zur Folge hatte, daß ich zwar in moralischen Dingen eingehend unterwiesen wurde, jedoch weder auf dem Wort Gottes noch auf einer persönlichen Beziehung zu Jesus

Christus gegründet war. Auf meiner Suche nach der Realität hatte ich meine Nase auch in Dinge gesteckt, von denen ich einige in den Jahren, bevor der Herr mich fand, nicht einmal als okkult erachtet hatte. Entlang dieses Wegs war ein Dämon in mich eingedrungen. Ich konnte keine Symptome erkennen, außer daß ich stets erschöpft war. Sicher war jedoch, daß dieses dämonische Etwas zumindest mein Einfühlungsvermögen getrübt, meine Theologie und meine Predigten verzerrt und die Eroberung meines Herzens durch den Herrn hinausgezögert hatte. Doch offensichtlich hielt der Herr mich, einen noch nicht erneuerten, alten Menschen, derart fest in der Hand, daß dieser Dämon eingekapselt und größtenteils stumm blieb. Im Oktober 1958 empfing ich den Heiligen Geist. Zunächst war alles, was geschah, in Herrlichkeit und Freude gehüllt. Doch im November konnte dieses dämonische Wesen wohl nicht länger still halten und kam zum Vorschein.

Aufgrund meiner eigenen Erfahrung weiß ich, wie gepeinigt und terrorisiert Dämonen sich fühlen, wenn das wahre Licht Gottes durchdringt und Jesu Blut und Kreuz zur Anwendung kommen. Als dieser Dämon zum Vorschein kam, fühlte ich mich nicht mehr wohl und konnte mich nicht mehr freuen, wenn ein mächtiger Diener Gottes in meiner Nähe war. Früher war es immer eine Freude gewesen, Ed Bender zu besuchen, der damals Pastor der Open Bible Church in Streator, Illinois, war. Doch jetzt wurde mir Angst und Bange dabei. Wilbur Fogg, mein Freund und Pfarrer einer Episkopalgemeinde, träufelte mir einmal nur so zum Spaß Weihwasser auf den Kopf, während wir im Altarraum seiner Kirche miteinander plauderten. Für diesen Dämon, dessen Emotionen in meine übergingen, war das ein gräßlicher Moment des Schreckens! Die Wassertropfen, die auf mich niederregneten, kamen wir wie Berge vernichtenden Feuers vor! Während der Dämonenaustreibung, die Wilbur und seine Frau Alice vornahmen, verursachte mir die Erwähnung des Blutes Jesu tatsächlich körperliche Schmerzen, und das Kreuz rief bei mir nacktes Entsetzen hervor. Ich spürte, wie der Dämon es nicht länger ertragen konnte und mich verließ.

Seither habe ich hunderten von Menschen gedient, die auf eine ähnliche Geschichte zurückblicken wie ich. Vielleicht haben alle, die behaupten, ein geisterfüllter Mensch könne von keinem Dämon bewohnt werden, insofern recht, als der Dämon seine Wohnstatt in einem geistgetauften Menschen nicht beibehalten kann, da dieser ja mehr und mehr in die Fülle des Heiligen Geistes eintritt. Doch auf jeden Fall kann jemand nach dem Empfang des Heiligen Geistes noch einige Zeit von einem Dämon bewohnt werden, denn das war ja auch bei mir und bei vielen, denen ich diente, der Fall.

Viele Menschen haben sich schon gewundert, wie es sein kann, daß unmittelbar nach einer überaus gesalbten Zeit, oder manchmal während eines sehr gesegneten Gottesdienstes, ein unheiliges Verlangen die Emotionen drangsalieren oder einem verwerfliche Gedanken, ja sogar Fluchworte in den Sinn kommen können. Manchmal explodieren in Familien und Gemeinden Bitterkeit und Uneinigkeit wie eine Bombe, während oder unmittelbar nach einer gewaltigen Zeit der Erweckung in der Gemeinde. Weltliche Psychiater haben Paula und mir erzählt, daß sich nach einer großen Erweckungsbewegung in ihrer Region mehr verzweifelte Kunden als zu irgendeiner anderen Zeit in ihren Büros drängeln. Dem ist so, weil wir weder unser Wesen noch die Funktion des Heiligen Geistes verstehen.

Stellen Sie sich einen alten, ausgetrockneten Brunnen vor. Auf dem Grund liegen Zweige und Blätter, Spinnen und andere Insekten krabbeln herum. Nach einem starken Regenguß füllt sich dieser alte Brunnen mit Wasser. Der ganze Mist und die lebendigen Brunnenbewohner schwimmen an die Wasseroberfläche. Genauso zwingt auch das Wasser des Heiligen Geistes alles Alte und Verfaulte unseres Wesens, das bisher verborgen war und schlief, an die Oberfläche. Vielleicht sind wir so erfrischt, so erfüllt und so gesalbt worden, daß wir meinen, wir müßten nun wirklich heilig sein, denn wie könnte der Heilige Geist sonst in diesem Maße bei uns und in uns sein. Doch diese Haltung ist lediglich ein Zeichen von Selbstbetrug und falschem Stolz. Die entscheidende Funktion des Geistes, der „Heilig" genannt wird, ist die Überführung von Sünde. Er selbst löst all das Alte in uns los und läßt es nach oben kommen. Er ist weder überrascht darüber noch beleidigt. Er wußte ohnehin schon die ganze Zeit über davon. Die einzigen, die über diese Offenbarungen staunen, sind wir selbst. Vielleicht sind die folgenden Abbildungen eine Hilfe:

BILD A

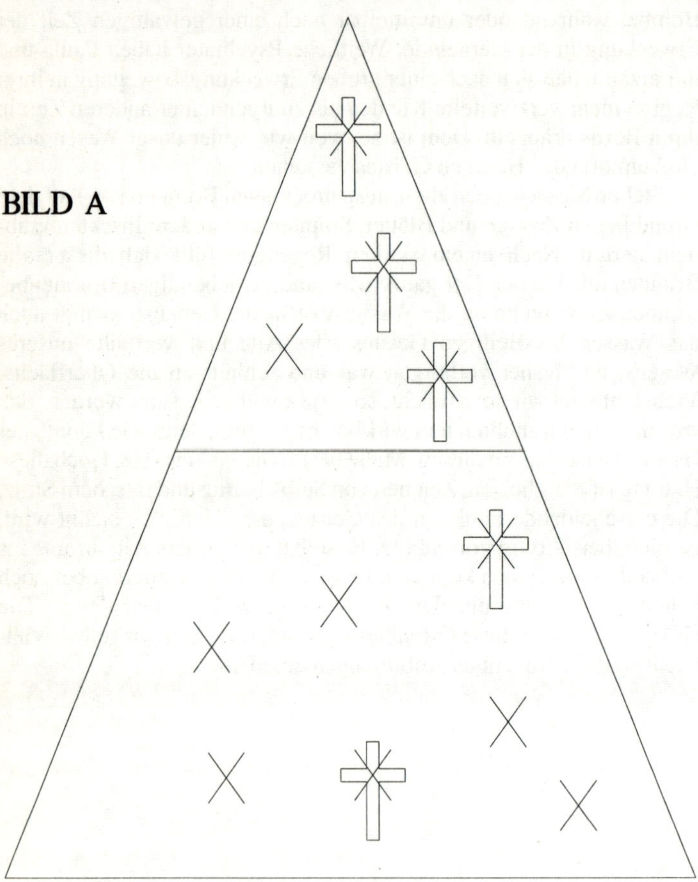

Der obere Bereich des Dreiecks stellt die bewußte Ebene unseres Sinnes dar. Jedes X steht für eine Verletzung oder einen sündhaften Bereich unseres Wesens. Die darübergelegten Kreuze stellen Problembereiche dar, die wir schon erkannt und erfolgreich für am Kreuz gestorben halten (Röm 6,11). Der untere Bereich des Dreiecks symbolisiert die verborgenen Tiefen unseres Herzens oder das Unterbewußte. Die Trennlinie zwischen beiden Bereichen bedeutet, daß wir im allgemeinen nicht bereit sind, das zu entdecken, was sich eigentlich in unserem Herzen befindet.

Der Geist des Menschen, der Hauch Gottes in uns möchte die übrigen Problembereiche dem Bewußtsein offenbaren, damit man in sie hineinsehen kann. „Alles aber, was bloßgestellt wird, das wird durchs Licht offenbar; denn alles, was offenbar wird, ist Licht" (Eph 5,13). Doch normalerweise sind wir nicht willens, uns das Unbekannte in uns einzugestehen oder ihm ins Auge zu schauen; deshalb drücken wir diese Dinge nach unten und bauen Mauern, wie in Abbildung B zu sehen ist.

BILD B

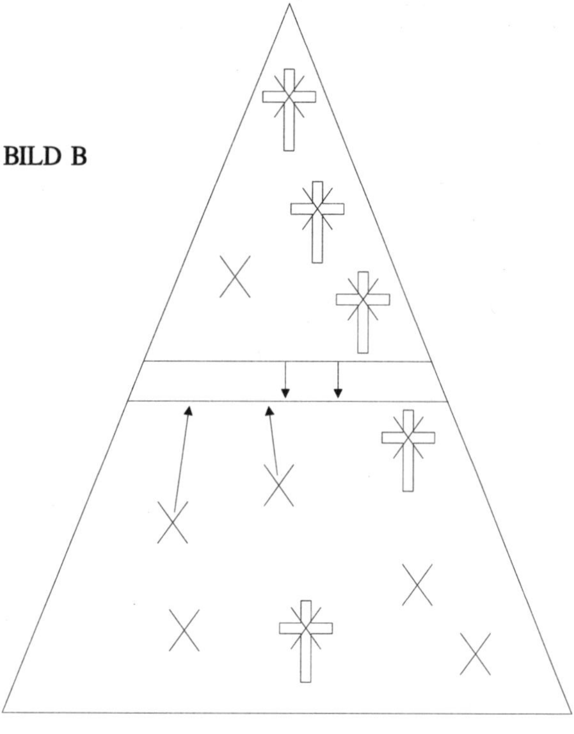

Solange unser Geist nicht genügend Kraft hat, kann unser Bewußtsein diesen Kampf gewinnen. Wir finden einen falschen Frieden, während der innere Mensch wie ein Vulkan schwelt. Wir bringen die innere Stimme zum Schweigen und werden nicht mehr auf sie hören, obwohl unser Geist durch Träume, Erkenntnisse und unter Umständen sogar durch psychosomatische Krankheiten Signale aussendet.

Doch was geschieht, wenn die Person mit dem Heiligen Geist erfüllt wird? Der Geist gewinnt die Fähigkeit, mit unleugbarer Kraft zu handeln. Oder wenn eine Ehefrau, ein Ehemann, Verwandte oder Freunde das Herz mit echter Liebe anrühren, wird Kraft den Geist des Betreffenden durchströmen. Jetzt verfügt der Geist des Menschen über ausreichend Kraft, mit der er fordert, angehört zu werden. Der Heilige Geist ist weise und wird uns nicht in den geistigen Zusammenbruch stürzen. Doch unser eigener Geist kann sich wie ein wild tobendes Kind verhalten und durch einen Alptraum oder eine Art emotionalen Ausbruch fordern, daß wir eine spezielle Sünde anerkennen oder zugeben, daß wir in unserem Leben das eine oder andere Problem haben. Die Schlacht ist im vollen Gange (Abbildung C).

BILD C

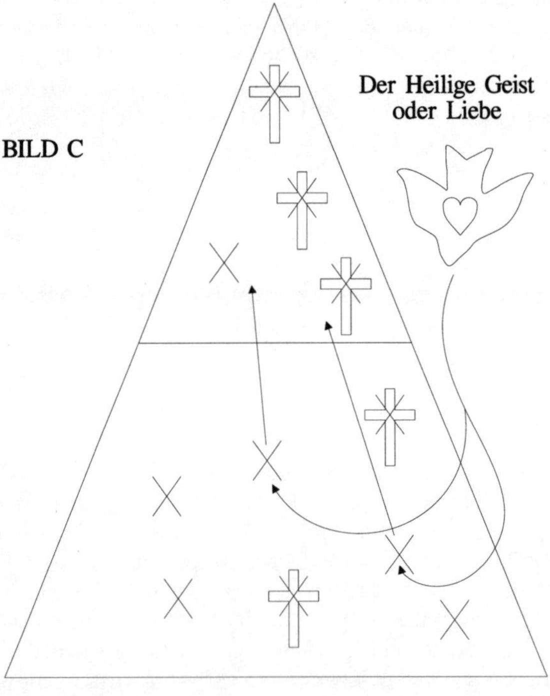

Das ist nun die Erklärung, warum Streitigkeiten in Familien und Gemeinden so oft unmittelbar *nach* großartigen und gesalbten Zeiten auftreten. Wie Paulus sagte, hat unser Innerstes Lust am Gesetz Gottes, wurde jedoch durch den Krieg in uns blockiert; doch Gott sei Dank, in Jesus Christus wurde uns die Kraft zum Durchbruch geschenkt (Röm 7,22-25). Wenn der Leib Christi, der Partner, Freunde oder wir selbst diesen Prozeß nicht verstehen, denken wir vielleicht, Satan würde uns angreifen, weil er über unseren jüngsten Sieg verärgert ist. Vielleicht vertreiben wir Satan durch unser Geschrei und bringen uns selbst mit Müh und Not wieder unter Kontrolle; doch dabei gehen wir an dem Segen vorbei, den ein einfaches Bekenntnis, Vergebung und ein Gebet um innere Heilung herbeigeführt hätten. In erster Linie war nicht Satan, sondern vielmehr das Fleisch am Werk. In solchen Zeiten müssen wir es lernen, einander voll Erbarmen zuzuhören, ohne Angst zu haben oder verstört zu sein, so als ob etwas völlig Abwegiges geschehen würde. In diesem Augenblick lassen Schwierigkeiten nicht darauf schließen, daß die Salbung weichen würde, sondern daß ganz im Gegenteil die Salbung voranschreitet, um die Aufgabe zu erledigen, für die sie gesandt wurde.

Möge die Weisheit des Herrn uns vorwarnen und vorbereiten. Möge sich der Leib Christi nicht so sehr auf Zeiten großartigen, ununterbrochenen Friedens und Segens freuen, nachdem der Herr in der Versammlung etwas bewegt hat. Das tritt nämlich nur selten ein. Denn in der Regel geschieht folgendes: Die neue Welle der Kraft löst nicht nur Bollwerke des Fleisches, sondern zwingt manchmal umherschwirrende und innewohnende Dämonen, sich zu zeigen. Hätte der Leib Christi dies verstanden, hätte er sich freuen, Heilung schenken und somit auch das Wirken des Herrn in seinem Leben ausdehnen und vertiefen können. Leider liegt Gottes Volk oft aus Mangel an Erkenntnis am Boden; weil die Menschen diesen Prozeß nicht verstehen, begreifen sie auch nicht, was in ihrem eigenen Wesen geschieht. Das bedeutet wiederum, daß die sündigen Dinge, die an die Oberfläche gelangen, oftmals keinen richtigen Zugang zum Licht der Erkenntnis finden, eben weil sie so sind, wie sie sind. Furchtsame Christen denken oft: „O nein, wie kann ich nur so etwas denken, wie kann ich nur so fühlen, jetzt, da die Salbung auf uns allen liegt?! Ich muß wirklich schrecklich sein!“ Also unterdrücken sie das, was in ihnen hochquillt und schelten den Teufel. Ein einfaches Bekenntnis hätte jedoch Freude und Heilung gebracht: „Ja Herr, ich erkenne, daß diese Sache in mir ist. Zeig' mir ihre Wurzeln. Führe mich zu Freunden, die mich befreien können.“ Die Faustregel ist, daß ein inneres Drängen, dem der Zugang zu angemessenen Handlungsschritten verwehrt wird, irgendwie nach oben kommen *wird* – pervertiert und zerstörerisch! Auf diese Weise läuft sich aufgrund von Verbitterung und Uneinigkeit das Wirken des Herrn in Gemeinden tot, wo man doch mit Seelsorge, Bekenntnis und Gebet bis zur Heiligung und Umgestaltung hätte vorangehen sollen.

Sowohl die verborgenen Perversionen unseres sündhaften Wesens als auch die Dämonen, die vielleicht mit ihnen in Verbindung stehen, werden durch die Kraft des Heiligen Geistes entwurzelt. Es wird nicht ausreichen, das Dämonische einfach zu vertreiben und das Problem lediglich als einen äußerlichen Kampf mit Dämonen zu betrachten. Ohne ein Charakterhaus als Versteck können Dämonen nicht in einem Menschen wohnen. Genau dieser sündhafte Bereich – mangelnde Vergebung, jemandem etwas „heimzahlen" wollen oder eine arrogante Art, andere durch die Kraft des Fleisches zu dominieren oder einzuschüchtern, kurz, jede Praktik unseres alten Menschen – wird durch das momentane Handeln des Heiligen Geistes zum Tod am Kreuz gerufen. Wenn wir es mit dem Austreiben dieses dämonischen Etwas' bewenden lassen, kann es leicht sein, daß sieben noch viel schlimmere Dämonen zurückkehren und der daraus resultierende Zustand der Person schlimmer sein wird als der vorige (Lk 11,24-26). Es ist wichtig, dieses Haus, in dem der Dämon lebt, ans Kreuz zu bringen, wo Jesus seiner Verheißung nach alle Werke des Teufels vernichten wird (1.Joh 3,8). Wir hauen uns selbst übers Ohr und versäumen es, die Werke Christi zu tun, wenn wir glauben, die Arbeit sei schon erledigt, nur weil jemand wiedergeboren und mit dem Heiligen Geist erfüllt wurde. Doch das ist erst der Anfang. Jedes Wirken Gottes im Leib Christi wird sein Volk in die Aufgabe stürzen, sich mit dem zu beschäftigen, was an die Oberfläche kommt!

Vor einiger Zeit, am Anfang der Geschichte der charismatischen Bewegung in diesem Jahrhundert, entdeckten die vielen frisch im Geist getauften Christen, insbesondere aus den großen Konfessionen, die früher recht liberal waren, daß Satan wirklich real ist und daß es in der Tat echte Dämonen gibt. Die meisten, die diese Zeit – vor allem die 60er Jahre – miterlebt haben, können sich noch daran erinnern, wie sehr sich einige von uns in diese neue Entdeckung hineinsteigerten. Eine Zeitlang war in allem und jedem ein Dämon! Sie waren überall! Jeder, der im Reich Gottes etwas darstellte, mußte im Befreiungsdienst stehen. In den Gebetsräumen wurden Spucknäpfe, Eimer – falls sich jemand übergeben mußte –, Papierhand- und -taschentücher bereitgestellt. Wie das beim „Homo sapiens" so üblich ist, verloren wir unser Gefühl für Ausgewogenheit und stürzten uns in sonderbare und extreme Dinge. Der Leser möge sich doch einmal unsere Elijah House-Lehrkassette mit dem Titel „A Sensible View of Exorcism" anhören.

Glücklicherweise ist ein Großteil des Leibes Christi durch die Erfahrungen dieser Zeit reifer geworden. Wir möchten einige der Lektionen, die wir damals gelernt haben – oder inzwischen gelernt haben sollten – aufzeigen:

Eine Dämonenaustreibung muß es nicht mit sich bringen, daß jemand schreit, kreischt, sich zuckend auf dem Boden wälzt oder sich erbricht. Manchmal geschieht das, wie im Falle des Jungen, der von einem Geist „gerissen" wurde, als Jesus den Dämon von ihm austrieb (Lk 9,37-43). Einige dieser Demonstrationen finden jedoch nur deswegen statt, weil einige Menschen für Suggestionen anfällig sind oder ihre Emotionen demonstrativ zeigen. Viel von dem, was sich in der Anfangszeit der charismatischen Bewegung zutrug, geschah nur deshalb, weil wir es erwarteten. So fand Satan seine Spielwiese. Eine Dämonenaustreibung kann durch stille Autorität und Glauben ohne übersteigerte Emotionen oder körperliche Anzeichen vonstatten gehen. Das Entscheidende ist jedoch, daß ein reifer Christ, der Dämonen austreibt, seinem Gegenüber keine unterschwelligen Botschaften zu vermitteln braucht, er solle unnötige emotionale oder körperliche Demonstrationen ausleben. Manchmal treten derlei Reaktionen auf, doch als Heilende sollten wir in unserer Aufgabe so weit an Reife zunehmen, bis wir sie weder unnötigerweise gestatten, noch den anderen dahingehend präparieren, daß er sich so verhält.

In der Frühphase unseres Dienstes entwickelten sich Dämonenaustreibungen zu Kämpfen, die sich ewig lange hinzogen und in denen der Ratsuchende alle möglichen eigenartigen Verhaltensweisen auslebte. Dann lehrte uns der Herr, daß all diese sonderbaren Aktivitäten nur deshalb möglich waren, weil wir glaubten, Satan hätte wirklich so viel Kraft! Unsere Annahme bot ihm gleichsam eine Zirkusarena, in der er seine Show abziehen konnte. Wir fanden heraus, daß es Satan sogar eine Freude machen kann, eine Schlacht nach der anderen gegen uns zu verlieren. Er wußte, daß er ohnehin verlieren würde, doch bevor er ausfuhr, konnte er sich mit uns noch einen Heidenspaß machen – solange wir bereit waren, ihm all unsere Aufmerksamkeit zu schenken und ihm die Möglichkeit gaben, sich seiner vermeintlichen Macht zu rühmen. Als wir jedoch erkannten, daß „...sie...ihn überwunden (haben) durch des Lammes Blut und durch das Wort ihres Zeugnisses" (Offb 12,11; Schlachter), daß Satan keine Macht mehr hat, daß er von unserem Herrn Jesus Christus vernichtend geschlagen und zur Schau gestellt wurde, stellte unser Glaube dem Teufel keine Bühne mehr zur Verfügung, auf der er seine Vorstellung geben könnte. Jetzt sind Teufelsaustreibungen normalerweise kurz, schlicht und einfach.

Das ist *gewöhnlich* der Fall, jedoch nicht immer. Eines Abends lehrten Freunde von uns in einem Treffen in Kalifornien über Dämonenaustreibung. Sie baten mich, nach vorne zu kommen und einige Worte der Weisheit zu sprechen. Wie auch gerade eben, teilte ich den Anwesenden mit, daß jegliche Emotionalität und eigenartige Verhaltensweisen nicht notwendig sind und daß man eine Dämonenaustreibung in Würde und mit Autorität durchführen kann. Der Herr zeigte uns seine Art von Humor: Gleich der erste Mann, glitt auf das erste Wort der Autorität hin aus seinem Stuhl, lag mit Krämpfen am Boden, und wir standen mitten in einer dramatischen Schlacht!

Wir brauchen Dämonen weder zu befehlen, sich zu erkennen zu geben, noch ist das ratsam. Wer hat gesagt, daß der Teufel die Wahrheit sagen würde? Jesus nannte ihn einen Lügner von Anfang an und den Vater der Lüge (Joh 8,44). Wir haben von Christen gehört, die die ganze Nacht mit Dämonenaustreibungen verbracht und ihren eigenen Worten zufolge in dieser Zeit mehr als zweihundert Dämonen aus einem einzigen Menschen ausgetrieben haben. Manchmal kann so etwas tatsächlich der Fall sein. Wir sind jedoch überzeugt davon, daß leider meistens in Wirklichkeit die Erwartungshaltungen und Methoden der Dämonenaustreiber den Teufel einluden, mit ihnen die ganze Nacht sein Spielchen zu spielen! Wenn wir den Namen eines Dämons wissen müssen (und es in der Tat weise und der Vollmacht zuträglich ist, einen Namen zu wissen), dann fragen wir doch den Heiligen Geist! Wieso sollten wir dem Teufel zuhören? Warum sollten wir es ihm gestatten, durch einen Menschen zu reden und zu handeln? Paula und ich gebieten dem Teufel, still zu sein. Wir erlauben ihm nicht, durch das Fleisch des Ratsuchenden eine Show abzuziehen. Glauben wir etwa, der Heilige Geist hätte weniger Macht, nicht die Bereitschaft oder wäre weniger wahrhaftig, so daß wir bei dem Teufel nach Offenbarung suchen müssen?

Christen leiten diese falsche Vorgehensweise von der einen Szene ab, in der Jesus fragte: „Was ist dein Name?“, und die Antwort lautete: „Legion“ (Mk 5,9). Doch denken wir einmal darüber nach. Sollte der Leser auch nur für einen Augenblick glauben, der Herr des ganzen Universums würde diesen Namen etwa nicht wissen?! Natürlich wußte er ihn. Er fragte nicht, um ihn herauszufinden, wie das heutzutage viele Dämonenaustreiber tun, in dem Glauben, so dem Vorbild Jesu zu folgen. Beachten Sie vielmehr den Gebrauch der Ein- und Mehrzahl in diesem Text: „Und (Jesus) fragte *ihn*: Was ist dein Name? Und er spricht zu ihm: *Legion* ist mein Name, denn *wir* sind viele.“ Jesus wandte sich an den Mann, nicht an die Dämonen. Er fragte *„ihn“* nicht *„sie“*. Wenn ein Psychiater das Zimmer eines Geisteskranken betritt (beachten Sie: Hier handelte es sich um einen geisteskranken Mann, der in den Grabstätten wohnte), fragt er ihn manchmal: „Wie heißt Du?“ Wenn die Person die Frage richtig beantworten kann, zeigt das dem Psychiater, daß der Patient, zumindest für den Augenblick, Herr seiner selbst ist. Vernünftig zu antworten stärkt die Entschlossenheit des Patienten. Durch seine Frage gab Jesus dem Patienten die Gelegenheit, im Glauben festzustehen, indem er versuchte, seinen richtigen Namen zu nennen. Doch die Dämonen antworteten: „...*wir* sind viele“. Da sie mit den Stimmbändern des Patienten sprachen, sagt die Heilige Schrift, daß *„er“* antwortete, doch die Pluralform „wir“ informiert uns, daß es die Dämonen waren, die durch ihn gesprochen haben. Kann irgendjemand, der recht bei Verstand ist, meinen, unser Herr Jesus Christus bräuchte Informationen von den Dämonen, um Macht über sie zu haben?! Jesus, der Herr des Universums, brauchte nichts vom Teufel! Dasselbe gilt für uns! Wenn wir den Dämonen sagen, sie sollen uns ihre Namen nennen, erlauben wir ihnen, die Stimmbänder des Patienten zu gebrauchen, was ihren Zugriff nur verstärkt und nicht vermindert.

In vielen Fällen ist der Name nicht erforderlich. Der Dämonenaustreiber gebietet einem Dämon einfach zu fliehen, und er muß fliehen. Haltungen wie Wollust, Stolz, Angst etc. sind keine Dämonen, die den jeweiligen Namen tragen. Es handelt sich um Aspekte unseres fleischlichen Wesens. Diese sündigen Neigungen müssen bekannt werden, um davon frei zu werden. Der Teufel braucht einen Halt in uns; wenn nun die besagte Haltung mit dem Blut Jesu abgewaschen ist, ist auch der Zugriff des Teufels in diesem Bereich gebrochen; dadurch wird seine Energie oder Gegenwart aus diesem Bereich vertrieben. Es ist lediglich erforderlich, unter der Führung des Heiligen Geistes, Menschen zu einem konkreten und detaillierten Bekenntnis zu führen. Wenn genügend Wohnstätten Satans vernichtet sind, muß er fliehen. Deshalb fühlt sich ein Mensch schließlich auch befreit, wenn er etliche dieser Haltungen genannt hat, so als ob es sich um Dämonen handeln würde. Im Grunde war es die Macht des Bekenntnisses und der Vergebung, die zu der jeweiligen Dämonenaustreibung geführt hat.

Wenn man das Vorhandensein eines Dämons erkennt, hat man *nicht* automatisch den Auftrag, ihn auch *im selben Moment* auszutreiben. Der Leib Christi hat durch Eifer ohne Weisheit viel Schaden angerichtet. Wenn ein Mensch nicht bereit ist, seinem sündigen Weg zu entsagen, wenn er nicht darum ringt, auf dem Weg Christi zu gehen sondern sich vielmehr willentlich für die Ungerechtigkeit entscheidet, dann gilt für den Dämon: „Dann geht er hin und nimmt sieben andere Geister mit, schlimmer als er selbst, und sie gehen hinein und wohnen dort; und das Ende jenes Menschen wird ärger als der Anfang" (Lk 11,26).

In Elijah House ist es unser Anliegen, die Wurzeln der Dämonisierung zu entdecken; so zerstören wir durch Vergebung und das Kreuz die Wohnstätte des Dämonen. Wir wollen herausfinden, ob der Ratsuchende entschlossen genug ist, sich selbst zu disziplinieren und zu versuchen, auf einem neuen und heiligen Weg zu gehen. Wir möchten auch feststellen, ob ihn seine Familie und eine Gemeinde oder Gemeinschaft unterstützen werden. Wir möchten Anzeichen der Buße und eines wirklichen Hasses auf die Sünden sehen, die der Dämon durch den Betreffenden verübt hatte. Erst wenn diese Grundeinstellungen vorhanden sind, entscheiden wir uns, einen Dämon auszutreiben, es sei denn der Heilige Geist hat seine Gründe und beginnt souverän eine Dämonenaustreibung oder heißt uns sie durchzuführen.

Dämonen treibt man am besten im Team aus. Nach dem Feldzug der Dämonenaustreibung, tun der Dämonenaustreiber und sein Team gut daran, sich im Gebet zu reinigen, auf daß ihnen nichts anhaftet. Paula und ich wissen von einigen, die selbst eine ganze Weile von Dämonen bewohnt oder dämonisiert waren, nachdem sie in Dämonenaustreibungen eingestiegen waren.

Vor allem bitten wir den Leib Christi inständig, nicht überhastet zu handeln und hinter jeder Krankheit und jeder sündhaften Neigung im Leben eines Menschen einen Dämon zu sehen! Das ist seelischer und fleischlicher Nonsens und gibt nur dem Teufel die Ehre. Dadurch wendet man die Augen von Jesus ab und feiert die vermeintliche Kraft des Teufels. Dadurch verbreitet man Furcht und Verwirrung. Dadurch wird niemand auferbaut. Dadurch werden nur wenige wirklich dauerhaft befreit. Paula und ich haben in unserem fünfundzwanzigjährigen geisterfüllten Seelsorgedienst höchstwahrscheinlich mehr berechtigte Dämonenaustreibungen vorgenommen als wohl irgendein anderer Diener, der heute noch lebt und sich in den Dienst des Leibes Christi stellt! Wir sprechen nicht aus Unglauben oder gedankenloser Geringschätzung heraus, sondern aus jahrelangem Lernen durch Erfahrungen mit unserem Herrn Jesus Christus; „Für Gereifte dagegen ist die feste Nahrung da, nämlich für die, welche *infolge ihrer Gewöhnung geübte Sinne besitzen, so daß sie das Gute und das Schlechte zu unterscheiden vermögen*" (Hebr 5,14; Menge).

Haltungen wie Haß und Angst können mit dämonischer Kraft verseucht werden, sind jedoch an sich Charakteristika unseres Fleisches. Der Versuch sie auszutreiben, ist der Versuch einer psychologischen Operation und der Entwertung von Gottes Werk der Umgestaltung, in dem er genau diese Strukturen im Herzen des Menschen – gekreuzigt und wiedergeboren – zum vollmächtigen Dienst gebraucht.

Wir schreiben jedoch nicht in erster Linie über Dämonen und Teufelsaustreibung, um verschiedene Sichtweisen zu korrigieren. Es geht uns um die Heilung. Die Gegenwart eines Dämons besudelt und verwüstet den persönlichen Geist dessen, den er belagert. Deshalb sollte die Dämonenaustreibung auch Gebete um Reinigung und Heilung enthalten. Auf eine Austreibung sollte viel herzlicher menschlicher Kontakt folgen. Menschen, die gerade eben befreit wurden, sollte man nicht vorschnell wieder alleine lassen. Die Dämonen möchten zurückkehren, gleichgültig, wie weise und zeitlich richtig anberaumt die Austreibung auch gewesen sein mag. Die schützende Gegenwart von Freunden ist vonnöten. Gesunde, bodenständige Beschäftigungen werden hilfreich sein, wie z.B. eine gute, ausgeglichene Mahlzeit, ein Plausch mit der Familie und mit Freunden über „ungeistliche" Dinge oder das gemeinsame Erledigen einfacher, körperlicher Arbeiten.

Am wichtigsten ist es jedoch, daß man den Partner relativ lange, ruhig und herzlich in seine Arme schließen sollte. Es ist nichts Schlimmes daran, wenn sich eine Ehefrau, die gerade eben Befreiung erfuhr, auf dem Schoß ihres Mannes zusammenkuschelt und seine Gegenwart in sich aufnimmt. Die Tatsache, daß er ausgeglichen und heil, gesund und gelassen ist, läßt ihren Geist zur Ruhe kommen und Heilung finden. Umgekehrt kann ein Ehemann genausogut Brust an Brust bei seiner Frau liegen, sich an ihrer Gegenwart erfreuen und von ihr süße Nahrung bekommen, die seinem ganzen Wesen das Lied vom gesunden, geradlinigen Leben vorsingt.

Für einen gerade eben Befreiten ist es unter Umständen nervenzerfetzend, augenblicklich in spannungsgeladene Situationen oder Familienreibereien geworfen zu werden. Eine Dämonenaustreibung ist in gewisser Hinsicht wie die Generalüberholung eines Motors. Einen solchen Motor werden wir auch nicht gleich wieder voll ausfahren, damit die Kolbenringe Zeit haben, sich richtig einzupassen. Genauso brauchen auch wir Zeit, um uns an unser neues „Ich" zu gewöhnen. Ein weiser Seelsorger wird dies auch anraten.

Schlaf ist wichtig. Viele Menschen erliegen der Gegenwart eines Dämons, weil sie von Haus aus gute Schlafgewohnheiten vernachlässigt haben. Erschöpfung und nervliche Anspannung schwächen die Widerstandskraft, nicht nur gegen körperliche Krankheiten, sondern auch gegen dämonischen Befall. Nach der Dämonenaustreibung wird nichts einen Dämon so sehr einladen, wieder einzufallen, wie die Rückkehr zu alten Sünden; doch ein zweiter Faktor ist eben auch zu wenig Schlaf. Verwandte und Freunde sollten sich nicht scheuen, darauf zu bestehen, daß der Betreffende sich ausruht.

Einfach nur reinlich zu sein bringt der Person Heilung und wehrt die Rückkehr von Dämonen ab. Demjenigen, der gerade erst dem Reich Satans entrissen wurde, tut es gut, ein Vollbad zu nehmen. Sich selbst zu pflegen hilft, das Gefühl allgemeinen Wohlbefindens wiederherzustellen. Beachten Sie, was das Wort Gottes berichtet, nachdem Jesus einen Dämon aus dem Mann aus Gadara ausgetrieben hatte: „(die Leute) fanden den Mann…*bekleidet* und ganz vernünftig" (Lk 8,35; Menge).

Verwandte und Freunde tun gut daran, einen Menschen, der eine Dämonenaustreibung hinter sich hat, vor der Schnüffelei neugieriger und „wohlmeinender" Freunde und Nachbarn zu beschützen, die Fragen stellen, wie z.B.: „Wie ist denn das, wenn man einen Dämon hat?" und „Woher weißt Du, daß sie jetzt alle weg sind?" Manchmal sagte Jesus zu den Leuten: „Sagt es niemandem" (Lk 5,14; 8,56; 9,21); ein andermal hingegen: „Kehre in dein Haus zurück und erzähle, wieviel Gott an dir getan hat" (Lk 8,39a). Menschen, die eine Dämonenaustreibung hinter sich haben, können von den weisen Worten reifer Christen profitieren, die ihnen raten, ob und wann, wieviel und wie oft sie etwas erzählen sollten.

Einige haben behauptet, Frauen sollten nicht versuchen, Dämonen auszutreiben. Unserer Auffassung nach ist dieser Rat weder biblisch begründet noch weise. Frauen sollten demselben Rat Folge leisten wie jeder Mann – sie sollten nur unter dem Schirm richtiger Autorität, innerhalb des einhüllenden Schutzes eines Teams (soweit möglich) und nur, wenn der weise, gemeinsame Rat aller Beteiligten die Zeit für richtig hält, Dämonen austreiben. „…mit weiser Überlegung führe Krieg!" (Spr 20,18b) Doch finden wir nirgends in der Heiligen Schrift, daß es Frauen verboten wäre, Dämonen auszutreiben. Agnes Sanford hat überaus wirksam Dämonen ausgetrieben; Alice Fogg, die Frau des Pfarrers, übernahm bei der Dämonenaustreibung, die an mir geschah, das Steuer. Viele wichtigtuerische Leute verkünden etwas, obwohl Gott ihnen nicht gestattet hat zu reden, und ich habe große Zweifel ob ein Mann, der hier protestiert und behauptet, Frauen seien für diesen Dienst nicht geeignet, überhaupt sicher im Herrn ist. Männer können zwar mit Autorität leichter umgehen, doch nichts hält den Heiligen Geist davon ab, gewaltige Autorität durch eine Frau zu demonstrieren. Ich habe gesehen, wie starke Männer ganz schön entmutigt wurden, als Agnes Sanford in der Salbung des Herrn die Augen zusammenkniff und als Gottes Botschafterin strenge Worte sprach.

Schließlich sollten Verwandte und Freunde einen Menschen, der eine Dämonenaustreibung hinter sich hat, einige Wochen lang nicht aus den Augen lassen. Rückfälle sind häufig. Wenn andere Dinge in der Persönlichkeit des Menschen aus den Fugen geraten, ist oft eine zweite Dämonenaustreibung erforderlich, wie die Nachbeben nach einem großen Erdbeben.

Für jemanden, der mit der Liturgie etwas anfangen kann, ist der oftmalige Gang zum Tisch des Herrn während der Kommunion oder der täglichen Messe ein gesegneter und heilender Abschluß jeder Dämonenaustreibung.

> Ich bin das Brot des Lebens. Eure Väter haben das Manna in der Wüste gegessen und sind gestorben. Dies aber ist das Brot, das aus dem Himmel herabkommt, damit man davon esse und nicht sterbe. Ich bin das lebendige Brot, das aus dem Himmel herabgekommen ist; wenn jemand von diesem Brot ißt, wird er leben in Ewigkeit. Das Brot aber, das ich geben werde, ist mein Fleisch, das ich geben werde für das Leben der Welt...Wer mein Fleisch ißt und mein Blut trinkt, hat ewiges Leben, und ich werde ihn auferwecken am letzten Tag; denn mein Fleisch ist wahre Speise, und mein Blut ist wahrer Trank. Wer mein Fleisch ißt und mein Blut trinkt, bleibt in mir und ich in ihm. Wie der lebendige Vater mich gesandt hat, und ich lebe um des Vaters willen, so auch, wer mich ißt, der wird auch leben um meinetwillen. Dies ist das Brot, das aus dem Himmel herabgekommen ist. Nicht wie die Väter aßen und starben; wer dieses Brot ißt, wird leben in Ewigkeit. (Joh 6,48-51; 54-58)

Kapitel 12

Geistiger Ehebruch und Götzendienst

> Du sollst dir kein Götterbild machen, irgendein Abbild dessen, was oben im Himmel oder was unten auf der Erde oder was in den Wassern unter der Erde ist. Du sollst dich vor ihnen nicht niederwerfen und ihnen nicht dienen. Denn ich, der Herr, dein Gott, bin ein eifersüchtiger Gott, der die Schuld der Väter heimsucht an den Kindern und an der dritten und vierten Generation von denen, die mich hassen, der aber Gnade erweist auf Tausende hin denen, die mich lieben und meine Gebote halten. (5.Mo 5,8-9)

> Wie kannst du sagen: Ich habe mich nicht unrein gemacht, ich bin den Baalim nicht nachgelaufen? Sieh doch deinen Weg im Tal, erkenne, was du getan hast, du flinke Kamelstute, die sinnlos hin und her läuft! Eine Wildeselin, die Wüste gewohnt, – in ihrer Gier schnappt sie nach Luft; ihre Brunst, wer kann sie hemmen? (Jer 2,23-24a)

In diesem Kapitel wollen wir offenlegen, wie man die Auswirkungen von Götzendienst heilt. Da sich jedoch heutzutage niemand mehr irgendwelche Figuren macht, sie in einer Nische bei sich zu Hause aufstellt und sie anbetet, bekommt das Wort „Götzendienst" eine andere Bedeutung. Wir können es nicht besser ausdrücken als in Kapitel 17 unseres Buches *Restoring the Christian Family.* Deshalb möchten wir uns gleich am Anfang dieses Kapitels zunächst einmal selbst zitieren:

> Es gibt keine Sünde, die nichts mit Götzendienst zu tun hätte. Wenn wir stehlen, haben wir das, was wir stehlen, höher geachtet als Gott. Wenn wir Ehebruch begehen, wurde uns die andere Frau oder der andere Mann wichtiger als Gott. Wenn wir uns dafür entscheiden, am Sonntag nicht in den Gottesdienst zu gehen, haben wir aus dem, was wir mehr wollten als den Gehorsam, einen Götzen gemacht – Vergnügen, Arbeit, Heimwerken, Faulenzen etc. Wenn wir keinen Zehnten zahlen, ist Mammon unser Gott, gleichgültig was wir darüber auch sagen mögen. Mit unseren Lippen bekunden wir vielleicht entrüstet, daß wir Gott ja liebten, daß wir wiedergeboren seien, daß wir

alle möglichen wunderbaren Dinge mit Gott erlebten, doch wenn unser Umgang mit dem Geld nicht unserem Reden entspricht, sind all unsere Überzeugungen und Erfahrungen lediglich ein Zeugnis der Gnade Gottes, nicht unseres Glaubens. Glaube ohne Werke ist tot (Jak 2,17). Wie wir in der Vergangenheit gegeben haben, ist der unstrittige Beweis dafür. „Niemand kann zwei Herren dienen; denn entweder wird er den einen hassen und den anderen lieben, oder er wird einem anhängen und den anderen verachten. Ihr könnt nicht Gott dienen und dem Mammon" (Mt 6,24). Wir alle sind unverbesserliche Götzenbildner. Wir tun das von Natur aus. Wir brauchen z.B. nur einen gesalbten Anbetungsgottesdienst und das nächste Mal, wenn wir wieder zusammenkommen, werden wir versuchen, den vorigen Gottesdienst zu kopieren. Wir suchen nicht mehr den Herrn selbst. Wir möchten diese Kraft erleben und die Gänsehaut spüren. Für den jeweiligen Augenblick sind diese Dinge unser Gott geworden, der Götze, den wir anbeten.

Oft vergöttern wir Pastoren und andere geistliche Leiter. Deshalb hassen wir sie auch so, wenn sie fallen. Sie haben unseren Gott zerstört.

Wenn wir einmal die vielen hundert kleinen unbewußten und unbemerkten Momente überprüfen, an denen wir Gottes Gesetze brechen, werden wir feststellen, daß wir uns nach wie vor gewohnheitsmäßig selbst unsere Götzen schaffen, auch wenn wir uns angestrengt haben, in den Gottesdienst und die Gebetstreffen gegangen sind und unseren Zehnten gezahlt haben. Was ist zum Beispiel, wenn die Frau zornig ist und wir ihr deshalb nicht die ganze Wahrheit erzählen, „nur um den häuslichen Frieden zu wahren"? In dem Moment ist der Friede unser Götze, dem wir gedient haben und der unsere Lüge gerechtfertigt hat. Gott sagte durch Paulus: „...reizt eure Kinder nicht zum Zorn" (Eph 6,4). Wenn wir unsere Kinder immer wieder hinausschicken, nur weil im Fernsehen ein Fußballspiel läuft und sie uns beim Zuschauen stören, haben wir das Fernsehen mehr als Gott angebetet. Wenn unser Chef nicht nur mit Komplimenten geizt, sondern uns sogar kritisiert und wir deswegen in die Luft gehen, ist das ein sicheres Zeichen dafür, daß wir dem Götzen unseres Ego dienen. So zieht sich der Götzendienst durch jeden Bereich unseres Lebens. Er ist die vorrangige und größte Sünde und steckt hinter allem, was wir tun.

Die am weitesten verbreitete Form des Götzendienstes, mit der wir es als Seelsorger zu tun bekommen, bezieht sich auf die Ehe. Das Gebot lautet: „Ordnet euch einander unter, wie es die Ehrfurcht vor Christus verlangt" (Eph 5,21; Menge). Wir haben festgestellt, daß dieses Gebot ein unerbittliches Prinzip in sich birgt: In dem Maße wie wir Christus nicht untergeordnet sind, können wir uns auch nicht einander unterordnen! Mehr auf das Thema bezogen: In dem Maße, wie es uns an Ehrfurcht vor Christus fehlt, werden wir einander vergöttern. In uns ist ein Loch, das genauso groß ist wie Gott. Die Natur verabscheut das Vakuum. Wenn wir dieses Loch nicht mit Jesus ausfüllen, *werden* wir es mit etwas anderem füllen – Geschäft, Freunde, Sport, Hobbys etc. Oftmals erbitten wir von unserem Partner mehr, als er uns überhaupt geben sollte.

Abgöttische Bitten verletzen den Geist, da der Partner die Last der Forderung spürt. Menschen, die in diese Lage versetzt werden, *wissen*, daß sie das Gewünschte nicht geben können. Niemand kann der Tatsache, daß wir Gott brauchen, Abhilfe schaffen. Da sowohl die Bitte als auch der Versuch zu antworten unbewußt ablaufen, werden beide Partner ängstlich und frustriert, und die Ehe wird dadurch belastet.

Schon viele Ehemänner haben mit uns über ihre Verletzungen und ihre Verwirrung gesprochen. Sie sagen, sie lieben ihre Frauen. Die Männer möchten stets, daß man sie braucht. Sie können nicht verstehen, warum sie sich nicht einfach freuen und die Liebe geben können, die sie geben möchten. „Mir kommt es vor, als ob man mich 'prüft', so als ob etwas nicht stimmen würde, und ich weiß nicht was." Wie sehr sie erleichtert sind, wenn wir ihnen erklären, wie der Götzendienst Blockaden errichtet, zeigt uns, wie stark es den Geist des Menschen verletzt und verwirrt, wenn er in diese Position gebracht wird. Die Verwirrung und die Unfähigkeit, ihre Liebe zu ihren Frauen auszudrücken, hatte ihr Vertrauen und ihre Identität als Ehemänner in hohem Maße unterminiert. Ihr Geist spürte den Götzendienst und hat ihn richtigerweise von sich gewiesen, doch mit ihrem Verstand haben sie nichts begriffen.

Wenn einer der beiden Partner in seiner Kindheit vernachlässigt, abgelehnt oder mißbraucht wurde, so daß man infolge dessen auf Unsicherheit schließen kann, sollte der Seelsorger sogleich nach Zeichen der Verletzung durch Götzendienst bei dem jeweiligen Partner suchen. Ehemänner, die von ihren Müttern nie Zustimmung und Liebe bekommen haben, vergöttern nicht nur häufig ihre Beziehung zu ihren Frauen, darüberhinaus verhalten sie sich ihnen gegenüber wie sie sich gegenüber ihren Müttern auch verhalten hatten, was noch viel verletzender ist. Abgelehnte und vernachlässigte Mädchen neigen auch dazu, sich als Erwachsene ihren Ehemännern gegenüber so zu verhalten, als ob sie ihre Väter wären. In diesen Fällen bewirkt schon allein die Lehre Heilung.

Eheseelsorger sollten Paare unterweisen, wie sie erkennen können, ob sie fälschlicherweise in eine elterliche Position projiziert oder im

Grunde gebeten werden, den Platz Gottes einzunehmen. Der Rat, eine „Transaktionsanalyse“ vorzunehmen, ist durchaus angebracht, d.h. man lehrt die Partner zu sagen: „Ich bin nicht Deine Mutter“ oder „Ich bin nicht Dein Vater“. Dasselbe kann man auch in Bezug auf Gott sagen. „Du bittest mich, Dir das zu geben, was Dir nur Gott geben kann.“ Diese Art der Seelsorge gründet sich auf Unterweisung und das Vertrauen, daß das Ehepaar offene Ohren füreinander haben und seine Probleme durchsprechen kann, anstatt in die Luft zu gehen!

In der Zwischenzeit sollte der Seelsorger in beiden die Wurzeln der Unsicherheit erkunden, Heilung bringen und versuchen, das Herz zu evangelisieren, auf daß die vorhandene Lücke durch Gott ausgefüllt wird. Bis dieses innerliche Vakuum ausgefüllt ist, kann das bloße Verstehen des Problems nicht ausreichen. Gleichgültig, was unser Verstand weiß, unser Geist sucht nach Erfüllung. Wenn er sie nicht findet, nährt er den Groll in sich. Aus Wurzeln, die noch nicht geheilt sind, wachsen immer wieder Triebe an die Oberfläche, die Schwierigkeiten mit sich bringen. Es wird nicht ausreichen, den Groll zu vergeben sowie die defensiven und aggressiven Verhaltensweisen zum Tod ans Kreuz zu bringen. Nur eine völlige Erfüllung mit der Liebe von Gott Vater kann dieses Vakuum ausfüllen und den Geist eines verwundeten Kindes heilen. „Sogar mein Vater und meine Mutter haben mich verlassen, aber der Herr nimmt mich auf“ (Ps 27,10) – das gilt in diesem Fall auch für die Heilung. Wir müssen Gott Vater einladen, die Herzen der Ratsuchenden zu erfüllen und sie in seiner Liebe reifen zu lassen, und zwar in gewissem Maße in und durch uns Seelsorger, bis sie glauben und schließlich unabhängig von uns die Fülle Gottes in ihren Herzen spüren können.

Die zweite Form geistiger Unzucht, die Seelsorger in der Regel beobachten, bezieht sich auf Autoritätspersonen. Aus Pastoren, Präsidenten, Lehrern, politischen Führern, Eltern, Ehemännern, Ehefrauen und Seelsorgern machen wir Götter. Das Tragische daran ist jedoch, daß wir unsere Götter kreuzigen! Die Autoritätsperson wird unser Sündenbock; wir projizieren unsere Sünden und alle Schuld auf den, der uns gerade gelegen kommt. Unbewußt hassen wir unsere Sünde im anderen und kreuzigen sie. Jeder Pastor, der sein Geld wert ist, hat schon darunter gelitten, erst vergöttert und schließlich verfolgt zu werden. Wenn dem nicht so ist, vermute ich, daß er höchstwahrscheinlich nicht Gottes Wort gepredigt hat!

Der Mann, der mich (John) während meiner Schulzeit am meisten geprägt hat, war Dr. Ernst Jacob, ein Rabbi, der vor der Nazi-Verfolgung aus Deutschland geflohen war. Auf dem Drury College in Springfield, Missouri, lehrte er mich europäische und alttestamentliche Geschichte, die Propheten und Deutsch. Ich werde nie vergessen, wie wir ihm eines Tages, nachdem er über alle Wunder gelehrt hatte, die Gott für Israel während des Exodus und der vierzig Jahre in der Wüste getan hat, folgende Frage stellten: „Rabbi, wie kommt es, daß sich die Juden, die jahrelang miterlebten, wie Gott all die Wunder tat, und wußten, daß Gott real war, so schnell wieder der Götzenanbetung hingaben? Warum wandten sie sich von dem Gott ab, von dem sie *wußten*, daß er absolut real war, um Götzen anzubeten, die sie mit ihren eigenen Händen gemacht hatten?"

Rabbi Jacob lehnte sich zurück, verzog den Mund zu einem breiten Grinsen und sagte: „Ven Gott ist Gott, Gott ist Gott. Gott insists on being Gott (Gott besteht darauf, Gott zu sein). Gott ist in control. Doch ven Mann hast ein idol (Götze), mann ist Gott. Mann ist in control!"

Diese Lektion brannte sich in meinem Herzen und in meinem Verstand ein, und mir kam die Schriftstelle in den Sinn, in der es heißt: „Doch jene meine Feinde, *die nicht wollten, daß ich über sie König würde…*" (Lk 19,27a). Es geht immer um die Frage: „Wer hat die Sache in der Hand?".

Immer wenn ein Pastor wirklich das Wort Gottes predigt, wird es „…im Bauch bitteren Geschmack erregen, aber im Munde wird es…süß wie Honig sein" (Offb 10,9; Menge). Es dringt ins Herz ein und wühlt auf. Seine Wahrheit stellt die Sünde bloß und erzwingt eine Entscheidung. Menschen, die den Herrn mit ihren Lippen ehren, deren Herzen jedoch fern von ihm sind (Mt 15,8; Mk 7,6), ertappen sich selbst dabei, wie sie ihren Pastor vergöttern, weil er einen so großartigen Dienst tut; dann jedoch entscheiden sie sich allzu oft dafür, ihn zu verfolgen, anstatt ihrer eigenen Sünde ins Auge zu schauen und am Kreuz zu sterben! „Wer sich absondert, sucht nach einem Vorwand, gegen alle Umsicht platzt er los" (Spr 18,1)! Jeder Vorwand ist gut genug.

Earle Tyson wurde deswegen verfolgt, weil er im Hinterhof sein Zelt aufschlug, damit seine Kinder darin spielen könnten – er errichtete einen Anbau ohne Genehmigung! Ich wurde kritisiert, weil ich barfuß in meinem Garten Unkraut jätete – skandalös! Ich wurde darüberhinaus kritisiert, weil ich auf der Kanzel bunte Socken trug anstatt schwarze – der Pastor! Man stelle sich das nur vor! Das Wort erzwingt Entscheidungen; entweder müssen wir selbst uns verändern oder bei dem, der das Wort verkündet, irgendeinen Fehler finden, irgendetwas, das unsere mangelnde Bereitschaft, der Sünde ins Auge zu schauen, rechtfertigt.

Etwas in uns hungert nach dem König der Könige und dem Herrn der Herrn. Teenager, die Gott nicht wirklich anbeten, verehren deshalb ihren Rock-Star um so mehr. Irgendetwas *müssen* wir anbeten. Anbetung ist für uns so grundlegend wie das Atmen. Ohne sie können wir nicht leben. Dieser Hunger will irgendwo gestillt werden, sich an etwas klammern und sich ausdrücken. Es gibt eine Sekte, deren Anhänger das Gedenken an Elvis Presley anbeten! Einmal kam ein junger Mann zu uns in die Seelsorge, überzeugt davon, daß Elvis der wiedergeborene Christus war! Ein etwas jüngerer Kult ist sich sicher, daß Michael Jackson der Messias ist!

Sehen Sie doch nur, was in der charismatischen Bewegung geschehen ist. Wir haben jeden Bibellehrer, den Gott berufen hat, vergöttert! Auf was für ein gefährliches Podest haben wir diese Männer gestellt! Gott, der mit Recht eifersüchtig ist, weil er uns liebt, mußte eingreifen und sowohl den Lehrer als auch seine Gemeinde befreien. Er warnte und protestierte; doch wenn der Lehrer ihn nicht hörte, oder wenn dieser ihn zwar hörte, seine Anhängerschaft jedoch nicht, mußte Gott ihn herunterholen! Gott berief die fünf großartigen Bibellehrer Bob Mumford, Charles Simpson, Derek Prince, Don Basham und Ern Baxter. Wer von uns saß ihnen nicht voll Dank zu Füßen! Doch wer hörte auf die Warnungen? Das Gleichgewicht der Hirtenschafts- und Jüngerschaftsbewegung kippte und riß sie alle zu Boden! Sie lehren immer noch, doch ihr Dienst am gesamten Leib Christi ist zerschmettert und nicht mehr vorhanden.

Schon von früh auf vertiefte ich mich in die Lehren von Ken Hagin und zitierte ihn in *The Elija Task*. Er und Ken Copeland begründeten die Glaubensbewegung, die schließlich auch kippte (ich möchte ihnen dafür nicht die Schuld in die Schuhe schieben); jetzt ist ihr Dienst am Leib Christi im ganzen beendet. Gott berief unseren Freund Pater Francis MacNutt, um überall auf der Welt Katholiken und Protestanten in gleicher Weise zu dienen. Wir wurden gebeten, gemeinsam auf einer Veranstaltung in Hawaii zu sprechen – er über Heilung und ich als Prophet. Ich warnte die Anwesenden, daß immer, wenn etwas oder jemand zu sehr in den Himmel gehoben wird, Gott selbst diesen Götzendienst zerschlagen muß. Die Leute reagierten in einem furiosen Aufschrei mit wütendem Protest. Innerhalb weniger Monate heiratete Francis Judith und wurde exkommuniziert; seine Bücher wurden in vielen katholischen Kreisen auf die schwarze Liste gesetzt! Ich war sehr traurig wegen meinem Freund und darüber, daß niemand die Warnung hören konnte. Während Paula und ich uns für Francis und Judith über ihre glückliche Heirat freuten, trauerten wir darüber, daß sein Dienst für seine eigene Kirche verloren war.

Ich liebe und ehre all diese Männer. Jeder einzelne von ihnen ist ein großer Bibellehrer. Ganz besonders lieben wir Francis. Es geht uns jedoch darum, daß Gott in seiner Gnade in irgendeiner Weise die Podeste, auf denen sie alle standen, niedergerissen und sie voll Erbarmen für den weiteren Dienst im Reich Gottes gerettet hat! Gott wird es nicht zulassen, daß der Götzendienst ungehindert weitergeht.

Trotz all dem ist Heilung nötig. Viele werfen ihren Glauben insgesamt hin, wenn ihre Idole fallen. Desillusionierung bricht das Herz vieler Menschen. Verwirrung und mangelndes Verständnis schaffen einen guten Boden für Samen der Spaltung innerhalb des Leibes Christi. Man muß nicht darüber diskutieren, ob Hirtenschaft und Jüngerschaft nun durch und durch falsch waren oder Punkte beinhalteten, die ihre Berechtigung hatten und denen wir alle unsere Aufmerksamkeit schenken sollten, oder ob die Glaubenslehre nun falsch oder richtig war, oder ob es katholischen Priestern gestattet sein sollte zu heiraten. Um all das geht es hier nicht. Als wir diese großen Männer auf ihre Podeste gehoben hatten, mußte Gott etwas dagegen unternehmen. Wären die Wege der Geschichte nicht so verlaufen, wäre ganz gewiß etwas anderes, vielleicht weniger Gnädiges geschehen. In jedem Fall läuft es auf dasselbe hinaus: Es gibt keinen Götzendienst mehr, er ist für immer vernichtet worden. Möge der Leib Christi tief durchatmen, danken und Buße tun, denn wir haben es jenen *angetan.*

Ich habe nur wenig Hoffnung, daß wir unsere Lektion gelernt haben. Wir werden es wieder tun. Doch jeder Seelsorger und Prophet möge zum Wächter werden, der wie in Hesekiel 33 warnt. In unserem Elijah House Vorstand gibt es solche, die sich immer wieder als treue Wachhunde erweisen, um uns demütig zu halten. Doch meistens hinterlassen unsere vom Schlamm verschmutzten Füße eine derart glitschige Spur, so daß wir uns selbst, ganz alleine und fast ohne fremde Hilfe zu Boden reißen!

Seelsorger sollten über diese international bekannten Fälle von Götzendienst hinaus noch nach anderen Ausschau halten. Er ist überall in unserer Umgebung vorhanden. Im folgenden finden Sie einige sichere Anzeichen (im Bezug darauf, wie wir uns gegenüber unserer Gemeinde, unserem Pastor, unserem Bibellehrer, unserem politischen Held und wem auch immer verhalten):

Übermäßig starke Verteidigungshaltung: „Wagt ja nicht, diesen Mann zu kritisieren!“ Die Heilige Schrift sagt uns, daß wir stets bereit sein sollen, unseren Glauben zu verteidigen (1.Petr 3,15), und daß es Freunde gibt, die einem näher stehen als ein Bruder (Spr 18,24); jedoch kann man auf Götzendienst schließen, wenn die in der Regel verbittert vorgetragene Verteidigung immer wieder abblockt, was man hören und worauf man achten sollte.

Verblendung durch Vorurteile: Wahre Beziehungen sind nicht naiv. Man sieht sowohl die Segnungen als auch die Sünden der Freunde und liebt sie trotz allem. Doch wer Götzendienst treibt, übertüncht die Fehler. Aus seinen Augen leuchten bestimmte Vorlieben. Er entschuldigt Fehler, anstatt den anderen liebevoll damit zu konfrontieren.

„Verfolgungswahn": In diesem Fall sieht man in dem, wie Menschen auf unsere Idole reagieren, keine mögliche Warnung vor einem Irrtum, sondern vielmehr die Verfolgung eines Gerechten. Weil Menschen manchmal in der Tat wegen ihrer Gerechtigkeit verfolgt werden, ist der springende Punkt hier die mangelnde Bereitschaft, beide Möglichkeiten in Betracht zu ziehen. Es *muß* einfach eine Verfolgung sein. Man zieht diese Schlußfolgerung, noch bevor alle Fakten bekannt sind, oder der Heilige Geist Klärung und Bestätigung schenkt. Ein Irrtum wird ausgeschlossen, und damit auch die Buße.

Märtyrerdenken: Ein echter Märtyrer trachtet nicht danach, einer zu werden. Das Martyrium *widerfährt* dem Heiligen trotz seines Versuches, ein ruhiges Leben zu führen (1.Thes 4,11). Ein echtes Martyrium gibt Gott die Ehre. Irgendwie wittert ein Götzendiener ein mögliches Martyrium und posaunt die Sache hinaus, so daß sein Held all die Ehre bekommt. „Du machst aus ihm einen Märtyrer!"

Sexuelle Verwirrung und Zuwendung: Sowohl Frauen als auch Männer laufen Gefahr, sich Personen, die sie vergöttern, an den Hals zu werfen. Viele hundert Male haben wir schon von irgendeinem Heiligen Gottes gehört, dessen Dienst sich zu höchsten Höhen aufschwang und der schließlich aufgrund von Ehebruch in die Tiefe stürzte! Sexuelle Schwierigkeiten sind der natürliche Endpunkt eines Götzendienstes, so wie Wasser, das bergab läuft, sich schließlich unweigerlich irgendwo in einem Becken sammeln muß. Andererseits wird ein wahrer Diener selten feststellen, daß sich jemand zu ihm sexuell hingezogen fühlt oder ihn verführen möchte. Was von ihm ausgeht, sendet keine Signale in diese Richtung. Fleisch zieht Fleisch an. Geist zieht Geist an. „Denn wer auf sein Fleisch sät, wird vom Fleisch Verderben ernten; wer aber auf den Geist sät, wird vom Geist ewiges Leben ernten" (Gal 6,8).

Verdrehte Lehre: Auf einmal legt man zuviel Betonung auf einige Schriftstellen und versteht sie mehr und mehr losgelöst von ihrem Kontext. Das ist der Fall, wenn der Lehrer selbst unausgewogen, arrogant und aufgeblasen ist oder wenn er vom Götzendienst anderer verunreinigt wurde. Was als Wahrheit begann, geht zu weit, und die Schwachen und Unreifen leiden darunter.

Zorn: Irgendwie investiert anscheinend jeder viel zu viel in dieses Projekt und wird sehr leicht oder übermäßig zornig. Genauso wie

Nebukadnezar die Wut überkam (Dan 3,19), ist auch der Zorn, auf den manchmal Gewalt folgt, ein sicheres Zeichen dafür, daß Götzendienst im Spiel ist.

Eigenbrötlerei. Sich bekriegende Lager. Spaltung im Leib Christi. Isolation: Wenn *kein* Götzendienst im Spiel ist, können die Beteiligten auf den guten Rat Gamaliels hören: Warten und sehen, ob eine Sache von Gott ist oder nicht. Wenn nicht, wird sie ohnehin von selbst sterben. Wenn wir ihr gleich zu Anfang feindselig gegenüberstehen, bemerken wir vielleicht, daß wir eigentlich Gott feindlich gegenüberstehen (Apg 5,34-39). Doch wenn Götzendienst im Spiel *ist*, kann niemand warten. Die Beteiligten müssen sich für eine Seite entscheiden, hier und jetzt.

Satan hat stets auf Aufsplitterung und Spaltung hingearbeitet. Betrachten Sie doch nur die Überreste der Hirtenschafts-, der Jüngerschafts- und der Glaubensbewegung. Es gibt immer noch viel zu viele, die in ihrer Enklave der Einsamkeit sitzen und sagen: „Trotz allem hatten wir doch recht; warum erkennt ihr es denn nicht und akzeptiert uns nicht?" Verstehen Sie bitte, daß wir hier nicht die Bibellehrer verurteilen, die diese Bewegungen initiierten. Es war Götzendienst jenseits ihrer Kenntnis und ihres Einflußbereichs, der die Dinge zu einem natürlichen Ende führte.

Paula, ich und jeder andere Lehrer im Leib Christi sollte voll Feuer und regelmäßig dafür beten, daß wir und unsere Lehren von den Verunreinigungen des Götzendienstes innerhalb des Leibes Christi befreit werden, und daß diese Bewegungen, von denen wir gesprochen haben, sich von den Auswirkungen erholen mögen, die das nach wie vor erschweren und bitter machen, was sonst eigentlich gute und gesunde Früchte bringen würde. Jeder Leiter muß seine eigene Last tragen, aber die Sünde war die Sünde des ganzen Leibes. Deshalb *sollten die Buße und der Ruf nach Gnade auch aus dem Leib Christi kommen.*

Einzelpersonen, die entweder als Leiter oder als diejenigen, die die Leiter vergöttert haben, etwas mit Götzendienst zu tun hatten, müssen in der Gemeinde oder im Büro eines Seelsorgers Heilung finden. Das Gesetz wurde übertreten. Auf die Schuld *wird* Gericht folgen. Der Herr wird „...die Schuld der Väter heimsuch(en) an den Kindern und an der dritten und vierten Generation von denen, die (ihn) hassen" (5.Mo 5,9). Wie oft mußten wir es schon mitansehen, daß die Kinder und Enkelkinder von geistlichen Leitern alle möglichen Tragödien erlebten! Wir sind als Seelsorger daran gewöhnt, tragische Geschichten zu hören; doch selbst wir sind erstaunt – wenn man sich mit der Vergangenheit einer Familie befaßt (wie wir in Kapitel 13 *Die Sünde der Vorfahren* noch besprechen werden) –, wie oft man dabei in einer außerordentlich tragischen Familiengeschichte einen Vorfahren entdeckt, der Pastor oder in irgendeiner Hinsicht ein geistlicher Leiter war. Man müßte eigentlich meinen, deren Nachkommen dürften den größtmöglichen Segen genießen, und wir sind uns tatsächlich sicher, daß das in den meisten Fällen auch so ist. „Der Gute wird vererben auf Kindeskind…“ (Spr 13,22; LÜ). Könnten wir ohne Statistik annehmen, daß in neunzig Prozent aller Fälle die Nachfahren solcher Leute überaus gesegnet sind? Doch wer Gott dient, geht ein Risiko ein. Diener können straucheln und fallen. „Drängt euch nicht zum Lehrerberuf, meine Brüder! Bedenkt wohl, daß *wir Lehrer ein um so strengeres Urteil empfangen werden*“ (Jak 3,1; Menge). In 5.Mose 5,9 erfahren wir, daß es in erster Linie die Sünde des Götzendienstes ist, die das Gericht über die Nachkommen von Sündern bringt, und der Götzendienst ist der am weitesten verbreitete Irrtum, dem Lehrer und Leiter zum Opfer fallen!

Wenn Seelsorger Götzendienst entdecken, sollten sie beten – wie in Kapitel 13 beschrieben wird –, daß der Weitergabe des Schadens an *zukünftige* Generationen durch das Blut und Kreuz Jesu ein Ende gesetzt werde. Es wäre auch gut, die Geschichte der Vorfahren zu überprüfen und festzustellen, ob Verhaltensmuster des Götzendienstes schon in *früheren* Generationen weitergegeben wurden. Wer glaubt, Gott wäre hart wenn er die Schuld der Eltern über einige Generationen hinweg heimsucht, der täte gut daran, nicht weiterzulesen, bevor er die Kapitel 8,9 und 10 von *The Elijah Task* und die Kapitel 4,5,6 und 14 von *Die Umgestaltung des Inneren Menschen* gelesen hat. Diese Kapitel werden erklären, daß Gott weder ungerecht noch gemein ist.

Man sollte die jeweilige Person in Gebeten der Buße und der Vergebung anleiten. Wenn es jemand ist, der einen Leiter vergöttert, dann wäre es weise, ihm zu raten, zu diesem Leiter zu gehen, zu bekennen und um Vergebung zu bitten, falls sein Kontakt zu diesem eng genug war, um einen solchen Vorstoß zu rechtfertigen. Wenn er selbst der Leiter ist, der von anderen wollte, daß sie ihn auf diese oder jene Weise auf ein Podest stellen, oder auch wenn ihm dies nur widerfahren ist, sollte der Seelsorger Vergebung für die Sünde des „Gott Spielens“ aussprechen. Der Seelsorger sollte ihn durch das „Abraham-Isaak-Gebet“ führen, in dem sein Dienst wie Isaak behandelt und als in Christus gestorben auf den Altar gelegt wird. Gott wird seinen Dienst wiederherstellen, doch nicht mehr als seinen Dienst, den er besitzen oder verteidigen könnte. Er wird ganz allein Gott gehören.

Das ist die Zeit, „Gras zu essen“. Da Nebukadnezar nicht auf die Warnungen des Heiligen Geistes hörte, die durch seine Träume und

Daniels Deutungen an ihn ergingen (vgl. Dan 1-4 und Kapitel 17 „Nebuchadnezzar's Image" in *Restoring the Christian Family*), verkündeten ihm die Wächter, daß er von seinem Königsthron vertrieben werden würde, um Gras zu essen, bis sein Verstand eines Tages (nach sieben Jahren; Dan 4,32) wieder zu ihm zurückkehre (Dan 4,34). Wenn die Gnade Gottes nicht durch Buße und das Sich-Selbst-Demütigen schnell genug Zugang findet, muß der Diener den beschwerlichen Weg gehen, um die Lektion zu lernen. Er geht ins Extrem. Er macht sich selbst zum Narren. Vielleicht verliert er in seinem Größenwahn sogar den Verstand. Eine Zeitlang muß er Gras essen. Um das mit einem modernen Ausdruck zu erklären, würde man ganz einfach sagen, er „läuft auf Grund": Gott wird ihm keine phantasievollen Höhenflüge, kein Abheben, keine mystischen Höhen mehr gestatten. Gott wird seinen Diener immer und immer wieder demütigen, ja sogar erniedrigen, bis selbst ein unbeteiligter Beobachter rufen möchte: „Es reicht!" Doch es reicht eben so lange nicht, bis der Diener derart zerschlagen ist, daß er das Vergöttertwerden und das Vergöttern anderer nie wieder kosten möchte. Das muß mit unauslöschlicher Tinte in sein Herz und seinen Verstand geschrieben werden.

Der Seelsorger übernimmt in all dem die Rolle eines Freundes. Er darf nicht versuchen, die Situation zu verbessern. Wir dürfen dem Betreffenden lediglich beistehen. Unser Erbarmen und Verständnis wird dem Niedergeschlagenen helfen zu verstehen, woran und warum er leidet, jedoch nicht mehr. Wir dürfen das Schwert des göttlichen Gerichts nicht stumpf machen. Es wird eine Zeit kommen, in der der Schrei Hiobs aus dem Munde des Dieners verstummt und er vielmehr wie jener ruft: „So habe ich denn meine Meinung mitgeteilt und verstand doch nichts, Dinge, die zu wunderbar für mich sind und die ich nicht kannte... Vom Hörensagen hatte ich von dir gehört, jetzt aber hat mein Auge dich gesehen. Darum verwerfe ich mein Geschwätz und bereue in Staub und Asche (Hi 42,3.5.6). Bis dahin braucht derjenige, der auf Gottes Mühlstein liegt, einen Freund, der an Gott glaubt und weiß, daß dieser durch all das hindurchbrechen wird, während der Niedergeschlagene meint, er würde es ja doch nicht schaffen. Die Liebe „*glaubt* alles" (1.Kor 13,7b); die Liebe glaubt für uns, wenn wir nicht mehr dazu in der Lage sind.

Vielleicht sind auch noch andere beteiligt. Es kann sein, daß ein Mann seine Familie gegen ihr besseres Wissen dazu verleitet hat, einem Möchtegern-Christus nachzufolgen. „... viele falsche Propheten werden aufstehen und werden viele verführen" (Mt 24,11). „Denn es werden falsche Christusse und falsche Propheten auftreten und werden große Zeichen und Wunder verrichten, um womöglich auch die Auserwählten irrezuführen“ (Mt 24,24; Menge). „Geht ihnen nicht nach!“ (Lk 21,8) Gegen diese Form des geistigen Ehebruchs muß man mit mehreren Gebeten vorgehen. Erstens: Alle Worte und Gedanken, die einem während dieses Abstechers eingetrichtert wurden, mögen durch das Feuer des Heiligen Geistes zunichte gemacht werden, auf daß jede falsche Lehre entwurzelt werde und nur noch das Guthaben der Weisheit und der Vorsicht übrig bleibe. Zweitens: Die Familie des Dieners Gottes möge in gleicher Weise befreit und gereinigt werden. Drittens: Ihm möge geholfen werden, das Brot der Demut zu essen, indem er das Geschehene mit allen beteiligten Familienmitgliedern, die sich zu ihm gesellen, durchspricht. Viertens: Vergebung und Versöhnung mögen innerhalb und über die Familie hinaus ausgesprochen und in die Tat umgesetzt werden. Fünftens: Der Seelsorger möge irgendwie daran arbeiten, daß der Betreffende in seiner Familie wieder geachtet wird. Wenn der Mann Ehemann und Vater ist, müssen seine Position als Haupt und das Vertrauen in seine Leiterschaft wiederhergestellt werden. Bei diesem letzten Punkt ist es unter Umständen erforderlich, den Rest der Familie zu unterweisen, wie uns das, was wir durchmachen, weiser machen und zurüsten kann, anstatt uns als Leiter zu disqualifizieren.

Gutmütiges Necken und Herumalbern sind ein hervorragendes Mittel, um einen Neuanfang zu machen; kein Spott, der den anderen erniedrigt, sondern vielmehr eine „Gaudi“, die ihm die Unterstützung aller zusichert und ihn aufzieht – aber mit Respekt. Wer einen „Trip“ in Richtung Götzendienst hinter sich hat, hat sich selbst zu ernst genommen. Man muß ihm helfen, herzlich über seine eigenen Fehler lachen zu können.

Jemand, der vom Götzendienst befreit wurde, sollte viel Zeit an der freien Natur verbringen. Es war kein Zufall, daß Nebukadnezar in der Phase seiner Heilung Gras essen sollte! Wir müssen die gute alte Erde eine Zeitlang in uns aufnehmen. Die Erde ist nicht die Welt. Die Erde wurde durch das Blut des Lammes gereinigt (Apg 11,9). Wordsworth, der große Dichter, wurde immer wieder von mystischen Erfahrungen so sehr hingerissen, daß er sich an einem Baum festhielt, bis er sein Gleichgewicht wieder gefunden hatte. Viel Arbeit in Haus und Garten ist ein ausgezeichnetes Heilmittel für jemand, der sich selbst zu wichtig nimmt.

In diesem Kapitel möchten wir dem Leser auch vermitteln, wie man geistigen Ehebruch heilt. Bisher haben wir darüber gesprochen, daß es vielfältige Möglichkeiten gibt, etwas zu vergöttern und anzubeten, was wir nicht sollten. Doch man kann in vielerlei Weise geistigen Ehebruch begehen, ohne jemand zu vergöttern. Immer wenn wir einem anderen etwas geben, was nur unserem Partner gehört, ist das *geistiger* Ehebruch. Ehebruch im engeren, körperlichen Sinne ist dann der Fall, wenn wir darüber hinausgehen und einem anderen unseren *Körper* geben. Der Herr sprach über geistigen Ehebruch, als er sagte:

> Ihr habt gehört, daß gesagt worden ist: „Du sollst nicht ehebrechen"! Ich aber sage euch: Wer ein Weib begehrlich anblickt, der hat schon in seinem Herzen Ehebruch mit ihr getrieben. (Mt 5,27-28; Albrecht)

Voll Umsicht bewahren viele Christen ihr Herz vor lüsternen Gedanken und gratulieren sich deshalb selbst dazu, daß sie nie geistigen Ehebruch begangen haben. Doch die Wege des Herzens sind eben nicht so leicht faßbar.

Durch die Gnade Gottes bin ich nie mit einer anderen Frau außer meiner eigenen ins Bett gegangen. Ich achtete auch sorgsam darauf, mir selbst nie zu gestatten, in sexuellen Gedanken über eine andere Frau zu schwelgen. Ich war mir der Schriftstelle voll bewußt, die sagt: „Begehre nicht *in deinem Herzen* ihre Schönheit" (Spr 6,25). Auch folgendes alte Sprichwort stand mir vor Augen: „Betrachte nicht lange die Schönheit eines anderen." Aber das hat mich auch nicht vom geistigen Ehebruch abgehalten.

In unseren ersten Ehejahren war die Kommunikation zwischen Paula und mir noch recht unterentwickelt; die Weisheit und das Kreuz hatten noch keine Brücken geschlagen. Wir lagen uns oft in den Haaren. Paula wußte nicht, wie sie an meinen Stacheln vorbeikommen sollte, um mich trösten zu können; ich wußte nicht einmal, was ich überhaupt wollte – im Endeffekt eigentlich nur, daß sie mich mit ihrem ganzen Wesen festhalten und nähren sollte, so wie Gott es beabsichtigt hat.

So entstand ein Vakuum. Ich war verletzbar. Ich fühlte mich zu Männern und Frauen hingezogen, die mich in weniger bedrohlichen, sekundären Beziehungen trösten, bestätigen oder mir schmeicheln konnten. Vor ihnen konnte ich mich ohne Schwierigkeiten öffnen und Dinge mitteilen, die eigentlich ausschließlich oder zumindest zuerst mit Paula durchgesprochen werden sollten. Oft war Paula betrübt und verletzt, als sie während eines geselligen Beisammenseins zufällig mitbekam, wie ich irgendjemand anderem etwas ohne Schwierigkeiten erzählte, von dem ich ihr noch nichts gesagt hatte. Das war geistiger Ehebruch. Ich war diese Herzensbeziehung, diese tiefe Gemeinschaft, die nur Mann und Frau zusteht, mit jemand anderem eingegangen.

Als Paula mir Vorhaltungen machte, versuchte ich, mich zu erinnern und durch logisches Nachdenken herauszubekommen, was eigentlich ihr allein gehörte und was man anderen mitteilen konnte. Das war eine schweißtreibende und nur wenig erfolgreiche Arbeit, da das Problem in meinem Herzen saß. Mein Herz hatte noch nicht gelernt, seine einzige Quelle des Mann-Seins in der Beziehung mit Paula zu finden. Ich war immer noch darauf aus, die Erfüllung und Definition meines Ichs woanders zu finden. Immer nur bei anderen zu suchen ist tief verwurzelter geistiger Ehebruch. Natürlich geschah das immer und immer wieder.

Als Paula deswegen ein Riesentheater machte und tobte, konnte ich – zumindest für den jeweiligen Augenblick – vom Verstand her leicht begreifen, daß sie Recht hatte. Doch da mein Herz noch nicht im Lot war, verlor mein Verstand diese Erkenntnis immer wieder. Die Reue führte nicht in die Buße. Doch ihre Wut überzeugte mein verängstigtes Herz davon, daß es besser wäre, sich ihr nicht zu öffnen, also der Frau, die Gott zur Erquickung des Herzens bestimmt hatte! So wurde ich immer empfänglicher, da die Natur jegliches Vakuum verabscheut.

Sogar als ich mir des Problems bewußt wurde und fest entschlossen war, treu zu sein, wurde es immer schlimmer. Männer, aber ganz besonders Frauen, die weise, verständnisvoll, sanftmütig und trostreich zu sein schienen, wurden so sehr Balsam für meine einsame Seele, daß ich unbewußt mehr und mehr Vorwände suchte, um Zeit mit ihnen zu verbringen. Ich war mir nicht darüber im klaren, daß Bereiche in meinem Herzen, die noch nicht angepackt worden waren, mein Urteilsvermögen beeinträchtigten und verzerrten, so daß ich oft das als weisen Rat und Trost akzeptierte, was mich nicht so sehr herausforderte oder bedrohte wie Paulas Rat es scheinbar tat. Ich hatte auch eine naive Einstellung gegenüber den verborgenen Bedürfnissen und Motiven anderer und war nicht bereit, den Unterschied zwischen einer „sauberen" Bestätigung und einer manipulativen Auferbauung des Ego zu erkennen. Andere Leute, die auch einsam waren und geistig Ehebruch begingen, hängten sich wiederum an mich. Obwohl ich nie eine andere Frau unziemlich umarmt oder geküßt und mir keinen sexuellen Gedanken gestattet hatte, rief Paula schließlich aus: „Nicht mal mehr im Bett sind wir allein!" Sie konnte die Anwesenheit des Geistes dieser anderen Frauen spüren, die sich an mich gehängt hatten.

Glücklicherweise war ich durch die Gnade Gottes moralisch so unerschütterlich – hauptsächlich aufgrund der starken Moral meiner Vorfahren –, daß der Herr mich auffangen konnte, bevor ich einen Schritt zu weit ging. Schließlich offenbarte er meinem *Herzen*, wovon Paula eigentlich sprach, und ich konnte Buße tun, anstatt nur zu bereuen. Gemeinsam beteten wir alles durch, was uns einfiel, wie z.B.:

ein unerfülltes Verlangen nach Bemutterung; der Wunsch, Frauen anzumachen um meines Egos willen; die Angst vor echter Verletzbarkeit, wodurch ich auf einer niedrigeren Ebene verletzbar blieb; der unbewußte Haß auf Frauen, aus dem heraus ich die Frauen zu mir ziehen und dann bestrafen wollte, indem ich sie wieder abwies, ohne sie erfüllt zu haben; die Möglichkeit, mich an Paula zu rächen, indem ich jemand anderem gab, was ihr zustand und so weiter, und so weiter. Eine wesentliche Blockade, die ans Kreuz mußte, bestand darin, daß ich, aufgrund der Spannungen während meiner Kindheit, gelernt hatte, Trost, Erleichterung, Erquickung und sanftmütige Hege und Pflege von allen Assoziationen mit „zu Hause“ *losgekoppelt* hatte. Ich mußte viele Urteile und Ängste in den Tod geben, um die Wahrheit zu entdecken, die Paula mir (in ihrer Frustration nicht immer gnädig) zu vermitteln versucht hatte: „Eines Tages wirst Du verstehen, daß ich Dein bester Freund bin, und daß Deine Kinder eine Erquickung sein können und nicht immer nur eine schwere Verantwortung!“

Am wichtigsten ist es jedoch, daß Paula und ich lernten, im anderen nicht länger den Feind zu sehen. Wir *taten uns zusammen*, um Hand in Hand gegen die Blockaden im Fleisch des anderen zu kämpfen, die uns auf Distanz hielten. Lange nachdem herrliche Brücken zwischen uns beiden geschlagen wurden, die wir oft überquerten, um im Park des anderen großartige Picknicks abzuhalten, mußte ich dennoch nach wie vor Fluchttendenzen in mir bekämpfen. Ich stellte fest, daß ich eine entsetzliche Angst vor der absoluten Verwundbarkeit hatte. Ich konnte sogar bestimmte Bibelstellen so hindrehen, daß sie meine Flucht rechtfertigten: „Gib nicht den Frauen deine Kraft…“ (Spr 31,3). Ich sagte mir, ich könnte aufgefressen oder ein Pantoffelheld werden oder meine Position als Haupt verlieren – alles kam gelegen, um vor der Verletzbarkeit und der Hingabe zu fliehen. Mir erschien es notwendig, immer wieder zu beten, insbesondere wenn herrliche sexuelle Erfahrungen in der Ehe all meine Tore zu sprengen gedroht hatten: „Oh Herr, ich *wähle* die Verwundbarkeit. Öffne mich für Paula. Laß mich nicht fliehen!“ Ich wußte ganz genau, wann sich mein Herz wieder verschloß. Gott gab mir quasi ein „Barometer“ – meine Zunge: Immer wenn sie nicht mit Paula kommunizieren wollte und stattdessen leicht und ungehindert mit anderen Menschen plauderte, wußte ich, daß ich wieder mit meinem alten Wesen kämpfen mußte!

Der Herr hat diese Schlacht mit uns gewonnen. Gelegentlich rutschen wir noch aus, doch er hält uns fest und wir sind „auf Zielkurs“. Jetzt sehen viele in unserer Einheit eine Bestätigung unserer Botschaft. Dennoch ist unsere Geschichte nicht einzigartig. Die Seelsorge mit tausenden von Paaren wie uns selbst drehte sich mehr um den geistigen Ehebruch als um jedes andere Problem des menschlichen Wesens.

Obwohl den Frauen auch Mittel und Wege zur Verfügung stehen, vor einer Partnerschaft zu fliehen, die alles kostet, stellen wir doch fest, daß sich Männer viel öfter als Frauen einer wahren Einheit widersetzen. Höchstwahrscheinlich läßt sich die Hauptursache hierfür so erklären, daß Männer, als sie noch Jungs waren, darum rangen, die kontrollierenden Greifarme der Mutter abzuschütteln. Nur wenige Mütter wußten, wie sie ihrem Jungen Nahrung geben konnten, ohne ihn zu erdrücken. Schon sehr früh lernten wir es, Frauen keine Geheimnisse zu verraten: Ihr Erinnerungsvermögen gleicht dem eines Elefanten, und sie sind wild entschlossen, es uns gegenüber einzusetzen! Ohne es zu wissen, verstümmeln viele Frauen ihre Männer und Söhne. Die kleine Schwester gewinnt durch Petzen die Oberhand über ihre stärkeren Brüder. Zahllosen schmerzlichen Vorfällen muß man auf die Spur kommen, um einen Mann für die Beziehung zu seiner Frau zu befreien. Noch tiefer verwurzelt als all das, sind die Erinnerungen aller männlichen Geschlechtsgenossen, die bis zu Adam zurückreichen. Es ist kein Witz, daß wir uns daran erinnern, was Eva Adam eingebrockt hat! Das Kreuz Christi muß die Gründe für die Probleme in all unseren Beziehungen finden, bevor wir wirklich frei werden.

Gott sagte zu Eva: „Nach deinem Mann wir dein Verlangen sein…" (1.Mo 3,16c). Frauen neigen dazu sich hineinzudrängen, weil sie ihren Platz bei ihrem Mann finden wollen. Auf der tiefsten Ebene beider Geschlechter hat die Sünde den Platz der Frau als voll- und gleichwertige Partnerin ihres Mannes verwirkt. In Christus wird der Platz der Frau wiederhergestellt, aber wie viele andere Dinge, muß auch das erst in die Realität umgesetzt werden. Deshalb wird sich etwas ganz tief in ihr an diese Position erinnern und sich anstrengen sie wiederzuerlangen. Solange das Fleisch darüber die Herrschaft hat, wird das den Männern wie eine Forderung vorkommen, vor der sie fliehen. Die Osage Indianer pflegten zu sagen: „Wenn ein weißer Mann mit funkelnden Augen auf Dich zukommt und Dich bittet, ihm zu helfen, dann lauf' wie der Wind in die andere Richtung!" So fliehen auch die Männer vor den Frauen, wie es oft klischeehaft und überzogen in Filmen o.ä. dargestellt wird.

Auch wenn Frauen manchmal bei einem anderen Mann Kraft und Geborgenheit finden und somit geistigen Ehebruch begehen, haben wir es in der Seelsorge doch am meisten mit der Art von Verwirrung zu tun, die sich dann einstellt, wenn Frauen das unbewußt auf Gott übertragen, was allein dem Ehepartner gehört. Wenn das Herz einer Frau nicht die rechte Gesinnung hat, wird die Tatsache, daß Christus der Bräutigam der gesamten Gemeinde ist (also der Braut), eher zu einer Versuchung als zu einem Segen. Vielleicht spürt ihr Ehemann diesen Ehebruch und reagiert darauf höchst leidenschaftlich. Wie kann er mit einem solchen Rivalen konkurrieren? Aus Rache haben einige Männer zornig die Gemeinde verlassen. Wir sind schon zahlreichen Frauen begegnet, die so verletzlich waren, weil sie es mit ihren Männern „nicht geschafft" haben, daß Geister der Verführung sie tatsächlich davon überzeugten, daß der Herr so sehr ihr Ehemann sei, daß sie auch das Recht hätten, sich sexuell mit ihm zu vereinigen. Auf diese Weise haben Geister einige Frauen so verführt, daß jene Gefühle wie bei einem Geschlechtsverkehr – den Orgasmus eingeschlossen – verspürten. Einen solchen Geist bezeichnet man als einen „Inkubus". (Dieselbe Art der Verführung kann auch Männern geschehen; in diesem Fall nennt man den Geist einen „Sukkubus".)

Frauen können in Gebetsgruppen die Sicherheit finden, die sie unter der „Hauptschaft" ihres Mannes hätten finden sollen. Leiter, die richtigerweise versuchen, für alle in der Gruppe eine Vaterfigur zu sein, stellen unter Umständen fest, daß sich innerhalb der Gruppe verwirrende Arten von Beziehungen und Emotionen entwickeln, wenn Frauen sich unbewußt – oder vorsätzlich und sündhaft – auf Personen fixieren. Weil so viele nicht ausgeheilte Wunden in so vielen Herzen in so vielen Gebetsgruppen vorhanden sind, ist der geistige Ehebruch wohl die am weitesten verbreitete Sünde innerhalb der charismatischen Bewegung.

Viele Väter haben nicht nur ihre Töchter und Stieftöchter, sondern auch sich selbst aufs Übelste verletzt, als sie jene durch Inzest mißbrauchten. Der häufigste Grund dafür ist geistiger Ehebruch. Sie haben ihre eigenen Frauen wirklich geliebt und gewollt. Doch die Beziehung lief sich tot, Brücken fielen, und die Isolation dominierte alles. Keiner der beiden Partner war sich der Tiefe oder der Macht der Einsamkeit bewußt. Eine Tochter sieht oft so aus wie ihre Mutter in jungen Jahren. Ihre jungfräuliche Schönheit ruft die Erinnerung ihres Vaters wach und löst sein Verlangen nach seiner eigenen „jungen" Frau aus. Noch bevor er es erkennt, hat sich die auf seinem inneren Zorn auf Mutter und Ehefrau beruhende Tatsache, daß er eine Frau verunreinigen muß, an momentane Frustrationen und sexuelles Verlangen angekoppelt und ihn veranlaßt, Dinge zu tun, die er seiner Meinung nach nie hätte tun können.

Affären beginnen in der Regel nicht als Affären, zumindest nicht unter Christen, die auf Gottes Weg gehen möchten. Unbewußter geistiger Ehebruch verbindet die beiden Beteiligten. Wenn die wahre Einheit versagt, insbesondere in den Bereichen der Kommunikation und des Austauschs auf Herzensebene, werden Männer und Frauen für andere empfänglich, die in der Lage zu sein *scheinen*, die Lücke zu füllen. Viele, die Ehebruch im engeren Sinne begangen haben, kamen zu uns in die Seelsorge und sagten: „Ich versteh's nicht. Sex zu Hause war spitze. Meine Frau hat sexuell ganz schön was drauf; diese andere Frau kann ihr bestimmt nicht das Wasser reichen. Wie komm' ich also bloß drauf, sie zu begehren? Ich krieg's einfach nicht auf die Reihe!" Frauen haben Tiraden losgelassen und gewettert: „Er hatte alles, was er wollte! Was findet er nur an ihr?!" Doch er wollte nicht Sex. Er wollte vielmehr diese Vereinigung von Herz und Geist, dessen Höhepunkt der Sex ist. Weil Sex der Höhepunkt ist, müssen andere ehebrecherische Beziehungen davon ganz natürlich angezogen werden.

In diesem Krieg gibt es keine Helden. Es gibt nur heilige Feiglinge. Ratsuchende muß man unterweisen, angefangene Beziehungen zu meiden. Sie können keine Beziehungen aufrechterhalten, die zu geistigem Ehebruch geworden sind und dabei rein und sicher bleiben. Früher oder später werden sie den entscheidenden Schritt zu weit gehen, es sei denn die Gnade schreitet ein und heilt jedes Herz und jede Ehe durch und durch.

Manchmal kann man es nicht vermeiden, daß Beziehungen weitergehen. Ein Schwager oder eine Schwägerin werden wahrscheinlich in der Familie bleiben. Wir können vielleicht nicht in aller Höflichkeit die eine Gebetsgruppe verlassen und in eine andere gehen. Abgesehen davon werden wir in der nächsten Gruppe wieder dasselbe Problem mit jemand anderem bekommen, wenn der Zustand unseres Herzens nicht ganz tief an der Wurzel geheilt wird; früher oder später werden wir solchen Gruppen dann ganz den Rücken kehren! Selbstverständlich wollen wir nicht ständig von einer Gemeinde zur nächsten wechseln oder regelmäßig Sekretärinnen feuern oder einen Klub nach dem anderen verlassen.

Die erste Regel lautet, daß in Beziehungen, die schon so fest etabliert sind, daß man eine gewisse Vertrautheit miteinander hat und man weiterhin in ihr Erfüllung zu finden droht, der notwendige Preis einfach bezahlt werden muß, auch wenn wir dadurch die Gemeinde, die Arbeitsstelle oder sogar den Wohnort wechseln müssen. Doch wenn wir nur „geschnuppert" haben, und die Entwicklung rechtzeitig abgefangen werden konnte, können wir dort bleiben wo wir sind, während in der Seelsorge die Wurzeln offenbart und geheilt werden. Die zweite Regel lautet jedoch: Denen, die in geistigem Ehebruch in jedweder Phase verwickelt sind, darf nicht gestattet werden zu entscheiden, wie sicher oder nicht sicher sie sind. Diese Entscheidung muß man weisen Freunden und Seelsorgern anvertrauen. Narren glauben, sie seien immer noch sicher und könnten jederzeit aufhören. Freunde mit einem kritischen Blick schützen vor Dummheit.

Geistiger Ehebruch erfordert Heilung auf zwei Ebenen. Einen etwaigen Hang zum geistigen Ehebruch sollte ein Seelsorger als sicheres Zeichen dafür deuten, daß die Beziehung zu Mutter und Vater zutiefst gestört ist. Man sollte tiefgehende innere Heilung bewirken und sein besonderes Augenmerk auf folgende Bereiche richten: Mangelnde Erfüllung; Mangel an Zuwendung; Kritiksucht und Verwundung; Unfähigkeit der Eltern, Talente zu schätzen und zu fördern; spezielle Beachtung gilt einem steinernen Herzen und einem inneren Schwur, nicht verletzbar sein zu wollen. Sobald der Groll des inneren Menschen geheilt ist, muß dieses Vakuum mit Liebe aufgefüllt werden. Dann kann sich der Seelsorger momentan vorhandenen Frustrationen und Blockierungen zuwenden und das Ehepaar in der Kunst wahrer Kommunikation und Begegnung unterweisen.

Etwas ist am geistigen Ehebruch viel heimtückischer als bei den meisten anderen Sünden: Er sieht vielleicht gar nicht wie eine Sünde aus. Es scheint gut zu sein, vermeintlich tiefe Beziehungen mit Menschen eingehen zu können, insbesondere wenn wir einen starken moralischen Stand haben; wir wissen, daß wir die Sache nie aus unseren Händen gleiten lassen werden. Die Gemeinschaft scheint Balsam für die Seele zu sein. Von anderen wertgeschätzt zu werden bläst unser Ego auf. Im Hinterkopf läßt es uns vielleicht keine Ruhe, erscheint uns kurios, ja es wird uns sogar schmerzlich bewußt, daß wir uns einem anderen ohne Probleme mitteilen können, unserem Partner jedoch nicht. Doch wenn wir psychologische oder soziologische Kenntnisse haben, können wir das ohne weiteres der allgemeinen Erkenntnis zuschreiben, daß man sekundären Bezugspersonen gegenüber fast immer netter sein als kann als primären. Vielleicht ist es schwierig, das Ganze so sehr zu hassen, daß man damit aufhören kann. Unser Rat: Betrachten Sie die Angelegenheit von einem anderen Standpunkt aus. Hören Sie auf, sie zu rechtfertigen. Sehen Sie den Schaden, den sie Ihrem Partner zufügen. Versetzen Sie sich in Ihren Partner hinein und fühlen Sie die Einsamkeit, die Trostlosigkeit, den Verrat. Lernen Sie, die Angelegenheit zu hassen, weil sie lieben Menschen Böses antut, anstatt sie auf der Grundlage Ihrer eigenen Gefühle zu bemessen.

Bevor wir dieses Thema abschließen, sollten wir vielleicht noch erwähnen, daß sich der geistige Ehebruch nicht einzig und allein auf eheliche Beziehungen beschränkt. Wenn wir von einem Pastor zum anderen gehen, von einer Gemeinde zur anderen, dann ist das geistiger Ehebruch. Wenn Paula und ich unter der Salbung eines Pastors, der uns eingeladen hat, dienen, lehren und dann wieder gehen, dann ist das in Ordnung. Doch wenn wir seine Leute auf unsere Seite ziehen, ist das geistiger Ehebruch. Wenn wir in einer Gemeinde Menschen seelsorgerlich dienen, die der Pastor ausgewählt hat, ist das gut so. Doch wenn wir zu vielen helfen, die Hilfe in ihrer eigenen Gruppe oder in der Seelsorge mit dem Pastor finden sollten, wird das Ganze „ehebrecherisch". Wir könnten tausend Möglichkeiten aufzählen, die alle unter der folgenden einfachen Definition zusammengefaßt werden können: Immer wenn wir von einer anderen Quelle trinken als der, die Gott festgesetzt hat, begehen wir Ehebruch.

Wenn wir gelegentlich mal einem anderen Bibellehrer zuhören, ist das kein Ehebruch (Wir wollen uns ja durch obige Definition nicht in ein Korsett zwängen oder einen Kult damit treiben). „Der eine sät, der andre erntet" (Joh 4,37; Albrecht). Kein Ehemann, keine Ehefrau, kein Pastor, kein Lehrer und kein Freund kann für einen Menschen *alles in allem* sein. Der Versuch, für einen Menschen alles in allem sein zu wollen, kann in sich wieder Ehebruch werden. Das Herz ist das entscheidende Kriterium. Wenn unser Herz dort feststeht, wo es hingehört, wird jede andere Quelle der Erquickung unsere grundsätzliche Fixierung nur verstärken. Doch wenn wir anfangen, das nicht mehr zu respektieren, wo wir hingehören und nach etwas anderem und nach mehr hungern, sind wir in Gefahr, und jede andere Quelle wird zum Ehebruch werden. Wir müssen die Hüter unseres Herzens sein (Spr 4,23). Solange wir uns in erster Linie und ausnahmslos nach unserem eigenen Partner, nach unserer Gemeinde und nach unseren Freunden ausstrecken, halten wir Kurs. Doch wenn der Hunger und die Lüsternheit in uns wachsen, müssen wir diese Signale ernst nehmen und zu unserem eigenen Partner und zu einem Freund oder Seelsorger fliehen, der uns helfen kann, herauszufinden, was denn eigentlich los ist.

Wir können auch ein ehebrecherisches Verhältnis zu Gegenständen haben. Viele Frauen haben einen guten Grund, den Beruf oder den Wagen ihres Mannes zu hassen, weil er ihn streichelt und nicht sie. Fernsehen, *Fußball!*, Golf, Heimwerken, Hobbys – alles kann zum Objekt unseres Ehebruchs werden. Frauen werden in diesen Bereichen wahrscheinlich weniger anfällig für Ehebruch sein, doch wieviele Frauen haben ihren Kindern das gegeben, was ihren Männern gehörte und das damit gerechtfertigt, daß „er es ja schon vorher weggetan hatte"? Wir verfallen dem Ehebruch mit Dingen aus denselben Gründen wie dem Ehebruch mit Menschen; auch die Heilung folgt demselben Muster. Der Ehebruch mit Dingen kann jedoch heimtückischer sein, weil man ihn im allgemeinen weniger leicht als solchen erkennt, und die Möglichkeiten, dagegen etwas zu unternehmen, sind schwieriger in die Tat umzusetzen. Ein Mann kann seinen Beruf nicht aufgeben, und eine Frau kann gut und gerne den Eindruck haben, ihr Mann bitte sie, ihn mehr anzubeten als Gott, wenn er ein Theater darum macht, daß sie der Gemeinde so viel Aufmerksamkeit schenkt und nicht ihm. Nichtsdestoweniger muß der Preis bezahlt werden. Es ist schon halb gewonnen, wenn wir den Sachverhalt erkennen, wie er ist; die andere Hälfte werden wir gewinnen, wenn wir uns fest dazu entschließen, alles durchzubeten.

Der geistige Ehebruch ist dem Götzendienst ähnlich. Es gibt nur einen Unterschied. Beim Götzendienst setzen wir jemand oder etwas an Gottes Stelle und beten es an. Beim Ehebruch setzen wir Gott, eine andere Person oder eine Sache an die Stelle unseres Partners und lieben sie. Wenn wir die Person oder die Sache, der wir uns hingeben, auch noch vergöttern, gehen geistiger Ehebruch und Götzendienst ineinander über. Normalerweise dauert es nicht lange bis aus dem Ehebruch auch Götzendienst wird. In gewisser Hinsicht ist er ja Götzendienst im Anfangsstadium, denn alles, was wichtiger ist, als das, was Gott uns gegeben hat, ist schon unser Götze. Der Götzendienst ist unausweichlich; wir vergöttern, weil das die elementare Sünde unseres Wesens ist.

Hinter jeder anderen Form von Götzendienst steckt ein Götzendienst, der schlimmer ist als alle anderen. Er liegt tief im Grunde unseres Wesens verankert. Es ist das Reich unseres Ichs, wo das Ich all unsere verborgenen Motive beherrscht. Vielleicht hat Jesus den Thron inne, doch das Ich spekuliert nach wie vor auf die Macht, die hinter seinem Thron steht.

Tief in unserem Innersten ist etwas, das so böse ist, daß es nicht geheilt, sondern nur getötet werden kann. Dort gibt es einen Geist, der wir selbst sind und der alles daran setzt, wie Gott zu sein. Dort gibt es ein Regierungszentrum, das so hinterlistig agiert, daß es uns gestattet, in einem Rollenspiel die Hingabe an Gott oder den Dienst und die Liebe zu anderen zu praktizieren, ohne es zuzulassen, daß man es je entdeckt, geschweige denn tötet. Die Seelsorge und unser Voranschreiten im Herrn kann man mit dem schrittweisen Zerpflücken einer Zwiebel vergleichen; Haut für Haut arbeitet man sich vor, bis zum Schluß nicht ein süßer Kern zum Vorschein kommt, sondern vielmehr Verdorbenheit und fulminanter Trotz in unserem Innersten, der sich nicht beugt und nicht kapituliert.

Schon unzählige Male beobachteten Paula und ich die „Pilgerreise" eines Bruders, der – wie ihm schien – heiliger und heiliger wurde. Während wir ihm zuschauten, war uns jedoch klar, daß, wenn er eines Tages bereit sein würde, Christus den letzten Schleier der Täuschung lüften und die blanke Sünde offenbaren würde, die mit dem Guten noch nie in Kontakt gekommen war! Diese Zeit birgt große Risiken in sich. Nicht einmal der Herr kann uns dazu zwingen, die richtige Entscheidung zu treffen. Völlig ungeschminkt liegt in diesem Augenblick der Weg des Lebens und der Weg des Todes vor uns. Eine Entscheidung ist erforderlich. Sie gründet sich auf nacktes und schlichtes *Vertrauen*. In diesem Moment muß der Sünder bereit sein zu sagen: „Ja Herr, ich *will* die Realität sehen. Ich *bin* bereit. Ich *bin* absolut verkommen und hilflos." Vor diesem Augenblick rein theologisch die absolute Verkommenheit zu bekennen hat wenig Sinn. Wir haben schon viele Brüder mit einer soliden Grundlage getroffen, die mit blankem Entsetzen geflohen sind, als sie in diesem entscheidenden Moment die ungeschminkte Wahrheit über sich selbst erfuhren! Es ist schon erstaunlich, wie wir uns nach all den Jahren, die wir mit Christus gegangen sind, immer noch an ein winziges Körnchen Gerechtigkeit oder an ein kleines bißchen Kontrolle klammern möchten, so als ob unser Heil davon abhinge!

Der befreundete Pastor, von dem wir in dem Kapitel über Verunreinigung sprachen (Kapitel 8) gehörte, gemeinsam mit seiner Frau, Paula, mir, einem Ältesten und dessen Frau, zu einem kleinen Leiterkreis. Eines Tages saßen wir alle zusammen in der warmen Sonne auf dem Balkon des Ältesten. Der Herr hatte schon seit Wochen im Herzen des Pastors gearbeitet und Schritt für Schritt immer mehr innere Höhlen voller Schmutz und Lug und Trug offenbart. Jetzt eröffnete unser sanftmütiger Herr diesem Pastor, den er liebte, noch mehr. Noch heute klingen die Worte dieses Bruders in meinen Ohren: „Ich glaube nicht, daß mir das gefallen wird, was ich sehe, wenn ich da reingehe." Tatsächlich war das zu viel für ihn. Er floh, und bald darauf fing ihn die Verunreinigung der Täuschung ein. Er hat seither nie wieder zu einem erfüllten und freudigen Glauben zurückgefunden.

Andererseits durften wir schon miterleben, wie viele an diesen Punkt kamen und in die Ruhe eingingen. „Nun, was weißt Du schon. Ich hab' nichts mehr, das ich verteidigen müßte. Ich bin sündig und trotzdem werde ich geliebt. Jesus hat mich. Seine Gerechtigkeit wird meine Gerechtigkeit sein. Ich hab' keine eigene. Halleluja!" Auch Paulus kam an diesen Punkt und entscheid sich für die Gerechtigkeit Christi. „Denn ich *weiß*, daß in mir, das ist in meinem Fleisch, *nichts Gutes* wohnt" (Röm 7,18). Denn „...durch ihn aber seid ihr in Christus Jesus, welcher uns von Gott gemacht worden ist zur Weisheit, *zur Gerechtigkeit*, zur Heiligung und zur Erlösung" (1.Kor 1,30; Schlachter). Ganz tief in uns steckt ein Geist, der unser ganzes Leben lang seinen Götzendienst, der allem zu Grunde liegt, tarnt, bis wir in Jesus an diesen Punkt der Offenbarung gelangen. *Wir wollen Gott sein! Wir sind eifersüchtig auf Jesus, der erhoben wurde, um Herr über alles zu sein. Deshalb rackern wir uns ab, um das Königreich unseres Ichs zu errichten; niemand tut das intensiver als derjenige, der das Geheimnis gelernt hat, anderen zu dienen. Wie könnten wir besser Gott spielen?* Die Sünde der Selbstvergötterung bewirkt, daß all unsere Werke für den Herrn von Wichtigtuerei und Selbstverherrlichung durchzogen sind, gleichgültig, wie oft wir auch beteuern mögen, wir gäben doch ihm all die Ehre. Die Wahrheit ist, daß wir genau deshalb sagen müssen, wir gäben ihm doch all die Ehre, weil wir geneigt sind, das eben nicht zu tun. Diese Selbstvergötterung sieht so aus, daß wir wohl nach außen hin freundlich lächeln und uns freuen, wenn unser Bruder erfolgreich ist; innerlich jedoch knirschen wir voll Eifersucht mit den Zähnen und „freuen uns (verstohlen) über die Ungerechtigkeit" (1.Kor 13,6) wenn unser Bruder fällt. Wir sind gezwungen, jeden anderen niederzumachen und uns selbst zu erhöhen, ohne uns dessen bewußt zu sein!

Im Herzen ist jeder von uns ein Würger, denn das Selbstlob ist die dominierende Haltung in den verborgenen Winkeln des Herzens. Sobald wir unsere grundsätzliche Sünde des Götzendienstes erkennen und uns darüber klar werden, daß sie wie eine Spinne im Zentrum all unserer betrügerischen Netzwerke sitzt, gehen wir in die Ruhe ein – vorausgesetzt, wir lassen sie los und überlassen alles Jesus.

Doch nicht jeder trifft die richtige Entscheidung. „Dies aber ist das Gericht, daß das Licht in die Welt gekommen ist, und die Menschen haben die Finsternis mehr geliebt als das Licht, denn ihre Werke waren böse" (Joh 3,19). Welche Werke? Betrachten wir uns diese Stelle aus einer anderen Perspektive: „Was sollen wir tun, damit wir die Werke (Taten) Gottes wirken? Jesus antwortete und sprach zu ihnen: *Dies ist das Werk Gottes, daß ihr an den glaubt*, den er gesandt hat" (Joh 6,28-29). *Die böse Tat, die allem zugrunde liegt, ist der Unglaube, das Mißtrauen, ob Jesus wirklich der auferstandene und gegenwärtige Herr ist, der mein Leben festhalten kann und wird, wenn ich es loslasse!* Wie oft hatten wir schon Brüder in der Seelsorge, die in der Gemeinde im und für den Herrn gelebt und den auferstandenen Herrn jeden Sonntag gefeiert haben; doch auf dieser entscheidenden tiefsten Ebene wußten sie nicht und konnten sie nicht glauben, daß er wirklich der auferstandene Herr ist! Das böse Werk sieht so aus, daß man aus sich selbst heraus lebt, daß man die Schalthebel der Macht festhält, daß man aus Unglauben heraus im Fleisch wandelt, was ja Götzendienst ist, nämlich die Anbetung des Ichs.

Wir haben die Wahl. „Niemand kann zwei Herren dienen; denn entweder wird er den einen hassen und den anderen lieben, oder er wird einem anhangen und den anderen verachten. Ihr könnt nicht Gott dienen und dem Mammon" (Mt 6,24). Die Bedeutung des Wortes „Mammon" im Textzusammenhang von Matthäus 6 ist: der Gott des Reichtums dieser Welt. Doch diesen Vers kann man genausogut auch hernehmen, um die Frage zu stellen: „Wer ist der Herr unseres Geistes, das Ich oder Jesus Christus?" Aus unserer jahrelangen seelsorgerlichen Erfahrung weiß ich, daß die meisten, die dieses Kapitel lesen, wie Wissende nicken werden, in der Meinung, sie hätten diesen Tod und die Wiedergeburt schon hinter sich. Doch das ist nur bei wenigen der Fall. Es sind viele Stufen – sozusagen Übungsstunden – bis zur letztlichen Offenbarung und dem Tod. Man muß sie durchleben, Schritt für Schritt.

Eine Dame, die vor mehr als fünfzehn Jahren bei mir in der Seelsorge war, kam erneut zu einem unserer Elijah House Mitarbeiter. Da dieser selbst einige Jahre zuvor diesen Prozeß durchlaufen hatte, wußte er wo es lang geht. Er war Zeuge, wie sie Woche für Woche näher kam. Sie schloß einen Bund mit ihm: „Diesmal werde ich nicht abhauen!" Schließlich kam der Tag, an dem die Gegenwart des Herrn so mächtig über sie kam, daß sie in einem Moment völliger Offenbarung einen Durchbruch erlebte und rief: „Oh Fletch, ich seh's! Ich bin wie eine „Schwarze Witwe", wie eine Spinne, die jedem um sich her die Gerechtigkeit aussaugt – meinem Mann, meinen Kindern, einfach jedem!" Fletch beugte sich nach vorne und sagte sanft: „Dolores (Name geändert), endlich bist Du aufrichtig!" Sie war wirklich durch und durch ein Würger gewesen (vgl. Kapitel 9); ihre Diagnose stimmte. Gott hatte ihr ihr wahres Ich gezeigt, das all ihre Taten bestimmte.

Voller Freude im Herrn verließ Fletch den Seelsorgetermin: „Endlich hat sie sich so gesehen wie sie ist und sich ihrer Sünde gestellt. Herr, sie ist heimgekommen. Danke, Herr." Er ging davon aus, daß sie ausgeglichen und freudestrahlend zum nächsten Termin kommen würde. Doch das Königreich des Ichs ließ sich nicht so leicht entmachten. Sie verunglimpfte ihn und klagte ihn an, sie eine „Schwarze Witwe" genannt zu haben! Sie sei gekommen, um ihm zu sagen, daß sie genug davon habe! Es war ihr gleichgültig, daß Betty (die zu dieser Zeit mit Fletch ein Team bildete) sie erinnerte: „Dolores, Fletch hat das nicht zu Ihnen gesagt. Sie haben es ihm gesagt!" Sie konnte nicht auf Betty hören. Die Türen ihres Herzens waren verschlossen. Sie *mußte ein bestimmtes Maß* an Gerechtigkeit haben. Als ihre Zeit gekommen war, konnte sie der Gnade Gottes einfach keinen Glauben schenken. Inzwischen ist sie zu einem anderen Seelsorger geflohen, der ihr die leicht verdaulichen Dinge sagen wird, die ihr herrschendes Ich hören möchte.

Freunde, wir schreiben, um zu warnen. „Demütigt euch nun unter die mächtige Hand Gottes, damit er euch erhöhe zur rechten Zeit" (1.Petr 5,6). Nochmals sage ich: *Demütigen Sie sich.* Fliehen Sie nicht. Seien Sie fest entschlossen, den ganzen Weg über der Wahrheit ins Auge zu schauen. Sie haben nichts zu verlieren, außer Ihrer Schlechtigkeit. Das ist das Zentrum, die tiefste Wurzel, der Kern von all dem, was uns von der Fülle des Reiches Gottes abhält – das Ich! Götzenanbetung! Unser Geist auf Gottes Thron in uns, und das viele Jahre nach unserem Bekehrungserlebnis! Lassen Sie uns auf den Siegespreis der himmlischen Berufung Gottes in Christus Jesus zujagen (Phil 3,14).

Da wir diesen Tod nicht wirklich erfahren können, wenn Jesus uns nicht dorthin führt, heißt es: „...erwählt euch *heute*, wem ihr dienen wollt...Ich aber und mein Haus, wir wollen dem Herrn dienen!" (Jos 24,15)

TEIL IV

Dinge, die unseren Geist von außen her beeinflussen und verletzen

Kapitel 13

Die Sünde der Vorfahren

> Du sollst dich vor ihnen nicht niederwerfen und ihnen nicht dienen. Denn ich, der Herr, dein Gott, bin ein eifersüchtiger Gott, der die Schuld der Väter heimsucht an den Kindern und an der dritten und vierten Generation von denen, die mich hassen, der aber Gnade erweist auf Tausende hin denen, die mich lieben und meine Gebote halten. (5.Mo 5,9-10)

Manchmal kann ein Seelsorger jeder Spur persönlicher Sünde im Leben des Ratsuchenden nachgehen, und dennoch ändert sich nichts daran, daß dessen Leben und Familie von großen Schwierigkeiten geplagt werden. Es scheint unmöglich zu sein, daß die anhaltenden Tragödien ihren Ursprung in noch nicht entdeckter persönlicher Sünde haben könnten. Die Antwort lautet folgendermaßen: Manchmal sind Schwierigkeiten auf Ursachen zurückzuführen, die außerhalb der Schuld oder des sündhaften Wesens eines Menschen liegen. Sünden und deren Auswirkungen können über Familienlinien weitergegeben werden. Wir bezeichnen das als die „Sünde der Vorfahren".

Die Sünde der Vorfahren und ihre Auswirkungen übertragen sich auf uns in dreierlei Weise. Erstens: Es kann sein, daß wir unseren Hang zur Sünde mit unseren Genen erben. Durch unser körperliches Erbe geht weit mehr auf uns über, als wir vermuten. Eine Ratsuchende aus Italien teilte mir mit, ihr Arzt hätte ihr geraten, ihrer Tochter nie eine Beziehung mit einem Italiener zu gestatten, weil sie den Hang zu einer außerordentlich hartnäckigen Form von Depression „im Blut" hätte. Schwarze leiden häufig an Sichelzellenanämie. Ärzte stellen ihren Patienten mit Diabetes Routinefragen, um herauszufinden, ob es in deren Familien in der Vergangenheit auch schon Fälle von Diabetes oder Blutkrankheiten gegeben habe. Von Herzkrankheiten, Rückenproblemen, Neigungen zu Lungenkomplikationen, Allergien etc. ist bekannt, daß sie als körperliche Krankheiten oder Prädispositionen weitergegeben werden. In Hiob 17,5 heißt es: „Die Augen der Kinder des Mannes, der Freunde denunziert, um einen Teil der Beute zu bekommen, werden verschmachten" (wörtl.a.d.Engl.). Wir müssen hier jedoch vorsichtig sein und nicht gleich annehmen, *jeder* Mensch, der eine Brille trägt, hätte irgendeinen Vorfahren gehabt, der seine Freunde verleumdet hat, um einen unrechtmäßigen Gewinn daraus zu schlagen! Doch diese Bibelstelle nennt uns ein eindeutiges Beispiel dafür, daß ein bestimmtes körperliches Phänomen als direkte Folge der

Sünde eines Ahnen weitergegeben wird; folglich *kann es sein*, daß *einige* Menschen mit Augenproblemen vielleicht unehrliche Vorfahren hatten. Diese Dinge sind Hinweise für Seelsorger, die die Axt an die Wurzel legen wollen.

Doch nicht nur körperliche Probleme werden übertragen, sondern auch Neigungen bezüglich der Persönlichkeit und des Verhaltens eines Menschen. Als Kind war ich (John) ein geistesabwesender Träumer; wenn ich ins Obergeschoß geschickt wurde, um etwas zu holen, geschah es oft, daß ich nicht nur vergaß, was ich holen sollte, sondern auch, daß ich überhaupt geschickt wurde, um etwas zu holen! Schon bald mußten sie jemand anderen nach der gewünschten Sache – und nach mir – schicken. Mit meinem achtzehnten Lebensjahr war ich diesem Verhalten größtenteils entwachsen. Doch unser Sohn Mark geriet in dieser Hinsicht absolut nach mir. Auf dem Weg in die Schule versank er oft in einem Tagtraum, spielte mit Blechdosen Fußball und schlurfte durch das trockene Laub. Gegen Nachmittag rief das Schulsekretariat bei uns an und fragte: „Wo bleibt Mark heute nur? Ist er krank?“ Paula fand ihn dann irgendwo auf halbem Weg zur Schule – er hatte alles um sich herum vergessen. Am Morgen ging einer von uns an der Tür zu Marks Zimmer vorbei und sah zufällig, wie er sich gerade die Socken anzog. Nach einer halben Stunde saß er immer noch genauso da, regungslos, in einer Traumwelt versunken! Er hatte nie gesehen, daß ich auch so war. Wir hatten nie darüber gesprochen. Woher kam das nur? Natürlich aus den Genen!

Ungefähr mit zwölf Jahren hatte ich einen Zahnputzfimmel. Nach jeder Mahlzeit und nach jeder Kleinigkeit zwischendurch lief ich ins Badezimmer und putzte mir die Zähne. Die ganze Familie saß im Auto, der Motor lief und jemand fragte: „Wo ist denn Jackie (mein Spitzname)?“ Jedesmal antwortete jemand verärgert: „Im Bad beim Zähneputzen!“ Mit einundzwanzig, lange vor unserer Hochzeit, war diese Gewohnheit völlig in Vergessenheit geraten und niemand sprach mehr darüber. Doch exakt mit zwölf Jahren fing Mark nicht nur mit derselben Marotte an, er nahm sogar die Zahnpasta und die Zahnbürste in seiner Jackentasche mit sich, falls er unterwegs etwas essen sollte!

Johnny hatte Paulas Sturheit, Ami meine mystische Veranlagung. Welche Familie hat sich noch nicht darüber gewundert, daß sich besondere Eigenschaften offensichtlich nicht anders haben übertragen können als durch die Erbanlagen?

Geschwister, die nach der Geburt getrennt, in verschiedenen Familien und in einem völlig unterschiedlichen kulturellen Umfeld aufgezogen wurden, stellten bei einem späteren Treffen fest, daß sie dieselben Vorlieben, Abneigungen, Talente, Schwächen, Gewohnheiten und

Eigenheiten hatten, die man auf nichts anderes als auf körperliche Vererbung zurückführen konnte.

Im Zusammenhang mit den Lenden gibt es ein Geheimnis, das unser Verständnis bei weitem übersteigt. „...und sozusagen ist durch Abraham auch von Levi, der die Zehnten empfängt, der Zehnte erhoben worden, denn *er war noch in der Lende des Vaters*, als Melchisedek ihm entgegenging" (Hebr 7,9-10). Es mag überraschend genug sein zu erkennen, daß der Heilige Geist durch Paulus hier darauf hinweist, daß Levi *aktiv* durch Abraham an dem Geschehen teilnahm, d.h. Levi zahlte den Zehnten. Es ist noch überraschender, daß der Heilige Geist sagt, Levi wäre „*in* der Lende des Vaters" gewesen. Aber es verschlägt einem förmlich die Sprache, wenn einem klar wird, daß Levis Vater nicht Abraham sondern Jakob war. Isaak war Jakobs Vater. Abraham war Isaaks Vater. Somit verwendet Paulus das Wort „Vater" im poetischen Sinne und sagte eigentlich, daß Levi aktiv an der Entrichtung des Zehnten teilnahm, während er „*in* den Lenden" seines *Urgroßvaters* war! Wer kann dieses Geheimnis verstehen?

Ich möchte ein wenig von meinem familiären Hintergrund erzählen. Ich wuchs in Missouri und Kansas auf, wo Rassenvorurteile gang und gäbe waren. Fast überall wo die Menschen sich trafen, konnte man „Nigger-Witze" hören. Die Schwarzen „dienten" als Hausmädchen und Hausmeister – und als nichts anderes! Da ich ein normales Kind war, wollte ich so wie alle anderen sein und weil ich genauso sündhaft war wie jeder andere, versuchte ich, dieselben Vorurteile in mir zu nähren. Aber ich konnte es nicht. Aus einem unerklärlichen Grund stellte ich fest, daß ich die Schwarzen liebte. In meinen Augen waren sie ausgesprochen schöne Menschen, und ich war gerne mit ihnen zusammen. Das hat sich bis heute nicht geändert. Ich konnte nicht verstehen, warum es mich so tief verletzte, wenn die Leute diese „Nigger-Witze" erzählten.

Während Paula und ich uns in Chicago durch das theologische Seminar arbeiteten, fuhr ich nachts Taxi und ging tagsüber in den Unterricht. Kurz bevor ich den Job übernahm, waren einige weiße Taxifahrer in einem Schwarzenviertel angehalten worden, und einer hatte dabei den Tod gefunden. Jeder hatte Angst. Das Gesetz will es so, daß der Taxifahrer jeden Fahrgast überall hinfahren muß; immer wenn ein Fahrer gebeten wurde, einen Fahrgast in ein Schwarzenviertel zu bringen, drückte er den Türknopf hinunter, kurbelte die Fenster hoch und entfernte sich von dort „leer", also ohne Fahrgast, so schnell er nur konnte, manchmal sogar, ohne bei den Stopschildern anzuhalten. Doch aufgrund des Gesetzes von Angebot und Nachfrage bedeutete dies, daß in den Schwarzenvierteln ein gutes Geschäft zu machen wäre. Also fuhr ich die meiste Zeit dorthin. Die anderen Fahrer erzählten mir ständig Geschichten darüber, daß sie von schwarzen Fahrgästen belästigt worden wären. So etwas erlebte ich nie! Wir plauderten immer ganz locker miteinander. Andere Taxifahrer berichteten, daß sie ständig leer ausgingen, also kein Trinkgeld bekamen (Als Taxifahrer bestreitet man seinen Lebensunterhalt mit Trinkgeldern). Mir gaben die Schwarzen genauso großzügige Trinkgelder wie alle anderen.

Einige meiner Kollegen wurden angehalten. Einen Bruder brachte man ganz weit hinaus in die Vororte wo kein Taxistellplatz mehr war; man legte ihm eine Pistole an den Hals und jemand kommandierte barsch: „Schieb die Kohle rüber! Starkes Hemd, Kumpel. Runter damit. Nette Hose…" Schließlich stand mein Freund um zwei Uhr morgens bei Temperaturen unter Null barfuß und in der Unterhose da und mußte zusehen, wie der Dieb mit seinem Taxi wegfuhr!

Damals war ich ein abenteuerlustiger, tollkühner Spinner, der allzu gerne nur ein einziges Mal angehalten werden wollte – nur um das auch mal erlebt zu haben! Nicht einmal das schaffte ich! Meine schwarzen Fahrgäste waren aufmerksam, höflich und nahmen mich in Schutz. Einem hatte man gerade eben gleich neben dem Schlüsselbein in die Schulter geschossen; aber alles was er wollte, war ein Arzt – „Schnell!" Eines Tages hielt mich die Polizei an, zerrte meinen kräftig gebauten schwarzen Fahrgast aus dem Wagen, durchsuchte ihn und fand eine große schwarze Pistole! Doch dann stellte sich heraus, daß er Nachtwächter und auf dem Weg zur Arbeit war.

Ich schien einen Schutzengel zu haben. Nie wollte mir jemand ans Leder. In diesen Tagen hatte ich so gut wie keine Ahnung vom Glauben, aber es reichte, um zu wissen, daß Gott mich durch meine schwarzen Fahrgäste beschützte. Wir hatten immer viel Spaß miteinander. Ich konnte nicht verstehen, warum ich so anders war wie die übrigen Kollegen.

Nachdem ich wiedergeboren und mit dem Heiligen Geist erfüllt wurde, wurde ich ganz speziell zum Dienst an Schwarzen gerufen. Pfarrerin Ev Carter-Spencer wurde eine geistliche Tochter für Paula und mich.

Dann zog mein Vater zu uns. Während des Ersten Weltkriegs hatte er seinen Posten bei der Marine so sehr gehaßt, daß er mit uns nie über seine Kriegserlebnisse sprach. Doch eines Abends öffnete er sich und fing an zu erzählen: Als 18-jähriger unreifer Bursche, der in der Stadt Joplin lebte, wurde er eingesetzt, um Gewohnheitsverbrecher auf ihrem Weg zur Front zu bewachen, wo sie eine letzte Chance bekamen, einen ehrenhaften Dienst zu leisten. Als sie in Frankreich angekommen waren, rief sein Hauptmann die ganze Kompanie Mann für Mann auf und ließ sie vortreten. Papas Name wurde als einziger nicht aufgerufen. Offensichtlich hatte ihm sein Wachdienst eine Sonderstellung gegeben, wodurch ihn auch die Offiziere, die die Vollzähligkeit überprüften, vergaßen. Er erkundigte sich beim Hauptmann, der erwiderte: „Mein Sohn, ich habe keine Befehle für Dich. Wart' einfach hier, bis Befehle kommen." Daraufhin ließ der Hauptmann die Kompanie abmarschieren, und mein Papa blieb voller Angst allein im Hafen zurück – in einem fremden Land und noch dazu im Krieg!

Papa sah sich um und fand zwei Kompanien, die als Stauer arbeiteten und die Schiffe entluden. In der einen Kompanie waren nur Weiße, die hauptsächlich aus den Straßen von New York stammten. Viele von ihnen waren Schlägertypen aus Straßenbanden, die auf die geringste Provokation hin nach wie vor gerne eine Messerstecherei anfingen. In der anderen Kompanie waren nur Schwarze, die bei der Arbeit sangen. Diese Schwarzen nahmen ihn bei sich auf, gaben ihm zu essen, einen Platz zum Schlafen und beschützten ihn, bis sich der Offizier mit der Liste der Soldaten an ihn erinnerte und ihn an die Front schickte.

Als mein Vater uns diese Geschichte erzählte, hüpfte meine Geist in mir vor Freude! Ich wußte nun, weshalb ich in meinem Herzen stets Dankbarkeit gegenüber schwarzen Menschen empfunden habe und warum ich dem Gesang der Schwarzen immer mit Begeisterung zugehört hatte! Hierin liegt das Geheimnis: War ich wie Levi „*in* den Lenden" meines Vaters? Hatte ich in irgendeiner Weise auch daran teilgenommen? Ich habe keine Antwort darauf, nur ein Gefühl im Herzen. Könnte es sein, daß mein Geist wußte, daß ich vielleicht jetzt gar nicht hier wäre, wenn damals diese Schwarzen nicht gewesen wären?! Könnte durch den Schutz, den sie meinem Vater schenkten, irgendetwas in mich hineingelegt worden sein, wodurch ich unbewußt *davon ausging*, unter Schwarzen sicher zu sein? Ganz gewiß wird viel mehr weitergegeben, als wir wissen, und der Geheimnisse sind viele.

Ich wuchs in einer Gegend auf, in der das Protestantische sehr dominant war und man fast überall gegen die römisch-katholische Kirche war. Die Katholiken wollten ja die Welt erobern! Die katholischen Gemeinden lagerten Waffen in ihren Kellern, und der Papst würde die Protestanten verfolgen, wo er nur konnte! Man dachte nicht mehr daran, daß im Verlauf der Geschichte meine eigene Konfession (Congregational) bis 1834 niemandem in Massachusetts das Wahlrecht zugestand, der nicht zur Congregational Church gehörte; jedoch in Maryland (benannt nach „Mary" – Maria), einem römisch-katholischen Bundesstaat, hatte jeder Religionsfreiheit und das Wahlrecht!

Das Vorurteil sagt: „Ich habe mich entschieden – Verwirren Sie mich nicht mit Tatsachen.“ Ich bin genauso ein Sünder wie jeder andere und wollte auch „antikatholische“ Geschichten erzählen; aber wiederum konnte ich es nicht. Ich haßte all diese Geschichten über Haß und Vorurteile. In mir wuchs ein großer Respekt vor der römisch-katholischen Kirche, und ich wunderte mich warum.

Nach meiner Taufe im Heiligen Geist diente ich oft in römisch-katholischen Kreisen, und ich mochte das sehr. In meiner Jugend hatte ich nur einmal eine Heilige Messe besucht und zwar an einem Weihnachtsabend. Der Innenraum war so voll, daß ich in der Vorhalle stehen mußte; ich lugte das Hauptschiff entlang auf einen Mann, der etwas Unverständliches auf Lateinisch murmelte. Der Mann hinter mir war so betrunken, daß ich allein durch seinen Atem rauschig wurde! Doch erstaunlicherweise ging es mir seither jedesmal, wenn ich eine katholische Messe besuchte, so, daß sich mein Geist anbetend erhob und sang: „Ich bin zu Hause. Ich bin zu Hause. Ich liebe es.“ Ich war völlig von den Socken. Ich konnte einfach nicht verstehen, wieso ich hier ein derart starkes Zugehörigkeitsgefühl verspürte. Noch heute liebe ich eine katholisch-charismatische Messe mehr als alle anderen Formen der Anbetung. Warum?! Ein Protestant hatte so etwas nun wirklich nicht erwartet!

Dann sagten die Ältesten der Gemeinde, in der ich diente, zu mir: „John, Du wirst zu müde. Mach' keine Lehr- und Heilungsveranstaltungen mehr, es sei denn, Du nimmst ein Team mit, das Dich schützt und unterstützt.“ Ich sollte zu einer Versammlung nach Tiffin in Ohio fahren, konnte jedoch niemanden finden, der Zeit gehabt hätte mitzukommen. Schließlich konnte ich nur unsere Tochter Ami und eine Frau aus einer katholischen Gemeinde mitnehmen. Das war die erste Gelegenheit für diese Frau, im Rahmen eines Dienstes auf einer protestantischen Versammlung tätig zu werden, da sie mir bei der Seelsorge helfen würde. Sie war niemand anderer als Barbara Shlemon, die jetzt eine der Leiterinnen der katholischen charismatischen Bewegung und Autorin des Buches *Heilendes Gebet* ist.

Wir kamen einen halben Tag vor Beginn der Veranstaltung in Tiffin an; da wir eine interessante Kirche gesehen hatten, als wir in die Stadt gekommen waren, machten wir uns auf den Weg, sie zu suchen. Ami und Hal Spence jr., der Sohn des Leiters der Veranstaltung, begleiteten uns. Als wir die katholische Kirche St.Mary betraten, kam eine Salbung auf mich, die ich bis dahin und auch seither nie wieder erlebt habe! Eine solche Fülle und Kraft kam über mich, daß ich dachte, ich würde entschweben – und ich fragte mich, ob es denn weh tun würde, wenn ich mir auf dem Weg nach oben meinen Kopf an der Decke anschlagen würde! Ami sah mich kurz an und fragte: „Papa, was ist los mit Dir?" Ich erwiderte: „Ich weiß es nicht."

Wir setzten uns, um zu beten. Der Herr offenbarte, daß er Barbara und mich zusammengeführt hatte, damit wir, eine Frau aus einer katholischen Gemeinde und ein protestantischer Leiter, mit der Unterstützung von Ami und Hal für die Heilung der Erinnerungen und für Versöhnung zwischen den römisch-katholischen und den protestantischen Gemeinden beten sollten. Wir sollten die gesamte Geschichte von 1515 bis heute durchbeten, abwechselnd Buße tun, um Vergebung bitten und für all den Haß, die Kriege, die Vorurteile, die Verwirrungen, die zerbrochenen und gespaltenen Familien, den Argwohn, die Abkanzelungen etc. um Heilung beten. Die ganze Woche über verbrachten wir immer wieder Stunde um Stunde im Gebet, gingen durch die ganze Geschichte, so weit wir sie kannten und brachten das Blut und das Kreuz Jesu zur Anwendung.

Am 23. Juli beteten wir um Heilung für all die Fälle, in denen Katholiken und Protestanten heirateten, nur um deswegen aus einer oder beiden Kirchen hinausgeworfen zu werden. Wir beteten, daß Familien geheilt, Spaltungen überwunden und die Einheit wiederhergestellt werden möge. Da ich an diesem Tag Geburtstag hatte, rief meine Mutter mich an, um mir zu gratulieren. Ich erzählte ihr: „Mama, ich tue einen Teil dessen, wozu Gott mich beauftragt hat", und berichtete ihr, was Barbara, ich, Ami und Hal taten und daß wir an diesem Tag auch für die Heilung konfessionsübergreifender Ehen gebetet hatten.

Sie sagte: „Oh Jack, Du weißt ja gar nichts davon! Ich hab's Dir nie gesagt. Alle Osage Indianer Deiner Familienlinie waren fromme Katholiken. Jeden Morgen gingen sie zur Messe. Deine Großmutter, meine Mutter, war in ihrer Jugendzeit eine überzeugte Katholikin. Als sie Frank Potter, Deinen Großvater, heiratete, wurde sie „gegangen" (also exkommuniziert, aus der Kirche hinausgeworfen). Deshalb kanntest Du sie von jeher immer als Methodistin. Kurz nach ihrer Hochzeit wurde sie Methodistin." Durch eine Fügung Gottes hatte ich an diesem meinen Geburtstag für die Heilung meiner eigenen geliebten Großmutter gebetet und am selben Tag mein katholisches Erbe entdeckt, das ich nicht vermutet hatte!

Wiederum das Geheimnis: Bin ich auch in gewisser Hinsicht in den Lenden meiner Großeltern mütterlicherseits gewesen? Als meine Mutter mir diese Fakten mitteilte, hat mein Geist etwas verstanden und war glücklich. Habe ich durch die Erbanlagen lediglich Liebe und Respekt geerbt, oder war ich auch *in* den Lenden meiner Großeltern mütterlicherseits? Wie könnte jemand in beiden gleichzeitig sein?! Oder sind wir nur in den Lenden des Vaters? Wenn wir irgendwie in beiden sind, was wäre dann geschehen, wenn sich meine Eltern nie gefunden hätten?! Welche Geheimnisse werden offenbart werden, wenn wir uns eines Tages zu unserem geliebten Herrn setzen können und fragen: „Wie war dies?“ und „Was war mit dem?“ Ganz gewiß gibt es im Bereich der Vererbung Geheimnisse, die uns allen zu hoch sind.

Sei es nun, daß ich in den Lenden war oder daß ich es geerbt habe – letzten Endes habe ich verstanden, warum ich Schwarze und die römisch-katholische Kirche liebe. Ich erzähle diese Geschichten in der Hoffnung, daß beim Nachdenken über unser Erbe vielen Menschen Offenbarungen geschenkt werden oder sie zumindest auf Geheimnisse stoßen, über die sie nachsinnen können. Auf jeden Fall sollten wir für all die Segnungen, die uns durch unser Familienerbe zuteil geworden sind, Lobpreis und Dank bringen.

Leider ist es jedoch nicht nur Segen, der sich von unseren Vorfahren auf uns übertragen hat. Wir werden noch sehen, daß wir unsere gesamte Vergangenheit – auch die Segnungen – ans Kreuz bringen müssen, damit das Gute gefiltert und das Verhängnisvolle ein für allemal beendet wird.

Die zweite Möglichkeit, Sünde weiterzugeben, ist das elterliche Vorbild. In jedem Buch und in jeder Kassette, die wir produziert haben, lehren wir, daß die Kinder es lernen, das zu werden, was die Eltern sind, und nicht das, was sie lehren. Das brauchen wir hier nicht mehr weiter auszuführen. Der Leser soll jedoch nicht meinen, etwas, das nur kurz angerissen wird, wäre auch nicht so wichtig. Wer könnte leugnen, daß durch unsere elterliche Prägung die Sünde in unserem Leben und dem unserer Kinder und Kindeskinder fortgesetzt wird? Zurück in die Vergangenheit bis zum Garten Eden und voran in die Zukunft bis zur Wiederkunft unseres Herrn legt das Vorbild fest, wer wir werden, es sei denn, die Gnade schreitet ein. Das ist der vorrangige Grund, weshalb die Herzen der Väter sich den Kindern zuwenden müssen und die der Kinder zu den Vätern, auf daß die Erde nicht mit einem Fluch geschlagen werde.

Die dritte Schiene, auf der sich Sünde und ihre Auswirkungen auf uns überträgt, ist vielleicht die zwingendste, wenn nicht auf lange Sicht sogar die einflußreichste Form: Das Gesetz des Säens und Erntens. Was man für die Sünde erntet, wird einem in den seltensten Fällen augenblicklich zuteil. Auch wird das Ausmaß der Ernte stets zunehmen, da ja alle Samen der Sünde heranreifen, um dreißig-, sechzig- oder hundertfältige Frucht zu bringen (Mk 4,8.20). Wenngleich die Zeit nicht der einzige Faktor ist, bleibt sie doch eine Hauptursache dafür, daß die Kinder das ernten, was ihre Väter, Großeltern und Urgroßeltern gesät haben.

Als David sündigte, starb sein Kind (2.Sam 12,1-24). Als Josia sich vor dem Herrn demütigte, sagte die Prophetin Hulda zu ihm: „...und du wirst zu deinen Gräbern versammelt werden in Frieden, und deine Augen sollen all das Unheil nicht ansehen, das ich über diesen Ort kommen lasse“ (2.Kö 22,20). Das bedeutete natürlich, daß er nicht ernten würde, seine Kinder jedoch schon! Ein sehr zweifelhafter Segen!

Es sieht vielleicht unfair aus, daß ungeborene Kinder nach Jahren wegen den Sünden ihrer Ahnen, die sie wahrscheinlich nicht einmal kennen, unter den Auswirkungen des Gesetzes leiden müssen. Natürlich ist das nicht fair. Gott ist fair, aber da die Sünde in die von Gott geschaffene Welt gekommen ist, ist das Leben eben nicht mehr fair. Gott hat von Anbeginn darauf hingearbeitet, seine Gerechtigkeit durch das Kreuz Christi wiederherzustellen. Er leidet weit mehr unter all den Ungerechtigkeiten, die uns widerfahren, als wir, die wir schon seit Jahrhunderten schreien: „Das ist nicht fair!“

Noch bevor die Sünde in die Welt kam, erließ Gott das Gesetz des Säens und Erntens. Dieses Gesetz sollte den Segen vermehren. Der Mann, der arbeitete und „auf den Geist säte“ (Gal 6,8b), sollte Segen ernten. So würde das Universum sich selbst in Liebe auferbauen (Eph 4,16). Doch als die Sünde Einzug hielt, behielten dieselben unparteiischen Gesetzmäßigkeiten des Säens, des Erntens und der Vermehrung der Ernte ihre Funktion bei und brachten genauso objektiv und unerbittlich Zerstörung mit sich. Wenn der Mensch „auf sein Fleisch sät“, erntet er Verderben (Gal 6,8a), und zwar durch genau dieselben Gesetze, die ihm eigentlich Segen bringen sollten!

Es ist nun so, daß trotz Gottes vorrangiger Willensabsicht zu lieben und zu segnen, der gute Wille Gottes, welcher das unparteiische Gesetz ist, ihn auch bindet, an seinen Handlungen festzuhalten. Immer wenn ein Mensch durch die Vergebung und die Sühne am Kreuz Jesus Christus die verheerenden Auswirkungen des Gesetzes ernten läßt, kann Gott die Tragödie abwenden. Aber sogar Gott selbst hat sich verpflichtet, seinen eigenen Gesetzen zu gehorchen. Wenn ein Mensch nun nicht Buße tut und Gott dadurch den Zugang verweigert, muß eine Generation nach der anderen das, was gesät wurde, ernten, gleichgültig, wie unfair das für das jeweilige Ungeborene auch sein mag.

Darüberhinaus ist uns jeder materielle Segen, den wir heute genießen, durch die Arbeit unserer Vorfahren zuteil geworden. Völlig unverdient ernten wir jeglichen Segen. Hat etwa jemand von uns die Entkörnungsmaschine für Baumwolle erfunden oder die Webmaschine, die unsere bequeme Kleidung produziert hat? Haben wir die Zentralheizung oder die Klimaanlage entworfen? Waren wir Wegbereiter des medizinischen Fortschritts, der uns das Leben gerettet und viele Krankheiten der Erde ausgelöscht hat? Wer von uns hat seinen eigenen Verbrennungsmotor erfunden oder sein eigenes Automobil konstruiert? Was ist mit dem Geschirrspüler, der Waschmaschine, dem Trockner, dem Toaster, der Mikrowelle, vom Gas und der Elektrizität ganz zu schweigen? Von den materiellen Dingen einmal abgesehen – was haben wir ohne eigene Anstrengung mit dem Bildungswesen, der herrlichen Musik, der Schönheit der Kunst, mit dem Spaß „anständiger" Komödien, Romanen und dem Theater im allgemeinen geerntet? Alles Gute, das wir genießen, haben wir unverdient empfangen – sogar die Druckerpresse, das Papier, den Polstersessel, das Licht und die Fähigkeit zu lesen, die es jedem von uns ermöglicht, seinen Gewinn aus der Erkenntnis zu ziehen, die dieses Buch im Moment bietet!

Sollten wir nun sagen, es sei einerseits fair von Gott, daß wir alles Gute und jeden Segen im Leben durch die Arbeit unserer Vorfahren ernten, und andererseits unfair, daß wir auch ihre Sünden ernten? Ist es gar Gottes Fehler, oder ist das Leben an sich daran schuld, daß die Sünde der Menschen den Willen Gottes ablehnt und deshalb die kommenden Generationen unter den traurigen Auswirkungen leiden müssen? Die Sünde ist schuld. Und davor wieder die Sünde. Und davor wieder. Das geht zurück bis auf den armen alten Adam und ganz zuletzt bis auf Satan! Darin sehen wir den Kampf, der schon seit Urzeiten tobt, und in dem Gott für die Sünde eines einzigen Geschöpfs Wiedergutmachung leisten wollte! Er selbst erleidet unseren Tod, den wir ob unserer Sünde verdient haben, und macht durch den Tod die Werke Satans zunichte. In Jesus, dem Mann aus Nazareth, setzt der Gott des Lebens den Segen wieder ein, wo die Sünde den Tod geerntet hatte. Gott ist mehr als fair; er ist unerforschliche Liebe und Heilung für eine Welt, die nichts anderes als Vernichtung und Tod verdient. Wer kindisch ist, schreit, daß das Leben fair gemacht werden müsse. Wer weise ist, preist Gott voller Dank aus vollem und willigem Herzen inmitten einer ungerechten und verkehrten Welt.

Wir und viele andere Seelsorger in Christus haben herausgefunden, daß oft Vernichtung im Leben von Menschen wütet, obgleich sie durch nichts in ihnen mehr ausgelöst wird. Dann erkennen wir, daß wohl die Sünde der Vorfahren der Grund dafür ist.

Als einmal eine Dame mit Depressionen und Angst zu uns kam, stießen wir auf die Sünde der Vorfahren. Sie war eines von dreizehn Kindern – neun Jungen, vier Mädchen. Da ich ihre Probleme durch Ursachen, die in ihrem eigenen Leben vorhanden waren, nicht zufriedenstellend erklären konnte, sah ich mich durch den Heiligen Geist dahingehend geführt, ihr Fragen über ihre Familie zu stellen. Jeder ihrer Brüder war zum Alkoholiker geworden, einige waren unter tragischen Umständen früh gestorben. Ihr jüngster Bruder war Satanist. Jede der Frauen, bis auf die Ratsuchende, die zu mir kam, hatte eine Geisteskrankheit; doch auch sie war einer solchen Krankheit gefährlich nahe.

Durch die Familie zog sich ein Muster der Ablehnung und der Scheidung. Alle männlichen Familienmitglieder wurden entweder zugrunde gerichtet oder waren schon tot. Immer wenn ein derartiges Muster auftaucht, das auf eine Zerstörung der männlichen Familienmitglieder schließen läßt, bezeichnen wir das als „Ahasverismus". In der apokryphischen Geschichte von Tobit wurde jeder Mann, der Sara, die Tochter Raguëls, Ahasveros' Frau, heiratete, noch in derselben Nacht von dem Dämon Aschmodai getötet (Tobit 3,7). (Da wir dies als Beispiel und nicht als biblische Grundlage unserer Lehre verwenden, haben wir auch die Freiheit, auf die Apokryphen zu verweisen, die in den Augen der Protestanten zwar auch inspiriert, jedoch nicht mit den im biblischen Kanon enthaltenen Schriften gleichzusetzen sind.)

Ich betete mit der Frau bezüglich ihrer Familie, wie wir später noch ausführen werden. Ungefähr zwei Jahre später bat uns Bischof Bill Frey von der Episkopalkirche in Colorado, bei einem charismatischen Treffen in seiner Diözese zu sprechen. Wir lehrten über die Sünde der Vorfahren, nannten in abgeänderter Form das Beispiel der Familie dieser Frau und erzählten, wie wir für sie beteten. Nach der Predigt kam eine Frau auf uns zu und sagte: „Sie erkennen mich nicht wieder, oder?"

Ich sagte: „Nein."

Sie sagte: „Sie haben gerade eben meine Geschichte erzählt!" Ich konnte es nicht glauben. Jene Frau war dünn, verhärmt und kreidebleich gewesen und hatte strähnige Haare gehabt. Doch vor uns stand nun eine schöne Frau mit gesunder Gesichtsfarbe, gut gebaut, gesund und vital! Sie berichtete, daß sie nach unserem Gebet eine Zeit der Prüfung durchmachen mußte, in der sie sich disziplinieren und sich die Gegenwart und Kraft Gottes in ihrem Leben zusprechen mußte. Seither habe sie miterlebt, wie ihre Geschwister die Finger vom Alkohol gelassen haben und einer nach dem anderen zum Herrn gekommen ist. Sie rief: „Das war so als ob man beim Popcornmachen zuschaut!"

Seitdem uns zum ersten Mal die Augen dafür geöffnet wurden, haben Paula und ich regelmäßig den Familienhintergrund der Ratsuchenden abgeklopft. Wir sagen z.B.: „Hatte Ihr Vater Brüder und Schwestern? Wie viele? Fangen Sie mit dem Ältesten an und erzählen Sie mir von den auffälligsten Merkmalen – Gesundheitszustand, Ehe, Kinder, Lebensdauer, Tragödien, Scheidungen etc. Was war mit dem nächsten Onkel und der Tante und dem nächsten." Schließlich: „Wie waren Ihre Großeltern?" Nachdem wir damit fertig sind und alles sorgfältig aufgeschrieben haben, stellen wir dieselben Fragen über die mütterliche Seite. Danach sind die Geschwister des Ratsuchenden an der Reihe. Wir suchen nach Mustern immer wiederkehrenden Segens und Unglücks.

Manchmal gibt es unglaublich viele Fälle von Scheidung. Einmal war ein Mann bei uns, der in der dritten der fünf Ehen seiner Mutter gezeugt worden war. Seine Mutter war eins von zwölf Kindern. Sein Vater war eins von zwölf Kindern. Keiner der vielen Verwandten war nur einmal verheiratet gewesen; die meisten waren mehrere Male verheiratet gewesen! Auch seine dritte Ehe ging wieder in die Brüche. Manchmal gibt es Muster von Krankheiten, Fehlgeburten oder frühen Todesfällen. Manchmal ist der Mutterleib verschlossen, oder in einer Familie werden nur Jungen oder nur Mädchen geboren. Abraham öffnete den Mutterleib von Abimelechs Volk; denn die Sünde Abimelechs hatte den Mutterleib aller verschlossen (1.Mo 20,18). Manchmal wird eine Generation nach der anderen von Drogen oder vom Alkohol geplagt. Ein Mann kam zu uns, dessen Urgroßvater mit etwa 39 Jahren tragisch ums Leben gekommen war; sein Großvater war im selben Alter auch unter tragischen Umständen gestorben; sein Vater war unter ähnlichen Umständen auch mit neununddreißig gestorben. Damals war er selbst achtunddreißig und zählte die Wochen.

Mein (Johns) Großvater väterlicherseits war ein wohlhabender Holzhändler und Bankpräsident. Während der großen Wirtschaftskrise versuchte er, seine Freunde mitzutragen, und verlor dabei alles. Mein Vater wurde eines Verbrechens beschuldigt, das ein Angestellter von ihm verübt hatte; obwohl er freigesprochen wurde, verschlangen die Gerichtskosten und -gebühren alles, was er hatte, und sein Geschäft ging bankrott. Mein Bruder Hal begann ein Unternehmen, das ihn mit einem wahren Schuldenberg überhäufte. Zufall? Eher unwahrscheinlich. Wir beteten, daß dieses Muster am Kreuz beendet werden möge.

Auf der Seite meiner Mutter war es so, daß der Stamm der Osage Indianer in den Jahren 1869 und 1870 vom Osten Kansas' in den Norden Oklahomas übersiedelte. Weil die weißen Soldaten, die sie führten, wußten, wie vehement die mutigen Osage ihre Squaws verteidigten, vergewaltigten sie einige der Frauen, um die Männer zum Kampf zu provozieren und somit einen Vorwand zu haben, den ganzen

Stamm zu vernichten. Die Osage konnten nichts anderes tun, als vor Bitterkeit innerlich zu kochen. So entstand die Wurzel des bitteren Urteils, daß weiße Männer, die nichts taugen, Osage Frauen mißbrauchen würden.

Der Stamm stand damals unter der Leitung von Räten, in denen weise Männer des Gebets saßen. Sie ließen sich in Osage County nieder und erließen das Gesetz, daß jeder Osage, dem Land zugeteilt wurde, seine 300 Hektar zwar verkaufen könne, doch daß alles, was in der Luft oder auf dem Boden war, dem ganzen Stamm gehöre, gleichgültig, wer nun der Besitzer des Stücks Land war. Als man in Osage County Öl fand, wurde der ganze Stamm wohlhabend – alle auf einmal! Weiße Männer, die nichts taugten, bemühten sich daraufhin um junge Osage Frauen und heirateten sie, um mit den Öleinnahmen ein Leben in Luxus führen zu können. Viele waren Alkoholiker, schlugen ihre Frauen, waren selbstsüchtig und faul; man vermutet, daß einige ihre Frauen sogar umbrachten, um ihr Stück Land zu erben. So setzte sich das Urteil und die Erwartungshaltung aus bitterer Wurzel fest, daß Männer, die in die Familie einheirateten, alkoholabhängig und faul sein würden, nicht fähig oder nicht bereit, ihre Frauen zu versorgen, gewalttätig und im allgemeinen zu nichts nütze.

Ich weiß nicht, ob und in welchem Ausmaß irgendeine andere Familie der Osage davon betroffen war, doch in unserer Familie war dieses Muster ein Fluch, der nichts an Kraft eingebüßt hatte. Mein Vater war ein guter Mann, aber auch er fiel diesem Muster zum Opfer. Als ich zehn wurde, war er schon dem Alkohol verfallen und nicht mehr in der Lage gewesen, die Familie zu ernähren. Meine Tante heiratete einen Mann, der ein Spezialist im Bereich der Medizin wurde. Sein damaliges Einkommen von 30.000 Dollar im Jahr würde heute in etwa 100.000 Dollar entsprechen. Dennoch weigerte er sich, die Familie zu versorgen, wurde alkoholabhängig und gewalttätig. Schließlich ließ meine Tante sich scheiden. Meine Eltern hatten eine Tochter. Sie heiratete einen Mann, der einen sehr sanften Umgang mit ihr hatte, aber auch er war ein hoffnungsloser Alkoholiker. Er schaffte es nicht, sie zu versorgen. Sie ging in die Arbeit und ernährte die Familie. Er saß zu Hause und trank sich zu Tode. Sie hatten drei Töchter. Jede meiner drei Nichten heiratete dieselbe Art von Mann und ließ sich wieder scheiden. Nachdem gebetet wurde, haben zwei von ihnen wieder geheiratet und zwar wirklich prächtige Christen. Die Tochter meiner Tante heiratete denselben Typ Mann wie auch ihr Vater war und ließ sich scheiden. Die Ehe unserer Tochter Ami wäre auch fast in die Brüche gegangen, bis Seelsorge und Gebet ihren Mann wiederherstellten. Abgesehen von einem Einschreiten der Gnade ist keine einzige Frau in unserer ganzen Familie diesem Muster entkommen! Inzwischen wurden all diese Auswirkungen der Sünde der Vorfahren am Kreuz zerschmettert, und alle nachfolgenden Generationen werden davon frei sein.

Okkulte Sünden schaffen die destruktivsten Muster, die uns je untergekommen sind. Während Paula und ich die Familiengeschichte eines Ratsuchenden durchforschen, um der Sünde der Vorfahren Einhalt zu gebieten, fragen wir routinemäßig, ob sich irgendjemand in der Familie mit okkulten Dingen beschäftigt hat. Das Gesetz besagt: „…gegen diese Person werde ich mein Angesicht richten und sie ausrotten aus der Mitte ihres Volkes" (3.Mo 20,6). Das Gesetz tritt augenblicklich in Kraft, der Segen Gottes verschwindet und die nachfolgenden Generationen ernten dieses „Ausgerottetwerden" in vielfältiger Weise. In einigen Fällen hört die männliche Linie, die ja den Namen der Familie weitergibt, einfach auf – es werden keine Jungen mehr geboren oder tragische Todesfälle oder Scheidungen verwehren der Familie den Nachkommen. In einigen Familien spielen sich Generation für Generation finanzielle Tragödien ab. Wenn es den Anschein hat, als läge ein Fluch auf der Familie, ist das ein entscheidender Hinweis darauf, daß ein durch okkulte Sünde entstandener Schaden weitergegeben wird. Gleichgültig in welcher Form er eintrifft, sei es als Todesfall, Scheidung, Finanzmiseren, Krankheiten, Unfälle etc. – solche Zufälle treten in einer Art und Weise auf, daß man kaum umhin kann, dahinter ein System zu erkennen. Zufälle machen jedem von uns gelegentlich das Leben schwer, doch in diesen Familien hängen alle Ereignisse so sehr zusammen, daß selbst der unbeteiligte Beobachter zugeben muß: „Das ist zu viel – das kann doch nicht alles Zufall sein!" Es gibt wirklich einen Fluch, der vom Gesetz her unwiderruflich vorgegeben ist! „Ich werde sie ausrotten aus der Mitte ihres Volkes."

Die Tatsache, daß sich durch Sünde diese Art von Zerstörung überträgt, wird davon überhaupt nicht beeinflußt, ob wir Gott und seinen Gesetzen nun glauben oder nicht. Die Gesetze des Universums wirken, ob wir sie kennen oder nicht, an sie glauben oder nicht, sie wollen oder ablehnen. Wir werden das Gesetz nicht beeinflussen; es wird uns beeinflussen! Abimelech war weder ein Hebräer, noch glaubte er an den Gott Abrahams. Aber er hatte genug Verstand, um zu wissen, daß es Gesetze gibt, die uns beeinflussen; als Isaak gesagt hatte, Rebekka sei seine Schwester, rief er aus: „Was hast du uns da angetan! Wie leicht hätte einer aus dem Volk bei deiner Frau liegen können, und *du hättest Schuld über uns gebracht*" (1.Mo 26,10). Abimelech wußte aus erster Hand, welche Katastrophen eintreten können, wenn das Gesetz übertreten wird, denn Isaaks Vater Abraham hatte ihm dasselbe angetan, und Abimelech hatte sich Sara genommen, ohne zu wissen, daß sie Abrahams Frau war. Gott war daraufhin des Nachts zu ihm gekommen und hatte gesagt: „Siehe, *du bist des Todes wegen der Frau, die du genommen hast*; denn sie ist eine verheiratete Frau" (1.Mo 20,3). Abimelech protestierte und meinte, er habe das nicht gewußt. Doch beachten Sie, daß sogar dieser heidnische König wußte, wie die Sünde alle beeinflußt, die einem Mann unterstehen. Er schrie: „Herr, willst du denn eine gerechte *Nation erschlagen*?" (V.4) Gott erwiderte, daß er um die Unschuld Abimelechs wußte und deshalb hatte er ihn auch davon abgehalten, Sara zu berühren; Abraham solle für ihn beten, und er würde leben und nicht sterben (V.6-7). Das tat Abimelech. „Und Abraham betete zu Gott; und Gott heilte Abimelech und seine Frau und seine Mägde, so daß sie wieder Kinder gebaren. *Denn der Herr hatte jeden Mutterleib dem Haus Abimelech vollständig verschlossen um Saras willen, der Frau Abrahams*" (V.17-18). Das Gericht war augenblicklich gekommen! Das Gesetz ist absolut, für Juden und Nichtjuden, für Gläubige und Ungläubige.

Jemand fragt vielleicht: „Warum hat all diese Zerstörung nicht aufgehört, als wir in Christus wiedergeboren wurden? Warum setzte unsere Bekehrung dem kein Ende?" Vielleicht hätte sie das tun sollen. So wie der Glaube vieler Menschen zum Zeitpunkt ihrer Bekehrung beschaffen war, stand unserem Herrn ein großer Freiraum zur Verfügung, um einzugreifen und zumindest einige der Auswirkungen der Sünde ihrer Vorfahren zu beenden. Dennoch haben wir hunderten und aberhunderten von Christen gedient, die schon seit vielen Jahren mit dem Herrn gingen und immer noch großen Schaden durch Muster der Sünde der Vorfahren erlitten. Diese Muster hörten auf und wurden in Segen umgekehrt, als wir ihre Wurzel bei den Vorfahren fanden und ihnen durch die konkrete Anwendung des Blutes und des Kreuzes Jesu ein Ende setzten.

Hesekiel 18,2 und Jeremia 31,29 sagen dasselbe aus: „In jenen Tagen wird man nicht mehr sagen: Die Väter haben unreife Trauben gegessen, und die Zähne der Söhne sind stumpf geworden" (aus Jeremia). Hesekiel fügte dem hinzu: „Siehe, alle Seelen gehören mir; wie die Seele des Vaters, so auch die Seele des Sohnes. Sie gehören mit. Die Seele, die sündigt, sie soll sterben. Und wenn jemand gerecht ist..." (Hes 18,4-5a). „Die Seele, die sündigt, sie soll sterben. Ein Sohn soll nicht an der Schuld des Vaters mittragen, und ein Vater soll nicht an der Schuld des Sohnes mittragen. Die Gerechtigkeit des Gerechten soll auf ihm sein, und die Gottlosigkeit des Gottlosen soll auf ihm sein" (V.20).

Doch sowohl Psalm 14 als auch Römer 3 sagen uns folgendes:

> Da ist kein Gerechter, auch nicht einer; da ist keiner, der verständig ist; da ist keiner, der Gott sucht. Alle sind abgewichen, sie sind allesamt untauglich geworden; da ist keiner, der Gutes tut, da ist auch nicht einer. (Röm 3,10-12)

Der einzige Gerechte ist unser Herr Jesus Christus. In seiner Gerechtigkeit, und nur in seiner Gerechtigkeit, haben wir irgendeine Gerechtigkeit. Diese Gerechtigkeit wird einzig und allein durch unseren Tod mit ihm am Kreuz die unsere. Nur das Kreuz beendet die Sünde der Vorfahren, so daß ein Sohn nicht für die Sünde seines Vaters sterben muß. Gott kann und wird sich nicht selbst widersprechen. Hesekiel oder der Heilige Geist selbst, der durch Hesekiel spricht, konnte das alte Gesetz, das seinen Ausdruck in den Zehn Geboten findet, nicht außer Kraft setzen. Nur das Kreuz Christi erfüllt die Anforderungen des Gesetzes und befreit den Menschen dadurch von dessen Auswirkungen. Um erfüllt zu werden, wartet diese Verheißung in Jeremia und Hesekiel somit nur auf eins – auf den Glauben an das Kreuz Christi.

Aus einem Grund, den vielleicht nur Gott allein erklären kann, hat er es so eingerichtet, daß wir dies im Gebet für uns in Anspruch nehmen müssen. Auch wenn wir von unserem Stand her absolut tot in Christus sind, wenn wir ihn am Anfang in unser Herz aufnehmen, hat er so gewollt, daß wir unser sündiges Wesen Schritt für Schritt für tot an seinem Kreuz erachten müssen (Röm 6,4). Offensichtlich ist es so, daß wir in gleicher Weise die sich von Generation zu Generation übertragenden Muster der Sünde erkennen und durch konkrete Schritte im Gebet beenden müssen. Ich persönlich kann das nicht verstehen; es könnte jedoch sein, daß Gott weiß, daß wir nur dann auferbaut werden, um als seine Kämpfer einen festen Stand zu haben, wenn wir Disziplin ausüben müssen, um unsere Freiheit zu beanspruchen. Vielleicht wäre es eine zu billige Gnade oder eine zu abrupte Veränderung, wenn alles auf einmal geschehen würde. Es genügt jedoch zu sagen, daß in unseren Augen die Beweise dafür absolut unbestreitbar sind: Wir haben miterlebt, wie zahllose langjährige Christen unter Generationsmustern litten, bis jemand aufgrund der Gnade Gottes wirksam betete, um dieser Vernichtung Einhalt zu gebieten.

Wenn wir hier darlegen, wie wir bezüglich dieser Sünde der Vorfahren beten, so ist es nicht unsere Absicht, Ihnen ein magisches Ritual oder eine Beschwörung anzubieten. Möge der Leser aus unseren Erkenntnissen und unserer Vorgehensweise seine eigene wirksame Art zu beten ableiten. Wir gehen folgende Schritte:

Erstens: Wir verbringen ziemlich viel Zeit damit, den Ratsuchenden zu bitten, so viel aus seiner Familiengeschichte zu erzählen, wie er sich in Erinnerung rufen kann. Wenn unsere Fragen den Ratsuchenden bestimmte Zusammenhänge nahelegen, bekommen sie oft ganz große Augen und rufen: „Das ist mir ja noch nie aufgefallen. Bis heute hab' ich noch nie zwei und zwei zusammengezählt. Na sowas: Alle meine Onkel erlebten etwas Tragisches; meine Brüder auch. Wie nannten Sie das gleich noch?"

„Ahasverismus – wenn alle oder die meisten Männer in irgendeiner Hinsicht betroffen sind."

„Beten wir lieber, bevor's mich auch noch erwischt!"

Im Gebet richten wir das Kreuz zwischen der betreffenden Person und seiner Mutter, seinem Vater, deren Mütter und Väter und wiederum deren Eltern auf. Wir sprechen das einfach in der Autorität Jesu aus.

Normalerweise beginnen wir das Gebet damit, daß wir Gott für alles loben und danken, was uns durch unsere Ahnen zuteil wurde. Wir danken Gott für das Gute, das wir Tag für Tag erben. Doch dann beten wir noch, daß auch das Gute durch das Kreuz gefiltert werden möge.

Wir bitten, daß das Blut Jesu durch die Blutsverwandtschaften einer Familie, durch die Geschichte aller Familienmitglieder in die Vergangenheit fließen möge, wobei durch Vergebung der Ansatzpunkt für die Angriffe Satans weggewaschen wird. In einer Buße bitten wir um die Vergebung aller Sünden, wo auch immer das möglich ist (einige Dinge müssen warten, bis sie bewußt in der Buße ausgesprochen und bekannt werden).

Wir bitten Jesus, alle Muster, die wir erkannt und besprochen haben, an seinem Kreuz zu vernichten und umzugestalten. „Hierzu ist der Sohn Gottes geoffenbart worden, damit er die Werke des Teufels vernichte" (1.Joh 3,8b). Wir glauben, daß dies der wichtigste Teil des Gebets ist. *Durch Sünde, die nicht vergeben ist, und durch die sich infolgedessen übertragenden Muster setzt Satan sein Werk der Zerstörung in Familien fort.* Wo immer der Sünde Zugang gewährt worden ist, tritt Satan ein, um sich an körperlichen Schwächen zu weiden, um sündhafte Tendenzen auszunutzen, um aus Neigungen Abhängigkeiten zu machen, aus einem Hang zu Unfällen tragische Ereignisse, aus schlechten Vorbildern Fallen und um ein unvermeidliches Ernten zu einer verheerenden Vernichtung eskalieren zu lassen. „Der Dieb kommt nur, um zu stehlen und zu schlachten und zu verderben" (Joh 10,10a). Familienmuster sind wie ein Blasebalg, mit dem Satan die Feuer der Hölle in jeder Familie entfacht. Wenn man dafür betet, daß der Ruin einer Familie endlich aufhören soll, ist es am allerwichtigsten, daß man den Generationsmustern am Kreuz Einhalt gebietet und darum bittet, daß sie sterben und in Segen umgewandelt werden mögen.

Wir nennen jedes Muster bei seinem Namen, beschreiben es und rufen speziell unseren Herrn an, er möge es zerstören. In diesem Gebet beten wir nicht nur für den Ratsuchenden selbst, sondern auch für ihn als Stellvertreter seiner Familie. Der Ratsuchende ist gleichsam der Ausgangspunkt für den himmlischen Angriff auf die Mächte der Finsternis; das Land, das es einzunehmen gilt, ist seine ganze Familie. Wir beten, daß jedes Muster, das wir beschreiben, im Leben jedes Bruders und jeder Schwester, jedes Onkels, jeder Tante und jedes Cousins, aller Großeltern und Urgroßeltern und jeder adoptierten oder angeheirateten Person, die mit der Familie in Verbindung steht, vernichtet werden möge.

Wir müssen dazu nicht wissen, welche Familienmitglieder noch leben oder schon verstorben sind. Der Herr kann unser Gebet nehmen und es überall dort anwenden, wo es paßt. Ungefähr die Hälfte des Leibes Christi ist der Auffassung, es sei verboten für die Toten zu beten; die andere Hälfte glaubt vielmehr, wir hätten das Gebot, für die Verstorbenen zu beten. Daraus muß jedoch kein Streit entstehen. Jeder Bruder bete „nach dem Maß (seines) Glaubens" (Röm 12,6c). Der Herr wird das Gebet nach seinem Willen und seiner Kenntnis dessen, was richtig ist, beantworten.

Viele Menschen wissen nur wenig oder überhaupt nicht über ihre Familiengeschichte Bescheid. Besonders diejenigen, die adoptiert wurden, wissen vielleicht gar nichts darüber. In solchen Fällen beten wir allgemein, und wenn der Heilige Geist ein Wort der Erkenntnis schenkt, beten wir darüber. Doch Vorsicht! Einige beten sehr hochmütig für das, was sie ihrer Meinung nach sehen, und vergessen, was Paulus sagte: „Denn Stückwerk ist unser Erkennen, Stückwerk unser Weissagen" (1.Kor 13,9; Albrecht). In der Revised Standard Version der Bibel heißt es: „Denn unsere Erkenntnis ist unvollkommen und unsere Weissagung ist unvollkommen" (wörtl.a.d.Engl.). Nicht immer hören wir genau. Es tut nicht weh zu sagen: „Herr, ich denke, ich höre, wie Du mich auf das und das hinweist; deshalb bete ich, daß dieses Muster aufhört. Wenn ich mich irre, Herr, vertraue ich darauf, daß Du das Gebet auf das anwendest, was ausgemerzt werden muß, oder daß Du es später genauer offenbaren wirst, so daß wir nochmal beten und den vollständigen Sieg erringen können, so wie Du es beabsichtigt hast." Demut ist kein Machtverlust sondern Machtgewinn.

Nachdem wir dafür gebetet haben, daß destruktive Muster vernichtet werden mögen, werden wir manchmal dahingehend geführt, die Mächte der Finsternis zurechtzuweisen und ihnen zu gebieten zu gehen. Oftmals bringt mich der Heilige Geist dazu, diesen Befehl mit lauter Stimme auszusprechen. Die Gründe sind nur ihm allein bekannt, doch manchmal weiß der Heilige Geist, der auf diesem Schlachtfeld der General ist, daß in diesem Moment *laute* Autorität erforderlich ist. „Er hat in den Tagen seines Fleisches Gebete und flehentliche Bitten mit lautem Schreien und Tränen vor den gebracht, der ihn vom Tode zu erretten vermochte" (Hebr 5,7; Menge). Nachdem wir so für große Gruppen gebetet haben, wurde schon oft darüber Zeugnis gegeben, daß Zuhörer auf den laut hinausgerufenen Befehl hin gespürt haben, wie die Mächte der Finsternis sie losließen. Die Menschen bezeugten, sie hätten daraufhin einen „Durchbruch" erlebt und wären mit Licht und Freude, Freiheit und Gewißheit erfüllt worden.

Wir bitten Gott Vater, seine Engel zu senden, auf daß sie um jedes Familienmitglied ihr Lager aufschlagen (Ps 34,7), jeden einzelnen beschützen (Ps 91,11-12) und jeden aus der Finsternis ins Licht führen mögen (Hebr 2,14). Wir rufen zum Herrn, er solle doch seine Engelskrieger schicken, die für die Familie kämpfen.

Vor einiger Zeit wurde die Irrlehre verbreitet, der Mensch solle den Engeln spezielle Befehle geben und ihnen sagen, was sie tun sollen. Doch nur Gott allein befiehlt seinen Engeln. Aber wir können zum Herrn beten und ihn bitten, seine Engel zu schicken, auf daß sie unseren Familien dienen, sie vor Unglück beschützen und ihnen Heilsbotschaften verkünden. Und wir können glauben, daß Gott mit oder ohne die Hilfe seiner Engel uns und unser ganzes Haus retten wird, wenn wir Glauben haben (Apg 16,31).

Wir denken, daß dieser Schlüssel zur Überwindung der Sünde der Vorfahren einer der wichtigsten ist, den Gott uns und anderen Dienern wie uns offenbart hat. Familien, die frei und leicht in Gottes Reich leben sollten, schmachten in Angst und Unglück dahin. Wir *können* Familien befreien. Schon zahlreiche Zeugnisse sind Paula und mir zu Ohren gekommen, in denen Menschen erzählen, daß sie miterleben durften, wie alle Mitglieder ihrer Familie, einer nach dem anderen, nach solchen Gebeten befreit wurden.

Gebete um Beendigung der Sünde der Vorfahren sind wie Bekehrungsgebete normalerweise ein einmaliges Ereignis. Wenn jedoch Teile und Aspekte der Geschichte neu enthüllt werden, sind Gebete, die sich konkret um diese Offenbarungen drehen, nicht überflüssig. Sie sind eine fortwährende Umsetzung in die Tat und eine Weiterentwicklung, die auf das erste, allgemeinere Gebet folgt.

Jeder, der ein solches Gebet ausspricht, muß wissen, welche Autorität in Christus er als Königskind hat. Die Mächte der Finsternis werden einem halbherzigen Gemurmel kein Terrain abtreten.

Gott möchte, daß wir voranstürmen und für ihn Gebiete besetzen und halten. Dieses Gebet zur Beendigung der Sünde der Vorfahren gilt weder ausschließlich der Heilung noch ausschließlich der Verteidigung, so als ob es reichen würde, den Vormarsch der Finsternis aufzuhalten. Vielmehr ist es aggressive Kriegsführung – wir marschieren voran, um verlorene Seelen den Krallen der Finsternis zu entreißen. Es ist eine Freude für alle, die sich rekrutieren lassen und die Mächtigen der Finsternis herausfordern.

> Die Frommen sollen jubeln in Herrlichkeit, jauchzen sollen sie auf ihren Lagern! Lobpreis Gottes sei in ihrer Kehle und ein zweischneidiges Schwert in ihrer Hand, um Rache zu vollziehen an den Nationen, Strafgerichte an den Völkerschaften, um ihre Könige zu binden mit Ketten, ihre Edlen mit eisernen Fesseln, um das schon aufgeschriebene Gericht an ihnen zu vollziehen! Das ist Ehre für *alle* seine Frommen. Halleluja! (Ps 149,5-9)

Kapitel 14

Lastenträger – und Blutsauger

> Einer trage des andern Last, so werdet ihr das Gesetz Christi erfüllen. (Gal 6,2; LÜ)
>
> (Wir tragen) allezeit das Sterben Jesu am Leib umher, damit auch das Leben Jesu an unserem Leibe offenbar werde. Denn ständig werden wir, die Lebenden, dem Tod überliefert um Jesu willen, damit auch das Leben Jesu an unserem sterblichen Fleisch offenbar werde. Folglich wirkt der Tod in uns, das Leben aber in euch. (2.Kor 4,10-12)
>
> Denn jeder wird seine eigene Bürde tragen. (Gal 6,5)

Wir haben viel über das Lastentragen geschrieben (Kapitel 21 in *Die Umgestaltung des Inneren Menschen* und Kapitel 9 in *The Elija Task*) und eine zweiteilige Kassettenreihe „Burden Bearing" und „Intercessory Prayer" produziert. Doch aus zwei Gründen verdient dieses Thema eine eingehendere Behandlung. Erstens: Es ist so wichtig und notwendig, daß der Leib Christi es versteht. Zweitens: Das Lastentragen hat auch etwas mit der Heilung des verwundeten Geistes zu tun. Die Berührungspunkte liegen in zwei Bereichen. Erstens: Das Lastentragen ist für unseren Herrn eine der zentralen Heilungsmöglichkeiten für den verwundeten Geist. Zweitens: Ein Lastenträger wird unter Umständen verwundet, während er andere heilt, und Menschen werden verletzt wenn sie von geistlichen „Blutsaugern" ausgezehrt werden.

Ein Blutsauger ist das Gegenteil vom Lastenträger. Ein Blutsauger ist eine Person, die nicht den Preis des Gebets zahlt, um ihr eigenes Leben in Gang zu halten und es womöglich auch nicht schafft, emotionale oder geistliche Hygiene zu halten und sich selbst zu disziplinieren; folglich erhält sie sich selbst am Leben, indem sie die Kraft anderer anzapft. „Der Blutegel hat zwei Töchter: Gib her, gib her!" (Spr 30,15a). Manchmal muß sich jeder von uns an Geschwistern anlehnen. Gott hat uns so geschaffen, daß wir einander Kraft und Trost spenden und voneinander empfangen.

> Gepriesen sei der Gott und Vater unseres Herrn Jesus Christus, der Vater der Erbarmungen und Gott alles Trostes, der uns tröstet in all unserer Drangsal, damit wir die trösten können, die in allerlei Drangsal sind, durch den Trost, mit dem wir selbst von Gott getröstet werden. Denn wie die Leiden des Christus

> überreich auf uns kommen, so ist auch durch den Christus unser Trost überreich. Sei es aber, daß wir bedrängt werden, so ist es zu eurem Trost und Heil; sei es, daß wir getröstet werden, so ist es zu eurem Trost, der wirksam wird im geduldigen Ertragen derselben Leiden, die auch wir leiden. (2.Kor 1,3-7)

Es ist gut, wechselseitig Trost zu spenden und zu empfangen. Durch diesen Austausch wächst unsere gegenseitige Liebe in Christus zu der Fülle heran, von der Paulus in Epheser 4,11-16 sprach.

Ein Blutsauger hingegen gibt dem anderen nichts. Er saugt ihn vielmehr aus. Die Leiden des anderen wirklich mitzutragen ist eine Gabe Gottes aus Glauben für diejenigen, die Glauben haben; doch ein Blutsauger ist jemand, der das Leben anderer verschlingt, ohne dabei Leben zu bekommen und der nicht genügend Glauben hat, um auf eigenen Füßen zu stehen. Das Blutsaugen kommt aus dem Fleisch und nicht vom Heiligen Geist; es ist ein Nehmen, in dem das Geben keinen Platz hat. Blutsauger hören Galater 6,2 und verstehen es so, daß der Leib Christi ihre Lasten tragen sollte und nicht, daß sie die Lasten anderer tragen sollten. Blutsauger achten nicht auf Galater 6,5, wo es heißt, daß jeder Mensch seine eigene Last tragen muß. Mit einem Blutsauger kommt man nicht zur Ruhe; wie ein Vampir des Nachts saugt auch er immer wieder anderen Menschen die Energie aus.

Das Lastentragen gründet sich auf die Fähigkeit unseres Geistes, sich mit dem Nächsten zu identifizieren, sich in ihn hineinzuversetzen, emotionale Lasten zu teilen und auf die Schulter zu nehmen. Genauso wie zwei Menschen mit ihrer körperlichen Kraft einen Balken tragen können, der einem allein zu schwer wäre, nimmt der Lastenträger ein Ende der Last und gibt so dem Bruder die Möglichkeit zu überleben und seine Funktionen auszuführen. Während zwei Menschen, die etwas Schweres hochheben wollen, nebeneinander stehen müssen, erfordert das geistliche Lastentragen keine unmittelbare räumliche Nähe. Wir können die Last des anderen fühlen, uns mit ihr identifizieren, sie teilen und über sie beten, gleichgültig wie weit wir von ihm entfernt sind.

Wenn wir nicht nahe beim anderen sind oder aus irgendeinem anderen Grund nicht mit ihm kommunizieren können, kann es sein, daß wir zwar die Last eines Bruders mittragen, jedoch nicht in der Lage sind, herauszubekommen, um welche Last es sich handelt, ja vielleicht sogar wessen Last wir überhaupt tragen. Das tut weh, denn wir sehnen uns danach, es zu wissen:

> Wir aber, Brüder, da wir für kurze Zeit von euch verwaist waren, *dem Angesicht, nicht dem Herzen nach*, haben uns um

> so mehr mit großem Verlangen bemüht, euer Angesicht zu sehen. Deshalb wollten wir zu euch kommen – ich, Paulus –, nicht nur einmal, sondern zweimal, und der Satan hat uns gehindert. Denn wer ist unsere Hoffnung oder Freude oder Ruhmeskranz – nicht auch ihr? – vor unserem Herrn Jesus bei seiner Ankunft? Denn ihr seid unsere Herrlichkeit und Freude. Deshalb, *da wir es nicht länger aushalten konnten*, beschlossen wir, allein in Athen zurückzubleiben, und wir sandten Timotheus, unseren Bruder und Mitarbeiter Gottes in dem Evangelium des Christus, um euch zu befestigen und zu trösten eures Glaubens wegen. (1.Thes 2,17-3,2)

Jeder Lastenträger, der schon einmal in seinem Herzen einen anderen getragen hat, weiß aus Erfahrung, welches Gewicht die Worte des Paulus haben, wenn er sagt: „…da wir es nicht länger aushalten konnten". Wir *können* es aushalten, wenn wir nur neugierig sind, wie es dem Bruder wohl geht; doch wenn wir Lasten tragen und keine Neuigkeiten erfahren können, werden wir von der Liebe und der Sorge um den anderen fast überwältigt. Verzweifelt sehnen wir uns danach zu hören, wie es dem anderen geht. Dieses Wissen gibt uns die Möglichkeit, konkret zu beten und dem Herrn Lasten abzugeben. Doch wenn es uns fehlt, plagen wir uns weiter herum.

Durch das ganze Neue Testament zieht sich das Gebot, einander zu lieben. Jeder von uns weiß das. Aber was bedeutet das eigentlich? Was tun wir, das sich ganz speziell und konkret als Liebe zu unserem Bruder auszeichnet? Jakobus gab uns einen Teil der Antwort: „Wenn aber ein Bruder oder eine Schwester dürftig gekleidet ist und der täglichen Nahrung entbehrt, aber jemand unter euch spricht zu ihnen: Geht hin in Frieden, wärmt euch und sättigt euch! ihr gebt ihnen aber nicht das für den Leib Notwendige, was nützt es? (Jak 2,15-16) Johannes wiederholt das in 1.Johannes 3,16-18: „Hieran haben wir die Liebe erkannt, daß er für uns sein Leben hingegeben hat; auch wir sind schuldig, für die Brüder das Leben hinzugeben. Wer aber der Welt Güter hat und sieht seinen Bruder Mangel leiden und verschließt sein Herz vor ihm, wie bleibt die Liebe Gottes in ihm? Kinder, laßt uns nicht lieben mit Worten noch mit der Zunge, sondern in Tat und Wahrheit." Die Liebe ist folglich nicht so sehr ein Gefühl im Herzen als vielmehr eine Frage konkreter Taten. An anderer Stelle erfahren wir, daß derlei Taten folgendes beinhalten: Vergebung, den Vorteil des anderen höher achten als den eigenen (Phil 2,4), nicht auf das Seine bestehen (1.Kor 13,5) und – „(Die Liebe) erträgt alles, sie glaubt alles, sie hofft alles, sie erduldet alles" (1.Kor 13,7).

Man kann die Liebe in zwei Kategorien einteilen. Die erste könnte man als „nicht aggressive Liebe“ bezeichnen, die wiederum aus zwei Teilen besteht. Zunächst einmal handelt es sich dabei um das, was man auch als „verzichtende Liebe“ bezeichnen könnte, also die Selbstdisziplin, sich einer Handlung zu enthalten, durch die ein anderer irgendwie verletzt werden könnte. Zweitens: Im Gebet anderen vergeben, wenn sie uns verletzen. Andererseits besteht die Liebe aus Aktivitäten, aus positiven, aggressiven Schritten, die man zum Vorteil anderer unternimmt.

Das Lastentragen in der Fürbitte ist eine absichtliche, aggressive Aktion für andere. Es ist eigentlich das Tragen des Kreuzes. Landläufig sagen wir: „Dieser Bruder hat auch sein Kreuz zu tragen“ oder „Ich muß wirklich ein schweres Kreuz tragen!“ Aber werfen wir doch den falschen Sprachgebrauch aus unserem christlichen Denken hinaus! Schwierigkeiten und tragische Ereignisse sind kein Kreuz, das wir tragen müssen. Sie sind vielmehr einfach das, was sie sind – Schwierigkeiten und Leiden, die uns prüfen und läutern. Auch Beschimpfungen von Verwandten, Freunden oder anderen sind kein Kreuz. Menschen, die andere beschimpfen, werden in der Bibel als „Stachel im Fleisch“ bezeichnet (4.Mo 33,55; 2.Kor 12,7). Aber sie sind kein Kreuz, das wir tragen müßten. *Nichts, das ohne unseren Willen über uns kommt, ist ein Kreuz, das wir tragen müßten.*

Es gibt mindestens drei Kriterien, die ganz speziell zum Kreuztragen gehören. Erstens: Es geschieht willentlich. Man kann nicht sagen, daß Jesus das Kreuz einfach *widerfahren* wäre. Er hat es *vollzogen.* „Und siehe, zwei Männer besprachen sich mit ihm, das waren Mose und Elia; sie erschienen in himmlischer Herrlichkeit und redeten davon, wie sein Lebensausgang sich in Jerusalem *vollziehen* sollte“ (Lk 9,30-31; Menge). „Jesus spricht zu ihnen: Meine Speise ist, daß ich den Willen dessen tue, der mich gesandt hat, und sein Werk vollbringe“ (Joh 4,34). Dieses Werk war der Kreuzestod, in dem er hinausschrie, daß das Erlösungswerk vollbracht sei: „Es ist vollbracht!“ (Joh 19,30) Weil es freiwillig geschieht, verfolgt das Kreuztragen auch eine bestimmte Absicht. „Jetzt ist meine Seele erschüttert, und was soll ich sagen? Soll ich bitten: 'Vater, errette mich aus dieser Stunde!'? Nein, *gerade deshalb* bin ich ja in diese Stunde gekommen“ (Joh 12,27; Menge). Das Kreuz ist tätige Liebe, in der ein Christ entschlossen und absichtlich sein Leben für einen anderen hingibt.

Der zweite spezielle Aspekt des Kreuztragens ist das erlösende Leiden. Wenn wir ganz einfach leiden, weil wir es verdient haben, kann auf keinen Fall davon die Rede sein, daß wir ein Kreuz zu tragen hätten. Es ist schlichtweg erbärmlich, unser wohlverdientes Leiden im

Rahmen des Gerichts als „Kreuz“ darzustellen. Es ist vielmehr das genaue Gegenteil; oft leiden wir, weil wir nicht Buße tun wollen und es nicht zulassen, daß Jesus am Kreuz alles für uns trägt. Wir leiden aufgrund unserer Sünde und nicht um der Gerechtigkeit willen.

Da Jesus am Kreuz ja alles vollbracht hat, fragt sich vielleicht der eine oder andere, ob es überhaupt biblisch fundiert oder weise sei zu glauben, irgendein Mensch außer Jesus könne für einen anderen leiden und dabei eine erlösende Wirkung erzielen. Aber dies ist wieder so ein Bereich der Weisheit unseres Herrn, in dem man ausschließlich in Kategorien des „sowohl…als auch“ und nicht des „entweder…oder“ denken sollte. Er hat alles vollbracht. Die Erlösung ist ein vollendetes Werk. Wir können seinem vollbrachten Werk des Heils kein Jota hinzufügen. Andererseits beabsichtigt er in seiner Weisheit und aufgrund des Mysteriums „Zeit“, dieses Werk des erlösenden Leidens durch den Leib Christi zu vollenden. Wie sonst könnten wir die Worte Paulus verstehen: „Jetzt freue ich mich der Leiden, die ich *zu eurem Besten* zu erdulden habe, und fülle das aus, was an den Trübsalen Christi noch fehlt, in meinem Fleisch für seinen Leib, das heißt für die Gemeinde“ (Kol 1,24; Menge)? Dieselbe Denkweise finden wir in den Texten am Anfang dieses Kapitels. Wir tragen „allezeit *das Sterben Jesu am Leib umher*“; „Folglich wirkt der Tod in uns, das Leben aber in euch.“ Später werden wir noch genauer sehen, daß das erlösende Leiden für andere nicht nur möglich und biblisch begründet, sondern ein Gebot unseres Herrn selbst ist (Joh 14,21.23; 15,13-16; Gal 6,2).

Das Kreuztragen ist absichtlich, willentlich und in Gehorsam gegenüber unserem Herrn Jesus Christus auf uns genommenes erlösendes Leiden für andere. Man sollte sich darüber im klaren sein, daß dieses erlösende Leiden für andere nicht von unserem Fleisch, ja überhaupt nicht von uns selbst vollbracht werden kann. Die Erlösung ist Jesu Vorsehung und nur Jesu Vorsehung allein. Es ist Jesus, der *in uns* erlösend für andere leidet. In ihm tragen wir Lasten; wenn wir nicht in ihm sind, machen wir uns nur aus unserem Fleisch heraus Sorgen. Wir tragen jede Last, die er in uns trägt, solange er sich dafür entscheidet, sie in uns zu tragen und keine Sekunde länger; wenn dem nicht so ist, brauchen wir die Heilung, auf die wir an späterer Stelle in diesem Kapitel noch eingehen werden. Paulus sagte: „*…an seinem Leiden teilzunehmen* und ihm im Tode ähnlich zu werden…“ (Phil 3,10; Albrecht). In seiner Weisheit gestattet uns der Herr, in winzigen „Portionen“ an seinem Erlöserleiden für die Menschheit teilzunehmen.

Für uns ist das die Bedeutung des oft zitierten Ausdrucks „Dem Herrn dienen“. Wir können anderen in vielerlei Hinsicht dienen, doch scheinen uns nur diejenigen wirklich dem Herrn selbst zu dienen, die es gelernt haben, seine Lasten mit ihm zu tragen. Was ist das doch für ein Segen und eine Freude!

Der dritte Aspekt, der speziell dem Kreuztragen zueigen ist, ist der Tod. Bloßer persönlicher Schmerz kann zum Tod des Ichs führen oder auch nicht; das hängt von unserem Glauben und unserem Verständnis ab. Aber dieser Tod des Ichs ist ausschließlich unsere eigene Kreuzigung, für unsere eigene Sünde, um unserer eigenen Errettung willen. *Das Kreuztragen ist insofern einzigartig, da man um des anderen willen den Tod auf sich nimmt.* Gleichgültig, wieviel „persönlichen Tod“ wir aufgrund verschiedenster Prüfungen erleben, wir dürfen nie versuchen, das mit dem Begriff „Kreuztragen“ zu adeln. Unser eigener Tod hat keinen Anteil an solcher Herrlichkeit. Wir oft hat Paulus davon gesprochen, daß das, was er tat oder erlitt, um „euretwillen“ geschah (2.Kor 2,10; 4,15; Kol 1,24). Paulus wollte, daß seine Freunde wußten, daß er nicht für sich selbst litt, sondern in Liebe für sie oder um Jesu willen: „Denn ständig werden wir, die Lebenden, dem Tod überliefert *um Jesu willen…*“ (2.Kor 4,11). „Denn euch ist gegeben, *um Christi willen* zu tun, daß ihr nicht allein an ihn glaubet, sondern auch um *seinetwillen* leidet; und habet denselben Kampf, welchen ihr an mir gesehen habt und nun (hört, daß er *in* mir sei; wörtl.a.d.Engl.)“ (Phil 1,29-30; LÜ).

Hören Sie noch einmal 2.Korinther 4,12: „Folglich wirkt der Tod *in* uns, das Leben aber *in* euch.“ Beachten Sie, daß der Tod nicht *außerhalb* von uns, sondern *in* uns wirkt. Beim Lastentragen nehmen wir den Tod des anderen *in* uns hinein. Genauer ausgedrückt: Unser Herr streckt sich von seinem Kreuz her durch unser Herz und durch unseren Geist hindurch aus, um den Tod unseres Bruders zu sich ans Kreuz zu ziehen. Ein Leiden, das nicht diese altruistische Teilhaftigkeit am Tod eines anderen Menschen um dessentwillen beinhaltet, ist weder Lastentragen durch Fürbitte noch Kreuztragen.

Eines Tages dachte ich so nach und rang mit diesen Fragen, als der Herr zu mir sagte: „*Schlag' mal Römer 8,1-4 auf*“. Das tat ich dann auch. Das ist eine dieser wohlbekannten Bibelstellen, die wir alle schon so oft gelesen haben, daß wir uns sicher sind, sie zu verstehen, weswegen wir sie eigentlich überhaupt nicht verstehen! Der Herr offenbarte mir folgendes. Ich dachte: „O ja, Herr. Das bedeutet, daß ich frei von Sünde und Tod bin, weil ich Dich als meinen Herrn und Heiland angenommen habe.“

Er sagte: „*Ja, Paulus sagte das in vielen Stellen, doch nicht hier.*“ Also sah ich nochmal nach und stieß in Vers 2 auf das Wort „Geist“.

„O ja, Herr. Da ich die Geistestaufe habe, bin ich frei von Sünde und Tod." Und jetzt hatte ich die biblische Garantie. Ich zitierte: „...wo aber der Geist des Herrn ist, ist Freiheit" (2.Kor 3,17b).

"*Ja, John*", erwiderte er, *„der Heilige Geist bringt Freiheit, und Paulus sprach in vielerlei Hinsicht darüber. Doch das ist es nicht, was er hier sagt. Schau' nochmal hin.*"

Also schaute ich nochmals hin, und er führte mir einige Passagen überdeutlich vor Augen: „Denn das *Gesetz des Geistes des Lebens* in Christus Jesus hat dich frei gemacht von dem *Gesetz der Sünde* und des Todes" (V.2). Oh, hier sprach er also nicht von seinem Blut und seinem Kreuz und auch nicht in erster Linie vom Heiligen Geist, sondern über das *Gesetz* des Geistes des Lebens und über das *Gesetz* der Sünde und des Todes!"

„Nun, was ist das Gesetz der Sünde und das Gesetz des Todes?" Er führte mich zu Römer 7 und erinnerte mich daran, daß es keine Einteilung in Kapitel und Verse gab, als Paulus die Briefe schrieb; es war alles ein Block, eine Botschaft. Wiederum sprang mir das Wort „Gesetz" ins Auge:

> Denn ich habe nach dem inneren Menschen Wohlgefallen am *Gesetz* Gottes. Aber ich sehe ein anderes *Gesetz* in meinen Gliedern, das dem *Gesetz* meines Sinnes widerstreitet und mich in Gefangenschaft bringt unter das *Gesetz* der Sünde, das in meinen Gliedern ist. Ich elender Mensch! Wer wird mich retten von diesem Leibe des Todes? – Ich danke Gott durch Jesus Christus, unseren Herrn! Also diene ich nun selbst mit dem Sinn Gottes *Gesetz*, mit dem Fleisch aber der Sünde *Gesetz*. (Röm 7,22-25)

Schließlich enthüllte mir der Herr, worüber Paulus eigentlich sprach. Wenn wir Jesus Christus als Herrn und Heiland annehmen, werden unsere Sünden abgewaschen, und unserem sündhaften Wesen wird der Todesstoß versetzt. Damit beginnt der Prozeß der Heiligung, im Laufe dessen der Herr uns täglich mehr und mehr in die Kreuzigung der Handlungsweisen des alten Wesens führt (Kol 3,9; Gal 2,20; 5,24). Ein Großteil dieses Todes wird durch das Gebet um innere Heilung vollbracht. Aber ich hatte mir den Kopf darüber zermartert, warum so viele Leute viel innere Heilung erleben, jedoch nie weitergehen, um ganz heil zu werden. Der Herr antwortete und wies darauf hin, daß es einen weiteren entscheidenden Schritt gibt, den einige tun und dadurch heil werden, andere jedoch nicht: Es zu lernen, das *„Gesetz des Geistes* des Lebens in Christus Jesus" zu leben. Es reicht nicht aus, lediglich den alten Menschen zu töten. Ein neues Gesetz, ein neuer *Lebensstil* muß im Menschen groß werden!

Als Schüler Gamaliels wußte Paulus, wie das Wort „Gesetz" im streng juristischen Zusammenhang verwendet werden mußte und wandte es doch auf höchst poetische und nicht-juristische Art und Weise an. Der Herr offenbarte mir, daß dieses „andere Gesetz in meinen Gliedern, das dem *Gesetz* meines Sinnes widerstreitet" nur eine andere Bezeichnung für das alte Wesen war. Der „Leib", von dem Paulus befreit werden wollte, ist nicht der physische Leib. Er verwendete das Wort „Leib" oder „Körper" genauso wie wir, wenn wir von einer Gruppe oder einer Gesamtheit, wie z.B. dem „Lehrkörper" oder einer „Körperschaft" sprechen. „Wer wird mich retten von diesem *Leibe* des *Todes*" bedeutet also: „Wer wird mich von der Gesamtheit der vielen kriegerischen Dinge in meinem alten Wesen befreien, die mich ständig neu in den alten Weg zurückfallen lassen? Wie werde ich schließlich frei von der Gesamtheit des Weltlichen in mir, um in der Gesamtheit der Wege Christi zu wandeln? Wie werde ich endlich frei vom 'Gesetz' des alten Wegs?" Wie? Indem ich ein neues „Gesetz" lerne und lebe, das das alte ersetzt!

Als erstes empfangen wir Jesus und werden frei von Schuld. Dann schlagen wir den alten Menschen Tag für Tag ans Kreuz. Doch dann lernen wir, das „Gesetz des Geistes des Lebens in Christus Jesus" zu leben, und dieses Gesetz überwindet schließlich die alten Handlungsweisen, indem es den neuen *Weg* Christi in uns fest gründet.

Was ist nun dieses „Gesetz des Geistes des Lebens in Christus Jesus"? Jesus antwortet: „Wer sein Leben retten will, wird es verlieren; wer aber sein Leben verliert um meinetwillen, der wird es retten" (Lk 9,24). In Johannes 15,13 sagt er: „Größere Liebe hat niemand als die, *daß er sein Leben hingibt* für seine Freunde." Und in Lukas 14,27 (Meister): „Wer nicht *sein eigenes Kreuz* trägt und Mir nachfolgt, er kann nicht Mein Jünger sein!" Paulus sagte: „Einer trage des andern Last, so werdet ihr *das Gesetz Christi* erfüllen" (Gal 6,2; LÜ). Wie lautet das Gebot Christi? Was ist das *Gesetz* Christi? „Dies ist mein Gebot, daß ihr einander liebt, *wie ich euch geliebt habe*" (Joh 15,12). Wie hat er uns geliebt? Indem er sein Leben für uns hingab. Paulus sagt in Römer 8, daß wir dem, daß wir Gefangene unserer alten Gewohnheiten sind, entkommen, wenn wir letztendlich das Gesetz Christi lernen, nämlich unser Leben für andere hinzugeben! Es reicht nicht aus, die Sünden und deren Verhaltensweisen wegzunehmen. Man muß den neuen Weg der opferbereiten Liebe lernen und leben.

Doch dann sagte der Herr zu mir: *„Auch Du wußtest nicht, was es heißt, Dein Leben hinzugeben, John!"*

Ich dachte: „Wenn ich meine selbstsüchtigen Interessen und meine Sünden hingebe und etwas Zeit damit verbringe, anderen zu helfen, dann gebe ich mein Leben hin."

Doch der Herr erwiderte: „*John, Deine Selbstsucht und Deine Sünden sind Tod, nicht Leben. Ich sagte nicht, Du sollst Deinen Tod für andere hingeben, sondern vielmehr Dein Leben.*"

Also dachte ich: „Wenn ich meine Zeit und meine Energie für andere hingebe und mein Leben im Dienst am Menschen verbringe, das ist es doch, was man mit 'sein Leben hingeben' meint."

Der Herr sagte: „*Nein, Deine Zeit und Deine Energie sind noch nicht Dein Leben. Ich sagte, Du sollst Dein Leben hingeben.*"

„Gut, und was ist mein Leben?"

Er sagte: „*John, was war mein Leben?*" Und dann öffnete er mir die Heilige Schrift, wie er es für Kleopas und den anderen Jünger auf dem Weg nach Emmaus getan hat (Lk 24,27):

> Ich und der Vater sind eins. (Joh 10,30)
>
> Die Worte, die ich zu euch rede, rede ich nicht von mir selbst; der Vater aber, der in mir bleibt, tut seine Werke. (Joh 14,10b)
>
> Wer mich gesehen hat, hat den Vater gesehen. (Joh 14,9b)
>
> Und der mich gesandt hat, ist mit mir; er hat mich nicht allein gelassen, weil ich allezeit das tue, was ihm wohlgefällig ist. (Joh 8,29; Menge)

Das Leben Jesu war seine Beziehung zu seinem Vater. Er hatte den Himmel verlassen, um auf die Erde zu kommen, aber er hatte dennoch nie seinen Vater verlassen. „Habt ihr denn nicht gewußt, daß ich in meines Vaters Werke tätig sein muß?" (Lk 2,49; Albrecht) Wenn er müde war, ging er in die Berge, um bei seinem Vater zu sein. Er wurde aufgefordert, genau diese Beziehung zu seinem Vater, die für ihn das Leben schlechthin war, hinzugeben!

„Und wenn jemand ein todeswürdiges Verbrechen begeht und getötet wird und du ihn an einen Pfahl hängst, so darf sein Leichnam nicht übernacht am Pfahle bleiben, sondern du sollst ihn noch am selben Tage begraben. *Denn ein Gehängter ist von Gott verflucht...*" (5.Mo 21,22-23a; ZÜ). Als Jesus seinen eigenen Tod am Kreuz plante, wußte er, daß dieser ihn viel mehr als den körperlichen Schmerz kosten würde, der schlimmstenfalls einige Stunden dauern würde. Ein Preis, den er nicht abschätzen konnte, war die Tatsache, daß er von Gott verflucht werden würde!

„Du hast zu reine Augen, um Böses mitansehen zu können, und Verderben vermagst du nicht anzuschauen" (Hab 1,13). Der Herr Jesus war nie außerhalb der Gunst seines Vaters gestanden, nie auch nur für einen Augenblick seinem Blickfeld entschwunden. Das Gesicht des Vaters war stets seinem Sohn zugewandt. Jetzt sollte der, der keine Sünde kannte, zur Sünde werden: „Den, der Sünde nicht kannte, hat er für uns zur Sünde gemacht, damit wir Gottes Gerechtigkeit würden in ihm“ (2.Kor 5,21). Beachten Sie genau, daß Jesus *Sünde* werden sollte, nicht *sündig*. Sein eigenes Herz blieb Gott gegenüber rein. Er blieb das sündlose reine Opferlamm des Passah, während die Sünde der Welt in ihn gelegt wurde. Als er gehorsam unsere Sünde in sich aufnahm, wurde er in den Augen des Vaters zum ersten Mal inakzeptabel.

Man sollte noch einmal betonen, daß es *nicht* hieß, er solle „*sündig*“ werden. Er wurde in die Lage versetzt, unsere Strafe zu tragen (Jes 53,5), weil er wie wir geworden war; er war unsere *Sünde* geworden. Das heißt, er trug unsere Sünde, so wie ein Putzlappen den Schmutz, den er aufwischt, in sich aufnimmt. Aber er hat nicht gesündigt. „Wir haben ja nicht einen Hohenpriester, der mit unsern Schwächen kein Mitleid haben könnte, sondern einen, der in jeder Hinsicht ebenso versucht ist wie wir, *der aber nie gesündigt hat*“ (Hebr 4,15; Albrecht).

Eine Irrlehre, die vor kurzen verbreitet wurde, verzerrte diese Lehre ins Extrem und sagte, daß Jesus selbst sündig wurde, in die Hölle fahren *mußte* und selbst Erlösung brauchte. Nein, nein und nochmals nein! Er war ein makelloses Lamm. Er blieb in sich rein. Es war unsere Sünde, die er ans Kreuz trug. Doch als er unsere Sünde wurde, konnte ihn der Vater nicht länger ansehen. Zum ersten Mal bekam er unsere Entfremdung voll zu spüren. Er mußte wie wir werden, indem er „gelitten hat und dabei selbst versucht worden ist“ (Hebr 2,18; Albrecht), wozu auch gehörte, das Getrenntsein vom Vater kennenzulernen; schließlich schrie er vom Kreuz herab: „Mein Gott, mein Gott, warum hast du mich verlassen?“ (Mt 27,46)

Der körperliche Tod konnte Jesus nicht viel bedeutet haben. Paulus sagte: „Das Sterben ist mein Gewinn“ (Phil 1,21; Schlachter). Abgesehen von unserer Sünde, wäre für Jesus der Tod nur die Rückkehr seines Geistes zu dem gewesen, der ihn gegeben hatte (Pred 12,7). Für unseren Herrn, den Sohn Gottes, wäre das eine unaussprechliche Freude gewesen. Auch wenn es nicht lange dauerte – der schlimmere Tod bestand darin, der Gunst und Gegenwart seines Vaters abgestorben zu sein! Das war eine weit wichtigere Komponente der Hingabe seines Lebens und für Jesus der höchste Preis. Aus diesem Grund und nicht, weil er die körperlichen Leiden und den Tod gefürchtet hätte, rief er, ob dieser Kelch nicht an ihm vorübergehen könne (Mt 26,39). Selbst diesen Verlust, diese Trennung, diesen für ihn allerschlimmsten Tod erlitt Jesus für uns.

Was ist also unser Leben? Was ist es, das wir aufgerufen werden, für andere hinzugeben? Wenn wir Jesus empfangen und mit dem Heiligen Geist erfüllt werden, haben wir zum ersten Mal uneingeschränkten Zugang zum Vater. Wir fühlen uns rein und gut. „Wer darf hinaufsteigen auf den Berg des Herrn und wer darf stehen an seiner heiligen Stätte? Der unschuldige Hände und ein reines Herz hat..." (Ps 24,3-4a). Unser Herz ist besprengt mit dem Blut Jesu (Hebr 10,22). Voll Freude kommen wir in gemeinschaftlicher Anbetung und privater Andacht in seine Gegenwart. Unser Herz ist freier und offener, um sich mit Geschwistern auszutauschen. Diese Zwiesprache mit ihm, und die Gemeinschaft mit unseren Geschwistern ist unser Leben, unsere Freude geworden. „Denn wer ist unsere Hoffnung oder Freude oder Ruhmeskranz – nicht auch ihr? – vor unserem Herrn Jesus bei seiner Ankunft? Denn ihr seid unsere Herrlichkeit und Freude" (1.Thes 2,19-20).

Vielleicht liegen während der Woche schwere Lasten auf uns und drücken uns nieder; doch die Anbetung erhebt uns. Sein Wort reinigt uns, und wir sind wieder frei, uns auszustrecken und mit dem Herrn und anderen Kontakt aufzunehmen. Das ist unser Leben. Diese „Reinlichkeit", diese Möglichkeit, das Herz für den Herrn und für andere rein und offen zu halten, diese lebensspendende Fähigkeit, mit ihm und mit anderen verletzbar und auferbauend in Beziehung zu treten, ist das, was er uns ruft, im Tod für andere hinzugeben!

Wir kommen erfrischt und rein aus einem gesalbten Gottesdienst, wo wir wie ein Radio, nach der Beseitigung atmosphärischer Störungen, die Botschaften unseres wunderbaren Herrn empfangen konnten; doch womöglich treffen beim Nachmittagskaffee einen Bruder oder eine Schwester, die nur darauf brennt, uns ein prickelndes Detail des neuesten Tratschs zu erzählen! In diesem Augenblick müssen wir eine Entscheidung treffen. Die Versuchung besteht darin, daß wir unsere neu gewonnene Gerechtigkeit an uns reißen und sagen: „O Gott, ich danke dir, daß ich nicht bin wie die anderen Menschen, Räuber, Betrüger, Ehebrecher oder auch wie der Zöllner dort (hier könnte man doch auch gut „Verleumder" einfügen, oder?). Ich faste zweimal in der Woche und gebe den Zehnten von allem, was ich erwerbe" (Lk 18,11b-12; Menge). „Herr, Du hast mich gerade reingewaschen, und so möchte ich auch bleiben." Also wenden wir uns ab. Wir lehnen diesen Menschen ab. Wir zeigen ihm oder ihr die kalte Schulter. Wenn wir so reagieren, sind wir nicht wie der See von Galiläa, der aus den Bergen Erfrischung empfängt und sie dann in das unter ihm liegende

Tal ergießt. Wir sind wie das Tote Meer geworden, das dem Jordan alles entzieht, was es nur kann, und nichts wieder hergibt. Wir stagnieren. Wir haben die Lektion nicht gelernt, daß der sein Leben verlieren wird, der es behalten will, und daß der sein Leben behalten wird, der es verliert.

Die bessere Entscheidung sieht folgendermaßen aus: „Herr, dieses Kind Gottes ist verletzt, sonst würde es andere nicht verletzen müssen. Ich werde mein Herz und meinen Geist öffnen, um eins mit ihm zu werden. Herr, ich werde Dich das Gethsemane in mir durchleben lassen, damit Du seinen Schmerz in Dir aufnehmen und es so befreien kannst." In Gethsemane ging Jesus ins Gebet, und als „Gottmensch" (nicht halb Gott und halb Mensch, sondern ganz Gott und ganz Mensch) überbrückte er Zeit und Raum und wurde unsere Verderbtheit, unser Zweifel, unsere Angst, unsere Eifersucht und unser Haß. Er wurde alles, was in jeder Person, die damals lebte, die zuvor schon gelebt hatte oder je auf Erden leben würde, Sünde ist. Dieses Werk war so strapaziös, daß seine Blutgefäße platzten und er Blut schwitzte (Lk 22,44); medizinisch betrachtet, bedeutet das, daß er beinahe starb! Der Vater sandte einen Engel, um ihn zu stärken (Lk 22,43). Petrus, Jakobus und Johannes wurden von der Last der Stunde so überwältigt, daß sie nicht wach bleiben konnten (Mt 26,40-45).

Bedenken Sie nur folgendes: Als Jesus den Himmel verließ, um zur Erde zu kommen, wurde er Mensch. Aber er blieb *ein* Individuum. Im Garten Gethsemane wurde er die ganze *Menschheit.* Bis zu der Pein, die er in diesem Garten erduldete, hätte sein Kreuzestod möglicherweise nur wenig bedeutet, da er nur allein, als Einzelperson Jesus gestorben wäre; dadurch hätte er – abgesehen von der Vorbildfunktion – nur wenig bewirkt. Doch als er *wie wir* wurde, befand er sich zum ersten Mal in der Position, in der er als „wir alle" für uns alle am Kreuz alles erntete. Er mußte unsere Sünde werden, um alles auf sich zu nehmen, das zu ernten uns zugestanden hätte.

Vergebung bedeutet nicht, daß Gott die Sünde übersehen würde. Jesus kam, um das Gesetz zu erfüllen und nicht, um es abzuschaffen (Mt 5,17). Da er im Garten des Gebets wie wir alle geworden war, erfüllte er am Kreuz all die Forderungen des Gesetzes des Erntens. Losgelöst von uns hätte er unsere Sünde nicht ernten können. Das Gesetz funktioniert so nicht. Er mußte *wie wir werden, um für uns zu ernten.* Es war nicht so, daß Jesus in Gethsemane der Angst verfallen wäre, die er durch Gebet überwinden konnte, und zwar lange genug, um durchzuhalten. Gethsemane war absolut notwendig, damit durch seinen Kreuzestod unsere Erlösung vollbracht werden konnte! Gethsemane war das, was unser Herr tun mußte, um dadurch die Fähigkeit zu empfangen, für uns den Preis zu bezahlen. Er konnte nicht länger ein Heiliger sein, der für sich allein lebte, sondern mußte *wie wir alle für uns alle* werden; anderweitig hätte sein Kreuzestod nur unwesentlich mehr Auswirkungen haben können, als der Tod der tausend anderen, die auf ähnliche Weise verschieden. Obwohl er Gott selbst war, konnte er uns nur erlösen, indem er *stellvertretend für uns* starb. Nur als „*wir alle*" konnte er auch *all unsere Strafe* tragen. In Gethsemane vollbrachte er dieses Hineinversetzen, diese Identifikation, dieses Werk des Lastentragens, das das Kreuz erst wirksam machte.

Nicht nur aus Gründen der theologischen Korrektur gehen wir so detailliert auf diesen Punkt ein. Es ist absolut erforderlich, daß alle, die zum Lastentragen berufen sind, Jesu Werk in Gethsemane verstehen, denn das ist ihre vorrangige Berufung und Aufgabe. Wir sollen den Weg des Herrn bereiten (Jes 40,3; Mt 3,3).

Wie? Was bedeutet es, den Weg des Herrn zu bereiten? Dazu gehören natürlich viele Dinge, wie Predigt, Lehre, Buße etc. Doch die vorrangige und unbedingt erforderliche *Vorbereitung* findet durch das Lastentragen im Herzen statt. Merken Sie auf das Wort „Vorbereitung". Letzten Endes muß jede Person ihr eigenes Bekenntnis ablegen. Doch wenn ihr Herz nicht die Freiheit hat, dies zu tun, kann Jesus nur dann effektiv in ausreichendem Maß ihre Gefangenschaft in ihrer Sünde an sein Kreuz bringen, um sie soweit zu befreien, daß sie ihr eigenes Bekenntnis ablegen kann, wenn Jesus sich durch willige Herzen hindurch ausstreckt, die es zulassen, daß er sich in ihnen mit der Sünde eines Bruders oder einer Schwester identifiziert. *Das Lastentragen ist dieser spezielle Teil der Fürbitte, der das Kreuz lange genug an das Herz bindet, um Tod zu bewirken und von der Sünde zu befreien.*

Wenn wir das tun, wenn wir den Herrn einladen, den Tod eines anderen Menschen durch unseren eigenen Körper an sein Kreuz zu ziehen, dann sind wir bei dem angelangt, was es für einen Menschen bedeutet „sein eigenes Kreuz zu tragen" und so „mein Jünger" zu werden (Lk 14,27).

Wenn wir uns anbieten, Lasten zu tragen, fühlen wir uns vielleicht nicht mehr so toll wie zuvor. Wir empfinden Schmerz mit dem Schmerz unseres Bruders. Wir zittern aufgrund der Angst unserer Schwester. Wir ringen mit dem Zorn unseres Freundes. Wir kämpfen darum, die Eifersucht zu überwinden, an der unser Nächster leidet. Wir werden von Zweifeln gequält, von denen wir dachten, wir hätten sie schon lange überwunden. Unsere Zuversicht bröckelt und verschwimmt zu Verwirrung. Vielleicht verlieren wir kurzzeitig unsere Versiertheit im Herrn. Wir stammeln und stottern und werden von

Gefühlen der Schuld und der Wertlosigkeit niedergedrückt. Der Tod unseres Bruders ist tatsächlich und wahrhaftig in uns und in Wirklichkeit auf unserem Herzen und in unserem Sinn. Somit haben wir ganz real dieses Leben hingegeben, in dem wir leicht Zugang zu und Gemeinschaft mit Gott und anderen hatten. Unser Herz ist zu beladen, um so rein wie früher zu sein und so frei mit Gott und anderen umgehen zu können wie zuvor.

Aber das mehrt unseren Glauben. Indem wir dies praktizieren, lernen wir zu glauben, daß Gott da ist und uns immer noch die Fülle des Segens schenkt, auch wenn wir uns seine Gegenwart nicht mehr zueigen machen, sie nicht mehr spüren können. Indem wir unser Leben immer und immer wieder verlieren, tagein tagaus, und es genauso oft wiedergewinnen, eliminieren wir die Abhängigkeit von unseren Gefühlen. Wir wissen mehr als nur durch Glauben. Wir *wissen* um unser Leben in ihm.

Lastenträger gehorchen dem Gebot in Römer 12,1: „Ich ermahne euch nun, Brüder, durch die Erbarmungen Gottes, eure *Leiber* darzustellen als ein lebendiges, heiliges, Gott wohlgefälliges Opfer, was euer (geistlicher Dienst der Anbetung ist; wörtl.a.d.Engl.).“ Darüberhinaus lernen sie, dieses Gebot „von innen her“ zu verstehen. Das Gebot lautet nicht, den Verstand oder das Herz oder den Geist als lebendiges Opfer darzustellen, sondern vielmehr den Leib, denn unser Leib beinhaltet den Verstand, das Herz und den Geist; im Leib erträgt man „die Last des Tages und die Hitze“ (Mt 20,12).

Durch die Erfahrungen, die Lastenträger immer wieder machen, erklärt sich ihnen die Bedeutung der gesegneten Worte „euer geistlicher Dienst der Anbetung“. Beachten Sie, wie Anbetung und Dienst miteinander verquickt sind. Der Leib Christi möchte oft wie ein verzogenes Kind auf Papas Schoß sitzen und dann sagen, das sei Papas Herzen wohlgefällig. Doch dem Vater hätten solche Kinder weitaus besser gefallen, die seinen Garten bestellen, sein Haus kehren und sich dann auf seinen Schoß setzen, um erfrischt zu werden. Die Mühe des Lastentragens selbst ist unser geistlicher *Dienst* der *Anbetung*!

Paula und ich sprachen drei Jahre lang jeden Abend dasselbe Gebet; wir taten das nicht in erster Linie, um Gottes Aufmerksamkeit darauf zu lenken – er hatte es ja beim ersten Mal schon gehört –, sondern vielmehr, damit jede Zelle unseres Körpers es hören und aufnehmen möge: „Herr, wir geben Dir unser Herz, unseren Verstand, unseren Leib, unsere Seele und unseren Geist; unsere Vergangenheit, unsere Gegenwart, unsere Zukunft, unsere Ambitionen und unser Geschick; wir sind Dein. Gebrauche uns so, wie Du möchtest. Bis in alle Ewigkeit kannst Du uns zu jeder Tages- und Nachtzeit jede Last auferlegen." Unsere Ohren sind „durchbohrt"; wir sind sein (2.Mo 21,5-6).

Deshalb hat der Herr also die Erlaubnis – was er auch nutzt –, uns zu jeder Tages- und Nachtzeit aufzufordern, seine Lasten mit ihm zu teilen. Unter Umständen sagt Paula zu mir: „Fühlst Du Dich ungefähr seit einer Stunde bedrückt und ängstlich?" Ich sage: „Ja!", und wir gehen gemeinsam ins Gebet, um herauszufinden, wessen Last wir tragen und was wir damit anfangen sollen. Vielleicht sage ich auch: „Kam es Dir vor, als ob Du immer zorniger wurdest, ohne daß es einen Anlaß dafür geben würde?" Wenn sie dem zustimmt (fast immer spüren wir dieselbe Last zur selben Zeit), gehen wir ins Gebet. Manchmal ist die Last der Trübsal in unserer Brust so schwer, daß wir kaum atmen können. Das ist die Trauer des Herrn über den Leib Christi. Er steht vor dem Grab irgendeines Lazarus, der schon seit mehr als vier Tagen tot ist und in irgendeiner Hinsicht verrottet, und weint, bevor er ihn ins Leben zurückruft (Joh 11). Wir erleben die Freude, gemeinsam mit dem Herrn an seinem Erlösungswerk mitzuarbeiten; darüberhinaus werden wir ermutigt durch ein Gefühl seines Friedens und Wohlergehens, das unter der Last liegt, die wir füreinander tragen.

Was genau wird nun dadurch bewirkt, daß wir den Tod unseres Bruders in uns tragen, außer daß wir uns elend fühlen? Es ist eine Tür von Herz zu Herz, durch die Jesus eintreten und retten kann. Da wir auf der Erde leben und mit unserem Bruder eins sind, gibt unser Gebet unserem höflichen Herrn die Erlaubnis und den Zugang, um handeln zu können.

Man könnte nun fragen: „Warum ist Jesus überhaupt auf die Welt gekommen? Warum hat er nicht vom Himmel aus die Sünde und Satan ein für allemal vernichtet?" Unter anderem lautet die Antwort: Der freie Wille. Er mußte kommen und einer von uns werden, um den Zutritt und die Genehmigung zu bekommen. Der freie Wille meines Bruders hat nach wie vor zur Folge, daß unser Herr nur einen begrenzten Zugang zu seinem Leben hat, obwohl ihm alle Macht des Universums zur Verfügung steht. Der Herr ist wieder in den Himmel aufgefahren; sein Leib bleibt hier. Also gilt: In dem Maße wie mein Herz – als das Herz eines Mitmenschen – wie das Herz meines Bruders wird, kann unser Herr anfangen, ihn vor seinem jeweiligen Problem zu retten.

Der Heilige Geist kennt die Grenzen. Er kennt Galater 6,5 und 6,2 und gebietet dem Lastentragen dort Einhalt, wo unser Bruder selbst die Einladung aussprechen und seine eigene Last tragen muß. Doch mein Herz bereitet den Weg des Herrn zum Herzen meines Bruders. Ich trage das, was ohne einen erlösenden Effekt zu haben, zermalmen und vernichten würde. Ich erleichtere die Last meines Bruders, bis er in Jesus frei stehen kann.

Der Satz „Und wenn ein Glied leidet, so leiden alle Glieder mit, und wenn ein Glied besonders geehrt wird, so freuen sich alle Glieder mit“ (1.Kor 12,26; Menge) ist nicht poetisch gemeint. Paulus beschreibt die Tatsache, daß einer mit dem anderen verbunden ist. Wir *sind* dieser Leib. Wir denken uns nichts dabei, daß – wie ja allgemein bekannt ist – Radio- und Fernsehwellen den Äther um uns her durchdringen, und man nur den richtigen Empfänger braucht, um Ton und Bild zu bekommen. Warum sollte es einem dann seltsam vorkommen, wenn man erkennt, daß jeder Mensch auf Erden ein „Sender“ ist, dessen Wellen die Luft um uns her durchdringen, und man nur Augen um zu sehen und Ohren um zu hören braucht? Lastenträger sind „Empfänger“, die vom Heiligen Geist abgestimmt wurden, um die Signale, die jeder Mensch auf der Erde sowohl sendet als auch empfängt, zu tragen und manchmal auch zu identifizieren. Da wir inmitten unserer Mitmenschen leben, werden wir alle uns unablässig freuen, aber auch unablässig trauern („Denn mit Auge und Ohr musste der Gerechte, *da er unter ihnen wohnte, Tag für Tag seine gerechte Seele durch gesetzeswidrige Taten peinigen lassen*.“ 2.Petr 2,8; ZÜ). Lastenträger sind nicht allein aufgrund dessen, daß sie leben, dem Schmerz anderer ausgesetzt; bewußt lassen sie mehr über sich kommen als das, was ihnen zufällig zuteil geworden wäre, indem sie einfach „unter ihnen wohnen“. Sie machen den Schmerz ausfindig, um ihn dem Herrn zu übertragen.

Lastenträger empfangen mehrere Belohnungen, die für ihre Mühe charakteristisch sind. Wir alle wollen dort sein, wo Jesus ist. In unseren Hymnen feiern wir, daß wir die Ewigkeit mit ihm verbringen werden. Doch wie werden wir bis in Ewigkeit in ihm bleiben und somit auch viel Frucht bringen (Joh 15,4)? Wir müssen dorthin gehen, wo auch Jesus hingeht. Jesus ist das Wasser des Lebens. Das Wasser fließt nach unten. Wenn wir sein wollen, wo Jesus ist, dann müssen wir ihn auch dort suchen, wo er immer hingeht – am niedrigsten Punkt...des Leidens, des Schmerzes, der Angst, des Todes und der Schmach! Indem sie *mit* ihm in anderen leiden, lernen Lastenträger, was es heißt, wirklich in ihm zu bleiben. Jesus ist nicht länger ihr „Christkind“, d.h. eine Möglichkeit, sich gute Gaben für ihr eigenes selbstsüchtiges Leben zu beschaffen. Er wird ihr Leben, das für andere hingegeben wird. Lastenträger haben das Vorrecht, *in Wirklichkeit* bei Jesus zu sein, da es Christus gestattet ist, sein Erlösungswerk in ihnen und durch sie fortzusetzen. Sie sind nie von ihm getrennt, weil er immer lebt, um das Wohlgefallen des Vaters in ihnen zu bewirken (Phil 2,13). Sie bemessen seine Gegenwart oder Nähe nicht auf der Grundlage von kurzlebigen Emotionen. Sie *wissen*, wem sie geglaubt haben, weil sie jeden Tag mit ihm arbeiten.

Lastenträger machen schneller Fortschritte, was ihre eigene Heiligung durch Kreuzigung betrifft. Wenn sich der Herr mit einem Bereich meines Herzens befaßt hat, und ich mich mit dem Schmerz und der Sünde eines Bruders in einem ähnlichen oder identischen Bereich identifiziere, bin ich „durchlässig". Das Joch ist leicht und die Bürde ist sanft – gerade so, wie es sein soll (Mt 11,30). Es gelangt ohne Störeinflüsse durch mich hindurch zum Kreuz. Doch wenn ich mich mit der einen oder anderen sündhaften Eigenschaft eines Bruders identifiziere, und mein eigenes Herz immer noch dieselbe oder eine ähnliche Sünde, mit der sich noch niemand befaßt hat, in meinem fleischlichen Wesen zurückhält, bleibt der ganze „Mist" in mir stekken! Der Schmerz und die Sünde meines Bruders kann nicht ungehindert und leicht durch mich hindurch zum Kreuz gelangen. Vielmehr liegt nun seine Sünde schwer auf meinem Herzen, und ich werde gezwungen, meine eigene Sünde zu erkennen. Das geschieht wirklich oft und bringt mich zu meinem eigenen Tod am Kreuz. Ich kann mich nicht selbst zum Narren halten und mir gratulieren, daß ich die Sünde in einem Bereich los wäre, in dem die Sünde meines Bruders hartnäckig festsitzt und nicht zum Kreuz kommen will. Deshalb bringt mich die Mühe, mein Leben hinzugeben und den Tod für andere zu tragen, selbst auch zu meinem Sündenbekenntnis und zum Tod.

Lastenträger lernen Jesus besser kennen als all die anderen, die auf diesen Ruf noch nicht reagiert haben. Je mehr wir die Last anderer tragen, desto mehr spüren wir das Gewicht und den Schrecken der Sünde. Deshalb fangen wir auch an, uns um so mehr darüber klar zu werden, welchen Preis unser Herr bezahlt, einfach nur, damit wir weiterleben können! Jedem Augenblick erkennen wir ganz real und konkret, daß die Liebe Jesu tätig wird, um Menschen zu retten. Wir erkennen, daß das Gewicht der Sünde der Menschheit die Erde binnen dreißig Sekunden zermalmen würde, wenn Jesus seine Fürbitte vor dem Vater einstellen würde! Unser Herz ist entzückt vor Liebe, ehrfürchtig beugen wir uns vor ihm. Bis wir anfangen, in einem auch noch so winzigen Bereich, den er uns zugesteht, sein Leiden für andere zu erfahren, haben wir keine Möglichkeit, jeden Augenblick unseres Lebens sein fortwährendes Geschenk des erlösenden Leidens für alle Menschen wirklich zu schätzen!

Hören Sie nur, wie wunderbar Paulus das in Worte faßt:

> Ja wirklich, ich achte auch alles für Verlust um *der unübertrefflichen Größe der Erkenntnis Christi Jesu, meines Herrn*, wil-

len, um dessentwillen ich alles eingebüßt habe und es für Dreck achte, damit ich Christus gewinne und in ihm erfunden werde – indem ich nicht meine Gerechtigkeit habe, die aus dem Gesetz ist, sondern die durch den Glauben an Christus, die Gerechtigkeit aus Gott aufgrund des Glaubens –, *um ihn* und die Kraft seiner Auferstehung *und die Gemeinschaft seiner Leiden zu erkennen, indem ich seinem Tod gleichgestaltet werde*, ob ich irgendwie hingelangen möge zur Auferstehung aus den Toten. (Phil 3,8-11)

Wenn es irgendjemand gab, der Jesus schon kannte, dann Paulus. Aber es gibt noch mehr zu erkennen. Paulus war es, der am meisten über das *kostenlose Geschenk* des ewigen Lebens predigte, doch hier sagt er: „...ob ich irgendwie *hingelangen* möge zur Auferstehung aus den Toten". Wir behaupten, daß Paulus in diesem Fall ganz gewiß nicht davon sprach, in den Himmel zu kommen. Es gibt nichts, was wir tun könnten, um in den Himmel zu „gelangen", außer Jesus anzunehmen. Er ist unsere Fahrkarte zur Heimfahrt in die Ewigkeit. Wir müssen nichts anderes tun. Paulus sprach vielmehr davon, die Fülle des Auferstehungslebens hier und jetzt zu erreichen! Im weiteren sagte er, er vergäße alles andere, um „das vorgesteckte Ziel im Auge, nach dem Siegespreis (zu jagen), den die in Christus Jesus ergangene himmlische Berufung Gottes in Aussicht stellt" (V.14; Menge). Viele, viele Christen sind mit unüberbietbarem Eifer demselben Ziel nachgejagt und sind doch ihrem egozentrischen Streben nach persönlicher Vollkommenheit nie entwachsen, einem Streben, das nur in Pharisäertum und Elend enden kann! Lastenträger lernen das Geheimnis des Lebens, nämlich es zu verlieren, um es finden. Sie schwimmen in der Fülle des Stroms, der die Stadt Gottes erquickt (Ps 46,4). Andere versuchen, ihr eigenes Leben zu finden und verlieren es dadurch. Lastenträger vergessen sich selbst, da sie so sehr mit den Lasten anderer beschäftigt sind, so daß sie vom Leben Jesu schneller erfüllt und erfrischt werden als sie es weitergeben können. Ihr Krug voll Öl, der im Werk Elias ausgegossen wird, kann niemals leer werden, da sie den Lebensstil Jesu haben. Hier und jetzt treten sie Schritt für Schritt in das herrliche Auferstehungsleben ein.

Letztlich bekommen Lastenträger eine noch wunderbarere Belohnung. Sie lernen Gott Vater kennen wie Jesus ihn kennt, und Gott Vater wohnt in ihren Herzen. (Im folgenden wiederhole ich ein Zeugnis, das sich in *The Elijah Task*, Kapitel 9, S.133f. sowie auf einigen Kassetten findet, weil es sich dabei um das höchste Gut im Leben eines Lastenträgers handelt und es deshalb nicht nur passend sondern vielmehr die Krönung einer jeden Abhandlung über das Lastentragen ist.)

Eines Abends fuhr ich (John) auf der Autobahn von Spokane alleine nach Hause; jemand klopfte mir auf die Schulter, sehr real und körperlich spürbar. Der Herr sagte: „*John?*"

Ich sagte: „Ja, Herr."

Er sprach: „*Da ist jemand, von dem ich möchte, daß Du ihn kennenlernst.*"

Ich sagte: „Ja, Herr."

"*Ich möchte, daß Du meinen Vater kennenlernst.*"

„Ja, Herr."

Im nächsten Moment ergoß sich über mich die wunderbarste, gütigste, sanfteste und sicherste Gegenwart Gottes, wie ich es noch nie zuvor erlebt hatte. Manchmal kann man eine Unmenge von Dingen im Bruchteil einer Sekunde erkennen, und ich wußte, daß das nicht nur ein vorübergehendes Erlebnis sein würde. Gott Vater war gekommen, um bei mir zu bleiben. Im selben Augenblick erkannte ich, daß Gott Vater überhaupt nicht meiner kindischen Lesart des Alten Testaments entsprach, wenn ich nur an die Geschichte denke, wie Gott zornig war, als Saul es versäumte, alle Amalekiter zu töten (1.Sam 15). Gott Vater war die vollkommene, sanftmütige Barmherzigkeit. In diesem Augenblick wußte ich, daß das Ringen und die Suche zu Ende waren; von diesem Moment an *hatte* Gott Vater mich, und nichts konnte schöner sein. Ich fühlte mich sicher, entspannt und geborgen. Ich konnte nichts anderes tun, als mich am Lenkrad festklammern und war dankbar, daß er in seiner Weisheit zu einem Zeitpunkt gekommen war, an dem die Autobahn leer war; immer und immer wieder rief ich: „O Vater!". Ich *wußte* nun, warum Paulus geschrieben hatte: „...sondern einen Geist der Sohnschaft habt ihr empfangen, in dem wir rufen: Abba, Vater!" (Röm 8,15b). „Abba, Vater!" – das war genau das, was auch ich unfreiwillig vor mich hin murmelte – „O Vater! O Vater!" Zwei Wochen lang wankte ich nur so umher, völlig überwältigt von der liebevollen Gegenwart des Vaters; ich wußte nun aus erster Hand, was die Heilige Schrift meint, wenn sie sagt: „Gott *ist Liebe*" (1.Joh 4,8) und „Gott ist Licht, und *keinerlei Finsternis ist in ihm*" (1.Joh 1,5; Menge) und „Lauter gute Gabe und lauter vollkommenes Geschenk kommt von oben herab, vom Vater der Himmelslichter, *bei dem keine Veränderung und keine zeitweilige Verdunkelung stattfindet*" (Jak 1,17; Menge).

Bis zu diesem Zeitpunkt hatte ich jedoch schon viele vermeintlich verheißungsvoll aussehende Sackgassen beschritten und viele irreführende mystische Erlebnisse gehabt; obwohl ich mir sicher war, daß dies nun wirklich so war, wie es aussah, würde ich selbst dieses wunderbare Geschenk erst dann annehmen, wenn der Herr es mir auch in der Bibel zeigen könne; das sagte ich ihm dann auch. Er erwiderte: „*John, lies' mal Johannes 14,21.*" Er zitierte diese Passage für mich (ist es nicht großartig, daß der Herr die Bibel kennt!): „Wer meine Gebote hat und sie hält, der ist es, der mich liebt; wer aber mich liebt, wird von meinem Vater geliebt werden; und ich werde ihn lieben und mich selbst ihm offenbaren." Genau das, was wir gelehrt hatten! Daß seine Gebote besagen, wir sollen unser Leben für unsere Freunde hingeben und lieben, wie er geliebt hat! Hier fügte er dem noch hinzu, daß dieses Lastentragen die Grundvoraussetzung schlechthin sei, um in eine spezielle Beziehung zum Vater einzutreten. Jesus sagte, man würde ihn wirklich kennenlernen – er wird offenbart –, wenn man an seinem Leiden für andere Anteil hätte und das Gebot aus Galater 6,2 hielte!

Ich war starrköpfig und sagte: „Herr, das reicht nicht."

Er sagte: „*Schau' mal in Johannes 14,23 nach.*" Wiederum zitierte er: „Wenn jemand mich liebt, so wird er mein Wort halten, und mein Vater wird ihn lieben, und *wir* werden zu ihm kommen *und Wohnung bei ihm machen.*" Genau das geschah ja gerade mit mir! Mein Herz schlug schneller, und mein Sinn drohte vor Licht förmlich zu zerplatzen. Meine Gedanken riefen: „O ja, ich verstehe, ich verstehe. Warum hab' ich das nur vorher nie begriffen!?", doch ich sagte zum Herrn – demütiger aber immer noch sehr bestimmt: „Das reicht immer noch nicht, Herr." Also zitierte er Epheser 3,14-19:

> Deshalb beuge ich meine Knie vor dem Vater, von dem jede Vaterschaft in den Himmeln und auf Erden benannt wird: er gebe euch nach dem Reichtum seiner Herrlichkeit, mit Kraft gestärkt zu werden durch seinen Geist an dem inneren Menschen; daß der Christus durch den Glauben in euren Herzen wohne und ihr in Liebe gewurzelt und gegründet seid, *damit ihr imstande seid*, mit allen Heiligen *völlig zu erfassen*, was die Breite und Länge und Höhe und Tiefe ist, und *zu erkennen die die Erkenntnis übersteigende Liebe des Christus, damit ihr erfüllt werdet zur ganzen Fülle Gottes.*

Daraufhin lehrte Jesus mich, während ich mich in der Gegenwart des Vaters sonnte und langsam wieder weiterfuhr. Er sagte: „*John, als Du mich als Herrn und Heiland aufnahmst, kam ich zu Dir* mit *meinem Vater und* mit *dem Heiligen Geist. Das beinhaltete, daß Du zu diesem Zeitpunkt uns alle drei hattest. Doch bald hast Du herausgefunden, daß Du den Heiligen Geist ganz ausdrücklich erleben mußtest. Aber ich kam mit dem Heiligen Geist eben genau deshalb, um Deine Beziehung zum Vater wiederherzustellen! Das ist meine Absicht. Du mußtest auch den Vater ganz ausdrücklich erleben. Auf diese Weise kommst Du und jeder andere in die „Fülle Gottes*“.

Dann erinnerte ich mich: „Niemand kann zu mir kommen, wenn nicht der Vater, der mich gesandt hat, ihn zieht“ (Joh 6,44) und konkret zu diesem Punkt: „Niemand kommt zum Vater als nur durch mich“ (Joh 14,6b). Jesus, der Sohn, hatte mich soeben zum Vater gezogen. Währenddessen hatte er mich gelehrt, daß das Lastentragen nicht nur die Arbeit einiger weniger Experten sei, die eben zufällig diese eigenartige und andersartige Gabe haben. Das Lastentragen ist vielmehr der Kompetenzbereich und die Berufung eines jeden Christen; es ist für jeden Christen die Grundvoraussetzung schlechthin, um in die Fülle des Lebens mit Gott Vater einzutreten!

Seit dieser Zeit habe ich bei weitem mehr Frieden und bin zur Ruhe gekommen. Ich *weiß*, daß Gott Vater mich hat. Die Suche ist vorbei. Ich weiß, daß Gott Vater mir wieder aufhelfen wird, wenn ich falle. Ich kenne die Quelle der Kraft. Jesus sagte: „Die Worte, die ich zu euch rede, rede ich nicht von mir selbst; der Vater aber, der in mir bleibt, tut seine Werke.“ Der Vater ist es, der Jesus sandte, der wiederum uns alle aussendet. Der Vater ist es, der in Jesus seine Werke tut, der wiederum in mir seine Werke tut. Ich muß mich nicht abmühen, damit irgendetwas geschieht. Das ist das Werk des Vaters und seine Verantwortung. Ich habe lediglich die Freude, dem mitfühlendsten, sanftmütigsten, am meisten Geborgenheit schenkenden und liebevollsten Vater zu dienen, den es je gab.

Das Lastentragen ist der Schlüssel zu einem Leben in Fülle. Wir können dieses Ziel nicht einfach dadurch erreichen, daß wir ins Haus des Vaters kommen und jubeln, wie gut es doch sei, gerettet zu sein. Anbetung ohne Dienst wird letztendlich wieder den Ruf des Propheten zu hören bekommen:

> Wenn ihr kommt, um vor meinem Angesicht zu erscheinen – wer hat das von eurer Hand gefordert, meine Vorhöfe zu zertreten? Bringt nicht länger nichtige Speisopfer! Das Räucherwerk ist mir ein Greuel. Neumond und Sabbat, das Einberufen von Versammlungen: Sünde und Festversammlung ertrage ich nicht. Eure Neumonde und eure Feste haßt meine Seele. Sie sind mir zur Last geworden, ich bin es müde, sie zu ertragen. Und wenn ihr eure Hände ausbreitet, verhülle ich meine Augen vor euch. Auch wenn ihr noch so viel betet, höre ich nicht: eure Hände sind voll Blut. Wascht euch, reinigt euch! Schafft mir eure bösen Taten aus den Augen, hört auf, Böses zu tun! *Lernt Gutes tun, fragt nach dem Recht, weist den Unterdrücker*

zurecht! Schafft Recht der Waise, führt den Rechtsstreit der Witwe! (Jes 1,12-17)

Paula und ich können nach mehr als fünfundzwanzig Jahren Seelsorgedienst mit Überzeugung sagen, daß hinter all dem Leiden im Leben eines Menschen, das durch Sünde hervorgerufen wird, eine zentrale Sünde steht, eine einfache Sache, nämlich Egozentrik und Selbstsucht! Damit meinen wir nicht Knausrigkeit. Selbst großzügige Menschen, die immer gerne geben, können ichbezogen bleiben, solange diese Dienste von ihrer Definition von sich selbst als liebevollen Menschen ausgehen und nicht von der Ausgießung des Lebens Jesu durch den Heiligen Geist. Die guten Taten derer, die selbstbezogen bleiben, entspringen der Notwendigkeit, ihrem Bild von sich selbst und nicht ihrem Bild der Berufung Gottes zu entsprechen. Derlei gute Taten sind anderen öfter eine Last als daß sie helfen würden.

Lange nachdem unsere Sünden weggewaschen worden sind, lange nachdem das sündhafte Wesen seinen anfänglichen Todesstoß erhalten hat und sogar lange nachdem wir angefangen haben es zu lernen, unser Leben im Lastentragen hinzugeben, besteht die Selbstsucht als Zentrum unseres ganzen Wesens fort! Die Errettung ist ein Prozeß, der – was unseren Stand betrifft – mit unserer Bekehrung begann und endete, jedoch mit Furcht und Zittern vollendet werden muß (Phil 2,12).

> Darum, meine Geliebten, wie ihr allezeit gehorsam gewesen seid, nicht allein in meiner Gegenwart, sondern jetzt noch vielmehr in meiner Abwesenheit, *vollendet eure Rettung mit Furcht und Zittern.* (Phil 2,12; Schlachter)

> Darin frohlockt ihr, die ihr jetzt eine kleine Zeit, wenn es nötig ist, in mancherlei Versuchungen betrübt worden seid, damit die Bewährung eures Glaubens viel kostbarer erfunden wird als die des vergänglichen Goldes, das aber durch Feuer erprobt wird, zu Lob und Herrlichkeit und Ehre in der Offenbarung Jesu Christi; den ihr liebt, obgleich ihr ihn nicht gesehen habt; an den ihr glaubt, obgleich ihr ihn jetzt nicht seht, über den ihr mit unaussprechlicher und verherrlichter Freude frohlockt; und *so erlangt ihr das Ziel des Glaubens: die Errettung der Seelen.* (1.Petr 1,6-9)

Wir müssen im Lastentragen verharren, bis es mehr wird als nur eine gelegentliche Beschäftigung, an die wir uns hie und da erinnern. Das Lastentragen muß zu einem automatisch ablaufenden, unbewußten, in uns förmlich „eingebauten“ Lebensstil werden. Nur so wird dieses Werk ausreichend sein und uns so sehr fesseln, daß es den Kern unseres selbstbezogenen Wesens überwindet und uns freisetzt. Paulus schrieb: „Denn an Christus haben wir nur Anteil, *wenn* wir bis zum Ende an der Zuversicht festhalten, die wir am Anfang hatten" (Hebr 3,14; Einheits.Ü.). Der Leib Christi ist zu der Ansicht gelangt, dies bedeute, daß wir unsere Zähne zusammenbeißen und uns bis zum Ende an unserem Glauben festklammern müßten. Paulus meinte jedoch viel mehr damit. Diese Zeilen stehen im Kontext von Hebräer 4, in dem es darum geht, in *Gottes Ruhe* einzugehen. „Also bleibt noch eine Sabbatruhe dem Volk Gottes übrig. Denn wer in seine Ruhe eingegangen ist, der ist auch *zur Ruhe gelangt von seinen Werken*, wie Gott von seinen eigenen" (Hebr 4,9-10). Das wichtigste Werk, das unsere ichbezogene Natur hingeben und aufgeben muß, ist unser unablässiges Streben, etwas zu bauen, zu verteidigen und für unser eigenes Selbstbild zu leben. *Wer lange genug voll Vertrauen an Christus festhält, um beharrlich seine Lasten tragen zu können, bis ihn schließlich die Ermüdung übermannt, entdeckt, daß für ihn das Lastentragen nicht länger ein Teil der Verwirklichung seines eigenen Selbstbildes sein kann.* Die Liebe zum und das Verlangen nach dem Tragen einer Last muß durch dessen ständig drückendes Gewicht zu Tode kommen, bis man es schließlich aus einem Gehorsam heraus tut und es Jesus in uns, an unserer Stelle und für uns tun läßt. Dieser Tod bringt Frieden und Ruhe. Wenn das Lastentragen ausschließlich aus Gehorsam heraus geschieht und schließlich die Selbstsucht ganz tief an der Wurzel tötet, wird aus Römer 7 und 8 und Hebräer 3 und 4 eine einzige Botschaft. Wir treten in die Freiheit von Römer 8 ein. Wir wohnen in der erholsamen Ruhe von Hebräer 4.

Genauso muß ich dem Lastentragen nur müde werden und mich einigen Aufforderungen des Herrn verweigern und schon erhebt mein egozentrisches und selbstsüchtiges Wesen wieder seine Stimme. Wenn ich nicht, wie Jesus, ständig mein Ich hingebe, wird in mir die Gewohnheit, mein Ich an mich zu reißen, wieder die Oberhand gewinnen, und ich werde aus der Ruhe wieder in meine selbstbezogene Mühsal stürzen. Das Lastentragen, die Hingabe meines Lebens an andere ist keine nette Alternative. Es ist für jeden Christen die Quintessenz eines aufopferungsvollen Lebensstils, der allein Tod und somit Leben bewirkt.

O möge doch dieser unreife Leib Christi, der ständig voll Selbstsucht seine eigene Errettung zelebriert, endlich hören, daß der Herr ihn in den Dienst ruft – vom Dienst des Lastentragens ganz zu schweigen! O wie ich es hasse, daß wir ständig immer nur feiern, daß wir in den Himmel kommen, so als ob das der alleinige Inhalt und das alleinige

Ziel der Errettung wäre! Es ist großartig, sich gelegentlich daran zu erinnern, daß wir in den Himmel kommen werden und dies dann auch zu feiern und ein Freudenfest zu machen. Doch wenn das alles ist, was es zu wissen und tun gilt, stinkt es! O Leib Christi, die Felder sind weiß zur Ernte, und die Errettung hat erst begonnen und ist eben nicht schon vollendet. Laßt uns doch das lernen, was uns wirklich in die Fülle führt. Das Lastentragen ist eben nicht – wie wir dachten – die Aufgabe dieser wenigen unglücklichen verrückten Typen, die zufälligerweise für die Gefühle anderer empfänglich sind. Es ist die *vorrangige Berufung* und *wichtigste Arbeit* eines *jeden* Christen, der *Lebensatem* des *normalen Christenlebens* schlechthin, der Schlüssel, um in die Fülle der Beziehung zum Vater einzutreten und einen Tod des Ichs zu erleben, der umfassend genug ist, um zur Freiheit und Ruhe zu gelangen. Es ist einfach: Reagieren und dienen oder nicht in die Fülle eintreten.

Nachdem wir nun all die guten Seiten des Lastentragens aufgezeigt haben, müssen wir auch die andere Seite beleuchten, denn es gibt Fallstricke. Das Lastentragen ist nicht immer sicher; Gefahren lauern in dem, was auf uns zukommt und in unserem eigenen sündigen Wesen. Die Versuchung ist stets gegenwärtig, die Versuchung, zu viel zu tun, sich selbst zu ernst zu nehmen, zu urteilen und Schuld zuzuweisen, sich zu viel aufzubürden und dadurch verwirrt zu werden, zu glauben, die eigenen Probleme seien die eines anderen und umgekehrt.

In der Seelsorge entdecken Paula und ich oft natürliche Lastenträger, die nie begriffen haben, welche Aufgabe ihr Geist damit übernommen hat; sie waren uninformiert und standen allein da. Solche Menschen kommen in ein Zimmer und spüren fast augenblicklich die Last beinahe aller anwesenden Personen und nehmen sie auf sich. Ihre Herzen strecken sich instinktiv aus, um anderen Geborgenheit zu schenken und zu trösten. Für viele solcher Menschen wird das Leben eine allzu schwere Last.

Ich spreche aus schmerzlicher Erfahrung. Ich kann mich nicht entsinnen, jemals nicht so gewesen zu sein. Als die Fülle des Heiligen Geistes kam, war die einhergehende Last viel zu schwer für mich. Ich konnte sie nicht kontrollieren und noch viel weniger abgeben. In Anbetungsgottesdiensten und Gebetsversammlungen freuten sich die anderen, grinsten und lachten; doch ich versank in tiefer Sorge als ich all die Schmerzen in mir aufsog, die jene sich selbst nicht eingestanden. Ich versuchte, fröhlich zu sein, doch mein Lachen gefror und verschwand. Ich konnte nicht fröhlich sein. Wie wir im folgenden berichten werden, hat der Herr dies am Ende ganz wunderbar geheilt.

Der Geist von natürlichen Lastenträgern wird verwundet, wenn sie nicht Glück haben und weise Freunde finden, die sie unterweisen und beschützen. Ihr fehlendes Verständnis gibt sie der schmerzhaften Mühe des Fleisches preis. Was eigentlich sanft, leicht und auferbauend sein sollte (Mt 11,30), wird schwer und bedrückend. Wenn sie zufällig, wie ich, auch leistungsorientiert sind, strengen sie sich zu sehr an und nehmen sich jede Begebenheit, in der sie anderen nicht geholfen haben, zu sehr zu Herzen, wodurch sich bald falsche Schuldgefühle über ihnen auftürmen. Wenn bei ihnen, wie bei mir, auch eine Umkehrung der Elternrolle stattgefunden hat, können sie die Fäden nicht aus der Hand geben und keine Ruhe finden. Die ganze Welt scheint auf ihren Schultern zu lasten.

Oftmals beißen sich Lastenträger an Gram und Schmerz in ihren Freunden fest, während jene ausgelassen und absolut davon überzeugt sind, glücklich zu sein.

Ein weises Sprichwort sagt: „Erkenntnis mehrt die Sorge“. Lastenträger leben mit der Einsamkeit, Dinge zu wissen, die andere nicht wissen und möglicherweise nicht tragen wollen oder können. Wenn ein Lastenträger kein standfestes Ich (mutigen Geist) hat, gerät er in Verwirrung und beginnt, an seinen eigenen Wahrnehmungen zu zweifeln. Wenn er arrogant und unsensibel dafür ist, wie andere seine Worte aufnehmen werden, kann es sein, daß er die anderen verwirrt, verärgert oder verletzt, weil er seine Erkenntnisse ohne Weisheit hinausposaunt.

Womöglich fürchten sich die Menschen vor so jemandem. So oft habe ich die Leute schon gefragt, warum sie sich so fühlten wie sie sich fühlten, während sie dachten, sie hätten ihre Gefühle gut kaschiert; so oft flocht ich die eine oder andere kleine Beobachtung oder eine Auswirkung der Gabe der Erkenntnis ein, daß viele in unserer Stadt Angst vor mir bekamen! „Er weiß zu viel.“ „Er hat den Röntgenblick.“ „Mir kommt's so vor, als ob er direkt durch mich hindurchschauen würde.“ Das verletzt sowohl den Geist des Freundes als auch den des Lastenträgers selbst. Wenn mich andererseits meine Sensibilität für die Ängste der anderen dazu veranlaßte, keine Fragen zu stellen, blieb ich in einem Wust von Lasten stecken, die zu schwer für mich waren und die ich nicht identifizieren konnte. Ich fühlte wie Jeremia: „Und sage ich: Ich will nicht mehr an ihn denken und nicht mehr in seinem Namen reden, so ist es in meinem Herzen wie brennendes Feuer, eingeschlossen in meinen Gebeinen. Und ich habe mich vergeblich abgemüht, es weiter auszuhalten, ich kann nicht mehr!“ (Jer 20,9)

Schon sehr oft haben wir miterlebt, wie solche natürlichen Lastenträger verstummten und vereinsamten. Unter Schmerzen haben sie es gelernt, sich nicht mitzuteilen. Andere konnten sie nicht verstehen, leugneten ihre Wahrnehmungen oder nahmen Anstoß an ihnen, so als ob sie quasi geistliche Voyeure wären, die hinter Vorhänge gucken, die niemand lüften sollte. Natürlich waren diese Anklagen manchmal gerechtfertigt, manchmal gab es Verletzungen; der Heilige Geist ist durch und durch ein Gentleman; er respektiert unsere Privatsphäre, unser Fleisch jedoch nicht.

Einige Lastenträger sind unreif oder handeln aus ihrem Fleisch heraus oder sind vielleicht nicht einmal bekehrt oder verlieben sich in ihr Talent oder lieben das Gefühl, Macht zu haben und rufen so, ohne es zu wissen, die Hilfe von Dämonen an. Am Ende verwandelt sich ihre Gabe des Lastentragens in Argwohn und Geschwätz. Kurz gesagt: Lastentragen ohne Unterweisung und Korrektheit im Heiligen Geist verletzt sowohl den Geist des Lastenträgers als auch den seines „Opfers". Beide brauchen Heilung: Zunächst erkundigt man sich und stellt Fragen, dann betet man, Jesus möge Heilung und Wiederherstellung bewirken.

Es war schon charakteristisch, daß ich gleich aufs Ganze ging und mich ins Tragen von Lasten stürzte, lange bevor ich über Taktgefühl oder Weisheit im Heiligen Geist verfügte oder über die richtige Trennung von Seele und Geist Bescheid wußte. Ich übte einen maßlosen Druck aus. Ich litt nicht unter den „echten" Ermüdungszuständen, die wir an früherer Stelle schon angesprochen haben und die wirklichen Tod und Ruhe mit sich gebracht hätten. Ich erlebte die Ermüdung meines Fleisches, die mich in meinem falschen Märtyrerdenken stolz machte. Der Heilige Geist in mir hätte nur die Lasten in anderen Menschen auf sich genommen, die Jesus in diesem Moment gerade ertrug. Doch das Fleisch startete eine Großoffensive, wollte alles auf einmal tun und gratulierte sich selbst, daß man sich ja für Jesus verausgabt habe und die feindseligen Reaktionen mancher Leute ehrenhafte Verfolgungen seien, die man genießen müsse. Doch im Lauf der Zeit rieb mich dieses Spielchen auf, und ich mußte mir gegenüber ehrlich sein. Der Herr schickte Bruder Winston Nunes, der mir die Trennung von Seele und Geist erklärte und mich „durchbetete".

Es gibt keine räumliche, jedoch eine funktionale Trennung von Seele und Geist. „Denn das Wort Gottes ist lebendig und wirksam und schärfer als jedes zweischneidige Schwert und durchdringend bis zur *Scheidung von Seele und Geist*, sowohl der Gelenke als auch des Markes, und ein Richter der Gedanken und Gesinnungen des Herzens" (Hebr 4,12). Bruder Winston erklärte mir, daß uns der Herr wie den Motor eines Automobils „gebaut" hätte, in dem sich Öl, Wasser und Benzin in unterschiedlichen Behältern befinden. Wenn das Wasser dorthin kommt, wo eigentlich Benzin oder Öl ist, oder das Benzin dorthin, wo Öl und Wasser ist, oder das Öl dorthin, wo Wasser und Benzin ist, treten Probleme auf. In gleicher Weise hat Gott den Verstand so geschaffen, daß er seine Aufgaben erfüllt, das Herz andere und der Geist wieder andere. Doch der Sündenfall hat uns so durcheinander gebracht, daß die Emotionen über die Stränge schlagen und Verstand und Geist widrig beeinflussen, ja manchmal sogar gänzlich überwältigen. Ähnlich kann der Verstand die Emotionen unterdrücken oder den Geist blockieren; der Geist seinerseits kann Amok laufen und sich der Kontrolle des Verstandes entziehen, was zur Folge hat, daß wir in abwegigen, mystischen Erfahrungen versinken. Bruder Winston erklärte mir, daß wir nach unserer Bekehrung Gebet bräuchten, damit unser inneres Wesen wieder entwirrt wird und alle Teile an ihren rechtmäßigen Platz zurückkehren. Wenn Seele und Geist ihren angemessenen Platz einnehmen und ihre voneinander getrennten Funktionen übernehmen, kann unser Herr eine Last auf unseren Geist legen, und wir werden dadurch nicht an allen Ecken und Enden auf einmal entzwei gerissen. Unsere eigenen Emotionen und Gedanken bleiben unbeeinträchtigt, wenngleich sie am Ganzen wohl teilnehmen. Eine ausreichende Distanz bleibt erhalten, damit wir uns mit dem anderen identifizieren, für ihn beten und einen ausgeglichenen Standpunkt einnehmen können. Wenn sich unser Herz und unser Verstand mit einem Problem beschäftigen, bleibt unser Geist in Frieden. Jeder Bereich trägt in der rechten Weise seinen Teil bei, ohne die Funktionen der anderen Bereiche in Grund und Boden zu stampfen. Wir treten in eine andere Dimension der in Hebräer 4 beschriebenen Ruhe ein, weil unsere Emotionen nicht mehr Amok laufen, unser Verstand nicht länger die alleinige Kontrolle hat und unser Geist sich nicht unbewacht von Verstand und Herz gehen läßt.

Als Winston Nunes über mir betete, daß der Herr die Funktionsbereiche meiner Seele und meines Geistes voneinander trennen und die übermäßige Regsamkeit meines Fleisches töten möge, kam es mir vor, als ob er ein tausend Pfund schweres Gewicht von meinen Schultern genommen hätte! Leicht und frei wie ein Vogel kam ich nach Hause! Ich *mußte* nicht länger die Lasten tragen, die Jesus nicht von mir forderte. Meine eigenen Emotionen und meine Mentalität gerieten nicht mehr durcheinander. Jeder Teil von mir konnte mit jedem anderen zusammenarbeiten. Sogar mein Gesundheitszustand und meine Koordination beim Sport erfuhren eine dramatische Verbesserung.

Zahllose natürliche Lastenträger stolpern durchs Leben und haben keinen kompetenten Christen, der sie lehren und freisetzen könnte. Seit damals (in etwa die Jahre 1970-72) sind Paula und ich hunderten von ihnen begegnet und hatten die Freude im Herrn, sie freisetzen zu können, so wie Winston das bei mir getan hatte.

Dann machte sich unser Herr, der so herrlich humorvoll ist, auf, in seiner unverwechselbaren Weise meine „Freude deines (Gottes) Heils“ (Ps 51,14) wiederherzustellen. Pat Brooks schrieb ein Buch mit dem Titel *Out in Jesus' Name*. Ich nahm Anstoß an einigen Dingen in ihrem Buch und schrieb zum ersten Mal in meinem Leben einen kritischen „Leserbrief“, den ich ihr zusandte. Ich schrieb in Langschrift und weil ich ihre Adresse nicht hatte, schickte ich den Brief an ihren Verleger, mit der Bitte, ihn weiterzugeben. Der Verleger war nicht in der Lage meine Hieroglyphen zu entziffern und dachte, mein Schreiben sei an Pat Boone adressiert und gab den Brief an ihn weiter! Pat war verwirrt und konnte den Inhalt des Briefs nicht auf sein Buch beziehen, war jedoch fasziniert von meinen Kommentaren. Er zeigte den Brief seinem Pastor Jack Hayford, und die beiden stellten fest, daß mir die Gabe der Freude fehlte! Daraufhin beteten sie für mich, daß ich diese Gabe empfangen möge!

In der nächsten Zeit diskutierte der Herr eines Morgens mit mir wie üblich: „*Du hast diese Bibelstelle nicht verstanden.*“ Diesmal ging es darum, daß ich die Bedeutung des Verses nicht begriffen hatte, den wir auch als Lied singen: „Die Freude des Herrn ist meine Kraft“ (aus Neh 8,10). Er sagte: „*John, Du dachtest immer, das hieße, Du müßtest irgendwie Freude haben, um stark zu sein. Also hast Du versucht, sie zu „erzeugen“. Und immer wenn Du keine Freude spürtest, weil meine Sorgen zu sehr auf Dir lasteten, hattest Du das Gefühl, versagt zu haben und hast Dich selber verdammt. Aber Du hast die Bedeutung dieser Worte nicht wirklich erkannt.*“ Er fuhr fort: „*Es heißt: 'Die Freude des* Herrn. *' Meine Freude ist Deine Kraft, nicht Deine. Du hast versucht, freudig zu sein, konntest es aber nicht. Aber Du hast es nicht begriffen. Wo lebe ich, John?*“

„In mir.“

“*John, ich habe immer Freude, gleichgültig, ob Du welche hast oder nicht. Deshalb ist meine Freude immer in Dir, ob Du sie nun fühlst oder nicht. Denn* meine *Freude, ist Deine Kraft!*“

Am nächsten Morgen erlebten Paula und ich einen dieser seltenen Augenblicke, an denen wir in allem aneinander vorbeiredeten und –lebten. Ich hatte dem Herrn gerade gesagt, daß ich mit seiner Gabe, die er mir gegeben hatte, nicht allzu glücklich wäre und mit ihm selbst auch nicht, als auch schon die erste Wagenladung Ratsuchender in meiner Einfahrt auftauchte. Ich ging hinaus, um sie zu begrüßen und brummelte immer noch so leise vor mich hin. Der erste stieg aus dem Wagen und rief: „O John, heut' morgen sprudelt die Freude des Herrn ja förmlich aus Dir raus!“

Ich dachte: „Das ist ja das Problem: Sie sprudelt aus mir *raus*!“

Doch der Herr sagte: „*Siehst Du, John, meine Freude ist immer da, und wenn Du sie am wenigsten spürst, können andere immer noch sehen, wie sie aus Dir raussprudelt!*“ Zu guter Letzt glaubte ich und kam zur Ruhe. Ich mußte es nicht unaufhörlich erleben, um zu glauben, daß seine Freude immer noch meine Freude und Kraft war.

Der Herr öffnete mir die Augen für Prediger 7,2-4:

> Besser, ins Haus der Trauer zu gehen, als ins Haus des Gastmahls zu gehen; denn jenes ist das Ende aller Menschen, und der Lebende nimmt es sich zu Herzen. *Besser Verdruß als Lachen; denn bei traurigem Gesicht ist das Herz in rechter Verfassung* („...ist das Herz vielleicht glücklich“; wörtl.a.d.Engl.). Das Herz der Weisen ist im Haus der Trauer, das Herz der Toren aber im Haus der Freude.

Der Herr wandte diese Passage auf das Engagement in der Aufgabe des Lastentragens an, im Gegensatz zum Verbleib im Haus des ichbezogenen Jubels. Er erklärte mir das wie Walt Whitman: „Widerspreche ich mir selbst? Sehr gut, dann widerspreche ich mir selbst (ich bin viele, ich berge unzählige in mir).“ Da meine Seele und mein Geist separate Funktionen ausführen, konnte ich aufgrund des Lastentragens betrübt sein und mich auf einer tieferen Ebene meines Geistes mit Jesus über diese Mühsal freuen, während ich die ganze Zeit über nach außen hin wieder etwas ganz anderes tat und zum Beispiel an einem Kindergeburtstag teilnahm. Ich mußte nicht in dem Sinne in mir selbst „stimmig“ sein, daß ich überall in mir dieselbe Emotion verspürte. Jeder Teil von mir konnte zur selben Zeit unterschiedliche Erfahrungen machen! Deshalb konnte ich auf einer Ebene meines Geistes „...mit unaussprechlicher und verherrlichter Freude frohlock(en)“ (1.Petr 1,8), während ich auf einer anderen absolut niedergeschlagen war und mit Jesus über das aufsässige Jerusalem weinte, während ich zur gleichen Zeit mit meinen Kindern spielte.

Aufgrund meiner Seelsorgeerfahrung weiß ich, wie absolut wichtig es für viele Christen – Lastenträger, aber auch alle anderen – wäre, diese Lektion zu lernen. Unzählige Christen leiden unter persönlicher Verdammnis, da sie glauben, mit ihnen stimme etwas nicht, weil sie zur selben Zeit lachen und weinen möchten! In Johannes 11 lesen wir, daß Jesus nach Bethanien kam und *wußte*, daß er Lazarus von den Toten auferwecken würde. Schon zwei Tage vorher hatte er den Jüngern seine Absicht kundgetan (V.1-5). Sein Geist muß sich wohl schon im Voraus auf das große Wunder gefreut haben, das er, zumindest auf jeden Fall um Lazarus' Willen wirken würde. Doch vor dem Grab identifizierte er sich als einfühlsamer Lastenträger mit Martha und allen Anwesenden und weinte (V.35). Wir müssen nicht in uns stimmig sein, sondern nur Christen sein! Wir sind in der Lage, gleichzeitig auf vielen Ebenen unseres Wesens viele Dinge zu fühlen.

Lastenträger brauchen Freunde, die auf sie aufpassen und bemerken, wenn sie dem Fleisch verfallen und sich zu viel zu lange oder zu wenig zu kurz aufbürden. Wir müssen einander helfen, einander ermutigen (Phil 2,1.3), auf das des anderen achten (Phil 2,4), einander aufrichten (Pred 4,9-12) und einander versorgen (Eph 4,16). Kurz: Kein Lastenträger (und somit kein Christ) sollte jemals allein dienen.

In erster Linie brauchen wir die Umarmung christlicher Freunde und Verwandter. Körperliche Berührung bringt Resonanz. So wie man eine Stimmgabel anschlagen und eine andere mit ihr in Einklang bringen kann, können auch Christen einander durch Berührung wiederherstellen und wieder richtig „stimmen". Paula stellt mich für das wieder her, was ich eigentlich bin, wenn die Lasten von achtzig Menschen mein Herz erfüllen und meine Identität zu überfluten und verwirren drohen. Vielleicht reicht es schon, wenn uns ein Freund auf die Schulter klopft, oder uns mit einem Blick zeit, daß er mit uns fühlt. Wir brauchen den Ausgleich und die gegenseitige Erquickung unter Freunden.

Darin finden jedoch auch Blutsauger Zugang. Blutsauger sind wie Vampire. Sie sind praktisch schon tot. Sie erhalten sich am Leben, indem sie das Blut (die Energie) anderer trinken. Sie arbeiten nachts (in der Finsternis eines falschen Selbstverständnisses und des Selbsthasses). Sie können das Tageslicht nicht ertragen (die Offenbarung ihrer eigenen Sünden). Sie hassen Spiegel (die Reflexionen ihres Ichs und ihrer Sünde).

Blutsauger hängen sich an Menschen, die in Jesus Leben haben, es jedoch noch nicht gelernt haben, der Notwendigkeit, gebraucht zu werden, abzusterben. Blutsauger krallen sich an Menschen fest, die einen Dienst *brauchen*, die ihre Begabung noch nicht wie ihren Isaak behandelt und auf dem Altar geopfert haben. Reifere Menschen, die sich selbst nicht mehr wichtig nehmen und ihre Isaaks geopfert haben, werden die Fangarme eines Blutsaugers schnell erkennen und ihnen ausweichen. Sie werden dort zu geben aufhören, wo auch der Herr nicht gibt.

In der Frühphase unseres Dienstes wurden Paula und ich von geistlichen Blutsaugern belagert und schier erdrückt. Es waren schwache Menschen, die gerne von jemandem abhängig sein wollten. Sie hatten immer wieder ein neues emotionales Problem, mit dem man sich befassen sollte, immer wieder ein Wehwehchen, das es zu kurieren galt. Sie konnten sich an uns klammern, weil wir es noch nicht gelernt hatten, auch mal nein zu sagen. Unserem Fleisch gefiel es nach wie vor, gebraucht zu werden. Wir fühlten uns wichtig und erfolgreich, weil Menschen um uns waren, die an unseren Lippen hingen und uns Fragen stellten, die uns ein Gefühl der Weisheit und Kompetenz verliehen.

Eine Umarmung hat normalerweise etwas Tröstliches, Erfrischendes oder Erfüllendes. Wenn man einen Blutsauger umarmt, fühlt man sich nachher ausgezehrt. Solche Menschen sind wie „Staubsauger", doch saugen sie die Reinheit anstatt des Drecks aus einem heraus! Es scheint so, als ob Lastenträger umsonst mit dem Schmutz eines Blutsaugers beladen werden. Es wäre ja in Ordnung und entspräche wirklich unserer Absicht, wenn, wie bei Paulus, der Tod in uns, das Leben jedoch in ihnen am Werk sein könnte. Doch im Falle eines Blutsaugers scheint das nichts Gutes zu haben. Er fühlt sich zwar besser, doch nur vorübergehend. In ihm scheint kein Leben zu sein. Er hat sich nicht in der Hand und nimmt seine Energie nicht aus seiner eigenen „Batterie".

Erneut war es Winston Nunes, der mich freisetzte. Wir hatten schon viele Werke von Watchman Nee gelesen, insbesondere *The Latent Power of the Soul*, und waren zu der Erkenntnis gelangt, daß ein großer Teil unseres Dienstes nur seelische Bemühung war und es wirklich stimmt, daß das „Fleisch (nichts) nützt" (Joh 6,63). Aber wir wußten nicht, wie wir da rauskommen könnten. Winston war es, der sagte: „John, Dein Dienst ist Dein Isaak. Gott möchte, daß Du ihn opferst."

Da ich Winston als Mann Gottes anerkannte, gehorchte ich, wenngleich ich nur wenig verstand, was ich tat. Nachher erkannte ich dann folgendes: Solange ein Mensch irgendeine Gabe oder ein Talent festhält, werden er und sein seelisches Fleisch damit hantieren und nicht Gott. Es besitzt ihn und treibt ihn an, anstatt daß Gott sowohl das Talent als auch ihn besäße. Winston leitete mich durch ein Gebet des Verzichts, in dem ich wie ein Abraham meinen Isaak auslieferte. Darüberhinaus erklärte er mir, was die Stelle in Lukas 14,26 bedeutet: Jede Fähigkeit in uns, ist wie unser Kind, das immer noch fleischlich und vom alten Weinschlauch umgeben ist. Wir müssen umkehren und „...sogar das vom Fleisch befleckte Kleid" (Jud 23) hassen und alles in uns ans Kreuz schlagen; wenn nicht, wird es uns besitzen und lenken, und nicht Jesus.

In dem Moment, da Winston mich durch dieses Gebet leitete und ich Paula davon erzählte, starb unser Bedürfnis, gebraucht zu werden. Unser Dienst war gestorben. Somit brauchten wir auch keine „Trabanten in unserem Dunstkreis", die uns vom angeblichen Wert unseres Dienstes überzeugen könnten. Disziplin war nötig, um ein aktives Unterscheidungsvermögen zu schulen. Es dauerte eine Weile, bis wir nein sagen konnten. Im Verlauf dieses Prozesses stellten wir fest, daß wir, ohne es zu wissen, nicht allein für Jesus gelebt hatten, sondern für unseren Dienst, wobei wir Jesus benutzt hatten, um unseren Dienst voranzutreiben. Als das starb, fanden wir unsere Sicherheit wieder in Jesus und nicht darin, wie gut unser Dienst zu laufen schien.

Das bedeutete auch, daß uns über die Blutsauger die Augen geöffnet wurden. Wir mußten nichts tun. Ihre Blutzufuhr unterblieb, weil wir unser ganzes Wesen nicht länger in der Meinung, es sei Jesus, in sie hinein verströmten. Ganz natürlich verschwanden sie, um sich andere „Wirte“ zu suchen. Einige stellten fest, daß ihre falsche Versorgung abgebrochen war, kehrten um und fanden in Christus ihren Tod und ihre Wiedergeburt.

Seelsorger müssen dieses Aspekt, die Grenze des Lastentragens verstehen, wie es in Galater 6,5 heißt: „Denn jeder wird seine eigene Bürde tragen.“ Wenn sie das verstehen, können sie andere in das „Abraham-Isaak-Gebet“ leiten (siehe Lukas 14,26). Manchmal sah ich mich geführt, noch hinzuzufügen: „Herr, jetzt schließen wir all die inneren Türen, die allzu weit offen stehen“ oder „Wir lösen diese Person von dem Geist all derer, die sich an sie geklammert haben. Herr, versiegle ihr inneres Wesen, damit nichts Falsches mehr Zugang zu ihr finde.“

Nur wer so zerschlagen und überbürdet war wie einige von uns unweisen, nicht gekreuzigten, natürlichen Lastenträgern, kann die gesegnete Erleichterung und Erlösung wirklich einschätzen, die uns durch dieses Verständnis und Gebet zuteil wurde! Pastoren mögen die „Schäfchen“ unter die Lupe nehmen, die am allertreuesten dienen. Es ist tragisch, daß so viele Diener ausgebrannt sind, die nicht hätten verloren gehen müssen, wenn wir die Lektionen über Isaak und in Lukas 14,26 verstanden hätten!

Es reicht nicht, nur zu lehren und um Befreiung zu beten – wir müssen heilen. In jedem einzelnen Fall sollten wir den Balsam unseres Herrn auf alle übermüdeten und überforderten Bereiche des inneren Wesens unserer Freunde gießen, die es so gut meinten und sich in den Dienst stürzten, ohne durch ausreichende Weisheit und den Tod des Ichs geschützt gewesen zu sein.

Es ist nicht erforderlich, auf das Roß zu steigen und alle Blutsauger aus der Herde zu verjagen. Gott kann Blutsauger unter Umständen dazu benutzen, in seinen Dienern so viel Abscheu hervorzurufen, daß sie ihr selbsterfülltes Dienstspielchen aufgeben. Einige der Blutsauger können ja auch zum wahren Glauben finden. Wir wollen auf jeden Fall darauf achten, den Dienern des Herrn dieselbe Erleichterung zu verschaffen, die auch wir fanden, als wir dem Bedürfnis, gebraucht zu werden, abstarben.

Hier beenden wir dieses Kapitel über das Lastentragen, denn nur diejenigen, die das Geheimnis gelernt haben, daß *Gott niemanden braucht*, sind sicher genug, um weiterhin den Gefahren des Lastentragens zu begegnen. Es wird uns nicht gestattet sein, nach wie vor irgendwie auf Gott einzuwirken. Er liebt uns alle. So wie jeder Vater jedes einzelne seiner Kinder braucht, in diesem Sinne braucht Gott auch uns. Doch er braucht uns in keiner anderen Hinsicht. Er könnte uns jeden Augenblick durch einen anderen ersetzen. Er allein ist Gott. Er wird seinen Ruhm mit niemand anderem teilen – um unseretwillen. Es ist nicht gut, wenn man gebraucht wird. Beziehungen, in denen einer den anderen braucht, sind instabil. Die Welt möchte Sicherheiten. Sie will, daß man sie braucht. Christen sind frei. Sie werden nicht gebraucht, aber so sehr geliebt und sie sind so sehr erwünscht. Sie haben die Freiheit, Liebe zu geben und zu empfangen, ohne irgendjemanden abhängig zu machen. Jeden, der meint, seine Gemeinde könne ohne ihn nicht auskommen – ja, eigentlich könne niemand ohne ihn auskommen – erwartet eine herbe Überraschung. Lehren wir doch jeden Christen, „das allgemeine Management des Universums“ niederzulegen! Es ist ein ziemlicher Schock, dann aber eine Freude festzustellen, wie gut unsere Familie, unsere Freunde, ja die ganze Welt ohne uns klarkommt! Wenn wir das entdecken, hat Gott die Freiheit, es zuzulassen, daß die Welt uns braucht, weil wir das nicht brauchen und weder wir noch die anderen dem Götzendienst verfallen werden. Wie in allen anderen Bereichen, ist auch hier der Tod der Schlüssel zum Leben.

Lastenträger tun sich nur deshalb schwer zu sterben, weil sie glauben, sie wären eigentlich schon gestorben.

Kapitel 15

Kummer, Enttäuschung und Verlust

> Ein gelassenes Herz ist *Leben für den Leib*; Leidenschaft aber ist Wurmfrass in den Gebeinen. (Spr 14,30; ZÜ)

> Ein fröhliches Herz macht das Gesicht heiter; aber beim Kummer des Herzens ist der Geist niedergeschlagen. (Spr 15,13)

> Ein fröhliches Herz ist die beste Arznei; ein gedrücktes Gemüt dörrt das Gebein aus. (Spr 17,22; ZÜ)

Es gibt zwei Arten von Kummer, Enttäuschung und Verlust. Die erste Art plagt uns, wenn sich unsere Hoffnungen zerschlagen, wenn wir durch bestimmte Aufgaben oder im Berufsleben frustriert sind oder wenn wir das Einkommen oder Gegenstände verlieren, die einen besonderen Wert für uns haben. All das sind Verletzungen, die mit Dingen zu tun haben, denn ein Traum oder eine Hoffnung ist für unser Herz genauso ein „Gegenstand“ wie die Lieblingsteekanne, die wir von unserer Großmutter geerbt haben. Es gibt aber auch eine Art von Kummer, Enttäuschung und Verlust in unserer Beziehung zu Gott, zu anderen und zu uns selbst. Diese zweite Erscheinungsform ist bei weitem bedrohlicher. Dinge, die man verliert, werden zu einer bloßen Erinnerung. Doch Gott und andere Menschen leben weiter, und ihr Leben hat Auswirkungen auf unser Leben. Allein die Tatsache, daß sie weiterleben, ruft nach Wiedergutmachung und Wiederherstellung.

In Kapitel 7 „Depressionen“ sind wir schon ein wenig auf den Kummer eingegangen; einige Aspekte der Enttäuschung und des Verlustes besprachen wir in *Die Umgestaltung des Inneren Menschen*, Kapitel 18, „Individuation und das Unbehagen über die eigene Bestimmung“. Es gibt viele ausgezeichnete Bücher über dieses Thema; eines der besten ist *Beschädigtes Leben heilen* von den Gebrüdern Linn. In diesem Kapitel soll nicht wiederholt werden, was schon einmal besprochen wurde; wir möchten vielmehr speziell beleuchten, wie Kummer, Enttäuschung und Verlust den Geist eines Menschen und somit auch seinen Körper beeinflussen und wie solche Auswirkungen geheilt werden können.

Wenn wir geboren werden, existiert unser Geist nicht getrennt von unserem Körper und von unserem Erbe. Er steht mit beiden in enger Verbindung. Das wiederum bedeutet, daß unser Geist instinktiv bei niemand anderem als unserem Vater und unserer Mutter nach einer Definition seiner selbst und nach Erfüllung sucht. Einen Elternteil zu verlieren, insbesondere in den entscheidenden Jahren der Prägung, ist nicht mit dem Verlust eines Körperglieds zu vergleichen. Man kann einen Arm verlieren und sich dennoch zurechtfinden, weil der Kern des Menschen intakt bleibt, gemeinsam mit einem „Unterstützungssystem" aus Freunden und Verwandten. Doch die Eltern haben eine weit grundlegendere Funktion in unserem Leben inne als unsere eigenen Beine.

Der Geist eines Kindes „trinkt" von seinen Eltern täglich Selbstdefinition und Erfüllung. Bei ihnen zu sein lehrt die DNS-Zellen seines Wesens, die „Reißverschlußlieder der RNS" zu singen. Die Gegenwart der Eltern und der Umgang mit ihnen hallt durch den Geist eines Kindes bis in das Innerste seines Wesens wieder.

Es gibt einen direkten Zusammenhang zwischen der Gesundheit des Geistes und der Gesundheit des Körpers, besonders was die Beziehung zu primären Bezugspersonen betrifft. „Eine tüchtige Frau ist die Krone ihres Mannes, aber *wie Wurmfraß in seinen Knochen* ist eine schandbare" (Spr 12,4). Kummer aufgrund des Verlustes eines geliebten Menschen beeinträchtigt unsere körperliche Gesundheit bis in die Knochen:

> Denn in Kummer schwindet mein Leben dahin und meine Jahre in Seufzen; meine Kraft wankt durch meine Schuld, und *es verfallen meine Gebeine*. (Ps 31,11)

> Ist es noch nicht zu euch gedrungen, alle, die ihr des Weges zieht? Schaut und seht, ob es einen Schmerz gibt wie meinen Schmerz, der mir angetan worden ist, mit dem mich der Herr betrübt hat am Tag seiner Zornglut! Aus der Höhe sandte er Feuer *in meine Gebeine* und zertrat sie. Er spannte ein Netz für meine Füße, zwang mich zur Umkehr. Er machte mich einsam und allezeit krank. (Kla 1,12-13)

Streß wirkt sich auf unseren Geist und somit auf unsere Gesundheit aus, besonders auf unsere Knochen:

> Ein gelassenes Herz ist Leben für den Leib; Leidenschaft aber ist *Wurmfrass in den Gebeinen*. (Spr 14,30; ZÜ)

Man sollte noch erwähnen, daß sich das Wort „Leidenschaft" hier nicht auf die rechte und gesunde sexuelle Leidenschaft bezieht, sondern auf deren fleischliche Verzerrungen.

> Ein fröhliches Herz ist die beste Arznei; ein *gedrücktes Gemüt dörrt das Gebein aus*. (Spr 17,22; ZÜ)

Streß zu erwarten hat genauso Auswirkungen auf unseren Geist und deshalb auch auf unsere Gesundheit, speziell auf unsere Knochen. Habakuk prophezeite über das herannahende Gericht über die Sünde:

> Ich vernahm es, da erbebte mein Leib, bei dem Schall erzitterten meine Lippen, *Fäulnis drang in meine Knochen*, und unter mir bebte mein Schritt. Jetzt will ich auf den Tag der Bedrängnis warten, daß er heraufkomme gegen das Volk, das uns angreift. (Hab 3,16)

Aufgrund von Verlust und Kummer stand Hiob unter Streß; er litt in seinem Geist und in seinen Knochen, und seine Freunde sprachen davon, daß Sünde den Geist und die Knochen beeinflusse: Ein Schrecken und Zittern durchschauert seine Gebeine (Hiob 4,14); sein Gebein klebt an seiner Haut (19,20); nachts bohrt es ihm seine Knochen aus (30,17); „…ununterbrochen währt der Streit in seinen Gebeinen" (33,19). Im Gegensatz dazu beschrieb Hiob Menschen, die von Gott gesegnet und gesund sind, und sagt über ihre Gebeine: Sie sind voll der Jugendkraft (20,11); „…ganz ungestört und ruhig. Seine Schenkel sind voll Fett, und das Mark seiner Gebeine ist wohlgetränkt" (21,24).

Sünde hat unmittelbare Auswirkungen auf den Geist und somit auch auf die Knochen:

> Keine heile Stelle ist an meinem Fleisch wegen deiner Verwünschung, *nichts Heiles an meinen Gebeinen wegen meiner Verfehlung*. (Ps 38,4)

> Denn wie Rauch entschwinden meine Tage, *meine Gebeine glühen wie ein Brand*. Wie Gras ist abgemäht und verdorrt mein Herz, denn ich habe vergessen, mein Brot zu essen. Wegen der Stimme meines Seufzens *klebt mein Gebein an meinem Fleisch*. (Ps 102,4-6)

> Als ich schwieg, zerfielen meine *Gebeine* durch mein Gestöhn den ganzen Tag. Denn Tag und Nacht lastete auf mir deine Hand; verwandelt wurde mein Saft in Sommergluten. (Ps 32, 3-4)

> Und er liebte den Fluch, so komme er auf ihn! Und er hatte kein Gefallen an Segen, so sei er fern von ihm! Er zog den Fluch an wie sein Kleid, so dringe er wie Wasser *in sein Inneres* und wie Öl *in seine Gebeine*! (Ps 109,17-18)

Die Zucht des Herrn hat direkte Auswirkungen auf unsere Knochen.

> Da trifft sie gewaltiger Schrecken; denn Gott *zerstreut die Gebeine des Ruchlosen*. Sie werden zuschanden; denn Gott hat sie verworfen. (Ps 53,6; ZÜ)

> Sättige mich mit Freude und Wonne, dass *die Gebeine frohlokken, die du zermalmt hast*. (Ps 51,10; ZÜ)

> Der Gerechte schlage mich – es ist Gnade. Er strafe mich – es ist Öl für das Haupt. Mein Haupt wird sich nicht weigern. Denn noch immer bete ich trotz des Unheils, das sie tun. Sind sie gefallen in die Hände ihrer Richter, so werden sie meine Worte hören, daß sie lieblich sind. Wie wenn ein Fels sich spaltet und die Erde aufreißt, *so sind ihre Gebeine hingestreut für den Schlund des Scheols*. (Ps 141,5-7)

Warum sind die Knochen so wichtig? Wieso wirkt sich das, was unserem Geist widerfährt, so schnell und so unmittelbar auf unsere Knochen aus? Beachten Sie die folgenden einfachen Tatsachen (aus: *The Reader's Digest Medical Encyclopedia*, S.527f.):

> Die Knochen sind die *Quelle* lebenswichtiger Blutbestandteile. Sie sind die *Vorratskammern*, aus denen das Kalzium des Blutplasma genommen wird. Die Poren und Hohlräume…sind mit rotem Knochenmark gefüllt. Das rote Knochenmark besteht zum größten Teil aus *Blutkörperchen in allen möglichen Entwicklungsstadien. Jede Sekunde werden etwa fünf Millionen reife rote Blutkörperchen produziert und ausgeschüttet.* Die Blutplättchen, die bei der Blutgerinnung eine *wesentliche* Rolle spielen, und die *weißen Blutkörperchen, die den Körper vor Infektionen schützen, werden auch im roten Knochenmark gebildet…*(Hervorhebungen vom Autor).

Während wir über die folgenden Schriftstellen nachdenken, wollen wir die verblüffende Tatsache im Hinterkopf behalten, daß *in jeder Sekunde fünf Millionen neue rote Blutkörperchen* in unseren Körper ausgeschüttet werden und das rote Knochenmark die weißen Blutkörperchen produziert, die uns vor Krankheiten schützen:

> Vertraue auf den Herrn mit deinem ganzen Herzen und stütze dich nicht auf deinen Verstand! Auf all deinen Wegen erkenne nur ihn, dann ebnet er selbst deine Pfade! Sei nicht weise in deinen Augen, fürchte den Herrn und weiche vom Bösen! *Das*

> *ist Heilung für deinen Leib, Labsal für deine Gebeine.* (Spr 3,5-8)

> Freundliche Worte sind Honig, Süßes für die Seele und *Heilung für das Gebein.* (Spr 16,24)

> Leuchten der Augen erfreut das Herz; *eine gute Nachricht erquickt das Gebein.* (Spr 15,30)

> Ihr werdet es sehen, und euer Herz wird sich freuen, und *eure Gebeine werden sprossen wie das junge Gras.* Und die Hand des Herrn wird sich an seinen Knechten zeigen, aber seine Feinde wird er bedrohen. (Jes 66,14)

In Jesaja 58 ruft der Herr die Menschen auf, ihm so zu dienen, wie sie ihm dienen sollten. Er sagt:

> Dann wird dein Licht hervorbrechen wie die Morgenröte, und deine Heilung wird schnell sprossen. Deine Gerechtigkeit wird vor dir herziehen, die Herrlichkeit des Herrn wird deine Nachhut sein. Dann wirst du rufen, und der Herr wird antworten. Du wirst um Hilfe schreien, und er wird sagen: Hier bin ich! Wenn du aus deiner Mitte fortschaffst das Joch, das Fingerausstrecken und böses Reden und wenn du dem Hungrigen dein Brot darreichst und die gebeugte Seele sättigst, dann wird dein Licht aufgehen in der Finsternis, und dein Dunkel wird sein wie der Mittag. Und beständig wird der Herr dich leiten, und er wird deine Seele sättigen an Orten der Dürre und *deine Gebeine stärken.* (Jes 58,8-11a)

Der Psalmist sprach davon, daß sich seine Gebeine am Herrn freuten:

> Und meine Seele wird frohlocken über den Herrn, wird sich freuen über seine Hilfe. *Alle meine Gebeine* werden sagen: „Herr, wer ist wie du! Der du den Elenden rettest vor dem Stärkeren und den Elenden und Armen vor seinem Räuber." (Ps 35,9-10)

Eine der Verheißungen Gottes, in der es um Gerechtigkeit und um Gebeine ging, wurde dadurch erfüllt, daß die Soldaten nicht, wie es Brauch war, Jesus die Beine brachen, sondern „nur" seine Seite durchstachen: „Vielfältig ist das Unglück des Gerechten, aber aus dem allen errettet ihn der Herr. *Er bewahrt alle seine Gebeine*, nicht eines von ihnen wird zerbrochen" (Ps 34,20-21).

Wir sehen also folgendes: (1) Die Knochen, der Geist des Menschen und der Geist Gottes stehen in einer besonderen direkten Beziehung zueinander. (2) Die Knochen haben, vielleicht mehr als alle anderen Körperteile, speziellen geistlichen und körperlichen Wert und Bedeutung. (3) Sünde und Gerechtigkeit wird von den Knochen unmittelbar und direkt als Krankheit und Heil, als „Dürre" und „Feuchtigkeit" registriert. (4) Sünde zerschlägt manchmal die Knochen. (5) Durch Bekenntnis, Buße und die Gunst Gottes werden die Knochen erquickt, was Gesundheit für den ganzen Körper zur Folge hat.

Erstaunlicherweise lesen wir in 2.Könige 13,20 und 21, daß die Knochen so sehr zu einer Quelle des Geistes und des Lichts werden, daß sie noch lange nach dem Tod über heilende Kraft verfügen!

> Und Elisa starb, und man begrub ihn. Und es kamen moabitische Räuberscharen ins Land, als das Jahr anfing. Und es geschah, als sie einen Mann begruben, siehe, da sahen sie die Räuberschar, und sie warfen den Mann in das Grab Elisas. Als aber der Mann da hineinkam und die Gebeine Elisas berührte, da wurde er lebendig und stellte sich auf seine Füße.

Was kann man nun ausgehend von dem eben Besprochenen über Arthritis sagen? Über Bursitis (Schleimbeutelentzündung)? Über Leukämie? Über Tendinitis (Sehnenentzündung)? Über die Fähigkeit, durch das Blut wieder zu körperlichen Kräften zu gelangen? Was kann uns all das über die verschiedenen Blut- und Knochenkrankheiten offenbaren, die manche von uns haben? Was sagt es womöglich über die Auswirkungen von Ablehnung im Mutterleib? Über eine versuchte Abtreibung? Über Streit zwischen den Eltern, während der Fötus im Mutterleib ist? Über Gewalt an Schwangeren usw.?

Was sagt uns all das andererseits über die Macht eines Gebets, in dem das Blut Christi zur Anwendung kommt? Über den Wert des Sakraments der Kommunion? Über den heilbringenden Effekt des Heiligen Geistes in uns? Kein Wunder, daß das Wort Gottes verheißt: „Aber die auf den Herrn hoffen, gewinnen neue Kraft: sie heben die Schwingen empor wie die Adler, sie laufen und ermatten nicht, sie gehen und ermüden nicht" (Jes 40,31).

Man hat schon oft festgestellt, daß Menschen, die unseren Herrn in ihr Leben aufnehmen und mit ihm gehen, um Jahre jünger aussehen. Sie werden immer vitaler. Ich (John) kann bezeugen, daß sich nicht nur in meinem eigenen Fall, sondern auch bei vielen Leuten, die ich kennengelernt habe, die Bewegungskoordination beim Sport dramatisch verbessert hat. Vergessen wir doch endlich die Vorstellung, der Heilige Geist sei wie Wasser und unser Körper wie ein Glas. Das ist die Irrlehre des Doketismus*. Der Heilige Geist bewohnt unseren ganzen Geist, so wie man rote Farbe in blaue schüttet und daraus lila entsteht. Etwas Neues und Gewaltiges entsteht. Der Heilige Geist und unser Geist erfüllen, durchströmen, wohnen in, atmen durch, sättigen, aktivieren, beleben, erfrischen und kräftigen jede Zelle unsere Körpers! Der Heilige Geist wirkt, um uns in jederlei Hinsicht neu zu machen.

Bis zu diesem Punkt hat dieses Kapitel allein den Sinn, uns klar zu machen, daß wir es mit bodenständigen und unglaublich praktischen Realitäten zu tun haben, wenn wir von der Taufe im Heiligen Geist, vom Gebet, von der Sünde, vom Streß, von der Erlösung und vom Blut Christi sprechen. Wir wollen aus unserem Sinn dieses falsche Gedankengut verbannen, das lange Zeit unser Leben in einzelne Bereiche gegliedert hat, so als ob unser sonntägliches Tun sich um Gott kümmern würde und wir den Rest der Woche mit dem Realen und Praktischen verbringen könnten; natürlich kann nur ein Narr glauben, es wäre beabsichtigt gewesen, daß nur naive Idealisten und Heilige im Kloster nach der Bergpredigt leben sollten! Der Glaube, das Leben mit Gott und der Umgang mit seinem Geist ist praktisch und bringt Leben. Die Bergpredigt war nicht nur für das praktische Leben gedacht – alles, was weniger ist, ist weniger als praktisch! Das Wort Gottes ist eminent praktisch. Die Ideen und Sitten der Menschen bringen Tod. Gottes Wort ist Leben:

> Das Gesetz des Herrn ist vollkommen und *erquickt die Seele*; das Zeugnis des Herrn ist zuverlässig und macht den Einfältigen weise. Die Vorschriften des Herrn sind richtig und *erfreuen das Herz*; das Gebot des Herrn ist lauter und *erleuchtet die Augen.* Die Furcht des Herrn ist rein und besteht in Ewigkeit. Die Rechtsbestimmungen des Herrn sind Wahrheit, sie sind gerecht allesamt; sie, die köstlicher sind als Gold, ja viel gediegenes Gold, und süßer als Honig und Honigseim. Auch wird dein Knecht durch sie gewarnt; *in ihrer Befolgung liegt großer Lohn.* (Ps 19,7-12)

Paulus gebot seinen Anhängern:

> Übrigens, Brüder, alles, was wahr, alles, was ehrbar, alles, was gerecht, alles, was rein, alles, was liebenswert, alles, was wohl-

---

* Theol. Lehre, die behauptet, Christus habe auf Erden nur einen Scheinleib gehabt; eine menschliche Existenz habe seine Göttlichkeit nie berührt. (Anm.d.Übers.)

lautend ist, wenn es irgendeine Tugend und wenn es irgendein Lob gibt, *das erwägt*! (Phil 4,8)

Viele von uns meinen: „Das ist toll" und denken doch auch: „Aber natürlich ist es nicht wirklich wichtig. Wir müssen doch in der realen Welt leben." Dadurch lassen wir uns den Segen des folgenden Verses entgehen: „Was ihr auch gelernt und empfangen und gehört und an mir gesehen habt, *das tut*, und *der Gott des Friedens wird mit euch sein* (V.9). In den nächsten Versen fährt Paulus fort und sagt, er habe das Geheimnis gelernt, sich allem zu stellen und er könne alles tun durch den, der ihn stark macht. Die Wissenschaft sagt uns nun, daß einer von vier Amerikanern (die nicht im Wort Gottes leben) in gewissem Maß an irgendeiner Geisteskrankheit leidet – und da glauben wir, das Wort Gottes sei nicht praxisorientiert! „Bewährten Sinn bewahrst du in Frieden, in Frieden, weil er auf dich vertraut" (Jes 26,3).

Die säkulare Wissenschaft hat es ohne die schützende Hilfe des Wortes Gottes gelernt, Krankheiten mit positiven Worten zu behandeln, oftmals mit spektakulären Erfolgen.

Eine ausgezeichnete Studie über den Krankheitsverlauf von Krebs, seine Beziehung zu Streß und die Beschreibung eines effektiven Behandlungsprogramms findet man in dem Buch *Wieder gesund werden* von Dr.med Carl Simonton, Stephanie Matthews-Simonton und James Creighton. Dr.Simonton ist der medizinische Leiter des Krebsberatungs- und -forschungszentrums in Fort Worth im Bundesstaat Texas. Die Forschungsergebnisse des Zentrums zeigen folgende typische Komponenten der Lebensgeschichte von Krebspatienten auf: Die Jugendzeit des Patienten war geprägt von Gefühlen der Isolation, der Vernachlässigung und der Verzweiflung; intensive zwischenmenschliche Beziehungen erschienen schwierig. In der Frühphase des Erwachsenenalters konnte der Patient eine starke sinnerfüllte Beziehung aufbauen oder fand in seinem Beruf große Befriedigung. Beträchtliche Energien wurden in die jeweilige Beziehung oder Funktion gesteckt. Dann wurde der Beziehung oder Funktion ein Ende gemacht. Die „Wunde", die von der kindheitlichen Verzweiflung noch übrig geblieben war, wurde auf schmerzhafte Weise noch einmal aufgerissen. Das hatte zur Folge, daß sich die Verzweiflung im Patienten aufstaute. Diese Personen waren unfähig, es andere Menschen wissen zu lassen, wann sie sich verletzt, verärgert oder feindselig gestimmt fühlten. Meist waren sie solche Menschen, die sich viele Gedanken darüber machten, wie sie anderen am besten dienen könnten; aber sie konnten sich nicht frei fühlen, von ihren eigenen Gefühlen zu erzählen oder andere mit ihren Problemen zu belasten. In ihren geheimsten Gedanken sahen sie ihr Ende als eine Katastrophe, die sie schon immer so halbwegs erwartet hatten. Nach außen hin „funktionierten" sie zwar nach wie vor, aber sie hatten keine Lebensfreude mehr. Sechsundsiebzig Prozent von fünfhundert befragten Patienten erzählten eine derartige Geschichte (Die Simontons entnahmen diese Informationen aus Studien von Dr.Lawrence LeShan, *Psychotherapie gegen den Krebs: Über die Bedeutung emotionaler Faktoren bei der Entstehung und Heilung von Krebs*). Die Simontons berichteten auch – basierend auf einer Studie von Dr.D.M.Kissen –, daß die wichtigsten Unterschiede zwischen starken Rauchern, die Lungenkrebs bekommen, und denen, die keinen Lungenkrebs bekommen, darin bestehen, daß bei ersteren „die Anlage zur emotionalen Entlastung nur schwach entwickelt" war. Ausgehend von Studien von D.E.M.Blumberg und Dr.B.Klopfer berichteten sie auch, daß schnellwachsende Tumore oft mit dem extrem starken Wunsch, einen guten Eindruck zu machen, sowie mit Verteidigungsmechanismen des Ichs und einer Loyalität gegenüber der eigenen Version der Wirklichkeit zusammenhängen.

Sicherlich bestätigen unsere eigenen Lehren über Leistungsorientierung, bittere Wurzeln und innere Schwüre diese Informationen.

Die Simontons erklärten in einfachen, jedermann verständlichen Worten, welche Auswirkungen psychologischer Streß auf den Körper hat; er führe zu einem Ungleichgewicht des Adrenalinhaushalts, was die Empfänglichkeit für karzinogene Substanzen steigert, schließlich die Aktivität des Immunsystems unterdrückt, die Anzahl von abnormalen Zellen vermehrt und das Wachstum des Krebses fördert. Die Simontons versuchten, in ihren Behandlungsplan Elemente der Hoffnung und der „Visualisierung" – gekoppelt mit Disziplin – zu integrieren, um im Patienten eine veränderte Sicht seiner selbst und seiner Probleme zu bewirken. Sie betonten nachdrücklich, daß nicht der Streß selbst, sondern die Art und Weise, wie man auf Streß reagiert, einen Unterschied bezüglich der Empfänglichkeit für eine Krankheit mache. Eine Veränderung des Reaktionsverhalten des Patienten auf Streß, die durch psychologisches Eingreifen herbeigeführt wird, kann den destruktiven Prozeß im Körper umkehren und das Wachstum des Krebses hemmen.

Im folgenden finden Sie eine kurze Beschreibung der grundlegenden Schritte des Simonton-Plans zur Visualisierung der Genesung. Parallel zu diesen Schritten nehmen wir in der rechten Spalte Bezug auf das, was die Bibel zu denselben Themen sagt. Wir möchten unserem christlichen Leser folgende Fragestellung ans Herz legen: Wenn man, wie in diesem Programm, es *ohne* spezifische Bezugnahme auf Gott erreichen kann, daß sich der Krebs erfolgreich zurückbildet (wenngleich wir der Meinung sind, daß keine echte Heilung ohne sein

Zutun geschieht), wie viel *mehr* könnte erreicht werden, wenn man gesunden Menschenverstand, medizinisches Wissen und *Gebet* kombinieren würde, insbesondere Gebet für innere Heilung, das diese Gefühle der Isolation, der Vernachlässigung und der Verzweiflung berührt, die der Patient in seiner Jugend erlebt hat?!

> Er selbst aber, der Gott des Friedens, heilige euch völlig; und vollständig möge euer Geist und Seele und *Leib* untadelig bewahrt werden bei der Ankunft unseres Herrn Jesus Christus. (1.Thes 5,23)

Grundzüge des Simonton-Plans der Visualisierung der Genesung zur Unterstützung der medizinischen Behandlung:

ERSTE WOCHE: Lektüre: *Wieder gesund werden*, Simonton; *Der Wille zum Leben*, Dr.A.Hutschecker; *Seeing With the Mind's Eyes*, Samuels; *Mind as Healer, Mind as Slayer*, Dr.K.Peletier *Entspannung und Visualisierung:* schwache, verwirrte Krebszellen – gesunde Zellen haben es nicht schwer, den Schaden zu reparieren; die Armee der weißen Blutkörperchen ist übermächtig und besiegt Krebszellen; die weißen Blutkörperchen sind aggressiv, begierig zu kämpfen, finden Krebszellen schnell und vernichten sie; tote Krebszellen werden natürlich ausgeschieden; am Ende der Visualisierung sind Sie gesund; Sie sehen, wie Sie Ziele erreichen und Ihren Lebenszweck erfüllen. ZWEITE WOCHE: Setzen Sie Entspannung und Visualisierung fort. *Ergründen Sie zentrale Streßfaktoren*, die bis zu 18 Monaten vor der Diagnose auftraten. *Setzen Sie diese in Beziehung zu früheren Streßfaktoren. Nennen Sie, was „gut" ist an der Krankheit.* Die Emotion wird jetzt erwartet und ist akzeptiert – Sie haben die	**WAS DIE BIBEL ÜBER DIESELBEN THEMEN SAGT...** FRIEDE, RUHE, VERGEBUNG Gal 5,22: Frucht des Geistes ist Friede... Eph 2,14: Er ist unser Friede 1.Thes 5,23: „Der Gott des Friedens heilige euch völlig." Lk 6,45: (Wir bringen das aus der Schatzkammer des Herzens hervor, das uns erfüllt) Lk 6,46-49: (Nachdem wir zu Jesus gekommen sind, sind wir bereit, ihn unsere Grundlagen untersuchen und neu legen zu lassen) Jer 6,16: Ruhe für unsere Seelen Mt 11,28: Ich werde euch Ruhe geben... Mt 11,29: ...für eure Seelen Hebr 12,10-15: (Zucht, Vergebung, Heilung) „...achtet darauf,...daß nicht irgendeine Wurzel der Bitterkeit aufsprosse und euch beunruhige." Mk 9,50/1.Thes 5,13: Haltet Frieden untereinander Hebr 4,10: „Denn wer in seine Ruhe eingegangen ist, der ist auch zur Ruhe gelangt von seinen Werken, wie Gott von seinen eigenen."

Erlaubnis, um Hilfe, Liebe und Aufmerksamkeit zu bitten und dem Ausdruck zu verleihen, daß Sie unglücklich sind. Sie haben einen akzeptablen Grund, streßbezogene Aufgaben nicht durchzuführen etc.

WIE WIR ES SEHEN: UNSERE VERLETZBARKEIT

Mt 6,22-23: „Die Lampe des Leibes ist das Auge…"

DRITTE WOCHE:
Entspannung und Visualisierung; dreimal die Woche eine Stunde *körperliche Übungen*. *Beratung:* Geistlicher, Seelsorger, Psychotherapeut – jemand, der sich wirklich um den Patienten *kümmert*.

EIN SEELSORGER IST NOTWENDIG

Spr 25,1-4: Es ist die Ehre der Könige, eine Sache zu erforschen…

Jak 5,16 (Menge): „Bekennet also einander die Sünden und betet füreinander, damit ihr Heilung erlangt."

Spr 20,5: „Tiefes Wasser ist der Ratschluß im Herzen des Mannes, aber ein verständiger Mann schöpft ihn herauf."

VIERTE WOCHE:
Fortsetzung des oben Genannten. *Stellen Sie sich Todesängsten. Überwinden Sie Groll. Vergeben Sie. Segnen* Sie den, dem Sie vergeben.

BEZIEHUNGSPUNKTE DER VERGEBUNG

Mt 6,14-15; Spr 3,6-8: (Heilung für den Körper)

Ps 32: (Sünde-Krankheit); Ps 38,8-11: (zerschlagen, aufgewühlt, Stöhnen des Herzens, Nachlassen der Kraft)

FÜNFTE WOCHE:
Fortsetzung des oben Genannten. *Setzen Sie sich Ziele* für die nächsten drei Monate, sechs Monate, für das nächste Jahr. *Gliedern Sie diese in den Visualisierungs-Prozeß ein.* Sehen Sie sich als jemand, der Ziele erreicht.

ZIELE, ERFÜLLUNG

Eph 2,10: „Denn wir sind sein Gebilde, in Christus Jesus geschaffen zu guten Werken, die Gott zuvor bereitet hat, damit wir in ihnen wandeln sollen."

SECHSTE WOCHE: Alles oben Genannte. Setzen Sie sich mit Ihrem *„Inneren Führer“* in Verbindung (einem weisen alten Menschen in Ihnen, oder vielleicht sogar jemand, den Sie „Freddy Frosch“ nennen).	INNERER FÜHRER – HEILIGER GEIST Ps 139,23-24: „Erforsche mich, Gott, und erkenne mein Herz…“ Joh 14,26: „Der Heilige Geist,…der wird euch alles lehren…“

Wir lehren all das, weil wir wissen, daß eine derartige Erkenntnis in sich selbst schon den Anfang unserer Heilung darstellt. Seelsorger müssen jedoch erkennen, daß das Evangelium wahrhaft „Gottes Kraft zum Heil“ ist (Röm 1,16). Als Christen sollten wir uns die Bereiche weltlicher Forschung, die wertvoll sind, und Heilungsmethoden, die positive Resultate erzielen, aneignen. Aber wir gehen über sie noch hinaus. Gottes Wort *ist* Kraft. Unser Herr *selbst* ist Heilung. Wir sind oftmals betrübt, wenn wir Berater kennenlernen, die sich zwar „christlich“ nennen, sich aber dennoch offensichtlich „des Evangeliums schämen“, weil sie sich scheuen, das Gebet zu einem Teil ihres Dienstes zu machen; sie verlassen sich ausschließlich auf weltliche Methoden. Wir glauben, daß weltliche Vorgehensweisen in der Kunst des Heilens quasi Vehikel oder „Pakete“ der Heilung sein können. Doch Gott selbst ist der Inhalt dieses Pakets, die Kraft, die das Vehikel in Bewegung setzt. Allein im Gebet kommt diese Kraft voll zur Entfaltung:

> Er erleuchte die Augen eures Herzens, damit ihr wißt, was die Hoffnung seiner Berufung, was der Reichtum der Herrlichkeit seines Erbes in den Heiligen und *was die überschwengliche Größe seiner Kraft an uns, den Glaubenden ist,* nach der Wirksamkeit der Macht seiner Stärke. (Eph 1,18-19)

All das bedeutet, daß wir die Macht zu Heilen haben, wenn wir von einem schwerwiegenden Verlust hören.

> Er war verachtet und von den Menschen verlassen, ein Mann der Schmerzen und mit Leiden vertraut, wie einer, vor dem man das Gesicht verbirgt. Er war verachtet, und wir haben ihn nicht geachtet. Jedoch unsere Leiden – er hat sie getragen, und unsere Schmerzen – er hat sie auf sich geladen. Wir aber, wir hielten ihn für bestraft, von Gott geschlagen und niedergebeugt. Doch er war durchbohrt um unserer Vergehen willen, zerschlagen um unserer Sünden willen. Die Strafe lag auf ihm zu unserm

Frieden, und durch seine Striemen ist uns Heilung geworden. (Jes 53,3-5)

Durch Glauben sind wir geheilt, und wir heilen andere, wenn wir Jesus bitten, sich mit dem Schmerz und dem Kummer zu identifizieren und ihn auf sich zu nehmen. Wir brauchen nicht die Regression zum Urschrei, um kindheitliche Wunden zu heilen! Wir brauchen lediglich Gebet und das Lastentragen unseres Herrn Jesus Christus.

Gleichgültig wie tief der Schmerz, wie gravierend der Verlust, wie tragisch das Erlebnis ist – kein Seelsorger darf Römer 8,28 vergessen: „Wir wissen aber, daß denen, die Gott lieben, *alle Dinge* zum Guten mitwirken, denen, die nach seinem Vorsatz berufen sind." Wenn wir nur trösten und heilen, kann es sein, daß sich unser Patient auch in seinem Selbstmitleid bestätigt fühlt. Vielleicht weigert er sich weiterhin, seine verdrießlichen Gefühle loszulassen, weil ihm dieser Standpunkt des Selbstmitleids Belohnungen von wichtigen Menschen in seiner Umgebung einzubringen scheint. Heilungsgebete sollten auch die Zusicherung enthalten, daß Gott diesen Berg bitterer Asche in eine Quelle der Herrlichkeit zum Dienst an anderen verwandeln wird. Die weiterführende Seelsorge muß zu einer Zucht des Gebets und des Glaubens aufrufen, die *durch* die Probleme hindurchschaut und sich unerschütterlich entschließt, den Schmerz aus keinem noch so plausiblen Grund festzuhalten.

Vielleicht ist es gut (aus dem Kapitel über Depressionen) zu wiederholen, daß Kummer durch Glauben schnell geheilt und verbannt werden kann, während die Traurigkeit womöglich öfters zurückkehren wird. Traurigkeit und Tränen sind kein Zeichen mangelnden Glaubens. Traurigkeit ist ein gesundes Ventil für Verlust und Schmerz. Noch Monate nachdem der Kummer gelindert wurde, können Tränen hervorbrechen, besonders in arbeitsfreien Zeiten oder wenn ein Erlebnis die Erinnerung an etwas oder jemanden wachruft. *Diese Traurigkeit darf man weder ausmerzen noch verbannen – so wie man einen Dämon austreiben würde –, noch vorschnell heilen.* Sie ist nichts Schlechtes oder Böses. Sie ist etwas, das man ertragen soll und das Besserung bewirkt. Sie ist ein Zeichen dafür, daß die Liebe den Schmerz des Verlustes kennt. Mit der Zeit, wenn ihr Werk im Herzen des Menschen getan ist, wird sie ganz natürlich vergehen.

Die Traurigkeit hat nur dann schlechte Auswirkungen wenn wir sie fürchten oder sonst irgendwie falsch damit umgehen. Verdrängte Traurigkeit frißt sich ins Knochenmark und vernichtet die Lebenskraft. Auf diese Weise kann sie unzählige psychosomatische Krankheiten nach sich ziehen. Traurigkeit, die man sich „zunutze" macht, kann zu einem

Werkzeug werden, mit dem man andere kontrolliert. Traurigkeit, vor der man sich fürchtet, kann zu einem emotionalen Koller ausarten.

Viele Menschen haben das Problem, daß sich in irgendwelchen Winkeln Traurigkeit versteckt, die sich jedoch nie in Form von Tränen äußert. Wir lassen es nicht zu, daß wir zur rechten Zeit trauern und verdrängen unsere Traurigkeit immer wieder, bis sie dann zu etwas anderem wird, zu etwas, das mehr in Richtung Ängstlichkeit geht. Wie ein Schiff im Nebel manövriert sie hin und her und sucht nach etwas, woran sie sich orientieren könnte. Wenn kein Leuchtfeuer der Offenbarung die Finsternis durchbricht, so daß sie in gesunder Art und Weise an einem richtigen Hafen des Bewußtmachens und der angemessenen Ausdrucksform ihre Last abladen kann, wird sie ihre Ladung womöglich in der Tiefe versenken oder an vielen Orten verstreuen, an denen dies unangebracht ist. Hinter psychosomatischen Krankheiten, Depressionen oder Geisteskrankheiten steckt oft die Erfahrung eines schmerzhaften Verlustes.

In einer Gemeinde, der ich diente, war ein Teenager, der schon oft mit seinem Vater in Konflikt geraten war. Er hatte nie das Gefühl gehabt, in einer unkomplizierten Weise angenommen und wertgeschätzt zu werden. Noch bevor er Gelegenheit hatte, über diese Dinge zu sprechen, so daß sie gemeinsam ihre Probleme hätten durcharbeiten können, starb sein Vater unvermittelt und auf tragische Weise. Jetzt war jedermann voll des Lobs über seinen Vater. Es schien nun der Gipfel der Illoyalität zu sein, irgendetwas Negatives über diesen Mann zu sagen oder zu denken, den die ganze Gemeinde als Diener aller ehrte. So wurden der Gram und all die anderen Emotionen des Sohnes, mit denen sich noch nie jemand befaßt hatte, in der Tiefe eingeschlossen. In immer verzweifelteren Versuchen, jemanden zu finden, der groß genug wäre, um ihm die Last abzunehmen und seine Welt zusammenzuhalten, streckte sich dieser Sohn nach dem Herrn aus. Eines Tages lud er uns zu sich nach Hause ein, um uns ein Bild von Christus zu zeigen, das er sich für das Eßzimmer gekauft hatte. Es füllte eine ganze Wand aus! Für ihn war die Größe des Gemäldes ein Zeichen seines Verlangens, Jesus möge doch sein Leben in die Hand nehmen; er mußte in der einhüllenden Gegenwart des Herrn zur Ruhe kommen. Doch dieses überdimensionale Bild war für ihn auch ein Symbol seines gigantischen Vaterbildes, dem man nie entsprechen konnte und das unnahbar war.

An diesem Punkt interpretierte der junge Mann seine Gebete, seine Bibellese und die Versuche seines Pastors und seiner Freunde, ihm durch Seelsorge Erleichterung und Ruhe zu verschaffen, mehr als eine Erwartung, der er entsprechen müsse. Die Folge davon waren Depressionen, die ihn so unaufhörlich und schwerwiegend plagten, daß eine vorübergehende Einlieferung in eine Psychiatrie der einzige Ausweg war. Nicht der Gram, sondern seine Unfähigkeit, ihn auszudrücken, wurde sein Gefängnis; doch schließlich erreichte der Herr sein Herz. Viele Leute in der Gemeinde verstanden nicht im geringsten, was er wirklich durchmachte und schrieben seinen Zusammenbruch seinem „religiösen Fanatismus" zu. Als er wieder genesen war, sagte sein Psychiater, die Tatsache, daß er sich nach Gott ausgestreckt hatte, habe ihm den Rückweg zu geistiger und körperlicher Gesundheit eröffnet.

> Komme deinem Gegner schnell entgegen, *während du mit ihm auf dem Weg bist*; damit nicht etwa der Gegner dich dem Richter überliefert und der Richter dich dem Diener überliefert und du ins Gefängnis geworfen wirst. Wahrlich, ich sage dir: *Du wirst nicht von dort herauskommen, bis du auch den letzten Pfennig bezahlt hast*. (Mt 5,25-26)

In unserem modernen Rechtssystem versuchen Anwälte, eine Lösung auszuhandeln, oft noch bevor eine Sache vor den Richter kommt; das geschieht oft außerhalb des Gerichts und ist meistens billiger, wie wenn der Fall zur Verhandlung kommen würde. Zur Zeit der Bibel lief das in etwa genauso ab. Sowohl der Kläger als auch der Angeklagte und deren Ratgeber wurden gezwungen, gemeinsam – und bisweilen recht lange – zu einem Richter zu reisen, der den Fall klären konnte. Es war üblich, die Angelegenheit unterwegs zu regeln, und jeder wußte, daß es um etliches mehr kosten würde, wenn sich der Richter mit dem Fall befassen müßte. In der damaligen Zeit verstand jeder, worauf Jesus mit seiner Aussage hinaus wollte: Das Herz zu verhärten und nicht zu vergeben wird höchstwahrscheinlich einen schmerzlichen Preis fordern.

Dasselbe gilt für den Kummer. Wenn wir nicht „unterwegs" mit ihm klarkommen, d.h. zur rechten Zeit und auf die rechte Weise, wird er verdrängt, aber ganz sicher nicht zum Schweigen gebracht. Eines Tages *wird* er vor Gericht kommen. Wir werden in ein schmerzhaftes geistiges und psychosomatisches „Gefängnis" geworfen und kommen nicht wieder frei, bis wir den letzten emotionalen Pfennig bezahlt haben! Das Prinzip dieses Gleichnisses lautet: Stellen Sie sich dem Kummer (oder dem Zorn, dem Haß, der Angst, etc.) während er bewußt wird („mit Ihnen unterwegs ist"). Die Strafe ist das volle Maß des Schmerzes, so wie auch unser junger Freund litt, als Druck die Bewältigung des Kummers blockierte.

Hinter einem verschlossenem Herzen stecken vielleicht ganz gewöhnliche Umstände – man muß von Freunden wegziehen, verliert einen Klavierlehrer, den man sehr mochte oder der Tod eines Haustiers. Unter Umständen beschließt eine Person unbewußt oder bewußt, daß die Liebe zu viel kostet; ob sie etwas sehr früh oder erst spät verloren hat, und dieser Verlust leicht oder schwerwiegend war, ist unerheblich. Sie kann ihr Herz verschließen und einen inneren Schwur leisten, sich nie wieder verletzbar zu machen oder zu lieben. Verhärtete Herzen sind die am weitesten verbreitete Folge von Kummer, der nie angepackt und stattdessen vergraben wurde. Wie wir an früherer Stelle schon sahen, führt ein derartiger Rückzug oft zu Krankheiten, am häufigsten zu Krebs.

Leider interpretieren Christen die Auswirkungen eines Schocks manchmal fälschlicherweise als Glauben. Wenn das innere Wesen durch einen Verlust ein Trauma erleidet, kann es sein, daß das homöostatische oder ausbalancierende Prinzip in uns jegliche Gefühlsregung für eine Weile „abschaltet", um uns vor dem zu schützen, was unerträglicher emotionaler Streß zu werden droht. Der Christ kann den daraus resultierenden falschen Frieden als Sieg deuten, der seinem Glauben zuzuschreiben sei. Ich denke da an eine Freundin von uns, deren Ehemann starb. Mit einem Lächeln meisterte sie die Beerdigung und deren Nachwirkungen; sie war sich sicher, ihr Glauben hätte ihr Sieg über Kummer und Tränen geschenkt. Sie zitierte gern folgende Bibelstelle: „Und er wird jede Träne von ihren Augen abwischen, und der Tod wird nicht mehr sein, noch Trauer, noch Geschrei, noch Schmerz wird mehr sein: denn das Erste ist vergangen" (Offb 21,4). Aber in unserem Geist konnten wir spüren, daß sie einen Schwall des Kummers unterdrückte. Aufgrund der Angst, im Stich gelassen zu werden, in aller Öffentlichkeit ihre Gefühle zu zeigen und genau das nicht zu demonstrieren, was sie für Glauben hielt, mißachtete sie die einfache Tatsache, daß „das Erste" eben noch nicht ganz und gar vergangen ist und die Zeit erst noch kommen würde, in der sich diese Prophetie zur Gänze erfüllen wird. Nach ungefähr drei Jahren signalisierten körperliche Probleme, daß ihr Inneres im Aufruhr war; nach vielen Seelsorgestunden brach sie zusammen und ließ den Tränen freien Lauf – was sie ihnen schon viel früher hätte gestatten sollen.

Verlust führt oft zu Zorn. Der unvermeidbare Ruf des Herzens lautet: „Wo warst Du, Herr? Warum hast Du das zugelassen?" Solche Gedanken zeugen nicht von mangelndem Glauben. Es ist keine Sünde, auf Gott zornig zu sein (vgl. Kapitel 8, in dem der Zorn auf Gott eingehend besprochen wird). Viele Christen werden von Schuldgefühlen niedergedrückt, weil sie glauben, der Zorn sei an sich eine Sünde. Jesus hat nie gesündigt und doch heißt es in Markus 3,5: „Und er blickte auf sie umher mit Zorn, betrübt über die Verhärtung ihres

Herzens, und spricht zu dem Menschen: Strecke deine Hand aus!" Paulus gebot: „'Zürnet, und sündigt dabei nicht!' Die Sonne gehe nicht unter über eurem Zorn" (Eph 4,26). Was wir mit unserem Zorn tun, macht aus ihm entweder Gerechtigkeit oder Sünde. Doch selbst diejenigen, die das vom Verstand her wissen, scheinen es nicht im Herzen zu wissen, da viel zu viele ihren Zorn unterdrücken, ihn nicht korrekt lokalisieren und nicht konkret durch Vergebung dagegen vorgehen. Auch wenn wir vielleicht wissen, daß es in Ordnung ist, zornig zu werden, scheint der Zorn auf Gott dennoch nicht richtig zu sein. Unser Verstand sagt uns, Gott sei ja vollkommen und wie könnte er etwas falsch gemacht haben? Aber das Herz kümmert sich kein bißchen um diese Logik: „Die Narrheit des Menschen führt ihn in die Irre, aber *auf den Herrn ist sein Herz wütend*" (Spr 19,3). Diese Wut ist gesund – zumindest am Anfang. Sie zeigt, daß wir an Gott glauben und somit auch erwarten, daß er für uns da ist. Später werden wir wohl weiser sein und erkennen, wie unsere Sünde oder bestimmte Umstände sein Handeln blockierten. Für den Moment ist unser Zorn ein Zeichen unserer Liebe zu ihm. Paulus wußte das und deshalb schrieb er an die Korinther:

> Alles aber von Gott, der uns mit sich selbst versöhnt hat durch Christus und uns den Dienst der Versöhnung gegeben hat, nämlich daß Gott in Christus war und die Welt mit sich selbst versöhnt hat, ihnen ihre Übertretungen nicht zurechnete und in uns das Wort von der Versöhnung gelegt hat. So sind wir nun Gesandte an Christi Statt, indem Gott gleichsam durch uns ermahnt; wir bitten für Christus: *Laßt euch versöhnen mit Gott*! (2.Kor 5,18-20)

Wir waren sehr betrübt, als uns Ratsuchende erzählten, sie hätten schließlich genügend Mut aufgebracht, vor jemand anderem ihren Zorn auf Gott zuzugeben, nur um zu hören: „O nein, wir wollen doch nicht so töricht sein. Du hast kein Recht, zornig auf Gott zu sein. Lassen wir das besser bleiben." Noch schlimmer ist es, wenn jemand sagt: „Das ist Blasphemie. Du weißt es doch besser, oder?" Ihr Seelsorger, hört uns zu: Gott hält das aus. Er braucht Euch nicht als seine Verteidiger! Laßt es zu, daß die Menschen ihrem Zorn Luft machen. Was diese Menschen tun hat eine läuternde Wirkung. Eine Läuterung ist die Freisetzung aufgestauter Emotionen. Unterbrechen Sie niemals eine Läuterung. Sollen die Menschen doch sagen, was sie auf dem Herzen haben. Später wird Zeit genug sein, um logisch und vernünftig darüber zu reden. Vielleicht ist ein weiteres Gespräch überhaupt nicht mehr erforderlich, da ein Ratsuchender womöglich schon während seines Gefühlsausbruchs erkennt und Buße tut. Wenn Seelsorger eingreifen und die Läuterung abwürgen, dann haben sie in Wirklichkeit Angst vor einem solchen Gefühlsausbruch – höchstwahrscheinlich, weil sie vor ihren eigenen aufgestauten Gefühlen Angst haben. Gott ist kein unreifer irdischer Vater, der es nicht zulassen kann, daß ihm sein Kind etwas voll Zorn an den Kopf wirft.

> Barmherzig und gnädig ist der Herr, langsam zum Zorn und groß an Gnade. Er wird nicht immer rechten, nicht ewig zürnen. Er hat uns nicht getan nach unseren Vergehen, nach unseren Sünden uns nicht vergolten. Denn so hoch die Himmel über der Erde sind, so übermächtig ist seine Gnade über denen, die ihn fürchten. So fern der Osten ist vom Westen, hat er von uns entfernt unsere Vergehen. Wie sich ein Vater über Kinder erbarmt, so erbarmt sich der Herr über die, die ihn fürchten. Denn er kennt unser Gebilde, gedenkt, daß wir Staub sind. (Ps 103,8-14)

Einige Menschen machen ihrem Zorn Gott gegenüber Luft und meinen es wirklich ernst. Sie geben Gott in der Tat die Schuld für ihre Schwierigkeiten. Es ist nun nicht so, daß sie – wie wir alle – eine normale Wut auf ihre Eltern oder *den* Vater schlechthin hätten. Unbewußt projizieren sie ihren unerkannten (oder unbekannten) aufgestauten Zorn und ihre Urteile über ihre Eltern auf Gott. Sie haben das Gefühl, Gott (eigentlich ihre Eltern) habe sie im Stich gelassen. Sie wollen wissen, warum ein guter Gott so tragische Ereignisse überhaupt zulassen kann. „Entweder kümmert er sich nicht um uns oder er ist unfähig", schreien sie in Rage. Es kann gut sein, daß sie sich in eine komplexe, philosophische Erörterung der ganzen Frage nach der Existenz von Gut und Böse versenken; dabei versuchen sie eigentlich, Gott in ihren Augen zu rechtfertigen, weil sie nicht genügend blindes Vertrauen haben, um in ihm ruhen zu können.

Über den biblischen und theologischen Standpunkt zu diesem Thema haben wir viel in den Kapiteln 8 und 9 von *The Elijah Task* gelehrt. Es ist nicht unsere Absicht, hier das Wirken Gottes in Bezug auf seinen Umgang mit dem Bösen darzulegen. Hier geht es uns vielmehr um die Heilung. Deshalb raten wir, Gott überhaupt nicht zu verteidigen. Er ist nicht das Problem. Wir sagen einfach: „Wie war Ihr Vater?" Wir möchten wissen, ob der Vater Zuwendung schenkte und für die Kinder verfügbar war. War er gewalttätig? Hatte er Verständnis? Konnte er voller Sympathie und Erbarmen zuhören? Oder zog er voreilig Schlüsse und traf unfaire Urteile? Hatten die Kinder Angst vor ihm? Was für ein Mensch war die Mutter? Wir vertiefen diese Thematik auch in Kapitel 2, „Wie wir Gott sehen", in *Die Umgestaltung des inneren Menschen*. Hier ist es wichtig zu erkennen, daß Ausdrucksformen des Schmerzes und der Wut für sich selbst betrachtet nicht so wichtig sind; vielmehr sind sie Hinweise darauf, daß manches in den ersten Lebensjahren Heilung braucht.

Obwohl wir alte Verletzungen des inneren Menschen geheilt und die daraus entstandenen Strukturen umgestaltet haben, kann es sein, daß wir uns noch nicht ausreichend mit dem Schmerz an sich befaßt haben. Unser persönlicher Geist ist anders als unser Erinnerungsvermögen und die Struktur unserer Seele. Vielleicht braucht unser Geist nach wie vor Trost und Linderung. Das geschieht, indem wir, nachdem wir schon für die Umgestaltung der Erinnerungen und Strukturen gebetet haben, weiterhin um den Trost Gottes für den Geist bitten. Vielleicht zitieren wir auch Psalm 27,10: „Sogar mein Vater und meine Mutter haben mich verlassen, aber der Herr nimmt mich auf", und bitten Gott, er möge „...euch die Jahre erstatten, die die Heuschrecke, der Abfresser und der Vertilger und der Nager gefressen haben, mein großes Heer, das ich gegen euch gesandt habe. Und ihr werdet genug essen und satt werden und werdet den Namen des Herrn, eures Gottes, loben, der Wunderbares an euch getan hat" (Joel 2,25-26). Wir bitten Gott Vater, die betreffende Person immer und immer wieder in seine Arme zu nehmen, bis das Kind in ihr in jeder Zelle ihres Seins *weiß*, daß es geliebt und auserwählt ist, daß es zu Gott gehört und wertgeschätzt wird.

Es reicht nicht aus, lediglich das Negative ans Kreuz zu schlagen. Das Kind im Erwachsenen muß von dieser Zeit der Wertschätzung „zehren" bis es heil und frei ist. Das bedeutet, daß man den Betreffenden ermutigen muß, in einen Hauskreis zu gehen, an einem Anbetungsgottesdienst teilzunehmen, kleine Gemeinschaften und primäre Beziehungen zu suchen, bis der Geist in ihm nicht mehr hungert, sondern genährt und heil ist. Umarmungen und Lachen, Freundschaft und Spaß sind die richtigen Mittel, um in der Person die gesunde Kindheit wiederherzustellen, die sie nie zuvor gehabt hat.

Es gibt auch solche, die ihrem Gram und Zorn aus irgendwelchen psychologischen Gründen übermäßig stark Ausdruck verleihen. In den meisten Fällen ist es jedoch unsere Aufgabe als Seelsorger, das an die Oberfläche zu bringen, was schon seit langem verdrängt oder vergessen ist. Manche Menschen sind verletzt, ohne es zu wissen. „Sogar beim Lachen kann das Herz Kummer haben, und zuletzt wird aus Freude Traurigkeit" (Spr 14,13). Ich (John) bin einer von denen, die vielleicht tief verletzt sind, ohne es im Moment zu merken. Da ich in einem manchmal recht stürmischen Elternhaus groß wurde, entwikkelte sich in mir die Fähigkeit, momentane Gefühle abzustellen; so hatten sie lediglich die Funktion, meinen Verstand zu informieren; dieser wurde dadurch gestählt und lernte, alles, was chaotisch zu werden drohte, ruhig zu analysieren und zu handhaben. Diese Disziplin hat mir in all den Jahren stets gute Dienste geleistet. Doch im Zusammenhang damit tendierte ich auch dazu, zu meinen wahren Gefühlen keinen Bezug mehr zu haben und nach Jahren unter wachsenden Schmerzen das zu erleiden, was ich im jeweiligen Augenblick hätte ohne große Probleme erleben können.

In vielen Männern ist ein solcher Disziplinierungsmechanismus „eingebaut". Bis heute muß ich es lernen, wie Paulus zum Herrn zu sagen: „Denn ich bin mir wohl keiner Schuld bewußt, aber dadurch bin ich noch nicht gerechtfertigt; nein, der Herr ist's, der das Urteil über mich abgibt" (1.Kor 4,4; Menge). „Keiner Schuld bewußt" könnte man auch ersetzen durch „Ich bin mir keines Gefühls der Traurigkeit, des Zorns oder des Grolls bewußt, Herr, aber es kann durchaus da sein. Erforsche Du mich, Herr, und hilf mir, es entweder zu fühlen oder im Glauben anzupacken." „Erschaffe mir, Gott, *ein reines Herz*, und *erneuere in mir einen festen Geist*" (Ps 51,12).

Menschen, die es gelernt haben, ihre Gefühle auszugrenzen, um in Streßsituationen ruhig und leistungsfähig zu bleiben, sollte man den Rat geben, nicht immer alles allein, im privaten Gebet zu machen. So wie ein Mann, der sein eigener Anwalt ist, durchaus einen Narren als Klienten haben kann, hat derjenige, der sich immer selbst seelsorgerlich berät und heilt, einen Narren, und eines Tages einen kollabierenden Christen als Ratsuchenden. Wie wir an früherer Stelle feststellten, sind sechsundsiebzig Prozent der Menschen, die Krebs bekommen, solche, die es nicht zulassen, daß man ihnen dient. Freunde sehen unseren Schmerz wo wir ihn nicht sehen. Freunde fühlen unsere Traurigkeit, selbst wenn wir sie sogar vor uns selbst abgeschottet haben.

> Der Weg des Narren erscheint in seinen eigenen Augen recht, der Weise aber hört auf Rat. (Spr 12,15)
>
> ...aber die Zunge des Weisen ist Heilung. (Spr 12,18b)
>
> Wer Zucht fahren läßt, verachtet sich selbst; wer aber auf Zurechtweisung hört, erwirbt Verstand. (Spr 15,32)
>
> Kummer im Herzen des Mannes drückt es nieder, aber ein gutes Wort erfreut es. (Spr 12,25)
>
> Die Weisung des Weisen ist eine Quelle des Lebens, um zu entgehen von den Fallen des Todes. (Spr 13,14)

In der Seelsorge oder im Gebet kann es oft sein, daß sowohl der Seelsorger als auch der Ratsuchende versehentlich auf einen „unterirdischen“ Strom von Tränen stößt. Schon oft haben Ratsuchende in Diskussionen, im Gebet oder auf eine einfache Frage hin plötzlich so heftig zu weinen begonnen, daß es den Anschein hatte, sie könnten nicht einmal mehr nach Luft schnappen. Weder der Seelsorger noch der Ratsuchende sollte davor Angst haben oder versuchen, die Fontäne zuzuschütten. Das Weinen setzt aufgestaute Energie frei. Tränen sind ein Geschenk des Himmels. Solche Tränenausbrüche sind fast unwiderlegbare Beweise dafür, daß man auf seiner Suche nach der Wahrheit schon sehr weit fortgeschritten ist. Der Seelsorger muß das Schluchzen abwarten, sich vielleicht neben dem Ratsuchenden niederknien und ihm tröstend eine Hand auf die Schulter legen, so als ob er sagen möchte: „Laß es raus; ich bin bei Dir. Es ist in Ordnung.“ In der Regel folgt auf einen solchen Ausbruch eine stille Zeit der Offenbarung. Die Vehemenz des Tränenausbruchs ist für den Ratsuchenden ein unleugbares Zeichen dafür, wie groß sein Schmerz war. Emotionale Erleichterung öffnet gewöhnlich die Tür zur Erkenntnis. Es kann sein, daß sich der Ratsuchende dann allmählich an längst vergessene und verdrängte Details erinnert. Nach einer Zeit der Tränen erobert man vielleicht wertvolles Territorium.

Seelsorger gewinnen das Vertrauen des Ratsuchenden, wenn sie ihn ausweinen lassen, nicht schimpfen und nicht versuchen, den Ausbruch abzuwürgen. Wenn der Ratsuchende einmal die tiefsten Tiefen seines Kummers offenbart und in einem Gefühlsausbruch seine Selbstkontrolle aufgegeben hat, und der Seelsorger darauf nicht wie (wahrscheinlich) seine Eltern mit einem „Komm, beruhige Dich!“ oder „Heulsuse! Nimm' Dich zusammen!“ oder „Hör' mit dem Geplärre auf, oder ich geb' Dir was, worüber es sich zu schreien lohnt!“ reagiert hat, weiß sein Herz, daß es bei seinem Seelsorger Zuflucht finden kann. Dann weiß er, daß er nicht abgelehnt werden wird. Dieses Angenommensein gibt seinem Geist den Mut, sich der Wahrheit zu stellen und sie mitzuteilen. Der Seelsorger braucht nur geduldig und voll Ruhe zu verharren und den Ratsuchenden zu ermutigen, weiterzuerzählen. Womöglich wird eine Person mehrmals im Laufe eines Treffens überwältigt werden, und zwar immer dann, wenn sich die Schleusentore öffnen. Vielleicht erschrickt sie selbst darüber. Der Seelsorger sollte ihr die Gewißheit geben, daß sie durchaus normal ist, und daß solche Gefühle und Ausdrucksformen okay und gesund sind. Durch seine ruhige Festigkeit und Gelassenheit vermittelt der Seelsorger dem Ratsuchenden: „Es ist in Ordnung. Mach' weiter. Geh' durch und laß es alles raus.“ Wenn Menschen unter Tränen und lautem Schluchzen einen Durchbruch erleben, ist das ein Grund zur Freude. Davor dürfen wir niemals Angst haben. Natürlich gibt es auch solche, die eine tränenreiche Aufwallung und einen Ausbruch vorgaukeln. Der Herr kann dem Seelsorger Unterscheidungsvermögen schenken, damit er den Unterschied erkennt. Meiner Erfahrung nach, waren echte Tränen nie etwas anderes als ein Zeichen tiefer Heilung.

Wenn eine Person nach Zuwendung oder Verständnis hungert, und dann jemand anbietet, diese über lange Zeit hinweg aufgetürmte Not zu lindern, fließen die Tränen oft in Strömen. An dieser Frucht erkennen wir, wie groß der Mangel eigentlich war.

Vielen Ratsuchenden mag es weder sonderlich realitätsbezogen, noch wichtig, noch notwendig scheinen, Peinlichkeiten zu ertragen und über alte Dinge zu sprechen. Womöglich wollen sie fliehen und suchen nach einem Vorwand, um weiterem Schmerz auszuweichen. Aber mir ist noch keiner begegnet, der eine tränenreiche Läuterung seines Kummers erfahren hat und sich nicht augenblicklich der Realität und des Werts dieses Erlebnisses bewußt gewesen wäre.

Ratsuchende wissen, daß sie einen solchen Ausbruch nicht vorgetäuscht haben können. Sie spüren den Frieden, der auf die Befreiung folgt. Dann wissen sie auch, was es heißt, ihr inneres Haus reinzufegen. Wir betonen mit Nachdruck, daß ein Seelsorger niemals sagen sollte: „Ach je, weine nicht." So oft haben wir schon davon gehört, daß Seelsorger sich wie Hiobs Ratgeber verhalten und überhaupt nicht verstanden haben, wie wichtig das war, was gerade vor sich ging! „Freut euch im Herrn allezeit! Wiederum will ich sagen: Freut euch!" (Phil 4,4) – Ihr Ratsuchender wird aufrichtig! Er kommt dorthin, wo alles begraben liegt. „Eure Milde soll allen Menschen (Ihrem Ratsuchenden) bekannt werden" (V.5). „Nahe ist der Herr denen, die zerbrochenen Herzens sind, und die zerschlagenen Geistes sind, rettet er" (Ps 34,19). „Seid um nichts besorgt, sondern laßt in allem durch Gebet und Flehen mit Danksagung eure Anliegen vor Gott kundwerden; und der Friede Gottes, der allen Verstand übersteigt, wird eure Herzen und eure Gedanken bewahren in Christus Jesus" (Phil 4,6-7).

Seelsorger, die wissen, wie wertvoll eine läuternde Erleichterung ist, sind vielleicht versucht, sie künstlich herbeizuführen. Bitte tun Sie das nicht! Der Heilige Geist ist der große Arzt! Er weiß, wann ein Furunkel so weit ist, daß man es aufstechen kann. Er weiß, wann man einen Strom aufgestauten Kummers herauslassen kann. Er weiß, wann die Trauben des Herzens reif sind und gepreßt werden können, um für das Festmahl den besten Wein zu geben. Seien Sie gelassen. Unser Herr wird seinen Dienst tun. Manchmal denke ich: „Jetzt, da diese Person es sieht, wird sie ganz gewiß auch etwas fühlen. Sie wird das auf jeden Fall ausdrücken wollen.“ Nichts schien zu geschehen. Nach sechs Monaten, ja sogar erst nach drei Jahren brachen aus den Ratsuchenden (scheinbar) urplötzlich Tränen des Zorns, der Angst oder des Hasses hervor. So lange brauchten Herz und Verstand, um zu diesem Augenblick der Manifestation heranzureifen. Seelsorger sollten wegen Ratsuchenden, die scheinbar überhaupt nichts fühlen können, nicht bestürzt oder frustriert sein. Es kann sein, daß Gefühle insgesamt nicht notwendig sind, oder vielleicht wird der Herr einen Schwall davon später freisetzen.

Einige Menschen meinen, mit dem, was in ihrem Herzen eingeschlossen ist, werde man ja doch nie fertig werden können: „Schließlich ist er tot; ich kann nicht mehr zu ihm gehen und ihn um Vergebung bitten oder ihm sagen, wie sehr er mich verletzt hat.“ Oftmals glauben sie das nicht wirklich. Ein Teil ihres Verstandes weiß, daß solche Gedanken nur Ausweichmanöver sind. Sie wissen, daß sie das Problem durch Bekenntnis bewältigen können. Sie möchten nur eine angenehme Entschuldigung haben, um den Prozeß nicht durchlaufen zu müssen. Selten starten wir einen Frontalangriff auf diesen Trugschluß. An früherer Stelle sagten wir, Zorn sei unvermeidlich. Jeder von uns ist auf Gott oder seine Eltern zornig, ob wir uns dessen je bewußt waren oder nicht. Normalerweise wollen wir uns immer selbst auf die Schulter klopfen, wir hätten keinen Groll und keine Bitterkeit in uns. Wir möchten auf Nummer Sicher gehen, daß wir in unserem Leben auch ja die Fäden in der Hand haben. Wenn uns nun bewußt wird, daß sich bestimmte Emotionen und Antriebe in uns verbergen, heißt das für uns, daß wir unser Leben eben doch nicht so in der Hand haben, wie wir gemeint hatten. Das kann bedrohlicher sein als eine eventuell vorhandene Angst.

Viele Menschen geben sich der Täuschung hin, man könne selbstverständlich keine negativen Gefühle gegen jemanden haben, den man liebt. Es scheint nicht loyal zu sein zuzugeben, daß man seinem Vater grollt, weil er einem zu wenig Zuwendung geschenkt hat, während sich dieser in jeder anderen Hinsicht fast kaputt machte, um für einen zu sorgen. Die Loyalität verbannt Frustration und Gram ins Reich des Schweigens. Wir wollen einfach nicht zugeben, daß wir verletzt waren und unserer Mutter wegen ihrer kritisch-spitzen Zunge grollten, da uns ja unser Verstand sagt, sie sei überarbeitet gewesen und hätte großen Streß gehabt. Man muß den Ratsuchenden erklären, derlei Gedanken seien nur ein Zeichen dafür, wie bewundernswert unser Verstand versuche, mit unserem Schmerz umzugehen, aber sie reichten nicht aus, um die Verwundung aus unserem Herz verschwinden zu lassen. Es ist nicht schändlich, wenn wir uns auch die andere Seite unserer

Gefühlswelt eingestehen. Wenn wir den Schmerz hinausschreien, den wir lange verdrängt haben, ist es nicht unsere Absicht, einem Elternteil die Ehre vorzuenthalten, den wir eigentlich ehren sollten. Das ist vielmehr genauso einfach wie wenn unser Kind zu uns gelaufen kommt, uns auf den Schoß springt, und wir bereitwillig erkennen können, daß es verletzt und zornig auf uns ist. Wir sagen: „Komm' her, Schatz, und erzähl's mir. Was hast Du denn?" Wenn unser Kind dann mit dem herausplatzt, weshalb es verletzt ist und dabei auch über Dinge spricht, die wir falsch gemacht haben, heißt das noch lange nicht, daß es uns nicht ehren würde. Das zeigt uns vielmehr, daß uns unser Kind so sehr liebt, daß es unter echtem Schmerz leiden kann. Es ehrt uns, daß sein Vertrauen zu uns stark genug ist, um ehrlich zu uns zu sein und zu wissen, daß wir es in jedem Fall annehmen und lieben werden. Genauso ist es kein Zeichen dafür, daß wir unsere Eltern nicht ehren würden, wenn wir mit unserem Seelsorger darüber reden. Es heilt. Wenn die Eltern, oder die Person, um die es geht, bereits verstorben sind, können die Wunden allein durch das Gebet des Seelsorgers immer noch geheilt werden. Und wer möchte sagen, daß unsere Lieben auf der anderen Seite, wo sie beim Herrn wohnen, all das nicht mitbekommen würden und nicht gesegnet wären? Jesu Geschichte von Lazarus und dem reichen Mann scheint darauf hinzuweisen, daß die Verstorbenen sehen, was hier geschieht (Lk 16,19-31). Ob sie es nun sehen oder nicht, ist für die Heilung des Ratsuchenden irrelevant. Das Gebet dringt durch die inneren Tore des Herzens und bringt Heilung. Wir dürfen es nie zulassen, daß uns die Angst vor einer Blamage, das Zaudern, auch ja niemandem die Ehre vorzuenthalten oder irgendetwas anderes davon abhält, heil zu werden.

Um in allen Aspekten des Kummers, der Frustration und des Verlustes Heilung zu bewirken ist es nicht genug, lediglich über die schmerzlichen Erlebnisse zu diskutieren. Auch reicht es nicht, die daraus entstandenen Strukturen ans Kreuz zu bringen, wie z.B. ein steinernes Herz und innere Schwüre, in denen wir uns vorgenommen haben, nie wieder verletzbar zu sein. Es ist notwendig und gut, über diese Dinge zu beten, aber etwas fehlt noch. Unser Geist hungert nach wie vor nach dem, was ihm nicht zuteil wurde. Wenn unsere Lieben verstorben sind, kann nur unser Herr von Geist zu Geist diesen Mangel voll und ganz ausfüllen. Wir sind aufgerufen, einfach nur da zu sein und als Gottes Werkzeuge den anderen zu berühren, zu bestärken, zu akzeptieren und zu lieben. Doch allein seine Fülle des Geistes kann diesen verwundeten Geist „baden" und ihm erneut Lebenskraft einhauchen. Wir beten einfach, daß der Herr das tun und die betreffende Person durch seine Liebe heil machen und erfüllen möge.

Für alle Ratsuchenden, aber speziell für Witwen und Menschen, die eine Scheidung hinter sich haben, zitieren wir eventuell folgende Passage:

> Fürchte dich nicht, denn du wirst nicht zuschanden, und schäme dich nicht, denn du wirst nicht beschämt dastehen! Sondern du wirst die Schande deiner Jugend vergessen und nicht mehr an die Schmach deiner Witwenschaft denken. Denn dein Gemahl ist dein Schöpfer, Herr der Heerscharen ist sein Name, und dein Erlöser ist der Heilige Israels: Gott der ganzen Erde wird er genannt. Denn wie eine entlassene und tiefgekränkte Frau hat dich der Herr gerufen und wie die Frau der Jugend, wenn sie verstoßen ist, – spricht dein Gott. Einen kleinen Augenblick habe ich dich verlassen, aber mit großem Erbarmen werde ich dich sammeln. Im aufwallenden Zorn habe ich einen Augenblick mein Angesicht vor dir verborgen, aber mit ewiger Gnade werde ich mich über dich erbarmen, spricht der Herr, dein Erlöser. (Jes 54,4-8)

Kapitel 16

Wunden aus Sektenzugehörigkeit

> Da sprach ich: Wehe mir, denn ich bin verloren. Denn ein Mann mit unreinen Lippen bin ich, und *mitten in einem Volk mit unreinen Lippen wohne ich.* Denn meine Augen haben den König, den Herrn der Heerscharen gesehen. (Jes 6,5)

> ...denn dadurch, daß er es mitansehen und mitanhören mußte, quälte der Gerechte, der unter ihnen wohnte, Tag für Tag seine gerechte Seele mit ihren gottlosen Werken. (2.Petr 2,8; Schlachter)

> Seht zu, daß niemand euch einfange durch die Philosophie und leeren Betrug nach der Überlieferung der Menschen, nach den Elementen der Welt und nicht Christus gemäß. (Kol 2,8)

Vor einigen Jahren wurden Paula und ich eingeladen, in San Francisco zu lehren. Das andere Ehepaar, das mit auf der Bühne war, waren „Sekten-Entprogrammierer", die es sich zur Lebensaufgabe gemacht hatten, Männer und Frauen, insbesondere junge Menschen aus den Klauen von Sekten zu befreien. Sie berichteten uns, daß sie zu jener Zeit mehr als einhundert Sekten ausfindig gemacht hätten, die allein um die Bucht von San Francisco herum tätig waren! Wieso haben die Aktivitäten der Sekten so drastisch zugenommen? Oder fällt uns jetzt nur das auf, was in Wirklichkeit schon die ganze Zeit über geschieht?

Den Worten dieser „Entprogrammierer" zufolge, ist es der Hunger nach Autorität, der junge Menschen ködert, oder, kurz gesagt, die Tatsache, daß es keine Väter gibt. Wenn wir uns an das erinnern, was wir im fünften Kapitel über den schlummernden Geist gesagt haben oder uns kurz Zeit nehmen, das zu überdenken, werden wir sehen, daß der Geist unzähliger junger Menschen schlummert; das bedeutet, daß ihr Geist wahr nicht von falsch unterscheiden kann; gleichzeitig schreien diese klaffenden Wunden nach der Liebe, Kraft und Geborgenheit einer Vaterfigur. „Entprogrammierer" berichten uns, es sei das Verlangen nach einer Vaterfigur, die den jungen Menschen sagt, was sie tun sollen, was diese dem kontrollierenden Zugriff autoritärer Sektenführer in die Arme treibt. Obwohl sie protestieren und nach Unabhängigkeit schreien, suchen junge Menschen nach der Sicherheit, die darin liegt, daß einem gesagt wird, was man tun soll. Wenn man diese Erkenntnisse mit dem Verständnis von Leistungsorientierung in

Verbindung setzt (vgl. Kapitel 3 in *Die Umgestaltung des inneren Menschen*), kann man leicht verstehen, von welcher inneren Dynamik das Leben junger Menschen gefangengenommen wird.

Die Angst regiert, die Angst bindet. Die Angst vor Ablehnung. Die Angst, nirgendwo dazu zu gehören. Die Angst vor Strafe. Die Angst, „am Herrn vorbeizuleben". Die Angst, es „nicht bis in den Himmel zu schaffen". Die Angst, den Anforderungen des Herrn nicht zu entsprechen (eigentlich dem pervertierten Herrschaftsanspruch des Sektenführers). Die Angst vor Vergeltungsmaßnahmen, wenn man erwischt wird. Die Angst davor, erneut in der Welt der Eltern und der Gesellschaft gefangen zu werden, die ja ein einziger Kerker ist (Sektenführer stellen alles und jeden als Gefängnis dar und ihren eigenen Weg als die einzige Freiheit). Die Angst vor der Hölle, die als eine Zeit des Wartens abseits von den anderen Gruppenmitgliedern dargestellt wird. Die Erwartungshaltung, verfolgt zu werden, so daß der Protest der Eltern, Pastoren und Freunde als Verfolgung verstanden wird, was wiederum den „gerechten" Standpunkt des Sektenführers bestärkt. Die Angst, nicht „in" zu sein, nicht unter der Empörung der Menschen zu leiden, was ja jeden anderen in der Gruppe als wahrhaft leidenden Diener bestätigt, der sich gegen dieses verkehrte und verdrehte Geschlecht stellt. All diese Gruppen hängen sich an einen paranoiden Messiaskomplex an und leben von ihm, einen Komplex, der aus ihnen „die Guten" macht, die Auserwählten, den elitären Rest, der allein im Besitz der Wahrheit ist und dafür leiden muß. Es ist Teil dieser tragischen Verwirrung, daß es heute viele echte Märtyrer gibt – z.B. der leidende Leib Christi hinter dem Eisernen Vorhang –, die von jenen Menschen fälschlicherweise als Rollenvorbilder übernommen werden können.

Es sind jedoch nicht nur psychologische Kräfte, die Sektenmitglieder gefangennehmen, sondern auch die Macht der Archetypen, Gedankenkontrolle durch einflußreiche Wirkkräfte in unserem Fleisch (Um einen umfassenden Überblick über das Thema „Archetypen" zu bekommen, verweisen wir auf Kapitel 8 „Verunreinigung, Dämonen, Todeswunsch" oder auf eine erneute Lektüre des sechzehnten Kapitels von *Die Umgestaltung des inneren Menschen*). Hier soll es ausreichen zu sagen, daß Archetypen praktizierte Denkweisen sind, die das Meer der Gedanken um uns her bevölkern. Sie sind nicht inaktiv – so wie Bücher in einem Regal keine Wirkung haben, solange man sie nicht aufschlägt und liest –, sondern vielmehr aktive „Energiemonster", die sich am Sinn eines Menschen festkrallen können, bis dieser schließlich zu keinem Gedanken mehr fähig ist, der außerhalb des Einflußbereichs des Archetyps liegt. Archetypen sind quasi wie Cowboys, die jedem herumstreunenden Gedanken nachlaufen und ihn wieder zur Herde zurückbringen. Sie haben es ganz besonders darauf abgesehen, dem freien Denken einen Riegel vorzuschieben und die Menschen „durch Philosophie und leeren Betrug" einzufangen. Die Umklammerung durch Archetypen, die von den oben genannten Ängsten in ihrer abscheulichen Aufgabe unterstützt werden, muß von besagten „Entprogrammierern" gebrochen werden.

Wir möchten hier jedoch kein Handbuch für „Entprogrammierer" schreiben. Das ist ein ganz und gar anderer Bereich, und Paula und ich geben zu, daß wir uns darin nur wenig auskennen. Uns geht es vielmehr darum, die Form der Heilung zu lehren, die auf die Arbeit der „Entprogrammierer" folgen sollte, damit das Kind nicht auch weiterhin für diejenigen empfänglich bleibt, die es erneut in den Irrglauben ziehen möchten.

Wer aus den Klauen einer Sekte befreit worden ist, fürchtet mit Recht, von ihr wieder eingefangen zu werden. Doch diese Angst kann sich in Übervorsicht verwandeln; dadurch wird jedoch verhindert, daß eine gesunde Gemeinschaft die Nahrung geben kann, die in diesem Moment gerade benötigt würde.

In den frühen Tagen des Elijah House war unter uns ein ehemaliges Sektenmitglied. Seine Angst, beherrscht und kontrolliert zu werden, hatte ihn so sehr in der Hand, daß er in der Gruppe immer wieder Schwierigkeiten machte, indem er mir und anderen Leitern, die Autorität hatten, fälschlicherweise unterstellte, wir hätten Hintergedanken und würden unsere Handlungen darauf ausrichten, andere zu kontrollieren und zu knechten. Wir schafften es nicht, rechtzeitig die Lektionen zu lernen, die wir Ihnen jetzt weitergeben; so geschah es, daß uns dieser Mann, der sich immer noch nach genau der Autorität sehnte, die er so fürchtete, verließ und wieder von einer starren, autoritären Sekte gefangen wurde.

Ein Ehepaar kam aus einer religiösen Sekte, die auf intensive Hirten- und Jüngerschaft bestand. Die Leiter dieser Sekte gingen sogar so weit, daß sie darauf bestanden zu entscheiden, wer die Freunde der Mitglieder waren und wer nicht. Dieses Ehepaar kam in die christliche Cornerstone Gemeinschaft, in der unser Sohn Loren Pastor ist. Viele Hauskreise sind die Lebensader von Cornerstone. Das Ehepaar brauchte dringend Gemeinschaft und Unterstützung, hatte jedoch Angst davor, in einen der Hauskreise zu gehen; aufgrund der lähmenden Macht ungeheilter Erinnerungen waren sie nicht in der Lage zu erkennen, daß die Hauskreise in Cornerstone überhaupt keine Ähnlichkeit mit den Gruppen der Sekte hatten, von denen sie früher kontrolliert wurden.

Geduldige Gemeinschaft und einhüllendes, heilendes Gebet ist erforderlich, um die Hypotheken einer Sektenmitgliedschaft zu vernichten. Ehemalige Sektenmitglieder erinnern uns an einen Flußkrebs: er geht rückwärts, die Augen treten hervor, und die Zangen sind in Verteidigungsstellung. Vielleicht sind – ungeachet dessen, daß Sektenmitglieder dazu neigen, abwechselnd anzugreifen und dann wieder zu fliehen – viele Erfahrungen des Geliebt- und Angenommenseins nötig, um die Art von Vertrauen wiederherzustellen, die die Grundlage einer jeden freien Freundschaft und Gemeinschaft ist. Der Schlüssel zur Heilung von ehemaligen Sektenmitgliedern ist geduldige Liebe. Ehemalige Sektenmitglieder sind außerordentlich sensibel für alles, was auch nur im entferntesten nach Manipulation und Kontrolle aussieht; doch aufgrund von Erwartungshaltungen und Urteilen, die aus bitteren Wurzeln herrühren, veranlassen sie unbewußt Freunde und Bekannte, genau das mit ihnen zu machen.

Wenn eine geduldige und verzichtende Liebe die Grundlage dafür gelegt hat, daß sich solche Menschen wieder dienen lassen, können viele einfache heilende Taten folgen. Zunächst einmal sollten die Urteile aus bitterer Wurzel und die Erwartung, beherrscht und gesteuert zu werden, die nicht nur von den jüngsten Erfahrungen mit der Sekte, sondern auch von Reibereien mit den Eltern in früher Kindheit herrühren, ans Kreuz gebracht werden. Am wichtigsten ist es jedoch, daß solche Menschen Väter und Mütter in Christus brauchen. Denn eben der Hunger nach solchen Beziehungen ließ sie in die Falle eines Despoten gehen. Doch da sie jetzt das, was sie am notwendigsten brauchen, fürchten und vor ihm fliehen, können weise Seelsorger diese Funktion einfach übernehmen, ohne sie mit einem bestimmten Etikett zu versehen. Im Herzen tragen, bedingungslos lieben, zur Verfügung stehen, unablässig Fürbitte zu leisten, Seelsorge zu geben, ohne den freien Willen zu verletzen, so viel Liebe geben, wie der andere empfangen will – all das und vieles mehr kann man tun, ohne es je explizit als Aufgaben eines Vaters oder einer Mutter zu bezeichnen.

Tiefverwurzeltes Urvertrauen muß wiederhergestellt werden. Solche Menschen müssen zu der Erkenntnis gelangen, daß man sich wieder unbedenklich entfalten und blühen kann, und daß niemand die zarten Blüten beschneiden, zertreten oder abreißen wird. Sie müssen lernen, daß es in Ordnung, aber nicht gefahrlos ist, sich wieder verwundbar zu machen. Wir sind niemals sicher. Das Leben birgt immer Risiken in sich. Sie müssen wieder genügend Vertrauen auf und Freiheit in Gott gewinnen, um etwas zu wagen und um zu wissen, daß er sein Volk wiederherstellen wird, wenn es versagt, und daß sie in der Tat wieder verletzt werden.

Ex-Mitglieder einer Sekte sind verkrampft. Die Heilung muß so sehr bis zu ihrem Geist vordringen, daß sie sich in ihrem Innersten entspannen und sich den Strömungen und Gegenströmungen des Lebens wieder öffnen können. Das ist die vielleicht grundlegendste und wichtigste aller Heilungen: die Fähigkeit des persönlichen Geistes, sich ohne übermäßige Angst und schützende Mauern zu entfalten, sich auszubreiten, anderen zu begegnen und mit ihnen in Beziehung zu treten, wiederherzustellen. Das erreicht man, indem man gemeinsam mit dem Betreffenden den Herrn im Gebet laut bittet, er möge Trost spenden, heilen und das Vertrauen als souveräne Gabe, als Gnadenbeweis, als Auferstehungswunder im Herzen wiederherstellen.

Zur Heilung dieser Menschen ist ein Auferstehungswunder nötig. Die Muskeln des Mannes, der von Geburt an lahm war, waren verkümmert und geschwunden; sie mußten neu geschaffen, und ihre Kraft zum Laufen und Springen regeneriert werden (Apg 3,1-10); genauso muß man auch nach einer wunderbaren Neuschaffung und Verjüngung der Fähigkeiten des Geistes rufen, die niedergetrampelt wurden und verkümmert waren. So wie der Mann mit der verdorrten Hand (Lk 6,6-11), haben auch ehemalige Sektenmitglieder Fähigkeiten, die nicht mehr funktionsfähig sind. Ihr inneres Wesen kann sich nicht mehr ausstrecken und Neues festhalten, es sei denn die Macht des Befehls Gottes ermächtigt den Geist, sich zu recken und zu strecken und wieder etwas zu wagen. Vergleichbar mit dem Gelähmten, der vor Jesus auf die Erde herabgelassen wurde (Mk 2,1-12), verfügen auch sie über viele Talente des Geistes, die die Angst gelähmt hat. „Und als Jesus *ihren Glauben* sah, spricht er zu dem Gelähmten: Kind, deine Sünden sind vergeben" (V.5). Wer betet, muß *für* solche Menschen Glauben haben. Ihre Fähigkeit zu vertrauen ist gelähmt. Gott wird in erster Linie auf den Glauben der Betenden und erst in zweiter Linie auf den schwachen Glauben des Empfangenden reagieren.

Es gilt eine bestimmte Sünde zu erkennen und Vergebung dafür zu erlangen: Die Sünde des Talentvergrabens. Die Mitgliedschaft in einer Sekte ist im Grunde genommen ein Rückzug aus dem Leben. Wer neu in eine Sekte kommt, meint, er würde kühn vorangehen und sich voll und ganz für die Sache des Herrn verpflichten. Aber eigentlich hat er sich unbewußt für eine Möglichkeit entschieden, wie er der Notwendigkeit entfliehen kann, Entscheidungen treffen und zu den Konsequenzen freier Entscheidungen stehen zu müssen. Eigentlich hat er zu Mose gesagt: „Führ' mich wieder zurück in die Sklaverei. Hier draußen in der Wüste des Lebens kann ich die Freiheit einfach nicht ertragen. Dort wußte ich wenigstens, wie ich mich zu verhalten hatte, weil uns jeder sagte, was zu tun war. Ich mußte nicht nachdenken. Ich mußte mich nur fügen." Er hatte die im Gesetz verankerte Auswirkung von Fluchtverhalten und Talentvergraben zu spüren bekommen – auch das wird ihm weggenommen, was er seiner Meinung nach sicher hat (Lk 19,11-26). Seine Freiheit ist verwirkt. Die meisten Sekten isolieren ihre Mitglieder von deren Eltern, Verwandten und Freunden. Das Vertrauen des Sektenmitglieds auf Christus in ihm wurde zunichte gemacht. Die Fähigkeit dieses Menschen, allein seinen Mann zu stehen, ging verloren. Er ist nicht mehr frei von Angst. Seine Freiheit zu kommen und zu gehen wie er will, Freunde zu treffen, auf Partys zu gehen und sich am Leben zu erfreuen, wurde entweder radikal beschnitten oder ist überhaupt nicht mehr vorhanden. Kurz: Alle Geschenke Jesu für ein Leben in Überfluß wurden ihm weggenommen.

Was hatten diejenigen, denen noch mehr gegeben wurde und was fehlte dem Sektenneuling, daß ihm so viel weggenommen wurde? Vertrauen! Wer Vertrauen hatte, hatte die Freiheit, mit seinen Talenten etwas zu wagen und verdoppelte deren Wert (V.16 u.18). Wem es am Vertrauen fehlte, grub sein Talent ein, weil er dessen Verlust fürchtete und gab es hernach unverändert, also ohne es weiterentwickelt oder eingesetzt zu haben, wieder zurück. Für diese Sünde ist Vergebung erforderlich. Der Seelsorger sollte das Augenmerk der Person auf die Sünden lenken, die hinter ihren Entscheidungen stecken und dafür Vergebung aussprechen.

Wer aus den Händen einer Sekte befreit wurde, braucht auch Heilung für sein Schamgefühl. So viele, mit denen wir gesprochen haben, leiden unter einem niederschmetterndem Schamgefühl. Sie sind der Meinung, sie hätten alles so sehr verpatzt, daß sie zu nichts mehr zu gebrauchen wären, oder daß Gott ihnen nie wieder eine Aufgabe anvertrauen würde oder sollte. Sie sind geneigt, all ihre Erfahrungen in der Sekte als wertlos zu erachten, als die Irrfahrt eines Ausreißers, mit der er sich die Gunst seines Vaters samt und sonders verspielt hat. Man sollte ihnen helfen zu sehen, daß ihnen wirklich alle Dinge zum Guten mitwirken, daß nicht alles verloren ist und sie wertvolle Lektionen gelernt haben, die ihnen dazu dienen können, anderen ein Segen zu sein.

Hinter allen anderen Wunden steckt zerstörtes Vertrauen. Preis dem Herrn, daß all ihr Vertrauen auf Menschen und auf ihr eigenes Fleisch zunichte wurde. Allein diese Lektion ist den ganzen Trip wert! Zu wissen, daß man sein Vertrauen nie wieder auf irdische Helden setzen soll, ist etwas Wertvolles, das der Rest des Leibes Christi, der Pastoren, Leiter und Fernsehstars vergöttert, durchaus von Menschen lernen kann, die sich von Sekten losgesagt haben. Jedoch die Zuversicht auf Christus in ihnen muß – wie das Vertrauen – als Wundergabe im Gebet durch den Herrn wiederhergestellt werden. Preisen wir gemeinsam mit ihnen Gott für die wertvollen Lektionen und helfen wir ihnen, diese gesunde Respektlosigkeit vor ihren eigenen fleischlichen Erkenntnissen schätzen zu lernen, die sie auf einem harten und steinigen Weg erlangt haben! Wie kostbar ist es doch, die unmißverständliche Wahrheit gelernt zu haben: „Da ist ein Weg, der einem Menschen gerade erscheint, aber zuletzt sind es Wege des Todes" (Spr 14,12). Erkannt zu haben, daß man von der Richtigkeit der eigenen Erkenntnisse absolut überzeugt sein und dennoch völlig in die Irre gehen kann, ist für jeden Christen ein kostbarer Schutz. Wenn man einem ehemaligen Sektenmitglied helfen kann, nicht nur eine gesunde Skepsis, sondern auch all die anderen Dinge, die es in der Wüste gelernt hat, zu erkennen und zu schätzen, wird das selbst ein Teil der Wiederherstellung seines Vertrauens werden. „He, ich *habe* wirklich etwas dabei gewonnen. Nachdem ich all das durchgemacht habe, *bin* ich reifer und mir ist vieles klar geworden. Es war nicht alles für die Katz." Doch da die Kehrseite dieser Wüstenerfahrung Angst und Zurückhaltung ist, ist die Heilung des Geistes für die Befreiung notwendig.

Unter anderem hält auch die Angst vor dem Versagen Menschen in einer Sekte gefangen. Aufgrund ihrer Leistungsorientierung hatten sie nicht die Freiheit, Fehler zu machen. Der Kernpunkt der christlichen Freiheit ist die Freiheit, sich irren zu dürfen. Es geht nicht darum, diese Freiheit als Vorwand für Dummheiten oder vorsätzliche Sünde zu gebrauchen; es geht um die Freiheit, alles zu versuchen und danebenzuhauen. Wir müssen das Vertrauen haben, daß unser gnädiger und mitfühlender Herr aus unserem Leben eine wahre Freude macht, einen Ort, an dem wir für ihn etwas ausprobieren können. Wenn wir versagen, wird er es in Herrlichkeit verwandeln. Diesen Aspekt des Vertrauens und der Zuversicht muß man sich neu aneignen. Höchstwahrscheinlich war er bei einem Ex-Sektenmitglied überhaupt noch nie vorhanden. Ausgehend von einem kindheitlichen Verlust muß er neu zum Leben erweckt werden. Die Heilung sollte zweidimensional ablaufen: Heilung hier und jetzt für unlängst erlittene Schäden und Heilung des inneren Menschen zum Wiederaufbau von Vertrauen und Freiheiten, die die Eltern – weil sie sich zu sehr anstrengten – ohne es zu wissen vernichtet hatten.

Ehemalige Sektenmitglieder haben gelernt, dem Herzen eines anderen Menschen nicht zu trauen. Ihre Erfahrung zeigt ihnen, daß ihr Leiter fehlgeleitet und gesteuert war, auch wenn er es gut meinte. Wenn er böse war, wußte er, wie er aus den naiven, guten Absichten anderer einen Vorteil schlagen konnte. In gewisser Hinsicht ist das auch eine wertvolle Lektion.

> Die meisten Menschen rufen ihre eigene Frömmigkeit aus; aber einen zuverlässigen Mann, wer findet ihn? (Spr 20,6)
>
> Vertraut nicht auf Edle, auf einen Menschensohn, bei dem keine Hilfe ist! (Ps 146,3)
>
> Es ist besser, sich bei dem Herrn zu bergen, als sich auf Menschen zu verlassen. (Ps 118,9)

Diejenigen, die aus der Hand einer Sekte befreit wurden, haben es auf die harte Tour gelernt, vorsichtig zu sein. „Der Kluge sieht das Unglück und verbirgt sich; die Einfältigen gehen weiter und müssen büßen" (Spr 27,12). Doch in diesem Fall ist die negative Konsequenz die Unfähigkeit, an einer Freundschaft festzuhalten. Sie scheuen sich, nochmals ein Engagement zu wagen. Man muß sie lehren, daß ihre Erfahrungen sie dahingehend konditioniert haben, daß geheilte Bitterkeit dazu dienen wird, sie besser für eine wahre Freundschaft zuzurüsten, indem sie sie davon abhält, jemals wieder einen anderen Menschen zu vergöttern und dadurch zwangsläufig die Verantwortung für ihr eigenes Leben abzulehnen. Jetzt müssen sie lernen, daß es nur sicher ist, einem Bruder zu vertrauen, indem man Jesus in ihm vertraut, weil ja kein Christ einem anderen blauäugig vertrauen sollte. Ihre Erfahrung hat sie darauf vorbereitet, wahres Vertrauen und wahre Freundschaft zu erlernen und unserem Herrn im anderen zu vertrauen, während man diesen davor schützt, gegen uns zu sündigen, indem man seinen Hang zur Sünde erkennt und darauf vorbereitet ist, richtig damit umzugehen. Unsere Naivität ist eine Einladung für das Schlimmste in jedem Bruder bis die Reife ihn dadurch schützt, daß sie der Sünde in ihm keine Gelegenheit zur Entfaltung gibt. Es ist gut, vom Schlimmsten auszugehen und dann durch Christus Jesus das Beste zum Vorschein zu bringen.

Wer aus einer Sekte geflohen ist, dem fehlt in der Regel die Gabe der Freude. Das Leben war für ihn eine todernste Angelegenheit. Das Kindliche, das in uns allen leben muß, ist nicht nur getötet worden – es wird gefürchtet, weil man es jetzt mit unerwünschter Naivität assoziiert und verwechselt.

Doch kindlich zu sein heißt nicht, naiv zu sein. Die Kindlichkeit ist die Gabe, ein Kind Gottes zu sein. Ich brauche keine Probleme mehr zu lösen, mit denen nur er allein umgehen kann. Ich muß nicht länger versuchen, Gott zu sein, indem ich für ein Dilemma eine Lösung finde, die nur er allein finden kann. Ich kann spielen, mich des Lebens freuen, über das Leben und mich selbst lachen und wissen, daß mein Herr so sehr Herr des Lebens ist, daß er über Probleme und die „Verfolgung" von Menschen lacht. „Es treten auf Könige der Erde, und Fürsten tun sich zusammen gegen den Herrn und seinen Gesalbten...Der im Himmel thront, lacht, der Herr spottet über sie" (Ps 2,2.4). Er wird mich vor Gefahren warnen und mich bei meiner Entscheidung beraten und ihr dann auch Vollmacht geben. Er ist mein Schutz. Er ist für mich verantwortlich. Die Freude eines Christen gründet sich auf die unwiderlegbare Tatsache, daß der Herr *den Sieg schon errungen hat.* Was macht da ein vorübergehender Rückschlag aus? Er wird ihn in Herrlichkeit verwandeln.

Wiederum ist es jedoch nicht so, daß diese Menschen einfach ihre Freude verloren hätten. Höchstwahrscheinlich hatten sie nie welche. Die Freude eines Kindes kann nur dann ungehindert zur Entfaltung kommen, wenn die Eltern Schutz bieten. Vater und Mutter geben Liebe, Gewißheit, Trost und Sicherheit, was einem die Freiheit gibt, herumzutollen und zu spielen. Wenn die Eltern diese Atmosphäre jedoch nicht schaffen, wird die Freude erstickt; das Leben wird allzu früh allzu ernst.

Die Freude ist dem Herzen angeboren. Gott hat sie als natürlichen Urgrund der Schöpfung geschaffen. In der Natur spielen die Nachkommen jeder Art instinktiv und voller Freude miteinander! Sie brauchen dazu keine Inspiration, noch muß dies künstlich herbeigeführt werden. Man darf es lediglich nicht abwürgen und verhindern. Deshalb sollte ein Seelsorger darauf abzielen zu heilen, bis dieser Strom wieder ungehindert fließt.

Der Schlüssel zur Wiederherstellung ist das Vertrauen. Wenn das Vertrauen auf die Herrschaft Gottes Gewißheit, Trost und Sicherheit gibt, wird sich die Freude ganz von selbst einstellen. Wir brauchen lediglich die frühesten und spätesten Erinnerungen zu heilen und den Strom der Freude freizusetzen.

Viele Menschen, die aus dem okkulten Bereich kommen, fürchten alles Übernatürliche. Sie möchten sich in Bodenständigkeit gründen und all das geistliche Zeug und Geplänkel vergessen. Wer könnte es ihnen verübeln? Preis dem Herrn – Sie haben gelernt, daß die Narren dort herumrennen, wo die Engel sich scheuen, auch nur einen Fuß hinzusetzen. Sogar die heilige Gegenwart des Herrn in Anbetungsgottesdiensten und Gebetsversammlungen mag ihnen gespenstisch vorkommen. Wir haben mitverfolgt, wie ihnen der Schrecken ins Gesicht geschrieben stand und sie auf dem Sprung waren, hinauszurennen, während alle anderen voll Freude und still die Salbung und den Segen des Herrn empfingen. Sie konnten ihrem Unterscheidungsvermögen nicht mehr trauen und deshalb hatten sie vor jeder Manifestation Gottes Angst. Alles, womit sie mit ihren fünf Sinnen nicht mehr umgehen konnten, war ihnen zuviel. Diese „Gänsehaut“ hatten sie ja in Hülle und Fülle gehabt – und waren dabei in die Irre gegangen! Also haben sie sogar vor der Gegenwart Gottes Angst, weil sie das Vertrauen verloren haben, das unerläßlich ist, um zur Ruhe kommen zu können.

> Wo ist unter euch ein Vater, den der Sohn um einen Fisch bitten wird – er wird ihm statt des Fisches doch nicht eine Schlange geben? Oder auch, wenn er um ein Ei bäte – er wird ihm doch nicht einen Skorpion geben? Wenn nun ihr, die ihr böse seid, euren Kindern gute Gaben zu geben wißt, wieviel mehr wird der Vater, der vom Himmel gibt, den Heiligen Geist geben denen, die ihn bitten! (Lk 11,11-13)

Für einen normalen Menschen wird durch diese Bibelstelle der Angst der Garaus gemacht, jedoch nicht für ein ehemaliges Sektenmitglied, es sei denn, der Heilungsprozeß schreitet schnell voran. Folglich ist es unter Umständen nicht sehr ratsam, Menschen, die gerade eben aus einer Sekte befreit worden sind, mächtigen Gottesdiensten oder Gebetstreffen auszusetzen. Zunächst einmal sollte man ihnen gute Gemeinschaft mit anderen, Lachen und Fröhlichsein, leichte Aufgaben und Ruhe „verschreiben“. Wenn sie stets darauf bestehen, in der Nähe des Ausgangs zu sitzen, lassen Sie sie. Wenn sie nicht berührt werden möchten, lassen Sie sie in Ruhe. Wenn sie sich in einem Gebetstreffen nicht mitteilen wollen, bestehen Sie nicht darauf. Der Leib Christi sollte konsequent und herzlich mit offenen Armen vor ihnen stehen und keinen Druck auf sie ausüben, sie mögen das Angebot doch annehmen.

Es ist in Ordnung, *in Abwesenheit* der Person viele lastentragende heilende Fürbittegebete für sie zu sprechen. Spaziergänge in freier Natur, gute, schweißtreibende praktische Arbeit, sportliche Betätigung, gute ausgeglichene Mahlzeiten, keine Süßigkeiten und viel Schlaf – all das sind gesunde Mittel gegen die Spannungen, die solche Menschen zu ertragen hatten. Sie werden ihre Geistlichkeit nicht verlieren, indem sie sich in die gute Erde vertiefen. Sie werden sie vielmehr gewinnen. In J.R.R.Tolkiens Trilogie *Der Herr der Ringe* sind es die Hobbits, ein winziges, zähes, unmystisches und nüchternes Völkchen, die sich den Listen Saurons (der Teufel in dieser Erzählung) widersetzen und auch dann noch das Durchhaltevermögen haben weiterzugehen, wenn andere schon in die Knie gegangen sind. Tolkien macht deutlich: Die Hobbits ziehen ihre Kraft daraus, daß sie einfach und bodenständig leben und, so oft sie können, gutes Essen genießen, miteinander Spaß haben und geselliges Beisammensein pflegen. Da ich selbst ein gespenstischer Super-Mystiker war, kann ich bezeugen, daß Tolkiens Sicht der Wirklichkeit stimmt. Die Bodenständigen können gefahrlos geistlich sein. Frischbefreite haben nach einer Zeit der Ruhe und der Bodenständigkeit noch genug Zeit, um sich wieder hohen, geistlichen Aufgaben zu widmen.

Einige Ex-Mitglieder haben die Angst, überall seien Dämonen. Einigen wurden gelehrt, in jedem Menschen nach Dämonen zu suchen; selbstverständlich fanden sie auch, wonach sie suchten, ob nun welche da waren oder nicht. Dr.Bill Johnson, Leiter der psychologischen Abteilung des Whitworth College, ist ein geisterfüllter gläubiger Christ und sagt schlicht und einfach: „Die Täuschungsmanöver des Fleisches zu registrieren ist alles, was die Psychologie tun kann.“ Als in einer Gemeinde der Anführer einer sektiererischen Bewegung das Ruder in die Hand nahm, wurde der Versammlung von der Kanzel herab verkündet, jeder, der etwas mit Psychologie zu tun hätte, wäre voller Dämonen! Diese falschen Lehrer sahen in allem und jedem Dämonen. Natürlich waren sie selbst die einzigen, die nicht besessen waren und somit konnte man nur in ihrer Nähe sicher sein! Aus diesem Grund warf die Angst vor Dämonen all diejenigen ins Gefängnis, die den falschen Erkenntnissen der Sektenführer glaubten. Viele Christen, denen die Weisheit der oben erwähnten „Entprogrammierer“ fehlte, versuchten schon Sektenmitglieder freizubekommen, indem sie Dämonen aus ihnen „hinausschrien“. Die Erinnerung an solche Erlebnisse kann auch dazu beitragen, daß jene Menschen nach wie vor unruhig und ängstlich sind. Sie brauchen Zeit und bodenständige Erfahrungen, um es erneut schätzen zu können, daß „das nur einfach das“ ist und „hinter dem nur das steckt“ und es eben nicht überall vor Dämonen wimmelt.

Wir möchten alle Seelsorger warnen: Vermeiden Sie es, in Anwesenheit von oder bei Ex-Sektenmitgliedern Dämonen auszutreiben. Wenn jene wirklich von Dämonen drangsaliert werden, wollen wir sie in aller Stille binden und eine Zeitlang warten. Es besteht kein Grund zur Eile. Die Zeit arbeitet für uns. Der Betreffende kommt dem Licht immer näher; Tag für Tag wird er stärker. Wenn ihn ein Seelsorger in die Heilung innerer Wunden führt und ihn so befreit, werden auch die Dämonen die Kraft verlieren, ihre „Zielpersonen“ erneut in Schwierigkeiten zu verstricken. Die Tatsache, daß möglicherweise ein Dämon vorhanden ist, macht eine Austreibung nicht zwingend erforderlich. Unser Herr handelt zu seiner Zeit, in seiner Weisheit.

Schließlich ist die Versöhnung mit der Familie und mit Freunden an der Reihe. Manchmal sollte das aufgeschoben werden, wenn man sieht, daß die Arroganz, der Zorn oder die Kritik einiger Familienmitglieder mehr schaden als helfen würde. In der Regel gilt jedoch: Je früher, desto besser. Die Familie und den Freundeskreis kann man auf eine Zusammenführung vorbereiten, indem man ihnen rät, nicht zu schimpfen oder zu bald zu viele Fragen zu stellen. Die Familienmitglieder sollte man darauf hinweisen, daß sie dem Sektenmitglied Zuwendung schenken und ihre Dankbarkeit ausdrücken sollten, daß es wieder zu Hause ist; sie sollten so natürlich und offen sein, wie es die hochfliegenden Emotionen des großen Augenblicks gestatten. Die Familie sollte es nicht übertreiben und den Heimkehrer nicht wie einen Ehrengast verhätscheln. Dadurch vermittelt man ihm: „Du bist noch nicht zu Hause, und wir wissen das." Wenn wir aus einer bizarren Welt wieder nach Hause kommen, haben routinemäßige Abläufe und Aufgaben wohltuende Wirkung.

Wenn man sich hinter dem Rücken des anderen etwas zuflüstert, wird ihm das wahrscheinlich sofort auffallen. Das betretene Schweigen aller wird unvermeidbar sein. Das wäre dasselbe, wie wenn er aus dem Krieg oder nach einer langen Zeit auf dem College nach Hause kommen würde. Stehen Sie es durch. Er möchte wie jeder andere auch und nicht irgendwie speziell behandelt werden.

Ex-Sektenmitglieder möchten vielleicht reden. Die Familie sollte es ihnen gewähren; man sollte die Zuhörer jedoch darauf hinweisen, daß sie einen Großteil des Gesprochenen als Läuterung betrachten sollten, als etwas, das man sich von der Seele reden muß. Die Familie sollte das ehemalige Sektenmitglied nicht belehren, schelten, beraten oder irgendetwas in der Richtung tun, sondern lediglich zuhören und Verständnis zeigen. Die meisten Heimkehrer schweigen, anstatt daß sie zu viel reden würden. Es ist hilfreich, der Person Raum zum Rückzug zuzugestehen, aber um zu vermeiden, daß dies zu weit geht, sollte man sie in Familienaktivitäten, wie Picknicks, Ballspiele, fröhliche Tischgemeinschaft etc. integrieren.

Vor allem sollte die Familie nicht isoliert dastehen. Ständiger Kontakt mit und Beratung durch Seelsorger oder „Entprogrammierer" ist beinahe schon ein Muß. Es werden Situationen entstehen, in denen Eltern und Verwandte keine Ahnung haben, wie sie weise reagieren sollen oder welche Auswirkung das Geschehen vermutlich auf das Ex-Sektenmitglied haben wird. Deshalb sind wir ja auch ein Leib Christi und keine einsamen Pilger. Weise Eltern und Freunde werden sich Rat holen.

Gespräche von Herz zu Herz mit Vater und Mutter sind außerordentlich wünschenswert. Die meisten Eltern täten gut daran, selbst eine Zeitlang in die Seelsorge zu gehen, bevor sich ihnen diese Gelegenheit bietet. Auch wenn ein Vater denkt, er hätte keine Probleme und bräuchte keine Seelsorge für sich selbst, wird ihm die Seelsorge ein Bewußtsein schenken, das ihm zugute kommt, wenn sein Sohn oder seine Tochter mit ihm reden möchte. Das Ich-Bewußtsein wächst in der Regel schrittweise heran, während man in Seelsorge steht; doch die meisten Eltern, die nicht in Seelsorge sind, vernichten gewöhnlich ihren eigenen Stand gegenüber ihren Kindern, indem sie sich zu wenig dessen bewußt sind, wie ihre Worte und Taten diese beeinflussen. Besonders ein Vater oder eine Mutter braucht Hilfe, um zu sehen, wie der Lebensstil der Familienmitglieder den Sohn oder die Tochter beeinflußte oder belastete und dadurch die Schwächen herbeiführte oder förderte, aufgrund derer das Kind Opfer einer Sekte wurde. Darüberhinaus wird die Seelsorge den Eltern helfen, dem Kind die eigenen Fehler zu bekennen und um Vergebung zu bitten, anstatt den Sohn oder die Tochter selbstgerecht für deren Fall zu verurteilen.

Schließlich brauchen ehemalige Sektenmitglieder die Möglichkeit, sich ins Zeug legen zu können, einen Platz, an dem sie einen lohnenden Beitrag leisten können, um so heil zu werden. Vielleicht kann man nach einer Ruhephase eine gute Arbeitsstelle finden oder eine Betätigung im Rahmen eines Dienstes. Nationalsozialistische Wissenschaftler, die so im Bann des Nazismus standen, daß sie sich brutalst der Sklavenarbeit bedienten und tausende auf entsetzliche Weise umbrachten, waren so schockiert und wurden so von Schuldgefühlen übermannt als sich die finstere Wolke lichtete, daß viele von ihnen anfingen, sich unermüdlich zu engagieren, um ihre Kenntnisse einer guten Sache zur Verfügung zu stellen. Alle befreiten Menschen möchten irgendwo dienen, um das Vergangene wiedergutzumachen. Für Menschen, die aus einer Sekte geflohen sind, ist das besonders kräftigend, da es ihnen noch dazu hilft, ihr Vertrauen in sich selbst als Neueinsteiger in eine sich progressiv entwickelnde Gesellschaft wiederherzustellen. Sekten packen unreife Menschen am Punkt der Rebellion. Die ganze Gesellschaft ist für sie das „Establishment" und somit böse; sie glauben, sie müßten ins andere Extrem gehen, um sich darüber erheben zu können. Sekten scheinen ein „heiliges" Korrektiv anzubieten, so wie die einzigen zehn Gerechten, die die Stadt Sodom retten konnten. Sobald er befreit ist, sagt derjenige, der einst einer Sekte angehörte: „Jetzt möchte ich für die Gesellschaft, die ich früher verachtete, einen Beitrag leisten. Laßt mich arbeiten. Wenn ich das tue, stelle ich mich inmitten des Lebensstroms und lerne endlich, das Undurchführbare und Unvollkommene in der Gesellschaft zu akzeptieren."

Das Endresultat der Befreiung von einer Sekte sollte die Reife sein. Wenn der Betreffende nach wie vor naiv und verängstigt ist, dann fehlt etwas. Mehr Seelsorge ist vonnöten. Menschen, die ihre Sektenerfahrung überwunden haben, sollte man – wenn sie bereit sind – das Gewand der Herrschaft, den Ring der Autorität und das gemästete Kalb für die Freudenfeier geben. Wer kennt die Fallstricke des Glaubens besser als diese heimgekehrten Söhne? Wer hat es intensiver gelernt als sie, in Jesus zu bleiben und sich nicht auf Menschen zu verlassen? Je mehr der Mensch sich dem Humanismus zuwendet, je mehr Familien auseinanderbrechen, desto mehr werden religiöse Sekten und politische Demagogen überhandnehmen. Wir werden die Erfahrung und die daraus resultierende Weisheit der Menschen brauchen, die schon einmal dort waren und wieder zurückgekehrt sind. In der Zwischenzeit dürfen wir sie nicht wie Christen zweiter Klasse behandeln. Wenn die Seelsorge den Weizen geworfelt, das Korn bewahrt und die Spreu fortgeblasen hat, werden sie weise geworden und zur Einsicht gekommen sein.

Der zweite Teil dieses Kapitels beschäftigt sich mit den Wunden, die uns allen dadurch geschlagen werden, daß wir in dieser heutigen, von Sünde verseuchten Kultur leben. Da wir im achten Kapitel schon viel über die Verunreinigung durch Personen und die Heilung davon gesprochen haben, gehen wir hier nur auf den Aspekt der Verunreinigung ein, der durch unsere Kultur, durch all die verschiedenen Medien, durch Erziehung, Nachrichten, Fernsehen, Filme, Romane etc. unsere Gedankenwelt befällt und so bis zu unserem Geist vordringt.

Es ist wohl nicht erforderlich, den Pesthauch falscher Vorbilder und Lehren zu belegen, den jeder einzelne Zweig der Medien verbreitet. „Und die Schlange schleuderte *aus ihrem Maul* dem Weibe Wasser nach, wie einen Strom, damit sie von dem Strom fortgerissen würde“ (Offb 12,15; Schlachter). Gleichgültig, was das sonst noch bedeuten mag, es ist auf jeden Fall eine sehr anschauliche Beschreibung der Flut von Filmen, Rock-Stars, Drogen, falschen Lehren in Romanen, Magazinen und Fernsehspielen...bis zum Geht-nicht-mehr, die wie ein unablässiger Niagara-Fall auf unsere Häupter niederprasselt. Selbstverständlich zielt sie darauf ab, die Gemeinde, also „das Weib“ fortzureißen! Es ist bedauerlich, aber uns sind schon hunderte von Fällen zu Ohren gekommen, in denen Christen in Sünde, außerhalb der Heiligkeit der Ehe zusammenlebten und die Lüge geglaubt haben, wegen ihrer Liebe sei das in Ordnung – „...abgesehen davon macht das heutzutage ohnehin jeder.“ In christlichen Single-Gruppen finden sich allzu häufig solche, die am Sonntag Gott preisen und die ganze Woche über Unzucht treiben! Filme, die noch vor einer Generation „ab

18" gewesen wären, werden nun bedenkenlos jedem zugänglich gemacht. Fast jeder Film-, Fernseh- und Romanheld wird so dargestellt, als ob er überhaupt nichts dabei fände, zu jeder Zeit mit irgendjemandem ins Bett zu hüpfen. Wenn James Bond 007 mit jeder Heldin und Gangsterlady Geschlechtsverkehr hat, ist das schon schlimm genug; doch mittlerweile wird es unverhohlen so dargestellt, daß Chefärzte, Polizeichefs und alle anderen Helden dieselben unerlaubten Affairen haben! Filme stellen Diebe als die großen Sieger dar und verleiten riesige Publikumsmassen zu der Hoffnung, sie kämen ungeschoren davon. Und es ist kein Ende in Sicht.

Die Schlacht darum, wer die Gedanken der Menschen kontrolliert, ist im vollen Gange. In dieser Schlacht sollten die Seelsorger dafür beten, daß der Geist eines jeden Ratsuchenden gereinigt und erweckt werde. Letztlich wird jedoch jeder Mensch seine eigene Schlacht um seine Gedanken auskämpfen müssen. Das Gegenmittel ist einfach. Es gibt weder eine andere noch eine bessere Lösung als ein für allemal in den Gedanken, im Willen und im Herzen festzusetzen, daß Gottes Gesetze, so wie sie in seinem Wort Ausdruck finden, absolut sind!

Heutzutage gibt es nur wenig oder überhaupt keine richtige Furcht Gottes. „Die Furcht des Herrn ist der Weisheit Anfang; und Erkenntnis des allein Heiligen ist Einsicht" (Spr 9,10). Doch wie sollen wir die wahre Furcht Gottes für uns und unser Volk wiedergewinnen? Die zentrale Aussage dieses Teils des Kapitels hängt davon ab, inwieweit der Leser den Unterschied versteht zwischen denen, die zwar entschlossen sind, den Gesetzen Gottes zu glauben, sich jedoch nicht mehr daran erinnern oder durchhalten können, wenn der Druck steigt und jenen, die denselben Entschluß fassen und auch wirklich danach leben können. Eins ist ausschlaggebend: Die einen haben eine Wurzel, die anderen haben keine. „Die aber auf dem Felsen sind die, welche, wenn sie hören, das Wort mit Freuden aufnehmen; und *diese haben keine Wurzel*; für eine Zeit glauben sie, und in der Zeit der Versuchung fallen sie ab" (Lk 8,13).

Was heißt es, eine Wurzel zu haben? Wie bekommen wir sie? Die Wurzeln strecken sich in die Erde und nehmen Nährstoffe auf. Wenn die Wurzeln keinen guten Boden haben, werden die Pflanzen zugrundegehen. Wenn die Wurzeln nicht bis zum Wasser reichen, werden die Pflanzen verdorren. Elterliche Zuwendung, Liebe, Annahme, Sicherheit und Zucht sind der gute Boden, aus dem die Wurzeln der Kinder ihre Nährstoffe bekommen. Ihre Wurzeln sind ihre Familie und ihr Erbe; doch ihr Geist ist es, der sich über ihre körperlichen Grenzen hinaus in die fruchtbare Erde der Zuwendung und der Annahme streckt, um im Geist Nahrung zu bekommen – zunächst von den Eltern und dann, dadurch befähigt, von Gott. Während der Geist der Kinder durch deren Wurzeln Nahrung aufnimmt, lernen sie Respekt, Bewunderung und Vertrauen. Wenn ihnen Gott mehr und mehr bewußt wird, wird aus diesen guten Eigenschaften Ehrfurcht und Verehrung, die ihrerseits zu wahrer Furcht Gottes werden. Wahre Gottesfurcht entsteht und wohnt entweder im Leben unseres persönlichen Geistes oder überhaupt nicht. In Kapitel 5 erfuhren wir, daß der Geist von Kindern, die nicht genügend Nahrung bekommen, schlummert. Ihre Herzen sind ein steiniger Grund; ihr Geist ist nicht wach genug, um sich durch den harten Boden und die Risse im Felsen hindurch voranzuarbeiten, um in der Liebe und Zuwendung Gottes oder der Menschen Halt und Nahrung zu finden. Folglich haben sie keine Wurzel. Verstandesmäßige Entschlossenheit und Willenskraft reichen nicht aus. Wie wir in Kapitel 5 gesehen haben, ist ihr Gewissen nicht intakt, weil ihr Geist nicht „funktionsfähig" ist. Aus diesem Grund fallen sie, wenn Versuchungen kommen.

Prediger können gegen die sich auftürmende Flut unserer Kultur wettern und mannhaft andere ermahnen – und dennoch elendiglich versagen, solange sie nicht erkennen, daß die Menschen erst dann fest stehen können, wenn sie lebensfähige Wurzeln haben! Wie sollen wir es nun ein für allemal festmachen, daß Gottes Gesetz absolut ist? Nicht durch fleischliche Willenskraft. Das wird nicht funktionieren. Nicht, indem wir uns in unserer Entschlossenheit zu glauben aufpumpen. Heutzutage hören wir viel über „Glauben", aber oft scheint das nur so ein Schlagwort ohne viel bzw. ohne richtigen Inhalt zu sein. Glaube ist eine Beziehung. Glaube ist die real, unleugbar und ständig erlebte Beziehung mit Gott. Es gibt nur einen Weg vom bloßen Kopfwissen zum wahren Glauben, der „in Liebe *gewurzelt* und gegründet" ist (Eph 3,17): Wir müssen ein funktionsfähiges Wurzelsystem bekommen, indem wir den persönlichen Geist eines jeden Menschen wiederbeleben und erwecken!

Am Anfang unseres Dienstes versuchte ich, etwas gegen die Welle der Pornographie zu unternehmen, die schon damals allmählich unser Land zu überschwemmen begann. Ich hörte von der Organisation „Bürger für saubere Literatur" und ging in Streator, Illinois, zu allen möglichen Institutionen, Clubs und Vereinen und fragte, ob man mich nicht einladen möchte, einen Vortrag zu halten, in dem ich vor Gefahren warne, aufrufe, Glauben zu haben und Bürger für die oben genannte Organisation anwerbe. Am Ende waren mehr als fünfzig Clubs und Gesellschaften an dieser Aktion beteiligt, sowie hunderte alarmierter Bürger. Doch die einzige offensichtliche Frucht dieser Aktion sah so aus, daß sich noch mehr Menschen schmutzige Magazine kauften und in Scharen in freizügige Filme gingen! Sie wollten wissen, wogegen sie eigentlich waren! Mir kam es vor, als ob ich – wie die römisch-katholische Kirche – Bücher auf eine schwarze Liste gesetzt hätte, und man darauf wetten konnte, daß gleich jeder ins Geschäft laufen würde, um sich eins davon zu kaufen! Durch die Prohibition wurden Schwarzmarkthändler zu Millionären, und die Mafia verwurzelte sich tief in Amerikas Gesellschaft. Ich durchlief eine harte Schule, um zu lernen, daß man ein Übel nur noch mehr publik macht und verbreitet, wenn man dagegen predigt und lehrt. Das heißt nicht, daß wir das nicht hie und da tun sollten. Eine gelegentliche Warnung öffnet unserem Volk die Augen für die Gefahr. Doch wenn man es ständig hinausposaunt, erreicht man das genaue Gegenteil. *Allein die Predigt der Frohen Botschaft hat Kraft!* Nur wenn wahrer Glaube geboren wird, und der Geist des Menschen erwacht, wird er wirklich standhaft sein!

Weil sie das nicht wissen oder verstehen, reiben sich zu viele Pastoren bei dem Versuch auf, bis unser Herr wiederkommt, alle sündigen Feuer „im Unterholz" auszutreten; und dennoch ist das, was sie damit erreichen, so wenig dauerhaft wie verdorrtes Unkraut, das der Wind über die Steppe weht! Bitte merken Sie nochmals auf. *Nur* wenn der Mensch wirklich tief in Gott verwurzelt ist, vermag er standhaft zu sein. Ein Großteil unserer momentanen Bemühungen erinnert mich an diese neumodischen Geburtstagskerzen, die sich von selbst wieder anzünden, sobald man sie ausgeblasen hat. Wir schnauben und blasen die Sünde an, nur um mitanzusehen, wie sie wieder auflodert, sobald wir uns dem nächsten Thema zuwenden.

Hören Sie noch einmal die Prophetie aus Maleachi 3,23-24:

> Siehe, ich sende euch den Propheten Elia, bevor der Tag des Herrn kommt, der große und furchtbare. Und er wird das Herz der Väter zu den Söhnen und das Herz der Söhne zu ihren Vätern umkehren lassen, damit ich nicht komme und das Land mit dem Bann schlage.

Nur wenn die Herzen der Väter zu ihren Kindern umkehren, werden die Herzen der Kinder in der Liebe verwurzelt und gegründet sein. Nur dann wird ihr Geist wirklich in der Furcht Gottes verwurzelt sein. Nur dann werden wir im Geist stark genug sein, um „...die ganze Waffenrüstung Gottes an(zuziehen), damit ihr gegen die Listen des Teufels bestehen...und, wenn ihr alles ausgerichtet habt, stehen könnt" (Eph 6,11.13). Wollen die Pastoren ihren Gemeinden die Fähigkeit geben, in Heiligkeit und Stärke festzustehen? Dann sollen sie an der Wiederherstellung ihrer Familien arbeiten! Dann sollen sie die Herzen der Verwundeten heilen und die Schlummernden wecken. Genau so und nur so werden die Menschen wirklich glauben und zu Gottes Wort stehen.

Es muß wirklich jeder Mensch seine eigene Entscheidung treffen und sich fest dazu entschließen, standhaft zu sein. Aber Menschen, die innerlich hohl sind, können nicht standhaft sein. Wir müssen ihnen das Rüstzeug in die Hand geben. Wir müssen ihren Geist aus seiner Apathie reißen. Sobald der Geist der Menschen erwacht ist, wird die Gerechtigkeit wie ein mächtiger Strom dahinfließen; der entrüstete Geist der Menschen wird all die Übel, die wir jetzt nur halbherzig beklagen, nicht mehr tolerieren. Die Heilung des verwundeten und schlummernden Geistes ist der einzige wirksame Schlüssel zur Wiederaufrüstung einer Gesellschaft mit hohen moralischen Werten. Packen wir's an!

Literaturverzeichnis

M.A.Atwood, *Hermetic Philosophy and Alchemy* (New York, Julian Press, 1960).

Augustinus, *Confessiones (Bekenntnisse).*

Die Bibel, *Revidierte Elberfelder Bibel* (R.Brockhaus Verlag, Wuppertal, 1986).

Die Bibel, *Einheitsübersetzung* (Paul Pattloch Verlag, Aschaffenburg, 1980).

Die Bibel, *Die Heilige Schrift* (Verlag der Zürcher Bibel, Zürich, 1971).

Richard Friedenthal, *Luther – Sein Leben und seine Zeit* (Piper Verlag, München und Zürich, 1979).

R.Gladstone, Jr., *Mind Over Matter* (American Child Psychology, 1974).

Marshall Hamilton, *Father's Influence on Children* (Chicago, Nelson-Hamilton, 1977).

Jeff Lane Hensley, Ed., *The Zero People* (Ann Arbor, MI, Servant, 1983).

Das Neue Testament, Hexapla – Abraham Meister, Luther (1912), Franz Eugen Schlachter, Revidierte Elberfelder Bibel, Hermann Menge, Ludwig Albrecht (Verlag Mitternachtsruf, Pfäffikon, ZH, 1989).

Oxford Universal Dictionary (London, Clarendon Press, 1933)

Leanne Payne, *Crisis in Masculinity* (Westchester, IL, Crossway, 1985).

John und Paula Sandford, *The Elija Task* (Tulsa, OK, Victory House, 1977).

John und Paula Sandford, *Restoring the Christian Family* (Tulsa, OK, Victory House, 1982).

John und Paula Sandford, *Die Umgestaltung des Inneren Menschen* (Verlag Gottfried Bernard, Solingen, 1991).

William Shakespeare, *Hamlet* (aus: William Shakespeare, Tragödien, Parkland Verlag, Stuttgart, 1988).

William Shakespeare, *Macbeth* (aus: William Shakespeare, Tragödien, Parkland Verlag, Stuttgart, 1988).

O.Carl Simonton, Stephanie Simonton, James Creighton, *Wieder gesund werden* (Rowohlt Verlag, 1982).

J.R.R.Tolkien, *Der Herr der Ringe, Band III: Die Rückkehr des Königs* (Hobbit Presse, Klett Cotta, Stuttgart, 1981).

Thomas Verny, Dr.med., *Das Seelenleben des Ungeborenen* (Verlag Rogner und Bernhard, München, 1981).

Weitere Titel aus dem Verlag Gottfried Bernard: